[英] 大卫·普林格尔 主编　方乐晖　陈宏蔚　译

奇幻盛宴

文学、影视、游戏中的幻想世界

重庆出版集团　重庆出版社

The Ultimate Encyclopedia of Fantasy
Text © Carlton Books Limited
Published in 2021 by Welbeck
All rights reserved.
Simplified Chinese rights arranged through CA-LINK International LLC
版贸核渝字（2020）第 094 号

图书在版编目（CIP）数据

奇幻盛宴：文学、影视、游戏中的幻想世界 / （英）大卫·普林格尔主编；方乐晖，陈宏蔚译. -- 重庆：重庆出版社，2024. 12. -- ISBN 978-7-229-18860-3

Ⅰ．Z228

中国国家版本馆CIP数据核字第2024C3D196号

奇幻盛宴：文学、影视、游戏中的幻想世界
QIHUAN SHENGYAN: WENXUE、YINGSHI、YOUXI ZHONG DE HUANXIANG SHIJIE

[英]大卫·普林格尔　主编　方乐晖　陈宏蔚　译

选题策划：李　子
责任编辑：陈劲杉
责任校对：陈　琨
翻译统筹：吴文智
封面设计：冰糖珠子
版式设计：侯　建

重庆出版集团
重庆出版社　出版

重庆市南岸区南滨路 162 号 1 幢　邮政编码：400061　http://www.cqph.com
重庆升光电力印务有限公司印刷
重庆出版集团图书发行有限公司发行
全国新华书店经销

开本：889mm×1194mm　1/16　印张：18.75　字数：660 千
2024 年 12 月第 1 版　2024 年 12 月第 1 次印刷
ISBN 978-7-229-18860-3
定价：198.00 元

如有印装质量问题，请向本集团图书发行有限公司调换：023-61520678

版权所有　侵权必究

目录

介绍 /1

前言 /1

引言 /1

第一章　奇幻文学的类型 /1

第二章　奇幻电影 /21

第三章　奇幻电视剧 /105

第四章　奇幻文学巨匠 /159

第五章　奇幻游戏 /233

第六章　幻想中的世界 /265

词汇表 /278

上图：《时光之轮3：转生真龙》《爱丽斯梦游仙境》《奇异博士》《在仙境》《绿野仙踪》

介绍

我偶尔会被问及为何要在讲求周密调查的警察探案小说中融入幻想元素。其实，我的《伦敦之河》在构思之初的设定就是一部混合题材小说，从它一开始暂定的书名——《魔法警察》就可得知，直到快出版时才改成现在的名字。抛开这个不谈，幻想元素的加入本身就为这类混合题材小说带来不少好处。虽然其他文学题材也都各有特点，但奇幻文学的个性特质尤为突出。

首先，让我们来重现一片幻想之地。我记得当时正站在一艘航船的船艄眺望南方，洛伯尼岛从天边明亮的蓝色海水中缓缓升起——在灿烂的阳光中呈现出绿色和棕色。我记得岛上城镇中燥热沉闷、灰尘四溢的街道，以及笼罩在整座小岛上那种绝望和被世界遗忘的感觉。厄休拉·勒吉恩的小说《最远的海岸》将这一切装进了我的脑子里。我本可以选择其他的幻想之地开启这篇文章，比如吴志丽笔下令人生畏的抽象仙境、洛伊丝·莫玛丝特·布约德笔下瓦伦达城的红色砖石以及托尔金笔下幽暗密林中昏暗幽闭的长道。但我选择了以盛产鲜艳染料闻名的洛伯尼岛作为引入的例子，因为这不是小说故事的主要发生地，主人公只是在这里稍作停留，而后又继续他们的旅程——去探寻地海世界生命消逝的原因。不过这个地点生动鲜活地留在了我的脑海中，在我读完《最远的海岸》三十年之后，我依然能够回忆起那里的光线、尘土和倦怠感。

可能是因为幻想世界只存在于我们的想象中，所以才显得如此生动。也可能是因为奇幻文学本身就是感官的文学——是关于嗅觉、味觉、视觉、听觉和触觉的文学。故事发生的地点通常包含很多可被感知的物理元素，因此它们是可以独立于人物角色对其情感认知的客观存在。比如，洛伯尼岛显露着倦怠感——来自于通过裂口流出的魔法，抽象仙境充斥着的嘈杂声——这是一种真实的物理环境，瓦伦达被施加了隐秘的诅咒，幽暗密林里的道路笼罩在阴影当中。

奇幻文学作家不受现代主义极简风格的束缚，他们可以无所顾忌地告诉读者："你不了解这些幻想之地，让我来展示给你看。"而在写罪案小说的时候，你就能明显感觉到这种束缚，因为这类小说充满了对物理环境的设定，更不用说对阶级、种族、性别以及回到警局谁负责审问（我可以给你一个线索——这个人从不会是侦探）等种种细节的精心构设。就像在《伦敦之河》中，历史和建筑被用来营造神秘感，特定的地理特征用以透露人物的观点，环境常常需要与故事角色相匹配。

下面让我们来谈谈作品的语言。托尔金是一位语言学家，他深谙语言的真谛并对使用的每个词语都进行了精心挑选，大多数普通读者应该没有发现这一点，只是感觉到它们非常流畅地滑过我们的耳朵而已。不过，当你观看"指环王"三部曲电影时，即使你从未读过原著，你也能轻松辨别影片中的哪些台词来自于原文，哪些又是编剧给填补上的。勒奎恩运用了她人类学和文化学研究的背景来塑造语言，从而在细节上与其作品中群岛青铜时代的设定相匹配。斯蒂芬·唐纳森的语言则极尽狂野激烈，以使其作品中伟大的奇幻大陆更显真实。

奇幻文学能够带来的乐趣有很多，例如在幻想世界中有机会实现奇幻元素与现实世界的碰撞融合，或是像普拉切特和勒奎恩那样，在作品中训练巫师和魔法，或是像吴志丽那样，建造如埃舍尔版画一般奇妙的城堡，又或是像斯普拉格·德·坎普和弗莱彻·普拉特喜欢做的那样，创造一个依据完全不同的物理学原理

对页图：

基思·亨德森为《蠕虫病毒的大毒蛇》所作插画《在加尔斯的戈里察七世》

上行：
"指环王"系列
《奇幻森林》
《风之旅人》
《暴风雨》
《我的世界》

下行：
鲁德亚德·吉卜林
《苦舟子咏》
《欢乐满人间》
《她》
"纳尼亚传奇"系列

运行的世界，这样的例子我可以无穷无尽地举下去。

但对我而言，奇幻文学真正的乐趣在于，它能为我冰冷硬核的侦探小说添上一些奇思妙想。当我向一位创作科技惊险和太空探险类小说的作家朋友倾诉这些时，他显得很吃惊。

"奇思妙想，"他大喊道，"我讨厌它，讨厌到令人难以置信的程度。"——大概就是这个意思。

我意识到我俩对"奇思妙想"含义的理解可谓天差地别。他认为这个词指的是新奇有趣或花哨奇特的意思，当然这也是字典里的意思。但我认为，"奇思妙想"的含义比这更宽泛，更深刻，有时也更黑暗。

杰克·万斯非常擅长运用具有黑色讽刺含义的奇思妙想。这在其创作的科幻小说中有着鲜明的体现，在其奇幻小说中也是如此。从"濒死的地球"系列作品主人公寇格尔游历途中遇见的各类怪异社会，以及万斯笔下人物们陷入的种种奇怪复杂的争论当中，你就能够品读出来。这些巴洛克式的对话往往发生在最不恰当的时机——当丑陋的怪人或是江湖骗子打算阻止主人公前行的征途之时。很多对话对情节本身并没有什么作用，对顺利推进的故事线而言也是可有可无，它们的存在就像装饰克诺珀斯坛的精美彩釉。在"里昂尼斯"三部曲中，这些对话则带上了一些危险气息，因为它常常发生在凡人与恶魔的仆役、带有敌意的魔法师或是反复无常的精灵之间——这是最具危险性的，因为这些精灵满脑子想的都是用金色蜜蜂蜇瞎你的双眼，或是一时兴起在你身上降下七年厄运，又或是其他各种异想天开的鬼点子。

即使是在最严肃、最黑暗的奇幻文学作品当中也可以看到这样的奇思妙想，包括乔·阿克罗比笔下审讯官的刑讯室中，以及乔治·R. R. 马丁笔下维斯特洛大陆庆祝竞赛的盛大典礼上——虽然这个场景更加贴近现实世界。它们在普拉切特的《碟形世界》以及罗伯特·阿斯普林的《神话故事》中也有体现。麦克·莫考克《布拉斯城堡编年史》中对遥远未来的描述也充满了奇思妙想——给大不列塔诸神起的名字以及选择克罗伊登作为一号反派的祖地都是证明。

作为一名读者和作家，上述这些就是我从奇幻文学中得到的东西，但相比于它所能提供的，我所描述的不过九牛一毛。因此我们需要一份综合性的指南带我们了解奇幻文学作家和他们的作品。这样无论是新读者和老读者都能从作者和他们创造的新世界或旧世界中收获新体验。得有一本奇幻文学百科全书来完成这样的使命……

本·阿罗诺维奇
伦敦
2021 年 5 月

奇幻盛宴：文学、影视、游戏中的幻想世界

前言

欢迎来到史前雷电暴雨中的洞穴。因为拥有创造其他世界的独特技能，我们才能超越动物，成为真正的人类。聪明的动物不在少数，但在已知的这些动物中，从来没有一个会去思考"到底是谁制造了雷电"这种问题，而某个身处暴雨侵袭的岩洞中的原始人则会去思考。

问题的答案就像一道从天而降的闪电击中他，又或者他真的是被一道闪电击中而想出的答案。突然，他的脑海中浮现出一些人的样子，他们居住在天上；突然，他的脑海中又浮现出某个地方，那里是人们的死后居所；突然，在这个地方的后面又出现了一个巨大的灵魂世界，那里所有的色彩都更加鲜艳。

随着时间的推进，我们的原始人发现，那些关于雷电的白日梦不仅能够为他的疑惑提供解答，还能帮助他借助雷电获取火种，从而为他提供温暖的工作环境以及美味的猛犸象烤肉。他得到了比食物更加珍贵的东西。消息不胫而走，于是幻想家——这个世界上第二古老的职业迅速成为一门新兴职业（关于第一古老的职业你可能听到过不同版本，但实际上是"使用燧石取火的人"）。

这个职业所创造出来的东西都是无形的，但它让我们拥有了创造其他世界的能力，从而使我们具有了作为人类独有的创造特性，因为在我们改变世界之前，总是需要先在脑海中打好样稿，构思出一幅与现实不同的理想世界图景。我们之所以能称之为人，并非因为我们具有智力，而是因为我们具有想象力。松鼠也有智力，特别是在处理与坚果有关的问题时，但据我们所知，它们从来没有创造出任何一个关于松鼠英雄从神祇那里偷盗坚果的故事。

我们所有的神话与小说都源自人们想象的能力，大多数的宗教也是如此。在成功解决了"雷电为何物"以及随之而来的"如何通过雷击取火"的问题之后（这个问题的解决让人们得到了全山谷有史以来最好吃多汁的猛犸象肋骨），一些前额如阳台一般大的聪明人脑子里马上又冒出了难以置信的想法："如果我们做这些特别的事或许就能避免雷神的伤害。"接着又引申出"因为我们做这些特别的事，所以我们是神的选民，我们比隔壁山谷的原始人优越"。这样，他们发现生命突然变得比原来有意义得多，尽管寿命可能会比隔壁山谷的原始人相对缩短一些。

后来，人们突然发现所处的世界其实就是一个故事，而智人（Homo Sapiens）也成就为了叙事人（Homo Narrans），即讲故事的人。

人类就是爱幻想的生物。我们把很多时间都花在那个有着明亮色彩的灵魂世界里。那个世界中的一部分如今被称之为文明。如果说大脑所具有的想象力是肌肉，那么当人们在幻想那些关于神和英雄的故事时就是在做有氧运动，想象力的肌肉因经常运动会更加丰满有力，继而创造出新的幻想。"自然公正原则""征用权""人权"，这些幻想出的虚幻之物反而赋予了某些事情近乎实体的坚固形态。这些"幻想创造出的产物"像一叶扁舟载着人们漂浮在冰冷黑暗的宇宙中。

由此可见，幻想绝对不是一件令人羞耻的事情，但奇怪的是，它仍会招来一些人的反对。不过其中一些反对的原因也很明显，甚至在这本书当中就能找到答案。比如，幻想中充斥着各种各样的新鲜事物，幻想出的事物会在人群中间不断地复制传播，幻想能够为人们描绘出全新的世界和永恒的英雄。幻想会暗示人们，世界可以变得和现在完全不一样，这总会激怒那些安于现状的人。充满想象力的故事总会让那些缺乏想象力的人感到沮丧。现实世界的统治者们会对想象中的新世界感到怀疑，他们的法令在那里将如同一张废纸。狱卒们不喜欢幻想带来的逃避主义。那个洞穴中爱幻想的原始人可能就偶尔会遭到族长的打击报复。编故事、讲故事于是就成了一件危险的事情。

不过现在，欢迎来到看不见的幻想世界……

请让我们将猛犸象的肋骨传递下去。

特里·普拉切特

引言

奇幻文学是描写人类内心欲望的一类虚构文学。如此描述固然有些模糊，不过对所有文学类型的概要定义都必须这般简洁。其他具有幻想性质的文学种类一般会根据其主题内容或是所引起的情绪来命名。例如，科幻文学与科学，或者说是与知识有关的，因此这是一类根植于经验主义和现代科学世界观的文学。恐怖文学能给人们带来它名字中包含的那种感觉——恐怖，包括与之相通的恐惧、惊悚以及敬畏的情绪。魔幻现实主义文学就和它的名字一样，既关注我们的日常生活，但又略带一些魔幻元素——这些难以解释的魔幻情节反而让作品充满更加强烈的现实感。

所有这些文学类型——科幻文学、恐怖文学和魔幻现实主义文学——在某种程度上有所重叠，而且也都具有幻想的元素，但它们都不是我们所说的奇幻文学。真正的奇幻文学致力于实现人们的欲望：这绝非简单的性欲（尽管也能满足这一点），而是人们内心对更美好的世界、更优秀的自己以及更完整人生体验的呼唤，是对人类归属感的寻求。借用一种古老的比喻来说——这种文学本身涉及的也大多是古老的事物，甚至可以一直追溯到人类的起源——奇幻文学的出现是为了拯救人们的精神荒原。

所以，不像偏重智力领域的科幻文学，奇幻文学主要作用于人们的情感世界，这倒是有点像激发人们本能的恐怖文学，但奇幻文学所引发的人类情感可比恐怖文学复杂得多。情欲、惊叹、渴求、悲悯以及怀旧都能在这里找到，包括喜悦与哀伤。从两种最主要的奇幻文学形式中，我们能看到人类欲望极度不同的侧面，那就是童话和英雄史诗。

童话来源于口口相传的民间传说，常常由父母讲述给孩子。在童话的世界里，每个男孩都可能是王子，每个女孩都可能是公主，每个故事都有幸福美满的结局，从中我们看到亘古不变的人类欲望以最朴素的形式表露出来。而英雄史诗则脱胎于猎人和战士们相互传唱用以鼓舞士气的歌谣，它们不像童话一样由哺育者来讲述，而常常出自战斗者的口中。在英雄史诗的世界里，英雄们在血腥的战斗中获胜，怪兽被杀死，英雄们赢得了骄傲、身份和荣耀，从中我们看到的是更暴力和更自我的人类欲望。

这两种表达人类欲望的奇幻文学是相互融合的：童话中时常出现暴力，而史诗中也不乏浪漫和哺育之情。两种形式的文学都将人类欲望引向某种社会实践，在这当中人们将爱、自豪以及其他很多积极的情感结合在一起，创造了一个最完美的世界，人类的精神荒原也因此被治愈。

人类欲望不止于感官，或是自我以及社会层面上的满足：它渴求在茫茫宇宙中找到一种更广泛意义上的归属感，一种对宇宙力量的崇拜，以及与它们和平共处的关系，无论它们是何种力量。我们需要了解神（也可能是女神或是诸神），知道人类存在的原因以及万物的起源与归宿。所有社会，甚至包括现代世俗社会都有它们共同的信仰体系，而这种讲述广泛信仰的故事就叫作"神话"。

如今，我们已经习惯含糊地用神话来指那些不真实或完全虚构的故事，但曾经神话的本意却是指那些我们由衷相信的故事。所以我们在此有必要对神话做个区分，那些我们称为神话的古老传说实际上是业已消亡的宗教所留下的遗迹；而另一些诸如童话之类的，则常常只被看作是凭空捏造用以娱乐大众的虚构之事。现代奇幻文学显然是指后一种——它自己也公开如此宣称——但诸如民间传说和史诗之类的作品则确实是将神话作为其主题内容，同时还利用了神话的隐藏力量。

奇幻文学最早起源于宗教神话、民间传

对页图：
巫师、魔法和乡村都是奇幻作品的典型元素，随着时间的推移，这类作品持续发生着变化，带给读者更多的惊喜奇故事以及吟诵英雄的歌谣，此后随着世界文学历史的演进又发展出多种多样的形态。从文字出现开始，奇幻文学就已存在，距今有约五千年历史。古埃及时就存在奇幻故事，例如《沉船水手的故事》，古巴比伦同样也有留存，最著名的就是《吉尔伽美什》，其中描述了国王吉尔伽美什与野人恩奇都结盟打败各种怪兽，并在恩奇都死后寻求长生秘密的故事。人类诞生之初，"故事"与"历史"之间并没有严格的界限，因此许多故事都来源于传说，而这"传说"二字以我们今天的观点看来其实就是"用奇幻之语重新讲述的历史"。

人们用一系列口述故事和歌谣来纪念真实的历史事件，《吉尔伽美什》可能就起源于这些故事与歌谣，此外也包括很多如今已经遗失的史诗。这些口述故事和歌谣中最著名和最有影响力的莫过于讲述希腊早期各城邦围攻小亚细亚地区特洛伊城的那些故事。它们随后被重新加工，并由此诞生了史上最经典的两部英雄史诗即荷马的《伊利亚特》和《奥德赛》。这两部史诗（约公元前8世纪）都围绕神和人展开，尤其是《奥德赛》，它主要描述英雄奥德修斯从特洛伊返程归家路上所经历的一系列惊心动魄的故事，并已成为后世大量奇幻文学的范本——从中世纪阿拉伯的《辛巴达航海记》一直到当代很多探险奇幻小说。

其他著名的史诗还包括罗德岛的阿波罗尼乌斯所著的《阿尔戈英雄纪》（约公元前250年），讲述了伊阿宋和阿尔戈英雄们的旅程（公元前19年）；以及堪称罗马史诗巅峰之作的维吉尔的《埃涅阿斯纪》，记述了特洛伊英雄埃涅阿斯如奥德修斯一般的冒险经历。希腊早期的文学作品都是用韵文写成的，包括阿里斯托芬的奇幻喜剧，以及其同时代伟大作家埃斯库罗斯和索福克勒斯依据神话创作的悲剧；但是到了希腊晚期，也就是罗马帝国开始统治地中海的时代，散文小说的地位已经得到牢固确立，成为众多受教育阶层的娱乐读物。

这些散文作品通常是浪漫小说，其中包含了很强的幻想元素。尽管大多数作品都由希腊语写成，但最著名的一部则是由阿普列乌斯用后期拉丁文创作的《金驴记》（约180年）。这部传奇式流浪冒险小说讲述了一位年轻人因喝下一杯魔药而变成一头驴之后的故事，这部作品中还包含了一个小故事，也是世界著名的童话故事——《丘比特与普赛克》。另一部成书更早，且同样描写变形故事的罗马著作是奥维德的《变形记》（17年），这也是一部充满幻想的作品，但是以韵文写成的，它以迎合口味不俗的城镇读者的方式讲述了很多古希腊神话。在奥维德的时代，人们已不再相信那些神话，而仅仅将它们看作是美丽的故事，或是创作具有幻想元素的文学作品的绝佳素材。

在后古典时代，即所谓的黑暗时代，奇幻文学继续繁荣发展，但很多是以口述的形式被记录，如今早已失传。通过书面形式记录下来的作品包括脱胎于丹麦英雄传说的盎格鲁-萨克逊史诗《贝奥武甫》（约725年），以及那不勒斯的利奥所著的散文小说《亚历山大大帝传奇》（952年），讲述了世界征服者马其顿国王亚历山大大帝开疆拓土的故事，并且在当中添加了很多虚构的奇幻故事。很多中世纪的幻想元素作品都是模仿《亚历山大大帝传奇》而写的。黑暗时代另一种常见的小说形式就是圣徒传记，它也建立在历史或是个人传记的基础上，但增添了很多幻想元素。其中一个有趣的例子就是《圣布兰登航海记》（约850年），全书以拉丁语散文形式写成，讲述了爱尔兰圣徒前往寻找神话中宝岛的航海旅程。

就像古典时期出现一系列描写"特洛伊战争主题"的作品一样，在这一时期的西欧也出现了很多围绕某一主题展开的系列世俗类口述故事——其中最多的就是描写查理曼大帝十二武士英勇事迹的故事，特别是关于战死在龙赛斯瓦耶斯之役中的罗兰武士和鲜为人知的英国军事首领亚瑟及其导师——威尔士巫师梅林的故事（梅林 Merlin 最初称为梅赫丹 Myrddin，据说后来用字母 l 代替了 d，是为避免法语读者及其主要读者被 Myrddin 这个名字冒犯，因为它很容易让人联想到法语中骂人的脏字 merde）。

"英国主题"催生了很多伟大的中世纪奇幻文学作品，并且时至今日依然极具影响力。这些围绕亚瑟王、格温娜维尔王后、梅林以及圆桌骑士展开的、貌似历史事件的故事又以各种方式催生出一系列以这些人为主人公的更为深刻的宗教神话——也就是这些骑士寻找圣杯的故事。这关于找寻圣杯的传奇故事，或者说基督教版本的凯尔特神话，也是我们前文中提出的奇幻文学能够治愈精神荒原观点的主要来源。

除了这些传奇故事，从诸如《列那狐的故事》这样的动物寓言诗，到描写基督教死后世界的意大利最伟大的著作但丁的《神曲》（1321年），中世纪还有大量其他的奇幻文学作品流传至今。但丁之后，在文艺复兴期间，其他意大利作家创作了更多描绘世俗的奇幻诗歌，其中最为著名的一位是卢多维科·阿里奥斯托。C. S. 刘易斯在其学术著作《爱的寓言: 中世纪传统研究中》1936

《海神尼普顿的胜利》，出自3世纪古罗马帝国哈德鲁米图姆的马赛克壁画

年）就对卢多维科·阿里奥斯托的作品《疯狂的奥兰多》（1532年）予以盛赞。这部著作被认为与当代奇幻文学作品十分相似，林·卡特还将它的散文版本收录到了自己编辑的"巴兰亭成人奇幻平装书"系列（1973）中。

前文所述的大多数奇幻文学作品，特别是意大利史诗和模仿其创作的，例如爱德蒙·斯宾塞的《仙后》（1590—1596年）这样的英国奇幻作品都是以诗歌形式写成的，但16世纪时，以散文形式创作的奇幻传说也获得了极大繁荣——它们可以说是现代奇幻小说的直系鼻祖。它们就是所谓的骑士浪漫小说，起始于西班牙的加西亚·罗德里格斯·德·蒙塔尔沃所著的《高卢的阿玛迪斯》（1508年），并在之后一个多世纪的时间里不断发展出新的续集、变体以及仿作。

骑士浪漫文学纯粹是凭空虚构的故事，与历史传说或宗教神话几乎没有半点关系（尽管不可避免地会在其中混入有关元素，今天的奇幻作品中也会如此）。这些冗长奇异的故事里满是杀死怪兽的英勇骑士和可爱女主角，以及住在施了魔法的城堡和神秘岛屿上的女巫，从奇幻文学的角度来看它们确实也充满奇幻的元素。

骑士文学热在17和18世纪已经消散，这个时代被称为理性的时代，现代科学蓬勃发展并随之催生了另一种奇幻小说形式，即具有乌托邦风格的原始科学小说。尽管如此，骑士浪漫文学并未被完全遗忘，19世纪的作家曾一再试图复兴这种（或与之非常类似的）文学形式，包括德国的弗里德里希·德·拉·莫特·富凯所著的《魔环》（1813年）和《辛

波提切利对但丁《地狱》中地狱的描绘，创作于1481年

特拉和他的朋友们》（1815年），还有英国作家威廉·莫里斯笔下的《天外森林》（1894年）、《世界尽头的井》（1896年）以及其他很多作品。莫里斯可以说开创了完全现代意义上的奇幻小说，他对20世纪所有奇幻文学作家都有着直接影响，包括邓萨尼勋爵、E.R.埃迪森、C.S.路易斯和J.R.R.托尔金，而这些作家的作品可以说定义了近几十年的奇幻文学。

与此同时，尽管18和19世纪的文坛主要被现实主义文学所占据，但其他形式的奇幻文学也在迅速发展：文学童话，最初因杜诺瓦夫人和夏尔·佩罗的作品而在法国开始流行，之后又随着《格林童话》在德国的出版更加风靡一时；具有异域特色的东方奇幻文学，诞生于安托万·加朗翻译的《一千零一夜》（1704—1717年），这本书也为之后很多东方奇幻故事提供了源泉——可参见罗伯特·L.马克编纂的《东方故事》选集（"牛津世界名著"，1992年）；以《瑞普·凡·温克尔》（1819年）为代表作的华盛顿·欧文的美国虚构民间故事，以及以《圣诞颂歌》（1843年）为代表作的查尔斯·狄更斯的道德奇幻小说；少儿童话文学，代表作家有汉斯·克里斯蒂安·安徒生（于19世纪30年代开始创作）、查尔斯·金斯莱（《水孩子》，1863年）、刘易斯·卡罗尔（爱丽斯系列作品，1865—1871年）、乔治·迈克唐纳（《北风背后》，1871年）、卡洛·科洛迪（《匹诺曹历险记》，1883年）和伊迪丝·内斯比特（《龙之书》，1899年）；幽默奇幻文学，代表作家有托马斯·洛夫·皮科克（《埃尔芬的遭遇》，1829年）、道格拉斯·杰罗尔德（《钱做成的男人》，1849年）、乔治·梅瑞狄斯（《沙格帕的修面》，1855年）、马克·吐温（《康州美国佬在亚瑟王朝》，1889年）、约翰·肯德里克·邦斯（《冥河上的船屋》，1896年）；遗失种族奇幻文学，代表作家亨利·赖德·哈格德（《她》，1886年）以及其众多模仿者。到了维多利亚时代晚期和20世纪，涌现出一系列神秘奇幻小说、缘定浪漫故事和恐怖奇幻小说——经常带有连续的重生情节，例如复活的古埃及木乃伊，或是一心想统治世界的奇怪反派，有的几乎纯粹就是恐怖小说了。写这类小说的作家有：埃德加·李（《法老的女儿》，1889年）、埃德温·莱斯特·阿诺德（《腓尼基人皮耶的奇幻历险》，1890年）、盖伊·布斯比（《运气的要价》或叫《尼古拉医生的复仇》，1895年）、C.J.卡特克里夫·凯因（《遗失的大陆》，1900年）、布拉姆·斯托克（《七星宝石》，1903年）、《女巫王的忧思》，1918年）和罗伯特·W.钱伯（《灵魂杀手》，1920年）。

遗失种族奇幻文学和奇幻恐怖文学的出现催生了廉价杂志。当然在廉价月刊诞生很久以前奇幻文学就已经刊印在了各种各样的杂志上（首份刊印奇幻文学的杂志是美国出版商弗兰克·A.芒西于1896年创办的《阿戈西》），但廉价杂志对奇幻文学进一步发展起到了不可替代的作用，同时还促进了现代流行小说种类的总体发展，包括犯罪小说、西部小说、冒险小说、恐怖小说和科学小说。早期的廉价杂志和普通杂志一般大小，又大又厚且用纸粗糙，封面用色艳俗（1905年以前），主要刊登那种耸人听闻或多愁善感的小说。廉价杂志模仿的对象以及各类灵感来源主要有两个——一部分来自19世纪下层人士阅读的故事报、廉价纸面小说以及主要面向青年读者的《五分钱每周图书馆》杂志；更重要的一类来源是出现在世纪之交的中产阶级普通杂志（以及大开本插画周刊），它们在19世纪80年代和90年代随着教育普及、生活水平提升、新印刷技术的出现以及大众新闻业的急剧扩张而出现。（这是一个属于豪门强盗出版商的时代，代表人物有美国的弗兰克·A.芒西，英国的乔治·纽恩斯、C.亚瑟·皮尔森和阿尔弗雷德·哈姆斯沃斯，他们之所以能一次次成为百万富翁是因为将梦想兜售给一个新构设出来的群体——社会大众。）

维多利亚时代晚期和爱德华时代的月刊，例如《海滨杂志》和《皮尔森杂志》（或美国的《哈泼斯月刊》和《蒙西杂志》）与后期的廉价杂志大小相同，但采用和书籍一样高质量的纸张印刷，并且内容虽以小说为主，

《瞩目的卡冈图雅》，由让-查尔斯·佩莱伦创作于1840年

《伊凡王子骑着灰狼》,由维克托·瓦斯涅佐夫创作于1889年

但也不止包含小说。类似《趣闻杂志》和《皮尔森周刊》(或是《哈泼斯周刊》和《科利尔周刊》)这样的插画周刊在那个年代也很流行,它们在版式上更大,形状看上去更像是八卦小报。这些出版物在那个时代几乎占据了统治地位,评论家罗杰·兰斯林·格林曾形容这是个"小说家的时代"。

这个时代起始于19世纪80年代早期,

奇幻盛宴:文学、影视、游戏中的幻想世界

以罗伯特·路易斯·史蒂文森出版《金银岛》为标志，一直持续到1914年。在这一时期，多种有利因素一齐迸发：读者不断增加，新闻出版业繁荣发展，而与此同时，一大批极具天赋的新作家突然也开始用作品来迎合这个时代对想象力的需求。这些作家尽其所能实现"大众化"和"艺术性"的结合，他们攫取年轻时读过的那些恐怖故事、男孩报刊以及廉价小说所具有的粗俗但生气勃勃的影响力，将其与高雅的维多利亚小说在整体上所表现出的更突出的文学性相融合，创造出来一种激动人心的新型文学综合体。

他们的作品一般以短故事、中篇小说或短篇小说的形式为主（与慢条斯理的"三层式"维多利亚小说正好相反），这样更能迎合杂志读者。他们的小说也不仅仅刊印在杂志上——例如赖德·哈格德的第一部成名作《所罗门国王的宝藏》在1885年直接被刊印成书，不过之后他的所有作品几乎都先在杂志上连载——杂志无疑成就了这些作家的职业生涯，因为在那个电影、广播以及电视还未出现的年代，杂志才是主要的娱乐媒介。

众多作家一起创造了这样一个"小说家的时代"。在这些作家中，人们公认的"五大家"是：

> 罗伯特·路易斯·史蒂文森（生于1850年）
> 亨利·赖德·哈格德（生于1856年）
> 阿瑟·柯南·道尔爵士（生于1859年）
> 鲁德亚德·吉卜林（生于1865年）
> 赫伯特·乔治·威尔斯（生于1866年）

至少还有两位文学巨匠，亨利·詹姆斯和约瑟芬·康拉德，也为杂志贡献了他们的很多鬼怪小说和海洋小说。但事实证明"五大家"发挥了无可替代的关键影响，他们以及他们学生的作品几乎占据了世纪之交的杂志版面，并且对随后出现的廉价杂志也具有同样重要的影响作用。但是这"五大家"中只有亨利·赖德·哈格德真正在廉价杂志上发表了大量作品，其他几位都活到了20世纪，因此能够将作品印在高档杂志上。如果没有史蒂文森、哈格德和吉卜林的作品，哪来廉价杂志上的冒险故事？说得更确切一些，如果没有哈格德哪来廉价小说上的遗失种族类奇幻小说，如果没有哈格德以及吉卜林笔下的毛格利，哪来埃德加·赖斯·巴勒斯的人猿泰山？如果没有威尔斯哪来廉价杂志上的科幻小说？最明显的，如果没有柯南·道尔的福尔摩斯，哪来侦探小说这一小说类型？

这些作家为未来几代设定了想象类文学作品的规范，同时也为其创造了特有的形式：连载短篇小说可以说是由道尔发明的，他从1891年开始在《海滨杂志》上连载福尔摩斯系列小说。（道尔从早已去世的埃德加·爱伦·坡那里获得一些启示，但爱伦·坡创作于19世纪40年代的"谢瓦利埃"三部曲并不能算是一部完全意义上的"系列小说"，因为它在几年时间里分别被刊印在三本不同的杂志上，而非作为一个系列连载。）道尔发明的杂志短故事连载系列小说获得了空前成功，大量作家立刻模仿了这种形式——不单单是在侦探小说领域，其他小说也在模仿：例如卡特克里夫·凯恩笔下凯特尔船长的历险记旅程、海斯克斯·普理查德笔下唐·Q的冒险喜剧、奥切女男爵的《深红色的海绿》、沃德豪斯笔下伍斯特以及吉夫斯的喜剧故事，以及欧文·威斯特在《哈泼斯月刊》上连载的弗吉尼亚西部小说。如果没有所有的这些——没有福尔摩斯、毛格利和艾伦·夸特梅因，没有拉弗尔斯、斯汀格瑞、开龙、角落中的老人、布朗神父以及上百个其他小说人物——又哪来之后的廉价杂志系列小说？

因此廉价杂志最重要的前身，或者说是"直系父母"并非故事报纸和低俗小说，而是维多利亚晚期和爱德华时期的大众杂志——它们自身并不"廉价"，但却是廉价杂志的催生者。廉价杂志出现于1900年以后，是更早期杂志——例如《海滨杂志》《懒人杂志》《皮尔森周刊》《哈泼斯周刊》《麦克卢尔杂志》《芒西杂志》等的廉价版本。"五大家"为这些期刊的存在做出了巨大贡献，其中对奇幻小说最重要——同时也毫无疑问对整个廉价小说最重要的——当属赖德·哈格德。

就像上文提到的，哈格德实际上已经成为一名廉价杂志作家，可能他自己都没有意识到：从《艾莎归来》（1905年）问世以后，他的大部分小说在成书出版之前都最先在廉价杂志上连载过，而《艾莎归来》也刊登在了第二大美国廉价杂志——斯特里特和史密斯公司的《大众杂志》（1905年1月至8月）上。

三位知名作家：赖德·哈格德、埃德加·赖斯·巴勒斯以及埃德加·华莱士和其他人一起出现在了另一本斯特里特和史密斯公司的廉价杂志《新故事》1914年2月那期的封面上。所以哈格德不仅影响了巴勒斯，还和他一起肩并肩地出现在了同一本廉价杂志上。哈格德在那期杂志上刊登的是他的连载作品《圣花》（1915年），哈格德其他一些在正式出书前就已在廉价杂志上连载过的作品包括《启明星》（《骑士杂志》，1909—1910年）、

《象牙孩子》（《蓝书杂志》，1915年）和《完结》（《冒险杂志》，1917年）。在英国，他的晚期连载小说《她遇见艾伦》最早出现在哈金森公司的廉价杂志《故事杂志》上（1919—1920年），比正式成书出版（1921年）早很多。

哈格德创作了许多遗失种族与遗失世界主题的奇幻小说（随后又由此衍生出很多类似题材或者子题材的大众小说——关于禁地、浪漫国、跨星际浪漫爱情、史前梦幻世界以及奇幻大陆的故事等），这不仅对廉价小说，乃至对整个奇幻文学来说都是巨大贡献。虽说遗失世界主题的小说并非由他首创——在早先的神话诗歌、乌托邦小说以及儒勒·凡尔纳和布尔沃·李顿的小说中就已经出现——但哈格德依靠自身强大、有时甚至是怪诞的想象力以及处理暴力情节的出色能力，并根据其在南非的生活经历，在该主题小说中加入了很多现实主义风格的内容，完成了对其全新的塑造。

没有人比赖德·哈格德更善于描写战争场面，也没有人比他塑造出的战士形象更让人印象深刻。在他的故事中一再出现的超自然主题——特别是重生以及跨越时代的缘定之恋——对读者来说极具吸引力，他也因此为自己的作品赢得广大的受众人群。他早期的小说，《所罗门王的宝藏》和《她》一版再版，并且多次被搬上银幕。他另一本遗失种族类小说《雾中人》（首次问世是被连载在纽恩斯公司的《趣闻杂志》上，1893—1894年）的平装版于1998年在英国发行，其出版发行公司为自己取了个恰如其分的名字——"廉价小说出版社"。

霍华德和许多共同为《奇异故事》杂志以及之后的《未知》杂志撰稿的作家一起创办了剑与魔法公司，因此和埃德加·赖斯·巴勒斯一道作为发起人，推动现代奇幻文学在第二次世界大战后（同时也是在两位作者离世不久后）最终发展成为一种能够成书出版的文学种类。

在20世纪60年代末以前，很少有出版商、文学评论家以及读者将奇幻文学视为一种面向大众市场的平装书文学类型。据说奇幻文学作品的大流行开始于1965年的夏天，当时埃斯出版社将信将疑地在美国市场尝试发行了托尔金的《指环王》。几个月之后，巴兰亭出版社出版了这本著作的官方授权版，到1966年底，这一版本售出了100万本（埃斯出版社的版本也卖出了超过10万本，但随后从市场下架）。

这场两个平装书出版业巨头之间广为人知的争斗之所以有趣，是因为类似的纷争在1962—1963年已经上演过一遍，不过那次争夺的是埃德加·赖斯·巴勒斯作品的平装版发行权。当时埃斯出版社发现巴勒斯的一些作品从技术层面已经过了版权保护期，因此急忙在1962年年末推出了《地心王国》的平装版；就像在后来托尔金作品版权纷争中所做的那样，它的竞争对手巴兰亭出版社紧随其后在1963年初推出了该作品的官方授权版，并且还同步上架了巴勒斯的一整套"人猿泰山"系列丛书（更多细节可参见理查德·卢泊福的《埃德加·赖斯·巴勒斯：冒险小说大师》）。随后几年中，巴勒斯作品的平装版卖出了数百万册，它们和托尔金的著作一起，塑造了新一代奇幻文学读者的品位。无疑是受到了巴勒斯和托尔金作品热的启发，兰塞出版社于1966年再版了罗伯特·欧文·霍华德的作品（由L.斯普拉格·德·坎普编辑），在大量年轻读者中售出成千上万册。接下来的事情就是我们熟知的历史了：描写英雄冒险历程的奇幻小说最终发展成为一种备受瞩目且十分畅销的出版作品种类。

也许人的内心世界就需要神秘事物和魔法，需要有这样一种感觉，那就是在山的另一边或海的远处，在地表之下或天空之上，存在一个与我们生活的世界截然不同的地方以及比我们人类更强大（或更高尚）的种族。你可以把这样的地方称为遗失王国或者仙境，可以认为它们真实存在或不存在，但事实是它就源于我们内心的渴望。

在人类历史的绝大多数时间以及史前时代，大多数时期的大多数人身上都存在这种对世界"未知"的状态，在一个人们活动范围不过离家几公里的世界里，这就是生活的常态。

今天，虽然我们从现代科学、现代医药、现代交通以及现代通讯中获益良多，但我们失去了对相异物质和神秘事物的感知能力，而它们恰恰是人类想象力的来源。如今我们的世界里到处都是柏油和钢筋，神秘的森林日益缩小；当我们从廉价航空公司的飞机中走出来时，我们发现到处都是和我们一样的人，过着一样乏味的生活。

在驯化这个世界，并将其改造成我们理想状态的过程中，或许我们已经将它建成了一片想象力的荒原，它渴望着重生。奇幻文学正是对这些人类古老而基本的需求和渴望的一种回应。

新的世纪已经在我们面前徐徐展开，可以看见生活方式正在发生变革，它对人类来说是一种全新的体验。新的科技在我们彻底弄懂它的运作原理以及对社会的影响之前就已经在生活中获得广泛运用。今天的世界比以往任何时候都更像一个新事物与我们熟悉事物的奇怪混合体——人类已经将全球都容纳进了地图,在谷歌街景软件里可以看到任何一条道路的影像,但谁又能真正知道量子计算、人工智能和深网中正在发生着什么?以人类祖先的标准,我们已然是魔术师,仅仅用几个简单的动作或是输入几个精心编辑的词语就能召唤出关于交通或是食物的知识。

在这样一个时代里,去发现一个从未被发现过的世界比以往任何时候都更加重要。如果已经无法深入理解身边的每个事物,也就不可能找到一种方式来了解我们的世界,并且取得对其清晰的认知。这种情况下,毫不奇怪,奇幻文学将是——并且在几十年前已经成为——继浪漫爱情小说后最受欢迎的文学类型。

我们的生活被拥有奇怪名字的"异族上帝"所统治——脸书、亚马逊和帕兰提尔,它们是一些拥有巨大力量和奇怪念头,独特而神秘的公司。我们住在由钢筋、水泥和玻璃组成的变异的森林里,永远无法知道哪儿会伸出一双奇怪的眼睛偷窥自己。在这里,致命的钢铁巨兽在破旧的公路上横冲直撞,时而咆哮,时而低鸣,散发出难闻的恶臭。我们日夜都被魔盒所捆绑,用手指一点,它就会无休止地、疯狂而愤怒地叽喳乱叫。

在这样一个世界里,人类拥有的深厚历史也难以教导我们该如何应对它,因此与那些我们所能够理解的事物重新获得联系显得比以往任何时候都重要,它们是勇气、爱、正义、反抗精神和对自然的尊重——将自然看作是一种需要小心应对的力量而非挂满头颅的末世。通过奇幻小说,我们又重新与魔法和奇迹建立起联系,它们曾经存在于人类的世界中又被粗暴地祛除。如果没有它们,我们将彻底地迷失在这世界里。

厄休拉·安德里斯在《她》中表现得冷峻威严

第一章
奇幻文学的类型

非常幸运，创作奇幻文学并不是一件规矩齐整的活儿，而是充满创造力、想象力和乐趣的事——大多数类似的事物都有同样的特性——那种与生俱来的无序性。我们无法为奇幻文学找到一种简单的定义，使得它既能宽泛到包含所有幻想的事物，又能严格到排除所有非幻想的事物。实际上，我们总能在奇幻文学王国边界的某个角落外面发现一些最有趣的东西，而那里也正是界限开始瓦解的地方。

不同类型的奇幻文学都是这样，而文学也确实存在着不同类型。你可以试着比较吉姆·布彻的"德累斯顿档案"（从2000年开始）系列小说，托尔金的《指环王》（1954年）和理查德·亚当斯的《沃特希普荒原》（1972年）——它们在后文中都会提到。这些作品之间的差别很明显，你能很容易将其进行区分。同样，我们也能轻松地将它们分别对应到不同的奇幻类型中去。"德累斯顿档案"属于都市奇幻类，因为它讲述的是一位生活在芝加哥的巫师兼私家侦探的故事。《指环王》属于严肃奇幻类，因为它围绕着英雄战胜邪恶的史诗类主题展开，故事则发生在一个住着奇怪魔法生物的完全虚构的世界里。《沃特希普荒原》属于动物奇幻类，因为它描写的是一群显然被赋予了人类智慧和本能的兔子拼搏奋斗的故事。

但是，你将如何归类这样一部奇幻小说？它讲述了在一个所有动物都拥有人类智慧的虚构世界中，英雄战胜邪恶的史诗故事（阿兰·迪恩·福斯特的"魔法歌者"系列小说）。再比如，你又如何归类这样一部奇幻小说：它讲述了在一个住着奇怪魔法生物的怪异魔法平行世界中，一位来自现代伦敦的英雄与邪恶斗争的故事（柴纳·米耶维的《伪伦敦》）。

答案就是没有确切答案。没有一种奇幻文学类型的边界不是模糊的，也没有一种奇幻文学不在某些地方和其他文学种类有所重合——或是和科幻小说，或是和恐怖小说，或是和浪漫小说，或是和任何一种你能想象得到的小说。即便如此，我们还是要为你列出奇幻文学中那些被大多数专业学者所接受的主要子类型，并以此作为本书开篇，因为学者就是喜欢钻牛角尖。当然，其中任意一部作品在列表中的分类都是可以商讨的。

除了子类型以外，奇幻文学中还有很多反复出现的主题。和任何一种小说一样，奇幻小说中会一再出现某种想象和故事元素——实际上这些概念（常被称为题材）赋予了奇幻文学独特的味道。我们会大致描述一下其中一些相对更常见和更重要的题材，然后仔细介绍一下两种最重要的：探险题材以及善恶相争题材。

对页图：
亚瑟·拉克姆在《癞蛤蟆》中采用了肯尼斯·格雷厄姆在《柳林风声》中洗衣女工的扮相

类型

严肃奇幻

大多数人说"现实"奇幻的时候，他们其实是在说严肃奇幻。它在这所有奇幻文学类型中居于核心地位，大部分讲述的都是正义对抗邪恶的英雄战斗。严肃奇幻都会生动细腻地构筑一个从未存在过的世界作为故事背景——它不是历史世界的魔法版本，也不是古代传说发生的地方，而是一个完全独立的魔法奇幻王国。实际上，严肃奇幻小说的核心英雄常常是这片幻想大地自身。尽管故事中有各种各样的英雄和恶魔相互斗争，但真正在冒险的是这片土地，它出现在故事的每一页，同时也构筑了故事的情感背景。托尔金称这些虚构的幻想之境为"第二世界"，一些奇幻文学的学者也使用这个术语。

严肃奇幻也被称为史诗奇幻或者英雄奇幻，从这些名称中也能一窥其真容。严肃奇幻小说中的故事从广义上来说可以看作英雄史诗。当中会有一个主要英雄人物，他或她会遇见其他一系列人物，他们的行为以及彼此之间的互动交织出一张网，将故事和背景世界联系在一起。这其中的背景世界自身就具有独特的文化、历史、地理和寓言意义，失去它整个故事将分崩离析。

严肃奇幻作品一般都是长篇巨作，超过五百页的作品十分常见，而且同一系列经常会推出三部曲甚至更多，一些系列已经出了十几本书。但是最终，所有的史诗故事都必须有一个结局。即便是最长篇的严肃奇幻小说也会逐渐走向一个显而易见的结局，哪怕只是暂时的。作者在推出主要的系列三部曲后接着推出续集三部曲，而后是前传三部曲，甚至还有衍生三部曲都不是什么新鲜事。

尽管是托尔金将现代奇幻文学塑造成了目前的样子，但公认的严肃奇幻小说之父却是威廉·莫里斯。其作品《世界尽头的井》完成于1896年，1975年再版时的版本超过五百页，是一部用古老风格写成的探险浪漫小说。这部小说发行时并不十分受欢迎，但它激励了一大批年轻作家投身奇幻文学的创作。这些作家——例如邓萨尼爵士、E.R.艾迪森以及C.S.刘易斯——前赴后继，最终塑造了奇幻文学。

这些早期奇幻作品为20世纪最伟大的奇幻小说——托尔金的《指环王》的诞生奠定了重要基础。这部小说首次问世是在1954—1955年间，接连出版了三册，但与其说这是三部曲合集倒不如说是将一部长篇小说切分成六个子部分出版。托尔金积极争取将这部作品以一本书的形式出版。一开始，《指环王》似乎注定要和莫里斯与艾迪森的浪漫小说一样默默无闻，之后用了十几年的时间才获得读者的广泛认可。

1965年《指环王》的美国平装版在争议声中问世，随之而来的是这部作品的最终走红。关于盗版平装《指环王》的争议可能也帮助这部作品收获了其应有的关注度，它最终成为20世纪最畅销的小说之一。《指环王》的巨大成功来源于托尔金宏大叙事所带给作品的难以置信的丰富质感，以及中土世界对读者的强大吸引力。

读者若能坚持读完最初几章——这部分的风格还只是舒适温馨的，他们很快就会发现自己拜倒在作者更为宏大的叙事风格之下。这部作品成功的秘诀在于它将读者带上一段无尽的探险之旅。神秘的预兆、艰险的路程、瑰丽的风景、环绕四周的敌人、当下紧迫的任务以及魔法的启示——作者以一种极佳的节奏感将这一切娓娓道来。全篇叙事节奏舒缓，因为这部小说本身就很长，但就是在这不慌不忙的节奏中，它形成了一种如潮汐般跌宕起伏的力量。

托尔金在此后漫长的余生中继续描述他笔下的中土世界，这些都呈现在《精灵宝钻》（1977年）等许多其他遗作中，由其子编辑整理。无论之后这些作品具有多么大的学术价值，它们都缺少了让《指环王》系列焕发生机的核心特质——那种未经雕琢的故事所具有的原始质朴之感，它充满了光辉的力量。

托尔金在20世纪60年代成为赫赫有名的畅销书作家。他的作品为各种形式的奇幻小说走向市场扫清了道路。但托尔金为奇幻文学留下的直接遗产直到十二年后才显露出来。1977年是重要标志——这并不是指《精灵宝钻》的出版，而是指第一次出现了两位先前默默无闻的美国奇幻小说作家突然成为新的当下畅销书作家的现象。如果不是有托尔金这一先例，那这两位作家的突然蹿红可能就不会发生，他们的作品甚至可能都不会出版发行。

一些评论家批评特里·布鲁克斯的《沙娜拉之剑》抄袭了托尔金的作品，但这并不妨碍其大卖，并为更多奇幻小说的问世树立了榜样。斯蒂芬·R.唐纳森的《托马斯·卡沃农编年史》原创性更强并且更有意思，但毫无疑问也是受到了托尔金作品的启发。唐纳森构设了一个细节翔实的第二世界——大陆，在这里，通过魔法，从地球上来的英雄们开始了一段打败腐朽邪恶势力的非凡旅程。虽然大陆有点像托尔金作品中的中土世界，但主人公托马斯·卡沃农与托尔金笔下任何一个英雄的性格都不相同。卡沃农是一个压抑的、时时充满敌意而又孤独的人，深受麻风病的折磨，他无法让自己相信大陆这个世界。对大陆这份抵制所带来的疏离与愤恨促使他做了一些可怕的错事，之后一个悲剧叠加着另一个悲剧而来，直到他带着大陆走向毁灭的边缘，他终于找到了让自己真正融入大陆的力量。

随着布鲁克斯和唐纳森的出现，严肃奇幻进入了一个能被商业社会所接纳的时代，成为一种能给出版社带来财富的小说类型。这与20世纪初的情形已经大为不同，那时例如《乌洛波罗斯的蠕虫》（1922年）这样的作品第一版只能卖出几百本。现在的严肃奇幻已经成为出版业中的领先者：从中也很容易看出奇幻文学对大众的意义。如果按照目前的趋势发展下去，可以预见严肃奇幻在未来几年仍将继续为数百万读者带来欢乐。

剑与魔法

虽然弗里兹·雷伯在20世纪60年代早期创造了"剑与巫术"这个术语，但其所指代的奇幻子类型在20世纪30年代就已经诞生——确切来说是起始于罗伯特·E.霍华德写的故事《野蛮人柯南》。这类奇幻小说一般主要描写一位强大英雄人物的英勇冒险，他到处游历并以英雄之举作为娱乐自己的方式。其核心情节是英雄让自己陷入麻烦，然后通过冒险让自己脱离险境，通常为了弥补他所遭受的痛苦，其将获得令人惊叹的珍宝。这些故事常呈现松散、高频次以及充满活力的特点。一般来说，阅读其中一个故事并不需要以了解其他故事作为基础——刊登在杂志上的小说必须要有这样的特性，而"剑与魔法"类小说即诞生于此。

柯南系列故事最早出现在廉价杂志《奇幻故事》。这些作品绚丽多彩且天马行空，充满激情的冒险以及主人公柯南身上带有的那种英雄主义和男子气概。柯南拥有一个英雄应当拥有的一切——他是致命的剑客、技艺高超的小偷、足智多谋的将领、充满激情的爱人，有着巨人的体魄以及对魔法的极度不信任。霍华德的故事里充斥着战斗，以及时不时出现的生活在各个苦难国度中的丰满少女。尽管霍华德悲剧地以自杀的方式结束了自己年轻的生命，但

阿诺·施瓦辛格饰演的柯南是"剑与魔法"类小说的典型形象

他也写出了足够多的短篇故事和中篇小说（以及一部长篇小说）来塑造出柯南这个人物形象并使其成为西方文化中一个理想化的传奇角色。其他作者也很快跟进，其中最具影响力的是弗里兹·雷伯。

雷伯从 20 世纪 30 年代开始创作那部愉快又热闹的关于野蛮人费哈德和他的小偷同伴灰鼠的故事。他们被誉为全宇宙最伟大的剑客，一路上了经历了数不清的坏蛋、危机和热情的恋人。他们总能找到时机开一些善意的玩笑，挫一挫对方的锐气，并一次次拯救兰诃玛城。和柯南系列一样，"费哈德与灰鼠"系列绝大部分是短篇故事，只有一部是完整的长篇小说——《兰诃玛之剑》（1968 年）。就像通常的两人组故事一样，这部小说充满了乐趣。

英国小说家迈克尔·穆考克将剑与魔法类奇幻小说带向了另一个方向。他创造了一位拥有红色眼睛身患白化病的反英雄——艾尔瑞克，这部作品刊登在 1961 年的《科学奇幻》杂志上。穆考克创造的剑与魔法奇幻小说的这一分支充满了黑暗和讽刺。艾尔瑞克因罹患白化病而跛脚，他的佩剑——具有部分感知能力的"符咒之剑"——"风暴召唤者"为这位无精打采、身体羸弱的人注入了惊人的体力和耐力。这把恶魔之剑吮食着所杀之人的灵魂，偷取他们生命力的一部分献给它的主人。艾尔瑞克不喜欢这种如吸血鬼般的能力并厌恶它的这把武器，而"风暴召唤者"显然也很讨厌它的主人，但他们已经形成了难以分割的关系。艾尔瑞克愤怒并不是因为他品德高尚，实际上他在大多数时候都很邪恶。他憎恶"风暴召唤者"更多的是因为他怨恨自己这副羸弱的身体，并且"风暴召唤者"总是吞噬他所爱之人的灵魂。

与其他剑与魔法类作品一样，大多数艾尔瑞克故事都很短，并且很多都是先在杂志上刊登。之后穆考克又扩展了他所创造的世界，以便于容纳艾尔瑞克灵魂在不同时空中的许多不同化身，几乎所有这些化身都和其早期故事中的一样带有令人兴奋的创造性的阴郁风格。在当代，他仍然是剑与魔法类奇幻小说的重要作家。

剑与魔法类奇幻小说与托尔金的严肃奇幻完全不同。它主要刊登在廉价杂志上，篇幅更短，主要的目标受众是男性读者。作为奇幻文学的一种类型，人们常常抨击它充斥着极端主义、性别歧视和各种各样的罪恶，但最优秀的剑与魔法类小说作者创作的作品却充满智慧、想象力、有趣的黑暗元素以及最重要的——让人兴奋的故事。

浪漫奇幻

在奇幻小说的第二世界中，或是在都市奇幻以及超自然奇幻的背景设定中常有很多传统的浪漫和情色元素。考虑到浪漫小说和奇幻小说是最流行的两大小说类型，这也就没什么好奇怪的了。但这种作品属于浪漫小说的子类型，而非奇幻小说——以浪漫小说为内核，幻想背景只是补充。归于奇幻文学范畴的浪漫奇幻小说则和它们不一样，它是浪漫化视角下的奇幻小说，是一种更为温和的故事类型，相比于阴暗奇幻，它处于奇幻文学光谱的另一边。

尽管在浪漫奇幻这一奇幻文学的子类型中，幻想背景是不可或缺的，但故事的核心往往聚焦在人物之间的互动以及人物间的欢快友情和舒适氛围上。故事的主要人物通常会形成一个紧密的团体一起去冒险，故事的大部分焦点在于团队自身的互动，既包括团队成员自身的互动，也包括与外界的互动。这常常会使故事发展到后来带有一些政治阴谋的色彩。

浪漫奇幻与其他奇幻类型明显的不同点在于，在浪漫奇幻中，魔法是世界自然秩序的产物。而不像剑与魔法类奇幻小说中那样是来自外界的邪恶力量，也不像严肃奇幻小说中常描述的那样，是一门只被小部分人使用的晦涩难懂的科学。在浪漫奇幻作品中，魔法只是一种简单的天赋，是一种神秘力量自我表达的天生渠道。最主要的不同在于，浪漫奇幻中的魔法是一种健康积极的力量，与整个世界和谐一致。反正对当中的主人公们来说是这样。

浪漫奇幻中主人公的典型形象是要么年纪轻轻且刚刚失去亲人，要么最近才意识到自己被迫进入了一个更广阔的世界。他们将在很短的时间内发现生活中出现很多新的事物，包括一个旨在破坏颠覆世界的可怕阴谋、自己拥有的不断增强的天赋、一群身怀异禀并将成为自己好朋友的伙伴以及一位一直等待自己的人生伴侣。这群伙伴通常拥有高贵的血统或是背负特殊责任、具有重要影响力的人，当然主人公本身也常常会被冠以这样的人物背景设定。在故事的最后，主人公会收获胜利、魔法、真爱以及一个叫作"家"的地方。浪漫奇幻可以说是有点无耻的爽文，而不是具有挑战性的一类作品。目前最具影响力的浪漫奇幻作品仍然是大卫·艾丁斯创作的充满魅力的小说《圣石传奇》（1982 年）。

阴暗奇幻

在阴暗类奇幻作品中，每一个人都是堕落的，即使灾难已经逼近，人们却还将力气花在喋喋不休的争吵与背后中伤他人上。感情受到伤害的主人公尽管拼尽全力，却仍未能阻止局势进一步恶化。他或她的痛苦终于在毫无意义的死亡中停止，而所有他爱之人即便有幸活到最终章也将死去，他们的尸体此时也都血淋淋地躺在他四周。

阴暗奇幻的兴起可以视为对多愁善感的浪漫奇幻和崇尚道德的严肃奇幻的叫板。现实生活并不快乐，每件东西都是灰暗的，所有生命都不可避免地会走向坟墓。为什么奇幻文学就不能反映这样一个重要的事实呢？因此，新一代的奇幻故事应运而生，在这些故事中，每个角色在道德上都有缺陷，勇敢和高尚的人很快就会在屈辱中死去，坏人反而繁荣兴盛并且总能逃过报应，每次想将事情变好的尝试反而会将其引向覆灭。

这种故事对于那些已经厌倦了看主人公撑起一部小说三分之一章节的读者来说十分新奇，并且迅速流行开来。

阴暗奇幻之所以能成功，部分是因为超越了传统奇幻小说的套路和定义。在传统奇幻小说中，魔法是具有超自然属性的美好事物的来源——可能有些危险，但也是神奇的、充满希望和纯洁无瑕的。因此阴暗奇幻故事都发生在低能魔法世界中，这能吸引那些对奇幻作品中的魔法并不热衷，却对无尽的背叛、绝望和无用的英雄主义充满兴趣的读者。

阴暗奇幻的经典之作便是乔治·R.R.马丁获得巨大成功的《冰与火之歌》（从 1996 年开始创作）。但这部小说的灵感来源很显然是斯蒂芬·唐纳森笔下的托马斯·卡沃农，并且还能一直追溯到悲剧神话诗歌——奥菲士和欧律迪克，以及尼俄伯、康沃尔和伊索尔特的故事等。当然，悲剧神话中存在一种特有的高贵，这是阴暗奇幻常常所不具备的。俄狄浦斯从本质上说并不是一个邪恶的混蛋。因此，阴暗奇幻的灵感更多是来源于"逼真的"犯罪电视剧以及比这更早的犯罪电影。

军事奇幻

这一类型的奇幻小说主要关注战争的本质与技术。当然，在各类构建了第二世界的奇幻小说中，大型战争场景非常常见，但军事奇幻将绝大部分关注点都聚焦在战争背景下"真实"的日常生活上。从名字就可以看出，小说的主角通常是战士，只不过军衔会有差异。如果主人公是低军衔，故事的主线通常就会聚焦在战士的生活方式以及与敌军战斗的经历上；如果主人公是高军衔，故事的主线就会更偏重于战术技巧、战役筹划和政治谋略。有时，主人公也会是一名独狼式的人物，当战争摧毁了他周围世界的时候，他选择加入一项极其重要的军事任务。

魔法实际上会给军事奇幻作品带来诸多不便。背景设定的魔法元素越强，就越难以塑造故事中军事元素所必需的真实感。如果敌军的魔法师一掌就能摧毁一座城堡那还有什么必要建造它？让步兵和喷火的龙对阵又有什么意义？因此，军事奇幻中的魔法元素一般都比其他类型的奇幻作品弱，要么是在背景设定中就很罕见，要么是只有邪恶力量才拥有。

军事奇幻故事通常会反映现实的残酷，基调阴沉，不崇尚道德，而且常常是悲剧。很多时候军事奇幻和阴暗奇幻有很多重合之处。无论在幻想世界还是现实世界中，战争就是地狱。最具影响力的军事奇幻作家是大卫·盖梅尔。

谋略奇幻

并非所有的奇幻故事都描述的是勇敢的英雄踏遍每一片土地与终极邪恶斗争。还有很多小说描写的是主人公如何与周围的一群人互动并实施计谋。谋略奇幻也被称为政治奇幻，但后面这个称呼有些局限。谋略奇幻小说中的战斗和任何剑与魔法类奇幻小说中的战斗一样，都是生死

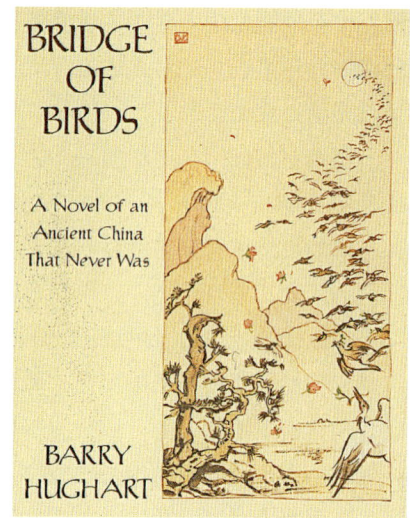

融合迷人而诡谲的现代中式元素是巴里·休哈特《鸟之桥》的典型特点

攸关的，不同的是这里的武器不是钢铁，而是语言、责任和信息。近期最令人满意的谋略奇幻作品是雷蒙德·E. 菲斯特与詹森·沃兹合著的"帝国"三部曲（1987—1992年）。

神话奇幻

许多奇幻故事从神话和传说中汲取灵感，而神话和传说又是从已经枯死的宗教残骸中发展而来。奇幻故事中出现的绝大部分生物都来自于各种传统神话——例如现在人们熟悉的主要精灵和矮人就来自于北欧神话。在某种意义上，所有奇幻故事都直接或间接来源于神话。因此为了能有效区分，神话奇幻这一称谓单指那些以某一特定传统神话为背景的奇幻故事。

当然神话也有很多种类，但并不是每一种都会诞生同样数量的奇幻作品。尽管北欧神话和希腊神话可能在塑造现代奇幻作品的风格上最具影响力，但它们在现代奇幻作品的背景设定中并不常见。它们可能是自己过度成功的受害者，由于读者都太过熟悉它们，所以在作为神话奇幻小说背景时反而不够吸引人。

其他的神话体系似乎对奇幻作家来说更具吸引力。西欧的亚瑟王传奇故事仍然是最流行的神话奇幻设定。历史上亚瑟王的真正出处仍然不得而知。根据一些古老史料的记录，猜测他可能是一位5世纪时的英国军事领袖，但资料还是太少，因此也产生了很多争论。无论真相如何，他肯定与神话人物之间存在一点宝贵的联系。

如果从我们最早知道其存在的时间来算，亚瑟王的出现可以追溯到1136年，在蒙茅斯的杰弗里所著的《英王史》中有所记载。尽管《英王史》据称是一部历史著作，但杰弗里的手稿相当丰富多彩，他将大量的笔墨都用于描述亚瑟、格温娜维尔、魔法师梅林和背叛者莫德雷德的故事——其灵感极有可能来源于更古老的威尔士神话。尽管此书所记载事迹的真实性存疑，但它还是在英法两国贵族中获得了巨大成功，亚瑟王也迅速成为全西欧中世纪浪漫小说最受喜爱的主题。

洛伯特·卫斯与圣杯一起在1155年加入圆桌骑士，25年后，在克雷蒂安·德·特鲁瓦的著作中，朗斯洛爵士也第一次加入了队伍。其他作家也不断添砖加瓦，直到托马斯·马洛里1470年前后发表作品《亚瑟王之死》，整个故事的所有人物才最终定型为目前的样子。最权威的现代亚瑟王传奇小说——至少到目前为止——仍然是T.H. 怀特的《永恒之王》（1958年）。尽管文中用了很多过时的类比和明喻，而且故事本身比大多数作品都更具魔法色彩，这仍然是最有影响力的关于亚瑟王的作品。

古中国神话也是神话奇幻惯用的另一大主题。中国文明绵远悠长、独具特色，很有利用价值，中国人自己对其神话般悠久历史的描述也极其充满魔幻色彩。当然中国人自己也创作了很多奇幻作品，在西方最为著名的是施耐庵（也有说法为罗贯中）所著的《水浒传》（中国明朝时期），以及吴承恩的《西游记》（1592年），它还有一个更著名的名字《美猴王》。这两部作品风格都很欢快，具有强烈魔幻色彩，并且像荷马的《奥德赛》和《伊利亚特》一样高度重复，至少原始版本如此。

另一部同样脱胎于中国神话故事但更加现代的神话奇幻作品是还珠楼主的《柳湖侠隐》（1946年），它像剑与魔法奇幻小说一样最先刊发在中国的报纸上。尽管其英文版直到1991年才发行，《柳湖侠隐》对武侠小说这一文学类型的创立影响很大——武侠小说就类似于东方的剑与魔法类小说，大多数中国香港魔幻武术电影就是以其为蓝本拍摄的。这些电影——以及由其催生的漫画和书籍——是中国神话奇幻文学的真正继承者，并且在全世界都十分受欢迎。

如果告诉你有很多西方作家也从中国神话中汲取灵感，那也没有什么好惊讶的。这些作家中的很多人也因此获得了商业上的成功，这很合理，至少在西方是如此。其中最重要的是欧内斯特·布拉玛，他创作了一系列关于流浪故事小说家开龙和其讲述的荒诞故事的反讽小说。第一部《开龙的钱包》发表于1900年。最近一位在作品中带有迷人幽默风格和中国元素的作家是巴里·休哈特。他创作了关于解谜圣人李高和其助手10号公牛的风格欢快的三部曲小说，第一本是1984年出版的《鸟之桥》。

神话奇幻的第三个重要灵感来源是《一千零一夜》，也就是通常所说的《阿拉伯之夜》（约1706—1721年）。它是世界上最伟大的故事集之一。这本书中包含了大量故事，据说是山鲁佐德为了免于被杀的命运，每晚讲给她残忍的国王丈夫听的。其中故事的来源十分多样，包括阿拉伯、波斯、印度，甚至是埃及，关于这些故事到底是何时定型的也有很多争论。一般认为是900年至1400年之间。很多故事可能一开始就是由专职作家创作的，而非民间传说，因为中世纪的阿拉伯文化已经高度发达且精于读写。

并非所有《阿拉伯之夜》中的故事都是奇幻故事，但其中属于奇幻类的故事名单还是令人叹为观止：《阿拉丁和神灯》《乌木马的故事》《辛巴达航海记》《黄铜之城》《阿里巴巴和四十大盗》《海姑娘和她儿子的故事》等。这本故事集的印刷版首次问世是在18世纪的法国，由安托万·加朗翻译和编辑。此前的手抄本都未能留存下来，因此关于其中究竟有多少故事属于加朗自己创作的还有很多争论。

不过这其实并不重要。神话的最初样貌已经遗失在历史中，就如同那些孕育出神话的真相种子一样不得而寻，但这并未改变神话在塑造现代奇幻文学中所扮演的重要角色。

童话

童话是对古代民间传说和口口相传的神奇魔法故事进行提炼后的产物。古老的童话为世界提供了道德基础，为一个社会模式的运行建立起自然秩序和正义感。在童话中，邪恶的人会遭到报应，遇到由魔法造成的灾害，贪婪也会招致毁灭。口口相传的传统讲述形式让童话变得更加鲜活，并且在每次讲述的过程中都会被修改，几个世纪不断的发展变化使得它们更为贴近当下的情境。只有印在纸张上，童话故事才会停止变化，这时候来源和样貌演变过程的探求才能找到依托和意义。

童话故事首次成为一种商业文学形式是在16世纪的意大利，一些童话作品集在当时已经十分流行。真正为童话奠定文学基础的则要追溯到17世纪末的几部作品，包括1696年出版的玛丽·凯瑟琳·奥伊诺的《精灵的故事》以及1697年出版的夏尔·佩罗的鹅妈妈童话故事合集——《旧时故事和童话寓言》。鹅妈妈童话故事集中囊括了很多今天依然脍炙人口的故事，例如《睡美人》《小红帽》《灰姑娘》。尽管这些童话起源于意大利，但法

著名的《小红帽》海报由约翰·哈索尔创作于1898年

第一章　奇幻文学的类型

国版本的童话合集对其进行了打磨使其更符合上层社会的口味，同时也为童话这一奇幻文学形式设定了边界。

这些童话合集的成功促使它们被翻译到国外，并且以廉价书籍的形式在各处出版。得益于童话书籍的普及和其充满奇异想象的特点，童话故事开始成为一种专门针对儿童的文学形式。《威廉·格林和雅各布·格林童话》（一开始叫作《家庭童话》）首次问世于1812年，其试图重新收集古老的民间童话——例如在鹅妈妈故事集中留存下来的那些故事。而其他一些同时代的德国作家决定以艺术的名义创作自己的童话作品。一时之间，童话又开始兴盛。汉斯·克里斯蒂安·安徒生发表于19世纪30年代至70年代之间的高尚道德故事就是受这一时期德国童话复兴的直接影响，L.弗兰克·鲍姆的《绿野仙踪》（1900年）也是如此，这部作品试图将童话从古老的欧洲传说中剥离开来，并且大获成功。至此之后，很多现代奇幻作家都开始创作传统的童话主题故事。其中最为成功的当属罗宾·麦金利的《美》（1978年）和艾伦·库什纳的《诗人托马斯》（1990年）。

动物奇幻

人类十分擅长拟人，也就是把人类特点赋予到非人类身上。这就让不熟悉的事物也变得容易辨认，同时也便于理解与共情。在很多现代自然类纪录片中就能清楚地看到，所有可爱的动物都有名字，旁白会尊敬地介绍它们的情感与动机。这些节目在描述其中出现的动物时，会将其视为拥有普通人类情感和智商的存在，并在摄制过程中反复对其进行报道。从广义上说，这些纪录片尽管建立在对事实合理地猜测之上，但其实就是动物奇幻作品。

动物奇幻故事——这些故事中的角色是动物，但被赋予了人类的情感和智商——和民间童话一样古老。最早有记录的作品是伊索著名的寓言，大约收集于公元前600年。其在两千多年前对人类本性深刻而智慧的观察在今天依然适用。此后作家们笔下的动物奇幻故事就几乎从未间断过。其中许多作品，例如乔治·奥威尔的令人毛骨悚然的《动物庄园》（1945年），是为了提醒人类审视自身。其他一些，例如肯尼斯·格雷厄姆的《柳林风声》（1908年），则纯粹是为了娱乐大众。更晚一些的是理查德·亚当斯获得大卖的作品《兔子共和国》（1972年），这部作品具有严肃奇幻题材中才会出现的艰难冒险和巨大考验等情节元素，因此也成为史诗动物奇幻的奠基之作。

遗失种族奇幻

相比于三十年前，世界变得更小，各地之间也更为熟悉。新闻报道、纪录片、杂志和互联网使我们对地球另一端的情况更为了解。随着知识的增长，人们对遗失种类奇幻文学也逐渐失去了兴趣——人们很难再相信还有什么隐藏的国度、被遗忘的文明、被禁止进入的山谷以及遗失的部落和种族等。当今世界的信息太过发达，这个星球上的每一寸土地的照片都能在谷歌地球上免费查看。

亨利·赖德·哈格德在1885年出版的小说《所罗门国王的宝藏》开创了遗失种族类奇幻小说流行的时代。小说中的故事发生在尚未被西方殖民帝国踏足的非洲土地，当时人们还认为在那片遥远的地方存在着奇迹之地。很快就出现了许多跟风而来的模仿者，他们都把故事的背景设定在未被西方世界发现的那些仍可能存在神秘事物的地

1945年的《一千零一夜》中，雷克斯·英格拉姆饰演的巨人用手指拎着阿拉丁（科内尔·玉尔德饰）

奇幻盛宴：文学、影视、游戏中的幻想世界

方。其中一些故事，例如哈格德的《她》，明显是超自然的；而另一些，例如埃德加·赖斯·巴勒斯的"人猿泰山"系列故事则更像冒险故事而非魔法故事。"夺宝奇兵"系列电影和"古墓丽影"系列电影是仍能看到遗失种族类奇幻影子的当代作品，但这类奇幻文学已经被淘汰了。

黑暗奇幻

黑暗奇幻是奇幻文学和恐怖文学的混血。很难对它的类属进行明确的区分。奇幻文学和恐怖文学都会激起人们巨大的情感反应，因此黑暗奇幻兼具这两种类型的特点。其作品十分多元，只要是风格阴冷荒凉的小说都行，比如卡尔·爱德华·瓦格纳的"凯恩"系列小说，还比如布莱姆·斯托克的《德古拉》。事实上，是瓦格纳最先创作了"黑暗奇幻"这个词。但主要的黑暗奇幻作品都处于"凯恩"系列和《德古拉》这两个极端之间——在这些作品中，通常既有巨大的个人危险也有末日般的世界性危机，主人公既孤立于世也技艺卓群。

现在的黑暗奇幻作品大多在主菜——也就是主线的选择上向恐怖文学靠拢，同时用奇幻文学的场景和情节进行适当调味。关于吸血鬼和其他黑暗生物的故事十分流行，作者在描述这些超自然的生物时多少会赋予它们一些人类共通的特点。当中也会有大量打斗和冒险情节，这些在传统的恐怖故事中一般不会出现。

以幻想世界为背景且以恐怖元素为特色的故事并不常见，可能真正有影响力的恐怖故事需要的是可信度和辨识度而非幻想出来的事物。但它们确实也存在——"龙与地下城"系列书籍和游戏绝对算是奇幻作品——但它们并不典型。

黑暗奇幻最伟大的人物之一是美国作家霍华德·菲利普·洛夫克拉夫特，其被誉为恐怖文学的奠基者之一，同时也是一名极具想象力的奇幻小说作家。他的很多作品相比于主流恐怖小说更像是黑暗奇幻，有几部甚至可以被归类为传统奇幻文学，类似于邓塞尼的奇幻寓言作品，但这确实不是洛夫克拉夫特的代表作，洛夫克拉夫特作品中真正具有影响力和重要性的是其创作的残酷绝望的神话，那些才是他写出的最好的故事。

洛夫克拉夫特是一个苦恼、离群索居并且抱有深刻种族偏见的人，他身体中长久以来存在的邪恶以及与日常生活的隔绝成为他写作的源泉。在克鲁苏神话，也是目前所知的由其创造的神话体系中，人类生命和文明是飘浮在无尽的黑暗与恐怖中的微弱光点。人类是反自然的存在，我们之所以能够受尽苦难而存活是因为宇宙真正的统治者被暂时封印起来。他们是全能的、超越道德的、纯粹腐朽和毁坏性的力量。当星宿运行到正确的位置上，他们就会回归，到那一天，世界上所有的沾染物——也就是生命，都会被清洗干净。即使他们现在被驱逐，他们还是凭借自己的影响力和代理人在我们中间播种混乱和不幸，寻求将人类引向毁灭。

尽管存在风格阴郁和文化上的偏见这样的缺点，洛夫克拉夫特的作品还是在整个20世纪鼓舞并直接塑造了黑暗奇幻这一奇幻文学的分支，并且至今仍然极具影响力。他最出色的那些黑暗奇幻作品——例如《疯狂山脉》（1931年）、《节日》（1923年）和《梦寻秘境卡达斯》（1927年）——读起来就像生动连贯的噩梦。事实上，它们本身常常就是噩梦。

下面这个是离我们现在更近一些的黑暗奇幻作品，它展示了黑暗奇幻的真正精神：预言中具有强大力量的天选之子和一群支持他的忠实而值得信任的伙伴一起踏上了一段从地狱中拯救世界的恐怖旅程……我所说的当然就是乔斯·韦登的电视连续剧《吸血鬼猎人巴菲》（1997—2003年）。这部电视剧中具有吸血鬼、恶魔、黑魔法和其他恐怖文学元素，但是除了孤独和恐惧以外，整部剧中也闪耀着巴菲所点燃的史诗类作品才有的特性：主人公踏上了拯救世界的冒险之旅，她的身边围绕着同伴和导师，她对自己发现的魔法世界并不感到恐惧。说到能够同时具备奇幻文学和恐怖文学两者特性的黑暗奇幻作品，没有比这部电视剧更好的例子了。

有几种更小众的奇幻文学类型也具有一些黑暗奇幻的特点。超自然奇幻专门聚焦于那些当代超自然科学学者认为现实合理存在的奇幻元素——鬼魂、通灵之力、星体投射、转世以及其他神秘元素，但是没有明显的魔法和怪物。和以前一样，故事的基调和主题——以及主人公所表达的惊奇的而非恐惧的情感反应——显示了超自然奇幻文学和超自然恐怖文学有所不同。理查德·马特森1958年的小说《回音震动》就是一个广受好评的例子。

另一类奇幻文学混合了黑暗奇幻的主题和18世纪浪漫文学的美学观及惊险故事，那就是哥特奇幻，其最大的特点是极具感染力。它像是在欢乐的恐惧中的尽情狂欢，周遭充斥着堕落和腐朽的气息，这常常将读者——以及作品——带向情感的极限。和超自然奇幻一样，哥特奇幻的故事通常发生在现实世界，但是有些故事也发生在第二大陆——例如马尔文·皮克的《泰特斯·格罗恩》（1946年）。

都市奇幻

都市奇幻故事就发生在我们所居住的现代社会——我们都认为我们所居住的现代社会应当是绝对真实的，不存在什么奇幻事物——但事实并非如此，只不过大多数人还未意识到。魔法和超自然生物秘密地存在于这个世界上，它们像普通人一样生活，并以此为掩饰。这些奇幻生物可能自古以来就存在于我们周围，也可能来自于其他世界，随后侵入了普通人类构成的正常社会以及主人公的生活当中。全世界的人们都照常地过着自己的生活，对潜藏着的奇妙或是危险事物一无所知。这种隐秘性是定义都市奇幻的重要属性，如果在一部以现代社会为背景的奇幻故事中，这种奇幻力量的存在是众所周知并被大家所广泛接受的，那这就成了一部虚构历史小说而非都市奇幻。

都市奇幻既是一种小说类型，也可以说是一种小说风格，很多都市奇幻小说也可以归为其他小说类型——比如《吸血鬼猎人巴菲》既是都市奇幻也是黑暗奇幻，再比如吉姆·布彻的"德累斯顿档案"系列小说，作者在都市奇幻中熟练融入了讲述私人侦探故事的黑色电影风格。并非所有都市奇幻故事的发生地都是都市或城镇，但绝大多数都是如此，以至于它的另一个名称——现代奇幻反而变得不为人所知。尼尔·盖曼的代表作《美国众神》（2001年）可能是至今为止最重要的都市奇幻作品。

虚构历史

从宽泛意义上来说，虚构历史故事通常发生在一个以现实世界为蓝本的翻版世界中，那里发生的事件严重偏离于我们真实的历史记录。这是一个很宽泛的定义，按照这个定义，作为奇幻文学子类型的虚构历史实际上也可以归入科幻小说、推理小说乃至恐怖小说的范畴了。如果还是严格以奇幻文学的子类型来看虚构历史故事，那么其中对真实历史的改变必须和魔法、神秘主义、超自然生物以及其他奇幻主题有关——提姆·鲍尔斯的作品《宣言行动》（2000年）就是一个著名的例子。

从久远的过去到各不相同的未来，虚构历史故事可以发生在任何时代背景下。但是作为奇幻文学作品，它们大多发生在遥远的过去。以早期凯尔特人居住的土地为背景的作品十分流行，以至于它们都拥有了专门的称谓——凯尔特奇幻，凯瑟琳·库尔茨的"德雷尼"系列小说（1970年）就是其中的经典之作。

维多利亚时代的英格兰是另一个很流行的选择。"蒸汽朋克"最初就特指以虚构的维多利亚时代英格兰为背景的科幻小说（其名称来源是那个时代标志性的蒸汽动力技术），现在也常用以指代奇幻小说，既包括以虚构的维多利亚时代世界为背景的奇幻小说，也包括以完全重构的第二世界为背景，但其中带有维多利亚时代审美的奇幻小说。阿兰·摩尔的《非凡绅士联盟》（1999年）就是个很好的例子。

其他经常被用到的历史时代包括古希腊、古埃及、罗马帝国和古代中国。当然，并非所有以这些时代为背景的故事都是虚构历史小说：如果小说主角是神灵或是传说中的人物，那么它就应该被归为神话幻想。

往生奇幻

约翰·肯德里克·邦斯的作品《斯蒂克斯的船屋》（1895年）在19世纪晚期获得巨大成功，这本书中描写了历史上好几位已逝名人在死后相聚一堂所发生的故事。邦斯的大部分作品都完全或者说几乎完全建立在往生世界的背景上，而且其中虚构的人物很少。而离现在更近一些的该主题作品其背景设定则会既包含今生，也包含往生。这些故事中常会有亡灵或者天使回到人间完成未竟之事的情节。无论是上述两种类型的哪一种，往生奇幻通常都不会带有其他类型奇幻故事的元素。理查德·麦瑟森的作品《美梦成真》（1978年）就是一部出色的现代"邦斯式奇幻故事"。

题材

小说中有些关于情节、背景、主题和人物的概念设定会一再重复出现。从某种意义上说，这都是不可避免的——合情合理的人物形象只有那么多，开启一段冒险之旅的诱因也只有那么多……但是故事却无穷无尽。每一个虚构的情节、背景、主题或人物就如同一片雪花，它们独一无二且珍贵无比，但还是会和此前出现过的同类事物有相似之处。这些一再出现的概念设定又被称为"题材"（trope）。其实在更多情况下，人们还是用这一术语指代一种修辞手法(trope还有"比喻"的意思。——译者注），但在这里，我们还是使用它的另一个意思，用来指代一类想法的体现形式。

一部作品中存在之前同类作品中出现过的东西并不一定是缺点。我们不必将其贬低为陈词滥调。实际上，正是这些一再出现的东西使得不同类型和风格的作品呈现出自己的特点。尽管同一题材之间有相同之处，但题材的范围是很广泛的,还是有很多创新的空间。奇幻文学之所以能存在是因为人们相信魔法不仅是真实存在的,而且可以给世界带来重大改变。有多少个奇幻作家就有多少种不同的魔法,其中一些极其光彩夺目。如果失去了魔法,幻想又将存于何处?

题材不是缺点。如使用得当,它将成为黏合起一部作品的骨架。

善恶相争题材

正义与邪恶的斗争可能是奇幻文学中最具影响力的题材了。善的一方希望人人都能安好,而恶的一方则通常希望毁灭一切——特别是善的一方希望守护的东西,因此矛盾也随之产生。我们将在本节末对这一主题进行更为深刻的探讨。

探险题材

这是另一个奇幻文学中极其重要的题材,因此我们在下文中安排了专门篇幅叙述。英雄的探险之旅是小说中最基础的故事架构。多少年来它一再被分析研究,到现在仍然是最能激发想象的故事架构之一。像所有的题材一样,人们可能会因为懒惰而滥用它,但许多最重要的奇幻小说都是用的探险题材。

从更广泛意义上看,探险的同义词是寻求某物的艰难旅程,在大多数奇幻小说中都会出现这种或那种的寻求之旅——在大量非奇幻类型的小说中也会出现。

单就寻找某物或到达某处这样的构思而言还不够特别到能成为一个题材,但是在故事中特别用到"探险"这个词来形容主角所从事的事可能就足够被称为题材了。

魔法题材

魔法就是通过非常规手段改变世界。它是人们意志的一种有形表达,是以满足魔法师愿望为目的、对现实世界结构进行修补的技艺。在奇幻小说中,它非常强大,可以轻易造成能被感知到的物理后果——火球咒所产生的后果显而易见且无法隐藏。魔法力量的来源多种多样——生命力、能量的传统形

石版画《阿拉丁与神灯》中的人物角色,约创作于1890年

式、世界的基础架构、真实的名字、另一维度等。如果仅仅是来自于精神,那么它就叫作精神异能或者是通灵之力;如果来源于神,则被称为神力或是祷告之力;如果来源于黑暗力量,则可称为魔力。

魔法是解锁奇幻可能性的钥匙。如果没有魔法,故事就只能被限制于那些符合认知逻辑的常规之事中。用乔治·伯纳德·肖的话来说,可能引用有误,魔法给我们空间去想象那些永远不会发生的奇迹,并且去问"为什么就不能发生呢?"。

英雄题材

英雄题材通常写的是那些超越凡人的男主角——或女主角——在面对巨大的危险和逆境时显示出卓越的勇气、毅力和技巧的故事。在经历这些艰难险阻之后,英雄将会取

得最终的胜利，并且在这过程中阻止了灾难的发生。大多数英雄都拥有超自然的身体承受力和恢复能力，成功挨过足以杀死常人的苦闷煎熬。有些英雄在一开始时就像身边人一样普通，但通过磨炼发掘了自己的天赋与勇气，并真正认识了自己。有些英雄在故事一开始就已经完全成熟，做好了对付敌人、拯救世界的准备。

当一个角色的行为和目的构成故事主要部分，那么我们就称其为主角，当然，故事中的主角并不一定就得是个英雄，英雄也未必就得是主角。作为读者，哪个角色的看法和观点在故事中出现得最多（这种看法和观点也被称为故事视角，这个角色就是视觉角色），我们就自然倾向于将自己代入哪个角色，读者通常更愿意将英雄作为视觉角色。如果一部小说主要讲的是英雄战胜恶棍的故事，但却从另一个人的视角来描述，读者们就难免会觉得有些出戏。这也是为什么在更广义的文学艺术中，"Hero"（这个词在英文中既有"英雄"的意思，也有"主人公"的意思。——译者注）这个术语特指既是故事主角也是视觉角色的那个人物。故事主角和视角角色这两者是不可割裂的。

中世纪题材

大部分中世纪题材的奇幻故事其背景设定与人们对中世纪欧洲的刻板印象出入不大。火药和硝烟并不常见，大规模工业几乎不存在，国家都很小，而且交通也主要依靠马匹。唯一不同的是，故事中的世界存在魔法。当中的政治制度类似于封建制——王国、公国、公爵领地、帝国和一些军事及宗教组织统治着世界。各地之间没有大规模的交往，人民也没有选举权，人们对科学知识知之甚少。

故事中的建筑和生活水平也反映了中世纪的特点，但大多数都做了优化处理，使其不像现实中的那么肮脏和恶臭。城堡是常见的场景，它们在故事中和现实一样备受青睐——宏大厚实的围墙是主要防护。普通房屋一般是木质或石质。武器通常最多就是钢剑和盔甲、十字弓、长柄兵器以及复杂的攻城武器。

讽刺的是，一些历史专家尖锐地指出，在政治、社会和文化层面上，历史上真实的中世纪欧洲比奇幻故事里的样子更加丰富多彩。一些有趣的新奇幻作品在这一主题上取得了很好的突破——例如柴纳·米耶维的杰出作品《帕迪多街车站》（2000年）。

黑暗魔王题材

这是最容易被滥用的一个题材，黑暗魔王拥有无法

在霍华德·派尔创作于1903年的画作中，亚瑟从湖畔女神手中得到了一把神剑

想象的强大力量，决心毁灭所有美好的事物。他（女魔王并不多）致力于征服整个世界，尤其是英雄所在的地方。黑暗魔王的动机常常很模糊（"就因为他邪恶！"），文中也较少探讨他的性格或以他的视角讲述故事。如果对一个恶人太过熟悉常常会导致对其的轻视，一个成功而强大的恶人就是要保持神秘。以托尔金的作品为例，当故事开始时，黑暗魔王们也才刚启动他们的扩张大业。他们要么是被困住了，要么是被很久以前上一代英雄们阻止了，先辈英雄们的行为也鼓舞了后人，认为新一代的英雄也能找到一种方法来获得看似毫无机会的胜利。

不知用何种方法，黑暗魔王们总能轻易在人们看不见的地方发展自己，并组织起庞大的军队、一大批隐藏的武器和其他补给。有时文中会给出解释，但其他时候则不言明（"就因为他邪恶！"）。虽然大多数黑暗魔王此前都有失败和被囚禁的经历，但让人惊奇的是他们似乎从未在政治舞台上缺席过。

预言题材

预言是对未来之事隐秘但准确的描述。它常常充满不确定的意象、暗示、比喻以及诗一般的语言。和黑暗魔王一样，通常预言在小说中出现得并不多，但却能对那些不愿担负起任务或是对任务一无所知的英雄发挥引导作用，此外它也能作为蹩脚的理由来解释故事中一些不合理的巧合。预言也不光是发挥这些作用。一些更高明的预言除了作为神的指引、美丽但基本无意义的奇怪想法以及具有欺骗性的误导以外，还能作为宣传鼓吹的工具。

魔法武器题材

魔法武器最常见的形态可能就是魔咒了。真正的中

世纪兵器需要花费很多精力来保养。真正的宝剑都需要保养，使其免受外部物质的侵蚀，而且在每次战斗后都要进行修补。若是要保持剑刃锋利如新，那么保养工作则更为困难。除了削尖的木棍外，任何结构比它复杂的武器都需要这样的养护。但是读者对角色用打磨石和油布保养武器的情节并不感兴趣，因此奇幻小说中的大部分武器即使没有特别说明是魔法武器，都已经默认自带魔法修复功能，能永远保持锋利和锃亮的状态。它们永远本能地处于战斗准备状态，或砍，或切，或是执行你下的其他任何命令。

那些公开写明带有魔法能力的武器一般都锋利异常且复原力极强，能够劈穿护甲，不被骨头卡住，甚至在劈砍石头以后既不受损也不弯折。有些怪物不怕常规武器，但却不能抵挡特殊武器的攻击——传说狼人能被银制武器击伤。有趣的魔法武器都有奇异之处，例如劳伦斯·瓦特·伊文斯的作品《误施魔法的剑》（1985年）。但该题材下最著名的例子还是迈克尔·穆考克在作品中创造的"风暴召唤者"之剑，这是一把有感情、会吸血并且极度邪恶的魔咒之刃，它陪着艾尔瑞克走完探险之路。

稀世巫师题材

魔法是不寻常且奇妙的事物，因此在大多数奇幻世界中能够运用魔法的能力也并不常见。原因之一是为了让其保持神秘。如果每个人在日常生活中都能随时使用魔法，那么它就会变得和开关灯一样普通，失去了迷人的魅力。魔法越常见它就越无趣，熟悉感会催生轻视之意。

另一个原因是关于魔法的效果，这也是个棘手的难题。人类是一种讲求实用又心灵手巧的生物，如果魔法寻常可见（即便是低级魔法），那人类就会迅速在其基础上发展新兴技术。即使是最简单的咒语，例如移动物体或创造光亮，人类都会在其基础上发展技术，用以改变世界，例如大规模交通运输或是全球通信技术。为了让大多数奇幻小说的背景设定合情合理，即便是低级魔法在故事中也得是珍稀物品。

强大的魔法会让情况更糟。充满魔法的背景设定很难把控。在真实的中世纪历史中，随着几十年来火药的普及，城堡开始被废弃。如果强大的魔法能量随手可得，那么故事唯一让人信服的结果要么就是魔法造成的混乱演变成无法约束的狂欢，要么就是爆发一场灾难性的战争。像这样的环境要想获得平衡稳定，那么就需要魔法防御而非物理防御的帮助。这样一来，故事的结局就难以构思、描述和想象。

这也说明了为何大多数科幻小说作家选择将魔法限定为一小部分有影响力的精英才能涉足的领域。

跨界混合怪物题材

在人类学理论中，过渡状态或者说是跨界状态指的是一个必经的发展阶段，在此过程中主体由一种状态向另一种状态转化。其中的改变往往围绕着社会身份展开——例如从青少年成长为成年人。在这段时间内，主体既不是此物也不是彼物，变得模糊而不确定。这个重要但失去明确定位的状态表现在奇幻小说中——或者说直接传导到小说中——则是既不属于此物种也不属于彼物种的混合生物。它们可能很聪明，但也危险、不可预测且变化无常。

神话混合生物的名单，哪怕只是其中一部分，读起来就足以称之为奇幻小说怪物名人录：当中有人和动物混合的，例如人面马身怪、鹰身女妖、人身牛头怪和狼人；有植物和人混合的，例如树精和绿人；有活人和死人混合的，例如吸血鬼、僵尸和鬼怪；有跨物种的人类，例如半精灵；还有动物和动物的混合，例如狮身鹰首兽、羊身狮头蛇尾怪和枭头熊。

总的来说，人们认为这些跨界混合生物很危险。它们难以分类，而人的大脑是通过分类来运作的，因此这些生物会带来的思想层面的冲突，这点让我们很困扰，就像看见一个人举止文雅、穿着昂贵，但却在大街上乞讨一般。跨界混合怪物代表着未知的危险和突破已知有序世界的可能性，这注定会赋予这些生物掌控我们的强大能力。

情节彩券题材

在许多常见的情节构设手法中都会用某个物品作为推动故事发展的便捷手段，它们能为故事提供动机、制造矛盾或者其本身就是故事发展到后来要用到的资源。这些物件，或者叫情节彩券，如果使用恰当便可达到很好的效果，但如果滥用的话反而会成为一种滋生作者惰性的权宜之计，使其难以真正构想出更加高明的叙事结构。

最著名的情节彩券就是阿尔弗雷德·希区柯克的"麦加芬"（MacGuffin，即用来推动情节发展的对象或事件。——译者注）。这是惊悚故事和犯罪故事中常见的重要组成部分，但在奇幻故事中也会出现。麦加芬对于情节本身而言并不重要，但却是所有主要角色都竞相争夺的东西。它也是主角和反派彼此之间陷入矛盾冲突的原因，但在故事的结尾它常常又是尘埃落定后才会被想起的无用之物。甚至很多麦加芬在故事中都从未被仔细描述过。例如，"我们必须在黑魔王之前找到印章"。

另一个常见的情节彩券是"契科夫的枪"。此说法来源于剧作家安东·契科夫在19世纪末的一段著名叙述："……如果第一幕中有一把手枪挂在墙上，那在最后一幕时它必须要开火。"契科夫是想说明在舞台上只能展示与剧情有关的物件，这很重要，但术语"契科夫的枪"现在强调的重点已经略有不同。它指那些出现在故事早期、看似明显无用，但随后幸运地被证明非常重要的物品。这到底是一种绝佳的铺垫手法还是作者因为懒惰而编造的解围之物，批评家对此颇有争论。例如，"孩子，你要寸步不离地带着这个小盒子"。

"那玩意"（Dingsus）与"契科夫的枪"有关。它的名字来源于古高地德语，意为"东西"（thing），用来指代那些恰好在需要之时难以置信地发挥作用的技术装置或魔法物件。大部分的"那玩意"明显就是作者对解围之物的滥用，但它仍然在奇幻故事中惊人地常见。例如："如果没有陨石铁矿我们永远无法重造这柄剑，但是快看，我是突然发现了一个陨石坑吗？"

"情节彩券"由尼克·罗维提出，指的是唯一能让主角获得胜利的物品，要想胜利就必须拥有或使用它。情节彩券常常被打碎分为几个部分，用玩笑话说就是，当英雄收集了足够多的彩券就能用它兑换胜利。"现在我已经有了罗德尼的护身符！准备好受死吧！"（罗德尼的护身符来自于游戏《迷宫骇客》，玩家需要在地下城的最底层取得该护身符并返回最上层，在圣祭坛上供奉给自己的神灵。——译者注）

隐藏王室题材

奇幻故事中的英雄和他们的伙伴通常都出身高贵。但很多时候，他们的身份是秘密的——有时只有读者知道，角色们自己常常对此一无所知。长期被隐藏的血脉、被驱逐的同父异母或同母异父兄弟、皇室私生子、被阴谋纠缠的逃难者……有时会有一种感觉，似乎乡间住满了等待登基的国王和女王。偶尔也会出现一位出身并不高贵的英雄，但这也只是暂时的，随后就会因为其功劳被授予爵位。

并非贵族就是英勇斗士的不二人选，从历史角度来说，最优秀的战士并非来自贵族阶层。贵族常将战斗视为运动，尽管他们都接受了最好的训练，但战斗就意味着危险和费力，这让其成为毫无吸引力的"小人物的工作"。

当然，如果你将自己放在国王的位置上，你想拥有一支装备精良、训练有素、广受欢迎的平民军队驰骋在乡野，拯救王国于危难吗？那么你会在他们发动平民起义前就被拉上绞刑架绞死。

探险情节

"英雄勇敢地开启了冒险之旅，从庸碌寻常的现实世界进入魔法幻想的国度，他在那里遇到了神奇的力量并赢得了决定性的胜利，然后从这段神奇的冒险中归来，为他的同伴们带来恩惠。"

这段话来源于约瑟夫·坎贝尔具有开创性的作品《千面英雄》，这本书发表于1949年，主要探究了世界各地神话作品中常见的探险故事结构。坎贝尔教授发现全世界大多数最重要并流传至今的神话故事都蕴含着同样的基本故事结构。这些神话和传说历经了上千年，并代代相传——《吉尔伽美什》、荷马的《奥德赛》、追寻圣杯之旅乃至《绿野仙踪》。坎贝尔借用了詹姆斯·乔伊斯小说《芬尼根的守灵夜》（1939年）中的一个术语来命名这种故事结构——"单一神话"（monomyth）。这个术语更广为人知的叫法是"英雄之旅"，但它还是在奇幻迷中最为流行，意指冒险旅程。

根据坎贝尔的理论，典型的探险之旅有数个清晰而极易辨认的阶段。首先，英雄会收到加入冒险的召唤，而一开始他会拒绝，但他会克服犹豫情绪，遵从召唤，经历可怕的磨炼并进入一个更大、更奇怪的世界。随后会有一段充满危险的旅程，在当中他会遇见不同的盟友、导师和敌人。到达目的地后，英雄将经历相当严酷的考验从而获得伟大的奖赏。然后他将逃离该地并将奖赏带回真实世界，这又带来一段不断被袭扰的旅程并迎来勇猛的决战。最终，胜利的英雄载誉归来，同时也在这段经历中完成了自身的蜕变。

坎贝尔为这段英雄旅程划分了十七个不同阶段，但是很少有一部作品囊括所有这些阶段。并没有明确的规定要求一段冒险之旅中必须要出现哪几个阶段——一些作品中只有几个阶段，而另一些则有很多。在不少作品中这些阶段的顺序也会微调。

坎贝尔的理论之后经历了调整，其中一些阶段被合并，整体结构得到压缩和简化。对这一理论最具影响力的修改来自于好莱坞制片人克里斯托弗·沃格勒，他著有闻名于世的关于英雄旅程题材奇幻作品的七页纸备忘录，名字为《千面英雄题材创作实用指导手册》，这份备忘录最初是写给迪士尼公司的，但很快风靡电影界。

沃格勒随后将这本备忘录修订扩充为一部极具影响力的著作《作家之旅》（1992年），书中主要讲述如何利用英雄之旅勾勒有趣的故事框架。

英雄之旅理论经常被修订的原因之一在于其中的几个阶段与宗教和道德神话的故事框架十分匹配，因此适用于分析古老的传说，但在分析或者创造当代小说时就没那么有效了。在修改这一理论时，不同的学者会以略微不同的方式将这些阶段组合在一起，并冠以不同的名字，但基础内容没有变化。最后这个版本可能是奇幻小说读者最易于理解的一个修订版本。

冒险的召唤

当冒险的召唤到来之时，英雄正过着普通人的生活。你无法从周围的人中认出她（或他）来，她只是寻常生活中的寻常一员。奇幻小说中对寻常生活的定义显然和我们真实的生活经验区别很大，但这里主要是以小说中那个世界的标准来看，至少那里的人们无法将英雄从人群中区分出来。这一阶段让我们有机会从英雄的视角和理解出发看看她所在的世界，从中我们也能得知她放弃了什么，在逃避什么以及后来为之奋斗的又是什么。

召唤的形式有好几种。有时会出现一名充满智慧且年长的导师，他会告诉英雄其必须参加冒险的迫切原因。奇幻故事常会涉及预言。英雄可能会有她自己都不知道的遗产要继承，又或者她只是在正确的时间、正确的地点出现的那个正确的人。

拒绝召唤

当面对进入未知世界与可怕的危险做斗争的挑战时，英雄的第一反应是拒绝卷入。她（或他）通常意识不到自己的强大，觉得选中自己参加冒险很不公平（"为什么是我？"）。她可能也会因为要离开自己熟悉的生活和身边的人而感到犹豫——某种责任也可能是她拒绝接受任务的原因（"我走了我叔叔怎么办？"）。在有的故事中，她已经是一名出色的冒险者了（虽然这相对少见），拒绝可能是因为自私、缺少同理心或者完全不感兴趣（"那又关我什么事？"）。

无论拒绝的原因是什么，之后发生的某些事改变了她的想法。可能是敌方暴力入侵了她的家园，将她的寻常生活破坏得粉碎。又或者是她已经意识到自己的世界正受到威胁，如果继续拒绝将会导致灾难。较为少见的一种情况是她所敬爱的、同时也代表着她和家园紧密联系的那个人告诉她应该离开，去开启自己的成长之旅，最终的方式可能是揪着耳朵将她狠心扔出门，也可能是与她进行了一次鼓舞人心的对话。

帮助

一旦英雄决心遵从自己的命运，她需要为应对进入危险的世界冒险做好准备。她无法靠自己获取一切冒险的资本，如果可能的话，她早就开始冒险了。在这一阶段，导师将会帮助她为将要到来的考验做好准备。帮助的形式包括知识、装备、魔法工具或是训练。许多故事中英雄还会和导师一起进行一部分冒险之旅。作者通常会在这一阶段插入各种形式的情节彩券，因此大部分读者都明白此时出现的任何事物都可能有所隐喻。虽然较少见，但帮助也可能来自于英雄的家人或朋友，这种帮助通常很微弱——只够将她送出门带上路。

跨越界限

这一阶段英雄将会告别以往的世界，通常以某种形式的重要考验或打斗为标志。跨越边

罗杰·嘉兰于1989年创作的中土世界全景图，画中为劳洛斯瀑布和佩拉格

师和现实世界也保持着一定的距离——他可能来自于另一个地方，来自于一个拥有不同结构的社会，来自于一个完全不同的种族甚至是来自于另一个时空。导师所带有的这种外来者的特性有时可能会以轻微的精神混乱的形式表现出来，因为他总是为其他世界的事务所分心。在奇幻故事中，导师一般都由巫师来担任。

骗子

骗子是一个具有广泛同情心的角色，他习惯性地违背法律、社会准则和其他规则。欺骗、狡黠和诡计是他的武器。他破坏规则的行为也提醒了身边的人还有规则边界的存在，促使他们进行坦率的评估和思考。若不是他所带来的这股无法无天的劲头，质疑规则可能会成为禁忌，从而导致社会的停滞和腐化。对社会是这样，对个人同样如此，骗子的玩笑和恶作剧能帮助人们看清自身的弱点，然后克服它。

在神话故事中，骗子通常是同情人类的神祇，他会帮其他神灵认识到自己的教条和僵化。但骗子身上也存在残忍的一面，他们的恶作剧也可能是具有破坏性的，为了自己的利益造成混乱却不顾可能带给别人的痛苦。这个角色既是创造性的也是毁灭性的，既是社会的一分子也是外来者，骗子是一个跨界的存在。这种特性使其成为一个情感、身体或性别上的异形者，能够跨越形态、性别和情感纽带的边界。骗子是善变的，此外，他不仅在行为上，而且在所有方面都不可预测。

女性人格的男性意向和男性人格的女性意向

每个人的潜意识中都有对异性概括性的认知形象。这一形象建立的基础是个体人格中与异性有所关联的方面。女性人格的男性意向是一名女性潜意识中的具有男性特质的方面，而男性人格的女性意向则是一名男性人格中具有女性特质的方面。如果一个人的人格严重缺失，并且他（她）的女性人格（男性人格）脆弱或被羞辱，那么他（她）就很难得体地与异性进行交流互通。和阴暗面一样，英雄的男性人格或女性人格通常会以故事中某个人物的形象出现。他所扮演的具体角色取决于英雄的心理健康程度。

本我和超我

尽管本我和超我是弗洛伊德心理学说而非荣格心理学说的重要概念，但他们同样是原型心理的组成部分，也常被赋予生命并以人物角色的形式在故事中出现。本我代表着我们未被社会需求和意识所过滤的原始情感需求和反应。它就如同一个婴孩，虽不似阴暗面那般黑暗和可怖，但这两个具有竞争性的角色之间还是有不少相似之处。本我在剧中常以英雄身边任性、冲动易怒且难以管教的朋友的形象出现：罗恩·卫斯理（小说《哈利·波特》中的一个角色。——译者注）就是一个本我角色。

相较而言，超我则存在于社会结构中。他是伦理和道德的良知、社会准则的仲裁者以及知识与理性的声音。英雄的超我常被人像化为一位明智、聪慧、言行克制的朋友。通过在自我与超我、孩童般与父母般的欲望间游走，英雄融入了现实世界，并扮演起他作为平衡者的大人角色。就像罗恩是哈利的本我一样，赫敏·格兰杰则是他的超我。

永恒的斗争：善恶之争

所有的故事都需要有冲突和对立。失去了这些就没什么故事可说了。故事中的主角都有一个目标，并不断地尝试实现这个目标，在此过程中一次次地失败直到故事的结束，此时他要么完全失败，要么获得成功。这个目标可以是有形的，也可以是情感上的或经验上的，或是完全看不见、摸不着的。随着故事的演进，目标甚至也可以改变，但这确实是一记险招。一路走来总有一些事物在阻碍主角实现主要目标。他的对手就如同目标本身一般多种多样：敌人、坏运气、疑惑甚至是自身不够强大的能力。对手的特性决定了故事主题。一个史诗般的故事就需要有一个史诗般的斗争来支撑，没有什么斗争能比善恶之争更宏大的了。

人的大脑通过比较来认知事物，并且总是寻求将事件和物体放到它所理解的背景中去。我们不愿意相信世界上的大多数生命都是随意而无法定性的。善与恶的观念帮助我们理解这个世界，同时也孕育出了自古延续至今的善与恶的力量。一切有害事物及其成因都能被打上恶的标签。同理一切有益事物都被囊括进善的概念，而如果强大的恶的力量无法被战胜，这个世界就会成为糟糕的地狱。这个世界既不是完美的，也不是无药可救的，这两极必定是相互抗衡——永恒的善恶之争也因此而存在。

善与恶的本质

要想准确标定善与恶的两极是很困难的。它们绝不是"可恶的"和"很好的"两个词就可以简单形容的。

很多事件和经历都有不止一个合理观点。一国追求自由的高尚战争对另一国来说可能就是邪恶的入侵和毁灭。还有一些事可能是痛苦的但同时也是有益的。毁灭也有其合理的地方，必须清除枯木才能迎来新生命的繁盛。甚至连人们做出的最可怕残忍的行径也有因可循，常常是疯狂、痛苦和孤独造就了它们。

没有人会在早上醒来笑着对自己说"我很邪恶！耶！"，并真的这么想。无论我们自己的行为有多么违背自身文化中的道德准则，我们每个人也都是自己生命中的英雄。人们做出糟糕的事情常常是因为他认为自己所做的一切都是恰当且必要的。他们可能被悲剧性地误导了，但生命并未给出明确的指引。是的，这很糟糕，但也很难谈得上是极端的恶。

在这里生命才是一切的关键。一种行为哪怕再邪恶，也总能在人类历史中找到一种文明可以接受并认可它。恐惧、痛苦、孤独和贪婪是极其负面的，但它们同时也是人类对生命及其复杂性和混乱性的自然回应，对它们可以有多种解读。如果恶是客观的，它就不能仅仅是"这个时代我们不认可的事物"。如果恶要具有统一性，那它必须是超脱的。因此要将恶视为生命本身的敌人。

恶是反生命的存在，是想要吞噬情感、理智、经验和一切事物的饥饿的空白。它无所顾忌，它是对存在的轻蔑嘲讽，是吹过"我"温暖内核的一阵冷风。

同样的准则对善也适用。要找到善就需要从恶出发，穿过存在并出现在相反的一头。善是生命的火花。善是无尽的创造力，是势不可挡的欢笑，是纯粹能量与热情的无尽源泉，它寻求填补恶的空白，就如同恶渴望消耗善一样。不能用同情、帮助、甜蜜或是任何我们的文明赖以存在的可爱、积极的事物来定义和理解善。善是对生命火花的歌颂，这是它的唯一定义，就像恶的唯一定义是对生命的否定，与其他无关。

动力

尽管善与恶的终极定义已经超越了积极事物和消极事物的简单范畴，但善与恶的斗争却还是通过一定的载体在故事原文中得以展现。善的一方通常是正面的，而恶的一方则是负面的，但它们之间的界限有时会变得模糊，甚至会互相转化。重要的是它们之间的矛盾一直存在，这才是推动故事演进发展的动力。世界在不断的创造与毁灭中得以创建，并且正如众所周知的那样，需要是创造之母。

负面经历对故事的演进和发展是必需的。没有它们，就没有行为的动因，也就没有知道对错之间区别的机会，当然就更谈不上表现才能的机会了。如果没有敌人将英雄逼入绝境，她就永远不可能真正进入自己的角色。冲突推动科技发展、社会变革、个人成熟，乃至进化本身。归根结蒂，要活着就要斗争——永恒的快乐反而会造成事与愿违的结果，永恒的痛苦同样如此。

在现实世界中人们也做过实验来验证这一原则。四十多年前，神经生物学家吉姆·奥兹曾开创性地进行过这样一个实验，他赋予老鼠能够直接刺激它们脑部掌控快乐的神经中枢的能力。在经过对这种感觉的短时间适应以后，每只老鼠都迅速将它们的全部精力转移到刺激快乐上。它们忽视了食物和性，忘记了身体的痛苦，甚至不顾自己已经精疲力竭，不断地刺激自己以获得快乐的感觉直至晕厥或是死去。实验认为同样的因素是造成人类生理和心理上瘾情况的主要原因。我们在被设计时就决定了我们在完美的环境中就不能成功存活和繁衍。

因此好与坏都不能在这世界上独立存在。无论哪一方单独存在都会对我们已知的生命形式造成毁灭性的影响，甚至将其彻底消灭。虽然毫无疑问，至善之路是一个更让人愉快的选择，但最终的结果都一样。人类会被全部消灭。

甚至在没那么理想化的条件下，例如在讨论更具相对性的文化层次上的善与恶的概念时，其中一方也需要有另一方的存在才有意义。前文提到过，人们通过比较事物的不同来认知这个世界。如果善或恶是一个常量，均匀地分布在世界各地，我们就不能意识到它们的存在。这种观点和说宇宙有四个空间方位而非三个一样毫无意义。因为要使善与恶中的一个独自存在，它就必须不能均匀地分配。

但是如果善（或恶）在世界上不均匀地分布，就不可避免会出现在一点达到最高值，而另一点达到最低值的情况，并且我们也可以因此知道它的存在。由于没有超出我们经验外的参照点，那些最高值的点和最低值的点不可避免地就成为频谱的两端——它们似乎就是两个方向上的极端情况。根据我们的思维方式和整合处理经验的方式，最可能的积极极端情况就成为了至善的同义词，而最可能的消极极端情况则成为了至恶的同义词。说到这我们又回到了开头，归根结蒂，善与恶的永恒斗争是生命的原动力，这是无法避免的。因为一切事物的诞生都来源于差异，善与恶的观念就是从差异中一同诞生的。

PRÉSENTE
UN FILM DE
Jean Cocteau
JEAN MARAIS
JOSETTE DAY
dans
la BELLE et la BÊTE
HISTOIRE, PAROLES, MISE EN SCÈNE DE JEAN COCTEAU D'APRÈS LE CONTE DE MADAME LEPRINCE DE BEAUMONT
illustré par
CHRISTIAN BÉRARD
avec
MILA PARELY, NANE GERMON, MICHEL AUCLAIR et MARCEL ANDRÉ
CONSEILLER TECHNIQUE: R.CLÉMENT
MUSIQUE DE GEORGES AURIC
DIRECT. DE PRODUCT. ÉMILE DARBON

第二章
奇幻电影

电影从本质上来说还是一种非实时的、带有人工特性的媒体。虽然摄影机会忠实记录下在它镜头前发生的所有事,但这些镜头画面都能通过巧妙设计的拍摄角度和缜密细致的后期编辑得到修饰。如果你看过专门描述电影打斗镜头拍摄过程的纪录片,你就会知道电影多么具有欺骗性。电影内在的虚构性质意味着它天生就与特效难解难分。不像电视和广播,它们诞生之初就是实时媒体,专注于实况转播,电影从出现伊始就是伟大的奇幻作品。

最早的电影制作者十分喜欢制作魔法特效,常用的方法是剪辑和二次曝光。能够使人物消失的全新特效技术受到早期电影制作者的热捧。这些特效更加坐实了电影"梦工厂"的称号。随着电影制作技术越来越先进,电影制作者也越来越擅长于打造逼真的人造实景用以反映真实事件。但在默片时代,电影中还是充斥着大量展现奇幻魔法效果的技巧,所以此时的电影完全还只是一种带有幻想特质而缺乏真实性的媒体形式。艾尔默·莱斯的讽刺小说《布里利亚之行》(1930年)就曾有这样的描述,为了建造一个荒诞的乌托邦,人们把好莱坞电影中所有反映"真实"世界的映像都抹去了。

当录音技术出现以后,通过电影银幕来描绘真实经历变得容易很多,这也成为大多数电影制作者的主要目标,但是电影中的那些幻想特效和魔法元素也并未完全消失。实际上,奇幻电影一直是一种重要的电影类型,特别是儿童电影的制作已经充分证明,电影发展中的幻想元素仍然保持强劲的增长态势。

动画制作技术使电影制作者有能力创造出可以按照自身"自然法则"运转的幻想世界。制作动画比拍摄实景更加耗时,成本也更高。但是,华特·迪士尼成功证明了这是一项能够实现盈利的事业。他创造了一个奇特的平行卡通世界,那个世界与我们的世界相比显得十分奇特,但如今人们早就对它习以为常了。

以前要将实拍画面与动画结合起来十分困难,但现在电脑生成技术和控制电影画面的技术已经帮助人们打破了这种限制,奇幻电影也最终步入了新纪元。电影的黄金时代正在到来,如今的奇幻电影将为未来奇幻电影的新荣耀奠定基础。《星球大战》(1997年至今)、《黑客帝国》(1993—2003年)、《指环王》(2001—2003年),这里的每一部电影都标志着电影制作技术已经发生了根本性的变化,获得了巨大成功。

在本章中,已经尽力提供一系列我们认为最有趣、最重要、最成功、最著名,甚至是最为臭名昭著的奇幻电影。全世界制作出的奇幻电影作品异常丰富,我们无法对每一部都详细介绍。这意味着本书肯定会不可避免有一些遗漏。我们尝试在此纳入诸多不同类型的奇幻电影,但是如果你没有读到自己最喜欢的作品,还请多多包涵。

对页图:
让·科克托的电影《美女与野兽》,由乔赛特·戴和让·马莱主演

1921年，斯塔西娅·娜皮尔科芙斯卡在《亚特兰蒂斯》中扮演女皇

1921年

《亚特兰蒂斯》

国家/地区：法国
导演：雅克·费代尔
主演：琼·安吉洛等
编剧：雅克·费代尔；斯塔西娅·娜皮尔科芙斯卡
片长：212分钟

这部电影改编自皮埃尔·贝努瓦的作品，原著堪称赖德·哈格德《她》的翻版，当中充满了狂热的受虐元素，不过这部作品很适合用默片来表达。故事中的两名战友在撒哈拉沙漠发现了亚特兰蒂斯最后的遗迹，由一位喜好谋杀自己恋人的不死女王所统治。这部电影造价极其昂贵（200万法郎！），但收获了巨大的成功。乔治·威廉·巴布斯特在此片激励下翻拍了其德国版（《亚特兰蒂斯的女王》，1932年），由布里吉特·赫尔姆饰演充满魅力的施虐狂女王。随后，该片的美国版《亚特兰蒂斯的女妖》（1948年）问世，由玛利亚·蒙特兹担任女主，但整部影片空洞无味，最终沦为笑柄。1961年，该片由法国和意大利联合重拍，但没能重现原版中经典的黑暗色情主义风格。

1931年

《康涅狄格州的美国人》

国家/地区：美国
导演：大卫·巴特勒
主演：威尔·罗杰等
编剧：威廉·孔塞尔曼
片长：95分钟

这部电影改编自马克·吐温的时空穿越类奇幻小说，讲述的是主人公乘坐机器回到亚瑟王时代的故事。在此前的1921年还出现过改编自该故事的默片电影，由埃米特·J.弗林导演，哈利·迈尔主演。该片是为流行喜剧演员罗杰量身打造，因此删去了原著中许多辛辣讽刺的元素。1949年，在这部电影的基础上又推出了独特的音乐剧版本，由泰·加尼特执导，平·克劳斯贝主演，并且完整沿用了原著的标题《在亚瑟王朝廷里的康涅狄格州美国人》。大卫·巴特勒导演的这部电影作品开创了时空穿越喜剧这一电影类型中的一个子类型，时空穿越喜剧还包括其他几种子类型，它们都主要通过梦境的形式将时空穿越的行为"合理化"。

1933年

《爱丽斯梦游仙境》

国家/地区：美国
导演：诺曼·Z.麦克劳德
主演：夏洛特·亨利等
编剧：约瑟夫·L.曼凯维支、威廉·卡梅伦·孟席斯
片长：76分钟

这部电影改编自刘易斯·卡罗尔的小说，该小说可能也是第一本被改编为电影的奇幻文学作品。其最早的电影版本出现于1903年，由希塞尔·海普华斯和珀西·斯托执导，梅·克拉克主演。1910年，美国奇幻电影先驱埃德温·S.鲍特也依据这部小说拍摄了一部电影。虽然1933年的电影在服饰上严格按照约翰·坦尼尔为原著所做的插画进行设计，但在内容上却未能较好诠释原著所体现的精神。尽管W.C.菲尔兹成功塑造了迷人矮胖子的角色，但故事中的明星配角——加里·库柏饰演的白骑士和加里·格兰特饰演的伪海龟——都没有发挥出应有的作用。即便有如此多的缺点，这部电影还是比1951年迪士尼出品的动画版电影强太多。

1937年

《消失的地平线》

国家/地区：美国
导演：弗兰克·卡普拉
主演：罗纳德·考尔曼、简·维亚特等
编剧：罗伯特·里斯金
片长：132分钟

在詹姆斯·希尔顿的小说《消失的地平线》（1933年）中，你能读到一种悲观的情绪，这种情绪来自于当时一些具有预见性的人，他们

已经看见20世纪30年代的世界正不可避免地滑向第二次世界大战的深渊。故事中的主角是一位处于绝望边缘的外交官,故事的主要场景是一座地处香格里拉的世外桃源般的山谷,山上坐落着一座可以俯视全山谷的喇嘛庙。这里的人们奇迹般地拥有永葆青春的能力,并且似乎在世界浩劫来临时也能保证绝对的安全。故事的悲剧在于外交官老于世故且不信奇幻之事,卡普拉在电影中也成功地反映出了这一点,但与原著作者希尔顿不同的是,导演卡普拉坚信外交官最终会为自己的精明世俗而感到后悔。尽管在以《精彩人生》为代表的卡普拉后期的电影中,结局都是主角排除万难达成最终的胜利,但那些电影中的胜利是在不公和冲突撕裂的社会中达成的,与该电影完全不同。卡普拉最后也对香格里拉失去了信心。1972年推出了由查尔斯·加洛特执导的音乐剧版《消失的地平线》,该剧模仿了卡普拉的电影,但十分拙劣。

《白雪公主与七个小矮人》

国家/地区:美国
导演:戴维·汉德等
主演:阿德里亚娜·卡塞洛蒂等
编剧:多萝西·安·布兰克等
片长:83分钟

这是迪士尼第一部长篇动画电影,在当时,制作这部作品堪称巨大的冒险,需要极大的勇气。不过电影最后大获成功,证明当初的选择是正确的,但这部电影带来的影响并非都是好的,它对原著《格林童话》进行了过分的美化,使其变得非常可爱,充满各种和谐美好的搞笑元素,这种改编模式到今天已经演变成为一种必须遵从的范式。即使《白雪公主》不是该类型电影的真正开创者,它也有足够的理由被视为其中的经典之作,这要归功于当中一些经典元素:小矮人、邪恶的皇后、"嘿哦、嘿哦,我们开工喽!"的电影歌曲以及影片本身传递的轻松愉快的艺术特性。这部作品堪称电影历史的转折点,意义十分重大,而且制作也足够精良,实在是一件艺术佳作。

《逍遥鬼侣》

国家/地区:美国
导演:诺曼·Z.麦克劳德
主演:加里·格兰特等
编剧:杰克·叶夫尼等
片长:97分钟

这部电影改编自索恩·史密斯的小说,史密斯在其所著的典型美国式奇幻故事中都隐晦地支持解除禁酒令,因此直到1933年禁酒令被废止,这些故事才陆续被搬上银幕。该片讲述了一对捣蛋的鬼魂夫妇——托普先生和托普夫人(分别由格兰特和康斯坦斯·贝内特饰演)——试图复活他们昔日的银行家(罗纳德·杨饰)的故事。电影中的情节不如原著那么具有颠覆性,但亲切滑稽的喜剧元素效果很好。《远行记》(1939年)改编自史密斯写的《逍遥鬼侣》的续集故事,但惨遭滑铁卢之败,因为格兰特饰演的托普先生这一角色换成了一只狗(格兰特有更好的美差了),故事中蔑视权威的托普夫人(由碧莉·伯克饰演)被一位极具魅力的骗子救出险境。之后,导演罗伊·德尔·鲁斯又拍了一部续集《托普归来》(1941年),但这纯粹是一部无聊的泡沫电影。

1939年

《绿野仙踪》

国家/地区:美国
导演:维克多·弗莱明
主演:朱迪·嘉兰等
编剧:诺埃尔·兰利
片长:102分钟

《绿野仙踪》剧组在制作时所遭遇的困难往事已经成为一段传奇故事,谁也无法否认这是历史上最著名的奇幻电影,同时它也是唯一一部享有如此广泛知名度的电影,以至于只

图为1939年版《绿野仙踪》,西方邪恶女巫和飞猴监视着多萝西

要是与它有关的事物，无论是谁都能立马认出来。这部电影还创造了许多惯用语，如"彩虹之上""小矮人""西方的邪恶女巫"以及"奥兹国"等，它们已经成为流行文化的重要组成部分，人们已经可以自由使用并改编它们。朱迪·嘉兰在电影中扮演的多萝西这个角色已经在方方面面深入人心，包括她穿的标志性红宝石鞋以及走过的黄砖路都被赋予了有趣的引申意义。L.弗兰克·鲍姆要是知道他这部温柔而抚慰人心的童话故事被改编成了一部噩梦般的情景剧电影，他肯定不会同意，因为这样一来，故事传达给观众的潜台词就变成了想象是可怕而危险的事，应该抵制人们沉溺于想象，不过这部电影确实也让他这位原著作者名垂青史。奇怪的是这部电影似乎并未对其他电影产生任何影响，也许是它本身过于完美，甚至连它的续集，1974年的动画电影《回到绿野》和1985年的《重返奥兹国》都没有努力尝试去复制它所体现的那种变幻莫测的拍摄风格。

1940年

《幻想曲》

国家/地区：美国
导演：蒂姆斯·泰格利
主演：宾·沙普斯坦等
编剧：乔·格兰特等
片长：125分钟

在取得上次《白雪公主与七个小矮人》的艰难胜利之后，迪士尼继续大胆尝试。这次他将通过动画来诠释巴赫、柴可夫斯基、斯特拉文斯基、贝多芬、舒伯特等音乐家的作品，打造了一场更为生动的古典音乐会——由费城管弦乐队演奏、列奥·波德·斯托克夫斯基指挥。这部电影成为了一部经典之作，因为从来没有一部艺术作品能够如此巧妙融合高雅文化与通俗文化。其中最著名的片段毫无疑问是米老鼠以杜卡斯《魔法师的学生》为背景音乐演出的那段。但是其他一些想象超群、场面壮观的片段，例如跳芭蕾舞的河马和表演庞基耶利《时辰之舞》的短吻鳄也很令人难忘。此外，穆索尔斯基的《荒山之夜》也被恰到好处地配上了梦魇般的可怕镜头。这还是第一部用到立体声和多平面镜头的电影，进一步增添了动画的立体感。

《匹诺曹》

国家/地区：美国
导演：狄奇·琼斯等
主演：宾·沙普斯坦等
编剧：泰德·希尔斯等
片长：88分钟

这是迪士尼在1940年推出的另一部长篇卡通电影，其风格与《白雪公主》更为接近，并且将《白雪公主》所打造的电影模式固化为一种后来同类电影需严格遵循的范式。电影改编的原著是卡洛·科洛迪具有警示意义的小说，故事主人公是一位有生命的木偶，他一直梦想成为一个真正的人。故事中充斥着吓人的怪诞情节，为了平衡这种感觉，电影塑造了小蟋蟀这个活泼的形象，让他发挥迪士尼动画中常出现的先知这一角色的作用，负责向主角道出真理之言。电影中，《听从良知的引领》以及奥斯卡获奖作品《当你对星许愿》这两首背景音乐都成为了经典歌曲。相较《白雪公主》，许多评论家反而更喜欢《匹诺曹》，因为作为一部历险剧，其拥有更多的惊险镜头，这赋予了它极大优势。此外，这部电影的动画制作也相当精良。姗姗来迟的所谓"续集"《匹诺曹与黑夜之息》（1987年）其实与科洛迪或迪士尼没有任何关系，纯粹是一部艳俗的仿作。

1941年

《小飞象》

国家/地区：美国
导演：宾·沙普斯坦
主演：斯特灵·哈洛威等
编剧：乔·格兰特等
片长：64分钟

这是一部极其可爱的丑小鸭式电影。主角是一头有感情的大象宝宝，长着巨大的、可以像翅膀一样折叠起来的耳朵。迪士尼电影的漫长衰落期正是由这部电影开始的。这一过程非常缓慢，难以察觉，直到人们发现《小鹿斑比》（1942年）中已经没有了熟悉的搞笑片段和背景歌曲时才意识到，没有人能预想到迪士尼电影最终会堕落成什么样。这部电影中，设计巧妙的梦境镜头以及乌鸦合唱的场景依然难以弥补其叙事的苍白无力。

1942年

《恶魔的使者》

国家/地区：法国
导演：马歇尔·埃梅
主演：阿莱蒂·玛丽·德亚等
编剧：雅克·普列维、皮埃尔·拉罗什
片长：115分钟

恶魔派遣他的使者向一对中世纪的恋人施加诅咒，但这对恋人克服了降临在他们头上的所有厄运。恼羞成怒的恶魔将他们变成了石头，但他们强大的心脏依然没有停止跳动。电影制作时法国正被敌军占领，因此制片方极其小心地处理了电影中隐含的敏感而危险的政治暗示。

《森林王子》

国家/地区：英国
导演：佐尔塔·科达
主演：萨布等
编剧：劳伦斯·斯托林斯
片长：108分钟

这是萨布为伦敦影业拍摄的四部电影中的最后一部，他在其中饰演鲁德亚德·吉卜林笔下被野生动物养大的弃婴毛格利。这个角色简直是为他量身定做，他本人也对此投入大量热情，可以说比他之后拍摄的任何一部美国探险片投入的都多，但有一个难题，那就是如何找到一位令人信服的演员来饰演电影中动物导师一角，它在影片中负责教授主角各种动物的技艺。迪士尼在1967年推出的动画版电影就机智地避开了这一点，将动物导师教授的重点从技艺转到了"基础条件下的必需品"（这也是本篇的插曲名。——译者注）——道德说教上，并通过歌曲和生动的舞蹈动作将其戏剧化地呈现出来。2016年这部电影又被翻拍，但这一版就有些可悲了，它试图将各种构思拙劣的情节一股脑强塞进电影中，最终只能证明制作团队对丛林一无所知。

1945 年

《道林·格雷的画像》

国家/地区：美国
导演：艾伯特·勒温
主演：哈德·哈特菲尔德等
编剧：艾伯特·勒温
片长：110分钟

本影片改编自奥斯卡·王尔德经典长篇小说，主人公道林·格雷获得了永葆青春的能力，但陷入可怕的精神腐朽当中。电影版本弱化了原著中腐化堕落的一面，特别是原著严格遵循"为艺术而艺术"的原则，对道林病态的生活追求和其所沉迷的各种新奇感觉都进行了细致描述，而这些在电影中都进行了处理。但如此一来也让电影损失了王尔德那邪性又尖刻的笔触所能带给读者的很多魅力。

1946 年

《生活多美好》

国家/地区：美国
导演：弗兰克·卡普拉
主演：詹姆斯·斯图尔特、唐娜·里德等
编剧：弗朗西丝·古德里奇等
片长：130分钟

这部电影由詹姆斯·斯图尔特主演，讲述了一个男人从绝望中神奇获救的故事。尽管这部电影被提名包括最佳影片在内的四个奥斯卡奖项，但观众们还是对它不感兴趣，可能是因为电影中男主人公的守护天使克拉伦斯（亨利·崔佛斯饰）太古怪，又或者是电影将主人公的人生塑造得太凄凉，他的一生充满了痛苦、失败，并且理想一再受挫，虽然最后的结局有反转。这部电影声名远扬，同时也被视为是导演卡普拉独特艺术风格及其对电影的努力和热情的最佳注脚。斯图尔特在电影中令人心碎的表演虽然不及他对其他电影角色的塑造，但仍然堪称是经典之作。评论家们批评电影中出现的台词"满足于你所拥有的一切"，认为这是一种隐含的保守主义，就像他们批评《绿野仙踪》的咒语"没有一个地方能与家相提并论"一样。但其实这部电影真正的主题不是想去嘲笑野心，而是想强调勇于担负起自己责任的人最终会获得无声的奖赏。

1947 年

《34 街奇缘》

国家/地区：美国
导演：乔治·希顿
主演：埃德蒙·戈温、马琳·奥哈拉等
编剧：乔治·希顿
片长：96分钟

在《34 街奇缘》中，娜塔莉·伍德并不相信圣诞老人

百货公司新雇佣了一位老人来替代之前扮演圣诞老人的员工，这位老人与一位怀疑圣诞老人是否存在的小女孩（娜塔莉·伍德饰）成为了好朋友。他由于坚称自己就是真的圣诞老人而被送进了精神病院，他努力逃脱监禁却因此被告上法庭，在法庭上他成功证明了自己就是圣诞老人，同时也满足了小女孩的心愿，并让她重新找回相信魔法的童心，电影最后出现的那根摆放端正的拐杖就证明了这一点。这部电影催人泪下，也因此成为现代版美国神话。这部电影成为了被人们所珍藏的经典圣诞影片，此后再没有一部同类电影能与之匹敌——至少截至20世纪80年代都是如此。

1949年
《奥菲斯》

导演/地区：让·科克托
主演：让·马莱等
编剧：让·科克托
片长：112分钟

在这部电影中，导演科克托对奥菲斯的经典传奇故事进行了伟大重现，将主人公奥菲斯塑造成一位当代诗人。在死亡女神的帮助下，主人公进入栩栩如生而又光怪陆离的地府去寻找死去的爱人。这部电影原片节奏缓慢，但在美国上映时被剪辑到95分钟，不过还是成功保留了原片中那种重要的新奇感和强烈的个人主义特质。科克托随后又拍摄了一部自我剖析型的寓意深刻的续集作品，并沿用了之前的大部分演员，从其片名《奥菲斯的遗嘱》（1959年）可以看出，这部电影依然透露出十分强烈的个人元素。

1950年
《灰姑娘》

国家/地区：美国
导演：威尔弗雷德·杰克逊
主演：艾琳·伍兹等
编剧：比尔·皮特
片长：74分钟

《灰姑娘》改编自经典的童话故事，讲述的是一位备受欺负的厨娘丫头辛德瑞拉在魔法的帮助下获得幸福的故事。虽然这部电影曾一度被公众忽视，但迪士尼推出这电影的初衷是打算凭借此片复制《白雪公主与七个小矮人》的成功。这部电影中创造的很多配套元素已经成为如今同类型电影中不可或缺的范本，例如会说话的动物配角、清脆的背景声调和智慧的女性主角。

1951年
《圣诞颂歌》

国家/地区：英国
导演：布赖恩·德斯蒙德·赫斯特
主演：阿拉斯塔尔·西姆等
编剧：诺埃尔·兰利
片长：86分钟

这部电影改编自狄更斯经典小说《圣诞颂歌》，虽然在特效和其他电影科技的运用上都取得了进步，但仍然有改进空间。西姆在电影中将令人讨厌的老守财奴斯克鲁奇这个角色演绎得惟妙惟肖。在故事里，斯克鲁奇死去的生意伙伴和三个鬼魂带他经历了一段时光旅程，同时也给了他认识自己人生错误的最后一次机会。电影要求演员要用细腻的表演来刻画主角的转变，西姆表现得非常好，特别是主角斯克鲁奇的童年，虽然这一时期的斯克鲁奇正经历着一段痛苦和自我压抑的成长过程，但依然要表现出他人性中冷酷的一面，西姆的表演堪称经典。

1953年
《彼得·潘》

国家/地区：美国
导演：汉密尔顿·卢斯科等
主演：鲍比·德里斯科尔等
编剧：特德·希尔斯等
片长：77分钟

这部电影改编自詹姆斯·马修·巴里的著作，由宾·沙普斯坦监制，它像《灰姑娘》一样是一部典型的迪士尼中期作品，虽然不如早期最优秀的作品那么杰出，但依然保留有别人难以复制的魅力与激情。故事中的彼得·潘是一个拥有魔法并且长不大的小男孩，他将温蒂和她的弟弟们带到了神奇的梦幻岛，他们一起经历了伟大的冒险，但彼得·潘缺乏责任感的言行最终也促使温蒂和弟弟们做出回家的决定。电影中胡克船长和他的宿敌——因吞食闹钟而肚子不断滴答作响的鳄鱼——遭遇的情节是最让人印象深刻的片段。

《雨月物语》

国家/地区：日本
导演：沟口健二
主演：森雅之、京町子等
编剧：川口松太郎、辻久一
片长：96分钟

电影对活跃在18世纪的小说家上田秋成搜集整理的日本传统民间故事进行了巧妙的改编，讲述了两个农村人在国家内战时期（日本战国时代）离开家乡外出寻找财富时遇到的故事，其中一人去了大城市，另一人则成了一名武士。这部融合了喜剧片、剧情片与超自然元素的怪诞作品给当年威尼斯电影节评委留下了深刻印象，取得了和此前参评的日本电影《罗生门》（1950年）一样的成功。

1957年

《大力神》

国家/地区：意大利
导演：彼得罗·弗兰西奇
主演：史蒂夫·李维斯等
编剧：彼得罗·弗兰西奇等
片长：107分钟

这部电影在美国的票房取得了惊人收益，从而也开创了"剑与魔法"这一电影类型，并让前"环球先生"史蒂夫·李维斯成为了明星。电影讲述的主要是伊阿宋寻找金羊毛的故事，后来在影片中还出现了墨丘利这个满身腱子肉的配角。事实证明，这位"满身腱子肉的配角"成了电影成功的关键，吸引无数《健康与效率》这类杂志的订阅者前来观影。导演彼得罗·弗兰西奇又携手电影中的联合主演西娃·科丝西娜打造了一部续集《大力士和吕底亚女王》（1960年），电影中的配角包括饰演吕底亚女皇的西尔维娅·洛佩斯和饰演另一"满身腱子肉配角"的拳击冠军普利莫·加内纳。

《第七封印》

国家/地区：瑞典
导演：英格玛·伯格曼
主演：马克斯·冯·叙多夫等
编剧：英格玛·伯格曼
片长：96分钟

《第七封印》是一部经典电影，讲述了一位注定即将离开人世的骑士将死神拉入棋局以延缓死亡到来的故事，这一故事形式被大量模仿，以至于让人们忽视了影片的真正思想内核。实际上，故事中的骑士代表整个人类，这个棋局其实就是个拖延的游戏，棋子代表着人类的价值与美德，棋局的目的就是延缓死亡，整个博弈也围绕这一目的展开，但死亡终究无法避免，人类费尽心力构建的道德秩序毫无作用。这部作品是所有道德奇幻电影中最伟大的一部，与所有美式奇幻电影截然不同。反观典型的美式奇幻影片，它们在加工魔法时体现出的美学观念、艺术方式和哲学思想其实与麦当劳制作和提供快餐食品的模式如出一辙。

史蒂夫·李维斯出演《大力神》。"天啊，你拿了多少金羊毛！"

1958年

《辛巴达七航妖岛》

国家/地区：美国
导演：纳森·朱兰
主演：凯文·马修斯、凯丝琳·格兰特等
编剧：肯·科尔布
片长：88分钟

这是改编自《一千零一夜》的奇幻电影中第一部运用雷·哈里豪森的"超级动态动画"技术（也称分屏特效技法，是一类定格动画拍摄手法，目的是实现真人演员与动画人物之间的互动。——译者注）特效制作的影片。其中的故事情节——辛巴达的恋人被邪恶的魔法师变小了，他必须找到巨鸟的蛋才能将她变回来——都是用这种技术来展现的，这种技术之后也成为电影行业的标准技术。这部电影至今仍然是该类型电影中最杰出的作品之一。

雷·哈里豪森为《伊阿宋与阿尔戈英雄》开拓性地打造了独眼巨人形象

1959 年

《睡美人》

国家 / 地区：美国
导演：克莱德·杰洛尼米
主演：玛丽·科斯塔等
编剧：厄尔德曼·彭纳等
片长：75 分钟

这是迪士尼中期电影作品中试图重现《白雪公主与七个小矮人》辉煌的代表作。这部电影采用横向双画幅摄影法拍摄，预算也远超《灰姑娘》，但观众对这种标准的童话电影范式已经感到厌烦，"三个好仙女"难以和"七个小矮人"相提并论，坏女巫梅尔菲森倒是和邪恶的皇后角色十分相似。电影背景音乐借用了柴可夫斯基创作的芭蕾舞组曲，但却显得和动画本身有些格格不入。

1963 年

《伊阿宋与阿尔戈英雄》

国家 / 地区：美国
导演：唐·查菲
主演：托德·阿姆斯特朗、南茜·科沃克等
编剧：简·里德、贝弗利·克罗斯
片长：104 分钟

雷·哈里豪森将他的"超级动态动画"技术用到了这部"剑与凉鞋"类型（一种流行于 20 世纪 60 年代早期的意大利奇幻电影类型，一般制作成本低廉，质量粗糙，通常以古典神话、角斗士生活以及圣经故事为主题。——译者注）的电影中，比其意大利原版中的特效要成功不少。恶毒的国王珀利阿斯说服英雄伊阿宋组队开展一次近似于自杀的旅程——寻找金羊毛。途中充满艰难险阻，但最终伊阿宋作为唯一的幸存者凯旋，带回了金羊毛。电影情节和对话轻松愉悦，但奇幻的动作场景却拍得严肃认真，十分上心。那组阿尔戈英雄与一堆挥舞着刀剑的骷髅战斗的四分钟镜头可能是哈里豪森最杰出的特效作品。

《石中剑》

国家 / 地区：美国
导演：沃夫冈·雷瑟曼
主演：瑞奇·热维斯等
编剧：比尔·皮特
片长：79 分钟

继尝试将经典英国故事《101 忠犬》（1961 年）改编成动画版电影后，迪士尼公司又盯上了经典英国奇幻传说《石中剑》，并依据 T. H. 怀特所著版本制作了同名电影，讲述了梅林是如何教导孩童亚瑟王的故事。因为怀特的喜剧作品在风格上相比《101 忠犬》作者道迪·史密斯的作品更加平淡内敛，所以当故事脱离文本走上银幕后就显得有些无聊，即使增添了邪恶女巫米姆的角色依然于事无补。

1964 年

《欢乐满人间》

国家 / 地区：美国
导演：罗伯特·史蒂文森
主演：朱莉·安德鲁斯、大卫·汤姆林森等
编剧：比尔·沃尔什等
片长：139 分钟

这是迪士尼最成功的一部真人奇幻电影，当中还巧妙地加入了一些不错的动画镜头。电影改编自帕梅拉·林登·特拉弗的小说，讲述了一个会魔法的保姆如何改变两个叛逆少年个性与生活的故事。迪克·范·戴克在电影中对伦敦腔进行了一番有趣的嘲弄，这已经成为了经典片段。女主角朱莉·安德鲁斯随后又继续参演了《音乐之声》。电影的配乐——包括《奇妙无比》和另一首荣获奥斯卡最佳配乐的《欢乐满人间》——像其他脍炙人口的迪士尼电影配乐一样被人们争相传唱、难以忘怀。虽然在今天看来，电影中那些带有 20 世纪 60 年代特色的欢乐元素已经和电影极具爱德华时代风格的场景布设一样陈旧，但它至今仍是同类型电影中的佼佼者。

《博士的七张脸》

国家 / 地区：美国
导演：乔治·帕
主演：托尼·兰德尔等
编剧：查尔斯·布蒙特
片长：100 分钟

电影改编自查尔斯·G. 芬尼的《博士的马戏团》，这是一部具有辛辣讽刺和色情元素的奇幻小说。小说中，因为巡回马戏团的到来，一座充满不安氛围的小镇中的居民得以看到他们生活的真相，这让他们深陷困扰。在当时，如果不经过仔细的审查，原著出格的内容很难被

奇幻盛宴：文学、影视、游戏中的幻想世界

搬上银幕。托尼·兰德尔既扮演主角劳博士，又扮演他绝大部分的展览品，这显得有些不合理，但也可以看作是对主演演技的一种另类褒奖。电影中开发房地产的情节已经有些背离原著，并且原著故事所具有的尖锐獠牙也已在电影中被拔除，但电影在某程度上还是对当时的人们产生了一定影响。

1965 年

《萨拉戈萨手稿》

国家/地区：波兰
导演：沃伊希奇·哈斯
主演：兹比格涅夫·齐布尔斯基、埃尔兹别塔·齐日弗斯卡等
编剧：塔德乌什·克维亚特科夫斯基
片长：182 分钟

电影《萨拉戈萨手稿》改编自波兰作家扬·波托茨基的一本著名小说（首版于1805年发行），是一部用《一千零一夜》那样的方式编纂的故事集。这些故事据称由陆军上校阿尔方斯·范·沃登记录，描述的是他翻越西班牙南部莫雷纳山脉时所经历的奇幻冒险和遭遇，以及他在途中听别人描述的故事。电影的英文版比原片削减了不少内容，2001 年，两位该电影的忠实粉丝马丁·斯科塞斯和弗朗西斯·福特出资重新修复了未删减的原片并为其配上英文字幕，灌录成 DVD 面向西方观众发行。

1966 年

《马诺斯：命运之手》

国家/地区：美国
导演：哈罗德·P.沃伦
主演：哈罗德·P.沃伦等
编剧：哈罗德·P.沃伦
片长：70 分钟

这部作品是化肥销售员沃伦与电视剧本作家斯特林·西利芬特打赌的产物。它堪称有史以来最糟糕的一部电影，在各方面都烂到让人震惊。题目中的"马诺斯"（Manos）在西班牙语中就是"手"的意思，但单就《马诺斯：命运之手》这个名字而言还不足以向你展示这部电影有多烂。它的摄像很差，配音很差，演员表演也令人失望（演员都是免费的，除了一位小孩，她得到了一辆自行车作为报酬）。影片中错误不断，影片开头少了演职人员名单，而且几乎没有后期制作，剧本糟糕到令人难以置信，情节设置也相当无聊。整部电影自始至终都弥漫着一种刻薄狭隘、令人不悦的气氛。沃伦的演技可以说是拙劣至极，他在整部电影中都看起来气恼而不悦，即使是在需要角色开心的时候也是如此。尽管这部电影通常被标注为恐怖片，但实际上当中没发生什么恐怖的情节。不过影片中的邪恶主人（汤姆·内曼饰）确实展现出一些催眠的能力，而他那看上去像患了关节炎的侍从托尔戈（约翰·雷诺兹饰）原本的设定应该是个羊人，所以说这部电影堪称有史以来最糟糕的奇幻电影。《神秘科学影院 3000》（一档恶搞各种电影、并对其做出评论的搞笑节目。——译者注）针对它做了一期恶搞节目，反响还不错，也正是多亏了这档恶搞节目和观众冷淡的观影兴趣，才使其最终避免了沦为网络电影资料库最差电影榜单最后一名的命运（虽然也是倒数第二）。目前榜单最后一名是一部 2008 年的糟糕灾难片，但《马诺斯：命运之手》显然比这最后一名更差劲。看这部电影就如同阅读吉姆·泰斯的《阿尔贡之眼》，简直是对观众耐力的考验。

1968 年

《飞天万能车》

国家/地区：英国
导演：肯·休斯
主演：迪克·范·戴克等
编剧：罗尔德·达尔等
片长：144 分钟

这部电影堪称英国版的《欢乐满人间》《怪医杜立特》或是《地仙号快车》，剧本由罗尔德·达尔参与联合创作，改编自伊恩·弗莱明的小说，不过该小说原著傲慢庸俗到令人尴尬。电影忠实继承了原著中最糟糕的傲慢特质，这与主演范·戴克卑微可怜的口音形成了尖锐的冲突。电影中动听抓人的音乐与饰演小孩绑匪的罗伯特·赫普曼的精彩演出稍稍缓解了这种矛盾。考虑到弗莱明曾因给他书中的一位女主人公起名 Pussy Galore（Pussy 在俚语中指女性的生殖器。——译者注）而轰动一时，所以在这本书中给主人公起名 Tarly Scrumptions（字面意思是"真的非常美味"。——译者注）也就没什么大不了的了。

《万能金龟车》

国家/地区：美国
导演：罗伯特·史蒂文森
主演：迪恩·琼斯、米歇尔·李等
编剧：比尔·沃尔什等
片长：68 分钟

这部迪士尼喜剧的主角是贺比——一辆红、白、蓝条纹相间的大众甲壳虫汽车，它拥有独立的思想。该片是系列电影的首部影片，贺比帮助不幸的赛车手吉姆·道格拉斯打败了这辆车的原主人——车贩子彼得·桑代克，赢得了冠军。这辆车的风头毫不费力地盖过了电影中的人类演员，所以亲爱的，永远不要和孩子、动物或是甲

壳虫车一起演戏。随后制片方又推出了四部同样刺激且充满欢乐的续集：《金龟车大闹旧金山》（1974年）、《金龟车进城》（1977年）、《金龟车大闹南美洲》（1980年）和《疯狂金龟车》（2005年）。

《黄色潜水艇》

国家/地区：英国
导演：乔治·杜宁
主演：披头士乐队等
编剧：李·米诺夫等
片长：85分钟

这部音乐电影堪称列侬和麦卡特尼音乐的载体，当中的大多数音乐来自披头士经典专辑《佩珀军士的孤独之心俱乐部乐队》。电影中，孤独之心俱乐部乐队及其所在的胡椒城被一大群蓝色恶人袭击，一位信使乘坐黄色潜水艇出逃，去寻求披头士们的帮助。电影的动画故意制作得很原始，不过也成功地为各条不同的故事线提供了生动的场景。考虑到电影上映的时间是1968年，影片最后以《你所需要的就是爱》（披头士乐队1967年创作的一部单曲，同年在一档节目中表演并通过卫星全球同步直播，收获了巨大的成功，成为热门歌曲。——译者注）作为结束曲也就不足为奇了。

1969年

《幻象天堂》

国家/地区：美国
导演：查克·琼斯
主演：巴兹·帕特里克等
编剧：查克·琼斯等
片长：90分钟

该电影改编自诺顿·贾斯特的儿童小说，他的作品相比一般儿童小说通常更为复杂深刻。该片主要编剧为查克·琼斯，他十分珍惜这次开阔自己眼界的机会，以非常认真的态度处理了原著中所展现出的成人视角，同时也小心保留了贾斯特在原著中精彩辛辣的讽刺。电影中，小米洛通过他房间里一处神奇的收费站进入了智慧王国，他发现收费站将王国的两位共同统治者，同时也是两兄弟——字母国王与数字魔法师——分割开了，使他们再也无法对话，小米洛还承担起救回他们被放逐的姐妹——韵文和原理——的任务。

1970年

《瓦莱莉和她的奇迹一周》

国家/地区：捷克斯洛伐克
导演：亚罗米尔·伊雷什
主演：雅罗斯拉娃·莎勒洛娃等
编剧：亚罗米尔·伊雷什等
片长：77分钟

《瓦莱莉和她的奇迹一周》是一部极富感染力、如同梦境一般的电影，讲述了一位13岁的少女经历初潮和伴随而来的性觉醒的故事，当中还夹杂着带有邪恶和色情元素的奇幻事件。故事中，瓦莱莉搬来与祖母同住一段时间，这时的她正好到了青春期。她的意识被一位前来偷窃她耳环的吸血鬼唤醒，并逐渐发现这座城镇已经基本处于吸血鬼的统治之下。镇子上肮脏卑劣的牧师想要引诱她，其他一些人也抱着这种坏心思，包括她的亲戚。这部电影的观影体验堪称一段紧张而精彩的旅程，导演用精湛的拍摄技术成功地展现出它宛如梦境的一面。这部于1970年拍摄完成的电影改编自维捷兹斯拉夫·涅兹瓦尔1932年出版的小说。

1971年

《飞天万能床》

国家/地区：美国
导演：罗伯特·史蒂文森
主演：安吉拉·兰斯伯瑞等
编剧：拉尔夫·赖特等
片长：117分钟

这部改编自玛丽·诺顿两本小说的音乐儿童奇幻电影未能达到《欢乐满人间》那样受欢迎的程度。故事发生的时间在第二次世界大战初期，讲述了一位实习女巫和三个孩子用一副魔法床架挫败德国人入侵的神奇经历。电影中还加入了动画镜头，用以展示孩子们进入魔法王国寻求强大魔法师帮助的情节，王国中住着会说话的动物，这也让电影更加精彩。该部影片的特效获得了奥斯卡奖，但整部电影总体感觉还是显得有些不够连贯统一。

《毁灭之屋传奇》

国家/地区：法国
导演：哈里·库默
主演：奥逊·威尔斯、苏珊·汉姆谢等
编剧：让·费里
片长：125分钟

这部电影改编自比利时作家吉恩·雷伊一本奇怪的小说，虽然改编得较为程式化，但依然很有趣。一名年轻人迷失在了一栋哥特式建筑中，这里的走廊如同迷宫一般复杂，阁楼和房子周边的树林里暗藏危机。主人公让（马修·卡里埃饰）最终发现这里的居民其实是曾经不可一世的希腊神祇的最后余脉（也未必完全准确）。苏珊·汉姆谢在影片中分饰三个个性迥异的角色，其把控多种人物形象的高超演技给人们留下了深刻印象。

1972年

《怪猫菲力兹》

国家/地区：美国
导演：拉尔夫·巴克希
主演：斯基普·辛南特等
编剧：拉尔夫·巴克希
片长：78分钟

这部电影改编自罗伯特·克鲁伯的漫画，其经典的"地下"漫画打破了当时漫画的惯有模式，用充满反叛精神、讽刺、邪恶、下流的作品启发了新一代漫画家。巴克希在制作这部动画电影时不得不对克鲁伯的漫画风格进行简化处理，最后拍成的电影完全不像原漫画那样充满暴力的讽刺，不过还是给已经习惯迪士尼和查克·琼斯（美国著名漫画家和动画制作人，代表作有《猫和老鼠》《兔八哥》等。——译者注）动画作品的观众带来巨大冲击。这部电影如今看来已经过时，被牢牢定格在20世纪60年代反正统文化的时代潮流中，但它确实是一部具有里程碑意义的作品。其续集《菲力兹九命猫》（1974年）由罗伯特·泰勒执导，冷酷地推翻了原著那种极具冲击力的风格，将曾经那只叛逆的浪荡子菲力兹猫描绘成一只疲惫不堪的已婚瘾君子，从本质上退化为一部逃避主义的奇幻作品，许多克鲁伯的粉丝认为这是一场精心策划的背叛行动。

《时空幽灵客》

国家/地区：英国
导演：莱昂内尔·杰夫瑞斯
主演：劳伦斯·奈史密斯等
编剧：莱昂内尔·杰夫瑞斯
片长：69分钟

这是一部依据安东尼亚·贝克所著故事精心改编而成的电影，虽然在制作时拥有比任何一部BBC电视剧都要宽裕的预算，但它还是严格遵照了英国时空穿越类奇幻电视剧的制作套路。故事发生在1918年深陷第一次世界大战的英国，从过去的时空逃跑而来的鬼魂为人们提供了一次回到过去的机会，使人们能避免一场悲剧的发生。故事的高潮部分设计得很好，效果十足，先创造出非常紧张的气氛，而后以一个暖心的结局收尾。

1973年

《圣山》

国家/地区：墨西哥
导演：亚历桑德罗·佐杜洛夫斯基
主演：亚历桑德罗·佐杜洛夫斯基等
编剧：亚历桑德罗·佐杜洛夫斯基
片长：114分钟

《圣山》是一部充满了超自然、神秘象征意味的电影，影片中出现了一名奇怪的流浪者。一位精神宗师之类的人物帮助流浪者见到了太阳系中的七个主要行星，他们化身成为极具代表性的人类形象。这九人一致同意抛弃世俗的追求去寻找标题中提到的"圣山"，成功之后他们就能篡夺神位、获得永生。这部电影风格前卫、气氛紧张，透露着一种阴郁的幽默，影片中还出现了裸体和暴力镜头，但是这部电影最终想要表达的主要观点却是颠覆性的——艺术和宗教常常源于人们对权力的滥用、我们对很多事其实都没必要如此严肃。

《砂制时镜下的疗养院》

国家/地区：波兰
导演：沃伊切赫·哈斯
主演：杨·诺维基斯、伊蕾娜·奥斯卡等
编剧：沃伊切赫·哈斯
片长：124分钟

《砂制时镜下的疗养院》讲述了一段贯穿男主人公过去与不幸现实的旅程，影片风格阴沉黑暗还有些神志不清。从更广泛的意义上来看，我们还能将其视作是对大屠杀后

在《时空幽灵客》（又译《神奇的布兰登先生》）中，戴安娜·朵思饰演的反派威肯斯夫人钳住了大卫·洛奇

消失在东欧土地上的犹太人及其遗留痕迹的挽歌。这是一部卓越的影视作品，透露着阴郁的、巴洛克式的风格，充斥着很多重现昔日光景和展现奇幻元素的镜头。电影中，主人公约瑟夫踏上了一段令人不安的火车之旅，同行者中还有一群看上去如行尸走肉般的旅客，他的目的地是一所腐朽老旧的疗养院，他要去探望即将去世的父亲。在疗养院中，他很快意识到这里的时间过得和外面不一样，而且疗养院中的几个员工对这里的病人以及疗养院都完全不上心。在这里，约瑟夫开始经历一些过去曾发生在他身上的奇怪场景，其间时不时还有一个可怕的盲人火车售票员带着威胁的意味前来探望。电影改编自波兰文学天才布鲁诺·舒尔茨收集整理的同名故事集，他于1942年被纳粹处决，导演哈斯在电影中介绍了这段大屠杀的历史以示纪念。

1974年

《武士兰斯洛特》

国家/地区：法国
导演：罗伯特·布莱松
主演：吕克·西蒙等
编剧：罗伯特·布莱松
片长：85分钟

《武士兰斯洛特》是一部关于信念被动摇的讽刺作品，主人公兰斯洛特是寻找圣杯之旅中仅剩的几名幸存者之一，他在幻想破灭后选择放弃旅程打道回府。《高卢人帕西法尔》（1978年）是一部更为正统的圣杯传说类法国电影，明显是根据克里斯蒂安·特罗伊斯的中世纪史诗改编而来。

《辛巴达航海记》

国家/地区：英国
导演：戈登·贺斯勒
主演：约翰·菲利普·劳、汤姆·贝克、卡洛琳·莫罗等
编剧：布莱恩·克莱门斯
片长：105分钟

在完成1963年的《伊阿宋与阿尔戈英雄》之后，雷·哈里豪森又将他的"超级动态动画"技术运用到了几部并不出名的科幻电影中。这部电影主要对1958年的《辛巴达七航妖岛》进行了翻拍，但随着时代的发展，人们对当初电影中那些拍摄小把戏已经十分熟悉，必须更加努力才能取得同样的效果。在这次旅程中，辛巴达与一位好心的大维齐尔（旧时伊斯兰国家的高官。——译者注）联手（竟然还能出现这种情节！），保护马拉比阿这个国度免受黑暗法师的侵害，黑暗法师在影片中是个十分搞笑的角色，由汤姆·贝克饰演。完成该片后，哈里豪森选择继续留在英国参与制作《辛巴达穿破猛虎眼》（1977年），这部电影由萨姆·沃纳梅克执导，帕特里克·韦恩饰演主角，琼·西莫饰演配角，不过事实也证明，想要通过翻拍成功的老电影重获旧日辉煌真的是困难重重。

《七金尸》

国家/地区：英国/中国香港
导演：罗伊·沃德·贝克
主演：彼得·库欣、姜大卫等
编剧：唐·霍顿
片长：83分钟

传奇廉价恐怖电影大师汉默电影公司与中国香港武术电影厂邵氏公司合拍了这部古怪但十分有趣的吸血鬼功夫电影。电影中，吸血鬼德古拉伪装成一名疯癫的道士来到中国，这位黑夜之王一到这儿就立刻施展起他的老把戏，创造出一群功夫僵尸并接管了村庄。彼得·库欣饰演的范海辛一路追踪他的宿敌而来，并且还带上了自己的武术班子。这部电影其实是严格按照恐怖片和武术片的范式来拍摄的，但故事设定却别具特色，尽管当中还有明显漏洞，却依然成功串联起整部影片，使得该片超越了单一的恐怖片或武术片而自成一派。在之后香港本地出品的奇幻武术电影中，可以经常看到吸血鬼的形象，由此可见这部电影的影响之深。

1975年

《巨蟒与圣杯》

国家/地区：英国
导演：特瑞·吉列姆、特瑞·琼斯
主演：约翰·克里斯、特瑞·琼斯、艾瑞克·爱都、迈克·帕林、格雷厄姆·查普曼等
编剧：特瑞·吉列姆、"巨蟒组"
片长：91分钟

这是一部欢乐的荒诞主义作品，虽然并不能令观众从头笑到尾但确实十分有趣，与布列松导演忧郁沮丧的作品风格形成强烈反差。该片虽然不像《万事魔星》（1979年）那样充斥着野蛮的讽刺，但还是对英国残存的最后一丝骑士理想进行了无情的嘲讽鞭挞，不过这种嘲讽因电影可爱蠢萌的气质而有所掩盖。影片不乏经典片段和人物——比德韦尔爵士（琼斯饰）用疯疯癫癫的伪科学逻辑揭露了康妮·布斯迷人的女巫身份、亚瑟（查普曼饰）在面对两位无政府工团主义农民时一筹莫展、加拉哈德爵士（帕林饰）在炭疽城堡进行着没那么恐怖的实验、罗宾爵士（爱都饰）滑稽懦弱的行为以及伟大而又古怪的魔法师蒂姆（克里斯饰）。特瑞·吉列姆在影片中采用的低保真动画效果更为电影增色不少。

《野兽》

国家/地区：法国
导演：瓦莱利安·博罗夫奇克
主演：瑟勒巴·琳恩、莉丝贝特·胡梅尔等
编剧：瓦莱利安·博罗夫奇克
片长：98分钟

《野兽》是博罗夫奇克最为臭名昭著和奇怪的作品之一，这是一部被封禁的童话，揭露了人兽之间最本质的区别，特别是在智力以及对原始本能的克制力方面。电影通过一系列极度色情的场面来表现这一主题，其中还穿插着一些做作的上流社会生活场景，很显然导演在这里想通过这些镜头揭露上流社会的虚伪。电影以马交配的场景作为开头切入，这其实就明确暗示了电影内容，也是对观众的一种预先警告。

《被时间遗忘的土地》

国家/地区：英国
导演：凯文·康纳
主演：道格·麦克洛等
编剧：迈克尔·穆考克、詹姆斯·考索恩
片长：91分钟

这是一部典型的埃德加·赖斯·巴勒斯笔下的冒险故事，发生在第一次世界大战时期。一艘德国U型潜艇救起了因航船沉没而被困海上的英军船员，之后又误入了卡帕罗纳这片神奇的土地，在这里，不同时期的恐龙与史前野人生活在一起。这些英、德海军人员需要共同合作寻找食物与水，并避免成为恐龙的盘中餐。编剧迈克尔·穆考克在剧本编写上倾尽全力，着力将其打造为一部具有一定思想深度和影响力的作品，还为其设计了一个令人悲伤的结局。但总体上，这部电影至多称得上是一部平庸之作，特别是电影中的恐龙形象制作得非常糟糕，一点儿也不让人觉得可怕，甚至你想都都怕不起来。制作团队确实没有理由拍出这么烂的电影，星球大战也就晚两年上映，但是看过两部电影后你会觉得它们之间的制作水准相差二十年。

1976年

《地心记》

国家/地区：英国
导演：凯文·康纳
主演：道格·麦克洛等
编剧：米尔顿·苏博茨基
片长：89分钟

凯文·康纳、道格·麦克洛和埃德加·赖斯·巴勒斯再次相聚在疯狂的冒险旅程中，这次他们来到了地下王国。彼得·库欣扮演一位非常傲慢的维多利亚时代教授（这和神秘博士一样，是他扮演的最不讨喜的角色之一），他发明了一台巨大的金属钻地机。麦克洛是他的美国伙伴，他们一起用这台机器向大地深处挖掘，并发现了一个离奇的、如同迷宫般的世界。在这里，残忍暴虐且能够互相心灵感应的恐龙统治着还处于原始社会的人类，卡洛琳·梦露饰演的人类公主利用她的足智多谋对抗恐龙，这些男孩子也决定留下来帮助她。

《疯狂星期五》

国家/地区：美国
导演：盖瑞·尼尔森
主演：芭芭拉·哈里斯、朱迪·福斯特等
编剧：玛丽·罗杰斯
片长：95分钟

迪士尼公司对拍摄这部电影抱以极大的热情，编剧玛丽·罗杰斯在创作该剧剧本时，以女性视角对灵魂互换这一主题的作品进行了电影化的改编。哈里斯和福斯特以意料之外的完美演技诠释了一对在一天内互换身体的母女角色。虽然这部剧本现在看来有些过时（1994年的电视剧版本和2003年的再版电影都细心地将原版中疲惫不堪的家庭主妇换成了离异母亲），但它确实很符合那个时代的特点。

《高卢勇士之十二个任务》

国家/地区：法国
导演：勒内·戈西尼、阿尔伯特·尤德佐
主演：何热·卡尔等
编剧：勒内·戈西尼、阿尔伯特·优德佐等
片长：82分钟

恺撒大帝受够了不屈不挠反抗他的高卢人村庄，他与会魔法的村民阿斯泰里克斯和奥比里克斯定下条约——如果他们能完成十二个赫拉莫勒斯曾经完成的艰巨任务，他就承认他们是半神并将整个王国交给他们。随之而来的就是一系列有趣的英勇壮举，从找到一座横跨大峡谷的隐形桥到操纵一个令人抓狂的卡夫卡式复杂官僚机构。这部电影直接根据漫画原著创作并改编，它可能是所有高卢英雄系列电影中最贴近原故事的。

1977年

《橡皮头》

导演：大卫·林奇
主演：杰克·南斯、夏洛特·斯图尔特等
编剧：大卫·林奇
片长：89分钟

这是大卫·林奇的第一部电影，也是其最奇怪的电影之一，可谓意义重大。杰克·南斯饰演的主角亨利是一位处于失业边缘的印刷工，让他不安的是，他发现与自己分分合合的女友玛丽生下了一个孩子，他因此不得不和她结婚。这个孩子十分奇怪，看起来像是爬行动物而不是人，并且还会发出难听且持续不断的嚎叫声。玛丽逃走了，亨利也经历了一系列极其诡异的事件，包括做了一个怪梦，梦里他的头被砍下送去工厂，他脑子里的东西被发现是制作橡皮头的完美原料。亨利最终打算杀死怪物婴儿，但最后的结果不得而知。这绝非一部能轻松看完的电影，但的确是一部很有力量的作品，让观众时不时感受到危险和噩梦般的威胁。《闪灵》《巴顿·芬莫》和《死亡密码》都深受其影响，人们也尝试对这部电影进行解读，不过大多最后都无法从逻辑上理解这部电影，因此将其定义为一部纯粹宣泄情绪和追求视听体验的作品，而非一部完整的叙事电影。对于这些影评，林奇表示他至今还没见过一篇能配得上他作品的解读。

《莫名其妙》

国家/地区：美国
导演：特瑞·吉列姆
主演：麦克·帕林等
编剧：查尔斯·阿尔弗森
片长：105分钟

吉列姆将其在拍摄《蒙迪佩登与圣杯》时获得的经验完美运用到这部喜剧中。该片讲述了一个卑微学徒被迫成为屠龙者的美好童话故事，但在场景设计上却选择了肮脏不堪、令人作呕的中世纪生活图景。美好的故事配上恶心的场景，这种搭配并不能赢得当代电影评论家们的青睐，但却形成了吉列姆独特的反乌托邦式幽默风格。电影名字取自刘易斯·卡罗尔的著名诗集，其强调的寓意是：那些让人信以为真的胡言乱语可能会给人带来深深的困扰，但也有可能出乎意料地蕴含着哲理。

《上帝下凡》

国家/地区：美国
导演：卡尔·雷纳
主演：乔治·伯恩斯等
编剧：拉里·吉尔巴特
片长：98分钟

这部电影源自艾弗里·科尔曼1971年出版的小说，但改编得相当俗气，丝毫没有体现好莱坞电影应当具有的艺术性。上帝（伯恩斯饰）委托一位倒霉的超市经理（约翰·丹弗饰）负责整顿这个世界，并让其重回正轨。当上帝被传唤至法庭要求证明其力量时，他先是取笑了一遍在场的所有人，而后又略施了几个小法术来羞辱他们。《上帝下凡2》（1980年）一改第一部中的幽默风格，尝试起多愁善感的路线，但它只能向观众证明粗俗与愚蠢真是没有下限。第三部（1984年）则是一部平淡无奇的浮士德式奇幻电影，它的上映终于为这个像笑话一般的三部曲电影系列画上了句号。

《辛巴达穿破猛虎眼》

国家/地区：美国
导演：山姆·沃纳梅克
主演：简·西摩、帕特里克·韦恩等
编剧：贝弗利·克罗斯
片长：113分钟

这是雷·哈里豪森倒数第二部以"超级动态动画"技术完成的严肃奇幻作品，也是辛巴达系列电影的第三部和最终章。辛巴达想要迎娶公主法拉（简·西摩饰），但在准备征求公主哥哥卡拉姆的同意时遭到黑魔法攻击，被变成了一只狒狒，辛巴达立刻启程寻找破解之道，以免错过时限再也无法变回人形，黑魔法的始作俑者——公主的继母也尾随其后。最终，他们都在帕特里克·特罗的帮助下到达了北极乐土，那里有一座古寺能够破解诅咒。电影中每个角色都表演得很认真，卖力的演出也换来了不错的结果，整部电影非常有趣。

《狮心兄弟》

国家/地区：瑞典
导演：奥尔·赫尔布姆
主演：拉尔斯·索德达尔等
编剧：阿尔斯丽德·林德格伦
片长：106分钟

《狮心兄弟》这个故事在斯堪的纳维亚地区十分出名，人们常把它讲给即将离世的孩子们听。电影剧本由原著作者亲自操刀改编，忠实地还原了小说，很好地保留了原著的魅力。小卡尔因病将要死去，为了安慰他，13岁的哥哥乔纳森告诉他人死后会去往一个魔法王国，叫作南赫拉。乔纳森在之后的一场火灾中将卡尔救出火海，自己却不幸离世，不久之后，卡尔也死于病症。他真的来到了南赫拉，并与哥哥团聚。但这里也并非完美之地，邪恶的领主谭吉尔用魔法控制恶龙并在其帮助下不断侵占这片土地。两兄弟加入了危险的抵抗运动，并最终获得了胜利，但也付出了巨大的代价——乔纳森受伤致残，他说这样还不如死去。他告诉卡尔如果在南赫拉死去后会去往另一个世界南吉利马，在那里一切都将是平静又美好的。卡尔抱起了他的哥哥，一同纵身跃入峡谷。

《霍比特人》

国家/地区：美国
导演：朱尔思·巴斯、小亚瑟·兰金
主演：约翰·休斯顿、奥森·比恩等
编剧：罗密欧·穆勒
片长：80分钟

兰金和巴斯导演的这部动画电影改编自托尔金的经典小说，一开始打算拍成电视剧，但后来还是成功地将原著转化为一部80多分钟的电影，并且较为忠实地还原了小说的内容。这部电影是按儿童音乐片的形式来制作的，因此整部作品十分轻快，虽然简化了一些复杂情节，但的确是一次成功的尝试。相比于彼得·杰克逊在2012至2014年间推出的大制作，这一版本显然精简很多。这部电影的动画设计由日本动画公司TopCraft（吉卜力工作室前身。——译者注）操刀，虽然一些角色形象有些失真（史矛革都是毛茸茸的，精灵们看起来也没那么有灵性），但场景设计得相当不错。

《最后大浪》

国家/地区：澳大利亚
导演：彼得·威尔
主演：理查德·张伯伦等
编剧：彼得·威尔等
片长：106分钟

这是一个来源于土著传说，并且与托梦等神秘异象有关的奇幻故事。主人公是一名律师，他正为一名土著居民辩护，他的委托人被控谋杀。受一场诡异的天气影响，他做了一个关于洪水将至的梦。之后，他渐渐开始怀疑自己的梦与手头上的案子似乎有某种关联，而这场谋杀也与当地土著部落的风俗与律法有关。导演在电影中运用了大量易于引起人们联想的场景布设，并且插入了很多气氛阴暗的部落仪式画面，借此制造悬念。电影最后以一个灾难性的结局收尾。

《救难小英雄》

国家/地区：美国
导演：沃夫冈·雷瑟曼
主演：鲍勃·纽哈特等
编剧：马杰丽·夏普
片长：78分钟

这是一部有趣但不浮夸的迪士尼故事片，改编自马杰丽·夏普的小说，讲述的是一只老鼠加入营救小队，在其他动物的帮助下，和小队成员一起成功解救一名被绑架小女孩的英雄冒险故事。《救难小英雄澳洲历险记》（1990年）和这部电影特点很像，它们的故事情节比一般的迪士尼故事更加精彩，并且也是电脑辅助动画技术的受益者。迪士尼一直致力于大成本动画电影的制作，之后又凭借动画电视剧实现了复兴，但那已经是这部电影之后的事情了，不过迪士尼从未间断向儿童电影市场提供一定数量的作品。

《魔界传奇》

国家/地区：美国
导演：拉尔夫·巴克希
主演：鲍勃·雷尔特等
编剧：拉尔夫·巴克希
片长：80分钟

这是导演巴克希试图进军动画电影领域的第二部作品（第一部是《怪猫菲力兹》），也是其呕心沥血专门为电影银幕打造的一部奇幻作品，慎重而战略性的运用了能够从运动片段中捕获人物轮廓的拍摄技术。该故事发生在遭受毁灭数百万年后的地球上，在未受到核污染的地区，魔法生物开始回归，而在受到污染的地区还游荡着变种生物。这时出现了两个巫师，分别代表了这两种族群，他们之间不可避免地爆发了一场善良魔法与邪恶科技之间的对抗冲突。电影视觉效果很有冲击力，前半段不紧不慢的叙事节奏把控得也很好，但高潮时莫名其妙出现的剧情反转是一个不可原谅的硬伤。

1978年

《沉默的长笛》

国家/地区：美国
导演：理查德·莫尔
主演：大卫·卡拉丁、克里斯托弗·李等
编剧：李小龙等
片长：102分钟

《沉默的长笛》最初打算由李小龙执导，但最终花落别家。这部电影的剧本由李小龙和他另外两位德高望重的徒弟詹姆斯·柯本、斯特林·西利芬特共同写成。因为李小龙远赴中国香港影坛试水，这部电影的拍摄计划随之推迟，最终在他死后才被搬上银幕。故事讲述了一位年轻的武士想从《圣书》中获得武学真谛，但这本书在一名巫师手中，于是他在一名盲人笛手（卡拉丁饰）以及其他几位人物的指引下开始了一段艰辛的探寻之旅。李小龙本打算在这部电影中反映禅学和东方玄学思想，新的制片人却在极力淡化这种色彩。不过电影最后呈现出的效果还是很有趣的，并且传达了一些深刻的内涵，只是离李小龙当初的设想已经相去甚远。

《指环王》

国家/地区：美国
导演：拉尔夫·巴克希
主演：克里斯托弗·格尔德、约翰·赫特、威廉·斯夸尔等
编剧：克里斯·康戈林、彼得·S.毕格
片长：133分钟

为了完成这项重大的任务，巴克希借助了在《魔界传奇》中使用的技术，他通过在真人原片中叠加图片的方法让反派看起来更阴森可怕。这部电影将托尔金经典著作《指环王》的前半段搬上了银幕，但电影最后却显得很沉闷，令人失望，因此后半部分拍摄计划被取消也毫不奇怪。托尔金的原著运用了宏大的散文式描述风格，虽然辞藻煽情，但却难以细致刻画出物体的具体样貌，所以巴克希对此进行了即兴创作，不过看起来十分艳俗。例如在呈现圣盔谷的场景时，巴克希在它周围多加了十几只黑猩猩面具，并且让它们一直念叨一些莫名其妙的话，这种处理方式丝毫没有起到效果。彼得·杰克逊2001年推出的《指环王》电影对托尔金笔下中土世界的呈现就高明很多，完美地利用了新西兰美丽壮阔的景致。

1979年

《潜行者》

国家/地区：俄罗斯
导演：安德烈·塔科夫斯基
主演：亚历山大·凯伊达诺夫斯基、阿丽萨·弗雷因德利赫、安纳托里·索洛尼岑等
编剧：阿尔卡季·斯特鲁加茨基、鲍里斯·斯特鲁加茨基、安德烈·塔科夫斯基
片长：162分钟

这是一部神秘莫测且具有深刻影响的电影，故事围绕一间能够实现居住者内心渴望的特殊房子展开。房子坐落于军事禁区中，矗立在一片被废弃的荒地中央，那里充满了死亡的危险。潜行者知道如何找到那所房子，虽然他的名字听起来有点像个有跟踪癖的人，但其实他是一名向导。他同意为一位充满创作力的作家和一位理性的科学家带路，护送他们穿过死亡地带去往房子那里，这段旅程简直比奥德修斯的冒险经历更能称得上是心灵之旅。不愧是执导《飞向太空》的导演，安德烈这次的作品也没让我们失望，在这部电影中，观众们能够看到一种对人类精神世界和内心渴望的探索，包括人们在面对全世界的嘲讽时依旧坚持自己梦想所面对的那种举步维艰的残酷现实，都通过电影画面缓慢而又深刻地展现出来。这三人最终到达了那间房子，却发现他们并没有考虑清楚自己到底想要什么，实际上，观众也不知道三人最终是否进入了房子。这绝对是一部经典佳作，充满了令人回味的片段和恐怖的氛围。它深刻启发了一代人，包括导演、电影摄影师以及电脑游戏开发者和作家。

1980年

《飞鹰神剑》

国家/地区：英国
导演：泰瑞·马歇尔
主演：杰克·帕兰斯、约翰·泰瑞、谢丽尔·坎贝尔等
编剧：泰瑞·马歇尔、哈里·罗伯森
片长：93分钟

这是一部典型的剑与魔法类奇幻冒险电影，也是早期就开始尝试新一代特效技术的作品之一。不幸的是，这些特效都用在了霍克会飞的剑上，他用这把剑打败了自己邪恶的兄弟沃勒丹，从而解救了女修道院。该电影的配音十分有特色，但除此以外都很糟糕，即使以那个时代的标准看也是如此。

《仙乐都》

国家/地区：美国
导演：罗伯特·格林沃德
主演：奥莉维亚·纽顿·约翰等
编剧：理查德·肯拿士、马克·罗贝尔
片长：96分钟

这是一部看起来有些傻乎乎的爱情音乐剧，依然沿用了那种"男孩遇见神话中的女孩，接着响起很多音乐"的老套路。迈克尔·贝克饰演桑尼——一位极具艺术天分、却受困于他所讨厌的日常工作的画家。在他为一支神秘的乐队——九姐妹——画了一张专辑封面之后，生活中就开始发生一些神奇的事情。桑尼还不知道，九姐妹其实就是九位缪斯，其中的一位——特尔西科瑞，也就是舞蹈女神——对他已经芳心暗许。她伪装成一位叫基拉的滑旱冰女孩与桑尼相识，并鼓励他开一间酒吧，两人终于毫无意外地坠入爱河。宙斯反对他们的爱情，这让一切看起来似乎都要结束了，但在经历了一场11小时的情节逆转后，这对有情人终于又走到了一起。不过到现在也没人知道为什么舞蹈女神要鼓励画家开一家酒吧。

1981年

《阿尔忒弥斯81》

国家/地区：英国
导演：阿拉斯泰尔·里德
主演：汉威尔·班尼特等
编剧：大卫·拉德金
片长：185分钟

这是一部特征鲜明、高深莫测的奇幻电影，大多数观众都难以理解其情节。班尼特在剧中扮演一名与圣人同名且具有超能力的作家基甸·哈拉斯（基甸是《旧约全书》中的犹太勇士。——译者注），他误打误撞地被

牵扯进生命天使（哈里斯，由斯廷饰）与其邪恶对手死亡天使（阿兹雷尔，由罗兰·科拉姆饰）之间的战争，这场重要的战争牵涉到很多世俗的种族。评论家们认为，即使这部电影画面精美、演员演技精湛——配角演员甚至还包括丹尼尔·戴·路易斯以及汉默恐怖电影公司的老演员英格丽德·皮特，也不能弥补其情节晦涩难懂和时间过长的缺点。不过他们的评价有些不太公平，这其实是一部寓意深刻的电影，特别是当中还运用到了一些电视制作才会运用的拍摄手法。哪怕在今天的成人奇幻电影作品中，这样的做法也堪称大胆，它理应得到更多的尊重。

《诸神之战》

国家/地区：英国
导演：戴斯蒙德·戴维斯
主演：哈瑞·哈林、朱迪·鲍克、布吉斯·梅迪斯、劳伦斯·奥利弗、玛吉·史密斯等
编剧：贝弗利·克罗斯
片长：118分钟

这部电影利用"超级动态动画"技术对珀尔修斯的故事进行了重新呈现，哈里豪森的这一特效技术在该片中起到了很好的效果，但这也是他的最后一部电影。很多大牌明星参与了演出，他们在电影中饰演作为配角的奥林匹亚众神，而激动人心的凡人主角则落到了演技稍有些尴尬的哈林身上。虽然这是一部严肃传统的电影作品，但其在刻画人神关系时所使用的表现手法和表达出的精神却与新一代神话奇幻电影颇为相似，包括之后的同类型电视剧《赫利丘：武神传说》都深受其影响。无论从哪个角度看，这都是一部极具时代特色的有趣作品，对今天的电影依然具有很大影响力。

《屠龙者》

国家/地区：美国
导演：马修·罗宾斯
主演：彼得·麦尼克、凯特琳·克拉克、拉尔夫·理查森等
编剧：马修·罗宾斯、哈尔·巴伍德
片长：110分钟

该电影试着利用新特效技术将彼时刚刚兴盛起来的剑与魔法奇幻故事搬上银幕，并且效果非常好，在电影中成功塑造了龙的主角形象。不过该片的情节相当乏味，故事主要还是围绕龙展开，还讲到了一位巫师学徒得到一件尚无法熟练使用的魔法武器的事。

《诸神之战》中，珀尔修斯驯服了飞马（由雷·哈里豪森打造）

《黑暗时代》

国家/地区：英国
导演：约翰·保曼
主演：尼吉尔·特瑞、海伦·米伦、尼古拉斯·克莱等
编剧：罗斯伯·帕伦伯格
片长：140分钟

约翰·保曼这部改编自亚瑟王传说的伤感史诗电影已经成为标杆性的作品，被用于评判所有同样取材于英国传统故事的奇幻电影。该片故事主要来自于马洛里所著的《亚瑟王之死》，导演保曼在其基础上做了一些修改以增强情节的神话色彩与神秘感。电影公映后，当中的很多元素，从卡尔·奥尔夫那充满张力的背景音乐《噢，命运女神》到亚瑟王将剑插在赤身拥眠的兰斯洛特与昆妮弗之间的经典桥段，都已经成为同主题电影拍摄中的标准套路。尼吉尔·特瑞用精湛的演技刻画出一个声音如砂石般沙哑、头如钢铁般坚硬、伟大又古怪的地球之力守卫者——梅林的形象。亚瑟在这里被刻画成一个类似于渔王的人物（在西方关于圣杯和渔王的神话中，渔王是圣杯的守护者，渔王失去了圣杯也就失去了健康、信仰和爱情。——译者注），只要他生病，大地也会跟着一起生病，只有圣杯才能拯救他。时至今日，该片仍能称得上是一部优秀的史诗奇幻电影。

《夺宝奇兵》

国家/地区：美国
导演：史蒂文·斯皮尔伯格
主演：哈里森·福特、凯伦·阿兰、丹霍姆·艾略特等

上图：
巨大的石球陷阱为《夺宝奇兵》拉开了序幕，轰动四座

下图：
时光大盗们骄傲地炫耀着手上的时空地图

编剧：劳伦斯·卡斯丹
片长：115 分钟

这部紧张刺激的动作冒险电影是导演斯皮尔伯格最成功的作品之一。他将男孩们最爱的冒险类小说搬上了银幕，并一炮而红。《夺宝奇兵》电影中的幻想元素被小心翼翼地掩藏起来，直到高潮部分才出现，并推动剧情冲向顶峰。在《夺宝奇兵2》（1984 年）和《夺宝奇兵3》（1989 年）中，幻想元素同样也被作为推动情节发展的"麦加芬"，留到故事的高潮时才出现（朋友们，我真不愿再回忆起 2008 年上映的《夺宝奇兵4》，那部电影真是糟糕透顶）。但后两部电影中的这些"麦加芬"，也就是幻想元素，并未像第一部电影中那样起到引人入胜的戏剧效果，估计是导演担心它们的出现会让主角的英勇行为减分。不过这些幻想元素确实十分奇妙，有趣得令人难忘，这同时提醒我们，斯皮尔伯格曾经的确也是位伟大的导演，只不过后来走得太过，硬要把电影中的每件事情都变得"有趣"才罢休。

《勇士与女魔法师》

国家/地区：美国
导演：约翰·C.布罗德里克
主演：大卫·卡拉丁、玛丽亚·索卡斯、卢克·艾斯丘等
编剧：约翰·C.布罗德里克
片长：81 分钟

大卫·卡拉丁在剧中饰演的角色黑暗凯恩是一位雇佣兵，他穿过荒地来到一座村庄，那里的两位邪恶领主在争夺一口井。他向这两位领主提供服务，同时也喜欢上了一位女孩——永远不穿上衣、被奴役的女魔法师纳娅。如果你觉得这听起来就像是电影《用心棒》可悲又野蛮的山寨翻版，那么好吧，它的确如此。

《时光大盗》

国家/地区：英国
导演：特瑞·吉列姆
主演：拉尔夫·理查德森、大卫·沃纳、肖恩·康纳、谢利·杜瓦尔、大卫·拉帕波特等
编剧：特瑞·吉姆、麦克·帕林
片长：116 分钟

这部电影堪称"恶搞"的动作/冒险故事与喜剧故事的组合，展现了一群小矮人和一名小男孩的时空之旅。旅行中，他们遇到了无上存在（拉尔夫·理查德森饰）、恶魔（大卫·沃纳饰）、阿伽门农（肖恩·康纳饰）、罗宾汉（约翰·克里斯饰）和拿破仑（伊恩·霍尔姆饰）。电影中的每个情节单独看来都奇异万分，但整体组合之后反而稍显逊色，不过令人眼花缭乱的故事节奏又让电影变得极其有趣。显然，美国版的《比尔和泰德历险记》及其续集就是受到了该片的启发。

1982 年

《阿托尔，战鹰》（《无敌战神阿托尔》）

国家/地区：意大利
导演：乔·达马托
主演：迈尔斯·欧科飞等
编剧：乔·达马托
片长：98 分钟

这部电影令人印象深刻，不过恐怕是坏印象。恐怖片与低俗片导演乔·达马托一直以拍摄劣质作品而闻名，这次他想要蹭一蹭大火的柯南热，并决定采取抄袭这种成本最低的方式牟利，于是就有了这部影片《无敌战神阿托尔》。最终，迈尔斯·"泰山"·欧科飞也莫名其妙

地加入进来，扮演一位完美的"玛丽苏"角色（指十分完美、没有任何缺点的主角。——译者注），这是一位野蛮人，但同时也是天选之子，他要从巨型蜘蛛手中救出妹妹，因为这样就能娶她！他的宠物熊宝宝贡献了本片最佳表演。如果说这部电影有什么优点的话，那就是它坏得卑微而谄媚，看上去倒有点受虐狂的感觉，这反而为电影增添了点搞笑的趣味。你可能想不到，该片的续集比这更烂。

《豹人》

国家 / 地区：美国
导演：保罗·施拉德
主演：娜塔莎·金斯基、马尔科姆·麦克道威尔、约翰·赫德等
编剧：艾伦·奥姆斯比
片长：118 分钟

金斯基以极其阴险的方式与失散许久的哥哥——马尔科姆·麦克道威尔团聚，这时他才发现兄弟二人是仅存的豹人。他们曾经是豹子，现在虽然是人形，但和正常人类发生性关系时就会被迫变回兽形，而再变回人形的唯一方法就是取人性命。麦克道威尔希望他的妹妹为他生儿育女，但她完全不想掺和进来（谁能怪她呢？）。这部施拉德经典的奇幻惊险片一上映就震惊了许多观众，而且直至今天看来，这部电影仍拥有不可估量的想象力。

《野蛮人柯南》

国家 / 地区：美国
导演：约翰·米利厄斯
主演：阿诺德·施瓦辛格、詹姆斯·厄尔·琼斯、马克斯·冯·西多、桑达·伯格曼等
编剧：约翰·米利厄斯、奥利弗·斯通
片长：129 分钟

邪恶的巫师苏拉·多姆（詹姆斯·厄尔·琼斯饰）杀死了柯南的父母，柯南一心想要为自己的父母复仇。复仇路上，他偷了一件名贵的珠宝，救出了被囚禁的女王。在与美丽的盗贼女王成为恋人后，他将带她离坟墓并且一起并肩作战。事实表明，即便有好莱坞的充足预算，要把罗伯特·E.霍华德那经典又无拘无束的剑与魔法奇幻小说搬上银幕也很困难。此外，由于那时施瓦辛格还没有机会学习英语，剧本的呈现受到限制，电影中的柯南也就从霍华德笔下雄辩有力、魅力十足的盗贼变成了不爱讲话、总是沉思的勇士。邪恶的巫师变身巨蟒这个情节很好，但它作为整体布局的一部分反而显得有些孤立，此外电影精彩部分的幻想元素相对较少，这让电影公司有些担心。不过，这部电影已经非常出色，为艰难前行的传统奇幻电影注入了动力，推动其进入电脑特效时代。巴索·普列多斯精湛的技艺对这部影片贡献巨大。

弗兰克·弗雷泽塔曾创作过一组柯南画像，本来是为20世纪60年代的平装版原著封面设计的，但不承想凭借自身实力畅销一时，米利厄斯想方设法想在电影中重现这组画像，这要求施瓦辛格模仿画作在电影场景中摆出静止造型，让摄像机仔细捕捉他紧绷的肌肉和发怒的面容。

《虚幻游戏》

国家 / 地区：美国
导演：斯蒂芬·希利亚德·斯特恩
主演：汤姆·汉克斯等
编剧：汤姆·拉扎勒斯
片长：100 分钟

当这部冗长得可怕的说教影片上映时，少数以道德卫士自居的人士正开始公开大力抨击"龙与地下城"游戏，他们认为这是乔装打扮的撒旦主义，会把天真少年变成道德败坏之人。随之出现了更多想借这股潮流之机渔利的人。他们当时编造的那些"龙与地下城"游戏所带来的"骇人听闻的恶果"其实就是今天人们说的"虚假新闻"，最早开始散布这些消息的是一些只想牟取暴利、投机钻营的虚伪基督徒，他们孤注一掷、尽其所能地诋毁这些游戏其实就是为了得到更多的捐赠。影片中，汤姆·汉克斯所扮演的角色因为沉迷一款"龙与地下城"游戏，也就是"迷宫与怪兽"这个游戏而彻底疯了，这让他的家人和朋友也十分绝望。这部电影的失败并不是演员的错，坦率来讲，看这部电影还不如去看烂片《马诺斯：命运之手》。

《魔女》

国家 / 地区：美国
导演：杰克·希尔
主演：丽·哈里斯、莉奈特·哈里斯等
编剧：吉姆·温诺斯基
片长：83 分钟

这部电影完全就是精神错乱。一无是处。

《魔诫奇兵》

国家 / 地区：美国
导演：丹·卡斯卡拉里
主演：马克·辛格、坦娅·罗伯茨、雷普·汤恩等
编剧：丹·卡斯卡拉里
片长：118 分钟

《野蛮人柯南》是一部同时包含新旧两种拍摄套路的电影，并且尝试将它们以可行的方式进行融合，相比而言，《魔诫奇兵》就没有那么大的野心了。电影中，一位出身高贵的孩子被巫师掳走，为了能拿回自己的遗产，他努力习得了高超的武艺，并且学会了与当地的野生动物交流。虽然马克·辛格根本没演绎出奇幻英雄的样子，但电影依然能够称得上有趣。1991年上映的《魔

诚奇兵 2：穿越时光之门》由西尔维奥·塔贝特执导，这部续集和第一部一样，为获得成功而配备了强大的演员阵容。这次的故事把辛格带到了今天的洛杉矶（这样布景能更便宜），并继续对邪恶巫术进行讨伐。1999 年，该系列电影催生了一部短命且构思极其拙劣的电视剧，与原作相比，它不仅乏味，而且缺乏连贯性。

《魔水晶》

国家 / 地区：英国
导演：吉姆·亨森、弗兰克·奥兹
主演：斯蒂芬·加利克等
编剧：大卫·奥戴尔
片长：94 分钟

这部电影堪称亨森传世怪物商店产品展示柜（亨森传世怪物商店是一家老牌布偶商店，这部电影的拍摄中就用到了该商店生产的布偶。——译者注），采用了亚瑟·拉克姆风格的插画家布莱恩·弗劳德提供的布偶设计。多亏了弗劳德的加入，才让这部电影中那些居住在幻想世界中的布偶角色能与《芝麻街》和《布偶秀》中的木偶区别开来（《芝麻街》是美国公共广播协会制作播出的儿童教育电视节目；《布偶秀》是一部美国儿童布偶电视剧。——译者注）。影片中，它们与年轻的英雄们共同对抗一群极其险恶的对手，并获得了一些美丽的超现实帮手的帮助。在邪恶帝国将其版图扩展到全世界范围之前，主人公们要争分夺秒更换好魔水晶上丢失的零件。尽管情节略显简单，但电影具有一定的复杂情节和暗黑属性，同时其视觉体验一直都让人印象深刻。

《剑与巫师》

国家 / 地区：美国
导演：艾伯特·派恩
主演：李·霍斯利、西蒙·麦克金代尔、凯瑟琳·贝勒等
编剧：汤姆·卡诺斯基、约翰·斯塔克梅耶
片长：99 分钟

又一部愚蠢且荒谬的奇幻电影。平心而论，比起其他一些糟粕，这部电影好太多了。看起来剧中所有演员都很卖力并且乐在其中，我们当然不能因为演员们的敬业而责备他们。片中最引人注目的就是男主角那把可笑的三刃剑，它"神预言"了现代的剃须刀技术。

1983 年

《圣剑屠魔》

国家 / 地区：阿根廷
导演：詹姆斯·斯巴德拉蒂
主演：巴尔比·本顿、瑞克·希尔等
编剧：霍华德·科恩
片长：80 分钟

制片人罗杰·科尔曼的"死亡猎手"系列电影一共有四部，相比同类其他电影，他把更多镜头对准了女性裸体，并因此被人们记住。剧中的主人公与剧名同名，是一位柯南式的人物，他在各种难以置信的情况下都能用钢拳铁脚暴力解决问题，与此同时，美丽的女性们则极尽所能地展示自己的魅力。不管怎么看，该系列电影与西蒙·R.格林的同名趣味科幻小说系列都毫无关系；可是格林的书是后出的，所以只能怪他自己给书选了这个名字。

《火冰历险》

国家 / 地区：美国
导演：拉尔夫·巴克希
主演：兰迪·诺顿等
编剧：拉尔夫·巴克希、弗兰克·弗雷泽塔等
片长：81 分钟

这部动画是巴克希与奇幻艺术大师弗兰克·弗雷泽塔合作的明星作品。导演使用转描技术，先拍摄动作演员的镜头，接着把他们的动作映描到叠加层上，最后把叠加层和需要的背景结合在一起就得到了想要的画面。这样做能让观众欣赏到精心布景下细致、逼真的动画角色。这部电影的情节与其中的对话一样平淡无味——在一位神秘战士的帮助下，年轻的农场男孩拉恩必须从邪恶的黑魔王手中救出一位丰满、美艳到令人难忘的公主，但它为观众们营造了一种视觉享受，而且弗雷泽塔的角色设计既很有特色，也与电影契合。

《国王与怪兽》

国家 / 地区：英国
导演：彼得·叶茨
主演：丽赛特·安东尼、弗雷迪·琼斯、弗兰西斯卡·安妮丝、连姆·尼森、肯·马歇尔等
编剧：斯坦福·谢尔曼
片长：121 分钟

《国王与怪兽》作为 20 世纪 80 年代早期纯奇幻电影浪潮中最好和最成功的电影之一，最初计划以游戏《龙与地下城》为蓝本进行官方电影的改编。但这个想法最终没能推进到制作阶段，而且这部电影的背景设置显然与《龙与地下城》关联甚微，但相比 2000 年官方发布的雷人且严重歪曲原著的电影相比，这部电影要好太多。科尔温王子（马歇尔饰）必须从邪恶的黑魔王和凶残的杀手手中营救出他的新婚妻子丽莎（安东尼饰演），这就要得到一把出色的五刃圆形短剑。有趣的是，这把剑的名字叫作格莱夫（Glaive，意为"阔刀"，一种武器。——译者注），来源于一种中世纪的欧洲武器，长约 9 英尺（一英尺为 30.48 厘米。——译者注），由一根长杆和上面的单刃剑组成（类似于中国古代的关刀。——译者注），任何熟悉这种武器

的人都对这把剑的名字感到吃惊，剑和名字的含义根本不匹配。总之，科尔温一路上得到了一位年迈的圣人、一名无用的巫师、一群好心的强盗和一个紧张兮兮的独眼巨人的帮助。电影中的情节推进顺利，布景设置精致，观众们也都乐在其中——最后的结果可能比预计的还要好。

《三个老兵》

国家 / 地区：捷克斯洛伐克
导演：奥德里奇·利普斯基
主演：彼得·采佩克等
编剧：简·威里奇
片长：96 分钟

《三个老兵》是一部愉快的讽刺奇幻电影，对权力和特权进行了还算友善的攻击。三名士兵在退出行伍、失去军衔之后生活坎坷，这时他们遇到了一群精灵。每个人都得到了一件法宝作为礼物——一把可以创造仆人的竖琴，一个可以创造黄金的袋子，以及一顶可以创造其他任何东西的帽子。一切都是那么美好，直到三人中的一人爱上了一位美丽的公主。她要求她的彩礼必须是这三样东西，但老兵们一交出法宝就被赶出了国门。精灵们帮他们想出了一个拿回法宝的办法。出色的表演、诙谐的剧本和有趣的场景成就了这部好电影。

《蜀山：新蜀山剑侠》

国家 / 地区：中国香港
导演：徐克
主演：元彪、孟海、郑少秋、洪金宝等
编剧：司徒卓汉
片长：95 分钟

这是当时最雄心勃勃的武侠电影之一，刻意尝试运用西方特效技术为东方超自然的武侠电影注入活力。电影的预算可能略有不足，但最终效果却是精彩绝伦的，而且非常有趣。徐克拍这部电影时就没打算一定要让它成为一部需要人们严肃以待的电影，而且有些东西是配音版本无法充分传达出来的，此外，叙事的节奏让这个故事带有了一些超现实的色彩，但这仍能被称为一场令人惊叹的武术盛宴和奇幻大戏。人们往往能记得洪金宝扮演的长眉真人，他是一位正派的大师，他的夺命眉型令人慨叹——真的，我不是在开玩笑——在这部电影里他的眉毛从头到尾都很吸引眼球。相比之下，2001 年同一题材的《蜀山传》预算要多得多，但魅力却远远不及此。

1984 年

《毁灭者柯南》

国家 / 地区：美国
导演：理查德·弗莱舍
主演：阿诺德·施瓦辛格、葛蕾丝·琼斯等
编剧：罗伊·托马斯等
片长：103 分钟

施瓦辛格再次出演柯南显然不如他的第一次出演那么成功。尽管故事情节比较紧凑，更贴近原作也引入了更多魔法，但制片人迪·劳伦提斯坚信盈利的关键在于淡化暴力和性暗示，因此整部电影同样适合青少年观看。可悲的是，无趣的影片可能的确能赚到钱，甚至比前面所有电影加起来都要多，但充其量只能做个电视连续剧版本的预热片了。

《捉鬼敢死队》

国家 / 地区：美国
导演：伊万·雷特曼
主演：比尔·莫瑞、西格妮·韦弗、丹·艾克罗伊德、哈罗德·雷米斯、里克·莫拉尼斯等
编剧：丹·艾克罗伊德、哈罗德·雷米斯
片长：105 分钟

这是一部充满活力、令人眼前一亮的原创喜剧，影片中的通灵学家们制造并改进了一台捕获幽灵的机器，在幽灵正从四面八方的木制品中涌出的时候，他们及时行动解决了危机。影片运用了一流的特效，效果很好，电影的高潮部分——终极大魔头的人间具象最终变成了皮尔斯伯里版本的美国步兵队——绝约令人难忘。高居榜首的主题曲也令人难忘。为了使《捉鬼敢死队 2》（1989 年）同样活力十足，整个团队重新集结，创造了更真切的戏剧性高潮，但过于机械化地复刻了前一部的范式。该片有很多衍生作品和其他附属产品，2016 年还与女性团队合作进行了纯粹的重制，演员们反串性别扮演书呆子，表演得非常出色，可惜的就是拙劣的剧本糟蹋了她们的表演。

《小精灵》

国家 / 地区：美国
导演：乔·丹特
主演：扎克·加利根、菲比·凯斯、霍伊特·阿克斯顿等
编剧：克里斯·哥伦布
片长：106 分钟

与《捉鬼敢死队》一样，这部电影也运用了全新的特效以推动其精美的另类情节，创造出耳目一新的绝佳效果。一只可爱的"精灵"被当作圣诞宠物出售，但根据警告，买家必须要遵守某些规则。一旦规则被打破，这些精灵就会繁殖出一大群可怕的变种，这可吓坏了小镇。这是一部风格欢快的恐怖电影，与传统好莱坞圣诞奇幻电影形成了强烈反差，它还模糊了奇幻片与恐怖片之间的界限，成为奇幻电影新时代最重要的奠基之作。

《小精灵 2：新种诞生》（1990 年）将场景搬进了高科

技办公楼，在那里，情节的起伏感随着黑色讽刺喜剧元素的加入而提升。因为整部影片从一开始就具有强烈的批评意味，所以作为消费主义隐喻的《小精灵2》产生了更为深刻的哲学影响。当然，该片也催生了许多仿作。

《绿林女儿罗妮娅》

国家/地区：瑞典
导演：泰格·丹尼尔森
主演：汉娜·泽特伯格等
编剧：阿斯特丽德·林格伦
片长：126分钟

阿斯特丽德·林格伦亲自操刀将《绿林女儿罗妮娅》这部令人愉快的小说改编成了电影，因此该片特别吸引人。泽特伯格扮演年轻的罗妮娅，她的父亲是一个强盗团伙头目，藏匿在半幢古老城堡中。一道霹雳把这个城堡劈成两半，敌对帮派在裂缝的另一边建立了他们的基地。另一个帮派的头目有一个和罗妮娅年龄相仿的儿子，名叫伯克，两人暗地里成了玩伴和朋友。罗妮娅的父亲知道后大发雷霆，抓住了伯克。两个孩子决定逃到城堡周围的魔法野生森林里，在他们的父亲集体恢复理智并开始共同寻找他们之前，他们在森林里想方设法地努力生存下去。作为一部适合全家观赏的电影，《绿林女儿罗妮娅》的类型确实少见，而且各个年龄段的观众都能从中收获颇多。《绿林女儿罗妮娅》有趣、甜蜜且制作精良，堪称一部迷人的电影。这绝对是瑞典出品的最好的电影之一。

《美人鱼》

国家/地区：美国
导演：朗·霍华德
主演：达丽尔·汉娜、汤姆·汉克斯等
编剧：洛厄尔·甘茨、巴拉布·曼德尔、布鲁斯·杰·弗里德曼
片长：110分钟

本片是《皮博迪先生和美人鱼》(1948年)的更新版本，电影中美人鱼救了一个溺水的小男孩，然后爱上了他。在陆地上的时候，她看起来和人类没什么两样，但一个疯狂的科学家揭穿并暴露了她，然后政府就备好了解剖台准备开始研究她。除了修改了一些颜色并加上了一条看起来更真实的尾巴，该版本的美人鱼形象和之前相比并没有太多改变：唉，这个故事拍得一点儿没能让人感到信服。主演们的表现还算及格，推动电视续集在1988年应运而生。

《狼之一族》

国家/地区：英国
导演：尼尔·乔丹
主演：莎拉·帕特森、安吉拉·兰斯伯瑞、大卫·沃纳、格雷厄姆·克劳登等
编剧：尼尔·乔丹、安吉拉·卡特
片长：95分钟

这部充满奇妙氛围的电影改编自安吉拉·卡特的同名广播剧，情节来源于她自己编写的狼人故事集《染血之室与其他故事》中的两个故事。电影探索了隐藏在诸如小红帽等传统故事中的性象征意义，通过颂扬女性性行为等方式美化了性这一传统故事中原本带有警示意味的元素。这部电影包含了一些狼人变形的精美场景，并且非常忠实于真正的传统狼人传说。本片如梦似幻、强劲有力却又令人不安，并且尽可能多地保留了卡特原著的文学魅力和复杂特性。

《大魔域》

国家/地区：联邦德国
导演：沃尔夫冈·彼得森
主演：诺亚·海瑟威、巴雷特·奥利弗、杰拉尔德·麦克雷尼等
编剧：沃尔夫冈·彼得森
片长：92分钟

这部电影改编自迈克尔·恩德畅销小说的第一部分，书中一个不快乐的小男孩带着一本奇怪的书躲在了学校的阁楼里，然后迷失在了里面（就是真正的迷失，没有任何比喻的意思）。他在书中发现有另一个世界急需拯救。电影的特效非常出色，而且这部电影是第一部以让人半信半疑的幻想世界为背景的真人电影，的确值得称赞。不幸的是，这部电影只演绎了小说的前半部分，而且配上了一个与原著后半部分完全不符的临时结尾。坦率地说，糟糕的续集与这本书已经完全没有关联了；同样，续集中也没有同第一部一样出色的特效。

《神奇树屋》

国家/地区：澳大利亚
导演：保罗·威廉姆斯
主演：布莱恩·汉南等
编剧：保罗·威廉姆斯
片长：76分钟

这是一部有趣的澳大利亚动画片。故事中，两个孩子汤姆和露西在寻找他们的小狗"抹布"时发现了一个神秘的树屋。树屋里有一个活门板，能通向一个十分疯狂但多姿多彩的世界。于是他们决定探索一番。冒险过程中，他们遇到了一只友善又会喷火的澳洲水兽布莱克·本、苏格兰海盗以及古怪的飞艇驾驶员、会说话的树等各种有意思的角色。这部电影趣味十足。

《勇士之剑》

国家/地区：英国
导演：斯蒂芬·威克斯
主演：迈尔斯·奥基夫等
编剧：斯蒂芬·威克斯等
片长：102分钟

本片以高文爵士（奥基夫饰）的视角讲述亚瑟王神话，这是一种极不寻常的展现亚瑟王神话的方式。该片是一部相当杂糅的电影，高文爵士和绿衣骑士的核心故事中融入了众多其他故事的元素。最终影片给人的感觉就像把三四个不同的故事拼凑在一起，而且电影整体让人觉得非常粗糙，准备也不充分。片中，高文爵士只有一年的时间去寻找绿衣骑士谜语的答案，但他大部分时间都花在了营救一位神秘又可爱的女士上。

1985 年

《希曼和希瑞：剑之谜》

国家 / 地区：美国
导演：埃德·弗里德曼
主演：约翰·欧文、梅兰迪·布里特等
编剧：拉里·迪蒂利奥、鲍勃·福沃德
片长：100 分钟

这部电影是希曼这个角色的首秀，希曼原本是美泰公司出品的一个玩具人物，是野蛮人柯南的翻版。这位沉闷且强大的英雄被灰颅城堡的女法师派往埃特里亚星球执行任务。和他自己的家园埃特尼亚一样，埃特里亚也受到了邪恶的黑魔王霍达克的威胁。希曼被捕获，但霍达克的中尉阿多拉发现自己其实是希曼的双胞胎妹妹，而且同样也是神秘遗产的高贵继承人，所以就把她的哥哥释放了。阿多拉总会在关键时刻变身为希瑞，因此以希瑞为原型的玩偶（包括以其为主角的动画片）也顺势推出（效果比希曼系列还好）。

《鹰狼传奇》

国家 / 地区：美国
导演：理查德·唐纳
主演：马修·布罗德里克、鲁特格·豪尔、米歇尔·菲佛等
编剧：爱德华·赫马拉、迈克尔·托马斯、汤姆·曼凯维奇
片长：124 分钟

这是一部改编自民间传说的奇幻电影，一对年轻的恋人受到了诅咒成为变形人，他们会变成狼和鹰，但无法同时变回人形。鲁特格·豪尔饰演的角色在电影中跑来跑去，看起来喜怒无常，约翰·伍兹十分尽心地饰演一位邪恶牧师，马修·布罗德里克扮演一个初出茅庐的小偷，不过他似乎并不能胜任角色。该剧情节编排随意，白白浪费了有趣的故事设定，当然，故事的结局必定是恋人摆脱了诅咒。

《传奇》

国家 / 地区：美国
导演：雷德利·斯科特
主演：汤姆·克鲁斯、米娅·莎拉、蒂姆·库瑞等
编剧：威廉·霍茨伯格
片长：109 分钟

这是一部充满现代风格的童话故事。莉莉公主试图最后再看一眼仅存的独角兽，这时，一个头上长着角的黑暗恶魔（蒂姆·库瑞饰）抓住了她，主角莉莉公主是美丽天真的米娅·莎拉的银幕首秀。恶魔想让公主变得堕落并独占她，而且还要杀死最后的独角兽，让世界陷入无尽的黑夜。然而，爱上了莉莉公主的森林男孩杰克（克鲁斯饰）救出了女孩，也拯救了白天（人物名）。电影中有很多黑色幽默，也有很多神话般的力量，但面向美国观众发布的剪辑版被大幅削减以至于变得毫无观赏性可言。导演剪辑版于 2002 年上映，这还是值得一看的。扮演大恶魔的角色时，蒂姆·库瑞总是光彩夺目，而米娅·莎拉同样吸引观众的眼球，不过在看了克鲁斯表演的这个粗野英雄后，大家都理解不了他怎么可能成为如今这样的巨星。

《僵尸先生》

国家 / 地区：中国香港
导演：刘观伟
主演：林正英、钱小豪、许冠英等
编剧：刘观伟等
片长：96 分钟

在《僵尸先生》中，高大师（林正英饰）是一位单眉神父，也是一名德才兼备的道家驱魔师。他受命主持葬礼，但尸体在被埋葬之前就变成了僵尸。之后的故事走向与传统的西方恐怖片大不相同。中国的僵尸是死的，它们四肢僵硬、跳得很远、嘴里吐着毒气，所以这里不会有西方传说中极具魅力的"黑夜之子"（指吸血鬼。——译者注）。这是一部精彩的电影，好吧，但无论如何都不是因为僵尸……它狂热、有趣，还有些欢快的呆笨，其中还有绝妙的武术打斗场景。这部影片后面的发展非常成功，不仅续集无数，而且林正英在整个系列的不同电影中不断重新演绎高大师，也带动了整个僵尸片行业的发展，而他本人却因癌症在 44 岁时不幸离世。

《女王神剑》

国家 / 地区：美国
导演：理查德·弗莱舍
主演：布丽吉特·尼尔森等
编剧：克莱夫·埃克斯顿
片长：89 分钟

这部电影的故事很像罗伯特·E. 霍华德的小说但又不完全一样，该片相当可怕，其灵感来自罗伊·托马斯为柯南系列漫画所创作的一个角色。施瓦辛格饰演卡利多，这个角色和柯南很像，就像是电影制片厂出于某种原因重新推出的免税版柯南。桑达尔·伯格曼饰演的是一位邪恶女王，她偷到一个强大的护身符，但在此过程中杀

死了索尼娅的姐姐。勇敢的索尼娅发誓要报仇雪恨。卡利多与她同行。布丽吉特·尼尔森在参演此片时十分卖力，但施瓦辛格只是出于感激柯南系列电影给他带来的成功而参与其中，而且在发现他得到的是联合主演的配角角色后还略有担忧。尽管他愿意参演，但呈现出来的却是缺乏热情的表演——他宣称曾经用这部电影吓唬过他的孩子们，要是他们不好好表现就让他们看完整部电影。

《吸血鬼猎人D》

国家/地区：日本
导演：芦田丰雄
主演：盐泽兼人等
编剧：平野靖士
片长：80分钟

《吸血鬼猎人D》是最早在国外上映的日本动画电影之一。它迅速获得了狂热的追捧，并帮助推动了整个动画行业在西方的流行。本片改编自菊地秀行的小说，有意将欧洲的吸血鬼传说与西方的氛围融为一体。最后的结局发生在一万年以后，其情节设定充满了想象力。吸血鬼是当时世界的统治者，他们是贵族，统治着农奴般的人类。D是一个吸血鬼猎人，自己也是半个吸血鬼，还是游走于世间的流浪者。他遇到了猎人的女儿多丽丝，但没过多久，当地颓败的吸血鬼就决定让多丽丝做它们的玩伴，所以D决定帮助她。

《失落王国的巫师》

国家/地区：阿根廷
导演：赫克托·奥利维拉
主演：博·斯文森等
编剧：艾德·那哈
片长：72分钟

受柯南系列电影的启发，20世纪80年代出现了很多非常糟糕的剑与魔法类奇幻电影。该片可能是这些电影中最烂的一部，甚至比《阿托尔，战鹰》还要烂。然而，仍有一拨小众但超级狂热的追随者还兴高采烈地从这部电影的无限缺点中获得乐趣。

1986年

《妖魔大闹唐人街》

国家/地区：美国
导演：约翰·卡彭特
主演：库尔特·拉塞尔、金·卡特罗尔、丹尼斯·邓、詹姆斯·洪、维克多·黄等
编剧：加里·戈德曼
片长：99分钟

风靡一时的导演约翰·卡彭特因为这部电影离开了电影制片厂并重返独立工作室，该片票房并不理想，但它理应得到更多肯定和赞誉。该片讲述了拉塞尔笔下开着卡车的亡命徒被卷入了一场古老的巫术帮派战争的故事，不可否认这个故事是单薄了些，但是情节环环相扣、风格时髦并且总体设计得很好，角色扮演得非常出色，背景设定也十分有趣。虽然有点过时，但这部影片仍然趣味多多。

《梦中人》

国家/地区：中国香港
导演：区丁平
主演：周润发、林青霞等
编剧：邱刚健
片长：95分钟

一对悲情的恋人转世到两千年以后，一系列超自然事件让他们又走到了一起。当他们终于见到对方的时候，发现自己被一种远比他们自身更伟大的东西所吸引，但那种耗尽一切的激情只能带来灾难性的结局。这是一部美丽的电影，充满了浪漫、色情和毁灭性的色彩，而且电影拍摄技术很棒。周润发和林青霞饰演了这对命中注定悲剧结局的情侣，贡献了特别精彩的表演。

《挑战者》

国家/地区：美国
导演：拉塞尔·马尔卡希
主演：克里斯托弗·兰伯特、罗珊妮·哈特、肖恩·康纳利、克兰西·布朗等
编剧：格雷戈里·威顿等
片长：111分钟

15世纪，一个苏格兰人发现自己是一名不朽者，只有被斩首才会丧命，他也因此遭到放逐。不朽者们的共同任务是在考验中生存下来，在此期间所有人都要参加决斗，直到只剩一个人时由他来继承那并未言明的神秘奖品。这部电影的情节看起来似乎有些荒诞不经，但剧本确实写得充满智慧并且神秘莫测，其中的剑术巧妙，导演马尔卡希又设法为这一切注入了时尚气息。在皇后乐队创作的配乐加持下，它顺利地成为了一部风靡一时的经典之作。它的续集缺乏思想、十分乏味，但衍生出的电视剧却出人意料地精彩。

《魔幻迷宫》

国家/地区：美国、英国
导演：吉姆·汉森
主演：大卫·鲍伊、詹妮弗·康纳利等
编剧：特瑞·琼斯
片长：101分钟

该片是一部借鉴了很多《魔水晶》元素的娱乐电影，评论家们对其褒贬不一。有人指责故事线过于单薄——年轻的女孩不小心许愿赶走了弟弟，她必须要进入仙境才能救出他来。然而，这部电影拥有一种惹人喜爱的古怪魅力，

这要特别归功于康纳利的出色表演,以及导演汉森创造出的那极富想象力的怪兽。可能这部影片思想并不深刻,意义也不丰富,但它有趣、欢乐并且创意十足。该片的剧本写得也很不错。即使同类作品早已被遗忘,但这部风靡一时的电影还是凭借其优良品质深得观众厚爱。

《金童子》

国家 / 地区:美国
导演:迈克尔·里奇
主演:艾迪·墨菲、夏洛特·刘易斯、查尔斯·丹斯、维克托·王等
编剧:丹尼斯·费尔德曼
片长:94 分钟

艾迪墨以善于找寻失踪的孩童而闻名,但当一个来自亚洲的神秘女孩告诉他,他被上天选中,要动身去中国西藏,从恶魔那里救出善良的化身——金童子时,他却犹豫了。查尔斯·丹斯在剧中扮演黑暗之子,他太过邪恶以至于耶稣都不愿意救赎他。当然,墨菲最终还是去了,在印第安纳琼斯式的审判中他拿回了神秘的 Aja-Yee 匕首,并最终拯救了一切。这部电影充满俗气狂热的氛围,但情节推进不快不慢而且很有趣,动作场景设计也很好。这确实是一部很好的娱乐作品,只要你不介意它有些无脑。

《淘气小女巫》

国家 / 地区:英国
导演:罗伯特·杨
主演:费尔鲁扎·鲍克、戴安娜·里格、蒂姆·库瑞等
编剧:玛丽·威利斯
片长:70 分钟

本片改编自吉尔·墨菲 1974 年出版的第一部关于米尔德里德的小说,这也是该系列小说中最好的一版,讲述了发生在卡克尔小姐女巫学院中最差的学生米尔德里德的故事。米尔德里德热情又善良,但经常粗心大意,把事情搞得一团糟,并带来灾难性后果。仁慈的女校长有一个邪恶的双胞胎姐妹,她想控制这所学校,而米尔德里德卷入了这场斗争。

《巨魔》

国家 / 地区:加拿大
导演:约翰·卡尔·布希勒
主演:迈克尔·莫里亚蒂、雪莉·哈克、诺亚·海瑟威等
编剧:艾德·那哈
片长:82 分钟

詹妮弗·康纳利正在迷宫中找寻出路

年轻的女孩被邪恶的巨魔囚禁,而巨魔变成了她的样子。由于她开始出现咬人、咆哮等怪异举止,她的兄弟——由海瑟威饰演的小哈利·波特——对她的身份产生了怀疑。他们的父母根本不相信会有什么怪事发生;但楼上有一个女巫,她知道古代巨魔并帮助调查。与此同时,巨魔在大楼的周围奔走,把公寓变成了仙境的前哨,把人变成大树,然后创造出了更多的小动物。该片傻里傻气,特效也确实没起什么作用,但它就是有一种疯狂的魅力。

1987 年

《倩女幽魂》

国家 / 地区:中国香港
导演:程小东
主演:张国荣、王祖贤等
编剧:阮继志
片长:98 分钟

《倩女幽魂》改编自一个有几百年历史的传说,并对其进行了武侠演绎。奔波在旅途中的书生收账人被迫在森林深处一座无人问津的寺庙中投宿。在寺中,他遇到了一位武术剑圣和一位神秘的美女。他爱上了女孩,女孩也爱上了他,但她其实只是一个幽魂,被迫把男人引诱到树妖姥姥那里供她吸取阳精。该片剧情夸张但编排精美,不过真正让这部电影取得巨大成功的是演员们惟妙惟肖、令人享受的表演。

《王子历险记》

国家 / 地区:瑞典
导演:弗拉基米尔·格拉玛蒂科夫
主演:尼古拉斯·皮卡德等
编剧:阿斯特丽德·林格伦
片长:99 分钟

《王子历险记》改编自阿斯特丽德·林格伦的同名小说。小男孩逃离了他那令人不快的养父母以及与他们在一起的不幸生活，并被带到了一个神奇的世界。在那里他才发现其实自己是国王的儿子米欧王子。他和他的朋友（由年轻的克里斯蒂安·贝尔饰演）共同展开了一项危险的任务——击败克里斯托弗·李饰演的黑暗骑士卡托，然后解救那些被他抢走的孩子。尽管对某些人来说这部电影的节奏会有些慢，但这是个感人的小故事。在很大程度上，这部电影删减了原著中令人心碎的核心内容，使整个故事完全成了一个饱受情感虐待的孩子做的白日梦——这肯定是一个不错的商业决定。

《魔鬼战神》

国家/地区：意大利
导演：鲁格罗·德奥达托
主演：彼得·保罗、大卫·保罗等
编剧：詹姆斯·R.西尔克
片长：87分钟

流浪的艺人们组建了一个吉普赛式的部落，他们收养了一对双胞胎孤儿。部落幸福生活的秘诀就是女王戴在肚脐上的魔法宝石。邪恶的军阀想把女王和宝石同时纳入囊中，就攻击了这个部落，但宝石在这之前就被藏起来了。最终女王还是进了后宫，男孩们被训练成为肌肉发达的角斗士。他们逃出了控制，试图重新得到宝石并恢复部落。电影俗气且荒谬，但深受部分B级片影迷的欢迎。

《公主新娘》

国家/地区：美国
导演：罗伯·莱纳
主演：凯莉·艾尔维斯、曼迪·帕廷金、克里斯·萨兰登、罗宾·怀特等

东镇女巫发挥魔力、享受一段快乐的旧时光

编剧：威廉·戈德曼
片长：98分钟

该片改编自戈德曼那无比夸张又充满智慧的民间故事，不仅非常有趣还带有深刻的讽刺意味。作为一名资深编剧，戈德曼还亲自主持了剧本改编工作，在电影艺术可以允许的范围内尽可能多地展现原著的长处。最终的结果当然很好，这部影片成为了20世纪80年代最优秀的奇幻电影之一。农场男孩变成了英勇的海盗王，他必须从怀有杀心的邪恶王子手中救出他美丽的真爱，王子想通过与她结婚然后杀死她来发动一场战争。一定要记得，这一切都是诙谐戏谑的手法——要是想严肃认真地对待它那你会感到非常失望——但这只会让其魅力倍增。显然，演员们度过了欢快的时光，皮特·库克扮演了一位喋喋不休的牧师，奉献了精彩的客串表演。尽管后半段确实有点低迷，但本片完全有理由被称为一部风靡一时的经典之作。

《东镇女巫》

国家/地区：美国
导演：乔治·米勒
主演：杰克·尼科尔森、雪儿、苏珊·萨兰登、米歇尔·菲佛等
编剧：迈克·克里斯托弗
片长：118分钟

本片对约翰·厄普代克的浮士德式讽刺进行了巧妙而尖锐的改编，影片中只有魔鬼（尼科尔森饰）才能满足三个孤独女人的厚望——而实现愿望要满足一些严格的条件。在轮到魔鬼自己被审判后，他竟然想再造一个地狱，这个可怕的结局比书里的结局更夸张，但还是有效果的，而且电影情节总体顺畅。三位女主角——雪儿、米歇尔·菲佛和苏珊·萨兰登——都贡献了娴熟的表演，她们的表演特色鲜明且不分伯仲。

《柏林苍穹下》

国家/地区：德国
导演：维姆·文德斯
主演：布鲁诺·冈茨、索尔维格·多玛丁、奥托·桑德等
编剧：维姆·文德斯、彼得·汉德克
片长：130分钟

《柏林苍穹下》是一部微妙、严肃且令人钦佩的哲学电影，片中部分镜头采用了单

奇幻盛宴：文学、影视、游戏中的幻想世界

色拍摄，电影中有两位守护柏林的天使，其中的一个爱上了一位马戏团艺人，并且决定变成人类。电影花费了很长一段时间展现他和他的同伴对这个决定所带来影响的讨论，但因为影片的视觉呈现做得非常好，所以并未因此让观众感到电影整体的推进陷入停滞。在1993年的续集《咫尺天涯》中，第二位天使也效仿了他的同伴，而第一位天使现在正经营一家披萨店。第二部电影延长了时间（164分钟），反复展现角色内心独白，这同时也考验了观众的耐心，以至于影片效果大打折扣。

1988年

《爱丽丝》

国家/地区：捷克斯洛伐克、英国、瑞士、联邦德国
导演：杨·史云梅耶
主演：克里斯蒂娜·科胡多娃等
编剧：杨·史云梅耶
片长：85分钟

杨·史云梅耶的《爱丽丝》是对路易斯·卡罗尔经典奇幻故事噩梦般的诠释，本片将真人实景叠加到一些会令人相当不安的定格动画上。除了故事场景的设定从乡村转移到了一栋破旧的大房子之外，影片还是相当忠实原著的。最终影片呈现出一种幽闭恐怖、匪夷所思的氛围，偶尔甚至显得十分怪诞，总体上可以说它还原出了卡罗尔原著故事中令人恐慌的基本色调，而其他一些改编版本通常过于温情，从而未能体现出原著的这种感觉。不得不说史云梅耶的确是一位善于营造不安气氛的富有创见的导演。

《阴间大法师》

国家/地区：美国
导演：蒂姆·波顿
主演：吉娜·戴维斯、迈克尔·基顿、薇若娜·瑞德等
编剧：迈克尔·麦克道威尔、沃伦·斯卡伦
片长：92分钟

一对刚刚去世的夫妻向天堂事务局寻求帮助，希望能够把他们在人世间美好的家从令人讨厌的新主人手中拯救出来，但事务局中那慵懒不堪、得过且过的办事员显然并没有给他们带来好消息。他们转而向大反派阴间大法师求助。阴间大法师因为之前的罪行被囚禁，他们帮忙释放了他。本片对奥斯卡·王尔德"坎特维尔幽灵"主题进行了大胆而生动的现代化呈现，同时充满了波顿惯用的哥特式风格元素。阴间大法师是一个既喜欢恶作剧又有点危险的人物，不过基顿在饰演时很好地把握了这种平衡，一年后他又和波顿导演合作，在《蝙蝠侠》中饰演主角并一炮而红。薇诺娜·瑞德在这部电影中的表演也十分出色。

大法师"甲壳虫汁"变幻莫测，但几乎没有严肃的时候

《特大号》

国家/地区：波兰
导演：朱利叶斯·马丘斯基
主演：亚采克·赫梅尔尼克等
编剧：乔兰塔·哈特维格
片长：105分钟

马丘斯基想通过《特大号》讽刺和攻击波兰共产主义政权，因此影片中有大量的玩笑和隐喻并未得到充分诠释。即便如此，这也是一部超现实、朴实且滑稽的奇幻影片，讲的是隐藏在图书馆地下室的小矮人王国的故事。听话的矮人可以服用魔法药水变大，进入"大"世界，虽然保持身材必须要喝好多可乐，但好像也没人想再变小回去。

《孤寒财主》

国家/地区：美国
导演：理查德·唐纳
主演：比尔·默瑞等
编剧：米奇·格雷泽等
片长：101分钟

影片尝试把狄更斯《圣诞颂歌》的故事情节搬入现代场景，这是试图超越1951年版《圣诞颂歌》电影的又一部改编之作。这次导演试着将故事重新塑造为一部轻松愉悦、带有浪漫情节的喜剧，剧中比尔·默瑞和鬼魂对抗，这大概是对《捉鬼敢死队》的致敬。

《终极天将》获得了四项奥斯卡奖项提名，包括最佳服装设计奖和最佳化妆设计奖

默瑞饰演的是一位缺乏乐趣的电视主管克罗斯（Cross，意为"十字架"。——译者注），他被分配去制作圣诞节特别节目，这和他的名字倒是很搭。整部影片令人倍感亲切，但影片中加入的过于戏剧化的情节使其丧失了狄更斯故事里的大部分魅力。

《终极天将》

国家/地区：英国
导演：特瑞·吉列姆
主演：约翰·内威尔等
编剧：查尔斯·麦吉沃恩、特瑞·吉列姆
片长：126 分钟

吉列姆创作了三部奇幻电影，这是最后一部，代表老年（《时间劫匪》代表青年，而富有远见的反乌托邦科幻杰作《巴西》代表中年）。《终极天将》就是冒险家孟豪森男爵所讲述的精彩故事。男爵向略感困惑的观众们讲述他的英勇事迹，当中不同层次的故事与现实相互交织。这部电影在理性与浪漫主义之间构建了明显冲突，相比于故事，平淡的现实显得陈腐乏味。片中多少会有些讲不通的情节，但这的确是一场视觉盛宴。

《纳尼亚传奇》

国家/地区：英国
导演：玛丽莲·福克斯
主演：理查德·德姆西等
编剧：艾伦·西摩
片长：171 分钟

这部面向电视荧屏的奇幻电影借鉴了很多其他成功奇幻电影作品的制作技术，这些技术的成功之处在于它们能较好地呈现出魔法在真实世界中的使用效果，但是要想架构一整个全新的幻想大陆那就是另外一个概念了。不可否认，这是一次勇敢的尝试。剧本写得很好，演技超级精湛，影片自然也广受欢迎，但效果确实看起来很糟糕。尽管本片取得了成功，但也进一步证明：想要适应小屏幕，异世界奇幻片就必须等待下一代电脑特效技术的出现。

《小恶魔》

国家/地区：意大利
导演：罗伯托·贝尼尼
主演：罗伯托·贝尼尼、沃尔特·马修等
编剧：罗伯托·贝尼尼
片长：101 分钟

马修在《小恶魔》中扮演一个愤世嫉俗的

奇幻盛宴：文学、影视、游戏中的幻想世界

梵蒂冈驱魔人，应召为一位女性驱魔。他做得干练利落，但发现恶魔（罗伯托·贝尼尼饰）没被扔进地狱而是被扔进了壁橱。这是恶魔第一次造访现实世界，最终马修陪伴着这个天真、好奇的幽魂一起探索罗马。影片充满了讽刺、挑衅和滑稽元素，而且非常有趣。马修和贝尼尼配合得天衣无缝，两人的合作像产生令人愉悦的化学反应一般，互相激发了彼此的才华。

《恶灵第七兆》

国家/地区：美国
导演：卡尔·舒尔茨
主演：黛米·摩尔、尤尔根·普罗奇诺等
编剧：克利福德·艾伦·格林
片长：97分钟

这是一部有趣的世界末日惊悚片，讲述的是一位女性时刻准备阻止世界终结。摩尔扮演的艾比是一位年轻的已婚女性，她的房客是重生的基督，他来到这里是为了在末日之前审判世界。在全球各地都出现各种预言迹象的时候，紧张局势不断加剧，而艾比未出生的孩子似乎也被牵涉其中。故事的设定很有趣，演员们表演出色——尤其是尤尔根·普罗奇诺，他的表演真的给人带来惶恐的感觉——但奇怪的是这部电影一直没有达到高潮。尽管总体不错，但这部电影本可以达到更好的效果。

《谁陷害了兔子罗杰？》

国家/地区：美国
导演：罗伯特·泽米吉斯
主演：鲍勃·霍斯金斯、克里斯托弗·洛伊德、乔安娜·卡西迪等
编剧：杰弗瑞·皮尔斯、彼得·S.西曼
片长：103分钟

这部电影是对盖瑞·K.沃尔夫的小说《谁审查了兔子罗杰？》的创造性改编，相比以往，本片更彻底融合了真人实拍和电脑动画。这部电影中，图恩城是好莱坞二等卡通公民聚集的贫民窟，厌世的私家侦探（霍斯金斯饰）必须要解开图恩城里的谋杀之谜。虽然观众们已经做好了忽视单薄情节而重点欣赏滑稽景象的准备，可是只要再多看一部其他电影（比如下一部同类型电影《幻世空间》），就会感受到这部电影情节的愚蠢之处。

《风云际会》

国家/地区：美国
导演：朗·霍华德
主演：方·基默、乔安妮·威利、沃维克·戴维斯、让·马什等
编剧：鲍勃·多尔曼
片长：126分钟

乔治·卢卡斯在未能获得改编电影《霍比特人》的版权后编写并制作了《风云际会》，两者有很多明显的相似之处。当然，最明显的就是主角（戴维斯饰）也来自一个近似于霍比特人（纳尔温族人）的牧民社区，里面的居民全部由现实生活中的侏儒演员扮演。一个人类婴儿意外地来到纳尔温族的居住地，威洛同意把他带回人类世界。然而，婴儿是天选之人，他将毁灭邪恶的黑暗女王巴夫莫达（让·马什饰），而黑暗女王的爪牙也已开始追捕他了。这部影片很有趣，戴维斯表现出色。不过，仍有一个古怪的缺陷：对空间距离压缩得过于明显。卢卡斯总是倾向于把长距离缩短，以至于两处相差甚远的土地看起来似乎只有一步之遥。然而，在《风云际会》中，这种"卢卡斯间距"严重冲击了情节的合理性，恶棍从一个地方冲到另一个地方的时候通常要奔跑很远的距离，而主角们只要打开门迈出去就到了。

1989年

《海盗埃里克》

国家/地区：英国
导演：特瑞·琼斯
主演：蒂姆·罗宾斯、约翰·克里斯、米基·鲁尼、伊莎·基特、伊莫金·斯塔布斯等
编剧：特瑞·琼斯
片长：108分钟

这是一部情节扣人心弦的喜剧，剧中的维京人主角认为生活不该只有抢劫和掠夺，于是他启程远航，试图阻止世界末日——"诸神的黄昏"。他一路跋涉，来到了乌托邦之国幽灵岛，在那里他遇到一位公主，并得到一个魔法号角，从而顺利进入众神之地"瓦尔哈拉"。找到"瓦尔哈拉"后，他发现众神是一群残酷无情的顽童，杀戮是他们唯一的游戏。但他成功地说服了他们，从而避免了世界末日。弗雷迪·琼斯在剧中扮演一名对上帝持怀疑态度的基督徒，其表演很有意思，由于他饰演的角色不相信魔法，因此魔法对他也不起作用。

《广告之王》

国家/地区：英国
导演：布鲁斯·罗宾逊
主演：理查德·E.格兰特、雷切尔·沃德等
编剧：布鲁斯·罗宾逊
片长：94分钟

为拍摄这部影片，罗宾逊和格兰特再度合作。该片是风靡一时的喜剧《我与长指甲》的续集。影片风格辛辣讽刺，片中一位才华横溢的广告主管坚持要跟进一款疖子软膏的广告制作，但后来他意识到过度营销及商业化对社会的危害，于是他决定与广告行业作对，但他自己身上的疖子却拖了后腿，并且疖子开始与他对话。疖

子无情、愤世嫉俗而且毫无良知，并不打算让主人破坏其生计。最终，疖子主导了全局。本片的拍摄效果令人惊艳，充斥着黑色幽默，发人深省。主角格兰特演技十分出彩。

《小怪物》

国家/地区：美国
导演：理查德·格林伯格
主演：弗雷德·萨维奇等
编剧：特瑞·罗西奥、泰德·艾略特
片长：100分钟

弗雷德·萨维奇饰演的布莱恩一家搬去了新的住所。离开朋友们后，布莱恩一直闷闷不乐，直到他遇到了怪物莫里斯。怪物们生活在一个奇特的空间里，通过孩子们的床底与现实世界相连接。莫里斯带着布莱恩一起闯进陌生人家里，并进入怪物世界。但是小男孩只能在怪物世界里短暂逗留，否则也将变成怪物，当布莱恩准备离开怪物世界时，凶残的怪物统治者布瓦试图将其扣下，想把他变成怪物。影片将儿童作为唯一目标受众，这种专业精神使得该片脱颖而出——妙趣横生，制作精良，内容细腻，成为当今很多儿童电影无法比拟的优秀作品。

《少女巫师》

国家/地区：美国
导演：道林·沃克
主演：罗宾·莱弗利等
编剧：罗宾·门肯、弗农·齐默尔曼
片长：90分钟

路易丝（莱弗利饰）是个羞涩腼腆、平凡无奇的高中女生，可她发现自己居然是个女巫。路易丝立刻利用新发现的魔力收拾了几个讨厌鬼，灭了灭她们的锐气，并让自己变得魅力十足，成功吸引到帅气球员。后来她开始反思自己行为的正当性，接下来的剧情也就可想而知了，片中部分歌曲令人印象深刻。假如你喜欢20世纪80年代的美国高中题材电影，这部作品会是不错的选择。

《圆梦巨人》

国家/地区：英国
导演：布莱恩·科斯格罗夫
主演：大卫·杰森等
编剧：约翰·汉布利
片长：87分钟

一天夜里，孤儿院一个名叫苏菲的小女孩睡不着觉，她在"巫师出没的时刻"看到一个和楼房一样高大的巨人沿街走过来。巨人发现苏菲看见了他，于是便把她拎回了巨人国。巨人称自己是友善巨人，是唯一的好巨人，他的任务是给孩子们送去美梦，但的确有很多吃小孩的邪恶巨人。因此，苏菲和友好大巨人一起策划了阻止邪恶巨人残害孩子们的计谋。影片改编自罗尔德·达尔的小说，由科斯格罗夫等人进行了精良的改编制作。

《小美人鱼》

国家/地区：美国
导演：罗恩·克莱蒙兹、约翰·马斯克
主演：雷内·奥伯约诺伊斯、克里斯托弗·丹尼尔·巴恩斯、乔迪·本森等
编剧：罗恩·克莱蒙兹、约翰·马斯克
片长：83分钟

该片标志着迪士尼动画电影回归到了其黄金时期的标准化制作模式，象征着现代迪士尼动画的到来。安徒生童话代表了"仿民间故事"的最高水平，经久不衰，饱含深意，即使被约翰·马斯克全面"迪士尼化"后，仍散发着独特魅力。片中几首歌曲已然成为金曲。然而，原著结局黑暗悲伤，影片结局却欢乐甜蜜。该片无法与《白雪公主》相提并论，但与《灰姑娘》旗鼓相当。

《邪恶继母》

国家/地区：美国
导演：拉里·科恩
主演：贝蒂·戴维斯等
编剧：拉里·科恩
片长：90分钟

该片是贝蒂·戴维斯的封山之作，讲述一对夫妇回家之后，发现父亲趁他们不在家娶了一位爱搞破坏的女巫的故事。影片场面极度混乱，戴维斯出演该片就是个错误的决定。电影制作刚开始时，戴维斯就已病入膏肓，且病状明显，他却指责电影制作水平太差，并在一周之后决定退出剧组。然而，导演科恩并没有选择重新拍摄，而是通过情节设置，将戴维斯从剧情生硬地剥离出去。不过即便戴维斯没有退出，这部电影注定也会惨不忍睹。

1990年

《梦》

国家/地区：日本
导演：黑泽明
主演：寺尾聪等
编剧：黑泽明
片长：119分钟

这是一部由八个独立片段组成的经典电影，每部分都根据黑泽明的真实梦境改编而来。这些梦源于黑泽明人生的不同时段，从童年到青年，讲述他寻找和发现自我意识，最终与社会和环境联结起来的故事。日本神话元素贯穿影片始终。这是一部似真似幻的作品，拍摄精美、感人至深、充满智慧。然而，该片并非面向所有人，总而言之，

这是一件艺术作品，而非仅供娱乐的产品。

《剪刀手爱德华》

国家/地区：美国
导演：蒂姆·波顿
主演：约翰尼·德普、薇诺娜·瑞德、黛安·韦斯特、文森特·普莱斯等
编剧：卡罗琳·汤普森
片长：98 分钟

一座古堡中住着一位发明家，制造出了各种东西，最后还造出了一个机器人，并给他起名叫爱德华（德普饰）。发明家对这件作品倾注了全部的心血，他甚至教授爱德华人类的礼仪和诗歌，以及何时微笑何时沉默。然而，没有等到机器人最终完成，发明家就去世了，留下已有人类心智却残留着一双剪刀手的爱德华独自在古堡生活。不知过了多少岁月，一位推销化妆品的中年女子佩格（黛安·韦斯特饰）误闯城堡，发现了形容古怪的爱德华。好心的佩格没有被爱德华惨白的肤色和张牙舞爪的剪刀手吓倒，而是怜其孤独，把他带回了自己的家。心灵手巧的爱德华和当地许多主妇成了朋友，但一系列变故后，周围的人都把他看成蓄意抢劫财物的危险分子，对他以及佩格全家敬而远之。影片确立了波顿作为原创电影艺术家的地位，德普也一跃成为那个时期一名演技出众的"非主流"演员。

《最后的牺牲》

国家/地区：加拿大
导演：查德斯·格瑞纳斯
主演：克里斯蒂安·马尔科姆等
编剧：查德斯·格瑞纳斯
片长：78 分钟

该片可以说是"一团乱麻"。片中一群崇拜黑暗之神的摔跤手组织了一个邪教团体，妄图统治世界。为实现这一目标，他们想要得到一张指引他们去往那座隐藏城市、见到隐藏神明、得到隐藏古籍的地图，虽然他们未必需要这些东西。因此，他们开始追逐一个孩子，而孩子的父亲在七年前被他们杀死了。男孩意外地遇到了该组织的一名前成员，名叫赞普·罗斯多尔，两人偶然发现了地图的踪迹。后来孩子遭到绑架，并被带到了那座隐藏之城，而赞普救了他。这部影片情节支离破碎，毫无章法，全靠机械降神（在古希腊戏剧中，当剧陷入困境难以解决时，有时会安排出现一个强大的神灵来解困，通常通过舞台上方的升降机降下来，因此也将这种为了给故事解围强行插入人物角色的手法称为"机械降神"。——译者注）的手法和愚蠢的生搬硬套强行黏合在一起。整部电影的拍摄一共才花费了一千五百美元，可以说是对导演（一名电影专业学生）的压榨。后来该导演在电影行业找了一份很普通的工作——"制作"一些纪录片。

《人鬼情未了》

国家/地区：美国
导演：杰瑞·扎克
主演：帕特里克·斯威兹、黛米·摩尔、乌比·戈德堡等
编剧：布鲁斯·乔尔·鲁宾
时长：127 分钟

影片融合了喜剧、戏剧和爱情故事，片中男主角遭谋杀后阴魂不散，费尽周折地想让妻子注意到自己魂魄的存在。因为只有这么做才能保护妻子，并将凶手绳之以法。影片的走红出人意料，斯威兹和爱人（黛米·摩尔饰）呈现了一段感人肺腑的银幕爱情，乌比·戈德堡的出色表现，成为整个剧情发展的重要桥梁。

薇诺娜·瑞德正在安慰可怜兮兮、伤心失落的剪刀手爱德华。完成手指造型（以适于用来修剪树木）和妆容需要两个小时

美女与野兽相互凝望，真爱的光芒在其中闪烁

《异世浮生》

国家 / 地区：美国
导演：阿德里安·莱恩
主演：蒂姆·罗宾斯、伊丽莎白·佩纳等
编剧：布鲁斯·乔尔·鲁宾
片长：113 分钟

布鲁斯·乔尔·鲁宾既能写出《人鬼情未了》这般多愁善感的故事，也能创作《异世浮生》这样灰暗紧张的剧情，真叫人惊叹，不过这部电影直到其去世后才出名。该片以安布罗斯·比尔斯的《鹰河桥事件》中关于越南战争的描述为基础对其进行了巧妙的更新修改。罗宾斯扮演一名越战老兵，他开始出现幻觉，并发现生活变得分崩离析。尽管该片搭建的哲学框架略显牵强，但不论在寓意层面还是逻辑层面，本片都做到了连贯流畅。

《命运先生》

国家 / 地区：美国
导演：詹姆斯·奥尔
主演：詹姆斯·贝鲁西、琳达·汉密尔顿等
编剧：吉姆·克鲁克香克
片长：110 分钟

这是一部尽在意料之中，又能给人以良好观感的"安斯蒂式的奇幻故事"（Ansteyan fantasy，其中安斯蒂指的是托马斯·安斯蒂·格思里，英国奇幻小说家，他的大多数作品描写的都是魔法出现在我们生活的现代社会并导致一连串混乱结果的故事，这种情节被称为安斯蒂式的奇幻故事。——译者注）。全片围绕一个小人物展开，他在学校棒球比赛中错过一次射门机会，从此觉得自己就是个失败者。后来他有幸逆转光阴，体验了射门成功后带来的结果——金钱、成功以及敌人等。但最终他却选择了原来的生活方式。

《女巫》

国家 / 地区：美国
导演：尼古拉斯·罗格
主演：安杰丽卡·休斯顿、麦·泽特林、杰森·费舍尔等
编剧：艾伦·斯科特
片长：91 分钟

原著为罗尔德·达尔的小说，讲述了一个关于邪恶女巫组织的故事，她们的目标是消除地球上所有的孩子。这样的情节给改编团队增加了很多困难，其著作《查理和巧克力工厂》的改编工作同样如此。本片结局巴洛克风十足，但略显突兀，不过影片中间小男孩闯进女巫大会，之后被变成老鼠的情节的确很精彩。

《成名之翼》

国家 / 地区：荷兰
导演：鄂图卡·沃托塞克
主演：彼得·奥图尔、科林·费尔斯等
编剧：鄂图卡·沃托塞克、赫尔曼·科赫
片长：109 分钟

该片富有深度，充满智慧，且高度原创，讲的是死者的灵魂会被安顿到一座豪华岛屿，一旦生前名声消失后就要永远离开的故事。故事围绕一位知名影星和其暗杀者的故事，后者为争一时之名而杀死影星。影片深度探讨身份、名声和地位等话题——可与1930年上映的《瀚海孤帆》相媲美。

1991 年

《AMA》

国家 / 地区：英国、加纳
导演：奎西·奥乌苏
主演：托马斯·巴蒂斯特、阿尼玛·米西等
编剧：奎西·奥乌苏
片长：100 分钟

影片用戏剧化的手法将非洲民间传说与流亡人民的生活结合起来，片中人物的生活与传统故事里的那个被神化了的社会截然不同。祖先的亡灵借助现代信息技术给当代人传递信号，但被选中的凡人信使中途却对其担负使命的意义和本质产生了困惑。

《美女与野兽》

国家 / 地区：美国
导演：加里·特洛斯达勒、柯克·怀斯
主演：佩奇·奥哈拉、罗比·本森、安吉拉·兰斯伯里、大卫·奥格登·施蒂尔斯等

奇幻盛宴：文学、影视、游戏中的幻想世界

编剧：琳达·沃尔弗顿
片长：85分钟

这是对《美女与野兽》这个经典童话故事的一次充满情感的演绎，配有那些经常在童话中出现的背景音乐。为了换取父亲的自由，贝儿献身给了野兽，他其实是被施了魔法的王子。如同典型的迪士尼动画片一样，该片情感过于丰富，这反而抹杀了一些细节，而之前科克托版的《美女与野兽》则成功地捕捉并放大了这些细节，将其呈现给观众。当然，整部电影也借鉴了科克托版的一些画面，最后的成片效果也不错。

《阴阳界生死恋》

国家/地区：美国
导演：艾伯特·布鲁克斯
主演：艾伯特·布鲁克斯、梅丽尔·斯特里普、瑞普·托恩、李·格兰特等
编剧：艾伯特·布鲁克斯
片长：112分钟

这是一部极具创新精神的往生奇幻影片，在影片设定的世界中，刚刚离世的人需要参加审判之城的听证会，在此之前其生命将处于一个不生不死的静止状态，听证会将决定之后的命运。审判的内容就是看人们是否实现了地球上生活的意义——战胜恐惧，如果成功了，就会被判去往一个更好的地方开始新的生活，如果失败了，则会被判转世回到地球再开始新的轮回。影片中，一位刚刚去世的广告主管（布鲁克斯饰）正因为自己与一位女子不恰当的恋情而心烦意乱，而将要为他在审判之城听证会上辩护的律师（瑞普·托恩饰）却对此毫不知情，依然对自己的案子信心满满。

《黑店狂想曲》

国家/地区：法国
导演：让-皮埃尔·热内、马克·卡罗
主演：多米尼克·皮侬、玛丽-洛尔·杜尼亚克等
编剧：让-皮埃尔·热内、马克·卡罗
片长：99分钟

这是让-皮埃尔·热内和马克·卡罗执导的一部经典代表作。电影中的世界是一个经历了末日浩劫、秩序完全崩溃的社会，食物是那里唯一流通的货币。皮侬扮演的路易森——一名曾经的马戏团演员想尽办法生存下去。他偶然又一次路过一片只有一栋住宅的街区，房主为他提供了许多食物并聘请他当新的勤杂工，他欣喜到了极点以至于都忘记思考房主这么做的原因。这是一部非常精彩的电影——拥有十分吸引人的超现实主义元素以及与午夜一样浓重的黑暗氛围，但实际上内容非常有趣。

《一团乱麻》

国家/地区：美国
导演：汤姆·曼凯维奇
主演：约翰·坎迪等
编剧：劳伦斯·J.科恩、弗雷德·弗里曼
片长：96分钟

约翰·坎迪扮演的是一位疲惫不堪的编剧，负责一档收视惨淡的日间肥皂剧节目。他决定放下手头的工作离开一段时间，但在一次脑部重击之后，他醒来发现已经身处自己编造的剧本里。不过在这里他仍然是编剧，在某种程度上可以主导剧情的走向，于是他立刻对艾玛·萨姆斯饰演的浪荡美女展开了追求。但最终他牵手的是一位没那么迷人但更好的女士，当然，他也学到了很多具有预见性的人生道理。总体上这是一部质量不高且有些过时的影片，但有些片段还算有趣。

《普罗斯佩罗的魔典》

国家/地区：英国
导演：彼得·格林纳威
主演：约翰·吉尔古德等
编剧：彼得·格林纳威
片长：124分钟

该片改编自威廉·莎士比亚的戏剧《暴风雨》，由格林纳威操刀，争议很大，不过即便在表现形式上不同，影片在故事情节上还是相当忠实原著的。魔法师普罗斯佩罗已流亡多年，一天他敌人的儿子来到他所居住的岛上并与他的女儿坠入爱河，这让魔法师大发雷霆。然而，真正赋予了这部电影独特魅力的不是剧情，而是导演格林纳威那夸张古怪的视觉风格。该片的动作主要通过一系列不同的具有诠释功能的艺术形式来描述和展现，包括哑剧、舞蹈和动画；而台词则完全归属于吉尔古德饰演的普罗斯佩罗，由他将整个故事告诉观众（影片中，每当剧中人物出场的时候，普罗斯佩罗就会替他们说出他们的台词。——译者注）。来自卡巴拉教义的神秘智慧如一股强有力的暗流贯穿了这部影片。最终呈现出来的电影非常漂亮——风格鲜明、色彩丰富，充满了挑战性并勇敢展现了自身的艺术审美。不管从哪个角度看，要真正理解并看懂这部电影都不是一件容易的事，但毫无疑问，这部电影将为观众带来一次耳目一新的观影体验，而且显然极具重要的意义和地位。

《亚当斯一家》

国家/地区：美国
导演：巴里·索南菲尔德
主演：安杰丽卡·休斯顿、劳尔·朱莉娅、克里斯托弗·劳埃德等
编剧：卡罗琳·汤普森、拉里·威尔逊
片长：99分钟

该片改编自一部风靡一时的电视连续剧，将其搬上了

大银幕。影片中,大家长期以来一直认为费斯特叔叔(克里斯托弗·劳埃德饰)已经去世了,他的重新出现引出了之后单薄的剧情。该片的部分场景呈现出颓废的浪漫主义、真实的黑色幽默和低俗的超现实主义风格,这帮助电影取得了票房上的成功。续集《亚当斯一家的价值观》(1993年)青出于蓝,取得了比第一部更好的成绩。一方面是因为它巧妙地继承并放大了第一部电影中的亮点,另一方面是因为克里斯蒂娜·里奇饰演的危险角色温思蒂引人入胜,里奇在角色中融入了超出想象的演艺技巧和说服力与感染力。

1992年

《阿拉丁》

国家/地区:美国
导演:罗恩·克莱蒙兹、约翰·马斯克
形式:动画片
主演:斯科特·温格、罗宾·威廉姆斯、琳达·拉金等
编剧:罗恩·克莱蒙兹、约翰·马斯克
片长:90分钟

迪士尼掀起了一股改编孩子们喜爱的童话故事的新浪潮,这是当中最成功的作品之一,这部电影坚定而又充满活力地循着前辈开辟的道路向前迈进。阿拉丁流浪在街头,是个可怜的小伙子,他爱上了乔装偷跑出宫殿闲逛的公主。邪恶的贾发想篡夺王位,而阿拉丁被卷入了这个阴谋,并被派去取回神灯。影片中的歌曲没有什么特色,但罗宾·威廉姆斯扮演的精灵时髦又俏皮,其所具有的魅力足以推动情节发展。

《鬼玩人3:魔界英豪》

国家/地区:美国
导演:山姆·雷米
主演:布鲁斯·坎贝尔等
编剧:山姆·雷米、伊万·雷米
片长:81分钟

该片是风靡一时的经典低俗奇幻恐怖电影《鬼玩人1》和《鬼玩人2》的续集。作为前面两部电影的主角和唯一幸存者,阿什(坎贝尔饰)穿越时空回到中世纪。在那里,他发现预言显示他会击败恶鬼军团——一支不死的军队。就像当地人不愿接受他一样,他也不愿帮助他们,但最终他还是取回了《死亡之书》,而这是击败恶鬼军团所必需的一本魔典。但这不仅没有解决问题,因为他的无能,还释放出了所有的黑暗势力。这是一部疯狂的影片,其成本也同样疯狂,但的确很棒。

《最后的雨林》

国家/地区:澳大利亚
导演:比尔·克劳伊尔

主演:蒂姆·库里、萨曼莎·马西斯、克里斯蒂安·斯莱特等
编剧:吉姆·考克斯
片长:68分钟

这是一部音乐寓言,以居住在魔法森林深处的精灵族这个民间童话故事中的角色为主角。它重点传达的信息比迪士尼所支持的任何东西都更加激进,这也使其成为现代生态神秘主义重要作品。《最后的雨林》带有澳大利亚动画电影那古怪又聪明的传统,但其1998年的续集《最后的雨林2》乏善可陈,令人失望。

《圣诞欢歌》

国家/地区:美国
导演:布赖恩·汉森
主演:迈克尔·凯恩等
编剧:杰瑞·朱尔
片长:85分钟

该片改编自狄更斯的经典小说,其改编方式古怪却充满魅力。影片中迈克尔·凯恩所饰演的吝啬守财奴角色可以说是布偶演员们的陪衬,剧中的其他角色联合起来向其展示他那种吝啬的行事之道是错误的。尽管该剧和1951年版的经典改编电影相比变化很大,但也正是这部剧的卖点。凯恩所扮演的斯克鲁奇这个角色形象与之前的版本相比有了翻天覆地的变化,而当中的布偶角色则无拘无束、妙趣横生。电影拍摄过程中背景场景进行了无数次的更换,令人惊叹。这部电影充满乐趣。

《双峰:与火同行》

国家/地区:美国
导演:大卫·林奇
主演:雪莉·李、雷·怀斯、大卫·鲍伊等
编剧:大卫·林奇、罗伯特·恩格斯
片长:134分钟

该剧讲述的故事是大卫·林奇和马克·弗罗斯特创作的开创性电视连续剧《双峰镇》的前传,当然也可能是续集的一部分。电影主要讲的就是劳拉·帕尔默在命中注定的死亡来临前一周所发生的故事。由于第二季电视剧不太成功,许多粉丝希望这部电影能够回归第一季的精彩,而且多少能和电视剧有所联系,并解开剧情中的一些谜团。不幸的是,马克·弗罗斯特为了挽救第二季电视剧后半部分而没有参加这部电影,而林奇则因为要拍摄这部电影没有参加第二部电视剧的创作,他们的缺席分别为第二季电视剧和该部电影造成了难以弥补的损失。所以这部影片既没有惊艳观众,也没有解答任何谜团,所以遭到了各方的严厉批评。如果没有看过电视剧确实很难进入这部电影的剧情,但它属于老式的林奇作品风格——时尚新潮、令人不安且画面精美,该片生

动描绘了乱伦所带来的毁灭性痛苦。

1993年

《青蛇》

国家/地区：中国香港
导演：徐克
主演：张曼玉等
编剧：李碧华
片长：99分钟

《青蛇》摄制精美、如梦似幻，重新诠释了古老的中国神话。蛇妖白蛇和青蛇对人类的生活感到好奇。于是，她们化身为人，用法力搭建了自己的家。道行更高的白蛇爱上了一个凡间的男人，并嫁给了他。相反，青蛇根本不理解，也控制不了自己的身形和意愿。与此同时，一位多管闲事的和尚不顾一切地要把她们赶出凡间。这是一部有深度的电影，色彩和场景的运用非常出色。电影中的部分动作场面令人印象深刻，但与其说是武侠电影，不如说这是一部哲学电影。

《土拨鼠之日》

国家/地区：美国
导演：哈罗德·雷米斯
主演：比尔·默瑞、安迪·麦克道威尔等
编剧：哈罗德·雷米斯、丹尼·鲁宾
片长：101分钟

一个自私又不讨人喜欢的气象播报员（默瑞饰）发现自己一遍又一遍地重复过着同一天。他尝试了所有能想到的办法摆脱这个状况，同时也充分利用这种情形所带来的难得机会。最终，他妥协了，试着提升自己也帮助他人，在八年八个月零十六天之后——这个数字来源于Wolf Gnards网站（一家分享各种电影等文艺作品评论的博客网站。——译者注）的说法，他们把具体时间算了出来——最终回归了正常生活。当然，之前就有作品尝试过时间循环这个想法，但都不怎么令人信服；而几十年之后，《土拨鼠之日》已经成为时间循环电影的典型，每一个试图涉足这一题材的作品不可避免地要被拿来与其对比。电影中很多内容都有赖于比尔·默瑞天才般的表演才最终展现出来——比如作为时间循环标志的12:01的时钟本应具有更强的核心情节作用——不过即便如此，该片也无愧为一部经典之作。

《幻影英雄》

国家/地区：美国
导演：约翰·麦克蒂尔南
主演：阿诺德·施瓦辛格、奥斯汀·奥布莱恩、查尔斯·丹斯等
编剧：沙恩·布莱克、大卫·阿诺特
片长：131分钟

一个小男孩得到了一张神奇的电影票，能带他去最喜欢的电影中的世界。不幸的是，狡猾的大反派查尔斯·丹斯偷走了这张门票，而英雄（施瓦辛格饰）必须跟随他进入这个"真实"世界——一个反派可以获胜的世界。当然，这一次坏人们无法真正地获胜，因为这一次他们的冒险可以打破次元壁，在现实和虚拟世界中循环穿梭。这部电影拍得不太好，导演努力避免把它拍成一部动作片，不过颇具讽刺意味的是，事后看来，观众们接受这部电影正是因为将其看作一部动作片。

《圣诞夜惊魂》

国家/地区：美国
导演：亨利·塞利克
形式：动画
主演：丹尼·艾夫曼、克里斯·萨兰登、凯瑟琳·奥哈拉等
编剧：卡罗琳·汤普森、迈克尔·麦克道尔
片长：75分钟

尽管蒂姆·伯顿只提供了剧本的原型故事并担任联合制片人，人们却常常把这部电影——讲述了南瓜王试图在他的万圣节帝国中加入圣诞节的黑色幽默故事——称作蒂姆·伯顿的《圣诞夜惊魂》。该片的定格动画由亨利·塞利克监制，十分抓人眼球。影片对圣诞音乐剧的模仿既深情又富有创意，为绝妙的奇异形象视觉化奠定了坚实基础。

在《双峰·与火同行》中，迈克尔·J.安德森和凯尔·麦克拉伦在红房子里惴惴不安

第二章 奇幻电影

这是一部着实精彩的电影，它狡猾有趣、触动心灵又富有想象力。

《时空急转弯》

国家/地区：法国
导演：让－玛丽·波瓦
主演：克里斯蒂安·克拉维尔、让·雷诺等
编剧：克里斯蒂安·克拉维尔、让－玛丽·波瓦
片长：107 分钟

这是一部穿越时空的奇幻影片，魔法使骑士和他的随从们从 12 世纪穿越到现在。在一阵和以往一样的困惑笑声后，他们终于弄清了自己的方位，他们到了法兰西共和国，不过他们对在这里的生活反应截然不同。高贵的十字军骑士迫不及待地想要逆转咒语，回到自己原本所处时空中的家乡，但他的同伴们却另有想法。这部电影在法国取得了巨大的成功。

1994 年

《大话西游》

国家/地区：中国香港
导演：刘镇伟
主演：周星驰等
编剧：刘镇伟
片长：87 分钟

《大话西游》借鉴了吴承恩创作的中国文学经典名著《西游记》中的部分人物和背景。然而，它完全没有遵循原著情节。在这个版本中，无法无天的孙悟空受命保护唐僧去完成那个史诗般的旅程，但在妖怪的要求下，他试图背叛唐僧。他得到的惩罚就是被贬去作为一个无知的凡人，度过痛苦的一生；而他对这一切的处理方式又将决定自己的命运。这部电影分两部上映，第一部是他作为凡人的生活；第二部讲述的是后来的故事。周星驰扮演猴子的演技绝佳。这是一部有趣、有见地又感人至深的电影。第二部比第一部更注重情节，也更具情境，但这两部推荐一起观看。2016 年上映的第三部让人遗憾，也确实显得多余。

《浮士德》

国家/地区：捷克
导演：杨·史云梅耶
主演：彼得·塞佩克等
编剧：杨·史云梅耶
片长：97 分钟

杨·史云梅耶的《浮士德》大致基于马洛 17 世纪的著名戏剧《浮士德博士》改编而成，剧中的浮士德愚蠢地将自己的灵魂出卖给了魔鬼。在看这部改编作品的时候，观众会被剧中人奇异的表演所吸引，但最终会发现这可能根本不是一场演出。这是一部超现实、令人炫目的作品，利用完美的技术和创造力将真人表演、定格动画和传统木偶融合在一起。史云梅耶的技艺灵巧娴熟且风格颇具黑色幽默，所以这部电影到今天仍然能被大众理解，而不会曲高和寡。

《夜访吸血鬼》

国家/地区：美国
导演：尼尔·乔丹
主演：布拉德·皮特、汤姆·克鲁斯、安东尼奥·班德拉斯等
编剧：安妮·赖斯
片长：123 分钟

安妮·赖斯亲自将自己的小说改编成了这部电影，忠实地捕捉了她吸血鬼系列小说中一贯的哥特式和情色氛围。一位记者采访了一个神秘的男人路易斯，却发现他是一个想要讲述自己漫长人生故事的吸血鬼。我们可以看到整个故事在眼前徐徐展开，从路易斯作为新奥尔良种植园主的早期生活，到他被神秘的莱斯特引入吸血鬼社会，再到之后他在接纳自己作为吸血鬼、同时也是人类猎杀者这个新身份过程中产生的心理冲突以及和其他吸血鬼之间的斗争。

《街头霸王 2：动画电影》

国家/地区：日本
导演：杉井仪三郎
主演：清水宏次郎等
编剧：今井健一、杉井仪三郎
片长：102 分钟

该片与同年让·克劳德·范·达默可怕的真人版《街头霸王》无关，只不过两者都是基于轰动一时的《街头霸王 2》视频游戏改编而成。这是一部动漫，而且是动漫中的精品。影片的情节依旧很单薄，主要围绕着一群具有超能力的武术大师被卷入邪恶恐怖分子野牛的阴谋犯罪中而展开。然而，本片的艺术性和创造性都很出色，配音（当然是未经译制的原版）极好，故事进展顺利，而且也很好地保留了游戏的感觉。

《乌鸦》

国家/地区：美国
导演：亚历克斯·普罗亚斯
主演：李国豪、罗谢尔·戴维斯、厄尼·哈德森等
编剧：大卫·J. 肖、约翰·雪莉
片长：102 分钟

李国豪是李小龙的儿子，他在拍摄期间不幸意外身亡的事件（在拍摄现场因意外枪击而身亡）帮助这部原本就很时髦的作品进一步奠定了其热门电影的地位。李国豪在电影中饰演一个被谋杀的年轻人的鬼魂，他回到

人间向杀害他和他女朋友的人复仇。这部电影忠实地改编自詹姆斯·奥巴尔的漫画，很好地捕捉并呈现出了故事中那种命定姻缘的浪漫、神秘主义、暴力动作和肮脏现实。在哥特式电影圈子里，这部影片非常具有影响力，但不论是续集还是翻拍都与之相去甚远。

《时空大圣》

国家/地区：美国
导演：乔·约翰斯顿、莫里斯·亨特
主演：麦考利·卡尔金等
编剧：大卫·克什纳
片长：80分钟

胆小的麦考利·卡尔金在图书馆摔倒并撞到了头，当他醒来，却已置身满是书籍的幻想世界。很快，他就和三本书成为了朋友，并在一系列充满了各种角色和情节的冒险片段中穿越，这些片段全都源自古老、公版的小说。最后，这段惊心动魄的经历让他的自信取代了恐惧。（要是现实中真的那么容易就好了！）然后，他在现实世界中醒来、重生。一切尽在预料之中。

《天涯海角》

国家/地区：美国、爱尔兰
导演：约翰·塞尔斯
主演：珍妮·考特尼、艾琳·科尔根等
编剧：约翰·塞尔斯
片长：103分钟

这部电影根据罗莎莉·弗莱的小说《罗恩·莫斯凯里的秘密》改编，节奏平缓地讲述了一个小女孩搬到爱尔兰海边与祖父母一起生活的故事。当她到了那里，她发现她本应死去已久的小弟弟实际上可能已经被凯尔特传奇中的海豹仙子塞尔奇斯带走了。影片画面精美，深受爱尔兰文化影响。美妙的配乐完美地衬托了影片中的风景。

1995 年

《战栗黑洞》

国家/地区：美国
导演：约翰·卡彭特
主演：山姆·尼尔、朱莉·卡门、尤尔根·普罗奇诺等
编剧：迈克尔·德·卢卡
片长：95分钟

这是卡彭特"启示录三部曲"的第三部——前两部分别是开创性地讲述在北极孤立求生的恐怖片《怪形》和被低估了的撒旦故事《黑暗王子》。这是一个出色的洛夫克拉夫特式故事，讲述了一名自由保险调查员（尼尔饰）受雇追查失踪的恐怖小说作家萨特·坎恩（普罗奇诺饰）——一位类似史蒂文·金似的人物——的故事。根据坎恩书中的线索，尼尔把坎恩的编辑（卡门饰）带到了一个不应该存在的新罕布什尔州小镇，在那里，坎恩的作品似乎是在塑造现实而非源于现实。这是一部机智的电影，经常会模糊现实、幻想、疯狂和自我意识之间的细微差别。它还对小说的影响进行了长时间的讽刺性审视，并将人类看作一个物种进行了一番黑暗的评论。尽管有些呈现效果在现在看来有点儿过时，但依旧是一部不错的电影，而且始终是经典的"启示录三部曲"中最巅峰的一部。

《格斗之王》

国家/地区：美国
导演：保罗·安德森
主演：仇云波、林登·阿什比、克里斯托弗·兰伯特等
编剧：凯文·德罗尼
片长：101分钟

这款电子游戏改编的真人版电影从李小龙著名的武侠电影《龙争虎斗》（1973年）中借鉴了大部分情节，并成功地原创了一部更没有观赏价值的续集《格斗之王：歼灭》（1997年）。兰伯特在片中扮演雷神雷登，为了赢得能够避免世界末日的武术比赛，他广泛招募地球战士。如果正义的一方输了，黑暗势力就会吞灭地球，所以其中风险重重。这部电影带有一点儿额外的玩笑和不恭，但又恰到好处，而且作品整体远比游戏情节本身有趣得多。铿锵有力的科技感音乐主题曲也令人难忘。

《闪电奇迹》

国家/地区：美国
导演：维克多·萨尔瓦
主演：玛丽·斯汀伯格、兰斯·亨利克森、肖恩·帕特里克·弗兰纳里等
编剧：维克多·萨尔瓦
片长：111分钟

肖恩·帕特里克·弗兰纳里饰演一个拥有神秘超能力的无毛白化病男孩，他的母亲在怀着他的时候被雷电击中身亡，而他活了下来。他的父亲厌恶他，不想和他有任何关系，所以他在完全隐居的环境里跟着祖父母长大。祖父母去世后，他被托管，才真正进入了社会。他的力量、智慧和古怪的外表使他非常容易受欺负。这部电影是对人性的谴责，情节十分催人泪下。

《童梦失魂夜》

国家/地区：法国
导演：让-皮埃尔·热内、马克·卡罗
主演：朗·帕尔曼、朱迪思·维特、多米尼克·皮农、丹尼尔·埃米尔福克等
编剧：让-皮埃尔·热内、马克·卡罗、吉尔斯·阿德里安
片长：112分钟

这是一个生动而美丽的幻觉寓言，马戏团的大力士

（帕尔曼饰）和逃亡的孤儿（维特饰）一同去寻找大力士那被独眼巨人绑架的养兄弟。独眼巨人将他绑到了一个石油钻井平台，在那里一个无法做梦的人控制了之前基因实验工程留下的稀奇古怪的设备。他试图通过窃取孩子们的梦来弥补自己的遗憾——但被他绑架的孩子们常常做的都是噩梦。幻影大陆的居民比石油钻井平台上的人还要古怪，其中就包括一个极度颓废的杀手，而他的工具竟然是受过训练的跳蚤。然而，这一切在电影的框架里都符合逻辑，在电影中那充满腐朽气息的新蒸汽朋克世界里，这些奇异事物构成的现实是如此新潮时髦又强大无比。本片打动人心、引人入胜，不仅华丽还有很多非常有趣的细节。这是20世纪末最杰出的奇幻电影。

《魔翼杀手》

国家/地区：美国
导演：格雷戈里·韦登
主演：克里斯托弗·沃肯、维果·莫特森、埃里克·斯托尔兹、埃利亚斯·科泰斯等
编剧：格雷戈里·韦登
片长：98分钟

这部影片以一种黑暗的视角展现了那些重返地球的天使——这次，他们是为了帮助发起对上帝的第二场反叛。克里斯托弗·沃肯扮演了憎恨人类的加百列、他的表现非常出色，但维果·莫特森更胜一筹，他扮演的路西弗表面襄助人类，为的却是暗中保住自己的权势，可谓十分险恶。韦登做了大量工作就是为了让天使显得不那么人道，并且这种不人道还要保持在一种恰如其分的程度。这部电影扣人心弦，有很多值得推荐之处。不幸的是，续集却都不怎么好。

1996年

《龙之心》

国家/地区：美国
导演：罗伯·科恩
主演：丹尼斯·奎德、朱莉·克里斯蒂等
编剧：查尔斯·爱德华·波格
片长：106分钟

一位10世纪的屠龙者遇到了最后的龙。二者很快决定通过欺骗村民来预言电影《格林兄弟》中会出现的情节——龙会出现，而丹尼斯·奎德会把它赶走。然而，需要特别留心一位邪恶的国王，他会以神秘的方式与龙联系在一起。这部电影作了一番切合时宜的尝试，它通过故事将近来奇幻小说中所出现的对龙这一题材常见角色的新态度展现在观众眼前——融合了自负的多愁善感与怀旧的敬畏之感。

《飞天巨桃历险记》

国家/地区：美国、英国
导演：亨利·塞利克
主演：乔安娜·拉姆利、皮特·波斯尔思韦特、保罗·特瑞等
编剧：凯瑞·柯克帕特里克等
片长：79分钟

在《圣诞夜惊魂》之后，亨利·塞利克和蒂姆·伯顿再次合作，制作了改编自罗尔德·达尔经典儿童读物的这部令人愉快的作品。詹姆斯的爸爸妈妈狩猎时被犀牛吃掉了，他成了孤儿，和邪恶的海绵团姑妈、大钉耙姑妈生活在一起。神秘的陌生人给了他一袋魔法，魔法让一只桃子和一群昆虫变得超级大。搭着桃子，詹姆斯和昆虫们逃离了姑妈们，准备越过大洋前往纽约，而那里等待他们的是美好的未来。电影的大部分都是通过定格动画拍摄的，塞利克将画面处理得非常好；而且影片中的歌曲也很有趣。总之，这是一部迷人的作品。

《玛蒂尔达》

国家/地区：美国
导演：丹尼·德维托
主演：玛拉·威尔逊等
编剧：尼古拉斯·卡赞
片长：102分钟

丹尼·德维托和他的妻子瑞亚·帕尔曼扮演聪明的小玛蒂尔达（威尔逊饰）那对愚蠢又爱虐待人的父母。家里的情况本来就很糟糕，但如果没有可怕的校长特鲁奇布尔小姐（帕姆·费里斯饰），至少学校还能好点。玛蒂尔达最重要的盟友就是特鲁奇布尔小姐的侄女——可爱的老师汉妮小姐。当玛蒂尔达拥有了心灵遥控的力量，她开始扭转局面并让一切都走上正确的轨道。这部影片甜蜜亲切，不过还是对原著进行了一点小小的颠覆。

《魔女游戏》

国家/地区：美国
导演：安德鲁·弗莱明
主演：内芙·坎贝尔、费尔鲁扎·鲍、罗宾·汤尼·瑞秋·特鲁等
编剧：彼得·菲拉尔迪
片长：101分钟

这是一部对巫术持否定态度的青少年电影。巴尔克是一名新入校的女孩，但她的新朋友们都十分热衷神秘学。她们四人一起拥有了惊人的魔力，并开始应对起各种愈发严重的恶作剧。巴尔克不愿屈服于腐败，但其他三个人变得让人讨厌起来。尽管女演员们尽了最大的努力，这部电影最终还是变成了一部奉劝人们远离神秘学的基督教宣传片，除了带有一点青少年泡沫剧元素。该片质量没法和其他影片相媲美。

《恐怖幽灵》

国家/地区：新西兰、美国
导演：彼得·杰克逊
主演：迈克尔·J. 福克斯、翠妮·阿瓦拉多、约翰·阿斯汀等
编剧：彼得·杰克逊、弗兰·沃尔什
片长：109 分钟

这是一部以《阴间大法师》为灵感的喜剧，片中一场悲惨的车祸让男主角获得了灵媒的力量，他建立起一个超自然的保护之地。他招募了一些可怕的鬼魂，他们经常出没于目标附近，然后他为那些无助的客户收拾这些鬼魂——就像《捉鬼敢死队》那样。像许多电影中的准诈骗犯角色一样，最终他发现还有远比他所作所为更邪恶的事，他必须对抗超自然的连环杀手以挽救局面。这是一部出乎意料的好电影，不仅是出色的超自然惊悚片，也是好看的喜剧片，它未能引起观众的关注可能是因为他们都被同期上映的《独立日》中酷炫的特技效果吸引走了。资深的洛夫克拉夫特式演员杰弗里·库姆斯在影片中扮演一位精神完全错乱的联邦调查局特工，他贡献了特别精彩的表演。

1997 年

《小小愿望》

国家/地区：美国
导演：迈克尔·里奇
主演：马丁·肖特、玛拉·威尔逊等
编剧：杰夫·罗斯伯格
片长：89 分钟

莫里（肖特饰）是个笨手笨脚的男学徒，他正学习如何当好一名仙女教母，这次他被派去纽约帮助一个年轻的女孩安娜贝尔。他要帮她的父亲赢得百老汇演出的主演一角，否则安娜贝尔（玛拉·威尔逊饰）就不得不离开纽约。按理说，这是一个很容易实现的愿望，但莫里把事情弄错了，把安娜贝尔的爸爸变成了一座雕像。更糟糕的是，邪恶的女巫在莫里不在的情况下围捕了其他所有的仙女教母，还偷走了她们的魔法，而现在，她正在追捕莫里。某种程度上，这部电影看起来有些像是一部闹剧，因此显得有点俗气，但应该会让小孩子们开心。

《安娜斯塔西娅》

国家/地区：美国
导演：唐·布鲁斯、加里·戈德曼
主演：梅格·瑞恩等
编剧：高希尔等
片长：94 分钟

这是一部奇幻动画电影，影片灵感来自俄国末代沙皇尼古拉斯二世的女儿——小公主安娜斯塔西娅的传奇故事。其家族满门覆灭，安娜斯塔西娅成功出逃，躲过了 1917 年俄国大革命的屠杀。故事并非是对历史的真实还原，而是一部音乐奇幻剧，拍摄手法类似迪士尼卡通片的叙事风格。电影中，革命的主要缔造者是僧侣拉斯普金，他是一名术士，以不死妖王的身份回到人间追杀安娜斯塔西娅。该影片票房口碑俱佳。

《大力士》

国家/地区：美国
导演：约翰·马斯克、罗恩·克莱蒙兹
主演：泰特·多诺万、伊恩·麦柯肖恩等
编剧：约翰·马斯克、罗恩·克莱蒙兹
片长：93 分钟

正如影片《白雪公主》对格林兄弟原创故事的改编一样，这部迪士尼影片尝试对希腊神话故事进行改编，但与传统迪士尼电影的音乐喜剧模式有所不同。尽管英国漫画家杰拉德·斯卡夫的妙笔赋予该影片一种奇妙的视觉效果，但以动漫形式呈现的叙事效果使得整个故事虚幻缥缈。正如大多迪士尼影片所展现的那样，片中恶霸——冥王哈迪斯的风头反而轻松盖过了仿佛有些心不在焉的主角海格力斯。

《惊世未了情》

国家/地区：美国
导演：约翰·尼克拉
主演：凯文·索伯、蒂亚·卡雷尔、莱特福特等
编剧：查尔斯·坡格
片长：95 分钟

库伊王是罗伯特·霍华德所创作的一个狂野角色，库伊和柯南很像，但观影者从影片中并不容易察觉这一点。影片的情节充满笑点，尽管大多数对话来源于霍华德的作品，但呈现出来的效果却略显滑稽，即便有强大的演员阵容也于事无补。索伯和女恶霸的扮演者卡雷尔被指演技过于温柔，与角色不符。尽管英国乐师爱德华·都铎-波尔在剧中设置的一些场景看起来有些怪诞，但那场八十分钟的气势磅礴的华丽摇滚确实称得上全片的最佳亮点。

《豪迈王子》

国家/地区：德国
导演：安东尼·希寇克斯
主演：史蒂芬·莫耶、凯瑟琳·海格尔等
编剧：迈克尔·贝克纳等
片长：91 分钟

影片的背景设置大概是在亚瑟王神话时代，华廉是亚瑟王的一名护卫，负责护送到访的爱莲公主回到自己的祖国完婚。在亚瑟王的卡米洛特宫殿里，女巫莫佳娜教唆维京王盗走了亚瑟王的石中剑，英格兰从此陷入混乱。华廉护送爱莲公主回国的途中遇到诸多困难。影片的服装和背景华丽优雅，但剪辑水平和特技、特效却拙

劣粗糙，特别是剧中"吓人的"短吻鳄道具，而且整部影片的叙事顺序突兀混乱。

《幽灵公主》

国家/地区：日本
导演：宫崎骏
主演：松田洋治、石田百合子等
编剧：宫崎骏
片长：134 分钟

宫崎骏是一名杰出的动漫大师，他的《幽灵公主》绝对称得上是一部杰作。影片堪称完美无瑕，画风优美，情节丰富，人物丰满，视觉效果引人入胜。主人公卷入了古老丛林之神与现代工业革命的拉锯战，他怀着怜悯之心试图在两者间调停。不同于西方生硬的道德寓言，《幽灵公主》是一部情感细腻的影片，不会挥舞环保的大棒敲打观众。最好不要看配音版，一定要选原声字幕版观影。

《五行战士》

国家/地区：中国、美国
导演：于仁泰
主演：马里奥·叶迪雅等
编剧：迈克尔·维克曼等
片长：101 分钟

这是一部非常怪诞的武打片，依托"功夫袋鼠"这一形象向一位少年解释了道家主要思想。遗憾的是这部影片亮点有限。主角瑞恩（叶迪雅饰）是一名身患残疾的少年，某一天误入"道"的梦境。梦境中有一位邪魔之王，企图将瑞恩当作其返回人间的媒介。所幸瑞恩得到五个拥有魔力的袋鼠的保护，它们分别对应金、木、水、火、土。

1998 年

《天使之城》

国家/地区：美国
导演：布拉德·塞伯宁
主演：尼古拉斯·凯奇、梅格·瑞恩等
编剧：丹尼·史蒂芬斯等
片长：134 分钟

该片翻拍了维姆·文德斯 1987 年执导的经典电影——《柏林苍穹下》。赛斯是尼古拉斯·凯奇扮演的天使，他渐渐意识到自己爱上了凡间女子玛姬（梅格·瑞恩饰）。为与玛姬长相守，他放弃了天神身份，但最终却因为一场意外而失去玛姬。较之文德斯的版本，该片少了一些哲思和对生活本质的阐释。尽管该片采用很多爱情片的叙述套路，但情节依然能让观众肝肠寸断。

《夺命感应》

国家/地区：美国
导演：格里高利·霍布里特
主演：丹泽尔·华盛顿、约翰·古德曼、唐纳德·萨瑟兰、艾伯丝·戴维兹等
编剧：尼古拉斯·卡赞
片长：123 分钟

这是一部口碑较好的"超自然"惊悚片，丹泽尔·华盛顿扮演的警官正在追捕一名在逃连环杀人犯，疑犯拥有超能力。然而真正的凶犯则是从地狱逃的恶灵，杀人纯粹为了好玩。凶杀案接连发生，凶手的手段如出一辙，更令人惊异的是每次的受害者即是上一桩凶案的嫌疑人。导演拍摄手法巧妙，编剧构思缜密，演员演技精湛，共同成就了一部优秀的电影。然而该片上映后反响并不热烈，并且一直不太为人所知，这让人有些惊讶。它理应得到更多的关注和掌声。

《第六感生死缘》

国家/地区：美国
导演：马丁·布莱斯特
主演：布拉德·皮特等
编剧：荣·奥斯本等
片长：178 分钟

该片翻拍自 1934 年的《死神假期》，皮特扮演的死神决定到人间度假。安东尼·霍普金斯扮演的威廉·帕里什时日不多，死神愿意为其续命，但要求帕里什充当其人间"导游"。帕里什抓紧这段时间交代后事，将自己的人生智慧传授给家人，并试图拯救分崩离析的公司。死神却意外爱上了帕里什的女儿，最后帕里什发现，解决这一切最好的办法便是离开。影片取得了不错的成绩。

《梅林》

国家/地区：美国、英国
导演：史蒂夫·巴伦
主演：山姆·内尔、海伦娜·伯翰·卡特、约翰·吉尔古德等
编剧：彼得·巴内斯等
片长：182 分钟

该片在《亚瑟王传奇》框架下讲述了魔法师梅林的传奇故事。影片的前半段讲述了梅林的早期生活。童年时代的梅林向女巫安布罗西亚研习魔法，后来辗转到梅宝女王的仙境继续深造。尽管剧情与现实相去甚远，但影片第二部分对亚瑟王时代的描述可谓不负众望。总体而言，影片情节超脱现实，极具梦幻感，穿插了大量视觉效果、魔幻配乐和巧妙特效。山姆·内尔演技精湛，对梅林生平的诠释十分到位。但其 2006 年的续集——《魔法之王》却平淡无奇。

《美梦成真》

国家/地区：美国

导演：文森特·沃德
主演：罗宾·威廉姆斯、小古巴·戈丁、安娜贝拉·莎拉等
编剧：罗纳德·巴斯
片长：113分钟

影片改编自理查德·麦瑟森经典的"来生"故事。罗宾·威廉姆斯扮演的克里斯意外发现，妻子死后并没有进入自己所在的极乐世界。因为妻子是自杀的，自杀的人自然无法进入天堂。克里斯只身前往地狱，但救出妻子的概率很低，甚至可能会搭上自己的命运。

1999年

《美丽新世界》

国家/地区：法国、德国、意大利
导演：克洛德·齐迪
主演：克里斯蒂昂·克拉维埃、热拉尔·德帕迪约、罗伯托·贝尼尼、米歇尔·加拉布吕等
编剧：克洛德·齐迪
片长：109分钟

阿斯泰里克斯和奥比里克斯居住在高卢偏远地区的小村庄，这是高卢人抵御恺撒帝国入侵最后的防线。罗马人自然十分热切想要尽快征服这一地区，然而高卢村落拥有德鲁伊的魔法药水，成为克敌制胜的法宝。这部电影的情节成为之后许多阿斯泰里克斯和奥比里克斯系列故事小说的前景，包括很多改编版电影。很多粉丝担心真人版电影会毁掉原著，但德帕迪约等演员演技精湛，加之特效设计考究，让人眼前一亮。这部电影在欧洲取得了不错的成绩。

《成为约翰·马尔科维奇》

国家/地区：美国
导演：斯派克·琼斯
主演：约翰·库萨克、卡梅隆·迪亚兹等
编剧：查理·考夫曼
片长：113分钟

约翰·库萨克扮演的克雷格是一名穷困潦倒的木偶艺人，为了取悦自己的妻子，他找了一份奇怪的文案工作。他在新岗位上发现了一条短暂通往约翰·马尔科维奇脑子的通道。于是克雷格与同事麦可欣（凯瑟琳·基纳饰）合作向马尔科维奇的脑子里灌输诡计，从中牟利。克雷格夫妻利用马尔科维奇的身体与麦可欣发生了性关系，之后，克雷格决定永远占有马尔科维奇的身体，但事情并没有朝着他想象的方向发展。

《怒犯天条》

国家/地区：美国
导演：凯文·史密斯
主演：琳达·费奥伦蒂诺、本·阿弗莱克、马特·戴蒙等
编剧：凯文·史密斯
片长：130分钟

影片对天主教神学理论进行了讽刺挖苦。遭贬斥的两名天使企图借助教堂的特赦重返天堂，一路惩罚人类犯下的罪行。然而，他们的行径与上帝的箴言背道而驰。上帝的信使找到耶稣的最后一位后人，告知她必须阻止恶灵对众生的屠杀。影片整体较为粗糙，但也有不少充满趣味的镜头。

《断头谷》

国家/地区：美国
导演：蒂姆·伯顿
主演：约翰尼·德普、克里斯蒂娜·里奇、米兰达·理查森、迈克尔·刚本等
编剧：凯文·雅格等
片长：105分钟

蒂姆·伯顿与约翰尼·德普再度合作，重新演绎华盛顿·欧文1819年创作的故事。德普扮演的伊卡布·克瑞恩是一名充满抱负的青年警官，他十分热爱科技产品，但却遭到上级处罚，被派去调查一起乡村谋杀案。刚来到断头谷时，他坚决不相信村民关于凶手是某种超自然生物的言论。然而随着时间的推移，他渐渐认识到村民是对的。剧场设计和演员精湛的演技使得该片取得了不错的成绩。

《圣痕》

国家/地区：美国
导演：鲁伯特·温莱特
主演：帕特丽夏·阿奎特、加布里埃尔·伯恩等
编剧：汤姆·拉扎鲁斯
片长：103分钟

阿奎特扮演的福兰克派姬是一名年轻的无神论者，但她身上的伤痕却和基督受难时的伤痕一模一样。梵蒂冈派来的调查员认为这些伤痕是一名死去牧师企图通过福兰克派姬与外界沟通的迹象。死去的牧师想让教会接受伪造的第五部福音书——《多玛之书》。梵蒂冈调查员害怕该事件会产生不良影响，一心想息事宁人。这是一部推理合理的电影，风格独特，拍摄手法融入流行元素，细节描写到位。

《木乃伊》

国家/地区：美国
导演：斯蒂芬·索莫斯
主演：布兰登·费舍、蕾切尔·薇兹、约翰·汉纳、凯文·奥康纳、阿诺德·沃斯洛等
编剧：斯蒂芬·索莫斯
片长：124分钟

影片一定程度上是1932年环球影业同名恐怖片（鲍里斯·卡洛夫主演）的重拍版。电影很快就进入了亨利·莱特·哈葛德营造的幻想世界，故事在这里展开。复仇的贝都因人、超自然生物的种种发难、七场天灾的重演、动画制作的尸体和各类特效，共同打造出电影的奇幻效果。演

在《木乃伊》中，怪物逼近布兰登·费舍和蕾切尔·薇兹

员们采用了一些富有喜剧效果的表演方式，将电影的尺度把握得较为适宜。蕾切尔·薇兹的演技尤为出彩，她擅长塑造颇有胆识的女角色。影片取得了显著的成就，并催生了一系列续集，如2001年的《木乃伊归来》和2008年的《木乃伊3：龙帝之墓》。

《第十三勇士》

国家/地区：美国
导演：约翰·麦克提尔南
主演：安东尼奥·班德拉斯、弗拉迪米尔·库里奇、迪尼斯·斯托霍、丹尼尔、撒仁、内尔、马芬等
编剧：威廉·韦舍尔
片长：102分钟

影片改编自迈克尔·克莱顿的小说《食亡灵的人》，同时也是对诗歌《贝奥武夫》的戏谑解读。安东尼奥·班德拉斯饰演的阿拉伯朝臣由于拈花惹草，被贬至北欧作为惩罚。途中他与一群维京勇士一同踏上征服食人部落的旅程。他逐渐适应了维京文化，从观察同伴围炉对话中学会了维京语以及各种英勇技能，最终力挽狂澜。

2000年

《龙与地下城》

国家/地区：美国
导演：科特尼·所罗门
主演：杰瑞米·艾恩斯、贾斯廷·威林、李·阿伦伯、布鲁斯·佩恩、马龙·韦恩斯等
编剧：塔普尔·利莲、卡罗尔·卡特怀特
片长：107分钟

《龙与地下城》是20世纪70年代一款人气很旺的奇幻游戏，由此催生了角色扮演类游戏产业，并且至今仍主导着这一产业。粉丝们早就期待将该游戏改编为电影，但不料效果十分糟糕。影片制作粗糙，肆意破坏原著，剧情荒唐，毫无连贯性，演员演技拙劣。老戏骨们貌似都在跑龙套，比如经常在低预算电影里扮演恶霸的布鲁斯·佩恩，仅有一个一闪而过的镜头，不过汤姆·贝克所饰精灵之王的扮相倒是让人吓得半死。此外，影片导演完全抄袭了"星战"系列的场景和背景，大概觉得这种手法既然能捧红乔治·卢卡斯，同样也能带红自己。影片最差劲的部分大概是马龙·韦恩斯扮演的"喜剧黑人"，他跌跌撞撞地嚷嚷着"不要伤害我的主人"。不过奇怪的是，其续集《龙与地下城：龙神之怒》（2005年）拍得略好一些，确实超出了人们的心理预期。

《圣天空战记》

国家/地区：日本
导演：赤根和树
主演：坂本真绫、关智一、中田让治等
编剧：矢立肇、河森正治等
片长：98分钟

神崎瞳（坂本真绫配音）出生在难能可贵的和平年代，然而，日复一日波澜不惊的生活却让她感到厌倦至极，甚至失去了继续生活下去的希望。在一场意外中，瞳被传送到了名为"盖亚"的异世界中，来到了曾在幻觉里出现过的"龙之铠甲艾斯嘉科尼"中，被世人看作"羽翼之神"。令她感到惊奇的是，自己的魔力不断提升。该片是1996年电视剧版的精简版，制作略显仓促，叙事角度更为阴暗，对浪漫幻想的副情节采取了喜忧参半的处理手法，但影片动漫效果非常精美。

《欧提科》
国家/地区：捷克
导演：杨·史云梅耶
主演：维罗妮卡·泽科娃等
编剧：杨·史云梅耶
片长：132分钟

《欧提科》又名《贪吃树》，改编自捷克民间故事。一对老夫妇始终没有小孩，并为此伤心。一日，丈夫挖出了一具人形树根，送给妻子当作小孩取乐。但令人意想不到的是，这具人形树根竟然真的活了过来。夫妇俩欣喜若狂，把它叫作欧提科。欧提科显然是个胃口很好的小孩，一直哭闹着要吃的，老夫妇两人为了喂饱它，花光了所有的钱，但它仍然饥饿地捉了家里的猫吃掉了。尝到肉味的欧提科从此拒绝其他食物，又把偶然进入家中的邮差、路人，还有楼里的邻居都吃掉了。

《天才魔术师》
国家/地区：美国
导演：罗伦·森纳
主演：查理·奥康内等
编剧：金·勒马斯特等
片长：89分钟

该片是同名电视剧的试验版。麦克（奥康内饰）是一名街头魔术师，被天意选中继承一位资深巫师的衣钵，对抗邪恶力量。邪恶力量百般阻拦，不愿麦克继承法术。麦克的妹妹在片尾被邪恶力量抓走，灵魂最终流落到无名之地，为故事发展留下了悬念。该片趣味十足，但无法超越电视剧版。

《千年决斗》
国家/地区：日本
导演：北村龙平
主演：坂口拓、榊英雄等
编剧：北村龙平、山口雄大
片长：119分钟

这是一部复活武士黑帮僵尸奇幻片。一群囚徒越狱逃跑，在通往复活森林的路上遭遇一伙黑帮分子以及被他们绑架的神秘女子。这片森林既是当地谋杀案受害者的填埋场，也是通往冥界的第444号通道。随后丧尸涌入人间，灾难随之来临。这是一部低成本喜剧片，内容暴力，但十分成功。影片没有太多内涵，但却充满趣味。

2001年

《冰原快跑人》
国家/地区：加拿大
导演：扎查理斯·库努克
主演：纳塔尔·昂加拉克、塞维尔·伊瓦努、彼得·亨利·阿纳特希克等
编剧：保罗·安吉利科
片长：172分钟

这是第一部完全用伊努特语编剧、演出和拍摄的影片，是对伊努特传说的精彩演绎。一位心怀鬼胎的萨满法师来到伊努特村落，杀掉村长，取而代之，种下日后纠葛不休的恶因。阿潭纳鸠与新村长的儿子为争夺美人阿杜大打出手，这场斗争关乎村子的命运。影片情节美妙，制作精良，引人入胜。

《亚特兰蒂斯：失落的帝国》
国家/地区：美国
导演：加里·特洛斯达勒、柯克·维斯
主演：迈克尔·福克斯、詹姆斯·加纳、伦纳德·尼莫伊等
编剧：泰布·墨菲
片长：95分钟

这是迪士尼少有的动作片，一位考古学家为完成祖父的遗愿，踏上了寻找亚特兰蒂斯的旅程，并与一位亚特兰蒂斯的公主坠入爱河。影片效果还算理想，并吸收了日本动漫的元素，但略显仓促，部分次要角色的制作不够精细。其所表达的内涵较为严肃，因此最终被定为限制级。

《异魔禁区》
国家/地区：西班牙
导演：斯图尔特·戈登
主演：依兹拉·哥顿、拉克·莫罗诺、弗兰西斯科·拉贝尔等
编剧：丹尼斯·保利
片长：98分钟

导演斯图尔特·戈登，制作人布莱恩·尤兹纳，编剧丹尼斯·保利合作拍摄出最贴近洛夫克拉夫特（美国小说家）原著的电影，他们还合作拍摄了杰弗瑞·卡姆斯主演的惊悚片《活跳尸》。三人为拍摄《异魔禁区》再次聚首，将洛夫克拉夫特的小说《因斯茅斯上空的阴影》移植到了西班牙一处风景如画的破败渔村。该电影的制作预算极低，导致部分特效比较粗糙，演员阵容略显煞风景，但影片整体气氛还不错，忠于洛夫克拉夫特所创造的克苏鲁神话，因而受到洛夫克拉夫特的粉丝好评。

《哈利·波特与魔法石》
国家/地区：美国
导演：克里斯·哥伦布
主演：丹尼尔·雷德克里夫、鲁伯特·格林特、艾玛·沃森、伊恩·哈特、朱丽·沃特斯、大卫·布莱德利、理查德·哈里斯、玛吉·史密斯、艾伦·里克曼、罗彼·考特拉尼等
编剧：斯蒂芬·科洛弗
片长：152分钟

哈利·波特与思想狭隘、满是戾气的姑妈一家一起生活，受尽了这家子的冷眼，活得就像"新维多利亚时

期"的童仆。哈利从小就深信父母死于一场车祸，但真相没那么简单。他的父母生前是巫师，会魔法，会熬制魔法配方，会驾驭飞行扫帚，还能随时变形。波特夫妇为了捍卫正道和保护哈利，被异常强大的黑暗巫师伏地魔夺去了生命。父母的死换来了哈利的生命，就在伏地魔准备一起杀掉哈利时，却中了哈利的魔法，由此哈利在魔法世界成了名人。哈利刚进霍格沃兹魔法学校时，得知这些事情的他感到十分震惊。

得知魔法真实存在后，很多发生在哈利身边的事情终于有了答案，来到霍格沃兹的他如鱼得水，终于找到了归宿。在霍格沃兹的第一年里，哈利和好友罗恩、赫敏揭露并挫败了一起阴谋：有人想盗走不老药，助伏地魔重返顶峰时刻。小伙伴们克服艰难险阻，只为挫败这一邪恶计划，他们制服了巨魔、击败了死亡象棋，险些被学校开除……

罗琳的哈利魔法系列赢得了世界的赞誉，喜欢哈利的人不仅限于儿童，还有很多成人。影片忠实于原著，完整呈现了原著复杂的剧情设计，将主要场景统统搬上了大银幕。影片亮点纷呈，导演哥伦布完美地做好了统筹协调。影片首先在美国上映，票房大卖，之后随着原著续集的推出，又将它们也搬上了银幕。

《古墓丽影》

国家/地区：美国、英国
导演：西蒙·韦斯特
主演：安吉丽娜·朱莉等
编剧：萨拉·库珀等
片长：100分钟

影片根据电脑游戏改编而来，总体口碑较差。朱莉很有天赋，但影片情节过于荒谬，她再努力也无力回天。片中有很多设计精良的打斗动作，演员也都用尽了全力，但彼此缺乏衔接连贯。不幸中的万幸，该片没有交给游戏改编烂尾王乌维·鲍尔来拍摄。

《蹦蹦猴》

国家/地区：美国
导演：亨利·塞利克
主演：布兰登·费舍、布里吉特·芳达、克里斯·卡坦、罗丝·麦高恩、伍皮·高伯格等
编剧：萨姆·哈姆
片长：92分钟

该片改编自卡加·布莱克里的漫画小说《黑暗小镇》，充满黑色幽默。米雷（布兰登·费舍饰）是一位小有名气的漫画家，他创作的一套系列漫画《蹦蹦猴》引起了不小的轰动，他的事业蒸蒸日上。正当米雷春风得意，鼓足勇气准备去向女朋友求婚时，却蹊跷地遭遇一桩车祸而陷入了昏迷之中。在他昏迷不醒之时，米雷发现自己来到一处植物人炼狱，各种神灵和神话生物在人们的噩梦中狂欢。逃离这里的唯一办法就是打败死神（伍皮·高伯格饰），然而蹦蹦猴却在策划一起阴谋。塞利克1993年执导了儿童动画《圣诞夜惊魂》，而《蹦蹦猴》的目标受众为成年人。

《怪兽电力公司》

国家/地区：美国
导演：彼特·道格特、大卫·斯沃曼、李·昂克里奇
主演：约翰·古德曼、比利·克里斯托等
编剧：彼特·道格特
片长：92分钟

故事背景与1981年制作的电影《小怪物》较为相似，《怪兽电力公司》是一部运用电脑技术制作的动画喜剧。怪兽市通过卧室的壁柜与现实世界相连，怪兽们通过壁柜溜出来吓唬小孩子，收集他们的尖叫声，用来发电。怪兽们认为小孩子对他们有害而无益，一个小孩子意外来到怪兽市后引发全城惊慌。该团队后续推出了怪兽系列电影。

《启示录》

国家/地区：英国
导演：斯图尔特·乌班
主演：乌多·基尔、娜塔莎·怀特曼、詹姆斯·达西、迪然·梅比莲等
编剧：斯图尔特·乌班
片长：111分钟

杰克（达西饰）是亿万富翁之子，也是一名计算机高手，但有犯罪前科。他不情不愿地与父亲见了面，但意外发现父亲正在召集一支队伍，准备追捕剧中神秘的"麦加芬"。然而恶魔也想要抓到"麦加芬"，杰克被牵连其中，逃命的路上遇到一位性感美丽的炼金术士。原来恶魔想制造出"敌基督"并毁灭世界。影片有许多有趣的情节，基尔本色出演，但此片评分并不高。

《少林足球》

国家/地区：中国香港
导演：周星驰
主演：周星驰等
编剧：周星驰
片长：87分钟

《少林足球》是史上最好的奇幻体育电影，周星驰扮演穷困潦倒的前少林武僧，立志要将功夫精神发扬光大。后来他偶遇一名跛足的前足球运动员，两人想把足球与功夫结合起来，以赢取价值100万美元的比赛。影片将奇幻功夫元素融入足球文化中，将二者完美结合，绝对是一部优秀的电影。

《千与千寻》

国家/地区：日本

导演：宫崎骏
主演：柊瑠美、入野自由、中村彰男、夏木真理等
编剧：宫崎骏
片长：125分钟

10岁的少女千寻与父母一起从都市搬家到了乡下。在搬家的途中，父母却辗转来到一处无人照看但摆满美食的乡村集市。父母决定先吃，等服务员来了再付钱。但千寻却紧张得东张西望，夜幕降临，回程的路消失不见了，千寻的父母变成了猪……影片意境唯美，寓意深刻，感人至深。

《怪物史莱克》

国家/地区：美国
导演：安德鲁·亚当森、艾伦·华纳
主演：麦克·迈尔斯、约翰·李斯高、艾迪·莫菲、卡梅隆·迪亚兹等
编剧：泰德·艾略特
片长：90分钟

该作品改编自知名儿童书作家威廉·史泰格的同名绘本，影片笑点在于"嘲讽所有的经典童话，并颠覆了一般人对童话故事的刻板印象"。麦克·迈尔斯配音的史莱克是一个粗鲁且臭气熏天的巨怪，但有着一颗柔软的心，他所居住的沼泽地来了一拨自童话王国逃难的难民，其中有艾迪·莫菲配音的贫嘴驴。身材矮小、心肠恶毒的国王法库德同意移交难民，但条件是史莱克同意营救国王想要迎娶的公主。影片笑料不断，大人小孩都可以在观影中找到欢乐，配音演员也贡献了很多笑点。这部动漫没有其他迪士尼电影那么矫揉造作，但却趣味横生。制作团队推出了许多续集，但影响力不太理想，他们还在全球各地举办了很多电影推介会。

《指环王1：护戒使者》

国家/地区：新西兰、美国
导演：彼得·杰克逊
主演：伊利亚·伍德、西恩·奥斯汀、伊恩·麦克莱恩、维果·莫特森、奥兰多·布鲁姆等
编剧：弗兰·威尔士
片长：178分钟

在拉尔夫·巴克希的动漫作品遭遇失败后，人们对拍摄《指环王》这部托尔金代表作的真人版期望值较低。尽管彼得·杰克逊早期拍摄过外星僵尸题材电影《坏品位》，从中积累了一定经验，但观众还是忧心忡忡。电影开始做前期宣传时，有批评人士称其为商业炒作，但最终看来，该片无疑是一部杰作。剧本对原著的改编细腻且忠实。演员阵容也非常精良，演技超群。维果·莫特森扮演的阿拉贡让人印象深刻。片中的电脑特效达到了当时水平的极限，成为行业顶峰——特效成功将演员的体型做了处理，以使其符合霍比特人、小矮人或人类的合适样貌，甚至原来被认为可能会遇到不小"问题"的炎魔等角色，最后呈现出来的效果也让人震撼。电影布景真正做到了忠实于原著。新西兰的自然风光绮丽，淋漓尽致地表现出了"中土世界"的神秘感和人们对其的想象。将《指环王》这样的宏大叙事框架拍成电影必然要进行一定的压缩处理，原著的部分情节也会遭到一定调整，以符合电影艺术的美学视角，尽管没有达到部分顽固理想主义者的预期，但绝大多数人认为该影片令人震撼。这部影片的影响力超越了天花板级的"星战"系列，绝对是奇幻电影的巅峰之作，成为之后的同类型影片难以超越的标杆。《指环王》一出，万人空巷。

2002年

《哈利·波特与密室》

国家/地区：美国
导演：克里斯·哥伦布
主演：丹尼尔·雷德克利夫、艾玛·沃森、鲁伯特·格林特等
编剧：斯蒂芬·科洛弗
片长：161分钟

哥伦布导演在拍摄第二部"哈利·波特"系列电影时感觉没有第一部那么拘谨，稍微放松了一些。第一部将主要精力放在尽可能还原原著中的诸多场景上，第二部则是更多地放在了如何讲好故事上，最后取得了不错

在《哈利·波特与密室》中，魁地奇的比赛规则看似复杂，但丹尼尔·雷德克里夫和汤姆·费尔顿总能清楚地知道比分

第二章　奇幻电影

的效果。在这部影片中，各种末世预言都在阻挠哈利回到霍格沃茨魔法学校，但他返回学校的决心反而更加坚定了。哈利认识了新朋友——家养小精灵多比，他声称无意中听到霍格沃茨魔法学校的密室即将重新开启。随之，各种诡异的袭击接踵而至，受害者纷纷被变成了石头。笑容可掬的海格会是背后的主谋吗？较之第一部，《哈利·波特与密室》情节更加阴暗，这部影片上映后声名大噪，并荣获了英国电影学院奖在内的诸多奖项。

《神采公路》

国家 / 地区：美国
导演：鲍勃·盖尔
主演：詹姆斯·麦斯登、加里·奥德曼、库尔特·拉塞尔等
编剧：鲍勃·盖尔
片长：116 分钟

这是一部精彩的超现实主义电影，主人公是一名天性受到父母压制的青年艺术家（詹姆斯·麦斯登饰），该片讲述了他的奇幻愿望。为探寻心中的答案，他踏上了一条通往奇妙旅程的高速路。路边巨大的广告牌上印着他的梦中情人，指引他一路向前，途中遇到了很多陌生人。影片具有魔幻现实主义的色彩，充满乐趣、感人至深，透露着智慧的光芒，同时略显怪诞。尽管该片是盖尔的第一部作品，且预算较低，影片还是折射出其艺术才能，演员阵容也十分强大，演技精湛。这部片子一直以来极少上映，或许营销团队认为很难对该片进行清晰定位。如果早年有人能找到一位优秀的销售经理告诉他这部片子是《双峰镇》与《谋杀绿脚趾》的结合，那么《神采公路》现在早就声名大噪。但现实并非如此，现在很难找到这部片子，只能在网络销售渠道获取。尽管费劲，但非常值得一看。

《火龙帝国》

国家 / 地区：英国、爱尔兰、美国
导演：罗伯·鲍曼
主演：克里斯蒂安·贝尔、马修·麦康纳、伊莎贝拉·斯科鲁普科、杰拉德·巴特勒、斯科特·莫特等
编剧：凯文·彼得卡等
片长：101 分钟

你知道是龙消灭了恐龙吗？这种想法很荒唐，但这正是该影片的假设前提。怪兽在现代伦敦苏醒过来，人类全线大撤退。美国义勇军官（麦康纳饰）组成了屠龙队，这让克里斯蒂安·贝尔所扮演的角色——一名落魄团队的头目感到威胁。影片的剧本缺乏连贯性，情节混乱，但至少还算是一部充满笑点的喜剧。

《俄罗斯方舟》

国家 / 地区：俄罗斯、德国
导演：亚历山大·索科洛夫
主演：谢尔盖·德雷登、玛丽亚·库兹涅佐娃、莱昂尼德·莫兹戈沃伊、大卫·乔治比亚尼、亚历山大·查班等
编剧：纳托利·尼基福洛夫
片长：96 分钟

一位 19 世纪的法国贵族及一名摄影师，突然发现他们置身于圣彼得堡博物馆中，这里曾是罗曼诺夫王朝的宫殿。两人行走在博物馆中，徜徉在三百年前的时光里，探索和讨论着俄罗斯的历史故事。博物馆是个非常理想的布景，艺术品陈列琳琅满目，影片充分利用了这一优势。最令人惊奇的是，影片一气呵成，没有任何剪辑，参演人员多达两千人，还包括三支交响乐队。影片的演员阵容、场景和布局都十分震撼。绝对是一部艺术性极高的作品，但影片并没有过多的故事情节、打斗动作或者紧张的戏剧冲突，更多是对历史中的俄罗斯及其文化载体的纯粹赞美。

《蝎子王》

国家 / 地区：美国
导演：查克·拉塞尔
主演：道恩·强森、胡凯莉、史蒂文·布兰德、迈克·克拉克·邓肯、伯纳德·希尔等
编剧：乔纳森·黑尔斯等
片长：94 分钟

该片最早是作为 1999 年版《木乃伊》的前传拍摄的，其官方名称为《木乃伊 3：蝎子王》，是一部"刀剑竞技"奇幻电影。主人公由前摔角运动员巨石强森扮演，这一角色喜欢皱着眉头，用第三人称说话。多年从事摔角的经历对其演技帮助很大，他片中主要负责挥舞长剑，阻止胡凯莉扮演的坏人征服世界。影片虽然有趣，但华而不实，缺乏内核，特别是在已有《指环王 1：护戒使者》作为标杆的情况下——它向世人充分展示了奇幻电影可以达到何种高度。

《真爱无尽》

国家 / 地区：美国
导演：杰伊·拉塞尔
主演：阿丽克西斯·布莱德尔、威廉·赫特、茜茜·斯派塞克、乔纳森·杰克逊等
编剧：杰弗瑞·莱伯尔
片长：88 分钟

片中集结了不少重量级演员，他们用精湛的演技在现代神话里演绎对生与死的看法。威廉·赫特与茜茜·斯派塞克出演一对夫妇，他们十分后悔带领家人进入长生不老的困苦中。本·金斯利扮演的角色是一名心怀不轨的凡人，他企图从不老之谜中牟利。青年演员所扮演的情侣可谓命途多舛，但永生相伴相守未尝不是一种艰难的考验，但最终他们做出了正确的选择。遗憾的是，影

片不免落入俗套，故事内核居然是传统的媒体人生观——生活如此美好，不要有太多奢望，好好享受人生，冷静对待死亡，却没有解释清楚永远年轻美丽为何不能享受些许人生美好。当然，影片主要是来收割观众眼泪的。

2003 年

《大鱼》

国家/地区：美国
导演：蒂姆·伯顿
主演：比利·克鲁德普、亚伯·芬尼、伊万·麦格雷戈、杰西卡·兰格等
编剧：约翰·奥古斯特
片长：125 分钟

病榻上的爱德华·布隆姆一息尚存，一向关系疏远的儿子维尔前来探望，最后一次尝试了解他的父亲。一直以来，维尔都觉得父亲是个彻头彻尾的骗子，且精神脆弱。于是维尔决定从多年来父亲讲述的故事中探寻父亲的生平。蒂姆·伯顿通过系列拍摄手法呈现出维尔的奇幻旅程，通过种种寓言故事描绘出爱德华伟大而又缺憾的一生。观众或许会觉得电影的结构有些支离破碎，且缺乏情节内涵，但这部充满奇思妙想的电影确实很感人。亚伯·芬尼演技出彩，表现出困于腐朽躯壳的巨人垂垂老矣之时的无奈。

《熊的传说》

国家/地区：美国
导演：艾伦·布莱希、罗伯特·沃克
主演：华金·菲尼克斯、理克·莫兰尼斯、杰瑞尼·舒瓦兹等
编剧：斯蒂文·贝奇、洛尼·卡蒙等
片长：85 分钟

该片改编自一部手绘动漫，在今天已经算是稀有类型了。影片讲述一位因纽特猎人无意中变成一只熊的故事，他从中对原谅、手足情和大自然有了更深刻的理解。配音团队让原本制作就十分精良的影片更上一层楼。该片十分感人，获得了奥斯卡奖提名。

在过去，伊万·麦格雷戈饰演的爱德华·布隆姆确实是条"大鱼"

在很多方面，《熊的传说》都是一部美妙绝伦的影片

第二章 奇幻电影

《指环王 2：双塔奇兵》

国家/地区：新西兰、美国
导演：彼得·杰克逊
主演：伊利亚·伍德、维果·莫特森、伊安·麦克莱恩、凯特·布兰切特、奥兰多·布鲁姆、克里斯托弗·李等
编剧：弗兰·威尔士
片长：179 分钟

在"指环王"系列第二部中，支离破碎的护戒联盟成员穿过了中土世界，这部电影基于四条不同的故事线继续演进。维果·莫特森演绎的护戒使者阿拉贡形象更加丰满，这一角色的个人魅力与亲和力使其成为当之无愧的主角。较之原著，从影片中更易看出托尔金心中的未来之王就是阿拉贡。伊利亚·伍德的演技同样出色，完美刻画出弗拉多内心的痛苦挣扎。

尽管演员阵容强大、演技精湛，但片中另外的三大元素还是远远盖过了演员的光芒：一是新西兰令人叹为观止的自然景观。正如原著所描述的那样，中土世界美丽无比，让万物黯然失色。二是影片最后一小时上演的圣盔谷之战，场面十分精彩，让前面所有情节看上去简直就像为它出现而做的热身而已。片中每一个庞大的半兽人都是真人戴着特制道具扮演出来的。三是空前的电脑特效水平，即便在乔治·卢卡斯、史蒂文·斯皮尔伯格等大咖面前也是如此。甚至后来者《指环王3：王者归来》也没有将其超越。

影片最大的宝藏非咕噜莫属。这个时而大开杀戒、时而顾影自怜、时而狂躁癫狂的角色，其实完全由电脑特效制作而成，但却十分逼真。该片充分证明了安迪·瑟金斯的才能，他为咕噜配音，并提供动作素材，同时还与伍德和奥斯汀肩并肩穿着笨重的生物反馈服演戏，其上场的每一刻都足够引人注目。该片斩获诸多奥斯卡奖项。人们一度认为是因为美国电影与艺术科学学院想为《指环王3》预留足够多的鲜花掌声，才导致《指环王2》曝光机会相对较少。

对页图：
在《指环王2：双塔奇兵》中，尽管演员阵容强大，但毫无争议的明星当属饰演咕噜的安迪·瑟金斯

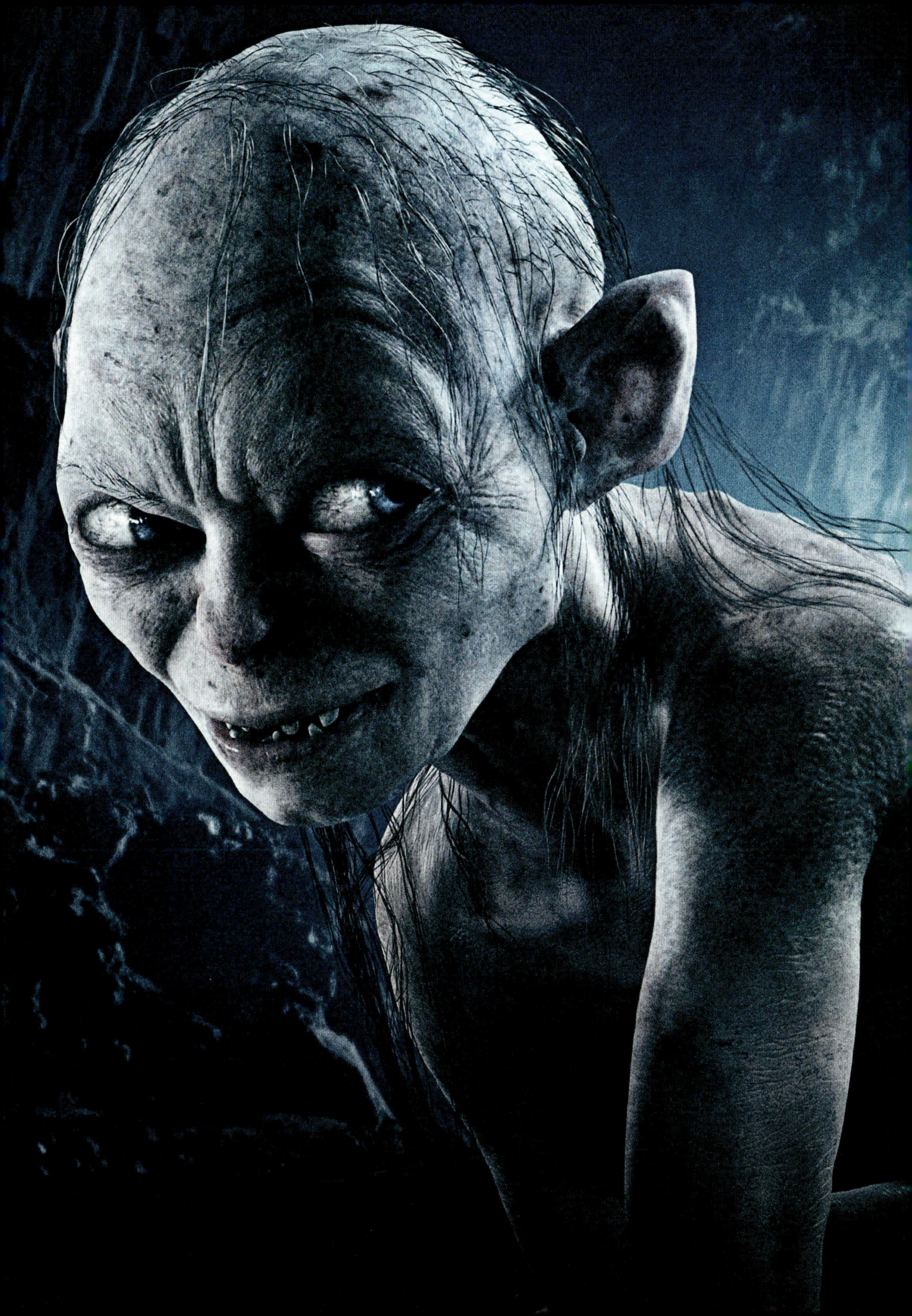

《空无一物》

国家/地区：加拿大
导演：文森佐·纳塔利
主演：大卫·休莱特、安德鲁·米勒等
编剧：文森佐·纳塔利等
片长：90分钟

戴维（休莱特饰）和安德鲁（米勒饰）是一对社会功能失常的室友，他们衷心希望这个世界能够远离他们，没想到这一切真的如愿发生，他们的公寓也因此被一片空白的虚无所包围。这种被空白所围困的场景让这部电影与纳塔利早期执导的科幻恐怖片《心慌方》（1997年）看起来有一些相似。虚无空白在电影艺术中是一种有趣的前提设定，它的出现通常会触及一些深刻的哲学问题，但就这部电影而言，它的出现更像是为了搞笑，而非表现戏剧冲突或是进行道德说教。电影的结局很神秘，观众的态度则呈现两极分化之势，要么喜欢得不行，要么非常讨厌。

《彼得·潘》

国家/地区：美国
导演：P.J.霍根
主演：詹森·艾萨克、杰里米·森普特、蕾切儿·哈伍德、杰弗里·帕尔默、理查德·布赖斯、琳恩·雷德格瑞夫、奥莉维亚·威廉姆斯等
编剧：P.J.霍根
片长：113分钟

该片依据詹姆斯·马修·巴利的经典小说改编而成，讲述了一个永远长不大的同名古怪小精灵的故事，这是源于该著作的又一部电影作品，与以往版本不同的是，这一版大量运用了现代技术与特效。电影在情节上非常忠实于原著，片中演技超群的演员们也充分运用了他们身为英国人的先天优势，尽力保留原著中维多利亚时期的历史年代感，没有让它从影片中消失，单就这一点而言，该片已经远远胜过同样改编自《彼得·潘》小说、由斯皮尔伯格执导的电影《霍克船长》。不仅如此，从任何角度而言这部电影的水平都比《霍克船长》更胜一筹，它能真的让观众找到重返童年的感觉。此前默默无闻的演员蕾切儿·哈伍德（饰演温蒂）也通过该片证明了自己的实力。

《加勒比海盗》

国家/地区：美国
导演：戈尔·维宾斯基
主演：约翰尼·德普、杰弗里·拉什、奥兰多·布鲁姆、凯拉·奈特莉、乔纳森·普雷斯、杰克·达文波特等
编剧：泰德·艾略特等
片长：145分钟

当追车大王杰瑞·布鲁克默打算把迪士尼主题公园的游乐设施改编成海盗电影系列的消息传出时，这似乎被认为是一场可怕的灾难（《加勒比海盗》早期只是迪士尼主题公园的游乐设施之一，后被改编成电影。——译者注）。但出乎意料的是，《加勒比海盗》成了轰动一时的流行大片。当然，它的成功也名副其实。导演维宾斯基将电影中展现的不同风格元素——喜剧、冒险、奇幻甚至是恐怖——巧妙连接在一起。但最值得称道的还是此片的角色导演。电影的主角是住在堪称海上贫民窟的海盗船上的杰克船长，他矫揉造作，举止就像个中暑的病人，但约翰尼·德普却能将他演得惟妙惟肖。杰弗里·拉什在饰演受诅咒的僵尸船长巴博萨时表现得很好，演出入木三分。甚至连杰克·达文波特和凯拉·奈特莉也在电影中大放异彩。只有奥兰多·布鲁姆又像在《指环王》中一样，饰演了一位花瓶人物，在整部电影中显得帅但蠢。该片的剧情十分复杂，绝对能称得上有趣，从头到尾都很精彩。总的来说这是一部非常优秀的娱乐电影，并且远远胜过后面几部续集。

《天降奇兵》

国家/地区：美国
导演：史蒂芬·诺林顿
主演：肖恩·康纳利、夏恩·韦斯特、斯图尔特·汤森德、理查德·劳斯伯格、皮塔·威尔逊、纳萨鲁丁·沙等
编剧：詹姆斯·罗宾逊
片长：110分钟

应艾伦·考特曼（康纳利饰）的召唤，一群维多利亚时代的人物在影片中重现，包括美国特工汤姆·索亚、化身博士海德、尼摩船长、透明人、吸血鬼德古拉的未婚妻米娜·哈克，他们一同帮助英国女王对抗福尔摩斯的宿敌——莫里亚蒂教授。该片看上去像是一部特效堆积而成的荒唐作品，但电影蓝本，也就是艾伦·摩尔的漫画小说可以称得上是相当精彩，只能说很不幸，这部电影让原著蒙羞。它在拍摄时甚至没有一本可供演员挖掘的像样剧本。观看此片远不如直接阅读摩尔逼真、刺激且充满想象力的小说。可怜的摩尔，他的作品一直在被好莱坞糟蹋，直到电影《守望人》的出现才改变这一情况，这部同样改编自摩尔小说的作品获得了一致认可。

《指环王3：王者归来》

国家/地区：新西兰、美国
导演：彼得·杰克逊
主演：维果·莫特森、伊利亚·伍德、伊安·麦克莱恩、凯特·布兰切特、伯纳德·希尔、比利·博伊德、多米尼克·莫纳汉、雨果·威文等
编剧：弗兰·威尔士
片长：201分钟

该片是《指环王》三部曲的终章，讲述了中土自由民在其最后堡垒抗击黑恶势力的同时，弗罗多和汤姆继续他们的痛苦旅程，前往魔多销毁魔戒的故事。为增添电影的艺术性并且确保所有故事线都能向前推进，电影对托

尔金的原著做了一些小改动。幸运的是，这些改动都合情合理，最后的效果也很成功。前两部电影的优点在这一部中都得到了继承，电影中的要素，包括演员的演技、场景布设、导演的指导、配乐以及特效等都能搭配得严丝合缝，给人带来一段近乎完美、十分逼真的梦幻体验。如果硬要说该片和前两部相比有何区别的话，那就是该片中不同的故事线都已经接近尾声，因此也比前两部有更多机会展现出一些更加刺激和戏剧化的奇妙场景。该片是一部规模空前的严肃奇幻电影，它的片长几乎有三个半小时（加长版更是超过四小时），这种观影时长会给观众带来明显的身体不适，从而分散注意力使其无法集中精力欣赏故事动人的结局（该片每条故事线的结局对任何一部其他电影来说都已经可以作为令人满意且自豪的收尾了）。在观看加长版前一定记得找一把舒服的椅子。

《世界上最悲伤的音乐》

国家/地区：加拿大
导演：盖伊·马丁
主演：伊莎贝拉·罗西里尼、马克·麦金尼、大卫·福克斯、罗斯·麦克米伦、玛丽亚·德马代罗斯等
编剧：盖伊·马丁
片长：99分钟

这部超现实的新表现主义电影堪称是向早期电影制作技艺致敬的作品，在拍摄过程中用到了8毫米放大胶片、模糊镜头和偶尔出现的染料涂层，最终创造出这部风格奇特并且引人入胜的非写实类音乐剧。该片的主题也很与众不同。故事发生在大萧条时期，残疾的酒吧店主举办了一个寻找世界上最悲伤演奏者的比赛，奖金高达25000美元。比赛吸引的演奏者都很古怪，酒吧店主自己也是如此——戴着一条装满啤酒的空心玻璃假腿。这部电影荒诞、有趣、感人、蕴含哲理，同时也充满悲伤，非常值得一看。

《第二次来临》

国家/地区：英国
导演：亚德里安·谢尔高德
主演：克里斯托弗·埃克莱斯顿等
编剧：拉塞尔·T.戴维斯
片长：144分钟

这是一部既具煽动性又充满智慧的电影，讲述了耶稣归来的故事。主角史蒂夫·巴克斯特（埃克莱斯顿饰，其表演相当出色）是一名在影像店工作的平平无奇的小伙子。他消失在一片沼泽中长达40个日夜之后终于被人找到，这时的他已经意识到自己就是归来的耶稣。他向人们展示了几个法术来证明自己的身份并警告人类，他们还有5天的时间完成第三部圣约，否则审判日就将到来。电影的最后结局似乎并不能让虔诚的宗教徒满意，但这却是一部非常有意思的作品。

2004年

《没有墨西哥人的一天》

国家/地区：美国、墨西哥
导演：塞尔吉奥·阿劳
主演：卡罗琳·阿隆、托尼·阿巴特马克、梅林达·艾伦等
编剧：亚蕾莉·阿里吉门德
片长：100分钟

一天，加利福尼亚州的人们醒来发现拉丁裔的人都消失了，粉红色的雾气将这里与外部世界隔绝，毫无意外，社会很快分崩离析，食物腐烂在田野中，帮派开始横行，运动队也无法参加比赛……电影模仿纪录片的形式进行拍摄，着重突出一种与现实惨状形成强烈冲突的幽默感。电影中模拟的弹出视窗并没有起到什么作用，它们本可以产生更好的效果。

《最终幻想7：圣子降临》

国家/地区：日本
导演：野村哲也、野末武志
主演：樱井孝宏、伊藤步、森久保祥太郎等
编剧：野岛一成
片长：101分钟

《最终幻想》系列电影由极其成功的日本同名游戏特许授权拍摄，上映后风行一时。该系列中最流行和最受人认可的是这部《最终幻想7》，即人们通常所称的FF7。这部动画电影沿用了游戏的背

在赛菲罗斯事件过去两年后，克劳德仍郁郁寡欢

景设定，故事场景是一个超现实的幻想与高科技反乌托邦世界，故事时间是在游戏FF7中的事件发生两年后。电影的情节有些令人费解，但如果仅仅是为了了解当时动画电影制作技术的最高水准，那还是值得一看的（《创》系列电影的制作技术遗产终于在这部电影中开花结果）。本片在当时绝对是一部扣人心弦的视听盛宴，相比之下皮克斯公司的动画作品就逊色不少。对于这种非母语电影，通常还是建议您放弃配音译制版而选择原声字幕版。

《哈利波特与阿兹卡班的囚徒》

国家/地区：美国、英国
导演：阿方索·卡隆
主演：丹尼尔·雷德克里夫、艾玛·沃森、鲁伯特·格林特、阿伦·瑞克曼、加里·奥德曼、大卫·休里斯、艾玛·汤普森等
编剧：史蒂夫·克洛夫斯
片长：141分钟

西班牙导演阿方索·卡隆凭借其风格独特的电影《你妈妈也一样》而广为人知，他接替克里斯·哥伦布导演将"哈利·波特"系列的第三部小说改编为电影。他采取了一种截然不同的拍摄手法，尽可能地将霍格沃茨（以及书中的其他场景）作为背景，专注于拍摄四季变换的风格化艺术场景。他还重新构思了（前任导演）哥伦布塑造的霍格沃茨。电影的大部分场景是孩子们白天和晚上往返经过的山坡，这些场景还带有情绪色彩。他没有解释为什么校园里一下子少了大片平坦的室外场地，也没有说明为什么海格从猎场的圆形小屋搬进了破旧的花园棚屋。但他确实成功地让影片基调变得黑暗起来。在大卫·休里斯的精彩演绎下，整部影片充满危机四伏之感。理查德·哈里斯在第二部上映之后、第三部拍摄之前不幸离世，留下了巨大的遗憾——虽然迈克尔·甘本成功塑造了邓布利多，但是哈里斯超凡的演绎却难以模仿。

《地狱男爵》

国家/地区：美国
导演：吉尔莫·德尔·托罗
主演：朗·普尔曼、塞尔玛·布莱尔等
编剧：吉尔莫·德尔·托罗
片长：122分钟

《地狱男爵》是一部奇幻动作片，改编自迈克·米格诺拉的漫画。主角并不能算是一个真正的英雄，因为他原本是恶魔出身，但在地球上长大，与人类同一阵线。他既能引发末日，也能拯救世界。电影忠实于漫画，普尔曼扮演的地狱男爵担任了一份特殊调查员的工作，他外表狰狞，内心强悍。电影充满了娱乐性，反响极佳。而塞尔玛·布莱尔饰演的莉丝可以操纵火焰，十分讨喜。不过，或许影片本可以更加出彩。

《功夫》

国家/地区：中国香港
导演：周星驰
主演：周星驰等
编剧：周星驰、曾谨昌
片长：99分钟

这是一部精妙绝伦的作品，创下了香港影史上最高的票房纪录，将周星驰的另一部电影《少林足球》挤出榜首。这部电影从夸张炫目的武术动作，到超级邪恶的反派角色，再到细微巧妙的视觉点缀以及经典的武侠风格都堪称大师手笔。影片丝毫不见严肃，时常逗得观众捧腹大笑。其中的大部分老演员都曾是武术巨星，所以他们理所当然地在影片中重拾老本行。元秋与成龙、洪金宝毕业于同一所武术学校，她扮演的包租婆令人印象深刻。当时她已经19年没有拍过电影，原本是支持一位年轻朋友才参加了试镜。周星驰认出了她，坚持不懈力邀她出演，终于获得应允，而这部影片之后她又出演了20多部作品。

《雷蒙·斯尼奇的不幸历险》

国家/地区：美国
导演：布拉德·塞伯宁
主演：连姆·艾肯、艾米莉·布朗宁、金·凯瑞、梅丽尔·斯特里普、比利·康诺利等
编剧：罗伯特·戈登
片长：108分钟

波特莱尔一家原本过着富有快乐的生活，有一天父母在一场离奇的大火中丧命，三姐弟被送往远房亲戚奥拉夫伯爵的家中与他一同生活，此人残忍贪婪，觊觎着那笔遗产。三姐弟逃向另一位善良的叔叔家中，你自然可以想见奥拉夫伯爵一定紧随其后、露出真面目——谋财害命。尽管丹尼尔·韩德勒的原著只能称得上是设计巧妙而缺乏温情，但却有一种引人入胜的海瑟·罗宾逊（英国插画家，其作品风格充满想象、荒诞不经。——译者注）式风格。作品塑造的孩童角色冷静理性、天资聪颖，一点儿也不好对付。影片删去了大部分的设计细节，将三本书的内容压缩为一部作品，经过处理的内容构成了一个短小诡异的童话故事。故事中的成年人天真得像脑死亡患者，善良总会不出所料地导致死亡，在这一点上，影片算是还原出了原著的核心要义。

《雷士顿奇迹》

国家/地区：俄罗斯
导演：米哈伊尔·列维京
主演：玛利亚·格拉兹科娃、阿列克谢·帕宁等
编剧：米哈伊尔·列维京、S.斯克沃尔佐夫
片长：97分钟

布拉德·道里夫在《雷蒙·斯尼奇的不幸历险》中鲜明的形象十分经典

电影中，一个西伯利亚的小镇成为三股善意的超自然力量的焦点，分别是一位年迈的女巫、一位不老的女魔法师和一条漂亮的美人鱼，她们想用自己的力量为这个世界带来一些改变。尽管她们的做法违背了长期以来不得干预凡人生活的禁令，但她们坚信自己能发挥作用。当然，结局既滑稽又混乱。这部电影迷人又有趣，剧情走向超出预料。

《守夜人》

国家/地区：俄罗斯
导演：提莫·贝克曼贝托夫
主演：康斯坦丁·哈宾斯基、弗拉基米尔·缅绍夫、玛利亚·巴洛申娜、阿雷克西·查多夫、戈沙·库琴科、维克多·维尔比斯基等
编剧：提莫·贝克曼贝托夫
片长：114分钟

14世纪，代表光明与黑暗的勇士们狭路相逢，展开了一场恶战，最终达成了完美的均势状态。此后若干年间，他们一直维持着这样的平衡，直到一个天赋异禀的男孩降生，他将打破平衡、主宰世界的命运。同时，双方为避免两败俱伤签订了一项历史性合约——没有对方的同意，任何一方都不会使用力量。为了确保协议得到遵守，守日人将监视光明势力的活动，而守夜人则在黑暗势力中进行巡逻。谢尔盖·卢基扬年科的三部曲小说是对善恶之争的现代重塑，也为电影奠定了一个伟大基础。在此背景下，影片于1993年正式开始拍摄。故事讲述的是被抛弃的丈夫安东为了挽回妻子而求助于女巫，却发现自己深陷一场极其冷酷的战争之中。《守夜人》从一开始就营造了一种真正令人不安的气氛。该片的基调充满了现实意味——没有浮华或梦幻，只有后共产主义的衰败；电影中的演员看起来就像普通人，和好莱坞的"甜心美人"式选角品位完全不同，这是一个令人高兴的转变。影片充满了浓厚的俄罗斯神话色彩，如此一来，即使是一些观众早已熟悉的设计也有了强大的新鲜感。影片在其他方面也超乎人们的想象。它带着些许令人感到凄凉的幽默，这让剧情扣人心弦。《守夜人》在俄罗斯大受欢迎，成为该国影史上首月票房最高的电影，但花了一些时间才得以登上西方银幕。这部电影只展现了卢基扬年科原著小说的前半部分，它的成功确保了后半部分——《守日人》（2006年）的顺利上映。遗憾的是，第二部并未像第一部那样大受欢迎。

《扯线王子复仇记》

国家/地区：丹麦、瑞典、挪威
导演：安德斯·朗诺·嘉龙
主演：乔纳斯·卡尔森、玛丽娜·波拉斯等
编剧：娜佳·玛丽·埃迪特
片长：91分钟

影片讲述了一个激动人心的小故事——父王驾崩，被篡位者出卖的王子只身闯入敌军寻求复仇。《扯线王子复仇记》是一部真人木偶电影，是对木偶艺术的精彩展示。它真正的创新在于，控制木偶的绳线成了构成电影现实性的一部分——要杀死对方，就要剪断其头上的细线；如果细线纠缠，就要寻求帮助才能脱身。木偶的表情固定，表演起来并不难，但需要精湛的配音让他们鲜活起来。这着实是一部令人印象深刻的电影。

《蝴蝶效应》

国家/地区：美国
导演：埃里克·布雷斯、J.麦凯伊·格鲁伯
主演：艾什顿·库彻、埃里克·施托尔茨、艾米·斯马特、梅罗拉·沃特斯、埃尔登·汉森等
编剧：埃里克·布雷斯、J.麦凯伊·格鲁伯
片长：120分钟

《蝴蝶效应》的原著在好莱坞电影界并不受人欢迎，虽然人人都考虑过翻拍，但是没人敢冒这个险。直到艾什顿·库彻决定给予资金支持并担当主角，这部作品才得以投拍。这一决定十分高明，正如影片中那个非常微妙但精确的观点所述——我们在关键节点上所做的抉择会影响我们未来的结果。库彻饰演的伊万是个试图带着过去的记忆来改善未来人生的年轻人。起初他以牺牲好友们的幸福为代价，改变了自己的人生，但一次次改变也让他的人生危如累卵。很快，事情变得越来越糟。影片非常巧妙地利用各种回溯的手法，让不同的可能性相互叠加，只有看两遍甚至更多遍才能捕捉到其中的所有细微差别。

《黄泉回归》

国家/地区：法国
导演：罗宾·坎皮略
主演：热拉尔丁娜·帕亚等
编剧：罗宾·坎皮略、布里吉特·蒂约伊
片长：102分钟

《黄泉回归》或《鬼魂》（片名因国家而异）是一部令人毛骨悚然的奇幻电影，它所带给观众的思考已经远超了电影本身探讨的那些问题。故事中，亡灵回到人间，它们没有四处游荡、呻吟着找寻记忆，而是以合理的方式逐渐恢复成生前面目。它们想要回到原来的家、回归原本的生活，但是这显然不容易。这部电影节奏慵懒、情绪充沛，如果更加深入地挖掘，或许能取得更大成就。遗憾的是，影片在莫名其妙的结局中落下帷幕。

《范海辛》

国家/地区：美国
导演：斯蒂芬·索莫斯

主演：休·杰克曼、凯特·贝金赛尔、理查德·劳斯伯格、大卫·文翰等
编剧：斯蒂芬·索莫斯
片长：132 分钟

在新颖独特的《木乃伊》大获成功后，索莫斯将注意力投向环球影业其他的经典恐怖角色——德古拉、怪物弗兰肯斯坦、狼人，甚至还有变身怪医。显然，休·杰克曼非常喜欢范海辛这个年轻又技艺超群的角色，相比彼得·库欣扮演的年迈教授，他更像肖恩·康纳利版的詹姆斯·邦德。这部电影完全不是一部严肃作品，剧情天马行空，但它不仅致敬了欧洲神话，同时也得到恐怖电影的启发。编剧索莫斯确保剧情以十分紧凑的节奏往前推进，这让观众能完全沉浸在故事里。总之，电影剧情虽然简单，但非常有趣。

2005 年

《吸血莱恩》

国家 / 地区：德国、美国
导演：乌维·鲍尔
主演：克里斯塔娜·洛肯、迈克尔·马德森、乌多·奇尔等
编剧：吉娜薇·特纳
片长：95 分钟

乌维·鲍尔是个怪人，他莫名其妙地成为了这部游戏改编电影的导演。奇怪之处在于，他没什么电影才华，因为他拍摄的电影枯燥、乏味、混乱，对节奏、效果和表现形式也一窍不通。但他总能找到不错的非科班演员，还能获得自由创作的权利，这是一个未解之谜。毋庸置疑，他大大改变了全球文化中认为电子游戏不费头脑、缺乏连续性的观点。他或许就像政府部门所钟爱的巨头承包商一样，并且也能源源不断地交付自己所承诺的那部分成果，但要么超出时限、要么超出预算，虽然报价最低，但他给出所有承诺不过是水中之月。无论如何，《吸血莱恩》就是一部典型的口水片，故事的主角是一个年轻性感的中世纪半人半吸血鬼女孩，她……好吧，谁在乎呢？显然，演职人员都不在乎。

由休·杰克曼饰演的青年范海辛俯瞰着诡谲的城市

奇幻盛宴：文学、影视、游戏中的幻想世界

《查理和巧克力工厂》

国家/地区：美国
导演：蒂姆·伯顿
主演：约翰尼·德普、弗莱迪·海默、大卫·凯利、詹姆斯·福克斯、克里斯托弗·李、海伦娜·伯翰·卡特等
编剧：约翰·奥古斯特
片长：115分钟

蒂姆·伯顿非常忠实地将这个经典的儿童故事呈现在我们眼前。实际上，1971年还拍摄过一版，当时对书中的无政府主义的疯狂和暴力有所顾忌，但这正是该故事的力量源泉。三十五年后，伯顿不再拘束。他让德普尽情发挥，用达尔最初设想的方式塑造旺卡，这个角色带有令人不安的癫狂且具有显而易见的危险性，却充满了古怪的快乐以及孩童般的好奇心。有了如此强大的阵容，电影与原著小说一样令人着迷和感动，当然也同样疯狂。

约翰尼·德普在《查理和巧克力工厂》展现出一种神经质的乐趣

第二章　奇幻电影

金刚揽着娜奥米·沃茨俯瞰纽约，宛如美女与野兽

奇幻盛宴：文学、影视、游戏中的幻想世界

《地狱神探》

国家 / 地区：美国
导演：弗朗西斯·劳伦斯
主演：基努·里维斯、蕾切尔·薇兹、蒂尔达·斯文顿、彼得·斯特曼等
编剧：弗兰克·卡佩罗
片长：121 分钟

现代术士约翰·康斯坦丁这个角色最初出现在阿兰·摩尔极具开创性的"沼泽怪物"系列漫画当中，他是一个谜一样的存在，生性厌世，自行其是，一路上经常为朋友招致意想不到的麻烦。杰米·德拉诺以一己之力，为这个角色扩写出一个成功且极具影响力的系列漫画，并以摩尔的作品为基础巧妙地延伸剧情。基努·里维斯饰演的是个被鬼魂附身、感情残缺的利物浦巫术大师，过着简陋的生活。虽然他的表演富有激情，但塑造的形象过于正面、干净，并没有体现出角色的气质。他看起来就像是约翰的一位来自夏威夷、同父异母的兄弟。原著中，这个角色是一位巫术大师，坚决反对来自天堂和地狱的干涉；但电影却把他描绘成一个只想重新得到天主上帝恩宠的驱魔人，这种改编并无益处。这部电影反响很好，非常吸引人，当然蕾切尔·薇兹的表演也非常出色。但总体而言，电影剧情并不连贯，而且任何熟悉原著漫画的人都会为电影感到恼火。

《哈利·波特与火焰杯》

国家 / 地区：英国、美国
导演：迈克·内威尔
主演：丹尼尔·雷德克里夫、艾玛·沃森、鲁伯特·格林特、大卫·田纳特、马克·威廉、詹姆斯、菲尔普斯、奥利弗·菲尔普斯等
编剧：史蒂夫·克洛夫斯
片长：157 分钟

"哈利·波特"系列的前三部小说中，每一部都比前一部更加黑暗，但这仍然是一部关于男孩的书，讲述的是一个小男孩和他所关心的事情。在第四部中，随着哈利进入青春期，他关心的问题和经受的考验也愈发成熟。这部电影与前作的黑暗程度相比更深。新任导演迈克·内威尔是英国的一家电视台的知名导演，以制作充满曲折与悲哀的家庭剧而闻名。他很好地还原了第四本书的内容。这部电影场面宏大壮观、动作戏惊心动魄，保持了一个引人入胜的基调。尽管年轻观众们可能不想太过纠结于影片的内涵，但越来越多的成人话题增加了电影的深度。还要感谢执导第三部电影的阿方索·卡隆，是他说服了迈克·内威尔可以一次性拍完这本书，而不需要像工作室建议的分成上下两部。电影或许删减了很多次要的情节，但也因此更具观赏性。

《金刚》

国家 / 地区：美国
导演：彼得·杰克逊
主演：阿德里安·布劳迪、娜奥米·沃茨、杰克·布莱克、安迪·瑟金斯、托马斯·克莱舒曼、科林·汉克斯等
编剧：弗兰·威尔士等
片长：187 分钟

彼得·杰克逊继《指环王》之后翻拍了《金刚》，这部电影让观众们第一次为野生猿猴而着迷不已，也令影迷大为惊喜。但与人们想象的有所不同，杰克逊依然沿用了成功改编《指环王》的套路，并未做太多突破，再一次用到了新西兰的美丽风景、强大的电脑特效以及安迪·瑟金斯的天才演技，他穿上动态捕捉服进行拍摄，用这种方式将力大无穷的金刚真实地呈现出来。和《指环王3》一样，这部电影长达三小时。当然，影片并非如史诗般激昂，而是充满了浪漫而伤感的情调。相比于杰克逊入行拍摄的第一部作品《宇宙怪客》，也就是那部片如其名的僵尸电影（《宇宙怪客》英文名为 *Bad Taste*，字面意思为"糟糕的品位"。——译者注），这部电影的水平简直不可同日而语。

《镜子面具》

国家 / 地区：英国
导演：戴夫·马卡基
主演：斯蒂芬妮·莱昂尼达斯、罗伯·布莱登、贾森·巴瑞、吉娜·麦基、罗伯特·卢埃林、斯蒂芬·弗莱等
编剧：戴夫·马卡基、尼尔·盖曼
片长：101 分钟

海伦娜（莱昂尼达斯饰）15 岁，她对自己身为马戏团演员的父母感到心灰意冷。在一次大吵之后，她的母亲生病了，海伦娜坚信自己导致了一切。在母亲做手术的前一天晚上，海伦娜发现自己来到了一个奇特的世界，这里的居民神秘莫测，戴着面具，听从互为镜像的善恶两个女王指挥。这里善的女王也生病了，但这次海伦娜可以通过找到用来治愈疾病的镜子面具来帮助她。但是，这究竟是否只是一个梦，还是会发生更黑暗的事情？这段故事并不复杂，类似于"《迷宫》与《绿野仙踪》的结合，披上了《爱丽丝梦游仙境》的外衣"，但本片的故事情节只是构成整部电影的简单一部分，也只是这部电影影响力和重要性的一部分原因。导演马卡基是一位因特立独行而闻名的艺术家，他将照片、颜料和雕塑融为一体，形成一种独特而梦幻的艺术风格。他与共同编剧尼尔·盖曼合作多年，在俩人的共同努力下，马卡基的艺术风格得以成为真实的电影，通过人物间的对话、动作表现出来，最后的结果也很完美——为观众

们奉献了一场充满奇迹、创新和美感的视听盛宴。在影片中，有的地方透露出不加掩饰的奇怪氛围，而有的地方则无声无息地流露出智慧与乐趣，令观众大饱眼福。这确实是一部会让你感到惊喜的作品。

《甲贺忍法帖》

国家/地区：日本
导演：山田风太郎
主演：仲间由纪惠、小田切让等
编剧：平田研也
片长：107分钟

影片通过精美的拍摄和编排，讲述了一个浪漫故事，片中两个注定相爱的人却各自领导着两支相互敌对的忍者部族。幕府家族打算摆脱危及命运的威胁，导致两支部族展开殊死搏斗。而这对必须保守婚姻秘密的恋人也被卷入这场灾难。故事在很大程度上脱胎于《罗密欧与朱丽叶》，但场景更为宏大，战斗也充满神话色彩。顺带一提，这部电影（Shinobi: Heart Under Blade）与1987年的同名街机游戏（Shinobi）无关，实属巧合——"Shinobi"在日语中代表"忍者"一词中的"忍"字。

《格林兄弟》

国家/地区：美国、英国
导演：特瑞·吉列姆
主演：马特·达蒙、希斯·莱杰、芭芭拉·卢克索娃、安娜·鲁斯特、罗杰·阿什顿·格里菲斯等
编剧：伊伦·克鲁格
片长：118分钟

这部电影为格林兄弟这对著名的德国童话收集者加上了充满动感的特效，他们看起来就像是具有神话修正主义色彩的范海辛。当然，作为吉列姆导演的作品，它的剧情无时无刻不充满着黑暗和扭曲的氛围。威尔·格林和雅各布·格林（分别由马特·达蒙和希斯·莱杰饰演）是一双在德国四处游历的诈骗犯，他们先制造出险境，再装成一副"拯救"受害者的样子，从而索要报酬。但当他们真正遭遇超自然的威胁时，他们只会逃跑，响亮的名誉也因此受损。吉列姆成功地在剧情线和电脑合成的炫目画面中埋下了一些对于生活和幻想犀利的思考，巧妙地提醒我们真实童话故事背后残酷肮脏的现实——那就是现代人用温柔的情感美化了童话。

《纳尼亚传奇1：狮子、女巫和魔衣橱》

国家/地区：美国
导演：安德鲁·亚当森
主演：乔基·亨利、威廉·莫斯里、斯堪德·凯恩斯、安娜·帕普斯维奇、蒂尔达·斯文顿、詹姆斯·麦卡沃伊等
编剧：安德鲁·亚当森
片长：140分钟

电影讲述了一个引人入胜的故事：一群孩子穿过衣柜跌跌撞撞地闯入一个奇异世界，却发现自己就是预言中的拯救者。几十年来，刘易斯的故事一直为小读者们所津津乐道。以纳尼亚为背景的故事一共有七部，角色众多，从故事设定的规模上可与托尔金的作品相媲美，因此将该片称作第一部能与彼得·杰克逊的杰作《指环王》相提并论的作品是恰如其分的。但它与《指环王》并不相同，因为最初故事的设定并没有那么宏大。

作为一部电影作品，《纳尼亚传奇1：狮子、女巫和魔衣橱》在各个方面都做得十分出色。纳尼亚美丽、奇幻、逼真，白女巫和她的极权统治压抑可怖，狮子阿斯兰是坚定、勇敢、优雅的完美化身。尽管演技尚需打磨，但演员们选得都挺合适，小演员们的表现自始至终都熠熠生辉。

近年来，《纳尼亚传奇1：狮子、女巫和魔衣橱》受到一些恶评，认为它本质是奇幻版的基督教，试图通过电影在孩子们心中埋下宗教信仰的种子。这种观点在一定程度上是正确的。刘易斯曾坦率承认，自己确实希望这本书能够传播基督教思想，故事的基础就是在奇幻背景下讲述基督的一生。但电影从来都不是一部宗教宣传作品。它想方设法淡化了一切宗教元素，比如狮子阿斯兰的精神重生和飞升都替换成了物理性的治疗和复苏过程。这让虔诚的基督教徒父母感到失望，却也让更多的无神论者感到欣喜。

《僵尸新娘》

国家/地区：美国、英国
导演：蒂姆·伯顿、麦克·约翰逊
主演：约翰尼·德普、海伦娜·伯翰·卡特、艾米莉·华生、保罗·怀特豪斯、理查德·E.格兰特、克里斯托弗·李等
编剧：约翰·奥古斯特、帕梅拉·帕特勒
片长：76分钟

《僵尸新娘》所采用的班底大部分都参与过《查理和巧克力工厂》的制作，和《圣诞夜惊魂》一样，这是一部定格动画。该片是一部精彩的短片，充满感动、甜蜜、黑色幽默以及精湛的动画。演员们表演出色，尽管情节琐碎，但并没有大碍，反正该片也不是靠情节取胜。这是一部美丽的作品，但或许是因为亨利·塞利克的缺席，影片没有《圣诞夜惊魂》那么流行。

《灵幻夹克》

国家/地区：美国
导演：约翰·梅布里
主演：凯拉·奈特莉、艾德里安·布洛迪、詹妮弗·杰森·李、克里斯·克里斯托佛森、丹尼尔·克雷格、凯莉·林奇等
编剧：马可·罗科等

片长：103分钟

布洛迪在片中饰演杰克·斯塔克斯，他是一名在海湾战争中受伤、饱受失忆之苦的退役士兵。给他搭便车的陌生人诬陷他谋杀警察，最终他被送往精神病院。接手案件的是精神病学家克里斯·克里斯托佛森，他本就是个有点疯狂的人。他给布洛迪穿上特制束身衣，然后强迫他进行了一系列可怕的感官剥夺试验。在试验过程中，布洛迪的思维出现异常，被撕成碎片散落在各个时间中，他还发现自己的死期就在四天之内，但不知会如何死去。这部电影异乎寻常，充满了零碎却深邃的细节。布洛迪不愧为大师，将一切完美地呈现了出来。凯拉·奈特莉也再次证明了她惊艳的演技，从而弥补了她在架空历史片《亚瑟王》中的糟糕表现。在约翰·梅布里的完美执导下，《灵幻夹克》发人深省，情节紧张、引人入胜，非常值得一看。

《神奇的旋转木马》

国家/地区：法国、英国
导演：戴夫·博斯维克、简·杜瓦尔
主演：汤姆·贝克、比尔·奈伊、伊恩·麦克莱恩等
编剧：拉奥夫·萨努西等
片长：85分钟

英国剧迷们曾担心这部现象级儿童电视剧改编为动画电影后会失败，但这种担心基本上是毫无必要的。电影剧情充满奇思妙想，适合儿童观看，片中泽巴迪邪恶的双胞胎泽巴达逃脱，随后试图用魔法制造出又一个冰河世纪。角色十分具有魅力，影片充满了狡黠的幽默，令成年观众们也能笑出声来。美国还有一个版本名为《冲啊！神奇的旋转木马》，经过重新配音，质量低下，完全不建议观看。

2006年

《守日人》

国家/地区：俄罗斯
导演：提莫·贝克曼贝托夫
主演：康斯坦丁·哈宾斯基、阿雷克西·查多夫、戈沙·库琴科等
编剧：提莫·贝克曼贝托夫等
片长：131分钟

《守日人》是《守夜人》（2004年）的续作。电影根据谢尔盖·卢基扬年科的三部曲小说《守夜人》的第二和第三部分改编而成，而非源自同名续篇《守日人》。作为一部俄罗斯电影，它非常成功，仅在俄罗斯就赚取了超预算八倍的票房收入。这是一部以现代莫斯科为背景的城市奇幻惊悚片，片中光明与黑暗两股超自然力量争斗不止。本片以演职人员制作前一部作品的经验为基础进行了完善，从特效到导演都有所改进。影片处处映射着俄罗斯的生活和神话，但剧情不及原作，效果也不尽如人意。该系列的第三部尚属筹划阶段，暂定片名为《守暮人》，但由于导演将注意力投向了其他项目，这部电影的制作已停滞多年。

《龙骑士》

国家/地区：美国
导演：斯蒂芬·范米尔
主演：爱德华·斯皮伊尔斯等
编剧：彼得·布奇曼
片长：104分钟

这部改编自克里斯托弗·保利尼衍生作品的电影老套乏味。主人公艾瑞冈是个孤儿，以耕种为生，有一天他得知自己是一批惨遭杀害的神秘正义卫士最后的继承人。叔叔被害后，一位年迈的智者对他进行了原力（本片主角的经历与《星球大战》的主角十分相似，身为遗孤由叔叔抚养，身世不同一般，叔叔一家被害后接受长者指引和训练，最终掌握原力。——译者注）……呃，不对，进行了龙骑兵的训练。然后他们去帮助起义军同邪恶压迫者展开一场鏖战，他还在途中捡到了一位可爱的公主和一个恶棍。影片的总体效果尚可，但剧情单薄，瑞秋·威斯配音的龙贡献了本片唯一的高光表演。

《水中女妖》

国家/地区：美国
导演：M.奈特·沙马兰
主演：保罗·吉亚玛提等
编剧：M.奈特·沙马兰
片长：110分钟

电影讲述了一个如梦似幻的小童话，也可看作是一个关于写作的寓言故事。片中，名叫斯托丽（Story，意为"故事"。——译者注）的仙女出现在公寓楼的水池中，启发作家创作出一部伟大的作品。斯托丽要完成任务并安全回家需要居民的协助，他们要扮演一些特定的角色——治愈者、释义者、守护者和公会。不幸的是，没有人知道自己应该对应什么角色，而与此同时，来自异世界的生物正企图杀死她。

《恶梦侦探》

国家/地区：日本
导演：冢本晋也
主演：松田龙平、古谷仁美等
编剧：黑木九胜、冢本晋也
片长：106分钟

比起冢本的《铁人》（1987年）和《东京拳》（1995

在电影《潘神的迷宫》中，精灵国的精灵们为奥菲丽娅提供了一个避难所

年）等一些早期作品，《恶梦侦探》少了些冷酷无情和暴力蛮横的味道，但这或许并不是一件坏事。松田饰演的角色能够进入他人梦境，他不得不与一个漂亮的警探（由日本流行偶像古谷仁美饰演）合作，阻止一个拥有同样能力的连环杀手作案。他利用这种能力进行谋杀，但他并不叫弗莱迪（这与电影《弗莱迪大战杰森》的设定很相似，主角弗莱迪能够潜入他人梦境，在梦境中杀人灭口。——译者注）。这部惊悚片反响不错，巧妙的拍摄手法掩盖了些许不足之处。

《潘神的迷宫》

国家 / 地区：墨西哥、西班牙
导演：吉尔莫·德尔·托罗
主演：伊万娜·巴克尔诺等
编剧：吉尔莫·德尔·托罗
片长：118 分钟

1944 年，年幼的奥菲丽娅随生病的孕母搬到西班牙北部，与继父一同生活。继父是隶属于弗朗戈独裁政权的法西斯军官，惨无人道地搜捕反抗组织。为了远离暴力和残虐，奥菲丽娅进入了一个幻想世界，遇到了一个小精灵，他称奥菲丽娅是精灵公主。为了证明身份，她要完成三项任务。观众们分不清楚影片中的这个奇异世界究竟是确实存在的还是主角妄想的，但德尔·托罗后来表示，精灵国是真实的。电影描绘了孩童为逃避苦难而寻得的庇护所，是一部美丽但哀伤且令人痛心的作品。

《加勒比海盗：聚魂棺》

国家 / 地区：美国
导演：戈尔·维宾斯基
主演：约翰尼·德普、凯拉·奈特莉、奥兰多·布鲁姆、比尔·奈伊等
编剧：泰德·艾略特等
片长：151 分钟

《加勒比海盗》系列第一部电影上映之后不久，这部续作就进入拍摄阶段。片中，威尔（布鲁姆饰）和伊丽莎白（奈特莉饰）这对年轻爱侣即将结婚，就在这时麻烦纷然而至，故事就此展开。杰克·斯帕罗船长（德普饰）遭到威胁，除非他能够找到戴维·琼斯的心脏，否则就要在他的幽灵船上为奴一百年。那颗心脏就在他人尽皆知的宝箱中。

但是其他人也想要得到这个宝箱，同时刽子手的绞索就悬在威尔和伊丽莎白的头上。剧情十分流畅，但缺少了第一部电影的人情味儿和温暖的感觉。所有的主要角色都失掉了自己可爱的一面，只展现了海盗的自私与卑鄙。庞杂的剧情像是被拼凑起来的，导致观众对某些桥段感到疑惑。尽管如此，对于只想坐下来追求感官刺激的观众来说，这部影片还是极具娱乐性的，好于 2011 年拍摄的《加勒比海盗：惊涛骇浪》，这是该系列的第四部，同样改编自蒂姆·鲍尔斯的同名小说。

《寂静岭》

国家 / 地区：日本、法国、美国
导演：克里斯托弗·甘斯
主演：拉妲·米契尔、金·寇丝、艾丽丝·克里奇、劳瑞·侯登、肖恩·宾、黛博拉·卡拉·安格等
编剧：罗杰·艾瓦里、尼古拉斯·布赫里夫

罗斯·达·希尔瓦又一次将梦游的女儿从高高的悬崖边上救回来，随后她决定尝试追踪小莎伦，到她梦呓的地方——寂静岭。当他们接近这个荒废的小镇，罗斯遭受意外当场昏厥。当她醒来时，莎伦已经不在身边，而罗斯只能在镇上搜集线索。观众观看《寂静岭》很快就能意识到，影片中的寂静岭其实是多层现实空间的集合体，外围是一圈涌动着的黑暗。作为最神秘的电脑游戏之一，《寂静岭》揉乱了现实与虚幻乃至生死之间的界限，而改编版电影则模糊了幻想、神话和恐怖之间的边界。电影带有相当明显的日本元素，注重气氛渲染而非视觉震撼。对于那些从来没有接触过该游戏的观众而言，本片确实有点难以理解。

《地海战记》

国家 / 地区：日本
导演：宫崎吾朗
主演：菅原文太、冈田准一、手嶌葵、田中裕子等
编剧：宫崎吾朗、丹羽圭子
片长：115 分钟

《地海战记》由传奇的动画工作室吉卜力制作，是一部日本的奇幻动画电影，一部分内容源于厄休拉·勒古恩的"地海"系列小说。片中一个名叫雀鹰的强大巫师要寻找并消除可能引发世界动乱和腐坏的根源，而故事就是随着他的旅程而展开的。这部动画电影的质量也不错，但不及吉卜力过去的那些令人尊敬的上乘之作。这也是由宫崎吾朗（动画大师宫崎骏之子）导演的第一部作品，在一定程度上带着他成长的苦痛印记。本片有英语配音版本，由蒂莫西·道尔顿领衔，配音阵容相当不错。但相比原声孰好孰坏，很大程度上取决于个人品位。

《黑夜传说：进化》

国家 / 地区：美国
导演：伦·怀斯曼
主演：凯特·贝金赛尔、斯科特·斯比德曼、托尼·库兰、山恩·布罗利、斯蒂文·麦金托什、德里克·雅各比、比尔·奈伊等
编剧：丹尼·麦克布莱德
片长：106 分钟

本片是 2003 年《黑夜传说》的续作，延续了上一部吸血鬼赛琳娜和半吸血鬼半狼人的混血恋人迈克尔的冒险，他们要处置第一部中被激发的吸血鬼与狼人之间的新仇旧恨。这两个种族之间的秘密大战可能会危及凡人世界，而新出现的吸血鬼和狼人混血品种也在打破两派之间的权力制衡。凯特·贝金赛尔饰演的吸血鬼刺客冷静果决，有趣的设定以及一些精彩的动作场面让这部电影值得一看，不过全片并无亮点。为了让影片出彩，导演在风格上做了些有趣的处理，包括使用蓝色滤镜，让人联想到《黑客帝国》中大量使用的绿色效果，但大面积使用这种滤镜导致影片总体感觉清冷而沉闷。不过，观众的反响比影评界更好，也让这部电影赚足了票房，由此又衍生出两部续集和一部前传，还有一部动画片。

2007 年

《贝奥武夫》

国家 / 地区：美国
导演：罗伯特·泽米吉斯
主演：雷·温斯顿等
编剧：尼尔·盖曼、罗杰·艾瓦里
片长：115 分钟

这部电影十分有趣，将古代传奇彻底地进行了现代化改编，使得从英雄到怪物的所有角色特点更为突出，更加人性化。巨人格兰戴尔袭击了国王新修建的饮泉厅，英雄贝奥武夫接受了国王赋予的具有挑战性的任务——将怪物赶出国境。但他没有预料到怪物有母亲，或者说是没有预料到怪物的举动其实另有隐情，这些隐情也给他带来了阻碍和困扰。整部电影是由电脑动画制作而成的，运用了动态捕捉技术将演员细致精彩的表演用动画呈现出来。

《仙境之桥》

国家 / 地区：美国
导演：嘉柏·丘波
主演：乔什·哈切森、安娜索菲亚·罗伯、佐伊·丹斯切尔等
编剧：杰夫·斯托克威尔等
片长：96 分钟

2007 年，《仙境之桥》获得美国心田国际电影节"最动人电影"奖，该片讲述了一个令人心碎的校园故事，让观看电影的父母感受到巨大的悲伤。电影营销方并未

大打感情牌，而是全力将其塑造为一部奇幻电影，尽管其中完全没有奇幻元素——片中的"仙境"不过是一群注定失败的孩子们编造的故事，而且只占了剧情的很小一部分。这是一部伟大的电影（只是观影时记得带上擦眼泪的纸巾），但它绝对不是一部合格的奇幻电影。

《多罗罗》

国家/地区：日本
导演：盐田明彦
主演：妻夫木聪、柴崎幸、中井贵一等
编剧：中村雅等
片长：139 分钟

《多罗罗》中的一些特效看起来可能与风靡一时的经典电视剧《猴子》中的有些相似，但别因此就放弃这部电影。该片是一部非常有趣的东方动作奇幻片，为观众欣赏日本神话类奇幻作品提供了一个有趣的视角。战败的将军醍醐景光与一群恶魔达成了一个可怕的交易，他将从恶魔那里获得力量，而代价则是将自己第一个儿子献祭给恶魔。果不其然，孩子百鬼丸出生时只有一个躯干而无内脏。好心的医者救下了这个被遗弃的孩子，为他安装上像科学怪人一样的身体部件，将他抚养长大。成年后，百鬼丸立刻去寻找自己的肉身。他必须杀死 48 个持有他身体零件的恶魔才能夺回肉体和灵魂。片名"多罗罗"取自电影中的一个角色，她是一位孤女盗贼，也是百鬼丸的跟班和爱侣，她拥有一颗炽热的心脏，正好与缺失灵魂的百鬼丸达成一种平衡。这是一部取材于东方传统故事的影片，一提到该类影片，我们想到的一般都是中国的《倩女幽魂》和《醉拳》等类似作品，因此《多罗罗》中突出的荒诞喜剧风格让一些观众不满。此外，影片末尾百鬼丸与其父亲之间的冲突在一些西方观众看来也觉得有些莫名其妙。但是别担心，如果你喜欢日本动作电影，《多罗罗》确实还是一个不错的选择。

《灵魂战车》

国家/地区：美国
导演：马克·斯蒂文·约翰逊
主演：尼古拉斯·凯奇、伊娃·门德斯、萨姆·艾利奥特等
编剧：马克·斯蒂文·约翰逊
片长：114 分钟

恶灵骑士是加里·弗里德里希和麦克·普鲁格 1972 年创作的漫威漫画中的角色。强尼·布雷泽（尼古拉斯·凯奇饰）是一名特技摩托车手，为了拯救父亲的生命，将灵魂出卖给恶魔，但父亲还是离开了人世。作为交换的代价，他必须成为恶灵骑士——这个如幽灵般的恶魔勇士就是地狱的赏金猎人，负责将邪恶之徒和受诅咒之人送回属于他们的地方。恶魔之子带领党羽卷土而来，想要打破权力平衡，幽灵骑士必须阻止他。这部电影内容轻松，但效果很好，视觉风格独树一帜，片中凯奇的表演也十分出彩。

《哈利·波特与凤凰社》

国家/地区：美国、英国
导演：大卫·叶斯
主演：丹尼尔·雷德克里夫、艾玛·沃森、鲁伯特·格林特、马克·威廉姆斯、詹姆斯·菲尔普斯、奥利弗·菲利普斯、伊梅尔达·斯汤顿、伊文娜·林奇、娜塔莉·特纳等
编剧：迈克尔·戈登伯格
片长：138 分钟

与前几部"哈利·波特"系列电影不同，《哈利·波特与凤凰社》对 J.K. 罗琳的小说进行了大幅修改，不过就电影本身而言，剧情还算站得住脚，但不可避免地给书迷留下了一种相当不舒服的怪异感。当然，电影的基本框架并未变化——在魔法部着力拦阻的情况下，哈利·波特（雷德克里夫饰）开始了他在霍格沃茨魔法学校的第五年。随着学年的推进，魔法部的干涉愈发严重，迫使赫敏（艾玛·沃森饰）说服哈利违规给同学们上魔法自卫课。哈利受到幻觉蛊惑，认为自己的教父小天狼星（加里·奥德曼饰）正处于致命危险之中，于是带领一群朋友去实施了他所认为应当进行的救援。影片中人物塑造自然十分出色，一些新人的演技甚至超过了铁三角淋漓尽致的表演。特别令人印象深刻的是林奇，他完美地抓住了卢娜·洛夫古德的特点，还有斯汤顿扮演的可怕的多洛雷斯·乌姆里奇，以及古灵精怪的娜塔莉·特纳，她扮演唐克斯实属大材小用。不过，剧本却没有演员这么出色，罗琳书中的许多有力的话语被电影的陈词滥调所取代。更奇怪的是，导演似乎决定放弃原著小说中大部分真正令人印象深刻且充满张力的动作场面，取而代之的是一些新设计的、乏味的、构思不周的无聊过场。甚至连魔法部的结局也没有交代清楚，被删减得只剩一个残影，令人大失所望。观众们只能猜测这是预算紧张的缘故，但是在写这本书时，该片已经赚取了近十亿美元的票房。

《预见未来》

国家/地区：美国
导演：李·塔玛霍利
主演：尼古拉斯·凯奇、杰西卡·贝尔等
编剧：加里·戈德曼、乔纳森·汉斯雷
片长：96 分钟

该片在一定程度上受到了菲利普·迪克的《黄金人》的启发。尼古拉斯·凯奇饰演一位拉斯维加斯的舞

台魔术师，拥有真正的预知能力，能够预知未来两分钟内所发生的事情。联邦调查局想掌控他，利用他的能力接触一项重大的恐怖活动，但他很清楚，自己一旦介入便再也无法脱身，因此开始逃亡。恐怖分子听到消息，也想杀掉他。与此同时，他在寻求与一个女孩见面，在那个女孩身上他能预知远超两分钟时限的未来，似乎和她在一起，他的天赋就会变得更加强大。影片对时空弯曲这一问题进行了巧妙处理，因此可以看到一些有趣的镜头。凯奇的表演一如往常地出色，而饰演他的伴侣的杰西卡·贝尔也展现出了十足的魅力。结局多少有些令人失望，但就整体而言，这部电影确实也具有一定的意义，至少能称得上是一部有趣的电影。

《加勒比海盗：世界的尽头》

国家/地区：美国
导演：戈尔·维宾斯基
主演：约翰尼·德普、周润发、奥兰多·布鲁姆、凯拉·奈特莉、比尔·奈伊等
编剧：泰德·艾利奥特等
片长：169分钟

第三部《加勒比海盗》接续着第二部的剧情，德普饰演的疯子船长杰克·斯帕罗依旧困于冥界，尽管其他角色在第二部电影中把大部分时间花在了互相吵架上，但他们还是成功航行到了天涯海角（感觉有点像新加坡）去寻找解救杰克·斯帕罗的办法。他们在东方海盗船长啸风（周润发饰演）的帮助下设法找到了杰克。然而就在他们出航的这段时间，奈伊饰演的戴维·琼斯与一个渴望权力的英国领主结成同盟，两人企图统治海洋并消灭其他的海盗。因此英雄们与另外九个海盗头子结盟，义无反顾地踏上了释放神秘女神、拯救世界的旅程。该片和上一部《加勒比海盗：聚魂棺》同步拍摄，并且和上一部一样都存在剧情单调和缺乏连贯性的问题。

《星尘》

国家/地区：英国、美国
导演：马修·沃恩
主演：查理·考克斯、克莱尔·丹尼斯等
编剧：简·古德曼等
片长：127分钟

本片改编自由尼尔·盖曼创作的奇幻小说，讲述了一个男孩冒险进入仙境，最终将一颗陨落的星星带回来并成功与一位少女喜结连理的故事。这部电影改编出色，对原著中可爱的情节进行了细致巧妙的处理，从而为观众呈现出一个幽默的童话故事，温柔而不生硬，带有一丝《公主新娘》的影子。电影成功拿下了1.35亿美元的票房，几乎达到该片7000万美元预算的2倍，可喜可贺。

《黄金罗盘》

国家/地区：美国、英国
导演：克里斯·韦兹
主演：妮可·基德曼、丹尼尔·克雷格等
编剧：克里斯·韦兹
片长：113分钟

在一个与我们的世界相距不远的平行世界中，莱拉（达科塔·布鲁·理查兹饰）是一个年幼的孤女，与作为牛津大学教授的叔叔一同生活。在莱拉的世界里，每个人都有自己的守护灵，它们是美好精神的化身，呈现出动物的外形。牛津大学周围的孩子们一个接着一个地消失，莱拉无意中听到一段关于她叔叔的学院里有阴谋的对话。在好朋友罗杰消失后，莱拉前去救他，随身携带的只有一个能说出真相的奇异装置。菲利普·普尔曼的原著十分宏大，这部电影运用巧妙的手法将其一一展现出来。平行世界中维多利亚时代的英国十分美好，如同仙境一般，既有奇幻美丽的一面，也受到神秘力量的威胁。由水上吉普赛人缔造的芬兰王国同样令人印象深刻，当这个平行世界的英国陷入困境后，它乘虚而入、发展势力。当影片的场景随着剧情来到冰封四野的北方时，视觉效果终于达到了真正的高潮。这个冰雪王国完美地展现了原著中的梦幻色彩，其中许多奇特的居民看起来就像真实存在的一样。虽然原著许多情节都在影片中得到了呈现，但影片也并没有完全忠实于原著剧情。原著小说主要阐释宗教和科学之间的斗争，并把它们描绘成截然对立、不可调和的两个极端，把精神人文主义描绘为通往智慧的道路。而电影则和许多好莱坞作品一样将故事的主题确定为勇气，彻底删除了其中所有关于科学与宗教对立的暗示，这种做法激怒了许多原著迷。但撇开这一点，《黄金罗盘》仍算得上是一部较为尊重原著的作品，妮可·基德曼和丹尼尔·克雷格演技出色，他们扮演莱拉的敌人，很好地将主角衬托了出来。然而，本片反响平平，因此原著三部曲的后续两部也未能改编成电影。

《诡异空间》

国家/地区：美国
导演：M. 多特·斯特兰奇
主演：查伦·布兰斯特、大卫·克洛伊、斯图尔特·马霍尼等
编剧：M. 多特·斯特兰奇
片长：88分钟

这部动画电影讲述的是一个令人眼花缭乱、题材前卫的故事：一个迷路的女孩和一个木偶男孩在梦境中寻找冰淇淋，梦中全是邪恶怪物和巨型机器人。但本片的重点并不在情节，而在于拍摄手法上——该电影用旧电脑和破旧玩具拍摄而成，这充分展现了导演M. 多特·斯

特兰奇异于常人的想象力。从动画效果来看，该影片堪称是对旧时 8 比特计算机的致敬之作，大量吸取了那个时代的声音和图像风格，片中的零星对话语言生硬，看起来就像当时日本经典作品的糟糕翻译一样。这部电影的视听效果美妙绝伦、引人入胜。之后，多特·斯特兰奇又推出了几部同样风格怪异的作品：《心弦木偶》2012 年）、《我是噩梦》（2014 年）和《寂静》（2014 年）。

2008 年

《微光城市》

国家 / 地区：美国
导演：吉尔·克兰
主演：西尔莎·罗南、哈里·崔德威、比尔·默瑞、马丁·兰道、蒂姆·罗宾斯等
编剧：卡罗琳·汤普森
片长：90 分钟

本片根据珍妮·杜普劳 2003 年的小说《微光城市》改编而成。在出现了一些难以描述的末日事件之后，一座失落之城成为了一群幸存者的庇护所。一对好朋友震惊地发现这座城市有一个秘密出口，他们想要将这个秘密告诉其他人，却令腐败的市长勃然大怒，两人就此逃离。大多数书迷以及广大观众对这部电影感到失望。虽然这部电影的视听效果极佳，演员们的演技也值得褒奖，但剧情编排和节奏把控仍有待改进。

《地狱男爵 2：黄金军团》

国家 / 地区：美国
导演：吉尔莫·德尔·托罗
主演：朗·普尔曼、塞尔玛·布莱尔、道格·琼斯、杰弗里·塔伯、约翰·赫特等
编剧：吉尔莫·德尔·托罗
片长：120 分钟

作为第一部《地狱男爵》（2004 年）的续集，《地狱男爵 2：黄金军团》讲述了朗·普尔曼饰演的地狱男爵抵抗各种神话生物侵扰的故事，这些生物在愤怒精灵的指挥下展开攻击，意图唤醒黄金军团，占领人类世界。和前一部作品一样，主角普尔曼与其他演员的演技都很出色，导演吉尔莫·德尔·托罗也成功地将自己对迈克·米格诺拉笔下幻想世界的理解生动地呈现在大银幕上。影片兼具艺术才华与思想境界，因此广受好评，也自然引发了关于推出续集的讨论。然而，没有一家电影公司愿意慷慨资助吉尔莫·德尔·托罗继续拍摄他构想的剧本，因此，计划中的《地狱男爵 3》被迫夭折，取而代之的是一部全新故事，计划于 2019 年推出，将由尼尔·马歇尔执导，新近成名的大卫·哈伯（曾在《怪奇物语》中饰演吉姆·哈普）将出演新的地狱男爵一角。

《悬崖上的金鱼姬》

国家 / 地区：日本
导演：宫崎骏
主演：山口智子、长岛一茂、天海祐希、神月柚莉爱、土井洋辉等
编剧：宫崎骏
片长：103 分钟

《悬崖上的金鱼姬》是对《小美人鱼》的独特诠释，讲述了一个小男孩与一条小鱼结为朋友的故事。这条金鱼就是片名中的金鱼姬波妞，它是一条充满魔力的金鱼，渴望变成人类。波妞用魔法把自己变成了一个人类女孩，并很快爱上了男孩佐助。然而，她的鱼爸爸要求她回到海里，因此两人开始了探索，以确保她能永久地成为人类。这是宫崎骏的又一部优秀作品，他捕捉到了魔幻的真谛，很少有人能像吉卜力工作室那样让观众感受到独特的日本魅力。这部作品令人叹为观止，也证明了吉卜力电影拥有能够发行艺术图书的实力。本片的英语配音版也很不错。

《纳尼亚传奇：凯斯宾王子》

国家 / 地区：美国、英国
导演：安德鲁·亚当森
主演：威廉·莫斯里、安娜·帕波维尔、斯堪德·凯恩斯、乔基·亨莉、彼得·丁拉基、蒂尔达·斯文顿、连姆·尼森等
编剧：安德鲁·亚当森等
片长：150 分钟

《纳尼亚传奇：凯斯宾王子》根据同名原著改编，讲述了帕文西家族重返纳尼亚的故事。人间 365 天，纳尼亚世界早已飞度 1300 年。兄弟姐妹们发现自己的任务是帮助正统继承人凯斯宾王子获得原本属于他的纳尼亚国王宝座。毫无疑问，这部电影比第一部更宏大，预算更充足，特效更炫目，而演员们也与角色一同成长，展现了出色的演技。

《本杰明·巴顿奇事》

国家 / 地区：美国
导演：大卫·芬奇
主演：布拉德·皮特、凯特·布兰切特、塔拉吉·P. 汉森、伊莱亚斯·科泰斯、蒂尔达·斯文顿等
编剧：埃里克·罗斯
片长：166 分钟

《本杰明·巴顿奇事》改编自 1922 年的同名小说，讲述了一个怪诞的故事，展现了巴顿逆向生长，由老头长成孩童的生活轨迹以及由此造成的种种结果。这部电影赢得了广泛而积极的反响，但比起广大观众，评论界的意见毁誉参半。在这部电影中，演员和导演都发挥不错，但也有遗憾。影片主要依靠大量令人惊叹的特效来

塑造本杰明这一角色和表现时间的流逝，凭借其特效，该片斩获了大量奖项。

《奇幻精灵事件簿》

国家/地区：美国
导演：马克·沃特斯
主演：弗莱迪·海默、莎拉·伯格、玛丽·露易斯·帕克、尼克·诺特等
编剧：凯瑞·柯克帕特里克等
片长：95分钟

本片根据奇幻艺术家托尼·迪特里奇和作家霍莉·布莱克的同名系列儿童小说改编，讲述了年幼的杰瑞德·格雷斯和家人搬进"荒郊野外令人毛骨悚然的大房子"——斯派德威克庄园所发生的故事。房子里藏着前主人的一些秘密，里面有一本关于神奇生物的指南，这让杰瑞德发现世界远比他所了解的要广阔。格雷斯家的孩子们很快被卷入与各种神秘野兽的缠斗，他们试图阻止邪恶的食人魔马尔加拉斯获得这本指南并用来支配其他异兽。弗莱迪·海默一人分饰两角，同时扮演主角杰瑞德·格雷斯和他的双胞胎兄弟西蒙·格雷斯，演技出色。

2009年

《鬼妈妈》

国家/地区：美国
导演：亨利·塞利克

在《奇幻精灵事件簿》中，小怪物们面临源源不断的麻烦

奇幻盛宴：文学、影视、游戏中的幻想世界

主演：达科塔·范宁、泰瑞·海切尔、珍妮弗·桑德斯、唐·弗兰奇、凯斯、大卫、伊恩·麦柯肖恩等
编剧：亨利·塞利克
片长：100分钟

《鬼妈妈》根据传奇作家尼尔·盖曼的同名小说改编，是一部充满黑暗梦幻风格的定格动画，讲述了科莱林·琼斯在随家人搬进新家后发现了一个通往平行世界的秘密门道的故事。一开始这只是她逃避世俗问题的幻想之境，但这个新世界隐藏着不止一个无比可怕的秘密，它慢慢地扭曲，变成一个科莱林一心想逃离、不再向往的地方。曾经执导过《圣诞前夜》的亨利·塞利克是本部影片的导演，该片特点突出、极具魅力。演员们也表演出色，尤其是为科莱林在真实世界和镜像世界的母亲进行配音的泰瑞·哈奇。

《哈利·波特与混血王子》

国家/地区：英国、美国
导演：大卫·叶茨
主演：丹尼尔·雷德克里夫、鲁伯特·格林特、艾玛·沃森、海伦娜·伯翰·卡特、迈克尔·甘本、伦·里克曼、大卫·休里斯等
编剧：史蒂夫·克洛夫斯
片长：153分钟

哈利·波特和同伴们在霍格沃茨迎来第六个年头，这也是他们度过的十分有趣的一年。电影开篇铺陈有力，以一系列事件简明扼要地展现了电影的主题基调。电影运用特效，借欢乐场景表现出巫师界的争斗已经开始在麻瓜世界蔓延。电影通篇都暗藏一股紧张的暗流，即使是在最欢快的时刻亦是如此，观众能够感到情节的发展就如同滚雪球一般，高压迫近只是时间问题。片中所有演员都大放异彩，即使是那些只在屏幕上短暂出现的角色同样充分地展现出了人物鲜明的个性。人们很容易认为这部电影是该系列大结局之前的过渡之作，但本片作为一部独立的电影来说同样十分出色。影片节奏恰到好处，哈利·波特也从这部开始真正努力，想要彻底战胜伏地魔。

《墨水》

国家/地区：美国
导演：杰明·怀南斯
主演：克里斯·凯利、昆·韩查、杰西卡·达菲等
编剧：杰明·怀南斯
片长：106分钟

这是一部有趣的独立电影，深受影评人和观众的好评。《墨水》作为一部优秀的电影作品仅耗资25万美元，让人不禁要问，如果导演拥有几百亿的资金会带来什么样的作品？影片讲述了一群人为解救女孩的灵魂与梦魇斗争的故事，影片采用了很多独角戏，令人眼花缭乱，诸多情节就此发生。这部电影节奏适宜，风格独特，令人沉浸其中，配乐也十分动听。其中有一个片段，电影通过创造一种鲁布·戈德堡机械（一种一环套一环，开启第一个开关后会通过一系列自动连锁反应完成动作的机械。——译者注）来设计完成了一场车祸，效果颇为壮观。严格来说这部影片算是一部动作片，但并不急于讲述故事。多少赞美也无法形容这部电影有多成功，绝对值得一看。

《魔法奇幻秀》

国家/地区：英国、美国、加拿大
导演：特瑞·吉列姆
主演：希斯·莱杰、克里斯托弗·普卢默、威勒·特耶、莉莉·科尔等
编剧：特瑞·吉列姆、查尔斯·麦肯恩
片长：123分钟

《魔法奇幻秀》是一部迷人又令人困惑的奇幻影片，展现了导演特瑞·吉列姆独特的思维。故事中，不死的帕纳索斯博士与魔鬼做了交易，在这个浮士德式的交易即将兑现时，帕纳索斯博士领导巡游马戏团希望赶在这之前用智慧战胜魔鬼。这部影片是献给主演希斯·莱杰的，他在影片完成前不幸去世。这部电影差点夭折，直到约翰尼·德普、裘德·洛和科林·法瑞尔等莱杰的朋友们答应帮助完成此片。该片的奇幻特质有助于较好处理主角过世对影片造成的冲击，剧本也几乎不需要重写。已经拍摄好的莱杰的镜头可以用于展现现实世界，而另外三位演员则分别轮流扮演他在梦魇中的角色。

《黑夜传说3：狼族崛起》

国家/地区：美国、新西兰
导演：帕特里克·塔特普洛斯
主演：罗娜·迈特拉、迈克尔·辛、比尔·奈伊等
编剧：丹尼·麦克布莱德等
片长：92分钟

这部前传电影追溯了作为贵族的吸血鬼与曾经作为奴隶的狼人之间长达数个世纪的恩怨，最后的结果毁誉参半。故事发生在黑暗的年代，狼人争取自由的起义给吸血鬼军团带来了威胁，同时主角之间也展开了一场注定以遗憾结局收尾的爱情故事。这部电影血腥浓重，情节粗暴激烈。

对页图：亨利·塞利克用令人难以置信的定格动画制作了《鬼妈妈》这部迷人的电影

奇幻盛宴：文学、影视、游戏中的幻想世界

《爱丽丝梦游仙境》

国家／地区：美国
导演：蒂姆·伯顿
主演：约翰尼·德普、海伦娜·邦汉·卡特、米娅·华希科沃斯卡、安妮·海瑟薇等
编剧：琳达·沃尔夫冈
片长：108分钟

在改编成电影的过程中，导演伯顿将自己扭曲阴暗的艺术风格带入了这部刘易斯·卡罗尔的作品。在这个历险故事中，尚未成年的女孩已然长大，正在逃离一场包办的婚姻。她在不经意中回到了那个超现实的"地下世界"，并再次面对那群怪异不合群的人，包括疯狂的皇后、会说话的动物以及许多荒谬可笑的角色。电影中，他们居住的地方景致绚丽，这些场景由《阿凡达》的艺术指导罗伯特·斯特罗姆伯格一手打造。尽管有些故事情节有些单薄，但是约翰尼·德普饰演的疯帽子（也只有他才能演得出来）在视觉上进一步加强了电影令人如痴如醉的梦幻感，最后那场万众期待的对阵恶龙加布沃奇的终极激战更是将这种感觉推上了顶峰。这让人们对此片充满无限好奇。

左图：
叮当兄和叮当弟护送爱丽丝

下图：
不出所料，红皇后对砍头十分着迷

第二章　奇幻电影

《野兽家园》

国家/地区：德国、澳大利亚、美国
导演：斯派克·琼斯
主演：马克斯·雷克兹、凯瑟琳·基纳、詹姆斯·甘多菲尼、福利斯特·惠特克等
编剧：斯派克·琼斯、戴夫·艾格斯
片长：101分钟

导演依据莫里斯·森达克1963年著名儿童图画书中的九句话，拍摄出了一部情节完整的长篇电影，这是个相当大的挑战，但导演斯派克·琼斯处理得非常巧妙。和原著一样，小马克斯是一个有点野性的孩子，容易乱发脾气、暴躁易怒。马克斯离家出走后，进入了一个充满了想象和巨大毛绒怪兽的美丽世界。马克斯发挥自己的聪明才智，让野兽们相信自己是个国王、拥有神奇的力量，于是野兽们同他友好相处（而没有遵从天性将他一口吞下）。电影特效、木偶戏的运用以及演员精湛的演技让这些生物看起来栩栩如生——这部展现儿童梦境的奇幻电影似乎更吸引追忆童年的成年人而非那些现在正处于童年时期的孩子。

2010年

《借东西的小人阿莉埃蒂》

国家/地区：日本
导演：米林宏昌
主演：志田未来、大竹忍、三浦友和等
编剧：宫崎骏等
片长：94分钟

这部电影改编自玛丽·诺顿的著名小说《地板下的小人》（《借东西的小人》），日本吉卜力动画工作室（这家公司还曾出品过《悬崖上的金鱼姬》和《千与千寻》）为熟悉玛丽·诺顿和她小说的粉丝们带来了很多新鲜元素。故事中的女主角是一位具有平等意识的年轻女性，而电影画面则呈现出绚丽多彩的手绘风格。片中，14岁的阿莉埃蒂和她只有四英寸高的家人们快乐地生活在地板下，无人知晓。他们借用正常人邻居家的各种物件，搭建出自己的小家。但是一个人类男孩发现了阿莉埃蒂，改变了克劳克一家平静的生活。电影的视觉效果丰富，配乐引人入胜，让观众们为这个情节简单的故事而惊叹。

《哈利·波特与死亡圣器（上）》

国家/地区：英国、美国
导演：大卫·叶茨
主演：丹尼尔·雷德克里夫、艾玛·沃森、鲁伯特·格林特、阿伦·瑞克曼、朱丽·沃特斯、马克·威廉姆斯、詹姆斯·菲尔普斯、奥利弗·菲尔普斯等
编剧：史蒂夫·克洛夫斯
片长：146分钟

伏地魔逃出生天，力量再次强盛，魔法部和霍格沃茨都在他的掌控之中，他对故事中那三个不再年幼的英雄充满了无休无止的仇恨，将其视为复仇的目标。哈利、罗恩和赫敏决意完成邓布利多的使命，找到其余的魂器战胜邪恶，但是他们不知道该如何实现。作为大结局的上部，参演该系列电影的英国演员们在该片悉数登场。电影场景、演员和特效无缝衔接，呈现出来的效果很好。尽管哈利·波特迷们并不介意大结局的故事被一分为二，在此片戛然而止，但新观众们或许会抱怨要等到明年才能看到故事的最终结局。

《阿黛拉的非凡冒险》

国家/地区：法国、美国
导演：吕克·贝松
主演：露易丝·布尔昆、马修·阿马立克、吉尔·勒卢什等
编剧：吕克·贝松
片长：107分钟

本片讲述了为了治愈患有紧张性精神症的妹妹，勇敢的女作家阿黛尔在教授的鼓励下，于1911年离开巴黎，前往古埃及坟墓，带回了一位拥有数百年救治经验的木乃伊医生。但他似乎有点自顾不暇，因为他凭借自己独特的"复活术"，将博物馆里的一颗化石蛋孵化成一只活蹦乱跳的翼龙。这部怪诞的电影使用了极具真实感的特效技术，加上精美的艺术指导和服装设计，让观众沉浸在法式电影的热闹喧嚣与奇思妙想当中。电影的情节十分跳跃，幽默但略显突兀，不过也算是对雅克·塔蒂略显黑暗怪异的漫画原作进行的一番别具兴味的演绎。

《追击巨怪》

国家/地区：挪威
导演：安德烈·欧弗兰多
主演：奥托·杰斯珀森、罗伯特·斯托尔滕贝格、克努特·纳鲁姆等
编剧：安德烈·欧弗兰多
片长：103分钟

这部影片是有趣、恐怖，还是夸张、好笑？我们很难定义。它在挪威国内大受欢迎，但影片在译成英文后失色不少。片中，三个当地的大学生追踪一起猎熊案件，他们用抖动的镜头完成了一部布莱尔女巫式（即全片并没有真正出现巨兽，但通过伏笔和暗示性画面让人感受到巨兽的存在。——译者注）纪录片。观众也许会觉得影片很压抑，也可能觉得很可笑。片中主要的嫌疑人透露自己是受聘于政府的秘密猎魔人，想要寻求帮助。这部电影的场景令人惊叹且感觉很真实，影片蕴含了很多当地的文化内涵和民间故事，但对于英语国家的观众而言有些不太容易理解。

艾米莉·布朗宁在电影《美少女特攻队》中饰演洋娃娃，展现出女性遭受迫害时极致的愤怒

2011年

《哈利波特与死亡圣器（下）》

国家/地区：英国、美国
导演：大卫·叶茨
主演：丹尼尔·雷德克里夫、艾玛·沃森、鲁伯特·格林特、阿伦·瑞克曼、朱丽·沃特斯、马克·威廉姆斯、詹姆斯·菲尔普斯、奥利弗·菲尔普斯等
编剧：史蒂夫·克洛夫斯
片长：130分钟

经过该系列的前七部电影，影迷和影评家们认为这部影片唯一的遗憾在于它宣告了这个史诗般传奇故事的落幕。敬畏、庄严、紧张的氛围以及伏地魔的出色演绎，赋予了这个神奇的故事一个完美的戏剧性结局。霍格沃茨对抗伏地魔的大战正式打响，参与其中的人会为此而难过，因为他们知道，经此一役，生活将发生翻天覆地的变化。截至2019年，这部电影位列影史票房第十位，随着一代代新的哈迷走进魔法世界，它应该可以稳保排名。

《美少女特攻队》

国家/地区：美国、加拿大
导演：扎克·斯奈德
主演：艾米莉·布朗宁、瓦妮莎·哈金斯、艾比·考尼什等
编剧：扎克·斯奈德、史蒂夫·涩谷
片长：110分钟

在这部略显混乱的奇幻片中，洋娃娃的双胞胎姐姐被杀害，她侥幸活了下来，恶魔般的父亲却指控她有精神病，把她关进精神病院，还要切除她的前额脑叶让她永久痴呆。为了逃离噩梦般的现实生活，她躲进了同样噩梦般的幻想世界。在这个由她的想象构成的世界中，她必须和四个被囚禁的同伴一起打败一系列坏蛋、逃出生天，就像典型的漫画故事中描述的那样。电影中，现实与幻想之间的界线逐渐模糊，给观众带来一丝悬疑感。不过，总体上这是一部相当艳俗的电影。

《雷神》

国家/地区：美国
导演：肯尼斯·布拉纳
主演：克里斯·海姆斯沃斯、娜塔莉·波特曼、安东尼·霍普金斯、汤姆·希德勒斯顿等
编剧：阿什利·米勒等
片长：115分钟

与大多数漫威超级英雄不同，雷神是真正的神，因此他的冒险故事含有神话成分。在这部电影中，雷神骄傲自大，被逐出艾斯卡——

电影《最后约翰死了》剧照。图中从左至右依次是干扰者、大卫·王和干扰者

这是一个梦幻王国，到处是高耸的城堡和塔尖，由桥梁和扶壁相互连接。他被贬入凡间，来到一个荒凉的沙漠地带，那里只有一家小餐馆、一座加油站和一个便利店。幸运的是，餐馆里的天文学家与他结为爱侣，这段爱情为他补上了紧缺的一课。正值此时，反派角色洛基自艾斯卡而来，两人展开战斗。这部电影对国际政治和外交乃至兄弟间的冲突都进行了深入探讨，是一部令人赏心悦目的诚意之作。

2012 年

《最后约翰死了》

国家/地区：美国
导演：唐·柯斯卡莱利
主演：蔡斯·威廉逊、罗勃·梅耶斯、保罗·吉亚玛提等
编剧：唐·柯斯卡莱利
片长：99 分钟

这是一部混合了黑暗奇幻与科技奇幻主题元素和恐怖意味的甜美喜剧。《视相》和《连线》杂志都将其评价为引领新潮流的作品。片中，一种能够让人体验灵魂出窍的新药风靡起来，人们只要服用此药物就能跨越时空限制，但有时在药效结束后也回不到原来的状态。当然，只要有异世界的侵入，就会有英雄的存在。这部电影中的英雄是几个从大学辍学的瘾君子。这部评价极端分化的电影诞生于导演收到的一封亚马逊网站广告电邮，导演根据广告上的推荐去读了王大卫［David Wong 是 Jason Pargin（杰森·帕金）的笔名，一名线上搞笑作家。——译者注］的同名原著，随后将其改编为电影——看来这部电影诞生的缘由和其本身一样荒诞而独特。

《霍比特人：意外之旅》

国家/地区：美国、新西兰
导演：彼得·杰克逊
主演：马丁·弗瑞曼、伊恩·麦克莱恩、理查德·阿米蒂奇、肯·斯托特等
编剧：弗兰·威尔士等
片长：169 分钟

这部史诗般的奇幻冒险电影改编自 J. R. R. 托尔金所著的一本儿童读物。影片中比尔博·巴金斯在 13 个矮人的陪伴下，为了夺回被可怕的巨龙史矛革占领的孤山矮人王国而踏上征途。一路上，他们遇到了频频出现的哥布林和半兽人，此外，致命的座狼和巨型蜘蛛、食人魔和巫师也都现身这片诡谲的荒野。这部电影是三部曲中的第一部，大量借鉴了《精灵宝钻》和其他短篇的故事情节。《霍比特人》系列电影历经了 266 天的艰难拍摄，但显然一切都是值得的——该电影票房已过 10 亿。

《白雪公主与猎人》

国家/地区：美国
导演：鲁伯特·山德斯
主演：克里斯蒂安·斯图尔特、克里斯·海姆斯沃斯、查理兹·塞隆等
编剧：伊万·多尔蒂等
片长：127 分钟

这部电影对经典童话故事进行了黑暗演绎，充分利用特效和电脑生成影像技术建构出城堡和迷人的仙境，打造了一个亦真亦幻的世界。尽管白雪公主的演技不佳，仿佛给电影喂了一口毒苹果，但查理兹·塞隆完美演绎出了邪恶皇后的激动和愤怒，令人惊叹。片中，猎手借用虚假的承诺换来妻子的复活，这条故事线的效果比核心故事线还要好。本片视觉冲击强烈，中世纪的对战场景同样令观众叹服。

《诸神之怒》

国家/地区：西班牙、美国
导演：乔纳森·理贝斯曼
主演：萨姆·沃辛顿、连姆·尼森、裴淳华等
编剧：丹·马祖、大卫·莱斯利·约翰逊等
片长：99 分钟

本片接连不断的动作戏、令人目眩的特效、一再出现的爆炸以及其他眼花缭乱的场景毫不意外地吸引了观众们的视线。宙斯之子珀修斯降服北海巨妖克拉肯，这一英雄事迹过去十年之后，珀修斯成了乡野渔夫，同

时也是个单身父亲，过着平静的生活，对诸神与泰坦之间演愈烈的冲突漠不关心。因为人类缺乏奉献精神，诸神逐渐失控，需要珀修斯出面拯救人类。很可惜，这部电影剧情浮躁，完全配不上与华丽的特效。

2013年

《四十七浪人》

国家/地区：美国、日本
导演：卡尔·里辛
主演：基努·里维斯、真田广之、柴崎幸等
编剧：克里斯·摩根、霍辛·阿米尼
片长：119分钟

这部电影改编自一个血腥的故事：四十七名武士为他们切腹自杀的主人报仇。电影在此基础上进行了拓展，新增了一个年轻混血儿的角色——他自幼被主人收养，但有一天却要与之反目。这部大制作的功夫电影当年票房惨淡，在一片批评声中两次修改档期。电影塑造了一个艺术片中的武士形象，与3D特效形成强烈冲突，这是影片的最大败笔，比一路上武士团与怪物、女巫和敌人打斗的糟糕情景更减分。

《冰雪奇缘》

国家/地区：美国
导演：珍妮弗·李、克里斯·巴克
主演：克里斯蒂安·贝尔、伊迪娜·门泽尔、乔纳森·格罗夫等
编剧：珍妮弗·李
片长：102分钟

这部奇幻动画片由迪士尼制作，大受观众喜爱，赢得了多项大奖以及超高票房，有望成为影史上票房最高的动画电影。此片取材自安徒生的《冰雪女王》，勇敢的安娜公主与粗犷的农家小子克里斯托弗以及他忠实的伙伴——驯鹿斯文，一同踏上了寻找姐姐艾莎的旅途。艾莎具有冰封一切的力量，她意外地将阿伦黛尔王国冰封起来。这部电影赢得了家长们的广泛赞许，因为全片没有将重点放在浪漫爱情之上，而是讲述姐妹相依的情感。由此衍生出了几部短剧，2019年还拍摄了续篇，并推出了一部百老汇音乐剧。剧组团队一开始可能只是想塑造一个成功的雪人形象，但最终获得了远不止于此的成就。

《西游降魔篇》

国家/地区：中国大陆、中国香港
导演：周星驰、郭子健
主演：文章、舒淇、黄渤等
编剧：周星驰、郭子健等
片长：110分钟

以《西游记》为蓝本的电影众多，这部则出自周星驰导演之手。它并不像《功夫》那样疯狂，但也杂糅了很多幽默搞笑的元素。电影套用了原著的一些设定，比如唐僧是个志向高远的佛教圣徒，试图以更慈悲、更温和的方式保护村庄免受三个恶魔的袭扰，同时感化三只邪祟。片中，他对段姑娘产生了复杂的情愫，一方面，段姑娘是猎魔人，令人难以忘怀；另一方面，尽管他们立场不同，她还是与他并肩作战。两人怀着对彼此的好感踏上征途、寻找传说中的孙悟空。

《霍比特人：史矛革之战》

国家/地区：美国、新西兰
导演：彼得·杰克逊
主演：马丁·弗瑞曼、伊恩·麦克莱恩、理查德·阿米蒂奇、肯·斯托特等
编剧：弗兰·威尔士等
片长：161分钟

这部《霍比特人》剧组依然在新西兰取景，继续演绎穿越中土世界的故事。在成功跨越迷雾山脉之后，索林和他的同伴们不得不向一个强大却陌生的人物求助，然后再去帮助米尔克

《冰雪奇缘》中，艾莎公主制造了大麻烦，导致阿伦黛尔王国被冰雪封冻

一行人摆脱危险——这一段可能会让害怕蛛网的人按快进键。虽然托尔金的书粉可能会对扩展原著剧情后新塞进来的陌生角色感到疑惑，但与第一部相比，第二部有了显著进步。

2014年

《迷失河流》

国家/地区：美国
导演：瑞恩·高斯林
主演：克里斯蒂娜·亨德里克斯、伊恩·德·卡斯泰克、西尔莎·罗南等
编剧：瑞恩·高斯林
片长：95分钟

瑞恩·高斯林的导演处女作《迷失河流》讲述了一个黑暗的童话故事，虽然在戛纳电影节上饱受抨击，但也有很多其他评价。传奇影评人罗杰·伊伯特提出这部电影蕴含了很多强烈的想法以及很多富有冲击性的画面，但完全没有被展现出来。迷失河流小镇建立在一座水库之上，这座水库是由洪水形成的，洪水下埋藏着几座小镇。据说，故事中的灵异事件就是因此而起的。电影在密歇根州的底特律取景拍摄，展现了世界上最富有国家的地理风貌和生活图景。

《沉睡魔咒》

国家/地区：美国
主演：罗伯特·斯托姆伯格
主演：安吉丽娜·朱莉、艾丽·范宁、沙尔托·科普雷等
编剧：琳达·沃尔夫顿等
片长：97分钟

这部电影对童话故事《睡美人》进行了重新演绎，重点重塑了复仇仙女这个对小公主下魔咒的角色。这个故事改变了两者的关系，激发观众重新思考复仇是否还是一个可取之举。影评家预测本片票房不会太好，因为对于年轻观众而言并不具有吸引力。然而由于吸引了大量女性观众观影，该片一举成为2014年票房收入排名第四的奇幻电影，同时也是安吉丽娜·朱莉职业生涯中片酬最高的电影。截至2019年，其续集《沉睡魔咒2》据说仍在制作当中。

《生命之书》

国家/地区：美国
导演：豪尔赫·R.古铁雷兹
主演：迭戈·卢纳、佐伊·索尔达娜、朗·普尔曼等
编剧：豪尔赫·R.古铁雷兹、道格·兰代尔
片长：95分钟

这部动画仅凭其艺术性就能够大受欢迎，但本片的闪光点不止于此，制片人吉尔莫·德尔·托罗和导演豪尔赫·R.古铁雷兹还生动演绎了一个充分展现墨西哥文化的真挚故事。剧情涉及家庭义务和追逐梦想之间的平衡，童年朋友之间的情感纠葛，以及在寻找答案过程中直面恐惧和克服障碍的历程。配乐融合了从流行音乐到古典歌剧等多种形式，与丰富的美术效果完美搭配，鼓励观众在畅想未来的同时也能为历史而喝彩。

《霍比特人：五军之战》

国家/地区：美国、新西兰
导演：彼得·杰克逊
主演：马丁·弗瑞曼、伊恩·麦克莱恩、理查德·阿米蒂奇、肯·斯托特等
编剧：弗兰·威尔士等
片长：144分钟

这部影片是由彼得·杰克逊执导、改编自托尔金《霍比特人》系列的第三部，也是该系列的最后一部。在制片方的巨大压力下，原本计划分两部电影讲完的故事被拓展为三部曲，于是杰克逊不得不大量填补中土世界的支线剧情，从而填补银幕时长。片中，恶龙史矛革离开了孤山，而长湖镇的人们则目睹这一威胁的迫近。很快，半兽人、矮人和精灵们也纷纷准备好迎接一场恶战，这部电影将为比尔博·巴金斯的历险经历画上一个史诗般的句号。如果不出意外，影片的结局将会气势恢宏。不过，就篇幅而言，电影比原著小说更具有史诗感。

2015年

《一万年以后》

国家/地区：中国
导演：易立
主演：珠玛、王翀、亚拉亚姆等
编剧：陈景形等
片长：96分钟

《一万年以后》是中国第一部纯电脑动画成像技术制作的电影，故事取材于西藏寓言，警告人们现代科技将带来威胁，让文明终结。十岁的女孩珠玛和她的狗被女神选中，从幸存的部落中召集一群盟友，与威胁毁灭人类的科技恶鬼乌神作战。这也是中国市场上第一部将观众限定在十八岁以上人群的电影，因为其中的一些战斗场景不适合儿童观看。

《最后的巫师猎人》

国家/地区：美国、中国、加拿大
导演：布瑞克·埃斯纳尔
主演：范·迪赛尔、罗斯·莱斯利、伊利亚·伍德等
编剧：科里·古德曼等

对页图： 安吉丽娜·朱莉在其主演的《沉睡魔咒》中展现了超凡脱俗的演技

第二章　奇幻电影

片长：106分钟

巫师猎人卡尔德被诅咒为不死之身，他周游各处，寻找并消灭邪恶的女巫。因为他不老不死，所以在中世纪就与心爱的妻子、儿子天人永隔，这成为他心中难以抹去的痛苦。这部电影的特效和场面令人惊叹，广受好评。有趣的是，范·迪赛尔一直很喜欢打游戏。所以就以自己最喜欢的游戏《龙与地下城》中的角色作为基础，塑造了巫师猎人这个角色。

2016年

《爱丽丝梦游仙境：镜中奇遇记》

国家/地区：美国、英国
导演：詹姆斯·波宾
主演：约翰尼·德普、米娅·华希科沃斯卡、海伦娜·伯翰·卡特等
编剧：琳达·伍尔芙顿等
片长：113分钟

电影《爱丽丝梦游仙境：镜中奇遇记》根据刘易斯·卡罗尔的同名小说改编，是2010年电影《爱丽丝梦游仙境》的续篇。与许多现代奇幻电影一样，这部电影同样在特效、服装和人物造型方面大受好评，但在情节和角色对话等细节方面则为人诟病。影片中，爱丽丝重返地下世界，发现疯帽子精神失常。该系列2010年的第一部电影上映后，为恶龙加布沃奇配音的克里斯托弗·李离世，因此本片中该角色仅短暂出场，没有一句台词。该片的原声录音带斩获多项大奖。

《奇异博士》

国家/地区：美国
导演：斯科特·德瑞克森
主演：本尼迪克特·康伯巴奇、切瓦特·埃加福特、瑞秋·麦克亚当斯等
编剧：乔·斯派茨等
片长：115分钟

《奇异博士》改编自斯坦·李和史蒂夫·迪特科的漫画，故事的主人公是斯蒂芬·斯特兰奇博士，他是一位天才神经外科医生，在经历一场惨痛车祸之后，他发现了自己身上的神秘力量。他刚刚学会掌控自己新的神奇力量，便登上与强敌对抗的擂台。和雷神一样，斯特兰奇能够为外人所见的超能力让他得以被列入《异能百科全书》。大家都很喜欢漫威宇宙电影，但遗憾的是，这部影片的大部分内容都太偏向科幻，因此不能算入漫威电影之列（如果不看这种差异的话，《星球大战》也能算是漫威电影）。电影本身很有意思，康伯巴奇的表演一如既往地耀眼。这部电影还被提名为奥斯卡最佳视觉效果奖。

《神奇动物在哪里》

国家/地区：英国、美国
导演：大卫·叶茨
主演：埃迪·雷德梅恩、凯瑟琳·沃特斯顿、艾莉森·苏朵儿等
编剧：J.K.罗琳
片长：133分钟

这次，J.K.罗琳将哈利·波特的魔法世界带入了20世纪20年代的美国。年轻而有活力的巫师提着一只皮箱来到纽约，箱子里装着不少神奇魔法动物，但意外猝不及防地到来，箱子里的魔法兽被放跑了几只。黑暗巫师格林德沃隐身在幕后搞鬼，美国魔法国会魔法安全部长帕西瓦尔·格雷夫斯在影片中扮演的角色比看上去的更重要。这部电影的全球票房超过了八亿美元，斩获诸多奖项，其中包括奥斯卡最佳服装设计奖，以及包括年度杰出英国电影在内的三项英国电影学院奖。

《佩小姐的奇幻城堡》

国家/地区：美国、英国
导演：蒂姆·伯顿
主演：伊娃·格林、阿沙·巴特菲尔德、塞缪尔·L.杰克逊等
编剧：简·古德曼等
片长：127分钟

本片根据兰萨姆·里格斯的奇幻小说改编而成，主人公小雅各布发现了一个名叫佩小姐之家的奇幻城堡，里面住着的孩子们都拥有超能力。在这里，他也发现了自己的能力，同时意识到自己对于这个魔法之家的存亡具有重要意义，甚至对于更宽广的魔法世界也有重要作用。电影前半部分的节奏偏慢，到后半部分才出现预告片中展现的那些精彩内容。

《圆梦巨人》

国家/地区：美国、印度
导演：史蒂文·斯皮尔伯格
主演：马克·里朗斯、鲁比·巴恩希尔、佩内洛普·威尔顿等
编剧：梅丽莎·马西森等
片长：117分钟

《圆梦巨人》由儿童文学作家罗尔德·达尔的同名作品改编而成，混合了真人表演和电脑动画成影，取得了不错的效果。片名中提到的巨人性情友善，他遇见了一个十岁的女孩，带她来到巨人国，帮助对抗企图毁灭人类的邪恶巨人。比起吸引成年观众，斯皮尔伯格浑然天成的风趣更对孩子们的胃口，这也是一部非常不错的作品，不过即便如此也尚有不足之处。

《魔兽》

国家/地区：美国
导演：邓肯·琼斯
主演：崔维斯·费米尔、宝拉·巴顿、本·福斯特等

图为电影《魔兽》中，法师卡德加驾驶着狮鹫进入了达拉然浮空城

编剧：查尔斯·莱维特等
片长：123 分钟

这部影片由暴雪公司轰动世界的游戏《魔兽世界》改编而成，混合了真人表演与电脑动画成像，涵盖了游戏剧情之前的诸多事件。德拉诺已经注定走向毁灭，强大的兽人术士古尔丹发现了德拉诺正在被摧毁，于是创造了一个传送门以入侵艾泽拉斯，暴风城中的人类奋起抵抗，阻止艾泽拉斯被攻陷。影片的特效很出色，关于魔兽世界的传说也吸引人，但就影片本身内容而言还稍显欠缺。

2017 年

《西游伏妖篇》

国家/地区：中国大陆、中国香港
导演：徐克
主演：吴亦凡、林更新、姚晨等
编剧：周星驰、李思臻等
片长：109 分钟

作为《西游降魔篇》（2013 年）的续篇，这部奇幻喜剧讲述了唐僧和三位弟子继续其冒险之旅的故事。在旅途中，他们与鬼怪作战，彼此之间也纷争不断。令人遗憾的是，更换了导演和演员阵容之后，这部续篇不及出自周星驰之手的前一部。

《金刚：骷髅岛》

国家/地区：美国
导演：乔丹·沃格·罗伯茨
主演：汤姆·希德勒斯顿、塞缪尔·L.杰克逊、布丽·拉尔森等
编剧：丹·吉尔罗伊、麦克斯·鲍仁斯坦等
片长：118 分钟

越南战争结束，一群士兵和科学家在帕卡德上校（杰克逊饰演）的带领下对神秘的骷髅岛进行了考察。他们到达了那里并投放了炸弹，但紧接着，被连根拔起的树木砸向他们搭乘的直升机，导致飞机坠毁。幸存者们遇见了一位第二次世界大战幸存的老兵，他从 1944 年起就被困在这座岛上。他向他们证实了金刚的存在，并告诉他们岛上的居民都将金刚奉若神明，因为金刚保护他们不受骷髅爬虫这种地下生物的侵害。帕卡德一开始本想杀死金刚，但很快演变成为一场自保之战。本片略显荒唐但不乏趣味，其特效获得了奥斯卡奖提名。

《水形物语》

国家/地区：美国
导演：吉尔莫·德尔·托罗
主演：莎莉·霍金斯、奥克塔维亚·斯宾瑟、迈尔克·珊农等
编剧：吉尔莫·德尔·托罗、瓦内莎·泰勒
片长：123 分钟

1962 年，孤儿哑女艾丽莎·埃斯波西托（霍金斯饰）在一家军事研究机构担任清洁工。有一天，研究机构的理查德上校向其他人介绍了他们的新"资产"——一个从亚马逊发现的半人半鱼生物。人鱼因打伤理查德上校而被囚禁起来。艾丽莎被这个生物迷住了，趁机偷偷地

第二章　奇幻电影

图为奥格瑞姆·毁灭之锤，他是电影《魔兽》中兽人之城奥格瑞玛的缔造者

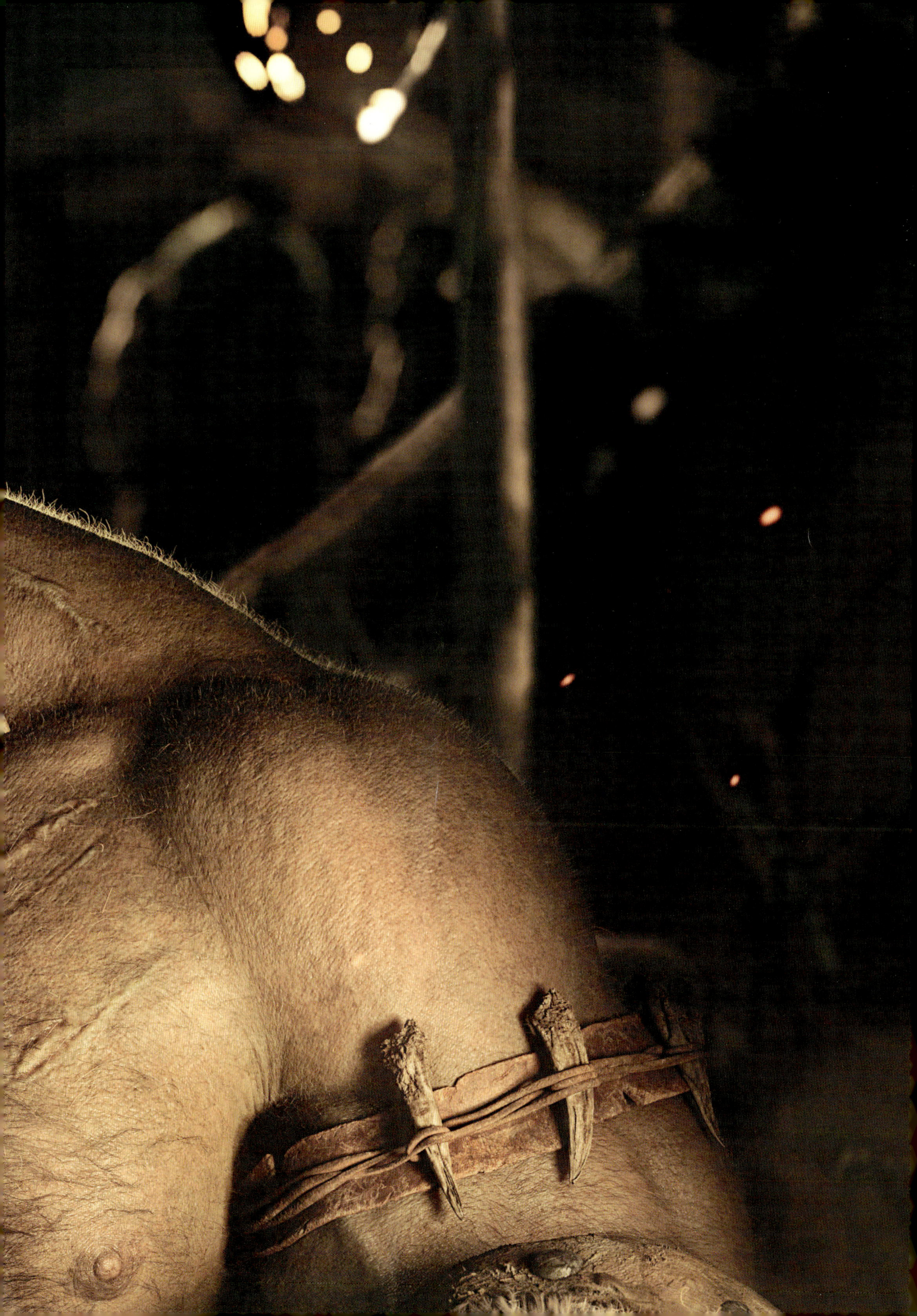

在《水形物语》中，莎莉·霍金斯饰演的艾丽莎沉入水中

和他交流起来，还教他手语。她得知了该机构针对人鱼实施的研究计划，十分担忧，便帮助他逃离。上校得知后愈发疯狂，对两人实施追捕。这部巨制由德尔·托罗掌镜，包揽了当年的四项奥斯卡大奖，包括最佳影片奖和最佳导演奖。

《西尔玛》

国家/地区：挪威
导演：约阿希姆·提尔
主演：艾丽·哈尔博、卡娅·威尔金斯、亨里克·拉法尔森等
编剧：埃斯基尔·沃特、约阿希姆·提尔
片长：116分钟

不谙世事、虔诚信教的乡下女孩西尔玛（哈尔博饰）来到奥斯陆学习生物学。她身患癫痫、性格内向孤僻，但与同学安雅（威尔金斯饰）建立了宝贵的友谊。当她意识到自己对安雅怀有性冲动的时候，她非常震惊。遏制这种欲望让她倍感压抑，她的体内突然产生一股奇异的力量，她运用这种力量让安雅消失了。由于力量的反噬，她回想起一段尘封已久的记忆，那是她童年时的一件事情，当时的情形与现在十分类似。西尔玛必须学会接纳并控制自己的力量。这部小众电影实属精品，值得一看。

2018年

《湮灭》

国家/地区：美国
导演：亚历克斯·嘉兰
主演：娜塔莉·波特曼、詹妮弗·杰森·李、泰莎·汤普森等
编剧：亚历克斯·嘉兰
片长：115分钟

这部电影改编自杰夫·范德梅尔惊艳的怪谈类小说《遗落的南境：湮灭》三部曲中的第一部，令人意犹未尽。故事中，一个由科学家和学者组成的全女性小组被派往调查一个名为"微光"的神秘地区，这片区域在美国南部，由小行星撞击地球后产生。在那里，她们发现了此生从未见过的超现实景象。随着探索的深入，小组正面临着巨大的威胁，既有来自小组内部的紧张关系，也有来自外部的各种危险。据说组内生物学家（娜塔莉饰）的丈夫曾在"微光"中待过一年，但再回来时却丝毫没有对这个地方的记忆。这部电影因其极具感染力的诡谲气氛和戏剧性的结尾而广受赞扬。但由于这部电影大幅改动了原著小说的结尾，因此也很难再对后面两部进行改编。

《神奇动物在哪里：格林德沃之罪》

国家/地区：美国、英国
导演：大卫·叶茨
主演：埃迪·雷德梅恩、约翰尼·德普、凯瑟琳·沃特斯顿、裘德·洛等
编剧：J.K.罗琳
片长：134分钟

这部影片是"哈利·波特"系列五部前传电影中的第二部。1927年，走上邪路的巫师盖勒特·格林德沃（德普饰演）从美国魔法部逃

奇幻盛宴：文学、影视、游戏中的幻想世界

脱，并收拢了一批信徒。他紧紧追踪克雷登斯·拜尔本，坚信他就在巴黎。年轻的阿不思·邓布利多（裘德·洛饰）和纽特·斯卡曼德（雷德梅恩饰）急切地想要摧毁格林德沃的阴谋。电影布景华丽、特效一流，但与《哈利·波特与死亡圣器（上）》一样，由于花了太多的时间用于铺垫，导致整个剧情受到影响。作为一部独立成篇的电影，故事未必完整，但仍然值得所有哈迷一睹为快。

2019年

《阿拉丁》

国家/地区：美国
导演：盖·里奇
主演：梅纳·马苏德、娜奥米·斯科特、马尔万·肯扎里、威尔·史密斯等
编剧：约翰·奥古斯特、盖·里奇
片长：128分钟

迪士尼将这部制作于1992年的动画电影拍摄成真人演绎的歌舞片。虽然选择盖·里奇作为导演让人感到讶异，但结果很好。核心剧情依然是大家熟悉的同名故事，译者安托万·加朗将这个故事带入了其编纂的1710年法语版《一千零一夜》当中。加朗并没有特别求证这个故事是否真的来自《一千零一夜》，而是凭着自己的喜好就假装这么认为，实际上这个故事是由著名的犹太人故事讲述者安通·犹合那·狄亚卜于1709年在巴黎讲给他听的，真正的故事创作者很可能是狄亚卜。

《疾速追杀3：疾速备战》

国家/地区：美国
导演：查德·斯塔斯基
主演：基努·里维斯、哈莉·贝瑞、劳伦斯·菲什伯恩、伊恩·麦克肖恩、马克·达克斯考斯等
编剧：德里克·科尔斯塔等
片长：131分钟

《疾速追杀》系列可能没有出现任何魔法场景，但这绝对是一部城市奇幻作品，整部作品既诡异机敏又耀眼夺目，非常出色。这个隐藏在日常现实背后的异域世界奢华而美丽，当中生活着怪人异种。他们散布在世界各个角落，与所有普通的人类共存共生，没人知道他们有什么目的，也不知道他们效忠的领主是谁，唯一能证明他们存在的就是他们尸体所留下的痕迹。他们凶残致命，但受到严格的约束，如果违约就会丧命。他们使用的货币是特殊的兑换币和血契，他们都对财富和资源充满渴望。且不说枪战芭蕾的桥段，单是从主角惊人的恢复能力以及他在隐藏世界中的代号——雅加婆婆（一个俄罗斯童话中的人物。——译者注），就可以明显看到

在《神奇动物在哪里：格林德沃之罪》中，纽特·斯卡曼德惊慌失措

这部电影中蕴含的超自然元素。与《疾速追杀》属于同一类型电影的还有《刀锋战士》和《灵异档案》。

《大侦探皮卡丘》

国家/地区：美国、日本
导演：罗伯·莱特曼
主演：瑞安·雷诺兹、渡边谦、凯瑟琳·纽顿、贾斯提斯·史密斯等
编剧：丹·埃尔南德斯、本吉·萨米特、尼克·帕尔曼等
片长：104分钟

在第一部《精灵宝可梦》真人版电影中，新人训练师蒂姆·古德曼（史密斯饰）和他的皮卡丘（雷诺兹配音）试图查出古德曼父亲不知所踪的原因。他们跟踪着线索来到了地下格斗场，发现了大公司进行的邪恶实验，也探听到一个威胁城市存亡的计划。该片剧情比较老套，但是充满活力和乐趣，对于《精灵宝可梦》的粉丝们来说更是如此。

《王者少年》

国家/地区：英国、美国
导演：乔·考尼什
主演：路易斯·阿什伯恩·瑞贝卡·弗格森、安格斯·里、派特里克·斯图尔特等
编剧：乔·考尼什
片长：120分钟

这部电影以现代社会为背景对亚瑟王的故事进行了重新演绎，片中十二岁的亚历克斯（瑟金斯饰）在建筑工地的混凝土中拔出了神剑，从此他继承了亚瑟王的衣钵，同时也唤醒了邪恶女巫摩根纳（弗格森饰）。女巫派出一批又一批恶魔前来盗取神剑。在梅林（由安格斯和斯图尔特分别饰演不同场景下的梅林）的帮助下，正邪的平衡得以维持。

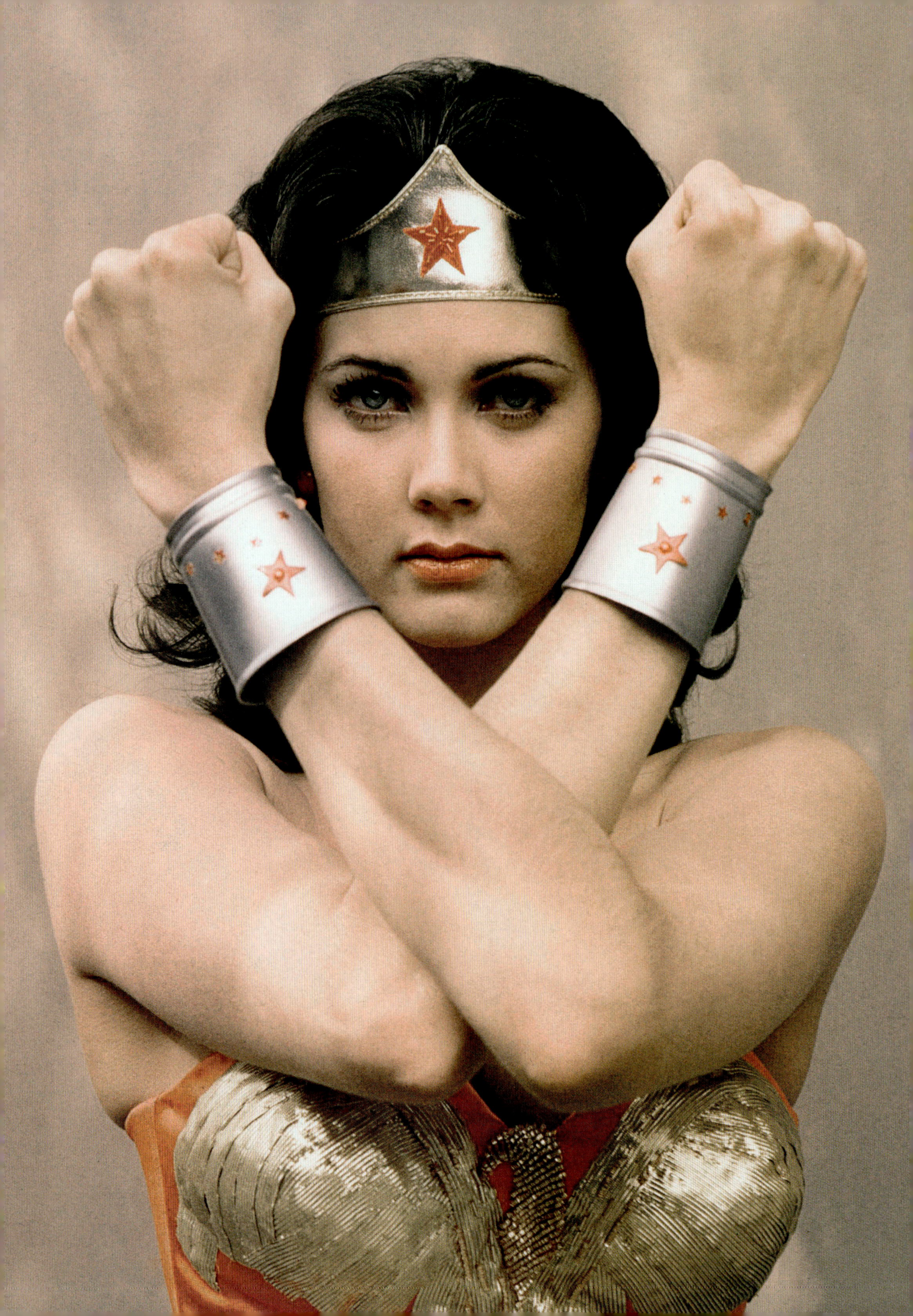

第三章
奇幻电视剧

　　自奇幻文学被改编成电视作品以来，其表现力就一直受到电视这个媒介的限制。由于奇幻文学的固有特点，想要将它们栩栩如生地呈现在电视荧屏上，必定十分困难，甚至几乎不可能做到。时至今日，依然如此。

　　与电影相比，电视仿佛是个捡来的"野孩子"。许多因素都制约着电视的表现力——屏幕比电影小太多、声音远不如电影那样使人身临其境、家庭观看环境也使人分心——但是，目前最大的劣势还是经济效益，每小时电视广告和转播权带来的收入要比电影票和DVD光盘少得多。更糟糕的是，广告不停地打断和干扰观众的注意力，降低了观看带来的乐趣。结果，与电影相比，电视获得的投资预算少得可怜。

　　这对近年来的奇幻电视作品来说真是噩耗。根据最初的定义，幻想就是魔法。所以奇幻文学的作者们可以天马行空地创作，写特效也不花钱。但是对于电视和电影制作者来说，制作特效的费用极其高昂。这就意味着，在预算总是很紧张的电视行业，奇幻文学一直是个困难的命题。直到计算机改变了世界。

　　现代计算机技术已经彻底改变了视觉特效行业。突然间，那些我们只能想象和阅读到的东西已然触手可及。尽管完全逼真的特效仍然很昂贵，但至少现在是能实现的，而十年前还根本不可能。在逼真度上稍逊一筹的特效其实也不错，而且电视制作的预算能负担得起。网飞和亚马逊金牌会员等流媒体服务已经不再受限于电视档期，向新观众推荐了许多值得看的精彩剧目。

　　奇幻文学电视作品的时代终于到来。

对页图：
琳达·卡特的《神奇女侠》（1976—1979年），是一部影响深远、经久不衰的作品

左图：
《斯蒂芬·金的王国医院》，虽不及《医院风云》，但它是部英文作品

奇幻电视作品简史

最早尝试在电视上讲述奇幻故事的人,尽可能地删除难以表达的内容,以规避奇幻文学固有的难以呈现的特点——实际上就是"低配版奇幻作品"。最初的尝试是把舞台剧搬上电视,即在摄像机前现场表演这些剧目并播送。一些节目将幻想元素保持在接近日常生活的水平。1951年,电视连续剧《普克山的帕克》因为受限于条件,为表现小主人公穿越时间,只能让演员每集穿不同的衣服。

另一些特效利用了电视的制作原理。《家有仙妻》这部颇受欢迎的美国情景喜剧讲述了一个女巫变成家庭主妇的故事,其大量运用了物体和人物的出现和消失——只要在拍摄时停下镜头,就很容易做到。

20世纪70年代,情况开始发生了一些变化。相比于英国作家托尔金《指环王》掀起的奇幻热潮,一部俄罗斯远东的电视连续剧向世人展示了,用橡胶做的剑、夸张的戏服、粉色棉花假装的羊毛也能让人产生幻想。1979年,日本版《西游记》登上西方荧幕。这部连续剧由日本人改编自中国古代神话传说,并大胆地修改了其中关于法术的内容。效果很雷人,不过所有参与者都知道这一点,并且自得其乐,全世界的观众也都乐在其中。

20世纪80年代起,奇幻文学作品的内容呈现出一些固定的模式套路。即便如此,人们处理奇幻作品还是非常谨慎。大多数奇幻作品都以动画形式呈现,因为用动画呈现魔法效果非常简单。成功的作品有游戏《龙与地下城》《宇宙的巨人希曼》等。真人版内容设定仍然聚焦历史主题,就像理查德·卡彭特的《舍伍德的罗宾汉》(又译《侠盗罗宾汉:舍伍德传奇》),或者将幻想内容仅作为推动平淡故事发展的情节工具。

1994年,情况发生了改变,这时计算机技术终于使《大力士的传奇旅行》中的特效变得可行而合理。《宙斯之子:赫拉克勒斯》以及之后创作的、黑暗色彩更浓的姊妹篇《战士公主西娜》在制作时都没有回避幻想的场景和情节,虽然仍不能让人觉得完全真实,但已经足够"以假乱真"了,就是布景和服装还有点儿矫揉造作,所以效果还不够轰动,演员阵容也使整部作品略显娱乐性。模仿者们趋之若鹜,于是出现了许多其他奇幻系列作品,但大多数效果都不好。

然而,事情终于开始好转。近年来,一些奇幻电视作品在视觉上比过去精美得多,并且还在持续改进。迷你剧《碟形世界》改编自特里·普拉切特的《碟形世界》,是一部非常棒的改编作品。如果评判标准不过于苛刻的话,我们可以说电视剧《图书馆员:所罗门王的宝藏》也能够像电影《夺宝奇兵》一样,用幻想特效塑造出一个如同"印第安纳·琼斯"式的奇幻英雄。

总而言之,对于奇幻电视作品来说,这似乎是一个激动人心的开始。人们对奇幻电视剧未来的发展充满期待,应该会很有趣。为使本章更加均衡,给重要奇幻电视作品留出篇幅,一些优秀的作品未能入选。更重要的是,我们必须对作品体裁把握得非常严格,尤其是对近十五年创作的作品。科幻小说要的就是不可思议的技术、超级英雄、基因突变的物种和超能力,所以你将不会在这里看到《未来青年》《神秘博士》《超人前传》《第十三号仓库》甚至《军团》等科幻类作品,尽管我们可能非常喜爱它们。恐怖电影中有很多为实现黑暗目的而诞生的超自然生物,所以片中有大量的吸血鬼和狼人,但我们不得不加强对奇异事物的界定和把控,尽管它们很精彩,我们也只能将它们排除。对不起,我们篇幅有限。加上走马观花地观看奇幻电视作品,可能会有所遗漏,一些优秀的、有影响力的、仅仅是与主题关系不紧密的奇幻剧也不得不被排除在外——与此同时,一些简单有趣的电视剧被纳入。如果没有写到你最喜欢的剧目,还请见谅。我们也深爱并记得它们。

1937年

《反之亦然》

上映时间:1937年
国家/地区:英国
风格:故事片
主演:奈杰尔·斯托克等
时长:40分钟

改编自安斯蒂《给父亲的一课》的电视剧版本有很多,该剧是最早的一版,讲述了一位自鸣得意的商人发现自己被困在儿子的身体里(当然,"反之亦然",儿子也被困在了父亲的身体里)的故事。父亲痛苦地认识到,一个人的学生时代绝对不是他一生中最幸福的,而儿子也认识到在成人生活中,权利与义务是并存的。该剧广受赞誉,于是,英国广播公司在1961年用C.E.韦伯的剧本重拍了这部剧,威廉·默文饰演保罗·巴尔蒂图德,格雷厄姆·阿扎饰演迪克。更重磅的是在1981年制作的六集版本,由彼得·鲍尔斯饰演保罗·巴尔蒂图德,保罗·斯普瑞尔饰演迪克,用的是杰里米·伯纳姆的剧本,该剧在改编过程中相当游刃有余,因为有更多更好的素材可供借鉴。鲍尔斯以令人钦佩的精湛演技,把藏在成年男人身体里的孩子演得活灵活现。

1946 年

《爱丽丝漫游奇境记》

上映时间：1946 年
国家 / 地区：英国
风格：故事片
主演：维维安·皮克尔斯等
创作：克莱门丝·戴恩
时长：40 分钟

该电视剧改编自克莱门丝·戴恩的舞台剧，这是第二次世界大战后恢复广播电视业时，英国广播公司以丰富的儿童经典舞台剧为蓝本改编的第一部作品。另一个 25 分钟版的《爱丽丝梦游仙境：镜中奇遇记》和一个由两部分组成的版本都由乔治·莫尔·奥费拉尔导演，尤苏拉·汉瑞饰演爱丽丝，曾被选入英国广播公司《剧院游行》（《剧院游行》是英国广播公司的一档电视节目，也是世界上最早的电视系列剧之一，1936 年开播，1938 年停播，节目摘录了当时伦敦著名的戏剧作品。——译者注）栏目进行播送——1937 年拍摄时还从伦敦西区借了演员和制作班子。

1952 年

《银色天鹅》

上映时间：1952 年
国家 / 地区：英国
风格：迷你剧
主演：卡罗尔·梅班克等
创作：C. E. 韦伯
集数：6 集

这是第一部专为电视荧屏而写的奇幻剧，灵感来自 1951 年版的电视剧《普克山的帕克》，这也是一部拥有多重时间线的 6 集幻想剧。一个年轻的女孩穿越到了从克伦威尔时代至第二次世界大战的时代。她遇到了各种各样的祖先，都是由罗伯特·欧文扮演的。接着，编剧韦伯又写出了仅有的一部姊妹篇《礼物》（1954 年），这是一部面向成年人的轻奇幻剧。约翰·斯莱特在片中饰演一名职员，在一本账本掉到他头上后，他开始说一种不为人知的"外语"。

1953 年

《逍遥鬼侣》

上映时间：1953—1955 年
国家 / 地区：美国
风格：电视连续剧
主演：里奥·G. 卡罗尔等
创作：索恩·史密斯
集数：78 集

美国传统的"安斯蒂式"喜剧——在这类作品中，通常会出现神奇的道具打破日常生活的规制，产生巨大的喜剧效果——起源于小说家索恩·史密斯。1937 年的电影《逍遥鬼侣》改编自史密斯的《快活鬼》。在这部电影中，一对在车祸中已经死亡的夫妇，决定用他们的来世将极端循规蹈矩的银行家科斯莫·托普从"妻管严"的束缚中解放出来。这部作品还衍生出一部续集、两部电影。这部开创性的奇幻情景喜剧长达 78 集。因为它被记录在胶片上，所以可以重播——美国广播公司和美国全国广播公司都进行了重播。它体现了制作人员高超的智慧和创造力，堪称奇幻电视剧的标杆之作，一直被模仿，但从未被超越，但 1979 年，哥伦比亚广播公司将其拍成了一部电视电影，由查尔斯·杜宾执导，杰克·华登领衔主演，凯特·杰克逊和安德鲁·史蒂文斯饰演两个幽灵。在这部影片中，托普成为了一名律师。但它没有以电视剧的形式再被翻拍。

1959 年

《诺金诺格传奇》

上映时间：1959—1965 年
国家 / 地区：英国
风格：电视连续剧

里奥·G. 卡罗尔扮演的托普与罗伯特·斯特林和安妮·杰弗里斯在片中看起来十分潇洒

杰姬·库珀在《阴阳魔界》的艰难时刻

主演：奥利弗·波斯特盖特等
创作：奥利弗·波斯特盖特、彼得·费尔明
集数：36 集

这是一个发生在冰岛的虚构传奇故事。诺格王位善良的合法继承人不得不处处防着他诡计多端的叔叔——坏诺格和一只没有攻击性的冰龙。该片在细节上的幽默和微妙，使其成为了奥利弗·波斯特盖特与其合著者彼得·费尔明一部令人激动的代表作。该部电视连续剧一直放映到 1965 年，共有 36 集。其目标受众是年轻观众，并且不断与时俱进，借鉴了英国广播公司广播节目"愚人秀"——该广播剧后来被改编为电视剧《电视迷》（1963—1964 年），以及接档电视剧迈克尔·本丁的《这是一个四方世界》（1960—1964 年）的有关内容。该剧频频运用超现实主义的离奇复杂的元素，虽然动画效果较为简单，但仍然具有高度的娱乐性。

《阴阳魔界》

上映时间：1959—1964 年
国家 / 地区：美国
风格：电视连续剧
主演：罗德·塞林等
创作：罗德·塞林
集数：156 集

该剧是由米高梅制片厂拍摄的一部历史悠久、颇具影响力的电视连续剧。在电视剧犹如批量生产的新世界中，该剧无疑奠定了塞林——一位备受尊敬的资深原创电视剧作家在该行业的重要地位。他吸收了理查德·马西森、查尔斯·博蒙特等人的作品，进一步丰富和完善了自己的剧本。在这 156 集电视剧中，有 18 集是双倍长度。它们在美国多次重播，甚至在有线电视问世之前就实现了某种意义上的长盛不衰。尽管该剧作为一部具有开创精神的科幻电视作品而闻名，但其中也呈现了大量的幻想场景，并时常能体现出一种严苛又细腻的伦理观念。这一点在其早期剧集《天使一号》中得到了完美的体现，剧中一个精明的推销员与死神做了交易，尽管他精心起草了退出条款，但他还是被迫遵守。1985—1987 年制作和播出的新剧集比那些包括史蒂文·斯皮尔伯格《惊奇故事》在内的竞争者都要好得多。《阴阳魔界》第二季播出范围更广，在结构方面更具巧思，但在第二季重播时减少了集数和时长。续篇《阴阳魔界：罗德·塞林的迷失经典》问世于 1994 年。该系列电视剧之后还对包括哈兰·埃里森的超现实主义作品《萧瑟日》和罗杰·泽拉兹尼的《卡米洛特最后的捍卫者》等小说进行了改编。该剧的第二次大热从 2002 年持续到 2003 年，2019 年又火了一次。

1961 年

《埃德先生》

上映时间：1961—1966 年
国家 / 地区：美国
风格：电视连续剧
主演：艾伦·杨、康妮·海恩斯等
创作：沃尔特·R. 布鲁克斯
集数：143 集

这是一部颇具亲和力的喜剧，灵感源自一部关于会说话的骡子"弗朗西斯"的流行系列电影。它使用了最便宜、但充满想象力的特效——画外音。在剧中，埃德创造了一匹聪明的、据说还会讲话的马，这匹马拒绝向任何人透露他的天赋，并给主人带来了无尽的厄运。该片具有一套创造幽默的标准配方，最后共播出 143 集，广受观众欢迎。剧中埃德的恶作剧总会把简单的事情复杂化，甚至还常常火中取栗、受人利用。

1964 年

《神仙俏女巫》

上映时间：1964—1972 年
国家 / 地区：美国
风格：电视连续剧
主演：伊丽莎白·蒙哥马利等
创作：索尔·萨克
集数：254 集

女巫萨曼莎嫁给了一位广告公司经理，然而她的丈夫达林试图说服她放弃魔法，回归标准的美国乡村生活方式。达林的劝说受到岳母恩多拉的无情反对——剧中，阿格妮丝·摩尔海德饰演的岳母别具一格，她竭力颠覆女婿的计划，想让女儿回到更自由、更轻松的生活方式。这是一部开创性的电视剧作品，不仅在于其允许真正强大的"大女主"主导剧情，女主蒙哥马利的表演也堪称完美、登峰造极，促使该剧一集又一集地不断拍下去。它实实在在地揭露了当时盛行的、人们视若常规的性别歧视之愚蠢，即使是自鸣得意的男性观众也难免会站在恩多拉的一边，反对这位令人无法忍受的达林先生。迪克·约克最终放弃了这个角色，但接替者迪克·萨金特同样无法完美演绎这个角色那种与生俱来的恶劣品质，不过还好蒙哥马利和摩尔海德有足够的魅力，使该剧续拍到创纪录的254集。在该剧的前段，萨曼莎的女儿由三对不同的双胞胎扮演。意想不到的是，女儿成为了另一部红极一时的电视剧《塔比莎》（1977—1978年）的主角，在这部剧中，塔比莎是一位成年人，由丽莎·哈特曼扮演。同时，萨曼莎也成为了流行漫画《青春女巫萨布丽娜》的原型，她和这部漫画中的其他角色一起，首次出现在美国哥伦比亚广播公司的节目《阿奇秀》（1968—1969年）中。萨布丽娜的两个爱捣鬼的姨妈扮演了达林的世俗角色，而不是像恩多拉一样作为颠覆者的形象出现。

《亚当斯一家》

上映时间：1964—1966年
国家/地区：美国
风格：电视连续剧
主演：卡罗琳·琼斯、约翰·阿斯汀、杰基·库根等
创作：大卫·利维
集数：64集

这部电视剧改编自有些另类的漫画《查尔斯·亚当斯》，并保留了原著的丰富趣味，成为当时最受欢迎的电视剧之一。性情古怪的阿斯丁和风情万种的卡罗琳·琼斯是一对生活富足但颓丧、浪漫而又诡异的夫妇。泰德·卡西迪是他们出色而又带有阴森暮气的管家，他那句突如其来、阴森恐怖的台词"刚才是你打电话吗？"成为了20世纪60年代的一句流行语。比起64集的剧情，剧中角色的刻画似乎更为精彩（包括全身都是头发的"表兄它它"和一只住在盒子里的手"东东"），但这确是该部作品幽默的精髓所在。在真正的墓园山脊（美国的一处地名，恰好剧中人物居住的地方也叫墓园山脊。——译者注）的居民们看来，电视里那些严格净化过的"普通美国人"的风俗习惯是荒谬、古怪而令人费解的。美国全国广播公司在1973年的动画版《亚当斯一家》中，呈现了一家人乘坐一辆露营车在美国旅行的场景，这在观众看来是滑稽而拙劣的。1991—1993年的电影版致敬了原著，但主角父亲戈梅兹与母亲莫提西亚完全被饰演他们女儿"星期三"的克里斯蒂娜·里奇抢了风头（原版中由丽莎·洛林饰演）。这部原创电视剧至今仍是一部难以超越的经典。

初版《亚当斯一家》的全家福

1965年

《太空仙女恋》

上映时间：1965—1970年
国家/地区：美国
风格：电视连续剧
主演：芭芭拉·伊顿、拉里·哈格曼等
创作：西德尼·谢尔顿
集数：139集

虽然《太空仙女恋》试图借助《神仙俏女巫》的成功模式，但这个电视剧实际上更接近起源于小说家索恩·史密斯的美国传统"安斯蒂式"喜剧精神。腼腆的实习宇航员汤姆·纳尔逊的

飞船因为事故紧急降落在一片陌生的土地上。在那里，他发现了一只神秘的瓶子，瓶中装着一个美丽性感的小仙女。这让精神病学家贝洛斯产生了怀疑，他汇编了一份关于纳尔逊"妄想"的全面档案——而贝洛斯正是愚蠢反派的代表。可爱又迷人的主演芭芭拉·伊顿戴上深色假发，便成为了另一个自己——"珍妮二号"。哈格曼随性而无痕迹的表演使该剧成为一部纯粹的博人一笑的喜剧，也激励了勤奋的伊顿全程参与了139集的拍摄，真是令人敬佩。

1966年

《黑暗阴影》

上映时间：1966—1971年
国家/地区：美国
风格：日更电视连续剧
主演：琼·贝内特等
创作：丹·柯蒂斯
集数：1226集

《黑暗阴影》堪称电视史上最不寻常的节目之一。它是一部超自然的哥特式恐怖电视剧，从1966年到1971年，每天播出30分钟。故事发生在缅因州柯林斯港，剧中详细介绍了富有的柯林斯家族生活中的神秘事件。角色中，有一位两百多岁的吸血鬼，他是一位永生的、善妒的女巫的情人，同时女巫也是他转世的对手。此外，片中还包括一家子幽灵、一个命运多舛的狼人和各种其他角色。为了控制预算，任何一集都不能出现超过五名演员。每一集尽可能在一幕中完成拍摄，给了该剧一种近乎舞台剧的感觉。该剧效果粗糙，但是非常大气，演员表现也颇佳。

1967年

《魔力指环精灵》

上映时间：1967—1969年
国家/地区：美国
风格：电视连续剧
主演：杰里·德克斯特、巴尼·菲利普斯、珍妮特·沃尔多等
创作：亚历克斯·托特
集数：36集

一枚神奇的戒指将双胞胎恰克和南希带到了天方夜谭的世界，在那里他们可以指挥一位60英尺高的巨型精灵。这是高产的汉娜·巴贝拉团队重金打造的作品之一。直到美国动画产业普遍雇用外来动画师使得动画制作成本变得更便宜之前，该团队一直是美国电视动画片的主要供应商之一。这个标题至今依然很容易与《沙赞》（原名《神奇队长》，后更名为《沙赞》，由比利·巴特森主演。——译者注）混淆！《沙赞》是一部长期被遗忘的动画节目，由哥伦比亚广播公司出品，1974—1977年播出。片中有一个电台播音员，被几位不朽的长老选中为人类服务，成为了"神奇队长"。

《修女飞飞》

上映时间：1967—1970年
国家/地区：美国
风格：电视连续剧
主演：莎莉·菲尔德等
创作：马克斯·怀利
集数：82集

在波多黎各的一所修道院里，一位新来的修女发现自己会飞，她想要利用她的天赋帮助周围的弱势人群，但修道院院长并不十分认同她。该片制作人阿克曼也曾是《家有仙妻》的制作人，这可能有助于解释他层出不穷的奇思妙想从何而来，这也是为何美国广播公司对他一路开绿灯。《修女飞飞》大火了82集。

《六号特殊犯人》

上映时间：1967年
国家/地区：英国
风格：电视连续剧
主演：帕特里克·麦高汉等
创作：帕特里克·麦高汉
集数：17集

这是一部20世纪60年代狂热的超现实主义作品。片名中的这位囚犯是一名英国特工，在他上演辞职风波的几分钟后被绑架，并被不知名的党派关押在一个名为"村庄"的地方，那是一个非常超现实的奥威尔式（"奥威尔式"指现代保守政体借宣传、误报、否认事实、操纵过去，来执行社会控制，包括冷处理、蒸发、公开记录和大多数人记忆不相符的情况，该词来源于英国左翼作家乔治·奥威尔，其代表作是《动物庄园》和《一九八四》，由他的名字衍生出的"奥威尔主义""奥威尔式的"等词语甚至成为通用词汇而广泛使用。——译者注）的地方，既像监狱，又像社区，还像实验基地。他被贴上"6号"的标签，对此他极力反对。实际指挥官是"2号"，他的主要目标似乎就是让"6号"说出自己为什么辞职。周围的人似乎都在按照"2号"的意志，套取"6号"辞职的秘密，但在意志坚定的"6号"面前却屡屡碰壁。因此，每集都有不同的人前赴后继地为了套出秘密而作出各种努力。该剧完全是一部妄想症、幽闭恐惧症、精神错乱的作品，但在某种程度上，这样清奇的思路是一种非常棒的创意，并使该剧成为一部真正的杰作，令人完全信服。该剧的创意、编剧、导演和主演麦高汉的技术绝对都是一流的。他所塑造的这位不可救药的、暴怒的、

目中无人的间谍一直在与各种手段对抗，但就是打死不说自己为何辞职。该剧席卷起一场媒体风暴，此后不久，麦高汉逃到了洛杉矶一个隐秘的地方，并在那里隐居了二十年。该剧灵感实际上来源于冷战时期真实存在的、一个专为掌握太多密情的间谍们而设的监狱。正如狂热的作家大卫·索斯威尔所说：他的精彩之处就在于他揭露了秘密和谎言。该片在2009年有过一次不成功的翻拍。但正如不能"将婴儿连同洗澡水一同倒掉"（英国俚语，意思是分不清精华与糟粕而全盘否定。——译者注），我们不能否认《六号特殊犯人》的精彩。

1969年

《来了一只发火的龙》

上映时间：1969—1970年
国家/地区：美国
风格：电视连续剧
主演：里普·泰勒等
创作：弗里茨·弗瑞朗格
集数：17集

美国全国广播公司1969年曾经制作过两部异世界奇幻作品，这是其中不太成功的一部（另一部相对成功的是《魔法龙帕夫》），不过该片也很有趣，在风格上深受苏斯博士（本名西奥多尔·苏斯·盖泽尔，20世纪最受欢迎的儿童文学作家和插图画家之一。——译者注）的影响并自成一派。片中，特里和他的狗狗比布必须寻找开着"低语兰花"的洞穴，在那里，发火龙藏了水晶钥匙，用它可以解除忧郁的诅咒。

《魔法龙帕夫》

上映时间：1969年
国家/地区：美国
风格：电视连续剧
主演：伦尼·温瑞卜等
创作：锡德·克罗夫特、马蒂·克罗夫特
集数：17集

这部电影在拍摄中进行了一次有趣的尝试：将真人演员与"真人大小"的木偶并列，就像吉姆·亨森在《芝麻街》（1971—1987年）和《布偶秀》（1976—1981年）中使用的木偶。普芬斯特夫是生活岛的市长，蒂米被他的会说话的笛子弗雷迪带到了岛上。一个邪恶的女巫小姐非常渴望拥有这支会说话的笛子。尽管这部剧只播出了17集，和《绿野仙踪》相比也相形见绌，但它理应被视为一次伟大的探索。

《兰德尔和幽灵霍普克尔克》

上映时间：1969—1970年
国家/地区：英国
风格：电视连续剧
主演：迈克·普拉特、肯尼斯·科普等
创作：丹尼斯·斯普纳
集数：26集

这是由创作者丹尼斯·斯普纳和制片人蒙提·伯曼设计的几部反犯罪系列电影中最极端的一部，讲述了两个私家侦探的故事，其中一个还是幽灵。在这部影片中，斯普纳和伯曼已经偏离了熟悉的技术惊悚片领域，从1967年的《冠军》开始，他们尝试用心理的恐惧感驱动剧情发展。相比电影，电视剧这种形式在一定程度上限制了创作者发挥冒险精神。许多观众认为，剧中呈现的侦探生活过于潇洒快活，略显失真。斯普纳和他的编剧同事们努力想创造出有戏剧价值的复杂情节，但他们创意的结果就是设计出了离奇的故事情节，这几乎成为后来人们定义"邪恶电视剧"的决定性指标。脾气暴躁的迈克·普拉特用他自己古怪、顽固的风格来扮演兰德尔——那个活着的侦探合伙人，效果出奇地好。尽管兰德尔永远无法与合伙人霍普克尔克的遗孀和睦相处，但也能令人理解。这部剧在美国只播出了一季，共26集，当时使用的名字是《我的幽灵搭档》。20世纪90年代中期，它第二次登上荧幕，在2000年播出了6集新剧集。尽管喜剧演员维克·里夫斯、鲍勃·莫蒂默和曾在《神秘博士》中扮演第四任博士的汤姆·贝克尽了最大努力，它还是口碑不佳。

《夜间画廊》

上映时间：1969—1973年
国家/地区：美国
风格：电视连续剧
主演：罗德·塞林等
创作：罗德·塞林
集数：44集

在拍完《阴阳魔界》之后，罗德·塞林转向了更黑暗的方向，推出了《夜间画廊》这部纯粹为了刺激和娱乐的电视剧。这部剧重点突出了恐怖和黑暗城市幻想元素，每一集有多达四个不同的故事，长度从1到40分钟不等。这些故事各不相同，但其中一些非常精彩——包括改编自洛夫克拉夫特的故事《凉风》和《皮克曼的模特》，以及其他经典作品如《他们正在拆毁蒂姆·莱利的酒吧》和《绿手指》。但是，后来该剧在剧情编排上越来越杂糅混乱，质量下降，因此不太推荐。

《猫头鹰为您效劳》

上映时间：1969年
国家/地区：英国
风格：迷你剧
主演：吉莉安·希尔斯等

创作：艾伦·加纳
集数：8集

这是一部具有开创性意义的作品，奠定了英国独立电视台作为高质量儿童奇幻作品出品者的地位。艾伦·加纳亲自操刀，以较高的质量将自己那部优秀作品改编成为剧本。但是，与制作团队的合作也给这个可怜鬼带来了很大压力，剧组不允许他抨击一位行为不端的演员，导致他后来精神崩溃。两位男演员扮演的好兄弟，为争夺罗杰妹妹艾莉森的爱情而激烈竞争。他们重新演绎了古老的凯尔特神话，但在重现时将结局变为了悲剧。这是此部精彩绝伦的剧目中唯一的弱点。

1970年

《权杖王牌》

上映时间：1970—1972年
国家/地区：英国
风格：电视连续剧
主演：迈克尔·麦克·肯齐等
创作：特雷弗·普雷斯顿
集数：46集

创作者普雷斯顿试图创造一个英雄，来与英国广播公司出品的、当时风靡全球的《神秘博士》抗衡——一个与超级反派战斗的拥有真正魔力的魔术师。该剧共播出了三季，每季2至4集。它们混合了科幻、奇幻和恐怖的元素。托尼·塞尔比和朱迪·洛在第二季之后便不再出演，该剧效仿《神秘博士》的模式更换了演员，但是，尽管继任者罗伊·霍尔德和佩特拉·马卡姆也都是很完美的演员，却没有将角色呈现出应有的效果。

《乌龙巫师》

上映时间：1970—1971年

大卫·卡拉丁饰演的少林武僧金贵祥，因他的螳螂拳而被称为少林功夫大师

国家/地区：英国
风格：电视连续剧
主演：杰弗里·贝尔顿等
创作：理查德·卡彭特
集数：26集

这是一部穿越喜剧，讲述了一位来自11世纪的、衣衫褴褛的巫师在20世纪流浪的故事。在前13集中，卡特维兹得到了一个农民的儿子卡洛特的帮助，卡洛特试图让其了解现代技术，明白其与真正魔法之间的区别，但没有成功。在后13集剧中，不幸的卡特维兹又一次陷入困境，但这次显然有了更充分的准备和经验，影片保留了贝尔顿热情洋溢的演绎，但对其他元素进行了修改。加里·沃伦饰演的贵族塞德里克取代了卡洛特，在强大的配角阵容中，马里·沃森和埃尔斯佩思·格雷饰塞德里克的父母，彼得·巴特沃斯饰演管家。这一主题确实过时了，因此该剧拍完第二季便不再续拍，但其中奇怪而可爱的人物角色却让人怀念。

1972年

《功夫》

上映时间：1972—1975年
国家/地区：美国
风格：电视连续剧
主演：大卫·卡拉丁等
创作：埃德·斯皮尔曼
集数：60集

该剧是一次经过深思熟虑但又不太走心的尝试，试图将一部新近流行的武侠电影改编成电视连续剧。它在类似于《魔术师曼德雷》般的中心思想中加入了《亡命天涯》的情节，以及过时的西方电视艺术流派的设置。主演卡拉丁的演出效果令人惊讶，因为他的任务本身就很荒谬——他要塑造的角色既高冷神秘、又真实接地气，既善于使用暴力、又是一位和平主义者。它通过自己的方式回馈了给予它灵感的功夫电影——把这一亚类型带入美国娱乐文化的主流。1986年和1987年，《功夫》先后推出了两部衍生电视剧。1993年，《功夫2：传奇续传》回归荧屏，但在当时，观众已经对此完全失去了新鲜感。

1974年

《巴格普斯猫》

上映时间：1974年
国家/地区：英国
风格：电视连续剧
主演：奥利弗·波斯特盖特等
创作：奥利弗·波斯特盖特、彼得·菲尔曼
集数：13集

巴格普斯是一只布做的、已经洗得发旧而松垮下垂的玩具猫。它会在醒来时看到它的主人——小女孩艾米丽把一些别人遗失的宝贝带回家。其他的玩具也会随它一起醒来，包括由老鼠器官雕刻而成的老鼠、啄木鸟形状的木书立、豆袋蟾蜍和布娃娃。玩具们会一起检查这件物品，唱着歌讲述它的历史，然后把它修好，这样艾米丽就可以把它留在她的"商店"——她的前窗——让这些物品的主人看到并收回它们。当它们完成工作后，巴格普斯就会回去睡觉。当然，巴格普斯睡着后，它所有的朋友也都睡着了，又变成了玩具。这是一个美丽、温和、富有想象力且感人的剧。奥利弗·波斯特盖特和彼得·菲尔曼在该剧中充分展现了魅力和奇思妙想，他们因此剧而闻名，至今仍被人们深情地铭记。艾米丽的名字来自菲尔曼的一个女儿，她只在剧照中出现过。艾米丽·菲尔曼后来成为英国惠斯特布尔一位著名的纸塑家。

《神奇女侠》

上映时间：1974 年
国家 / 地区：美国
风格：电视电影
主演：凯茜·李·克罗斯比等
创作：威廉·穆尔顿·马斯顿
片长：75 分钟

1974 年，根据长篇漫画改编的电视连续剧《神奇女侠（第一部）》试播，剧中亚马逊女王的女儿离开天堂岛去探索人类世界。尽管这一听就不像是真实事件，但这并不重要。然而播出的实际效果并不令人满意，1975 年，该片第二部——电影长度的试播片制作完成，取名为《全新原创神奇女侠》。故事背景发生在第二次世界大战时期，飞行员史蒂夫·特雷弗（莱尔·瓦格纳饰）被抛弃在天堂岛，戴安娜王妃（琳达·卡特饰）在照顾他的时候爱上了他。1976—1979 年，又以第二部的演员阵容为班底制作播出了电视连续剧，共 59 集，每集 50 分钟。新剧回归了现代背景和标准的"超级特工"模式。主演卡特的魅力和在剧中的低胸装扮为她赢得了大量关注。

如果《神奇女侠》第一季能更成功的话，可能琳达·卡特也就没机会成为 20 世纪 70 年代具有标志性的超级英雄了

1976 年

《石头之子》

上映时间：1976 年
国家 / 地区：英国
风格：迷你剧
主演：加雷斯·托马斯等
创作：特雷弗·雷、杰里米·伯纳姆
集数：7 集

亚当·布雷克教授带着他年幼的儿子来到安静的英国村庄米尔伯里，调查村庄周围令人印象深刻的石头阵。他希望能找到这些石头代表某种天文历法的证据。然而，他发现自己正身处一个令人毛骨悚然的神秘危机中，这个危机将很有可能吞没他和他的儿子。该剧集颇具阴森氛围，有人把它与电影《柳条人》和《夸特马斯与坑洞》相比。它是在现实中的埃夫伯里村拍摄的，而米尔伯里是一个虚构的村庄。它是欧洲最大的新石器时代遗址之一，这样的背景无疑增加了该剧的吸引力。在剧中扮演亚当·布雷克的加雷斯·托马斯还在英国反乌托邦科幻剧《布雷克的"7"》中出演了罗吉·布雷克。

《花厅幽魂》

上映时间：1976—1978 年
国家 / 地区：英国
风格：电视连续剧
主演：弗雷迪·琼斯、亚瑟·英格里希等
创作：理查德·卡彭特
集数：20 集

住在豪宅里的幽灵很喜欢现在这个供其居住和隐身的地方，并使用他们的惯用伎俩来阻止不受欢迎的访客，包括那些买下并认为他们拥有这个地方的人。这个故事的灵感来自奥斯卡·王尔德 1887 年的中篇小说《坎特维尔幽灵》，但理查德·卡彭特富有张力的想象力使它与众不同。演员们的表演都很出色。

《凤凰与魔毯》

上映时间：1976 年
国家 / 地区：英国
风格：迷你剧
主演：简·福斯特、塔姆津·内维尔等
创作：伊迪丝·奈斯比特
集数：8 集

该剧改编自伊迪丝·奈斯比特经典儿童小说中最难

《西游记（日本版）》预算不多，但堺正章像真的猴子一样活灵活现、无拘无束

改编成电视的那一部，通过一只会说话的凤凰和一块魔毯来实现时间和空间上的转换效果。尽管电视剧里的可怜凤凰显得一点儿也不真实，从来没有让观众信服过，但该剧在其他方面的制作还不错。

1977年

《城堡之王》

上映时间：1977年
国家/地区：英国
风格：迷你剧
主演：菲利普·达科斯塔等
创作：鲍勃·贝克、戴夫·马丁
集数：7集

这是一部有趣又勇于创新的奇幻作品。剧中，郁郁寡欢的罗兰掉进了他家所住公寓的电梯井，从而进入了一个奇幻的世界，他认识的每个人都变成了充满威胁的神秘人物。在现实世界中，为了挽救自己的生命，他用自己的方式悄悄地进行着斗争。这部情节紧张的电视连续剧将凯瑟琳·斯托尔的《玛丽安之梦》和威廉·梅恩的《黑暗游戏》等儿童经典作品的优良传统带入了电视媒体，并获得了相当大的成功。

《霍比特人》

上映时间：1977年
国家/地区：美国
风格：电影
主演：约翰·休斯顿等
创作：J.R.R. 托尔金
时长：90分钟

这部作品是托尔金的小说中较为有趣、激动人心的一部。托尔金早期作品叙事冗长，编剧们想不出办法来加快其节奏。人们不禁会猜测，该剧之所以不在一开始就呈现大型战斗场景，是出于对原作的尊重，还是出于对动画师能力的担忧。

1978年

《西游记（日本版）》

上映时间：1978—1980年
国家/地区：日本
风格：电视连续剧
主演：堺正章、夏目雅子等
原作：吴承恩
集数：52集

日本奇幻电视剧作品《西游记》以中国作家吴承恩的同名浪漫主义小说为蓝本。一只活泼而强大的猴子——孙悟空，被驱逐出天界，作为一个"恶作剧制造者"，被迫成为承担了重要而危险任务的佛教僧侣玄奘（唐三藏）的徒弟之一。该剧使用的特效很少，技术上也不复杂，但是简洁精练——融合了喜剧、动作和道德等元素，效果不错。在英文版本中，哲学意蕴和异国神话与生俱来的奇异感，都让该部作品迷人又有趣。诚然，剧中的道具剑是橡胶做的，一切都很廉价，但演员们的表现却很真实，大家都乐在其中，这种好心情是会传染的。令人惊异的是——当然，也确实因为一些偶然因素——制片人起用才华横溢、貌美如花的女性演员夏目雅子饰演唐僧这一男性角色，却意外收获很好的效果。不幸的是，剧集播出没过几年她就因白血病而辞世。她在东京的坟墓一直是全世界《西游记（日本版）》爱好者们祭奠的圣地。

《月亮马》

上映时间：1978年
国家/地区：英国
风格：迷你剧
主演：莎拉·萨顿等
创作：布莱恩·海尔斯
集数：6集

这是一个有趣的故事，一个考古学家的盲人女儿卷入了"英国事件"，这里有一个与之同名的幽灵。扮演戴安娜的萨顿最让人印象深刻的角色是20世纪80年代《神秘博士》中的助理妮莎，但她在《月亮马》中对抗邪恶巫师、保卫脚下土地的表演同样令人瞩目。影片的大部分拍摄地点都在英国普西村附近的白马谷，这给影片增添了一种真实感。布莱恩·海尔斯的剧本是专门为电视创作的最成功的奇幻故事剧本之一，他写的小说也非常优秀。不久，安娜·霍姆和导演多萝西娅·布鲁金就趁热将艾莉森·奥特利的《时间旅行者》改编成五集电视剧，由戴安娜·德维尔·科尔担任编剧，索菲·汤普森主演，讲述了一个年轻女孩涉足伊丽莎白时代政治的故事，不过缺少了《月亮马》的独创性和过人才华。

1979 年

《亚瑟王传奇》

上映时间：1979 年
国家 / 地区：英国
格式：迷你剧
主演：安德鲁·伯特、费利西蒂·迪恩等
创作：安德鲁·戴维斯
集数：8 集

早期改编自亚瑟王故事的作品往往会尽量减少其中的幻想元素，但英国广播公司没有回避这一点，由于之前推出的一些奇幻作品都取得了很好的业绩，所以他们决定以亚瑟王的传奇故事为素材尝试制作一部奇幻剧。其中，少年时代的邪恶仙女摩根由帕特西·肯西特饰演，成年后则由莫林·奥布莱恩饰演，其恶毒形象被塑造得活灵活现。从安德鲁·戴维斯改编的剧本就可以看出他成名的实力，他能将复杂的故事凝练得简洁而又精彩。总而言之，该片呈现的效果堪称惊艳。

《萨凡尔与史迪的时间修补之旅》

上映时间：1979—1982 年
国家 / 地区：英国
风格：多集故事片
主演：乔安娜·卢姆利、大卫·麦克卡勒姆等
创作：彼得·J.哈蒙德
集数：34 集

"万物皆由元素构成，并由神秘力量主宰。"在《萨凡尔与史迪的时间修补之旅》中，观众能看到许多无法从科学上进行解释的神奇现象，这让它充满神秘感和时尚气息，也奠定了其后来的奇幻剧翘楚地位。书中的人物都是时间的守护者，致力于维持现实存在的完整状态。时间本身被描绘成一种几乎是洛夫克拉夫特（洛夫克拉夫特恐怖小说是恐怖小说的一个分支，它强调未知宇宙的恐怖，以美国作家H.P.洛夫克拉夫特的名字命名。——译者注）式的邪恶力量，总是伺机入侵人类的世界。乔安娜·卢姆利饰演的萨凡尔和大卫·麦克卡勒姆饰演的史迪不是人类，他们被视为宇宙基本力量的人格化形象。当然，"萨凡尔"（Sapphire，意为"蓝宝石"）和"史迪"（Steel，意为"钢铁"）并非真的是宇宙基本元素，该片中出现的"中等原子量"才是。萨凡尔充满魅力，可以预知未来，并能在一定程度上操纵时间的流动。史迪是一个冷酷的、坚韧的、经验丰富的人，他能够将自己的温度降至绝对零度，从而冻结有害的时间干扰。两人调查了遍布 20 世纪的一系列令人毛骨悚然的事件。它们基本上都是被时间所干扰，通常表现为令人不安、相当致命的幽灵事件。被卷入其中的人类通常会经历一段相当艰难的时期。该剧一石激起千层浪，在影坛颇具地位。《萨凡尔与史迪的时间修补之旅》不走寻常路，它的气氛令人不安、幽闭恐怖、极其诡异，坦率地说，电视台竟然敢在黄金时段播出它，真是令人吃惊。今天，20 世纪 70 年代的风格已经不怎么流行了，但该剧仍然热度不减、一如当初，它仍然有一小群狂热的拥趸。

《华泽尔·古米奇》

上映时间：1979—1981 年
国家 / 地区：英国
风格：电视连续剧
主演：乔恩·佩特威、尤娜·斯图布斯等
创作：芭芭拉·欧潘·托德
集数：32 集

这个叫作"华泽尔·古米奇"的动画稻草人，成为了儿童最喜欢的动画形象，它第

乔恩·佩特威饰演的华泽尔·古米奇是一个脏兮兮的老头，尤娜·斯图布斯扮演萨莉姨妈真是不幸

一次出现在电视上是在《大侦探华泽尔·古米奇》中，这是一部由英国广播公司于1953年播出的四集电视连续剧，剧本是由华泽尔·古米奇的创作者芭芭拉·欧潘·托德撰写的。乔恩·佩特威的表演效果很好，成就了电视剧版的华泽尔。由基思·沃特豪斯和威利斯·霍尔组成的著名写作团队出色地将托德的书原汁原味地改编成适用于电视剧的剧本，并被演员们完美地呈现了出来。佩特威对该剧的问世功不可没，出于某些原因，他在扮演这个喋喋不休的稻草人时，表现出了比他在扮演"神秘博士"时更多、更强烈的热情和执着。如果英国南方电视台没有失去该剧的独家播放权，它可能会超过52集。该片后来在20世纪80年代重拍，背景设在新西兰，但没有取得太大成功。

1981年

《进入迷宫》

上映时间：1981—1982年
国家/地区：英国
风格：电视连续剧
主演：帕梅拉·塞勒姆、罗恩·穆迪等
创作：彼得·格雷厄姆、斯科特·鲍勃·贝克
集数：21集

三个青少年响应召唤去解救被长期囚禁的善良魔术师罗斯戈，罗斯戈重获自由，并踏上了寻找护身符的漫漫长路——他的护身符是被女巫贝洛（帕梅拉·塞勒姆饰）偷走的"巢"。这剧情听起来像是胡言乱语，却因演员们全情投入的表演而显得出乎意料地真实。在该剧第一集中，作者让三位解救罗斯戈的青少年与历史神话人物发生了交集，包括罗宾汉和人身牛头怪物弥诺陶洛斯。在第二集中，贝洛反击了，用她自己的护身符粉碎了罗斯戈的护身符。在寻找这些碎片的过程中，出现了各种戏剧性的亮点。第三集罗斯戈由替身出演，效果不太好，两个解救他的青少年角色则没有出现。它的大部分情节设置都借鉴了经典文学作品，包括《金银岛》《化身博士》和《歌剧魅影》。故事高潮部分的背景是亚瑟王时代的英格兰。鲍勃·贝克写了每一季的第一集，其余的则交给别人撰写；结果，故事间的差异和不连贯削弱了叙事的张力，但其天马行空的想象力着实令人钦佩。

1983年

《回到地球》

上映时间：1983—1987年
国家/地区：美国
风格：电视连续剧
主演：卡罗尔·曼塞尔、迪克·萨等
创作：山姆·哈里斯、布鲁斯·纽伯格
集数：110集

埃塞尔是出生于20世纪20年代的一个无忧无虑的女孩，她死于一场事故。在天堂生活了60年后，因为普雷斯顿家族出现了小变故，她有机会成为天使，被派到地球来帮助他们。她假扮成一个管家，只有最小的儿子知道埃塞尔的真实身份，并帮助她掩盖了由于缺乏当代社会生活经验而造成的各种有趣之事，而她则帮助引导他们的生活。剧中的一切都显得那么美好、干净、自然，主题曲调也是令人难忘的标准温情风格。

《龙与地下城》

上映时间：1983—1985年
国家/地区：美国
风格：电视连续剧
主演：威利·阿姆斯、卡蒂·丽、唐·莫斯特等
创作：E.加里·吉加克斯、戴夫·阿尼森
集数：27集

尽管《龙与地下城》的设计者、"角色扮演游戏之父"吉加克斯也参与其中，但将这款角色扮演游戏搬上电视的尝试却从未真正捕捉到原游戏的精髓。鉴于游戏的整体吸引力在于玩家的积极参与，所以改编电视剧的失败也就不足为奇了。他们本可以用更好的方法来构建一个具有代表性的游戏世界，但他们却没有这样做，而是将剧中主人公设定为一群被困在古怪新世界里的地球孩子们，并以一种愚蠢的方式插入游戏裁判者——地下城主这个角色。大反派"复仇者"无法打败孩子们，这非常令人费解。一个值得注意的现象是，当青少年观众看到该剧中的孩子们后，竟变得比中年美国人更容易沉溺于暴力。有一集中，英雄们讨论能否杀死他们邪恶和极具破坏性的敌人，这一情节颇具争议。这部剧播出了27集，非常受欢迎，并证明了其巨大的影响力——老实说，这是《龙与地下城》游戏的功劳。

《宇宙的巨人希曼》

上映时间：1983—1985年
国家/地区：美国
风格：电视连续剧
主演：约翰·埃尔文、琳达·加里、艾伦·奥本海默等
创作：迈克尔·哈佩林
集数：130集

《宇宙的巨人希曼》是一部带有科幻色彩的、非常接地气的卡通作品，同时也是一部广告宣传片，旨在销售一系列动作人偶、玩偶及其他周边。此前出现在荧屏上的美国大兵"乔"和大力水手"波派"也是为了营

奇幻盛宴：文学、影视、游戏中的幻想世界

销周边产品而创作出的角色。然而，当时给儿童做广告不太受欢迎，所以这部剧也引起了一些争议。它还突破了此前儿童卡通作品中暴力的底线，希曼真的会揍人（唉！）。为了抵消这些负面的东西，每一集的结尾都有一节与这一集主题相关的刻意的道德教育。希曼有点像"柯南"的翻版，他的周边也必将像柯南玩偶一样大卖。希曼是幻想世界"埃坦尼亚"的王子，原本叫作"亚当"。每次当他喊出咒语"赐予我力量吧！我是希曼！"后，他就会变身为"宇宙巨人希曼"，与横行霸道的"骷髅王"作战。他高举力量之剑，并从智慧女巫的家园——神秘的灰壳堡中汲取力量。该剧播出时非常受欢迎，直到今天仍有大批忠实的粉丝。

《詹妮弗在此沉睡》

上映时间：1973—1974 年
国家 / 地区：美国
风格：电视连续剧
主演：安·吉莉安等
创作：拉里·罗森、拉里·塔克
集数：13 集

乔伊·艾略特是一个 13 岁的孩子，他和他富有的家人一起搬进了去世不久的电影明星——詹妮弗·法雷尔（吉莉安饰）的故居。他很快发现，詹妮弗虽然已经死了，但她似乎并没有远去。他是唯一一个能看到她鬼魂的人，美丽的詹妮弗帮助乔伊度过了作为一个 20 世纪 80 年代富家孩子所面临的生活困境，他们建立了不寻常的友谊。这部剧因为温馨有趣而被人们铭记，吉莉安高超的演技也为这个经典的人物形象锦上添花。

《巫师与战士》

上映时间：1983 年
国家 / 地区：美国
风格：迷你剧
主演：杰夫·科纳威等
创作：唐·里奥
集数：8 集

《巫师与战士》是一部有趣的黑色幽默讽刺片，讽刺了《龙与地下城》和当时涌现的一拨粗制滥造的"剑与凉鞋"类型的电影（"剑与凉鞋"类型的电影是一种流行于 20 世纪 60 年代早期的意大利奇幻电影类型，一般制作成本低廉，质量粗糙，通常以古典神话、角斗士生活以及圣经故事为主题。参见第二章 1963 年《伊阿宋与阿尔戈英雄》。——译者注），以及一些披着奇幻剧外衣但名不副实的"奇幻"影视作品。它在某些地方设计巧妙，而在另一些地方相对粗糙，导演显然是为了营造一种夸张的感觉，不过这非常有趣。科纳威扮演埃里克·格雷斯通王子，他是善良勇敢的卡马兰德王国的捍卫者。艾瑞尔，国王那令人讨厌的女儿，是他的意中人。邪恶的邻邦王子德克·布莱克普对卡马兰德怀恨在心，是格雷斯通王子的死敌。该片虽然时间不长，但很有趣。

1984 年

《舍伍德的罗宾汉》

上映时间：1984—1986 年
国家 / 地区：英国
风格：电视连续剧
主演：迈克尔·普莱德、朱迪·特罗特、杰森·康纳利等
创作：理查德·卡彭特
集数：24 集

理查德·卡彭特写了很多剧本，他以令人眼花缭乱的创意勇敢地打破了电视剧传统，加入了具有英国传奇特色的奇幻元素。在猎人赫恩、强大德鲁伊的敌人（包括理查德·奥布莱恩饰演的邪恶古尔纳）和其他各种神秘装备的支持下，片中进一步刻画了罗宾汉为荣誉和正义而战的英勇形象。该剧的氛围烘托得特别好——克兰纳德出色的主题音乐进一步增强了这种效果——演员的表演也是一流的。英俊潇洒的主演迈克尔·普莱德给观众留下了深刻的印象，以至于当他在第二季结尾离开剧组去挑战新的影视领域时，罗宾汉这个角色也就"死"了。虽然接替迈克尔·普莱德饰演罗宾汉的杰森·康纳利从演技上来说毫不逊色，但带给观众的感觉确实不一样了。20 世纪 90 年代，该剧在有线电视上不断重播，加之录制光碟的推出（包括长达 5 小时的第一季剧集完整版），为这部剧赢得了新一代粉丝的青睐。

1985 年

《非凡的公主希瑞》

上映时间：1985—1986 年
国家 / 地区：美国
风格：电视连续剧
主演：梅伦迪·布里特等
创作：J. 迈克尔·斯特拉钦斯基、拉里·迪·蒂洛
集数：93 集

《非凡的公主希瑞》是《宇宙的巨人希曼》的姊妹篇，虽然它也是美泰娃娃和相关周边的宣传工具，但该卡通系列是与玩具同时创作推出的。毫不奇怪，希瑞是希曼的双胞胎妹妹，在很小的时候就被从故乡埃坦尼亚绑架到了埃特里亚星球。在那里，她为黑暗势力工作了一段时间，直到希曼让她明白，自己也是神秘遗产的继承者。从此，她成为了善的捍卫者。她还有一个秘密身份——"阿多拉"（阿多拉是《非凡的公主希瑞》里的角色，是埃

坦尼亚王室的公主，是希曼的双胞胎妹妹，变身后成为"希瑞"。——译者注），当她举起一把剑，就能变成斗士。该系列大获成功，并在女孩中产生了一定的影响，她们开始对女性英雄产生了兴趣。网飞对这部剧进行了重拍，由诺艾尔·史蒂文森领衔，并于2018年上映，受到了几乎所有人的热烈赞扬。

《霹雳猫》

上映时间：1985—1989年
国家/地区：美国
风格：电视连续剧
主演：拉里·肯尼等
创作：泰德·托宾·沃尔夫
集数：130集

这是美国与日本动画公司合作推出的一部具有卡通漫画风格的有趣动画片。第一季共65集，制作于1982年，但由于合同问题直到1985年才播出。雷猫是逃亡贵族，来自于被邪恶变种人摧毁的霹雳星球。变种人的目标是霹雳之眼，那是一颗魔法宝石，镶嵌在霹雳星人领袖的武器——凶兆之剑的剑尾上。只有一小群人在毁灭中幸存下来，来到"第三地球"。他们的领袖是"狮猫"（Lion-O）——一个强大的战士，他长着虎脸人身。虽然他是一个成年人，但他的性格设定是一个12岁的男孩。当他们到达"第三地球"时，霹雳猫们在不死巫师玛姆·拉的领导下，开始保卫"第三地球"免受邪恶势力的攻击。诚然，该剧也带火了一批玩具，但这些玩具是根据卡通而推出的周边产品，不像希曼和希瑞一样，是为了卖玩具才推出的卡通。

1986年

《浴火重生》

上映时间：1986年
国家/地区：英国
风格：专题电影
主演：彼得·费斯等
创作：贾米尔·德拉维
时长：84分钟

虽然这远非第四频道（第四频道是英国一家公共电视广播公司，于1982年11月2日开播。——译者注）委托制作电视节目中最成功的，但绝对是最大胆的。它基于阿拉伯传说中的精灵伊布利斯（伊斯兰教中一个类似于路西法的神灵）——他无视安拉的指示，给上帝创造出的亚当鞠躬，被驱逐出天堂。彼得·费斯饰演的音乐家时常被一种奇怪的旋律所困扰——这成为了故事的导火索。后来，音乐家遇到了苏珊·克劳利饰演的天文学家，她观察到了奇怪的太阳活动。她告诉他，一个神秘的音乐大师住在土耳其，而他的父亲也是一位音乐家，

很久以前在那里去世了。于是，费斯动身前往土耳其。许多观众觉得它和英国电影《阿尔忒弥斯81》一样令人困惑，但其视觉体验和所要表达的英雄主义是令人震撼的。该片堪称美学和形而上学的结合体。

《派先生》

上映时间：1986年
国家/地区：英国
风格：迷你剧
主演：德里克·雅各比等
创作：马尔文·皮克
集数：4集

这是马尔文·皮克的讽刺喜剧中的优秀代表作。剧中主人公派先生原本计划将关于"伟大的朋友"的消息带到萨克岛，结果在途中遇到了尴尬的事——他的背上长出了天使的翅膀。当他试图耍小聪明来摆脱这对愚蠢的翅膀时，他的头上又长出了犄角。雅各比饰演倒霉的派先生，他巧妙地抓住了这个具有挑战性的角色的本质，优美的场景为本剧提供了良好的视觉效果，为该片的特效起到了画龙点睛的作用。

《魔女的爱恨情仇》

上映时间：1983年
国家/地区：英国
风格：迷你剧
主演：朱莉·T. 华莱士、丹尼斯·沃特曼、帕特里夏·霍奇、汤姆·贝克等
创作：费伊·韦尔登
集数：4集

该剧改编自费伊·韦尔登辛辣的讽刺小说。剧中，一个丑陋的家庭主妇失去了她的丈夫——他出轨了一个可爱的浪漫小说家，而作者则给了这位主妇一个报复的机会！妙啊！华莱士完美地扮演了被抛弃的魔女这一角色，配角的表演也非常出色。

1987年

《美女与野兽》

上映时间：1987—1990年
国家/地区：美国
风格：电视连续剧
主演：罗恩·珀尔曼、琳达·汉密尔顿等
创作：罗恩·科斯洛
集数：56集

自从《通往天堂的路》开了"流浪奇幻"的先河，影视和文学作品中那些"笨拙外表下有着高贵灵魂"的主人公们便迎来了春天。这部剧集将著名的民间故事与《歌剧魅影》进行了完美融合，把一个天真的少女和一头生活在纽约地下世界的狮子居民组合在了一起。文森

特（珀尔曼饰）是现代版的西拉诺·德·贝尔热拉克：机智、阳刚而潇洒。本该与他上演对手戏的琳达·汉密尔顿可能是觉得《终结者》中的角色比该片更性感，于是中途退出了本片的拍摄，由乔·安德森取而代之。这一阵容调整也打破了电影《烈火》设立的"拍摄中途不换演员"的基本原则。本剧从换演员开始，到第56集（也就是最后一集），一直在走下坡路。这部电视剧很受女性观众欢迎，她们认为，即使所有的男人都是野兽，但一定在某个地方有这么一个人，藏着一颗金子般的心。

《魔城传说》

上映时间：1987—1994年
国家/地区：英国
风格：电视连续剧
主演：雨果·迈亚特等
创作：蒂姆·蔡尔德
集数：112集

这是一个令人印象深刻的、略带疯狂的儿童游戏类电视剧，其故事设定大致基于《龙与地下城》游戏。迈亚特饰演的主角是一个长着胡子的邪恶地下城主，名叫特里加德。地下城完全仿造现实而建，四人小组将尝试攻克地牢中的谜题、挑战、任务和障碍。一名被"正义的头盔"蒙住眼睛的参赛者，将在一个由蓝屏构成的虚拟房间里，完成通过地牢的任务，另外三名玩家与特里加德坐在一起，观看冒险者在模拟地下城中的进程，并告诉他们的朋友该往哪里走、该捡什么、该避开什么等。该剧播出时的反响还不错，堪称一场引人入胜且构思巧妙的表演。随后，它又分别推出了西班牙版和法国版，并在美国推出了试播版，至今仍拥有一批怀旧的粉丝。

《你没事的，我的仙女！》

上映时间：1987—1997年
国家/地区：菲律宾
风格：电视连续剧
主演：维克·索托等
导演：伯特·德·莱昂
集数：143集

《你没事的，我的仙女！》是1987—1997年在菲律宾播出的一个非常成功的奇幻电视剧。它的灵感来自《神仙俏女巫》，讲述了一个愉快但相当直白的凡人恩登每天的幽默行为，他试图掩盖他的妻子费耶是一个神奇的仙女公主的事实。不出所料，费耶很难控制住自己动不动就使用魔法的念头。她的母亲，仙女女王伊娜，强烈反对她女儿的选择，经常欺负可怜的恩登。该剧播出后广受欢迎，并衍生出许多电影。

《魅力》

上映时间：1987—1988年
国家/地区：美国
风格：电视连续剧
主演：克里斯托弗·里奇等
创作：普律当丝·弗雷泽
集数：21集

沉睡了几个世纪后，美丽的白雪公主和她的王子醒来，发现世界发生了很大的变化——而施咒的邪恶女王还在身边。他们陆续遇到了其他经典童话故事中的人物，并仿佛置身各种经典情节。卡罗尔·休斯顿在《烈火》拍摄到一半时取代了凯特琳·奥希尼，再次废弃了《烈火》设立的参与拍摄者不能更换的规则。在停播之前，该剧一共播出了21集。

《波利·弗林特的秘密世界》

上映时间：1987年
国家/地区：英国
风格：迷你剧
主演：凯蒂·雷诺兹等
创作：海伦·克雷斯韦尔
集数：6集

这是一个以时间为轴的有趣奇幻小说，讲述的是16世纪一个脱离正常时间刻度而存在的村庄。它的居民被称为"时间吉普赛人"，直到20世纪，波利人设法与他们取得联系并修复裂痕。它是在兰开夏郡的鲁福德公园及其周边地区拍摄的，这种真实的取景——而不是影棚布景，为该片锦上添花。

1988年

《摩诃婆罗多》

上映时间：1988—1990年
国家/地区：印度
风格：电视连续剧
主演：哈里什·比曼尼等
原著：毗耶娑（意为"广博仙人"，传说中为《摩诃婆罗多》的作者，而非确指。——译者注）
集数：94集

《摩诃婆罗多》是最古老和最伟大的印度教文献，也是有史以来最长的史诗传奇。它讲述了考拉夫王子和潘达夫王子之间为了争夺"象城王国"的王位而斗争的故事。这是一部复杂而神奇的作品，充满了幽默、激情、悲剧和智慧，深受印度教徒的推崇。这部电视剧在深挖原著故事内涵的基础上对其进行了改编，但依然非常忠实于原著，堪称20世纪八九十年代最成功的印度电视剧之一。拍摄时，剧组几乎完全清空了街道和市场。尽管一些效果很假、表演看起来也有点儿夸张，但毫无疑问，这是一部非常重要的电视剧,向观众们展示了迷人的印度教信仰及其文化。

《月晷》

上映时间：1988 年
国家 / 地区：英国
风格：迷你剧
主演：西利·尼尔等
创作：海伦·克雷斯韦尔
集数：6 集

作家海伦·克雷斯韦尔之前曾为英国广播公司改编过她自己的小说《丽兹的故事》。1987 年，英国独立电视台又邀请她改编了自己另一部巨作——《波莉·弗林特的秘密世界》。随后，英国广播公司很快又提供了一个机会——改编她最好的，或者至少能说是最戏剧性的作品《时光旅行幻想》。三个孩子组成了一个跨越时空的联盟，被迫与超自然的邪恶力量紧急展开了一场对抗。剧中出现了一些明显的使用恶魔巫术的情节，在观众中引起了一些不安，但却没能激起在美国很可能引发的那种道德恐慌。

《雪蜘蛛》

上映时间：1988 年
国家 / 地区：英国
风格：迷你剧
主演：西亚·菲利普斯等
创作：珍妮·尼莫
集数：4 集

本剧改编自珍妮·尼莫的一部构思巧妙且带有戏剧色彩的小说。一个名叫格温的小男孩从他的祖母那里收到了五份不同寻常的生日礼物，这些促使他开始了对一片神秘土地的探索。他的目标是找出他是否继承了他祖先的魔法力量，并试图查明他的妹妹到底发生了什么事。1990 年和 1991 年，同一个制作团队对小说的两部续集《爱姆琳的月亮》和《栗子战士》进行了同样精心的改编。在这部堪称有史以来最优秀的儿童奇幻电视剧上，电视媒体提供了相当大的帮助。

1989 年

《乱马 1/2》

上映时间：1989—1992 年
国家 / 地区：日本
风格：电视连续剧
主演：山口胜平、林原惠美等
创作：高桥留美子等
集数：161 集

主角早乙女乱马是一名少年，他的父亲早乙女玄马一直让他习武。玄马指腹为婚，让他的儿子娶老友的女儿天道茜为妻，同时又让他再娶三个女孩，当然，这是不可能的。乱马对哪个女孩都不感兴趣。但是，当他和他的父亲在中国青海省巴颜喀拉山中的咒泉乡习武修行时，掉进了一条被诅咒的河里，情况就变得更糟了。从此，他遇到冷水便会变成女孩，遇到热水则恢复成男孩。与此同时，他的父亲遇水就变成了一只大熊猫。该剧主要改编自高桥留美子 1987—1996 年的著名漫画书。它围绕乱马努力摆脱诅咒，并处理他和不同女友之间的关系（尤其是天道茜，她是一个易怒、倔强的女孩，也是他父亲给他指腹为婚的对象）展开叙述。该剧有趣而感人，令人耳目一新，并拥有大量粉丝。不过，建议尽量看原声版而非配音译制版。

1990 年

《北国风云》

上映时间：1990—1995 年
国家 / 地区：美国
风格：电视连续剧
主演：罗伯·莫罗等
创作：约书亚·布兰德
集数：110 集

一位来自纽约的犹太医生与新近成为暴发户的前宇航员莫里斯·明尼菲尔德签署了一份合同，将在阿拉斯加的西塞利小镇工作两年。明尼菲尔德希望能将西塞利发展成为一个更重要的文明前哨。片中只有少数情节是明显超自然的，但在处理这些情节时采用了一种非常有效的"魔幻现实主义"手法，也就是将这些超现实的魔幻情节与现实中因纽特人的民间传说等有趣故事相融合。这部剧比《怪诞，印第安纳》要复杂得多——就这一点而言，也比当时电视上大多数其他剧集要复杂得多——而且它与《怪诞，印第安纳》一样天马行空，并透露出一种低调的感伤风格。当主演罗伯·莫罗开始表现出懈怠情绪的时候，团队没有理会，而是继续进行拍摄，直到莫罗最终放弃出演。不过，他们为莫罗举行了盛大的送别仪式。该剧的创作灵感来自杰西·韦斯顿的经典著作《神话是如何从仪式发展到浪漫的》。

《双峰镇》

上映时间：1990—2017 年
国家 / 地区：美国
风格：电视连续剧
主演：凯尔·麦克拉克兰等
创作：马克·弗罗斯特、大卫·林奇
集数：48 集

大卫·林奇这部杰作的重要性怎么说都不为过。它看起来和以往的电视剧完全不一样，在摄影、复杂性和

奇幻盛宴：文学、影视、游戏中的幻想世界

成熟度方面都接近电影的质量。该剧的创作思路很简单：通过对一个女孩被谋杀案的调查来展示隐藏在小镇日常生活背后的怪癖。大卫·林奇和他的搭档马克·弗罗斯特的出色才华和与众不同的特质改变了这部剧，让它显得精妙而奇特，观众对此兴奋不已。谢丽尔·李将被谋杀的劳拉·帕尔默塑造得入木三分、令人惊叹，安吉洛·巴达拉曼蒂对配角的演绎也十分惊艳，大部分演员的表演都堪称一流，这一点进一步扩大了该剧的影响力。麦克拉克兰饰演神秘的联邦调查局探员戴尔·库珀，他的演技特别出色，库珀的许多台词都来源于编剧林奇的创意。该剧从一开始就很古怪，而且很快又增加了超自然和精神方面的元素，使原本危机重重的气氛更加浓重。这部剧获得了很高的收视率，但是在第二季过半的时候，当电视网的高管强迫林奇去解开这个谋杀之谜后，这部剧开始走下坡路。林奇和弗罗斯特后来分走了一部分精力给衍生电影《双峰：与火同行》。缺少了林奇的演绎之后，该剧开始变得过于怪异，观众纷纷散去，节目也最终被取消。2017年，第三季震撼回归，但林奇要求自己掌控预算——出品方把钱给他，然后别干涉，直到他把作品交付，播出即可。它以《双峰：回归》为卖点，但更像是一部巨制电影，而不是电视剧，而且比20世纪90年代的几季更陌生、更黑暗、更有氛围。很可能再也不会有可与其抗衡的作品了。尽管《双峰镇》一直神秘莫测，但它仍然是有史以来最好的电视剧之一——尤其是在杀手被捕之前。它为包括《X档案》和《吸血鬼猎人巴菲》在内的一系列重要的非主流电视节目开辟了先河，包括提高了制作质量、激发了导演灵感，还激励了全世界的摄影师。它完全改变了人们制作、构思和观看电视剧的方式。甚至可以说，现代电视剧发展史如果少了它就会大为不同。

1991年

《诡异的印第安纳州》

上映时间：1991—1992年
国家/地区：美国
风格：电视连续剧
主演：欧米·卡兹等
创作：何塞·里维拉
集数：19集

因导演《小精灵》而出名的乔·但丁负责执导该剧试播部分的拍摄工作，并一直担任该剧的创意顾问。该剧讲述了一个一切皆有可能发生的小镇的故事，新搬来的孩子马歇尔·泰勒和他的新朋友西蒙是唯一意识到这个诡异小镇是"整个美国的怪异中心"的人，其他人都认为这是一个非常正常、非常完美的小镇。这部剧混合了科幻小说、幻想主义和神秘主义的色彩，并不苛求风格的纯粹，而是兼收并蓄。其中有几集绝对是经典，包括马歇尔忘记把手表拨回夏令时，结果陷在了扭曲的时间隧道里的片段。最精彩的一集是，马歇尔突然发现现实生活已经变成了一个电视节目，而他是一个演员，叫奥姆里，他的朋友和家人也变成了虚荣、傲慢、自以为是的演员——其中有一位演员极力讨好编剧，想让编剧毙掉马歇尔，这样他就可以担任主演。不幸的是，这部剧对目标观众来说太异想天开了，最终被停播——这真是一个悲剧性的损失。

1992年

《美少女战士》

上映时间：1992—1997年
国家/地区：日本
风格：电视连续剧
主演：三石琴乃等
创作：武内直子
集数：59集

《美少女战士》最初被翻译为《漂亮美少女战士》，后来被称为《美少女守护者》，是首部成功融合《超级战队》和《魔法女孩》两个动漫子类型的日本系列动画片，在融合的过程中，它把以"超级英雄组合"为主人公的这类作品发扬光大。虽然《美少女战士》的最初作品是漫画，并也曾在各种媒体上推出了不同类型的衍生剧和续集，但它在西方的成名却是因为电视动画，而且还大大推动了动漫在美国的流行。年轻的少女"月野兔"原本是一个不负责任、轻浮、懒惰、对一切感到恐惧的女学生。她被选中寻找并保护月亮公主免受黑暗王国的邪恶女王贝丽尔的伤害。为了帮助她完成这项任务，她得到了一枚神奇的胸针，可以把她变成强大的水手战士——"水兵月"，这样她就能够完成包括太空航行在内的许多壮举。她还必须找到另外四位女孩，也是她完成任务的同伴——水兵水星、金星、火星和木星。同时，该剧也花了一部分篇幅来描写邪恶势力贝丽尔女王以及女孩们的生活。该动画非常受欢迎，这倒不是因为动画的画质出类拔萃，而是胜在情节有趣感人；不过关于该剧也有一些差评，因为它导致粉丝们争相扮演模仿美少女战士的角色——其中有些人甚至是留着胡须的中年男人！译制配音版本去掉了原版中所有有趣而尖刻的暗示，简化了内容，并添加了不必要的道德说教，所以在此并不推荐。

挑战者阿德里安·保罗显然下了力气，才将不死人砍杀至仅剩一人

《降魔勇士》

上映时间：1992—1993 年
国家 / 地区：美国、加拿大、法国
风格：电视连续剧
主演：迈克尔·多诺万等
创作：罗伯特·E.霍华德
集数：64 集

这部动画片将罗伯特·E.霍华德笔下的柯南（最早译为"亚汉"，但正确翻译应为"柯南"。——译者注）卡通化了。动画版抛弃了原著的所有优势，取而代之的是一本正经的说教，并把亚汉的忠实伙伴"喳喳鸟"塑造成了永远只会一招而没有其他本事的古怪形象。柯南本人被描绘成善良、乐于助人的人，还有点天真，有点像凯文·索博扮演的大力神。他的助手和伙伴包括上面所说的喳喳鸟——一只总是吱吱叫的、喜感的、随时可以变成装饰品的凤凰——以及一名可爱的带着回旋飞镖的马戏团女孩"茉莉花"、一位可以与动物说话的非洲王子、一位兄弟姐妹都变成了狼的强大巫师、一个来自敌对部落的野蛮人，还有一名挥舞着鞭子、披着飞行斗篷的战士。柯南的敌人是邪恶、狡猾的"莱撒魔"，他是魔主的忠实仆人，同时他自己也拥有仆从——一条会说话、有双手的响尾蛇"赖赖虫"。就儿童漫画而言，这部电影相当不错，只是和罗伯特·E.霍华德原著中的柯南已没有太大关系。

《永远的骑士》

上映时间：1992—1996 年
国家 / 地区：加拿大
风格：电视连续剧
主演：杰兰特·温·戴维斯等
创作：巴尼·科恩、詹姆斯·帕里奥特
集数：72 集

尼古拉斯·德·布拉班特，又名尼克·奈特，是一位八百岁的吸血鬼。为了弥补自己的罪过，他选择在自己看上去与常人无异时，成为多伦多市的凶杀案侦探。他在警队的搭档尚克并不知道他的这位朋友是一个"不死族"，但一位在法医部门工作的美丽医生娜塔莉知道了这个秘密，于是，娜塔莉决定帮他一起寻找摆脱吸血鬼身份的办法。娜塔莉还帮助尼克，把他放进血袋里，以维持他的生命。然而，尼克的吸血鬼家族成为了他改头换面的绊脚石，让事情变得纷繁复杂——他的父亲卢西安对尼克逆转吸血鬼身份的想法感到震惊，并阻挠他成为人类的行动。他的兄弟，也就是卢西安的另一个儿子简尼特也总是乐此不疲地引诱尼克释放天性，每当尼克吸血鬼本性发作的时候，简尼特总能给他一个释放的借口，帮他找台阶下。这部剧之所以能播出三季，很大程度上要归功于粉丝的支持。

《高地人》

上映时间：1992—1998 年
国家 / 地区：加拿大、法国
风格：电视连续剧
主演：阿德里安·保罗等
创作：格雷戈里·韦登
集数：119 集

只能……好吧，要说的太多了，大家还是自己看效果吧。这是一部根据 1985 年同名电影（参见本书第二章）改编、按照时间线索展开的电视剧。剧中，当邓肯·麦克劳德击败库尔根人时，故事还并没有结束——麦克劳德的真正身份其实是另一星球的叛军领袖。在影片中，一系列的神陆续出现。彼时，永生的邓肯·麦克劳德已经活了四百岁，为了生存，他依然在与其他不死者战斗。在前两季中，编剧们满足于塑造普通的、完完全全的反派，用大量篇幅描写超自然的力量，但他们最终还是为每个超级英雄打造了一个独特的超级反派，这样才使正面人物的斗争更具挑战性。由于加入了一些致力于灭绝所有神的猎人（来自另一星球的叛军），情况变得更加复杂，终极邪恶之神随后以古代苏美尔文化中的反派"阿里曼"的形象卷入了一场阴谋。与此同时，保罗交往了几个女性伙伴，包括特莎·诺埃尔和伊丽莎白·格雷森饰演的女性，最后只有一个挑剔的"观察者"（吉姆·伯恩斯饰）陪伴他。尽管 1997—1998 年的 13 集是由加拿大戈蒙电视台和法国瑞舍娱乐公司联合制作的，也许它是最后一部，但是其衍生剧《挑战者：掠夺》却继续拍了下去，衍生剧粉丝部分来源于原版电影，但不完全重叠，但格雷戈里·韦登创作的两个版本都同样受到人们的喜爱。

1994 年

《大力士的传奇旅行》

上映时间：1994—1999 年
国家 / 地区：美国
风格：电视连续剧
主演：凯文·索博等
创作：克里斯蒂安·威廉姆斯
集数：116 集

该剧开创了一个全新的奇幻电视作品时代，这么说倒不是因为该片利用电脑合成怪物这件事有多么新奇，而是该片绝佳的氛围和立意让人可以忽略电脑技术的不够成熟和效果的不够真实。当时，即使是在最好的英雄奇幻电影中，特效也从来没有完全令人信服过，这使得奇幻电视剧的制作者通常将目标观众定位为没有评判能力的青少年。感谢不断创新的导演山姆·雷米，这一季的到来向观众昭示着：嘿，我们并不试图假装所有这些

凯文·索博在《大力士的传奇旅行》中从来没有画过一个像样的人的眉毛

都是真的，我们只是在找乐子——但这真的很有趣，不是吗？——的确如此！凯文·索博在扮演赫拉克勒斯（武神）的时候，恰到好处地平衡了双眼中流露出的天真和举止的愤世嫉俗。与他联演的伙伴们有的没能很好地诠释角色，但迈克尔·赫斯特饰演的路勒斯和布鲁斯·坎贝尔客串的角色奥托利库斯，也就是所谓的"盗贼之王"，将导演山姆·雷米有点扭曲的世界观诠释得淋漓尽致。这部剧最初使用的特效效果着实一般，但制作人充分利用了这部剧在五年的播出周期中积累的名声及其带来的经济效益，争取到了更多的特效预算。在电影《大力士》试播后，又相继播出了《大力神与亚马逊女战士》和《力挽狂澜》两部相关电视剧。1998年，《少年海格力斯》试图续写"大力士"系列的辉煌，但是没有成功。公司高层选择了新人瑞恩·高斯林来扮演少年海格力斯，而不是呼声更高的伊恩·博恩，后者在主剧中的回忆片段里曾多次扮演少年海格力斯。

《医院风云》

上映时间：1994 年
国家/地区：丹麦
风格：迷你剧
主演：恩-雨果·贾瑞嘉等
创作：拉斯·冯·特里尔
集数：8 集

《医院风云》是一部带有黑色幽默但气势恢宏的迷你剧，讲述了丹麦哥本哈根国立医院神经外科病房里的日常怪诞事件。故事的主线讲述的是一个病人在电梯井里听到了一个幽灵般的女孩的哭声，他试图找到她的尸体以便让她安息的故事。故事中还有一系列其他的灵异事件：首席神经外科医生试图掩盖他搞砸的手术、幽灵救护车夜间出动等。书中的怪异氛围和黑色幽默十分出色，人们常将其与大卫·林奇宏伟的《双峰镇》和1965年的法国迷你剧《卢浮魅影》相提并论。《医院风云》在视觉上也颇具巧思，用柔和的色调拍摄，用摇晃的镜头写意。该片预示着"Dogma95共同体"电影运动（由丹麦导演拉斯·冯·提尔、托马斯·温特伯格和克里斯汀·莱文等人于1995年发起的电影运动，其目标是在电影摄制中灌输朴素感觉，强调电影构成的纯粹性并聚焦于真实的故事和演员的表演本身。——译者注）的开端，该运动强调电影制作要遵循严格的自然主义规则。后来它被改编成更受美国观众欢迎的版本，但到目前为止，原版依然是最好的。

1995 年

《圣女魔咒》

上映时间：1995—2006 年
国家/地区：美国
风格：电视连续剧
主演：霍莉·玛丽·库姆斯、香宁·多尔蒂、艾莉莎·米兰诺等
创作：康斯坦丝·M.伯奇
集数：178 集

哈里威三姐妹是有史以来最强大的白人女巫，她们被赋予了用以对抗旧金山当地恶魔和男巫的超能力：最年长的普鲁能心灵感

奇幻盛宴：文学、影视、游戏中的幻想世界

应，派珀可以冻结时间，最小的菲比可以预见未来。这三个人的命运都很精彩，她们不能让旁人发现自己有超能力，但又担负着与恶魔斗争的使命，这导致她们的日常生活和工作中出现了很多复杂情况。该剧的连贯性还不够好，但它借用了大量神话和超自然生物的元素，因此还是不乏亮点。它拥有强大的粉丝基础，并一直播出了十多年。2018年，关注青少年喜好的CW电视网（美国的一家电视台，被称为"美国青春台"，开播于2006年9月18日，由哥伦比亚广播公司CBS及华纳兄弟共同出资。——译者注）重制了这部剧，但新版不如原剧有魅力。

《魔法少女萨布丽娜》

上映时间：1996—2003年
国家/地区：美国
风格：电视连续剧
主演：梅丽莎·琼·哈特等
创作：内尔·斯科维尔
集数：163集

随着阿奇漫画（美国家喻户晓的漫画，主角为阿奇·安德鲁这一虚构青年。——译者注）的流行，其故事线中出现过的许多重要人物基本都被改编成了新的电视情景喜剧。这一次，主角变成了萨布丽娜·斯佩尔曼，由梅丽莎·琼·哈特主演。该剧对她两个姑姑的角色进行了近乎重塑的重大调整。魅力无限的哈特扮演了该剧中最耀眼的主人公，她运用魔法为自己枯燥的学生时代增色不少，尽管许多魔法都失败了，但每一天都过得十分愉悦且充满惊喜。这部剧显得有些老套——剧中对高中生活场景的刻板和美化描述已经使观众审美疲劳了，甚至有一点"辣眼睛"，但制片方却并不自知。因此，它与《吸血鬼猎人巴菲》形成了鲜明的对比。《吸血鬼猎人巴菲》以讽刺性的笔触描写了青春期的种种挣扎，这在一定程度上弥补了其俗气的恐怖喜剧主题。尽管如此，《魔法少女萨布丽娜》还是很快就形成了自己的粉丝群，该剧也获得了出人意料的高收视率。2018年的电视剧《萨布丽娜历险记》塑造了一个更成熟、更恐怖、更神秘的角色，结果好评如潮。

1996年

《乌有乡》

上映时间：1996年
国家/地区：英国
风格：迷你剧
主演：加里·贝克威尔、劳拉·弗雷泽等
创作：尼尔·盖曼、莱尼·亨利
集数：6集

该剧改编自喜剧演员莱尼·亨利的作品，尼尔·盖曼对其倾注了自己所有的艺术天赋和创造力。该剧中，伦敦的地下世界与《美女与野兽》中纽约的地下世界相似，但更加神奇。正常人都已经习惯于拒绝接受、甚至拒绝看到无家可归的乞丐和街头艺人，因此他们已经变得麻木不仁，以至于他们根本没有注意到"伦敦城下"的居民，也找不到进入"伦敦城下"的路。年轻的银行家理查德·梅休帮助一个受伤的女孩从两个似人非人的杀手手中逃脱，结果却发现自己已经脱离了原来的生活和正常的世界，甚至连他常用的物件都不翼而飞。他别无选择，只能一头扎进危险的伦敦地下隧道，试图弄明白发生在他身上的事情。这个系列是一个大胆而有趣的尝试，并且具有很强的启蒙性。伦敦城是该系列的重要组成部分，它的影响贯穿于各个方面，从人物名字到神话主题。尽管一直被热议，但这部备受期待的改编电影仍未被搬上大银幕。也有传言说可能还会有一部后续电视剧或者以小说的形式出续集，但目前为止还没有出现。

《魔鬼怪婴》

上映时间：1996—1999年
国家/地区：美国
风格：电视连续剧
主演：德里克·德·林特等
创作：理查德·巴顿·刘易斯
集数：88集

首先，值得注意的是，这部剧取这样的名字完全是为了暗示它与某个著名的恐怖电影系列有所关联（也许是指1968年在美国上映的恐怖电影《罗丝玛丽的婴儿》，该片也有别名《魔鬼怪婴》。——译者注），但实际上并没有，它就是一部独立的电影。事实上，在这部烂片中，没有任何关于幽灵电影的情节。德里克·德·林特扮演一个惯于沉思的现代法师，掌管着"旧金山遗产细胞"，这是一个古老而神秘的组织，致力于保护世界不受邪恶势力的侵害。他在执行任务的过程中也得到了这一组织成员的鼎力帮助，包括一位好斗的前海豹突击队队员、一位多疑的精神病学家和她垂死的孩子、一位通灵的考古学家以及一位口音比《欢乐满人间》中的迪克·范·戴克还要糟糕的爱尔兰牧师。主角们生活在旧金山湾一座孤岛上的神奇小城堡里。每周，他们都要面对各种各样的妖魔、恶毒的鬼魂和邪恶的人类，并带来一系列可怕的幻想冲突。这部剧也有缺点——一是德·林特不得不使用可笑的染发剂；二是这部剧确实有时会让人毛骨悚然。它坎坷地播出了几季，然后停播了。

《战士公主西娜》

上映时间：1995—2001 年
国家 / 地区：美国
风格：电视连续剧
主演：露西·劳利斯、蕾妮·奥康纳等
创作：罗伯特·塔伯特、约翰·舒利安
集数：134 集

这部来自《大力士的传奇旅行》的衍生剧被许多人认为比原剧还要好，至少算得上是一个完美的姊妹篇。高大匀称、如朱诺般雍容华贵的新西兰女演员露西·劳利斯最初试镜时仅得到了一个小角色，但之后她的潜力得到赏识，因此也得到了新角色——女一号西娜。战士公主西娜像一个沉思的亚马逊战士一样伟大，她一直试图弥补过去鲁莽杀人的罪行。蕾妮·奥康纳饰演西娜的女伴加布里埃尔，同样塑造了一个颇为立体的角色，明显比其他配角的表现都更加出色。虽然，《战士公主西娜》大获成功是因为站在巨人的肩膀上，但不得不说，该片实现了奇幻电视作品的重大进步，并证明了《大力士的传奇旅行》系列作品颇具潜力。虽然很多人对其明显的女同性恋潜台词发表了评论——该剧的主创们很高兴以一种适当揶揄的方式来演绎这点——但丝毫没有削弱它隐藏的女权主义特色。该剧中的几集堪称经典。最可圈可点的是，该剧有的情节灵感取自电影《土拨鼠之日》（详见本书第二章），但在复杂性和道德立意上都进行了拔高。这部剧越来越受欢迎，预算也越来越高，连续拍了六季，包括一些"专题集"和电视电影，直到制作团队最终决定收工。

露西·劳利斯和蕾妮·奥康纳演技出色，将《战士公主西娜》演得宛如真实故事一般

第三章　奇幻电视剧

1997年

《吸血鬼猎人巴菲》

上映时间：1997—2003年
国家/地区：美国
风格：电视连续剧
主演：莎拉·米歇尔·盖拉等
创作：乔斯·韦登
集数：144集

电影版的《吸血鬼猎人巴菲》也由乔斯·韦登创作，但他随后编写的电视剧远远超过了原版电影。盖拉饰演的是拉拉队长巴菲·萨默斯，她发现自己是个"杀手"，具有超自然的力量和反应能力，可以对抗威胁世界的吸血鬼和恶魔。这部剧融合了逼真的动作特效，塑造了栩栩如生的人物群像，并细致而惊艳地呈现了美国高中生活。巴菲的朋友们同样出彩，特别是普通而平凡的"赞德"一角，他为这部剧增添了几分人文主义内涵，而巴菲的导师——仿佛一直在"监视"她的鲁珀特·贾尔斯——则为这部剧添加了一种父爱的光辉。这部电视剧本可以像《圣女魔咒》那样轻松，但韦登对细节的敏锐观察使其具有了一定的深度和复杂性，内涵远超一般的电视剧。该剧还催生了同样成功的衍生剧《夜行天使》，由巴菲的吸血鬼前男友主演。《吸血鬼猎人巴菲》也开创了一些重要的先河：巴菲最好的朋友威洛，逐渐从书呆子黑客演变为强大的女巫。

《剑风传奇》

上映时间：1997—1998年
国家/地区：日本
风格：电视连续剧
主演：神奈延年等
创作：三浦建太郎等
集数：24集

三浦建太郎在1990年创作了《狂暴者》，这是一部针对成年男性的漫画，也就是"青年漫画"（一般是以描写考试、体育或学校生活为主，带社会或公司情节的更受欢迎，也有少量的科幻、神秘、奇幻的成人漫画，和少年漫画不同的是，这类漫画面向青年，也就有更多的性和暴力画面。——译者注）。这部漫画仍在流传，并拥有庞大的粉丝群。它讲述了一个名叫加特苏（在英文中是"贪食者"的意思。——译者注）的孤儿，从小被一群雇佣兵抚养长大的故事。该系列作品深沉、黑暗、复杂，十分生动。电视剧的动画改编做得很好，虽然节奏有点慢，但角色关系和剧情发展非常给力，精准捕捉了漫画中黑暗、沉思的感觉。影片很残酷，但符合原著的风格，不过一些国外译制版本删掉了其中一些生动的场景。

《精灵宝可梦》

上映时间：1997年至今
国家/地区：日本
风格：电视连续剧
创作：田尻智
集数：1065集（截至本书撰写时）

该剧是由广受欢迎的电脑游戏改编的儿童动漫连续剧。故事围绕年轻的小智（在美国配音版中被称为Ash）展开，他梦想成为世界上最伟大的精灵教练。他和他信赖的精灵同伴皮卡丘——一只会发电的老鼠，开始了一场史诗般的旅程，途中与其他精灵战斗，并在战斗中不断提高技能。与此同时，他必须击退邪恶的对手小次郎和武藏，以及他们的猫科动物口袋妖怪尼亚苏（中文版动画中的配音和字幕均称其为"喵喵"。——译者注），他们不顾一切地想要抓住皮卡丘。该剧剧情简单，但非常成功、广受欢迎，二十多年来一直在播出，它还催生了一系列的周边节目和衍生剧。

《怀德姐妹》

上映时间：1997年
国家/地区：英国
风格：专题电影
主演：安妮特·克罗斯比、简·霍洛克斯、琼·惠特菲尔德等
创作：特里·普拉切特
时长：140分钟

受英国传奇卡通制作人科斯格罗夫·霍尔（《危险老鼠》和《杜库拉伯爵》的创作者）之邀，特里·普拉切特亲自操刀改编了自己广受欢迎的"碟形世界"系列小说的第六部——《怀德姐妹》，该小说讲述的自然也是发生在碟形世界里的故事。早期"碟形世界"系列的制片权已经交给他人，从《怀德姐妹》开始将制片权交给科斯格罗夫，这真是一件令人高兴的事情。剧中女巫们之间交谈时出现的一些"包袱"都来自于《麦克白》，这些幽默元素甚至不用太过加工就可以被搬上荧幕。电视剧难免会丢掉一些原著中丰富和复杂的细节，但仍然非常有趣。此后，该制作团队又推出了7集版的电视连续剧《灵歌》，该剧中，"碟形世界"版的摇滚音乐甚至引起了音乐界的轰动。

1999年

《爱丽丝梦游仙境》

上映时间：1999年
国家/地区：英国、美国
风格：专题电影

主演：蒂娜·马约里诺等
创作：刘易斯·卡罗尔
时长：130分钟

这部改编作品结合了卡罗尔的两本《爱丽丝梦游仙境》。尽管这部影片拥有优秀的演员阵容，场景也相当壮观，但它却因对原始素材的处理欠佳而受到批评。特别是，纯粹主义者反对将两本书中的场景交织在一起，汇成一条线索来描述爱丽丝的经历。尽管如此，书中大部分令人难忘的场景都被重现出来，并引起了观众的共鸣。这部作品是对卡罗尔作品的经典呈现。

《夜行天使》

上映时间：1999—2004年
国家/地区：美国
风格：电视连续剧
主演：大卫·伯伦纳兹等
创作：乔斯·韦登
集数：110集

安吉尔最初是《吸血鬼猎人巴菲》中巴菲的男友，他拥有吸血鬼的躯体和人类的灵魂，并为此感到痛苦挣扎。在《吸血鬼猎人巴菲》拍摄两季之后，这一角色也从该剧中消失，转到了以"安吉尔"（ANGEL）这一角色命名的衍生剧中，片名翻译过来是《夜行天使》。这个系列比《吸血鬼猎人巴菲》更黑暗、更粗犷，故事背景从森尼维耳小城来到了不断扩张的洛杉矶城。而该剧的主题则聚焦于"救赎"。幸运的是，这部剧保留了让巴菲出色巧妙的艺术手法。安吉尔作为一名私人侦探的角色，极力否认和掩饰其吸血鬼之身对血液的天然渴望，这给这部剧增添了一种奇幻而又阴森的感觉。这部剧拥有庞大的粉丝基础和良好的收视率，但在播出五季后却被叫停，多少让人有些意外。

《野兽之王》

上映时间：1999—2002年
国家/地区：加拿大、澳大利亚
风格：电视连续剧
主演：丹尼尔·戈达德等
创作：安德烈·诺顿
集数：66集

第一部《野兽之王》电影于1982年上映，由马克·辛格饰演一个深沉的流亡王子。他拥有与动物交谈的魔力。这部电影表现平平，而一系列续集甚至越来越糟糕，对该片的推广并没有起到什么帮助。所以当它作为"大力士系列的又一次尝试"（与"大力士"相关的作品包括1994年的《大力士的传奇旅行》《大力神与亚马逊女战士》《力挽狂澜》和1998年的《少年海格力斯》等。——译者注）而获得播出许可的时候，人们感到有些意外。该剧似乎又并无意留住之前"大力士"系列的粉丝群体，而是"另立山头"，制片人几乎放弃了所有"大力士"系列影视的背景，只保留了英雄的名字和他的特殊能力。演员的表演比较保守，新的背景也不利于该剧迅速打开市场。然而，暴露的服装和推陈出新的勇气帮助该剧顺利播出了三季。

《夺宝女英豪》

上映时间：1999—2003年
国家/地区：加拿大
风格：电视连续剧
主演：蒂亚·卡雷尔等
创作：吉尔·格兰特
集数：66集

蒂亚·卡雷尔很好地诠释了教授兼冒险考古学家西德尼·福克斯这个角色，形成了一种独特的风格。很明显，该片意在将西德尼·福克斯与《古墓丽影》中的劳拉·克劳馥相比较，但实际上福克斯更像是《夺宝奇兵》系列电影中印第安纳·琼斯的后裔。福克斯在世界各地旅行，从她邪恶的对手眼皮子底下取回古老而神秘的文物，并把它们归还给它们的合法主人。该片的幻想色彩并不浓厚，大概只有演员们拍戏时遇见的人工道具、冒险旅程中的陷阱和各类考验透露出些许奇幻的味道，不过拍摄地点倒是令人印象深刻。尽管剧情相当松散，但制片方似乎并不在意。该剧在动作中混合了大量善意的幽默，并充分展示了人物的魅力。该剧的情节和手法很大程度上是在向20世纪30年代的电视剧致敬，并且效果很好，相当吸引人。该剧也许不会给观众带来精神上的刺激，但作为娱乐消遣的选择是很好的。它持续播出了三季。

蒂亚·卡雷尔确实让《夺宝女英豪》中的西德尼·福克斯发挥了她的能力

2000年
《歌门鬼城》

上映时间：2000年
国家/地区：英国
风格：迷你剧
主演：乔纳森·里斯·迈耶斯、西莉亚·艾美瑞等
创作：马尔文·皮克
集数：4集

作品全长230分钟，改编自马尔文·皮克的经典小说《提图斯的呻吟》和《歌门鬼城》。虽然该剧保留了大部分原著中的结构和故事情节，但也有一些重大变化——最显著的是，淡化了这座巨型城堡的阴沉氛围。在原著中，歌门鬼城是一个残酷、专横的王国，它完全控制和压迫着所有居民。而在剧中基调则较为明亮，更像一个童话王国。演员们表现得都很好，尤其是里斯·迈耶斯饰演的狡猾厨房小工斯提尔派克。

2001年
《西游记（美国版）》

上映时间：2001年
国家/地区：美国
风格：迷你剧
主演：白灵、尼克·欧顿等
原著：吴承恩
时长：150分钟

20世纪70年代古怪的日本电视剧版《西游记》至今仍受到人们喜爱，因此，《西游记》的故事自然而然地成为了电视、电影的主题。不幸的是，美国版《西游记》为了迎合电视台高管们的口味，决定把故事搬到现代，让一个典型的美国男人扮演主角唐三藏，女主角则是看上去与观世音端庄形象相去甚远的性感形象，还将与男主角发生感情戏。原著中的英雄们都沦为了配角。至此，该剧还不算是无可救药。但是，作者在考据上的无能，对调查研究的漠视，对中国文化、历史、精神和神话中各种基本原则的无视，以及用美国式的霸道取代东方神话高雅格调的做法，就让人很难接受了。剧中还出现了孔子——中国著名思想家，他在剧中得到的待遇可以用可怜来形容——但被塑造成一个特别奇怪的形象，外表类似圣雄甘地，身份则被定义为壮汉孙悟空的助手。剧中的动作场面拍得很糟糕，特效也没有给人留下深刻印象。对话糟糕，情节滑稽，表演也令人失望，唯一令人惊讶的是，这部拙劣的闹剧在上映前居然没有被揭穿。事实上，它毫无意外地收获了美国全国广播公司有史以来最差的收视率，甚至打破了罗伯特·哈尔米监制的灾难片《第十王国》的最差纪录。

《魔女之刃》

上映时间：2001—2002年
国家/地区：美国
风格：电视连续剧
主演：扬西·巴特勒等
创作：拉尔夫·赫默克
集数：23集

改编自同名漫画，讲述的是一个强悍而又性感的纽约警察意外获得了一件神奇的魔法宝物的故事。这件宝物虽然叫作"魔女之刃"，却是一种手套，可以增强力量、敏捷性和韧性，并可以使子弹偏转。当情节需要时，它也可以变成其他物品，如全套盔甲和一把大刀。因为"魔女之刃"的加持，主人公萨拉的生活自然变得复杂起来。该剧大量使用了《黑客帝国》式的"子弹时间"特效（一种使用在电影、电视广告或电脑游戏中的摄影技术，模拟变速特效，例如强化的慢镜头、时间静止等效果。——译者注），这让一部分观众感到兴奋，但也让另一部分观众反感。第一季的11集收效良好，为第二季的发行奠定了基础。

2002年
《恐龙帝国》

上映时间：2002年
国家/地区：美国
风格：迷你剧
主演：温特沃斯·米勒等
创作：詹姆斯·格尼
集数：3集

父亲弗兰克在一个未知的岛屿附近坠机身亡，年轻的大卫和卡尔·斯科特被困在岛上。他们开始探索，并惊奇地发现自己身处一个失落的神话世界，这里不仅居住着人，而且有会说话的恐龙。这一切都使人感到亲切，但男孩们的天性却让他们渴望回到充斥着街头犯罪、电视暴力和朝九晚五工作的土地上，而不是待在他们发现的魔法天堂里。

《吉尼韦尔·琼斯》

上映时间：2002年
国家/地区：加拿大、澳大利亚
风格：电视连续剧
主演：塔玛拉·霍普等
创作：伊丽莎白·斯图尔特
集数：26集

亚瑟王的妻子吉尼韦尔获得了重生，重生后她的身份变成了一位加拿大少女，被来自澳大利亚的母亲带回了墨尔本。在这对母女生活的大部分时间里，她们一直在逃亡，似乎想逃离一些不明的威胁，但在到达澳大

利亚后不久，妈妈疯了，被关了起来，而吉尼韦尔最终被罗森一家收养，他们经营着一家魔法用品商店。当吉尼韦尔认识了魔法师梅林之后，她发现了自己的魔法天赋。这部剧集讲述了吉尼韦尔与超自然邪恶力量斗争的故事，同时展现了她作为普通高中女孩复杂而充满挑战的生活。这部剧意在比肩《吸血鬼猎人巴菲》，但是，虽然它足够接地气，却还是赶不上《吸血鬼猎人巴菲》。

《灰羽联盟》

上映时间：2002 年
国家 / 地区：日本
风格：电视连续剧
主演：广桥凉等
创作：安倍吉俊
集数：13 集

《灰羽联盟》是一部美丽、深沉而温柔的小型动画片，讲述的是一个女孩从茧中醒来，只留存有一段关于自己在不断坠落的记忆，她也因此得名"落下"（RAKKA）。她发现自己来到了格利小城，这里有十几个天使般的年轻人，而她自己也是其中之一。他们年龄不等，长着灰色的翅膀，戴着金属光环，和小城里的人类生活在一起。她开始了自我发现和救赎的旅程，同时知晓了她在格利的地位，并理解了灰羽天使必须要遵守的规则。这是一个精致、感人的故事，值得一看。

《冰雪女王》

上映时间：2002 年
国家 / 地区：美国
风格：迷你剧
主演：布莉姬·方达、切尔茜·霍布斯等
原著：安徒生
集数：6 集

切尔茜·霍布斯扮演一个年轻的女人吉尔达，她的初恋凯伊被童话里寒冬的统治者"雪后"带走了。如果吉尔达要找到"雪后"并拯救她的情人，她就必须沿着一条小径穿越代表四个季节的四个王国。有些人觉得故事情节过于缓慢和混乱，但效果不错，略带一丝《爱丽丝梦游仙境》式的疯狂。

2003 年

《时间的皱褶》

上映时间：2003 年
国家 / 地区：加拿大、美国
风格：专题片
主演：萨拉·简·雷德蒙德等
创作：玛德琳·英格
时长：128 分钟

该剧改编自玛德琳·英格的经典儿童故事，讲述了一个关于爱、力量和个性的奇幻故事，美丽而又神秘。但这次的改编不太讨喜，主要是因为改编者无法抗拒"改进"它的诱惑，他们架空了原著中一些有血有肉的细节，在原著的躯壳里填满乏味、老套、蹩脚的情节。作者英格自己说："我料到会很糟，事实的确如此。"太可惜了。2018 年阿娃·杜威内执导的科幻电影版《时间的皱褶》则要好得多。

《天使在美国》

上映时间：2003 年
国家 / 地区：美国
风格：迷你剧
主演：帕特里克·威尔森等
创作：托尼·库什纳
集数：6 集

托尼·库什纳这部关于 20 世纪 80 年代艾滋病患者的迷你剧颇具影响力，获得了巨大赞誉。该剧有多个主角，讲述了几个同性恋男子相互交织的生活，以及他们在一个对同性恋者普遍充满敌意的社会中，为正视自己的身份、确立自身地位而进行的斗争。剧中，至少有两个主角身患艾滋病。还有一些人物身上同时存在着天使和魔鬼的一面。该剧令人印象深刻，尽管它由同名舞台音乐剧改编的痕迹还是十分明显，但依然不妨碍它成为一部充满张力而又感动人心的作品。

《嘉年华》

上映时间：2003—2005 年
国家 / 地区：美国
风格：电视连续剧
主演：尼克·斯塔尔、克莱希·布朗、科利尔·杜瓦尔等
创作：丹尼尔·可纳夫
集数：24 集

《嘉年华》是一部佳作——优美的镜头运用渲染出绝佳的氛围——微妙、诡异而抓人眼球。然而，它的晦涩意味着其很难被主流接受。尽管第一季的收视率很高，但第二季却表现不佳，最终被叫停，可以说是一个耻辱了。该剧以 20 世纪 30 年代美国中南部的干旱尘暴区为背景（实际拍摄于美国加利福尼亚州的圣塔克雷利塔及一些南加州的地方。——译者注），围绕着两个男主角展开，讲述了他们命运相互交织的故事，夹杂着一些关于基督教神学、塔罗牌和圣殿骑士团传说的元素。在其中一个故事中，斯塔尔扮演一位拥有治愈能力的年轻农民，他原本是一名逃犯，当一个在嘉年华演出的巡回马戏团经过他所在的俄克拉荷马州的小城时，他加入了这个马戏团。在另一条故事线上，1984 年在《高地人》中

扮演库尔根的克莱西·布朗饰演一位魅力无限的传教士，他拥有精神控制的天赋，以及用可怕的罪恶幻象来折磨人的能力。这两个人在不同的故事线上，做着一些相同的梦，这些梦都很奇怪且有预示性。这两个人，一个代表光明，一个代表黑暗。如果不是在选角时特意通过演员形象对角色正邪做出了暗示，我们真的很难区分谁好谁坏。不过，嘉年华团队的成员们真是本剧的一大亮点。经理萨姆森由迈克尔·J.安德森饰演，他曾饰演《双峰镇》里那个身材矮小、说话颠倒的异乡人。其他角色包括一个失明的魔术师、一个昏迷但可以心灵感应的算命先生、连体双胞胎、一个长胡子的女士和一个纹身蜥蜴人。由于该剧与《双峰镇》一样都有安德森的出演，并且走的都是那种在热闹剧情下暗藏深刻复杂内容的风格，因此人们很容易拿它俩作比较，但这似乎并不合适。《嘉年华》是黑暗的、天马行空的、令人不安的，有时甚至是极度恐怖的。可惜它没有相对稳定的观众群体。

《死神有约》

上映时间：2003—2004 年
国家 / 地区：美国
风格：电视连续剧
主演：艾伦·穆斯、曼迪·帕廷金等
创作：布莱恩·富勒
集数：29 集

乔治亚·"乔治"·拉斯是一名大学辍学生，她死于一场奇怪的事故——一个来自太空站的马桶落在了她身上。她没有去转世，而是被诱拐成为一名冷酷的收割者，收集各种亡魂，并帮助他们继续前行。她可以与生者和死者互动，尽管生者将她视为一个普通的陌生人，并期望她也有一份日常工作。当乔治试图接受她的新生活时，她的旧家庭慢慢瓦解了。这部剧拍得不错，时而黑暗，时而有趣，时而感人，时而诡异，但依然只播出了两季。该系列的灵感来源于皮尔斯·安东尼的小说《苍白的马》，这是他"不朽"系列中最好的一部。

《天国的女儿》

上映时间：2003—2005 年
国家 / 地区：美国
风格：电视连续剧
主演：爱波·塔布琳等
创作：芭芭拉·霍尔
集数：45 集

上帝会从普通凡人中，随机选出一个，赋予他们秘密任务，并悄悄地传递信息给他们，告诉他们被选中了。这些"天选之子"往往会得到大量的精神类药物，以确保只有他们能听见上帝的声音。幸运的是，乔安·吉拉迪就被上帝选中了。上帝告诉她：要只做好事，不要像剪刀那样总是刺伤人，要适时闭嘴。但她的朋友和家人却总是让她抓狂，想尽办法也没用。尽管该剧的名字有点幼稚，却是一部深思熟虑、感人至深的电视剧，它获得了艾美奖提名和人民选择奖。然而，它在 50 岁以上的人群中比在青少年中更受欢迎，所以哥伦比亚广播公司后来将它停播了。

《最终流放》

上映时间：2003 年
国家 / 地区：日本
风格：电视连续剧
主演：浅野真由美等
创作：株式会社 GONZO
集数：26 集

株式会社 GONZO 制作了《最终流放》，作为庆祝他们成立 10 周年的特别作品。所以这部作品一定很特别，值得观众期待。该剧背景设定在一个类似维多利亚时期的蒸汽朋克世界，两个截然对立的种族，Dysys（希腊语为"西"）和 Anatole（希腊语为"东"），陷入了一场野蛮的战争。这场战争是有规则的，它们会由技术精湛的中立"公会"严格执行。主角克劳士·沃卡是一位优秀的先锋艇驾驶员的儿子，驾驶着父亲去世之后留给他的先锋艇，梦想穿越名为"伟大风暴"的飓风区。可是有一天，他因为接受了一个委托——将神秘的少女阿露薇丝·哈密鲁顿送去空中战舰西路维纳，于是被卷入了动荡的战争中。这个故事深刻而复杂，用国际象棋来隐喻这场史诗般的斗争。总而言之，这是一个极具巧思的作品，质感、动画和声音都非常惊艳。

2004 年

《降世神通：最后的气宗》

上映时间：2005—2008 年
国家 / 地区：美国
风格：电视连续剧
主演：扎克·泰勒等
创作：布莱恩·科尼茨科、迈克尔·迪马蒂诺
集数：61 集

虽然该片名中也有"Avatar"，但请不要和詹姆斯·卡梅隆 2009 年导演的那部《阿凡达》相混淆。《阿凡达》表达的是对美国屠杀土著居民的伤感讽刺，而《降世神通：最后的气宗》是一部美国动画片。该片大量运用了"矛盾"元素，融合了丰富的神话、哲学和武术色彩，讲述了一个年轻人寻求恢复世界平衡的史诗般的故事。该片的文化根源来源广泛，包括中国、印度、日本、希

腊等国家以及阿兹特克、因纽特、波利尼西亚等文化地域。片中的世界由四大神力支配：气、水、火、土，并据此被划分为四个民族。每个民族都拥有与自己元素相关的绝技，这些元素为他们提供了神奇的力量。这四个民族分别是：水善族、土强国、火凤凰帝国、气和族。只有降世神通能够驾驭所有元素，并维持四个种族之间一直保持着的微妙而又脆弱的和平关系。每个世纪都会有一位降世神通，当上一代降世神通濒临死亡时，他会再度转世重生。本代降世神通是一位名叫安昂的年轻人。突然有一天，他失踪了，早已经蠢蠢欲动的火凤凰帝国趁机挑起事端，发起了一场对抗其他元素民族的战争。气和族几乎完全被摧毁了，只剩下安昂作为最后的气宗，水善族也大伤元气。该剧在没有完全脱离现实世界的基础上，讲述了一个史诗般的、引人入胜的奇幻故事。剧中角色的塑造尤其令人印象深刻，所有的剧中人物都是真实的、复杂的、立体的，并且该剧在推动剧情发展的同时也很关注角色自身的变化演进。2010年奈特·沙马兰将其改编成电影，但效果不佳。它还在2012年衍生出了一部精彩的动漫剧《降世神通：科拉传奇》。

《地海传说》

上映时间：2004年
国家/地区：美国
风格：科幻电影
主演：肖恩·阿什莫尔等
创作：厄休拉·勒古恩
时长：90分钟

厄休拉·勒古恩令人难忘的《地海三部曲》是现代奇幻小说的经典之一。尽管在20世纪50年代和60年代有一些争议，认为该小说有一定的性别歧视色彩，但这些书堪称科幻爱好者的必读佳作。所以，在大家过高的期待之下，改编剧的有所不足就在意料之中了。这个改编的版本没有抓住重点，丢失了原著的微妙和美丽之处，取而代之的是无聊的陈词滥调、基督教教条、刻板印象和枯燥无味的史诗战争。为了让一切看上去"更好"，他们把黑皮肤的地海居民重新着色，变成了友好的白人。该片的制片人罗伯特·哈尔米在将小说改编成电视剧上已经有好几次难以原谅的失手经历，把包括《失落的帝国》在内的一些经典作品都翻拍成了烂片，但在影视圈，来自德国的B级电影制作人乌维·鲍尔似乎名声更臭（鲍尔专门拍摄根据电子游戏改编的电影，因无聊至极的拍摄风格和奇差无比的作品质量而闻名，作品包括《死亡之屋》《鬼屋魔影》《吸血莱恩》等。——译者注），这真是有点儿不太公平。虽然该片糟蹋了原著，但可怜的原著作者厄休拉·勒古恩一直对此保持沉默，直到导演欺骗大众说她对这部改编版电视剧十分满意，她才忍无可忍地站出来发声，按她的话说，这部电视剧对原著的改编就好比把《指环王》最后的结局修改成弗罗多戴上魔戒成为中土世界的终极魔王一样可笑。唉，又是一部哈尔米手下的烂片。

《迷失》

上映时间：2004—2010年
国家/地区：美国
风格：电视连续剧
主演：纳文·安德鲁斯、马修·福克斯、艾米莉·德·拉文等
创作：J.J.艾布拉姆斯、杰弗里·利伯、达蒙·林德洛夫
集数：122集

因为一场毁灭性的空难事故，48人被困在一座荒岛上，获救的希望非常渺茫。他们要想生存就得学会合作。生还者形形色色，国籍、人种、文化背景、个性都不相同，让该剧成为了一部惊艳的多元文化的缩影，同时也具有深邃的历史感和浑然天成的巧妙设计。该剧虽然一开始看起来有点像《吉利根岛》，但后半部剧走向突变，神似但又超越了20世纪90年代加拿大科幻电影《魔方》，向怪诞的方向发展。虽然该剧在每次引入新的波澜和剧情变化的时候都有些生硬和奇怪，甚至令人恼火，但影迷们可以忽视这些美中不足的瑕疵，唯一影响观感的是有些笨拙牵强的结局。

《穆拉温》

上映时间：2004—2005年
国家/地区：菲律宾
风格：电视连续剧
主演：理查德·古铁雷斯、安吉尔·洛克辛等
创作：多德·克鲁兹、唐·迈克尔·佩雷斯
集数：166集

泡沫奇幻是一种菲律宾本土电视剧类型，将奇幻、神话元素和泡沫剧融合在一起。它们一般在晚上的黄金档播出，通常都会大受欢迎，收视率名列前茅。电视剧《穆拉温》是一部早期的泡沫奇幻剧，讲述了居住在森林中的两个鸟人种族——穆拉温和拉韦纳之间相互争斗的故事。拉韦纳因人类之前不接受鸟人所以想要消灭他们，而穆拉温则选择与其对抗，并寻求与人类的再次联合。两个部族都在等待苏果的到来，她能给世界带来和平并调解两个部族——想帮助她的穆拉温和想杀死她的拉韦纳——之间的恩怨。虽然该剧仍有一些不足，但还是大获成功、风行一时。

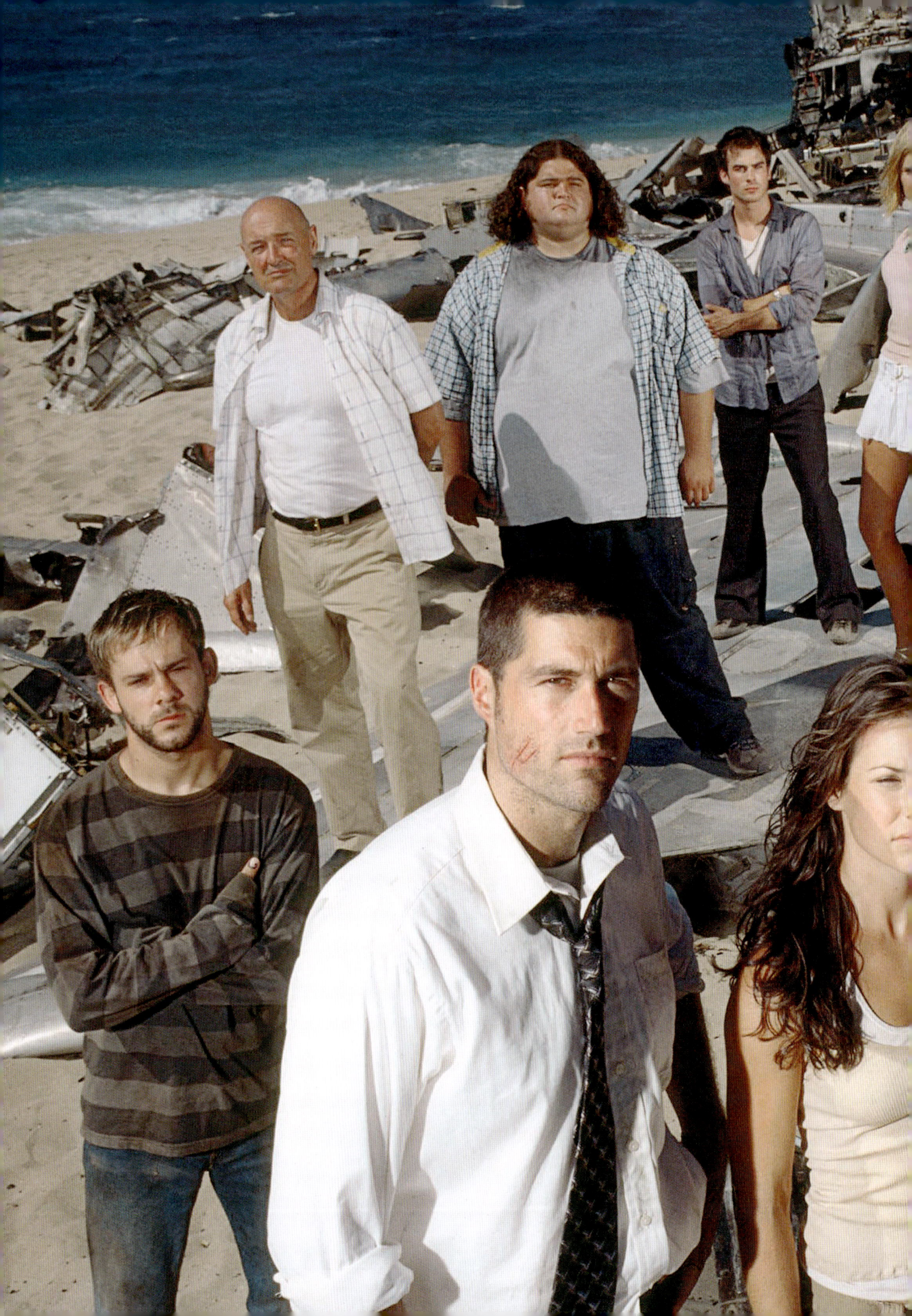

这些人"《迷失》"了，是吗？

2005 年

《菲律宾传奇》

上映时间：2005 年至今
国家 / 地区：菲律宾
风格：电视连续剧
主演：珍妮琳·梅尔卡多等
创作：苏泽特
集数：476 集（截至本书撰写时）

继 2004 年的《穆拉温》之后，菲律宾 GMA 电视台在 2005 年推出了又一力作《菲律宾传奇》。《菲律宾传奇》被誉为该台有史以来最昂贵和最伟大的电视剧，它是如此成功，以至于它虽然曾经中断过播出，但仍然受到持续关注。它还在菲律宾国内外获得了一系列奖项。它详细描述了四个"元素王国"内部的各种错综关系和复杂斗争，特别是里瑞奥王国，同时围绕长期失踪的里拉展开了另一条故事线：她正试图恢复各元素、各国以及各守护人之间的平衡，这四位守护人每人看护着一颗代表他们力量的宝石。到目前为止该剧已经有 476 集了，包括四部独立的系列电视剧、一部混合了《穆拉温》剧情的电影以及 2016 年推出的一套电子游戏。

《鬼语者》

上映时间：2005—2010 年
国家 / 地区：美国
风格：电视连续剧
主演：詹妮弗·洛夫·休伊特等
创作：约翰·格雷
集数：107 集

梅琳达·戈登（休伊特饰）是一个天生的"媒介"，从童年起，她就能够与逝去的灵魂交谈。她自我赋予的使命是帮助地球上的灵魂完成他们未竟的事业。此外，由于梅琳达还经营着一家古董店，并嫁给了一位医生，综合各种因素，观众认为梅琳达是个痴迷于死亡和鬼魂的角色也就没什么好责怪的了。她确实有点儿神经质，真是个可怜的小家伙。其实任何一部聚焦于描写丧亲之痛和实现逝者遗愿的电视剧都自带催泪体质，该剧也很好地完成了它"催泪"的使命，经常有观众带着一盒纸巾去观看。有些人觉得这部电视剧只是对电影《第六感》的简单剽窃，这只能说明他们一点儿也不了解这部电影的精神内涵，这部由布鲁斯·威利斯主演的大片虽然讲的也是与鬼魂交流之事，但它的思想核心完全建立在唯灵论教会的信仰和教义之上，与本剧完全不同。

《灵媒缉凶》

上映时间：2005—2011 年
国家 / 地区：美国
风格：电视连续剧
主演：帕特里夏·阿奎特等
创作：格伦·戈登·卡隆
集数：130 集

艾莉森·杜布瓦（阿奎特饰）天生具有灵媒的特异功能，能够和鬼魂沟通……啊，这个故事情节是不是老套到不想再听？和《鬼语者》中的梅琳达一样，艾莉森也有点儿神经质，常常因为丈夫的过于耿直而发愁。与梅琳达不同的是，艾莉森在地方检察官办公室工作，有权力打击犯罪，不像梅琳达那样总是息事宁人。这部作品没有《鬼语者》那么伤感，不过也收获了一批独家观众。

《启示录》

上映时间：2005 年至今
国家 / 地区：美国
风格：迷你剧
主演：比尔·普尔曼等
创作：大卫·塞尔策
集数：6 集

在这部剧中，世界末日再次降临。这一次，一个物理学家（普尔曼饰）和一个修女（娜塔莎·麦克尔恩饰）联手对抗邪恶力量，拖延天启（世界末日）的到来。关于情节没有太多可说的——就是一连串指向毁灭的迹象和征兆——但演员演技和导演功力都十分在线，整体上是一部有趣的电视剧，尽管缺乏值得深思的地方。

《邪恶力量》

上映时间：2005 年至今
国家 / 地区：美国
风格：电视连续剧
主演：詹森·阿克尔斯、杰里德·帕达莱茨基等
创作：埃里克·克里普克
集数：302 集（截至本书撰写时）

这部片的宣传标语是"恐怖即性感"，和内容倒是非常贴切，剧中猎人迪恩和山姆·温彻斯特专门猎捕一切在夜间出没之物，包括恶魔、怪物、邪恶的灵魂和黑暗的巫师等。每次看剧之前你都可以猜猜，这次该轮到什么怪物了。这对兄弟最开始是为了拯救无辜，惩奸除恶，找到杀害母亲（还有其中一位的女友）的凶手。随着剧情的发展，在一次追踪中，他们经验丰富的父亲约翰也离奇失踪了，因此两兄弟又开始寻找父亲。一周又一周，在追寻过程中，他们利用山姆时而能接收到的心灵感应，以及父亲极具先见之明的神秘指令，经历了各种奇怪的故事，该剧每周播放一集，每集都会出现新的怪物，所以每次播放前观众们都可以猜猜"本周怪物"会是什么。这种设定稍有不慎就会使剧情变成胡说八道，但两个主角小伙子很有魅力，他们之间的巧妙联系——山姆聪明

有同情心，更喜欢拯救他人，而飞人迪恩是行动派，对复仇更感兴趣——很好地维持住了观众观看的乐趣。其他的猎人也会时不时登场，包括任性的极端分子戈登·沃克，以及对形势很有判断力的家族老朋友鲍比。显然这部剧和《猎人2：清算》有很多相似之处，但后期的剧情也有了一些进步，尤其是加入了米莎·柯林斯饰演的古灵精怪的天使，令人赏心悦目。尽管这部剧在一些情节上有点儿生硬，但很快就吸引了一大批追随者，上演着各种超自然和世界末日的恶作剧。不过，白狼（漫威旗下超级反派。——译者注）若是看到这部剧，可能会有点儿恼火吧。

2006 年

《刀锋战士》

上映时间：2006 年
国家/地区：美国
风格：电视连续剧
主演：柯克·琼斯等
创作：马夫·沃尔夫曼、吉恩·科兰
集数：12 集

这是一部存在时间很短的电视剧，是对吸血鬼主题电影《刀锋战士》（1998 年）及其续集（2002 年和 2004 年）的续作。刀锋战士是漫威漫画 1973 年推出的一个角色，有着半人类半吸血鬼血统。他拥有吸血鬼一族的力量，但除了嗜血之外没有其他弱点。为了控制嗜血的冲动，他使用了一种特殊的血清，并积极致力于消灭世界上所有的吸血鬼。该剧背景设定发生在《刀锋战士：三位一体》（2004 年，最后一部续集电影。——译者注）之后的一段时间，刀锋战士去了底特律继续他的事业。在那里，他遇到了一位经历了伊拉克战争的坚强老兵，当时她正在调查关于她哥哥的谋杀案。两人一拍即合，组成了团队。整部剧逻辑合理，意趣盎然。如果你喜欢电影系列，那么你也会喜欢这部作品。

《超能英雄》

上映时间：2006—2010 年
国家/地区：美国
风格：电视连续剧
主演：马西·奥卡、扎卡里·昆托、阿里·拉特、海登·帕内蒂尔、杰克·科尔曼、阿德里安·帕萨尔等
创作：蒂姆·克林
集数：77 集

蒂姆·克林的这部剧首创性地为超级英雄题材注入了新的活力，并迅速获得了极高的人气和收视率。一群原本完全正常的人开始不自觉展现出各种超能力，包括操纵时间和空间、治愈任何身体伤害、读心术等。正当这些人不得不试着在自己的生活中消化这些超能力时，一场更大的事件把他们都卷了进去。该剧的特点在于每个人物的故事发生在不同的地方，每个故事相互关联，构成一个更为宏观的情节——这种布局致敬了这部剧的漫画原著。该剧的知名之处还在于一个反派角色塞拉，他在剧中通过割裂其他超能者颅骨窃取其超能力，成为了近年来最令人讨厌的反派角色之一。《超能英雄》融合了动作、优秀的人物塑造、阴谋、戏剧和壮观的特效，取得了极好的效果，成为了一部既激动人心又引人入胜的作品。然而好景不长，这部剧开始慢慢走下坡路，逐渐迷失在自己的世界里，这也许也是不可避免的情况。2015 年的一部迷你剧未能激起观众的重新关注。但在一段时间内，它确实是一流的。

《火星生活》

上映时间：2006—2007 年
国家/地区：英国
风格：电视连续剧
主演：约翰·西姆、菲利普·格伦斯特、莉斯·怀特等
创作：马修·格雷厄姆、托尼·乔丹、阿什利·法罗亚
集数：16 集

曼彻斯特的一名警探萨姆·泰勒出了车祸，醒来后发现自己回到了过去，也就是 1973 年。在这里，他仍然是一名警察，与之前在同一个部门工作，但要处理的情况却完全不同。整部剧从未说明，这些故事究竟是穿越时空后发生的，还是只是一个昏迷男子的梦境，并没有一个明确的说明。无论如何，主角对现代警察程序技巧的掌握还是派上了用场。该剧在 2008 年的时候被翻拍成美国版，随后其他国家也进行了改编。

《侠盗罗宾汉》

上映时间：2006—2009 年
国家/地区：英国
风格：电视连续剧
主演：乔纳斯·阿姆斯特朗、理查德·阿米蒂奇、露西·格里菲斯等
创作：福兹·艾伦、多米尼克·明格拉
集数：39 集

在这部改编自罗宾汉神话的奇幻作品中，洛克斯利的罗宾爵士从第三次十字军东征军归来，发现他深爱的玛丽安小姐仍未结婚，但她的父亲诺丁汉郡长的位置已被邪恶的瓦西和吉斯本的得力助手盖取代。罗宾不愿处决他的两个朋友威尔·斯卡利特和艾伦·阿戴尔，不过他决定刻意给新郡长制造麻烦，并在附近的森林里领导了一场反抗新郡长的武装。这是一个老套的背景设定，但故事的写法迎合了现代观众。罗宾因为十字军东征中的可怕经历开始信奉"反对杀戮"的准则。狄佳琪，表

千万别惹《爆炸头武士》中的塞缪尔·杰克逊

面上是他手下"快乐男人"中的一个撒拉逊成员，实际上是一个伪装成自己已故兄长的女性。玛丽安小姐死后，第三季在情节上进行了一定改写，引入了许多新角色，包括罗宾的同父异母的哥哥阿彻。从这一点说，玛丽安小姐可以说"死得其所"。

2007 年

《爆炸头武士》

上映时间：2007 年
国家/地区：日本
风格：迷你剧
主演：塞缪尔·杰克逊等
创作：冈崎能士
集数：5 集

这是一部有趣的迷你剧，讲述的是一个黑衣剑客在充满未来气息的封建时期的日本发生的故事。只有世界上最伟大的战士才有权利佩戴一条神圣的发带，这条发带不仅标志着"第一"的身份，而且会赋予佩戴者强大的力量。但想要获得这条发带，必须从佩戴者的尸体上取走它。只有佩戴第二条发带的人，也就是"第二"，才可以挑战"第一"，但任何人都可以挑战"第二"，这样"第二"的位置就显得岌岌可危。爆炸头武士阿非小时候亲眼看到父亲——当时的"第一"——被杀害，所以他在成长过程中一直在寻求复仇。后来，成年后的阿飞成为了"第二"，开始寻找杀害他父亲的凶手，中途却因"空七"的追杀而受到阻拦，这是一群想要将两条发带据为己有的和尚。

《血情》

上映时间：2007—2008 年
国家/地区：加拿大
风格：电视连续剧
主演：克里斯蒂娜·考克斯、凯尔·施密德、迪兰·尼尔等
创作：彼得·莫汉
集数：22 集

维姬·纳尔逊是一个来自多伦多的警察，是一个性格坚强又不失性感的人物。在视力开始衰退后，她转而从事私家侦探，其间遇到了亨利八世 480 岁高龄的儿子——他是一个吸血鬼，现在又摇身一变成为了漫画作者。两人因一个案件走到一起，他们开始合作解决本市发生的一些关于超自然的麻烦。这部剧没有什么特别的奇思妙想，但也没有犯什么大错误。这部剧获得了坦尼娅·赫夫原著小说的粉丝们的高度支持，但因为粉丝数量不足，没能继续播下去。

《火影忍者疾风传》

上映时间：2007—2017 年
国家/地区：日本
风格：电视连续剧
主演：竹内顺子、麦丽·弗拉纳甘（英语配音）、中村千惠、凯特·希金斯（英语配音）等
创作：岸本齐史等
集数：500 集

拥有九尾狐魂的主人公火影忍者漩涡鸣人，在这部新剧中以一个岁数更大，经验更为丰富的身份回归。该剧改编自同名漫画第二季的主要情节，讲述了火影如何对抗老对头佐助，以及保护村庄免受一系列新威胁的故事。这部剧进一步揭开了关于尾兽（其中之一就是火影忍者的狐狸灵魂）背后的故事，点明了救赎与牺牲的主题。全系列非常长，总共制作了 500 集，其中只有 98 集有英语配音版本。

《灵指神探》

上映时间：2007—2009 年
国家/地区：美国
风格：电视连续剧
主演：李·佩斯、安娜·弗里尔、奇·麦克布莱德等
创作：布莱恩·富勒等
集数：22 集

糕点师奈德还是个孩子的时候就发现自己有特异功能：第一次触碰他人能令其起死回生；但第二次触碰会使其永久死亡。不过宇宙总是维持着奇妙的守恒定律，他在使用这一能力让人复活的同时，附近的某个人也会因此死亡。这一切都是在为后来类似于童话般的神秘情节

做铺垫。奈德受雇于一名侦探，通过复活已死之人来处理命案。奈德的爱人恰克便是他接手的第一个案子，在得知她被谋杀后，他把她复活了，但此后他们之间再也无法有身体的接触，这也是剧中的一条悲喜交加的故事线。

《恶魔猎人》

上映时间：2007—2009年
国家/地区：美国
风格：电视连续剧
主演：布雷特·哈里森、米西·佩雷格里姆、雷·怀斯、泰勒·拉宾等
创作：塔拉·巴特斯、米歇尔·法泽卡斯
集数：31集

这部连续剧的创意顾问由《疯狂店员》《追逐艾米》和《道格玛》的导演凯文·史密斯担任，主人公山姆是个大懒鬼，某天他突然发现自己必须为魔鬼工作，成为它的赏金猎人，追捕那些逃到人间的邪恶灵魂。这部剧的剧情十分幽默，演员阵容也很强大——雷·怀斯饰演的魔鬼非常出色，米西·佩雷格里姆饰演山姆的真爱，令人印象深刻。整部剧用大量篇幅讲述了山姆的生活和他那份在DIY店里前途渺茫的工作，其比重和山姆为魔鬼服务工作的情节相差无几。本剧人物对话干脆利落，常常令人捧腹大笑，有种古灵精怪的可爱气息。虽然编剧的罢工给第一季的播出造成了很大的困难，但该剧仍然成功播出了两季。

《行走阴阳界》

上映时间：2007年
国家/地区：加拿大、美国
风格：电视连续剧
主演：保罗·布莱克索恩等
创作：吉姆·布彻
集数：12集

吉姆·布彻的这部杰出系列小说被美国全国广播公司科幻片频道（美国全国广播公司环球集团旗下的一个有线电视频道。专门播放科幻、奇幻、惊悚、超自然等电视影集，即现在的SyFy频道。——译者注）拍成了电视剧。这部剧的演员阵容十分强大，尽管连续剧的形式有诸多限制，但它还是成功地做到了既有趣又讨人喜欢。尽管电视剧的情节和原版小说存在一些差异，但原著粉丝们依旧很热情，似乎神秘的私家侦探形象这种设定在电视连续剧中极具吸引力。不幸的是，改编后的剧情有些过于遵照电视剧的套路，显得有点儿模式化，而且该频道没有为这部剧确定准确档期，所以在播出时间上出现了一些变动和冲突，导致收视率不佳。因为该剧没有得到应得的播放机会就被砍掉了，这无疑激怒了粉丝，引发了一场大规模的请愿活动。不过这确实非常可惜，剧中布莱克索恩很好地演绎了疲惫的巫师哈利·德雷斯顿这个角色，再加上其他方面的有力支撑，本可以使这部剧大放异彩。据称，根据该小说改编的新电影预计于2019年开拍，这对于粉丝们来说又有了新的期待。

2008年

《我欲为人》

上映时间：2008—2013年
国家/地区：英国
风格：电视连续剧
主演：莱诺拉·克莱克洛、罗素·托维、艾丹·特纳等
创作：托比·怀特豪斯
集数：37集

这是一部非常典型的围绕非正常人类同居而展开的故事，讲述了在布里斯托合租公寓的三个主人公如何应对各自面临的超自然问题的故事，他们的真实身份分别是幽灵、吸血鬼和狼人。这部剧探讨了成瘾、孤立和身份危机等主题，主要情节就是关于三位主角如何顶着异于常人的身份试图过上（相对）平凡的生活。这部剧共拍摄了五季，其间加入了更多的幽灵、吸血鬼和狼人角色，故事情节变得越发复杂。

在《我欲为人》中，狼人、幽灵和吸血鬼走进了一家房地产公司

第三章　奇幻电视剧

第三季是在威尔士拍摄的。剧中的一些情节设置单纯是为了搞笑，但也有很多严肃思考和悲剧描写的片段。这部剧不出意料地翻拍了美国版，收获了不错的反响。

《童话》

上映时间：2008年
国家/地区：英国
风格：迷你剧
主演：李·恩格里比、查丽蒂·维克菲尔德、詹姆斯·内斯比特、马克辛·皮克、丹尼丝·凡·奥滕、莉斯·怀特、肯尼·道蒂等
创作：彼得·莱登、尤洛斯·林、凯瑟琳·莫斯海德、保罗·惠廷顿
集数：4集

这部迷你剧共四集，每集都是基于一个经典的童话故事（如《长发公主》或《灰姑娘》），并融入现代元素改编而成的，每集之间没有关联。第四集《三只山羊》最为神奇，讲述了巨魔和普通人生活在一起的故事，显得与其他三集截然不同。作为经典故事现代化改编的一个代表，《童话》不仅旨在为观众带来乐趣，还半开玩笑式地表达了许多对性别和阶级之类事物的颠覆性看法。

《探索者传说》

上映时间：2008—2010年
国家/地区：美国、新西兰
风格：电视连续剧
主演：克雷格·霍纳、布丽姬特·里根、布鲁斯·斯宾塞等
创作：特里·古德金德
集数：44集

这部剧改编自特里·古德金德糟糕的"真理之剑"系列小说，幸运的是，这部剧在忠实

至少他们在《探索者传说》中删除了原著小说的酷刑、色情内容

于原著的部分情节的基础上，对内容进行了改编——"天选之子"理查德·西弗要打败邪恶的黑魔王达肯·拉尔，由此展开了一系列故事。当然，在这个过程中他还会得到一名巫师和一名女战士的帮助，三人一起找到并最终打败他的宿敌。虽然该剧的制作人和《大力士的传奇旅行》及《战士公主西娜》是同一批，但《探索者传说》的定位更加严肃。考虑到它的取材，这种定位似乎不太明智。大多数评论家认为这部剧枯燥乏味，但这种评论至少强于对古德金德原著小说的评论。

《梅林》

上映时间：2008—2012年
国家/地区：英国
风格：电视连续剧
主演：约翰·赫特、科林·摩根、安东尼·斯图亚特·海德等
创作：约翰尼·卡普斯、朱利安·琼斯、杰克·米奇、朱利安·墨菲
集数：65集

这是一部改编自亚瑟王神话的作品，剧中的梅林、亚瑟和格温娜维尔都很年轻，生活在尤瑟王的宫廷中。梅林奉一条巨龙的命令去保护亚瑟，但两人一见面就相看两厌。由于尤瑟王宣布禁止使用魔法，梅林希望将来亚瑟加冕为王时能解除这一禁令。尤瑟王的女儿茉嘉娜是剧中的反派，她受了冤枉，一心计划复仇。除此之外，这部剧还讲述了梅林和亚瑟之间不断发展的友谊。此前《超人前传》的出品为超人题材电影带来了一些颠覆性影响，因此，该剧的主创们也想参照这种模式，讲述一些亚瑟王和魔法师梅林早年的故事。

《真爱如血》

上映时间：2008—2014年
国家/地区：美国
风格：电视连续剧
主演：安娜·帕奎因、斯蒂芬·莫耶、山姆·特拉梅尔等
创作：查兰·哈里斯
集数：80集

在这部剧中，吸血鬼是真实存在的，并被赋予了合法权益——只要他们不以人类为食，而以合成血液为生。女服务员苏琪·斯塔克豪斯与一个名叫比尔的吸血鬼坠入爱河，这让她陷入了当地由超自然力量主导的政治

奇幻盛宴：文学、影视、游戏中的幻想世界

旋涡，也陷入了一段火热的三角恋。这部剧最初在美国家庭影院频道（HBO）播出，所以其中的裸露和暴力片段未遭到删减，而且还被频繁展示出来。这部剧改编自吸血鬼系列悬疑小说，每一季都会展开一个到多个悬疑故事，但真正吸引人的地方在于剧中人物之间曲折的爱情纠葛。

2009 年

《钢之炼金术师》

上映时间：2009—2012 年
国家/地区：日本
风格：电视连续剧
主演：家弓家正、朴璐美、钉宫理惠、肯特·威廉姆斯（英语配音）、维克·米尼诺纳（英语配音）、马克西·怀特黑德（英语配音）等
创作：荒川弘等
集数：64 集

虽然《钢之炼金术师》在 2003 年已经被翻拍成了连续剧，但这一次，制作人和编剧选择忠实改编漫画的故事情节，而不是仅仅以原作为基础进行松散随意的创作。因此，漫画的粉丝认为它是一部更真实的剧作。该剧讲述了爱德华·埃尔里克和弟弟阿尔冯斯在巴洛克幻想世界炼金的故事。两人试图用转化术复活去世的母亲，结果爱德华失去了一条胳膊和一条腿，阿尔冯斯则失去了肉体。爱德华把弟弟的灵魂装在一套盔甲里，并选择给自己装上了假肢。他们就此继续踏上各种各样的探索之路，情节涉及魔法石、疯狂的连环杀手、不死的侏儒和其他来自炼金术民间传说的元素。这部作品的评价差异很大，有"一般般"，也有"棒极了"，充分体现出这是一部值得关注的作品。

《吸血鬼日记》

上映时间：2009—2017 年
国家/地区：美国
风格：电视连续剧
演员：妮娜·杜波夫、保罗·韦斯利、伊恩·萨默海尔德等
创作：L.J. 史密斯
集数：171 集

这部超自然主题的爱情连续剧改编自史密斯的"吸血鬼日记"系列小说，更符合现代年轻人的口味，讲述了孤女埃琳娜和两个吸血鬼兄弟——斯特凡和达蒙之间的情感纠葛，因为埃琳娜是达蒙死去已久的爱人凯瑟琳的化身。在兄弟俩达成一致共同保护埃琳娜免受一切威胁时，突然，凯瑟琳回来了。

在《吸血鬼日记》中，妮娜·杜波夫对这个墓地并不放心。谁能责怪她呢？

第三章　奇幻电视剧

《小马宝莉：友谊魔法》中，女孩们聚在一起的欢乐时刻

这部剧牵扯到一个复杂的神话故事，有着相当繁杂的背景渊源，随后的一部与之相关的衍生剧《初代吸血鬼》，讲述的是另一个暴躁的吸血鬼家族的故事。

2010年

《探险活宝》

上映时间：2010—2018年
国家/地区：美国
风格：电视连续剧
主演：约翰·迪马乔、杰里米·沙达、汤姆·肯尼、海登·沃尔奇、奥利维奥·奥尔森等
创作：彭德尔顿·沃德
集数：283集

这部剧的主角是一个人类男孩芬恩，以及一条拥有自由伸缩能力的魔法狗杰克。故事背景设定很明显是一个幻想世界，故事发生在很多年后的一个世界末日。作为一部非常受欢迎的、略显荒诞的严肃奇幻作品，它的灵感来自于《龙与地下城》等一系列电子游戏。男孩与狗这对勇敢的组合，一起对抗邪恶的冰霸王，帮助高贵的泡泡糖公主，并与吸血鬼摇滚歌手马瑟琳交朋友，一起经历各种冒险故事。该剧的亮点在大量的流行文化元素，以及以糖果为原型的奇幻故事，还有一匹名叫"詹姆斯·巴克斯特"的马，这匹马的配音和动画是由现实生活中的动画师詹姆斯·巴克斯特完成的。

《小马宝莉：友谊魔法》

上映时间：2010—2019年
国家/地区：美国
风格：电视连续剧
主演：阿什利·鲍尔、塔比莎·杰曼、塔拉·斯特朗等
创作：劳伦·浮士德
集数：222集

尽管这部剧的主角是以塑料玩具马为原型进行创作的，但立意深刻，能够激起观众的共鸣，有许多鼓舞人心的情节，充满了对人际关系和身份的本质等内容的思考。剧中的小马们生活在一个名叫小马国的幻想世界，它们种类繁多，有常见的陆地小马，还有独角兽小马和飞马。主人公紫悦（Twilight Sparkle）是一只独角兽小马，她从苹果嘉儿（Applejack）、云宝（Rainbow Dash）和碧琪（Pinkie Pie）等小马身上学到了什么是友谊，并收获了成长。这部剧收获了大量的粉丝，包括很多成年人，也发行了许多周边作品，其中还有一部长篇电影。

《斯巴达克斯》

上映时间：2010—2013年
国家/地区：美国
风格：电视连续剧
主演：安迪·惠特菲尔德、露西·劳利斯、马努·班内特、利亚姆·麦金太尔等
创作：史蒂文·S.德奈特
集数：39集

该剧的主人公是传说中的色雷斯角斗士斯巴达克斯。故事发生在罗马的角斗场，主要是在卡普亚城的卢杜斯角斗场。讲述了斯巴达克斯如何领导一场反抗罗马共和国的起义。他凭借自己的技艺，与其他角斗士结成联盟，挫败了竞技场主还有罗马人卑鄙的阴谋。主演安迪·惠特菲尔德在拍摄完第一季后被诊断出患有癌症，拍摄就此中断。在他不幸去世后，为了拍完剩下的两季，这部剧重新塑造了一个主人公的形象。该剧以其野蛮的舞蹈、大量的流血、裸体和性元素片段而闻名，这些片段之所以能够播出，是因为它最初是在斯塔尔兹有线电视网（Starz cable network）播出的。

2011年

《青之驱魔师》

上映时间：2011—2012年
国家/地区：日本
风格：电视连续剧
主演：冈本信弘、福山俊、约翰尼·扬·博施（英语配音）、布莱斯·帕彭布鲁克（英语配音）等
创作：加藤和惠、冈村仁
集数：25集

少年奥村燐得知自己和双胞胎弟弟雪男都是撒旦的儿子，燐拥有撒旦的全部力量，可以挥舞杀魔之剑"库里卡拉"，并变身为一个长着獠牙、长着尾巴、带着蓝色火焰的怪物（他也因此得名燐）。幸运的是，一位专业的驱魔师把兄弟二人抚养长大。因此，燐报名参加了驱魔学校，学习如何使用自己的这些力量，并计划终有一天要打败自己的恶魔生父。

《童话镇》

上映时间：2011—2018年
国家/地区：美国
风格：电视连续剧
主演：金尼弗·古德温、詹妮弗·莫里森、拉娜·帕里拉等
创作：亚当·霍洛维茨、爱德华·基西斯
集数：155集

通过儿子亨利和他的童话书，保释人艾玛·斯旺得知自己竟是白雪公主和白马王子的女儿，而她的父母和其他许多童话人物现在都住在缅因州的童话镇，因为受到了朗普斯金和邪恶的女王里贾纳的诅咒，对自己的真实身份一无所知。整部剧中，艾玛分别和瑞吉娜、虎克船长还有其他迪士尼动画中的反派角色进行了抗争，因为这些人都虎视眈眈想开发"愿望王国"和其他毗邻的魔法土地。光是根据《爱丽丝梦游仙境》改编的衍生剧就拍摄了一季。剧中，大部分角色都过上了某种意义上的幸福生活，甚至包括一些反面角色。

《女神异闻录4》

上映时间：2011—2012年
国家/地区：日本
风格：电视连续剧
主演：浪川大辅、森久保祥太郎、约翰尼·扬·博施（英语配音）、尤里·洛文塔尔（英语配音）等
创作：桥野桂
集数：25集

这部剧改编自激动人心的同名电子游戏，少年鸣上悠发现了一个隐藏在电视里的世界，在那里，普通人受制于一种名为"阴影"的怪物。在现实世界中，那些在雾天死亡的人们就是"阴影"的受害者。鸣上悠进入了那个世界，拯救了一些人，并与他们成为朋友，这些人也加入了他的拯救行动。该剧运用了"幻想世界的化身"这种手法——像鸣上悠这样能够进入电视中幻想世界的人，可以为自己创造"角色"，这些角色的外表通常怪异又奇幻。这部作品获得了不错的反响，是对大获成功的索尼互动娱乐公司（PlayStation）出品的游戏《女神异闻录4》的忠实改编。随后播出的第二季（共12集）改编自游戏《女神异闻录4：黄金版》中额外添加的内容，主要是增加了咄咄逼人的、害羞又神秘的角色玛丽。该剧的日语和英语配音主要是由游戏的配音演员配音的，这是一个加分项。

《权力的游戏》

上映时间：2011—2019 年
国家 / 地区：美国、英国
风格：电视连续剧
主演：艾米莉亚·克拉克、彼特·丁拉基、基特·哈林顿等
创作：乔治·R.R. 马丁
集数：73 集

在中世纪的维斯特洛大陆，寒冬已经持续了多年，开启了一段宏大的斗争时期。随着夏天的逝去，维斯特洛的各个贵族家族沉溺于谋杀、背叛、战争和弑君，冬天的到来恰好预示着寒冷的世界末日即将降临。该剧改编自乔治·R.R. 马丁的《冰与火之歌》系列小说，但故事发展到最终季第八季时已经超出了原著本身的情节，因为原著距离完结还差两本小说。为了避免剧透原著，编剧们和马丁合作，为这部剧设计了一个备选的替代结局。剧中有很多裸体和暴力（包括性暴力）的片段，但考虑到其来源，也在情理之中。这部剧获得了非常积极的反响，尤其是彼特·丁拉基对提利昂·兰尼斯特的出色表演十分赞赏。

右图：
丹妮莉丝·坦格利安（艾米莉亚·克拉克饰）在第一季的高潮部分重生成为龙母

下图：
琼恩·雪诺（基特·哈林顿饰）从不受宠爱的私生子到未来的国王的历程，被证明是该剧最引人入胜的故事情节之一

第三章　奇幻电视剧

装备精良的科拉

2012年

《降世神通：科拉传奇》

上映时间：2012—2014年
国家/地区：美国
风格：电视连续剧
主演：珍妮特·瓦尼、P.J.伯恩、大卫·福斯蒂诺、塞切尔·加布里埃尔等
创作：迈克尔·但丁·迪马蒂诺、布莱恩·科尼茨科
集数：52集

虽然该剧是《降世神通：最后的气宗》的续集，但一开始的基调和氛围就迥然不同：有汽车、飞艇、专业御术比赛和无线电广播。剧迷们可以看到许多熟悉的角色已迈入老年，而他们的孩子们还有继承者登上了舞台。主角科拉与安昂（《降世神通：最后的气宗》的主角。——译者注）完全不同，她刚愎自用，而且她一直生活在上一任所创造的世界里，并不像上一季主角那样，一觉醒来发现自己在一个格格不入的新世界。如果没有前作《降世神通：最后的气宗》，这部剧就不可能存在，但其优点和野心都远超前作，而且动画制作也非常精美。这部作品包容性很高，对性别、性取向、社会动荡和种族等敏感话题进行了善意的探索，也因此赢得了很多观众的喜爱。

《魂归故里》

上映时间：2012—2015年
国家/地区：法国
风格：电视连续剧
主演：安妮·康西尼、克洛蒂尔德·赫斯姆、弗雷德里克·皮埃罗等
创作：法布里斯·戈伯特
集数：16集

这部剧开创了一种新题材，至少是一种新的电视节目类型。一个宁静的法国小镇依山而建，俯瞰着一个结满厚冰的湖。镇上陆续有死去的人复活并回到了家中，震惊了他们的家人。这部剧拍摄重点主要就是关于这一奇异事件的发生情况及其背后的原因，同时也探讨了当已故亲人突然回归现实世界，并试图重新开始先前生活的情况下，有些已经开始新生活的人们会有什么样的反应。该剧收获了大量赞誉，并出现了几部跟风拍摄的仿作，该剧还被翻拍成了美国版本。

《航海家辛巴达》

上映时间：2012年
国家/地区：英国
风格：电视连续剧
主演：埃利奥特·奈特、马拉玛·科利特、埃利奥特·考恩等
创作："不可能"独立电视制作公司
集数：12集

虽然只播出了一季，但这部剧取材自阿拉伯神话传说故事，大胆尝试了《大力士的传奇旅行》和《战士公主西娜》等电视剧没有采用的情节。主人公辛巴达受到了要在海上度过一生的诅咒，一旦在陆地上停留过久，就会被脖子上的符咒掐死。这种设定有些过于严酷，但对于该剧出现的荒岛、沉船、修道院和赌场的冒险情节来说，是一个相当不错的设定。

2013年

《铁杉树丛》

上映时间：2013—2015年
国家/地区：美国
风格：电视连续剧
主演：法姆克·詹森、比尔·斯卡斯加德、兰登·利博隆等
创作：布莱恩·麦格里维
集数：33集

铁杉镇是宾夕法尼亚州一个被废弃的钢铁小镇，居住着许多令人讨厌的邪恶角色，他们背后的故事错综复杂，有的甚至非常离奇。主人公是喜怒无常的吸血鬼继承人罗曼和神秘的狼人彼得，他们试图解开这个小镇的神秘面纱。这部剧像是《双峰镇》和《真爱如血》的结合版，法姆克·詹森在剧中精彩饰演了在道德上备受争议的角色奥利维亚·戈弗雷。该剧在第二季中加入了一些新角色，包括迫

比尔·斯卡斯加德，斯泰兰的儿子，饰演在《铁杉树丛》中受到折磨的罗曼·戈弗雷

使两位男主角变身怪物的疯狂科学家，由广受欢迎的乔尔·德·拉·富恩特饰演。

2014年

《图书管理员》

上映时间：2014—2018年
国家/地区：美国
风格：电视连续剧
主演：丽贝卡·罗米因、克里斯蒂安·凯恩、林迪·布斯等
创作：大卫·泰彻
集数：42集

这是一个改编自2000年诺亚·怀利主演的独立迷你剧的电视连续剧系列，第一部是《图书管理员：寻找长矛》。该剧围绕一座神秘图书馆的馆长展开，他组建了一个完整的团队，反恐特工伊芙·贝尔德是他们的领导者，团队包括一位杰出的艺术历史学家、一个统领神童和一个卓越的科技巫师。这些图书管理员运用各种技能，并在詹金斯——一位饱受折磨的图书馆守护者——的指导和帮助下尽力保护图书馆中存储的文物和大量知识，避免其落入邪恶的"蛇兄弟会"之手。

《古战场传奇》

上映时间：2014年至今
国家/地区：美国
风格：电视连续剧
主演：凯特里奥娜·巴尔夫、山姆·休恩、约翰·贝尔等
创作：戴安娜·加瓦尔东
集数：55集（截至本书撰写时）

第二次世界大战时期担任护士的克莱尔·兰德尔正和丈夫弗兰克在苏格兰度假，其间她掉入了一圈石头阵组成的大门中，来到了18世纪，当时正值詹姆斯二世党人的叛乱时期。她丈夫的祖先——杰克·兰德尔和他长得一模一样，却是一个巨大的恶棍。面对危险，她被迫嫁给英俊的年轻苏格兰高地人杰米·弗雷泽。克莱尔最终爱上了杰米，绝望变成了爱情，她还对时间旅行之谜、两个丈夫的命运以及是否有可能改变历史的进程等进行了探索。该剧取得了非凡的成功。它较为忠实地还原了原著作者戴安娜·加瓦尔东的热门系列书籍。

《低俗怪谈》

上映时间：2014—2016年
国家/地区：英国、美国

《低俗怪谈》一集中的丹尼·萨帕尼、伊娃·格林、乔什·哈特内特和蒂莫西·道尔顿。第三季已经是它的最后一季了

风格：电视连续剧
主演：乔什·哈特内特、蒂莫西·道尔顿、伊娃·格林等
创作：约翰·洛根
集数：27集

该剧突出反映了维多利亚时代的各种丑剧和可怕的暴力，它选取了包括多里安·格雷、维克多·弗兰肯斯坦和米娜·哈克等诸多19世纪流行小说中的人物作为角色，并围绕他们编织了一个庞杂的故事。从很多方面都可以看出，这部剧脱胎于菲利普·何塞·法默笔下沃尔德·牛顿家族的故事，故事中，这个家族因为偶然事件被奇迹般地赋予了特殊的力量，他们后来成为各种具有超能力的虚构人物的祖先。不过电视剧的情节更接近现实主义，通过描写剧中人物的古怪之处来为原著中各种奇异和超自然事件提供合理的解释。

2015年

《时间管理局》

上映时间：2015年至今
国家/地区：西班牙
风格：电视连续剧
主演：纳乔·弗雷斯内达、卡耶塔纳·吉伦·库尔沃、胡安·吉亚等
创作：哈维尔·奥利瓦雷斯、巴勃罗·奥利瓦雷斯等
集数：34集（截至本书撰写时）

这是另一部时间旅行冒险片，故事围绕西班牙政府的一个秘密部门展开。该部门致力于阻止任性的时间旅行者改变历史，它从多个时代招募自己的成员，他们需要与托马斯·德·托尔克马达、萨尔瓦多·达利和伊莎贝拉二世女王等历史人物打交道，不过他们最大的威胁还是自己的队友。该剧在英语国家的知名度可能更高，其制片人曾宣称2016年的美国电视剧《永恒》剽窃了该剧的灵感，并因此引发了一场法律诉讼。

《游侠笑传》

上映时间：2015—2016年
国家/地区：美国
风格：电视连续剧
主演：约书亚·萨斯、蒂莫西·奥蒙德森、维尼·琼斯、马洛里·詹森、凯伦、大卫等
创作：丹·福格尔曼
集数：18集

也许是受《欢乐合唱团》等流行音乐剧的启发，制作人员尝试将歌舞融入这部关于骑士和淑女的中世纪奇幻故事中。它讲述了英勇的骑士格莱凡特从邪恶的国王理查德手中救出心爱的玛德莱娜的故事。剧中充满了歌曲和民谣。影片的吸引力很大程度上来自于表演者的魅力和喜剧性的故事情节，其中不乏《公主新娘》元素和中世纪主题餐厅等亮点。

蒂莫西·奥蒙德森和马洛里·詹森密谋破坏了可怜的格莱凡特爵士的大喜日子

《阴差阳错》

上映时间：2015年至今
国家/地区：澳大利亚
风格：电视连续剧
主演：帕特里克·布拉姆马尔、吉纳维弗·奥莱利、艾玛·布斯等
创作：托尼·艾尔斯、路易斯·福克斯
集数：12集（截至本书撰写时）

这个讲述"死人复活"故事的电视剧系列将背景设在澳大利亚，其与另一部电视剧《魂归故里》有许多相似之处：故事发生在小镇上，情节都是关于死人复活并希望重新进入他们的旧生活展开，所有事件背后都隐藏着一个秘密。该剧的出色之处在于它的"回归者"都来自澳大利亚历史的不同时期，其中一些人没有家人可联系，还有的甚至不记得自己是谁。当他们试图离开城镇的边界时，他们开始不受控制地流血，最终死亡。镇上的警察局长也被卷入其中，麻烦不断，不仅因为这是他的辖区，还因为他的妻子在他再婚后复活了。在他追踪事件原因的同时，他竭力向当局隐瞒了自己妻子复活的事实。尽管该剧有肥皂剧的一面，但它依然是一部力作，在国际上非常受欢迎。

奇幻盛宴：文学、影视、游戏中的幻想世界

《超感猎杀》

上映时间：2015—2018 年
国家 / 地区：美国
风格：电视连续剧
主演：裴斗娜、杰米·克莱顿、蒂娜·德赛、塔彭丝·米德尔顿、托比·恩穆尔、马克斯·里梅尔特、米格尔·安吉尔·西尔维斯特、布莱恩·J.史密斯等
创作：J.迈克尔·斯特拉钦斯基、拉娜和莉莉·瓦乔夫斯基
集数：24 集

八人同时看到了关于一个女人自杀的幻象，他们分散在世界各地，但随后发现他们的精神上是联系在一起的，而且都出生于同一天。他们是"连觉人"，可以以各种各样的形式跨越物理边界，分享彼此的想法、感觉、技能和经验，其核心威胁则来自一个试图利用他们的科学家阴谋集团——未来。该剧真正的出彩之处并非是关于"连觉人"的故事设定，市场上不乏相似之作，例如《未来青年》，其具有开创性意义的地方在于故事本身的世界性（指选取的八个"连觉人"来自世界各地，拥有不同的文化背景，而且不全是欧美面孔。——译者注）、对身份认同和同理心的真切呼吁与鼓励以及剧中所透露出的震撼人心的价值观。这部剧吸引了大量粉丝，但还是没有多到足以支撑剧集制作的巨额预算，因此不得不停拍。否则它很有可能获得更高成就。

左图：
达里尔·汉娜饰演安吉莉卡·图灵，《超感猎杀》中连觉八子的缔造者

下图：
裴斗娜饰演孙巴克，她换成了该死的奥尼扬戈的身体，帮助她的同伴摆脱束缚

第三章　奇幻电视剧

《天赋异人》中罗伯·柯林斯扮演的瓦如和亚当·布里格斯扮演的暴力"毛人"马里扬

《魔法师》

上映时间：2015年至今
国家/地区：美国
风格：电视连续剧
主演：杰森·拉尔夫、斯特拉·梅夫、黑尔·阿普尔曼、阿尔琼·古普塔、莎莫·比施尔、奥利维亚·泰勒·达德利等
创作：列夫·格罗斯曼
集数：47集（截至本书撰写时）

这个系列改编自列夫·格罗斯曼的畅销书，故事中，不仅魔法是真实的，可以在学校中通过学习习得，而且奇幻书中的魔法大陆都是真实存在的，它们与真实的世界毗邻，至少据主人公昆汀·科尔沃特所知是这样的。他从布雷克比尔魔法教育大学召集了一群他所需要的朋友甚至还有对手，冒险进入另一个世界去阻止可怕的怪兽。该剧依靠高超的视觉效果和巧妙的幽默感在众多奇幻电视剧中脱颖而出。

2016年

《天赋异人》

上映时间：2016—2017年
国家/地区：澳大利亚
风格：电视连续剧
主演：特·佩奇-洛查德、罗伯·柯林斯、塔斯玛·沃尔顿等
创作：瑞恩·格里芬、乔恩·贝尔、乔纳森·加文
集数：12集

这是一部澳大利亚现代奇幻剧，在该剧的设定中，"毛人"这种生物一直与人类共存，直到最近才被人类发现。该剧大量取材于原住民关于"梦想时代"（澳大利亚一些土著

传说中其始祖诞生的时代。——译者注）的民间传说，尤其是一个被称为"天赋异人"的弥赛亚式人物。该剧通过讲述毛人和人类之间的纠葛、建立保留区以及毛人社会内部的冲突，探讨了种族主义和身份认同等话题。

《神探安娜》

上映时间：2016—2017 年
国家 / 地区：俄罗斯
风格：电视连续剧
主演：亚历山大·尼基福罗娃、德米特里·弗里德、谢尔盖·德鲁兹亚克等
创作：伊卡捷琳娜·安德里年科、莱戈尼-菲亚尔科、弗拉迪斯拉夫·里亚辛
集数：29 集

这是一部将背景设定在 19 世纪俄罗斯的超自然奇幻电视剧，主人公是一名警察，名叫安娜，她是一个年轻的女人，她能看到死者的灵魂，这驱使着她去解决他们的死亡之谜。她与头发花白的资深侦探雅科夫搭档，雅科夫负责逻辑推理、顺着线索追根溯源，而她负责询问鬼魂。如果这一切听起来有点儿熟悉，那可能是因为你之前看过类似的电视剧《灵媒缉凶》。

《只有我不在的街道》

上映时间：2016 年
国家 / 地区：日本
风格：电视连续剧
主演：满岛真之介、土屋太凤、本·迪斯金（英语配音）、米歇尔·拉夫（英语配音）等
创作：三部敬
集数：12 集

在这部动画中，漫画家藤沼悟用他的"复活"能力回到过去，阻止坏事发生在他周围的人身上。这个超能力为他赢得了别人的称赞，但并没有对他的正常生活造成影响，直到他使用能力扭转了母亲遇害的事件。这次藤沼悟并没有回到过去几分钟，而是回到了 18 年前他 11 岁的时候。这部剧讲述了藤沼悟在学校生活、与朋友们交往以及在危险事件中努力纠正过去错误的故事。

《路西法》

上映时间：2015 年至今
国家 / 地区：美国
风格：电视连续剧
主演：劳伦·德曼、汤姆·埃利斯、凯文·亚历杭德罗、D.B. 伍德赛德、莱斯利·安勃兰特等
创作：尼尔·盖曼等
集数：57 集（截至本书撰写时）

在这部讲述超自然故事的奇幻电视剧中，魔鬼路西法·晨星把通往地狱的钥匙委托他人，然后在洛杉矶化为人形过着正常人的生活。他享受着坐拥夜总会的奢华生活，并让那些曾与他敌对的人感到恐慌，直到他遇到了似乎对他的恶魔力量免疫的警探克洛伊·德克尔。这个两人团队一起查办案件，同时路西法也在调查克洛伊到底是谁，他如何能一直避免回到地狱、干回老本行等。虽然有更邪恶的力量试图破坏路西法在地球上的人类"生活"，但路西法的哥哥、天使阿曼纳迪尔依旧对路西法很温和。该剧改编自尼尔·盖曼的漫画书，但更准确地说是改编自迈克·凯里的系列小说。第三季有点儿乏味，因为福克斯要求制片人删除神秘元素和超自然元素，而后网飞公司接管了第三季的拍摄。

《狙魔女杰》

上映时间：2016 年至今
国家 / 地区：加拿大、美国
风格：电视连续剧
主演：梅兰妮·斯克罗法诺、蒂姆·罗松、多米尼克·普罗沃斯特-查克利等
创作：博·史密斯等
集数：37 集（截至本书撰写时）

该片是一部改编自博·史密斯漫画的超自然恐怖系列电视剧。传说中的执法官怀亚特·厄普曾铲除了许多邪恶亡魂，而现在他的玄孙女维诺娜又要再担使命，维诺娜拿着她祖先的"和平者"左轮手枪，干掉了这些"亡魂"，并在她的家乡炼狱镇与当地警察合作，防止黑暗势力吞噬普通市民。该剧沿袭了许多经典的美国西部故事的荒野风格，保留了大名鼎鼎的医生霍利迪的原本形象，并赋予其一种新鲜的现代视角。剧中既充满了动人的故事情节又有紧贴当下的幽默笑点，要做好这样的融合可并不容易。

2017 年

《美国众神》

上映时间：2017 年至今
国家 / 地区：美国
风格：电视连续剧
主演：瑞奇·惠特尔、艾米丽·勃朗宁、巴勃罗·施赖伯、伊

第三章　奇幻电视剧

《美国众神》中，瑞奇·惠特尔扮演的"影子"盯着黄金

恩·麦克肖恩等
创作：尼尔·盖曼等
集数：16集（截至本书撰写时）

这部雄心勃勃的电视剧改编自尼尔·盖曼的现代奇幻故事，讲述了现代社会旧神与新神之间的斗争，当中寓言、神话和神秘主义集于一体，共同绘就了一幅精彩纷呈的奇幻画卷。该剧恐怖和黑暗的反派给英雄"影子"带来了无尽的麻烦。"影子"与一位小妖精以及他死去的妻子劳拉开始了一次公路旅行，其间他的身份是"星期三"——传说中的古神"奥丁"——的保镖。该剧每一集都以闪回和插叙的手法开篇，讲述主线之外的其他神魔故事，使这些支线以某种方式融入主线剧情。

《暗黑》

上映时间：2017年至今
国家/地区：德国
风格：电视连续剧
主演：奥利弗·马苏奇、卡罗琳·艾希霍恩、耶迪斯·特里贝尔等
创作：巴伦·博·欧达尔、扬特耶·弗里泽
集数：20集（截至本书撰写时）

这是一部风格扭曲、情绪压抑的德国奇幻剧，讲述了一个发生在德国小镇中的时间穿越故事，一切要从人们震惊地在森林里发现一位男孩的死尸开始。剧中的角色们找到了两个穿越时空的洞口，可以从现代穿越至20世纪80年代和50年代。当时留下的复杂谜团为后来的悲剧埋下了种子。主人公乔纳斯表面上刚刚从父亲的自杀中平复过来，但实际上他回到了父亲年轻时的生活，之后秘密开始泄露，小镇上最显赫的家族因此开始分崩离析。有人把它与惊悚科幻热作《怪奇物语》相比较，但它更像是《双峰镇》，虽然一些评论家批评剧中能让观众感同身受的角色太少。

《河神》

上映时间：2017年
国家/地区：中国
风格：电视连续剧
主演：李现、张铭恩、王紫璇等
创作：天下霸唱等
集数：24集

丁卯是20世纪30年代一名训练有素的法医，他正在寻找杀害父亲的凶手。他怀疑帮助从河里打捞尸体的郭得友参与了犯罪。郭得友是警察局外编五河捞尸队队长，拥有一手"点烟辨冤"的绝技，于是丁卯决定与

奇幻盛宴：文学、影视、游戏中的幻想世界

他联手，以便找出谋杀的真正幕后主使。剧中充满了神秘元素，这标志着该片是一部具有代表性的中国奇幻作品。这部连续剧根据天下霸唱的小说《河神》改编而成，情节不错，总是能给人惊喜。精良的制作和优质的故事情节使该剧在国内外均获得好评。

2018年

《死雄》

上映时间：2018年至今
国家/地区：墨西哥
风格：电视连续剧
主演：克里斯托弗·冯·乌克曼、霍雷西奥·加西亚·罗贾斯、吉塞尔·库里、法蒂玛·莫利纳等
创作：弗朗西斯科·哈亨贝克
集数：8集（截至本书撰写时）

这是一部高度原创的墨西哥奇幻冒险剧，主要讲述了一位被解除神职的牧师和一个恶魔猎人一起工作、共同抵御世界末日的故事。恶魔和天使的交易是常见的，其结果就是将恶魔释放至人间，这会带来可怕的后果，所以恶魔猎人被召唤出来，他们负责把恶魔送回原位。这部剧充斥着墨西哥民间传说，以弗朗西斯科·哈亨贝克的小说《魔鬼让我这么做》为基础改编，并增添了很多原创情节。

《龙王子》

上映时间：2018年至今
国家/地区：美国、加拿大
风格：电视连续剧
主演：杰克·德塞纳、宝拉·博罗斯、萨莎·罗延等
创作：亚伦·埃哈兹、贾斯汀·里士满
集数：18集（截至本书撰写时）

这部动画片由《降世神通：最后的气宗》主创团队制作，讲述了两个人类王子——人类国王哈罗的继子卡姆勒和他同父异母的哥哥，同时也是王位继承人的伊兹兰——与精灵杀手瑞拉之间的故事，故事背景是世界因人类和精灵之间的战争而分裂。在很久以前，黑魔法导致了种族之间的裂隙，而现在英雄们试图纠正这个古老的错误，把最后一颗龙蛋送还精灵，防止全面战争再次爆发。本剧有诸多亮点：演员的精彩表演出色还原了剧中听觉受损的角色形象，跳出了标准奇幻电视剧的套路进行了一些差异化改编，并对魔法的呈现效果做了精心设计。

2019年

《好兆头》

上映时间：2019年
国家/地区：英国、美国
风格：迷你剧
主演：大卫·田纳特、麦克·辛等
创作：尼尔·盖曼等
集数：6集

该剧对尼尔·盖曼和特里·普拉切特爵士创作于1990年的同名作品进行删减，选择从较小的视角切入，将其改编为一部迷你剧。这部剧突出了克劳利（田纳特饰）和亚茨拉菲尔（麦克·辛饰）之间的关系，他们分别是恶魔和天使，各自受领了来自自己主人，也就是撒旦和上帝的同一个任务——为人间带来世界末日，但这也是他们都迫切希望避免的。幸运的是，两人之间产生了神奇的化学反应，他们共同证明了其选择是正确的，辛和田纳特的精彩演技让这部剧大获成功。

相比克劳利和亚茨拉菲尔之间的情节，该剧的其他部分就显得不太饱满：上帝本应是个狡猾而幽默的角色，但在这里却反而有些平淡；亚当等角色本应该有更好的表现，但剧中留给他们的镜头着实太少；沙德威尔这个角色的塑造也略显苍白，只是机械地模仿了原著的形象。另一方面，对天堂与地狱的刻画非常成功；虽然有后期剪辑美化，但饰演预言家后人安娜丝玛·仪祁和女巫猎人牛顿·帕西法的演员表现十分出色；饰演特雷西夫人的米兰达·理查森更是演技超群。本片仍有可能拍摄续集，因为盖曼和普拉切特确实策划了第二部小说，不过到目前为止还没有开拍的迹象。

《黑暗物质》

上映时间：2019年至今
国家/地区：英国、美国
风格：电视连续剧
主演：达芙妮·基恩、阿米尔·威尔逊、露丝·威尔逊、林-曼努尔·米兰达等
创作：杰克·索恩等
集数：8集（截至本书撰写时）

菲利普·普尔曼的同名小说三部曲在发行后的二十年里广受好评。2007年，改编自第一部小说《北极光》的电影《黄金罗盘》视觉风格丰富，但却脱离了书中占据主导地位的宗教主题，该片随后也未能推出续集。这部电视剧将第一部小说的内容扩展为两季，并以更加忠实原著的方式和更精彩的视觉效果来呈现。如果还有第三季，预计将会讲述该系列第二部小说《魔法神刀》的内容。

《猎魔人》

上映时间：2019年至今
国家/地区：美国
风格：电视连续剧

主演：亨利·卡维尔、安雅·查罗特拉、弗雷娅·艾伦、乔伊·贝蒂等

编剧：劳伦·施密特·西里等

集数：8集

近年来，里维亚·杰拉特成绩斐然，他出色地将安杰伊·萨普科夫斯基的书、游戏公司"猎魔人制作组"的游戏（尤其是《猎魔人3：狂猎》）改编成了网飞的原创流媒体剧，赢得了大批粉丝。该剧改编自萨普科夫斯基的前两部作品——《遗愿》和《命运之剑》，效果很好。即便有剧评人批评前几集的节奏不当，粉丝们的热捧依然让这部剧成为网飞2019年最热门的剧集之一。萨普科夫斯基经常直言不讳地谈到自己作品改编过程中的缺陷，他还特别赞扬了卡维尔："就像《魔戒》中维果·莫滕森饰演埃莱萨王阿拉贡一样，亨利演活了杰洛特——这毋庸置疑。"该片插曲《向猎魔人掷一枚硬币》朗朗上口，甚至有点"洗脑"，虽然它可能在电视剧（第二集）只播出了短短几分钟，但这首歌像病毒传播一样迅速走红，现在已经以十多种语言正式发行，在英国进入了流行音乐榜单前40名，在匈牙利更是进入了前10名。

鲁南（图中右侧）是《龙王子》中的刺客月影精灵的严厉领袖

奇幻盛宴：文学、影视、游戏中的幻想世界

第三章 奇幻电视剧

THE MAGAZINE OF
Fantasy AND
UK 5/-

Science Fiction

JULY 60¢

SHIP OF SHADOWS
a new short novel by
FRITZ LEIBER

ISAAC ASIMOV
JUDITH MERRIL
HARLAN ELLISON

第四章
奇幻文学巨匠

文字是现代奇幻文学的命脉。当然,情况并不总是这样——在教育程度较低的时代,口口相传是传播冒险和奇迹故事的媒介。这也是那个时代最重要的社会活动之一。但世界已经发生了变化,口头叙事已经让位于书面故事。电影、游戏和电视等多彩绚丽的大型媒体可能会吸引更多的观众,但它们讲述的作品必然直接或间接地来自文学创作。奇幻文学是有趣的奇幻故事发生的地方,是冲破奇幻界限的世界。读者在内心剧场获得的体验是其他任何方式都无法比拟的。

在现代小说诞生之前,杂志曾经是小说传播的最重要媒介。短篇小说、中篇小说和连载小说——其中许多是奇幻小说——风靡19世纪末和20世纪上半叶的流行杂志。

在第二次世界大战造成的纸张短缺之后,借鉴了《读者文摘》格式的小型杂志开始出现。这些小型杂志几乎没有插图和严肃的封面,登载的小说简洁流畅。《奇幻与科幻》杂志是战后一个著名的例子,至今仍在出版。《神奇科学幻想》则没能坚持那么长时间。尽管努力求存,这些杂志最终仍难逃失败的命运。虽然有些小型杂志被保留了下来,但自20世纪70年代以来,就没有新的杂志成功创刊了。近年来罕见的新创刊杂志,如《幻想王国》《魔音地带》,往往采用更大、更高级的版面。

虽然杂志的时代已经过去,但它们提供了让现代奇幻小说诞生的肥沃土壤。它们在奇幻文学作为一种文学体裁的发展史上发挥了重要作用,这点无论如何评价都不为过。

本章并不试图提供一个完整详尽的奇幻文学作者名单。用这样的名单来填满一本百科全书太过容易,而我们也没有足够空间来囊括每位作家的名字。因此,我们试图选择一系列重要的作家和其他创作者,并列出他们最为有趣的作品。因此,一些你最喜欢的作家和书籍也许未能纳入,请原谅我们。为了保证各个时期的作家与作品能相对均衡,我们不得不略去一些重要的作家和作品,为其他时期的作家腾出空间。这绝不意味着那些未被纳入的人和书不如已收录的好或重要。

对页图:
《奇幻与科幻》杂志的经典封面

本·阿罗诺维奇

英国小说家、编剧；出生时间：1964 年

阿罗诺维奇为第七任博士写了两部"神秘博士"系列：《戴立克的回忆》和《战场》；以及"新冒险"系列中的几部《神秘博士》小说。他还为《伤亡》和《木星的月亮》写过剧本。近来他最出名的是"伦敦河"系列，主演是彼得·格兰特，讲述了一个警察被招募到伦敦警察厅的神秘部门，处理魔法和超自然怪物。这一系列作品结合了警察小说与都市幻想的元素，颇受欢迎。该系列包括：小说《伦敦河》，在美国名为《午夜暴乱》（2011年）、《苏活之月》（2011年）、《地下低语》（2012年）、《破碎的家庭》（2013年）、《狐狸手套的夏天》（2014年）、《上吊树》（2016年）、《最遥远的车站》（2017年）、《谎言之眠》（2018年）和《虚假价值》（2020年）。

理查德·亚当斯

英国小说家；出生时间：1920 年；逝世时间：2016 年

亚当斯原是英国环境部的一名公务员，他于 1972 年出版了《水域沉没》，这是一部触动人心的生态道德剧，讲述了英勇的兔子因城市发展侵占领地而被迫迁移的故事。因为动物奇幻这一分支体裁早已无人问津，这部作品最初被商业出版商拒绝，但随后却成为了一本引人注目的畅销书，赢得了卡内基奖章和卫报儿童小说奖。它的成功促成了动物奇幻类作品的复兴。亚当斯雄心勃勃地想涉足其他领域，但其创作的黑暗道德故事《沙迪克》（1974年）、伤感鬼故事《荡秋千的女孩》（1980年）、令人不安的奇幻类情爱小说《玛雅》（1984年）和以中世纪英格兰为背景的历史王朝故事《古怪骑士》（1999年），都没有《水域沉没》的反响强烈。动物类奇幻电影《瘟疫狗》（1977年）讲述了两个逃离残酷科学实验计划的逃犯的故事，《旅行者》（1988年）则是一部关于罗伯特·E.李的历史讽刺小说，而这两部与他此前的作品水平也相距甚远。但是《铁狼和其他故事》（1980年）中改编的民间故事以及儿童诗歌《老虎的航行》（1976年）和《船的猫》（1977年）中仍然保留了他作品的一些天真，而《水域沉没的故事》（1996年）则标志着亚当斯最终向大众需求的妥协。

托米·阿德耶米

美籍尼日利亚小说家；出生时间：1993 年

阿德耶米的父母从尼日利亚移民到美国。她的处女作《血与骨之子》（2017年）是一部青年奇幻小说，融合了西非神话、民间传说和成长故事。作为计划中三部曲的第一部，这本小说讲述了女主人公泽莉·阿德波拉努力打败压迫她的国王萨兰，重获魔力的故事。《血与骨之子》出版和电影版权以七位数的价格同时售出。续集《美德和复仇之子》于 2019 年上映。

萨拉丁·艾哈迈德

美国漫画作家、诗人和小说家；出生时间：1975 年

艾哈迈德的第一部小说《新月的宝座》（2012年）获得星云奖和雨果奖的最佳小说提名，并获得轨迹奖的最佳处女作奖。这个奇幻故事的灵感来自于一千零一夜，按照计划这是三部曲的第一部，但续集尚未出版。近年来，艾哈迈德已经成为一名漫画作家，他的《黑螺栓》（2017年）赢得了伊斯纳奖。他还为《流亡者》和《蜘蛛侠：迈尔斯·莫拉莱斯》创作台词。此外，艾哈迈德还是一位诗人和散文家。

琼·艾肯

英国小说家；出生时间：1924 年；逝世时间：2004 年

艾肯写过很多类型的小说，但最著名的还是长篇系列奇幻儿童小说，这一系列小说以国王詹姆斯三世统治下的 19 世纪为背景，包括《威洛比山庄的狼》（1962年），《巴特西黑色的心》（1964年）和《楠塔基特岛的夜行鸟》（1966年）。除此系列之外，她最近一部作品是面向美

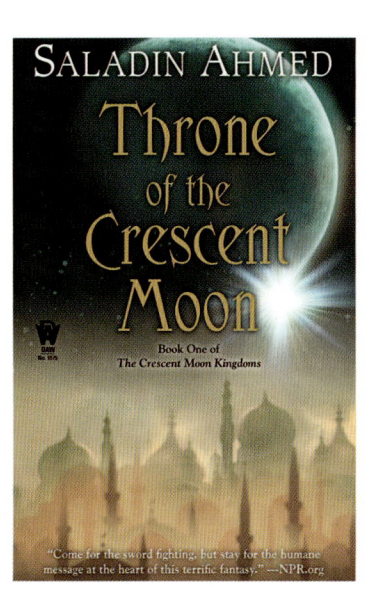

萨拉丁·艾哈迈德小说《新月的宝座》

国成人读者的《公鸡男孩》（1996 年）。

劳埃德·亚历山大
美国小说家；出生时间：1924 年；逝世时间：2007 年

他最负盛名的是"普里丹历险记"系列小说，迪士尼动画电影《黑釜》（1985 年）即是以此系列中的前两本书为基础创作的。该系列小说以普里丹为背景地，借鉴了《马比诺吉翁》收录的古老威尔士神话，包括《三者书》（1964 年）、《黑釜》（1965 年）、《莱尔城堡》（1966 年）、《流浪者塔安》（1967 年）、《至尊王》（1968 年）。相关的故事集包括《科尔和他的白猪》（1965 年）。

年轻的主角塔安是一名养猪人，出身不明；但他的猪亨文有神谕的力量，他的保护者达尔本是一个类似梅林的巫师。他们和其他人——其中最特别的是言语野蛮的艾隆威公主——加入了拯救普里丹的斗争，与来势汹汹的"角王"、一群被诅咒的黑骑士赋予非自然生命的不死武士以及最终的地下世界之王展开了对抗。

亚历山大笔下的角色无论善恶，都生动活泼，他常常打破青年奇幻作品的常规，让"错误"的角色死去或令人震惊地变成叛徒，让即将成为武士的塔安屈尊成为工艺品学徒，并迟迟不肯透露他实际高贵的出身。他作品中幸福的结局是通过痛苦的道路和高昂的代价来实现的。

汉斯·克里斯蒂安·安徒生
丹麦故事作家；出生时间：1805 年；逝世时间：1875 年

汉斯·克里斯蒂安·安徒生的六部小说和几卷自传现在都被遗忘了，尽管它们帮他维持了自己的国际声誉，使他获得了在欧洲各地巡游的机会。他在 1829 年开始撰写、1835 年出版的童话故事使他获得了长久的名气。尽管他的所有故事几乎都是原创，但却很好地捕捉到了民间传说原汁原味的精髓，以至于格林兄弟将他的一个故事当作"德国传统故事"，进行了复制重述。他最著名的作品包括令人震惊的讽刺故事《皇帝的新装》（1837 年）、讲述自我牺牲精神的伤感寓言故事《小美人鱼》（1837 年）以及美丽的寓言《夜莺》（1845 年）。《丑小鸭》（1845 年）是安徒生影射自己生活的作品之一。《冰雪女王》（1846 年）是一部华美的杰作，而《卖火柴的小女孩》（1848 年）则是一部想象力丰富的令人心碎的作品。安徒生还撰写过一些更为严肃的哲理性寓言故事，但经常从以儿童为目标群体的文集中删去，不过 1869 年至 1887 年在英国出版的 20 卷《安徒生全集》几乎收录了他的全部作品。安徒生的故事对现代童话作家产生了巨大的影响。奥斯卡·王尔德在这一领域最出色的作品很明显借鉴了安徒生的原著。

汉斯·克里斯蒂安·安徒生，丹麦摄影师索拉·哈拉格摄，1869 年

保罗·安德森
美国小说家；出生时间：1926 年；逝世时间：2001 年

安德森的斯堪的纳维亚血统充分展现在如《断剑》（1954 年）这样的荒凉奇幻作品中。黑暗时代的英国饱受精灵与巨怪之间的战火肆虐，故事的主人公挥舞一把被诅咒的剑，并最终凄凉死去。《霍罗夫·克拉基的传说》（1973 年）则带有更纯粹的北欧风格，故事改编自真实的冰岛传说。

皮尔斯·安东尼"赞斯"系列小说

不过作为一位多才多艺的作家，安德森也创作了不少更为阳光的流行奇幻作品。《三心三狮》（1961年）中，来自丹麦的主人公来到了一个中世纪的幻想世界，在那里，现代知识可以用来解释魔法效果。当巨人在黎明变成石头时，主人公意识到有关巨人黄金的传统诅咒是真实的：把碳变成硅（石头）意味着核转变和随之而来的辐射危害。

经典之作《混沌行动》（1971年）展示了魔法和科学并存的另一个地球世界，那里的第二次世界大战有独角兽骑兵、隐形头盔、变形突击队等。狼人主人公和他的爱人女巫最终必须依靠魔法和数学的力量去袭击地狱。

同样值得关注的还有轻松愉快且带有莎士比亚风格的《仲夏暴风雨》（1974年），其中的对白以无韵诗的形式写作。另外还有他与妻子卡伦·安德森共同创作的凯尔特奇幻作品"Y之王"系列（1986—1988年）。

F. 安斯蒂

英国小说家；出生时间：1856年；逝世时间：1934年

作为大开本幽默讽刺杂志《笨拙》的忠实读者，安斯蒂创作的奇幻漫画讲述了维多利亚时代的传统生活被魔法搅得天翻地覆的故事。其中最著名的是《反之亦然》（1882年），讲述了一块魔法石的故事，它可以满足父亲想要重返青春的虚伪愿望，也可以满足儿子想要长大的愿望。父子二人的生活因此相互交换。但变成少年的父亲很快被迫想起了寄宿学校生活的残酷。当两人最终都恢复正常时，他对儿子更加同情。初次创作成功后，安斯蒂一直努力尝试再现昔日辉煌，但却未能如愿。

皮尔斯·安东尼

英国（美国）小说家；出生时间：1934年

皮尔斯·安东尼·迪林厄姆·雅各布使用名字的简写进行创作。他最初以科幻小说而闻名，现在则主打奇幻作品，其中最著名的是"赞斯"系列。

赞斯是一个充满魔力的幻想世界，以安东尼的家乡佛罗里达州为原型，包含了几乎所有可以想象到的幻想生物、咒语和情节套路，这些都融入在有时品位堪忧的双关表达中。尽管偶尔有造作之处，但其新鲜的写作手法以及对魔法的逻辑、技术和环境后果的深思熟虑，使得他最初的作品在成人读者中获得了相当高的人气，如《变色龙的咒语》（1977年）、《魔法之源》（1979年）、《鲁格纳城堡》（1979年）。

随着"赞斯"系列的继续，来自青少年粉丝的反馈显然令安东尼开始瞄准年轻观众，增加读者提出的奇想和双关语的分量，相对削弱了叙事的主旨。他的第41部作品《天空中的幽灵作家》于2017年出版。他对双关语的痴迷明显体现在《绒线奇谭》（1984年）和系列第30部《无毛鹳》（2006年）中；《她的内裤颜色》（1992年）则展现了青春期的快感。

"学徒能手"系列从有趣的《分裂无限》（1980年）和《蓝色能手》（1981年）开始，主角斯泰尔是一个来自科幻星球的奴隶，那个星球充斥着精心设计的规范化的竞技游戏。他发现自己在一个相关联的幻想世界里拥有强大的魔法技能。"并存"三部曲（1982年）讲述了一场有点儿愚蠢又过于古怪的魔法斗争；随后他又写了一部更加逊色的三部曲。

安东尼最好的个人奇幻作品可能是《骑着苍白的马》（1983年），一名未来科技魔法世界的男人必须承担起死神引导灵魂的责任，并逐渐成熟。故事精心设计出了死神如何运用一系列机制与方法操纵主人公"不可能完成"的工作计划，并刻画了炼狱中各级人员的庞大运作。这部作品拉开了"不朽化身"系列的序幕，在这个系列中，所有运行生命和来世机制的化身都是凡人：死亡、时间、命运、战争、自然，以及邪恶（撒旦）和善良（上帝）。

其他的"不朽化身"系列代表作有：《沙漏》（1984年）、《纠缠》（1985年）、《挥舞红剑》（1986年）、《做一个绿色的母亲》（1987年）、《爱恶》（1988年）和《永恒》（1990年）。安东尼在第六本书中用饶有趣味的方式书写了撒旦富有同情心的观点，在最后一本书中选择了最不可能的人选来替代上帝，但这些并不能弥补他前几部作品的冗余乏味。例如，小说《时代》中就充满了大段的心理剧，带有后期"赞斯"系列诙谐幽默的风格。

尽管如此，这也是安东尼影响最深远的奇幻作品。安东尼总是表现出惊人的、甚至是迷人的创造力，但太多的作品续集最终耗尽了他最初的创作理念。

大卫·瑞恩

英国小说家；出生时间：1961年；逝世时间：2015年

澳大利亚出生的作家兼文学讲师大卫·瑞恩的处女作是《小丑的舞蹈》（1997年），该书共分五卷，出版商希望此书能像大卫·艾丁那样大获成功。这一系列的后续作品包括《剑王和剑后》（1998年）、《月亮和星星的苏丹》（1999年）、《蓝石姐妹》（2000年）和《无境之梦》（2001年）。

斯蒂芬·雅利安

英国小说家；出生时间：1977年

雅利安著有两套关于战争巫师的史诗奇幻小说三部曲："黑暗时代"系列：《战斗法师》（2015年）、《血腥法师》（2016年）和《混乱法师》（2016年）；以及接下来的"恐怖时代"系列：《法师降生》（2017年）、《法师降临》（2018年）和《法师辞世》（2019年）。

萨拉·阿什

英国小说家；出生时间：1950年

阿什是一名音乐教师，同时也是一名散文家。她的作品经常被拿来和罗宾·霍布进行比较。随着小说《飞蛾扑火》（1995年）、《歌手》（1996年）和《失去的孩子》（1998年）的问世，她广受赞誉。她还撰写了"阿塔蒙的眼泪"系列（2003—2005年），讲述了一个权欲淡泊的国王突然掌权的故事。2008—2009年她还出版了"魔法师的遗产"两部曲。

迈克·阿什利

英国书目学家、编辑；出生时间：1948年

阿什利是英国的国宝级人物，他的许多奇幻文学作品凝聚了实际研究与创作热情的结晶。他较为出名的作品有《梅林历险记》（1995年）、《圣杯历险记》（1996年）、《圆桌历险记》（1997年）和"不朽之书"系列等。他还著有奇幻文集《童话》（1997年）、《奇幻漫画》（1998年）、《奇幻》（2001年）、《极端奇幻》（2008年）等。

罗伯特·林恩·阿斯普林

美国小说家；出生时间：1946年；逝世时间：2008年

据阿斯普林称，他受到鲍勃·霍普和宾·克劳斯贝的电影《路》的启发，创作了美国第一批最畅销的幽默奇幻系列之一：《另一个美好的神话》（1978年）、《神话概念》（1980年）和《神话方向》（1982年），并与长期合作的乔迪·林恩·奈写了《神话财富》（2008年）。正如标题所示，他的幽默非常依赖于双关语。他还写了许多其他的科幻和奇幻题材的书。阿斯普林和他的妻子林恩·阿比一起，是世界上最负盛名的小说集《盗贼世界》的作者和编辑，并同样为奇幻文学做出了重要贡献。

阿尔弗雷德·阿塔纳西奥

美国小说家；出生时间：1951年

阿尔弗雷德·阿塔纳西奥是一位居住在夏威夷的著

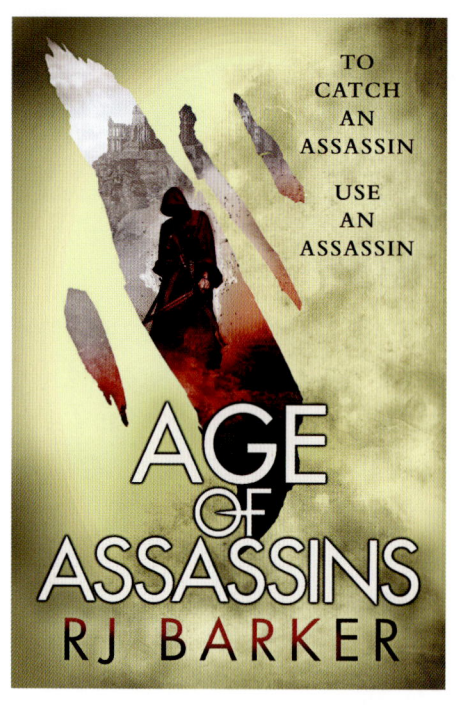

R. J. 巴克小说《刺客时代》

名科幻小说作家，他的作品总是充满了疯狂的想象力。20 世纪 90 年代，他开始转向奇幻小说，创作了《圣杯王国》（1992 年）、《月亮的妻子》（1993 年）和他的四部曲"亚瑟"系列，其中第一部为《龙与独角兽》（1994 年），最后一部为《蛇与圣杯》（1999 年）。他还使用亚当·李的名字创作了一些作品，包括"伊尔斯的统治"系列：《黑暗海岸》（1996 年）、《食影者》（1998 年）和《十月土地》（1999 年）。

约西亚·班克罗夫特

美国小说家；出生时间：不详

约西亚·班克罗夫特创作了"巴别塔书"系列，包括《森林上升》（2013 年）、《狮身人面像的手臂》（2014 年）和《国王的木桶》（2019 年）。尽管最初相对默默无闻，但是班克罗夫特优秀的作品质量使它们在出版几年后被人认可。该系列丛书于 2017 年由轨道图书公司再版，获得了巨大的好评。

詹姆斯·巴克莱

英国小说家；出生时间：1965 年

他是一名多年奇幻游戏玩家，同时也是伦敦的投行高管，他的写作职业生涯始于刻画逼真的"乌鸦历险记"三部曲：《黎明小偷》（1999 年）、《正午阴影》（2000 年）和《夜之子》（2001 年）。三部曲讲述了一小队专业雇佣兵的故事，读起来很有趣，情节也很轻松。他笔下的魔法——感觉有点像魔幻现实——也很有趣，尽管有点让人想起幻想纸牌游戏"万智牌"。第二部系列作品"渡鸦传奇"延续了前一部故事，包括《小精灵的忧伤》（2002 年）、《影心》（2003 年）、《恶魔风暴》（2004 年）和《渡鸦之魂》（2005 年）。然后他转而聚焦自己的"埃斯托利亚的上升"两部曲，故事设定在一个不同的世界。但他后来又将笔锋转回了渡鸦的世界巴拉亚，写作了"精灵"三部曲，该三部曲始于《曾与神同行》（2010 年）。

R. J. 巴克

英国小说家；出生时间：1973 年

R. J. 巴克是"受伤王国"奇幻三部曲《刺客时代》（2017 年）、《刺杀之血》（2018 年）和《刺杀之王》（2018 年）的作者，讲述了足部畸形的格顿从学徒杀手崛起为大师和死亡小丑的故事。《刺客时代》获得了英国奇幻奖最佳小说提名和晨星最佳奇幻小说新人奖提名。他的第二部三部曲中第一本小说《骨船》（2019 年）广受好评。鹿角在巴克的工作和生活中扮演着奇怪而又重要的角色。

詹姆斯·巴里

英国剧作家和小说家；出生时间：1860 年；逝世时间：1937 年

詹姆斯·巴里是 19 世纪晚期苏格兰"菜园派"感伤小说的成功作家。他在戏剧《彼得·潘》（又名《无法长大的男孩》，1904 年）中创造了令人难忘的主角后，便成为了一位奇幻文学的不朽创作者。彼得·潘是个永远不会长大的小男孩，带有反社会倾向。他和那些被他带到梦幻岛的孩子也出现在相关的小说《彼得和温迪》（1911 年）中。巴里的许多其他戏剧中有几部高度情绪化的奇幻作品，特别是《亲爱的布鲁图》（1917 年）和《玛丽罗斯》（1920 年）。

盖尔·鲍迪诺

美国小说家；出生时间：1955 年

她创作了"龙剑"三部曲：《龙剑》（1988 年）、《龙决斗》（1991 年）和《龙之死》（1992 年），以及更有趣的"星光"系列：《星光之链》（1989 年）、《月光迷宫》（1993 年）、《阴影裹尸布》（1993 年）、《阳光之链》（1994 年）和《精神之塔》（1997 年）。她还写有一些独立作品和许多短篇小说，使用的笔名包括凯瑟琳、盖尔·凯瑟琳和 K.M. 托索。

L. 弗兰克·鲍姆

美国小说家；出生时间：1856 年；死亡时间：1919 年

弗兰克·鲍姆出版过成人小说和非小说作品，但他的名气完全来自于他的儿童奇幻作品，特别是从《绿野仙踪》（1900 年）开始的长篇系列，凭借 1939 年的同名电影，他更加名声大噪。故事讲述了多萝西被一场怪诞的旋风席卷到奥兹国，最终带着她的家人永久住在那里（这与电影传递的乏味思想"没有地方像家一样"截然相反）的故事。

其他代表作包括：《奥兹国的神奇土地》（1904 年）、《奥兹国的奥兹玛》（1904 年）、《多萝西与奥兹国的巫师》（1908 年）、《奥兹国的道路》（1909 年）、《奥兹国的翡翠城》（1910 年）、《奥兹国的修补女工》（1913 年）、《奥兹国的滴答》（1914 年）、《奥兹国的稻草人》（1915 年）、《奥兹国的林克提克》（1916 年）、《奥兹国的失踪公主》（1917 年）、《奥兹国的铁皮人》（1918 年）、《奥兹国的魔法》（1919 年）和《奥兹国的格林达》（1920 年）。鲍姆还创作了六卷针对年轻读者的短篇小说，收录于《奥兹国小巫师故事合集》（1939 年）。

在他死后，其他作家受命续写这个系列，但他的前六本书设置了一个甚至鲍姆自己都无法一直维持的高度，其他人更是无法企及。这些作品构建了一个神奇、充满活力、抚慰人心的幻想世界，无疑是逃避现实的良药（不含贬义）。尽管鲍姆为了拓宽创作领域又写了一些作品，但却再难与之相匹敌。更有趣的一些作品还包括《万能钥匙》（1901 年）、《圣诞老人的生活与历险记》（1902 年）、《紫西皇后》（1905 年）和《海仙》（1911 年）。

彼得·S. 比格尔

美国小说家；出生时间：1939 年

比格尔青年时期的第一部小说是伤感的《一个美丽私密的地方》（1960 年），在书中，一个住在墓地的年轻人与附近的鬼魂以及一只聪明的乌鸦成为了朋友。作品中精心营造的多愁善感与罗伯特·内森的风格非常相近，而短篇小说作品《来吧，死亡夫人》（1963 年）更是明显在向他致敬。《最后的独角兽》（1968 年）是一个精致的探索奇幻作品，将中世纪寓言拼接成一个幽默的冒险故事，比其他任何现代文本都更具巧思。这被认为是他的杰作。在创作了中篇小说《狼人莱拉》（1969 年）之后，相隔数年作家又撰写了《空中之人》（1986 年），讲述了"古代快乐联盟"的生活方式、幻想家无意中召唤了古代生物的故事。

从那时起，比格尔的作品数量大幅增长，但质量并没有下降。《客栈老板的歌曲》（1993 年）是一部探索奇幻作品，与《最后的独角兽》有重叠之处；《巨骨》（1997 年）收集了六个以同一环境为背景的故事。《独角兽奏鸣曲》（1996 年）是之前题材的延伸，讲述一个十几岁的女孩跟随音乐来到谢拉的魔法领域，在那里独角兽遭受了一种奇怪的疾病。比格尔的最

彼得·S. 比格尔小说《一个美丽私密的地方》

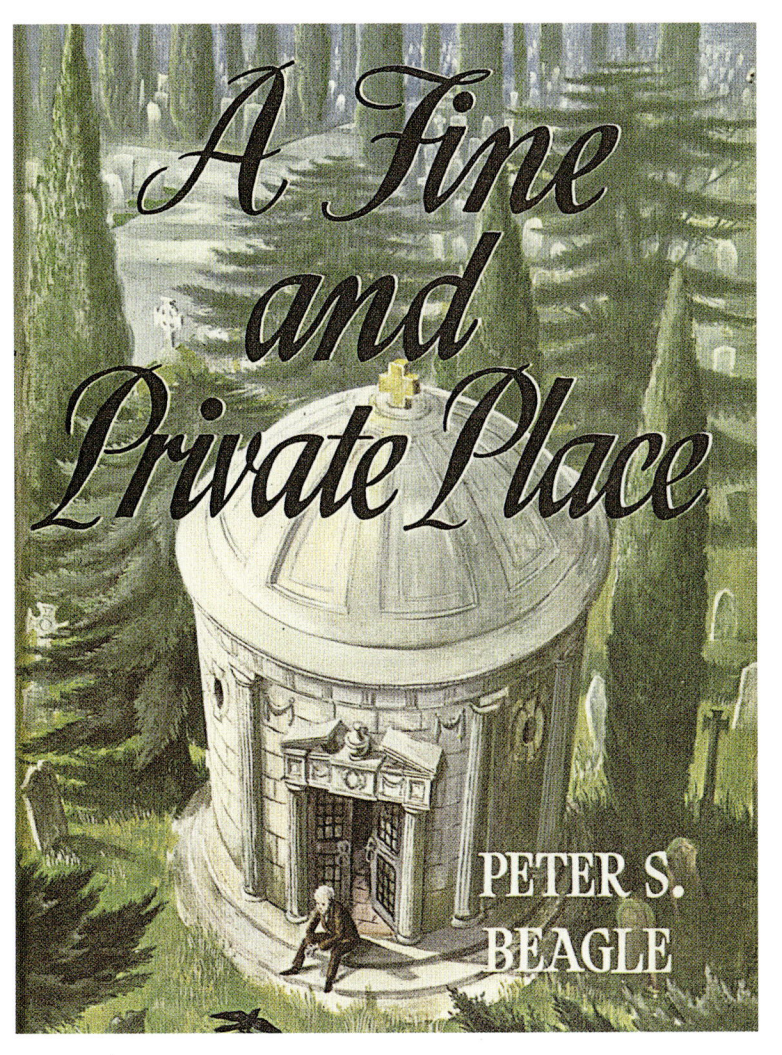

新作品回到了幽灵的主题——《塔姆辛》（1999年）讲述了一个女孩遇到一个英国鬼魂的故事，而《艾米莉亚之舞》（2000年）讲述了一个鬼魂占据了猫的故事。《不朽的独角兽》（1995年）由比格尔、珍妮特·柏林和马丁·H.格林伯格编辑，收录了相关主题的故事。《引用尼采的犀牛》和《那些奇怪的熟人》（1997年）收集了七个杂文故事和三篇文章，进一步证实了比格尔是他那个时代最好的奇幻作家之一。

詹姆斯·班内特

英国小说家；出生时间：1972年

詹姆斯·班内特，英国奇幻作家，现居住在巴塞罗那。他创作了"本·加斯顿"都市奇幻小说三部曲，讲述了一条伪装的龙和其他神话怪物躲藏在现代社会的故事。该系列以《追逐余烬》（2016年）开始，接着是《升起的火》（2017年）和《燃烧的灰烬》（2018年）。此外，班内特还是几本选集的撰稿人和编辑。

詹姆斯·毕比

英国小说家；出生时间：不详

毕比来自默西塞德郡，曾是电视喜剧作家，他是后特里·普拉切特派的奇幻幽默作家之一。他的处女作是《罗南的野蛮人》（1995年），随后又创作了续集《罗南的拯救》（1996年）和《罗南的复仇》（1998年）。《造型石》（1999年）是一个关于谋杀的奇幻作品。21世纪初，他成为了一名全职的家庭主夫，但最近又表现出对写作的兴趣。他的短篇小说包括《坠入耳朵》（1998年）、《苍白的刺客》（2001年）、《最后的女巫》（2004年）和《权力和血腥》（2005年）。

詹姆斯·P.布雷洛克

美国小说家；出生时间：1950年

布雷洛克的第一部小说《精灵船》（1982年）和《消失的矮人》（1983年）都采用了托尔金派的故事背景，但基调与风格却轻松愉快。多年后他才完成这套三部曲的最后一部《石头巨人》（1989年）。《挖掘利维坦》（1984年）是一部怀旧的模拟低俗浪漫小说，接着他又创作了蒸汽朋克奇幻巨作《小矮人》，讲述一群维多利亚时代的英雄在兰登·圣艾夫斯的带领下打败了邪恶魔术师伊格纳西奥·纳邦多的阴谋；这种冲突在《开尔文勋爵的机器》（1992年）中再次出现，并在其他几部小说中延续，直到《伦敦地下》（2015年）。

他其余的大部分作品都以反映他自己所在街区的加利福尼亚郊区为背景，这些优秀的系列小说讲述了看似平凡的普通人卷入错综复杂的超自然神秘事件中。《梦幻之地》（1987年）讲述了一场凶险的狂欢和导致维度扭曲的时间旅行。精彩的"基督教"三部曲标题取自作品中常见的神话元素：《最后的硬币》（1988年）描述了寻找犹大赏金的一段故事；《纸上的圣杯》（1991年）是他最优秀的作品之一，与他的好友蒂姆·鲍尔斯的作品一样，灵感来自于复杂的神话源泉；《地球上的钟声》（1995年）讲述了一个不寻常的恶魔契约。"幽灵"三部曲的前两部分别是《夜之遗迹》（1994年）和《冬潮》（1997年），其中对传统鬼魂故事的讲述更为正统。《雨季》（1999年）讲述了一个悲伤的鳏夫和可以与死者对话的孤儿侄女之间的精彩故事。《基石骑士》（2008年）是一个引人入胜的故事，讲述圣殿骑士的后人在加利福尼亚一个小镇上的故事。

伊丽莎白·H.博耶尔

美国小说家；出生时间：1952年

博耶尔创造了一部超凡脱俗的长篇奇幻系列，讲述了挪威神话中"阿尔法"（精灵）化身的故事。该系列包括：《剑和书包》（1980年）、《小精灵与水獭皮》（1981年）、《奴隶与龙之心》（1982年）、《巫师与军阀》（1983年）、《巨魔的磨石》（1986年）、《碎片的诅咒》（1989年）、《龙痛》（1990年）、《混沌之王》（1991年）、《军阀家族》（1992年）、《黑色的山猫》（1993年）和《养猫人》（1995年）。

雷·布拉德伯里

美国小说家；出生时间：1920年；逝世时间：2012年

布拉德伯里以他的科幻小说和怪异的恐怖故事而闻名，但他也写了一些著名的短篇奇幻作品。他的一些奇幻故事都被收集在《蒲公英酒》（1957年）中，这一直是他最令人满意的作品之一。书中描绘了1928年漫长炎热的夏天，伊利诺斯州的"绿镇"在12岁主人公的狂热想象中，变成了一个遍布时间旅行者、女巫和魔法的王国，一个充斥着魔法网球鞋和鲁布·戈德堡幸福机器的世界。这部作品不同于任何传统意义上的超自然幻想，而是对现代美国民间幻想的深层脉络进行了挖掘，极富想象力。书中有很多诱人的奇思妙想，表达了对更简单的旧式生活方式的鲜明向往。就像他所有的作品一样，这部作品的主题是童年以及用儿童的视角看世界。

玛丽昂·齐默·布莱德利

美国小说家；出生时间：1930年；逝世时间：1999年

布莱德利以一系列以黑暗星球为背景的科幻小说确立了她的职业生涯，包括《星球保护者》（1958年开始创作；1962年成书）到《影子矩阵》（1997年）。尽管从文风看，这个系列是星球浪漫主义作品，但其本质是奇幻小说，由"矩阵"控制的"超心理力量"本质就是魔法。女性化的亚瑟王奇幻小说《阿瓦隆迷雾》（1982年）使布莱德利获得了更广泛的名气，该书也成为了那个时代最佳畅销书之一。她早期的《剑与巫咒》小说没有那么成功，但她对"小偷世界"协同世界剧情做出了超越原始版本的贡献，最终从《莱桑德》（1986年）贯穿至《国王的感激》（1997年；与伊丽莎白·沃特斯合作）。布莱德利还参与了许多其他的合作活动，包括她的"剑与女巫"系列（1984年出版），其第15卷于1997年出版，以及1988年发行的《玛丽昂·齐默·布莱德利幻想杂志》。她与安德烈·诺顿和朱利安·梅合作，成功创作了《黑色延龄草》（1990年），后来她又创作了续集《延龄夫人》（1995年）。她又沿用同样的元素与诺顿和梅塞德斯·拉基共同创作《老虎燃烧的光明》（1995年）。

布莱德利在《阿瓦隆迷雾》之后创作的最具野心的个人奇幻作品包括：根据莫扎特的《魔笛》改编的《夜之女》（1985年），以及讲述特洛伊女预言家卡珊德拉的《火之语》（1987年）。在《森林之屋》（1993年）中，占领英国的罗马征服者和德鲁伊教之间的冲突，和罗密欧与朱丽叶式的剧情相互交织，精彩描绘了她最喜欢的主题；续篇《阿瓦隆夫人》（1997年）与《阿瓦隆迷雾》有所关联。《幽灵之光》（1995年）、《女巫之光》（1996年）和《坟墓之光》（1997年）则进入了新的文学领域，将焦点对准了比德尼研究所的超心理学家。尽管布莱德利的作品中只有一小部分达到了她的最高水准，但她为奇幻小说作为一种流行文学体裁得以建立做出了重要贡献，并不断努力扩大女性作家的地位。她的影响力永不磨灭。

丽贝卡·布莱德利

加拿大小说家；出生时间：1952年

她是一位在中国香港生活过几年的考古学博士，创作的"吉尔"三部曲——《吉尔的夫人》（1996年）、《塞恩夫人》（1997年）和《潘恩夫人》（1999年）——获得了一些好评。她和斯图尔特·斯隆合作的《特姆特玛》（1999年）是一部黑暗惊悚作品。

欧内斯特·布拉玛

英国小说家；出生时间：1868年；逝世时间：1942年

深居简出的布拉玛是写中国风故事最好的英语作家。他创造了这个亚类型文学中最难忘的人物——开龙。作品包括：《开龙的钱包》（1900年）、《开龙的黄金时光》（1922年）、《开龙展开他的垫子》（1928年）和《华丽的月亮》（1932年）。他还写了一些相当好的侦探小说。

特里·布鲁克斯

美国小说家；出生时间：1944年

有两位作家在1977年证明了托尔金的《指环王》在商业上的成功并非偶然，其中一位便是特里·布鲁克斯（另一位是斯蒂芬·R.唐诺顿）。他们也证明了奇幻小说确实有潜力成为受大众市场欢迎的文学类型。《沙娜拉之剑》是一部高度模仿托尔金的杰作，并精心进行了简化，以至于林·卡特将其描述为"一本书犯下的战争罪行"，但莱斯特德雷却认为，布鲁克斯用通俗易懂、轻松愉快的方式书写了托尔金的宝藏主题，具有市场潜

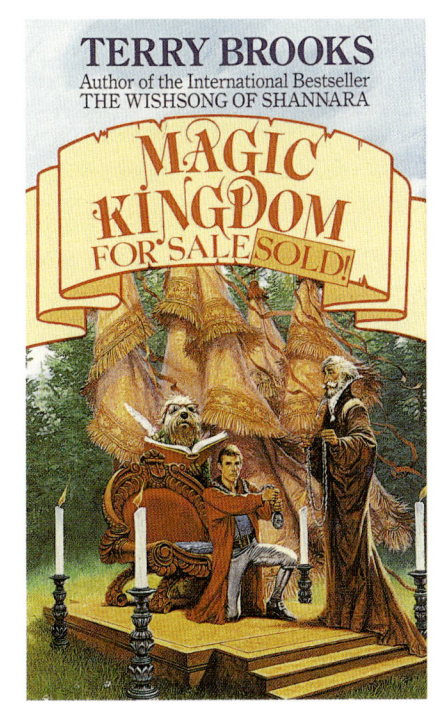

特里·布鲁克斯小说《出售魔法王国——成交！》

力，并使它成为德雷出版品牌的奠基之作，也成为了新流派的核心。布鲁克斯将沙娜拉序列扩展到了六部续集，故事的背景又另延续了三个世纪。随后，他遵循刚刚形成的新传统，创作了前传《沙娜拉的国王》（1996年）以及随后的续集《杰尔沙娜拉之旅》（2000—2002年）、《沙娜拉的高级祭司》（2003—2005年）、《沙娜拉的起源》（2006—2008年）、《沙娜拉传奇》（2010—2011年）、《沙娜拉的黑暗遗产》（2012—2013年）、《沙娜拉的捍卫者》（2014—2016年）以及《沙娜拉的陨落》（开始于2017年）。随着布鲁克斯不断创作，他的作品在基调和方式上变得轻松，尽管仍带有一定的真挚与沉重。"兰多弗"系列便是如此。这一系列始于《出售魔法王国——成交！》（1986年），该作用轻快的文风叙述了一个迟钝的律师为了逃避现实，买下了一个魔法王国——当然，最终事实证明这魔法王国并非世外桃源。该系列的续作有《黑独角兽》（1987年）、《巫师大冒险》（1988年）、《纠结的盒子》（1994年）和《女巫的酒》（1995年），最后以《兰多弗公主》（2009年）结束。不过随着时间的推移，该系列一开始的欢快气氛变得有些不那么稳定。布鲁克斯与以往更截然不同的新作是《与恶魔一起奔跑》（1997年），这是一部引人入胜的当代奇幻作品，故事发生在伊利诺伊州的霍普韦尔镇，以独立日庆祝活动为背景，讲述了善良的"沃德"与邪恶的"虚空"之间史诗般的斗争。该系列的其他作品包括《沃德骑士》（1998年）、《东方天使之火》（1999年）和《勇士》（2018年）。

史蒂芬·卡尔·佐尔坦·布鲁斯特

美国小说家；出生时间：1955年

匈牙利裔美国作家布鲁斯特在他的"弗拉德·塔尔托斯"系列复杂幻想中运用了来自他祖先神话的元素。该系列始于《耶赫格》（1983年）、《延迪》（1984年）、《黛克拉》（1987年）和《塔托希》（1988年），第十五部作品是《瓦力斯塔》（2017年）。其他以德拉盖拉世界为背景的书还包括"哈夫伦罗曼史"三部曲、《凤凰卫队》（1991年）及其续集，这些书都非常夸张，很大程度上受到了亚历山大·杜马和拉斐尔·萨瓦蒂尼的影响。布鲁斯特还写了很多推理类的小说和短篇作品。

艾玛·布尔

美国小说家；出生时间：1954年

布尔的大部分小说都是独自完成的，其中至少有三部是奇幻小说——《橡树之战》（1987年）、《芬德尔》（1994年）和《公主与夜王》（1994年）。另一部广受好评的作品《骨之舞：技术爱好者的幻想》（1991年）最适合归类为科幻小说，尽管小说副标题不太像科幻。以19世纪中期英国为背景的长篇书信体小说《自由与必然》（1997年）是与布鲁斯特合著的。这本书引用了黑格尔、马克思和恩格斯的名言，可以说是第一部马克思主义蒸汽朋克奇幻小说。布尔与同为奇幻小说家的威尔·谢特利结婚，两人共同编辑了世界奇幻文集"利亚维克"系列。

克里斯·邦奇

美国小说家；出生时间：1943年；逝世时间：2005年

邦奇的所有早期作品都是与艾伦·科尔合作创作的，尤其是"安特罗斯"奇幻三部曲，包括《遥远的王国》（1993年）、《勇士的故事》（1994年）和《夜之王国》（1995年）。不过后来两人分道扬镳，邦奇创作了大量三部曲作品，包括"影子战士"（1996—1997年）、"预言王"（1997—1999年）、"龙大师"（2002—2004年）和科幻作品"最后的军团"（1999—2001年）、"明星风险"（2002—2005年）。科尔的主要个人作品是《当神沉睡》（1997年）和《神之狼》（1998年），他那类似《一千零一夜》的奇幻风格，来自欧玛尔·海亚姆的《鲁拜集》。

埃德加·赖斯·巴勒斯

美国小说家；出生时间：1875年；逝世时间：1950年

巴勒斯开创了一种新的奇幻冒险故事亚流派，并因此成为了百万富翁，这一流派为逃避现实式的幻想赋予了前所未有的自由，并将低俗小说带到了一个新的极端。虽然《人猿泰山》（1912年创作；1914年出版）将故事背景设定在非洲，《火星公主》（1912年创作；1917年出版）的故事发生在火星，但实际上他的作品都拥有相似的背景设定，以及同样紧凑、扣人心弦的情节。这一模式运行得如此成功，以至于这两部的后几卷都在不断重复。在他的职业生涯中，还创作了其他几部作品，至少与他的第一部作品分量相当。这些故事包括《洞穴女孩》（1913—1917年创作；1925年出版）和《时间遗忘的土地》（1918年创作；1924年出版），同时期作品还有《地心记》（1914年创作；1922年出版），这些故事的背景都设定在空心地球中的一个世界里。《月亮女仆》（1923—1925年创作；1926年出版），以月球世界为背景，是他最后一个真正创造性的作品。巴勒斯成为有史以来被模仿最多的作家之一，尽管当代观众相对成熟而挑剔，但他的影响力仍然很强大。《人猿泰山》与《名侦探福尔摩斯》和《超人》比肩，成为20世纪最重要的英雄神话之一；它的影响在电影、电视和其他许多领域继续存在。

吉姆·布彻
美国小说家；出生时间：1971年

吉姆·布彻最出名的作品是非常畅销的"德累斯顿档案"系列小说，讲述了住在芝加哥的私家侦探和巫师哈里·德累斯顿的冒险故事。该系列的开山之作是《风暴前线》（2000年），共包含十几本作品。显而易见，第一本作品的质量让作者的写作老师都觉得难堪，但从第三本开始有了质的飞越。第十六本《和谈》于2020年出版。该系列在这一类型中极具影响力，已被改编成电视剧、漫画小说、角色扮演游戏和棋盘游戏等。此外，布彻还受罗马历史的启发创作了由六本书组成的史诗奇幻系列"阿莱拉法典"（2004—2009年），他还计划出版一部由九本书构成的蒸汽朋克系列小说，其中第一本《煤渣塔》（2015年）已经出版。

詹姆斯·布朗奇·卡贝尔
美国小说家；出生时间：1879年；逝世时间：1958年

詹姆斯·布朗奇·卡贝尔曾短暂地背负过一段时间的污名，因为他的小说《尤尔根》（1919年）被指控是一部污秽之作，这十分荒谬，他只不过是在作品中以一种幽默的形式用到了与性有关的象征主义手法。作者在《玩笑的精华》（1917年）一书中，已经提及了现代社会道德对性问题那种荒谬的遮遮掩掩的态度，并对其进行了嘲讽，不过卡贝尔对骑士精神中的禁欲主义也很感兴趣，他同时也很关注对"勇气"的渴求和对艺术的痴迷，卡贝尔的书可以说就是对这三种原动力（对性的追求、对勇气的渴望和对艺术的痴迷）及其相互之间复杂互动的反映。他所著的系列历险小说记录了传奇英雄曼努埃尔的历史、影响力和家谱，故事发生场地是在想象中的法国波克特斯姆省。这些小说在文学史上可以说是一种独特的尝试。他的奇幻作品主要是"尤尔根"系列，当中包括《地球》（1921年）、《高地》（1923年）、《银马》（1926年）、《伊芙的故事》（1927年）和《女巫的故事》（1926—1929年；1948年成集），但在他的许多其他作品中也含有幻想的元素，包括骑士浪漫小说《梅莉森特的灵魂》（1913年；后改为《多穆雷》，1920年）。

除"尤尔根"系列以外，卡贝尔在署名时通常不会使用全名，而将自己的签名缩短为布朗奇·卡贝尔，他的其他一些奇幻作品包括三部曲《施米特》（1934年）、《史密斯》（1935年）和《施迈尔》（1937年），这些作品被收录在《噩梦三子》（1972年）中。他后期的作品包括几部带有些许伤感氛围的奇幻小说，而它们又都回到了他最喜欢的主题上来，包括《美国第一绅士》（1942年）、《两个海盗》（1946年）和《魔鬼的亲儿子》（1949年）。卡贝尔说他的创作目的就是"用完美的笔触写下美好的故事"，但他的诚实又让他无法忍住去戳穿那些他所认为的最美好的幻想；他比任何同时代的人都更了解幻想的真正价值。

奥森·斯科特·卡德
美国小说家；出生时间：1951年

卡德因其科幻小说而闻名于世，它们赢得了多项大奖，但他的虚构历史类奇幻小说系列"阿尔文·梅克的故事"也赢得了很多赞誉，该系列迄今为止包含有《第七个儿子》（1987年）、《红色的先知》（1988年）、《普伦蒂斯·阿尔文》（1989年）、《阿尔文熟练工人》（1995年）、《心火》（1998年）和《水晶城》（2003年）。该系列的主要魅力在于它非常美国化，故事背景是架空的19世纪美国旧西部，那里存在着魔法，故事中还融入了很多美国历史事件以及当年西部拓荒者们中间流传的民间传说。此外，他还创作了一部独立的奇幻小说《着魔》（1999年），其故事不以阿尔文·梅克所在的世界为背景。

刘易斯·卡罗尔
英国小说家；出生时间：1832年；逝世时间：1898年

查尔斯·路特维奇·道奇森是一名牛津大学的数学教师，他保守正派，甚至古板到了令人窒息的程度，他竟然会认为吉尔伯特与萨利文（指维多利亚时代幽默剧作家威廉·S.吉尔伯特和英国作曲家阿瑟·萨利文，他们合作创作了14部喜剧，并获得了巨大的成功，在世界歌剧史上占据着十分重要的地位。——译者注）的歌剧中有些内容有伤风化应该被删除。但在奇幻文学界，他又成了充

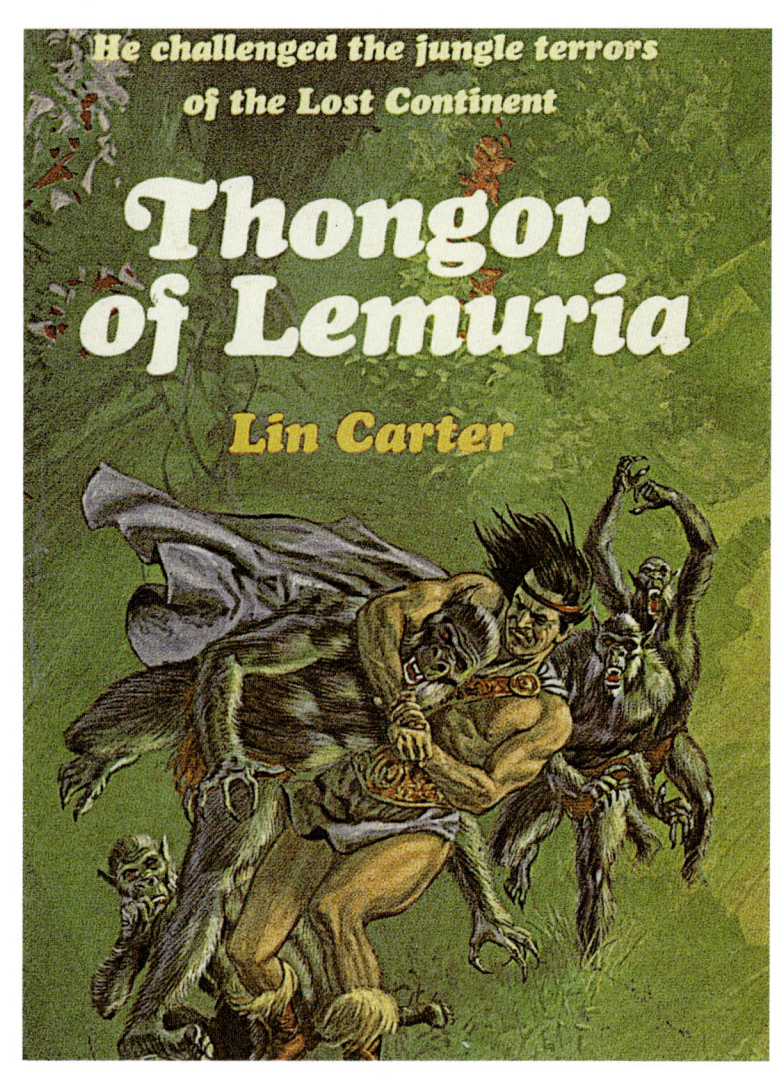

林·卡特"通戈尔"系列小说《利莫里亚巫师》

（1960年）专门对这些埋藏在小说内容中的复杂事物进行了详细的调查和解释。

《猎蛇鲨记》（1876年）可能是唯一一部获得成功的英语长篇荒诞诗歌，其愚者之船的主题和黑暗结局让人难忘（在柏拉图的《理想国》第六卷中，有关于愚者之船的寓言，讲述了一群愚人以武力控制一艘船，并在无目的的航行中做了很多愚蠢之事、甚至互相残害的故事。《猎蛇鲨记》讲述的就是一行人寻找传说中的鲨鱼结果却发现这种鲨鱼是可怕怪物的故事。——译者注）。可悲的是，卡罗尔后期的作品《西尔维和布鲁诺》（1889年）和《西尔维和布鲁诺的结篇》（1893年）却向道奇森这个身份妥协了，书中充满道德说教，不建议阅读。

林·卡特

美国小说家和编辑；出生时间：1930年；逝世时间：1988年

作为一名作家来说，林·卡特的作品平平无奇甚至有些粗制滥造，但作为一名编辑，他极具影响力，并且在将奇幻小说树立成为一种流行文学体裁的过程中发挥了关键作用。他的很多作品都模仿罗伯特·E.霍华德，包括与斯普拉格·德·坎普合作写的许多柯南冒险故事以及"通戈尔"系列小说，该系列的首部是《利莫里亚巫师》（1965年）。他模仿埃德加·赖斯·巴勒斯的作品更多，包括"卡利斯托"系列（1972—1978年）、"绿星"系列（1972—1983年）和"赞托顿"系列（1979—1982年）。他的"冈瓦纳史诗"系列原创性稍强一些，以《世界尽头的巨人》（1969年）开篇，而"大地魔法"系列（1982—1988年）更有趣一些。

作为1969—1974年"百龄坛成人奇幻"系列的编辑，他将乔治·麦克唐纳、威廉·莫里斯、邓塞尼勋爵等人19世纪至20世纪初的奇幻作品与伊万杰琳·沃尔顿和凯瑟琳·库尔茨的当代作品融合在一起，开辟了奇幻文学这一新的文学领域。他推出了具有奠基性意义的奇幻作品选集，当中最重要的是《年轻魔术师》（1969年）、《黄金城市》（1970年）和《旧的新世界》（1971年），以及针对奇幻文学展开的研究性著作，它们属于非虚构类文学作品，

满各种奇思妙想甚至有些荒诞不经的奇幻作家刘易斯·卡罗尔，这种身份的巨大差异和转换不禁让人联想到《化身博士》中的情形。卡罗尔的杰作《爱丽丝漫游奇境记》（1865年）和《爱丽丝镜中奇遇记》（1871年）将自己伪装成孩童们荒诞不经的奇幻故事，来掩盖其实际内容上的离经叛道，这与道奇森那种由内而外、深入骨髓的维多利亚时代的保守正派气质完全相左。孩子们应该尊重长辈，但是爱丽丝在旅行中遇到的每一个成年人都是不理智的或疯狂的，只有白皇后看上去有那么一丁点的仁慈亲切。小说中，有著名的道德诗句，如骚塞的《威廉父亲》被替换成了非道德的戏仿之作。小说中还有关于死亡的隐晦笑话，要知道死亡在那时可是庄重而不可提及的事物。这两部小说中还有很多涉及精巧的逻辑学和数学的支线剧情，只有成年人才能欣赏得来，因此这两部小说也成了最常被成年人，特别是政治家引用的儿童读物。马丁·加德纳所著的《注释版爱丽丝》

包括《托尔金：指环王背后的故事》（1969 年）和《虚构世界：幻想的艺术》（1973 年）。

他对洛夫克拉夫特派怪诞小说也很感兴趣，尤其是克拉克·阿什顿·史密斯的作品，他模仿这一流派写出了一些奇幻故事，收录了在罗伯特·M.普莱斯编辑的《奇异传说系列》（1997 年）中，他还编辑了几部洛夫克拉夫特派怪诞小说的选集，并推出了研究著作《洛夫克拉夫特：克苏鲁神话背后观察》（1972 年）。他编纂的其他一些选集包括五卷本的《闪光之剑》（1973—1981 年）、《魔法王国》与《巫术之域》（都是 1976 年）以及《魔法之王年度最佳奇幻作品》的前六卷（1975—1980 年）。

人们普遍认为他的非虚构类研究作品和他的小说作品一样肤浅，但谁也不能指责他的品位之广，以及他对奇幻文学的热爱之深，他对这一文学体裁的复兴功不可没。

乔伊·尚特
英国小说家；出生时间：1945 年

尚特凭借《红月与黑山》（1970 年）留名青史，这是一部浪漫的奇幻史诗，充满了各种神话以及激情大胆的冒险故事。小说中三个英国中产阶级的孩子发现自己被神奇地送到了一个陌生的地方，他们到达时，光明力量和黑暗力量之间正在进行惊天动地的斗争：黑山之主已经堕落，现正从流放的途中返回，想要挑战合法的统治者星光大地；他邪恶的力量随着这个世界的红月的升起而增长；而这三个年轻人必须训练自己，以为即将到来的战斗中出一份力。

尚特以传统的元素构建起了激动人心的故事，不过在元素的编排运用上却展现了高超的技艺和充沛的情感信念。在《红月与黑山》之后，她的作品就很少了，包括《清晨的灰色鬃毛》（1977 年）、《当沃哈醒来》（1983 年）以及对一些古老故事的改编重述。

C. J. 彻里
美国小说家；出生时间：1942 年

彻里是一个多产且备受赞誉的科幻作家，对她来说，奇幻小说并不是她的主攻方向，不过她的第一部小说就是一部融合了科幻和奇幻元素的三部曲系列——结集为《摩根之书》（1979 年），包括《伊夫瑞尔之门》（1976 年）、《石官井》（1978 年）和《艾泽拉斯之火》（1979 年）。

此后，她也写过一些纯粹的奇幻小说："埃尔德伍德的故事"系列，包括《梦想石》（1983 年）和《剑与珠之树》（1983 年）；"俄罗斯故事"系列，包括《鲁萨尔卡》（1989 年）、《切尔涅弗格》（1990 年）和《伊夫吉尼》（1991 年）；以及几部单本小说，例如《圣骑士》（1988 年）、《妖精魔镜》（1992 年）和《暗影仙子》（1993 年）；还有"要塞"系列，包括《时间之眼要塞》（1995 年）、《鹰之要塞》（1998 年）、《猫头鹰要塞》（1999 年）、《龙之要塞》（2000 年）和《冰之要塞》（2006 年）。她的作品向世人证明她是一个头脑冷静、具备现代科学知识和素养的作家，但同时也有能力运用好"古老的魔法"。

黛博拉·A. 切斯特
美国小说家；出生时间：1957 年

出生在芝加哥的切斯特在 20 世纪 80 年代以历史浪漫小说崭露头角，与此同时，她以"肖恩·道尔顿"的名字出版了很多科幻小说。她还以真名推出了几部奇幻系列——"红宝石王座"系列（1996—1997 年）、"剑、戒指、魔法"系列（2000—2001 年）、"隐"系列（2002—2005 年）和"珍珠与皇冠"系列（2007 年）。切斯特现任俄克拉荷马大学诺曼分校约翰·克雷恩首席教授（约翰·克雷恩是该学院捐助者之一。——译者注），奇幻大家吉姆·布彻在 2008 年曾公开承认切斯特是他最重要的写作导师。

苏珊娜·克拉克
英国小说家；出生时间：1959 年

克拉克的处女作是文笔精美的《大魔法师》（2004 年），讲述了两个魔法师的故事，背景是在架空的 19 世纪。这本书追溯了魔法回归英国的过程，探索了神秘"渡鸦王"的历史，这个人声称拥有半个英国，还跟随着斯特兰奇一起加入了惠灵顿对西班牙的征战。2006 年，克拉克又出版了一本短篇奇幻故事集（《葛雷斯·厄迪尔庄园的女士们及其他》。——译者注），该书 2015 年被改编成电视剧。她的第二部长篇奇幻小说《皮拉内西》（2020 年）相比《大魔法师》显得更短、更简洁，该小说以一种神奇而黑暗的视角来阐释孤独的含义。

乔·克莱顿
美国小说家；出生时间：1939 年；逝世时间：1998 年

正如她的出版商所说，克莱顿已经"从事写作超过 15 年，出版了 40 余本平装原创小说，在这个过程中不断

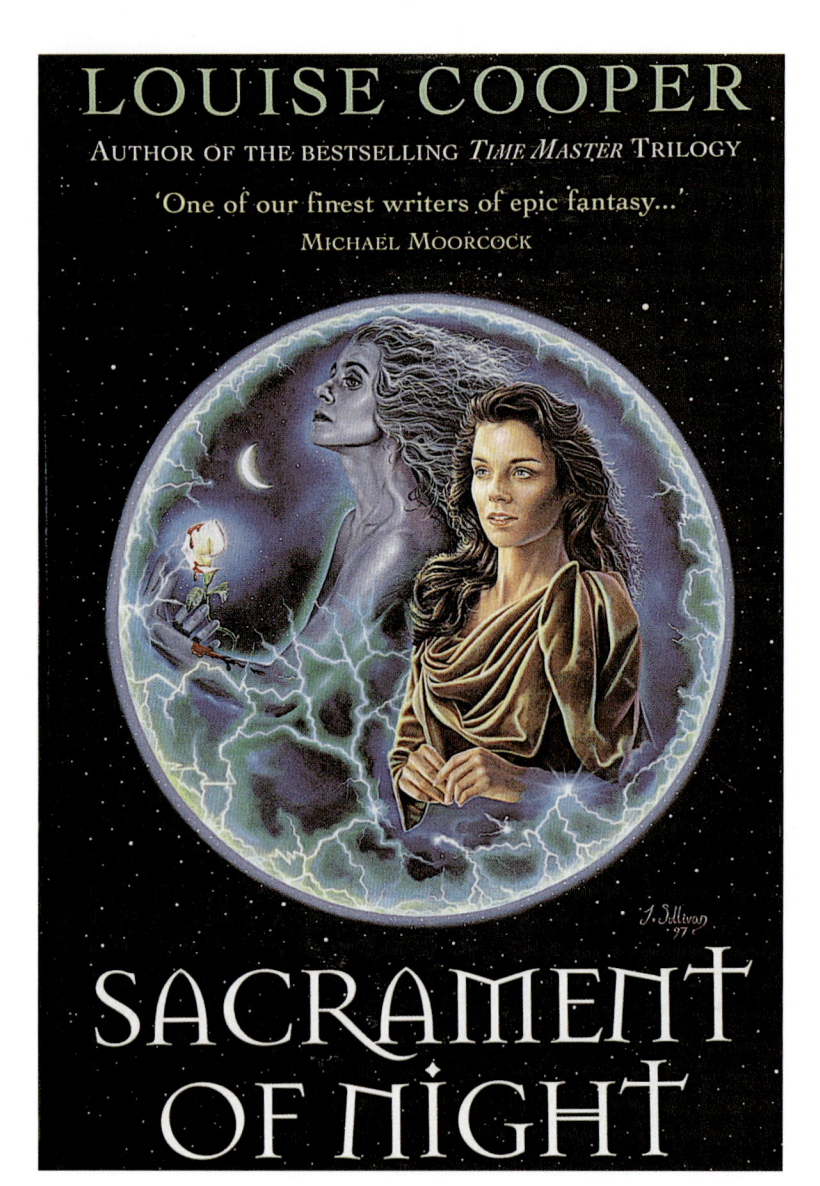

路易丝·库珀小说《夜圣礼》

精进自己的写作技艺",终于成功推出了硬装书《鼓之警告》(1996年)和第二部《鼓之呐喊》(1997年)(在国外,能出版硬装书可视为出版社对作者实力和影响力的认可。——译者注),之后不久,她就因癌症永远离开了人世。

詹姆斯·克莱门斯

美国小说家;出生时间:1961年

詹姆斯·克莱门斯(真名是詹姆斯·柴可夫斯基)除了是一名作家,还是一位兽医,其处女作是"禁忌与放逐"系列,包括《女巫之火》(1998年)、《女巫风暴》(1999年)、《女巫之战》(2000年)、《女巫之门》(2001年)和《女巫之星》(2002年),随后又出版了"上帝杀人者"系列(2005—2006年)。他是一名前兽医、认证潜水员和热衷地下洞穴勘探的冒险家,这些职业经历增加了其作品丰富的质感。

布伦达·W. 克劳夫

美国小说家;出生时间:1955年

她的早期作品以看不出性别的"布伦达·W. 克劳夫"署名,例如"阿维丹"系列,该系列包括《水晶王冠》(1984年)、《米什比尔之龙》(1985年)、《地下王国》(1986年)和《太阳的名字》(1988年)。《宛若天神》(1997年)是对一种更严肃的"现实主义幻想"风格的尝试之作,随后又出版了《生死之门》(2000年)、《水晶王冠》(2004年)和《修改世界》(2008年)。

格伦·库克

美国小说家;出生时间:1944年

库克最出名的是他的超长篇奇幻系列"黑色公司",堪称一家雇佣兵公司的编年史。其中的第一部《黑色公司》出版于1984年,接下来的八本书讲述了该公司四十余年来在各种魔法冲突中斗争的历史。第十部《阴影港》于2018年出版,其情节并没有延续第九部,而是讲述了发生在第一部和第二部《阴影徘徊》之间的故事。根据该小说改编的电视剧正在制作当中。

多产的库克还写了魔法侦探小说"阁楼"系列(1987—2013年)、"恐怖帝国"系列(1979—2012年)、历史奇幻小说"夜晚的工具"系列(2005—2014年)、科幻小说"星星"系列(1982—1985年)、讲述关于母系社会通灵类生物故事的"黑暗战争"系列(1985—1986年),以及许多单本小说。

路易丝·库珀

英国小说家;出生时间:1952年;逝世时间:2009年

路易丝·库珀的处女作是《悖论之书》(1973年),这是一部围绕塔罗牌所代表的意象展开的传统奇幻小说。在出版吸血鬼小说《血的夏天》(1976年)及其续集《纪念莎拉·贝利》(1978年)之间的这段时间,她又推出了英雄奇幻小说《时间之主》(1977年),讲述的是

奇幻盛宴:文学、影视、游戏中的幻想世界

关于秩序和混乱之间的冲突，这种冲突错综复杂、永恒存在，并通过人性展现出来。她以这本书的情节为基础将其扩展为"时间大师"三部曲小说系列，包括《起始》（1985年）、《驱逐》（1986年）和《大师》（1987年）。随后她又推出了续集"混乱之门"三部曲系列，包括《欺骗者》（1991年）、《伪装者》（1991年）和《复仇者》（1992年）；之后，她又写出了"星影"三部曲系列，包括《星升》（1994年）、《月食》（1994年）和《月落》（1995年）；之后，她又以同样的背景设定为青少年读者创作了《血舞》（1996年）。上述这些背景相同、情节一脉相承的单本和系列可以看作一整个项目，与之平行推进、同时展开创作的还有奇幻小说《幻影》（1987年）和"靛蓝"系列，该系列讲述了充满负罪感的女主角在一匹有人类思想情感的狼的帮助下履行其恶魔猎手职责的故事，该系列包括《复仇女神》（1988年）、《地狱》（1989年）、《幻想》（1989年）、《夜曲》（1990年）、《三驾马车》（1991年）、《化身》（1991年）、《收入》（1992年）和《欲望》（1993年）。库珀在其"青少年类"小说《荆棘钥匙》（1988年）和《石头的睡眠》（1991年）大获成功之后，又借势推出了同类型的由海雀出版社出版的"黑暗魔法"系列，该系列包括《风暴的女儿》（1996年）、《火咒》（1996年）、《夜圣礼》（1997年）和《镜覆之下》（1997年）。库珀后来的作品基本上都以这些年轻读者为主要受众，包括"镜像"三部曲系列（2000—2001年）、"海马"四部曲系列（2003—2005年）、"美人鱼的诅咒"四部曲系列（2008年），以及许多其他单本小说。

苏珊·库珀

英国小说家；出生时间：1935年

库珀毕业于牛津大学，在六十多岁时移居美国，其最出名的作品是获奖的五卷本小说系列"黑暗崛起"，包括《大海之上，石头之下》（1965年）、《黑暗崛起》（1973年）、《格林尼治》（1974年）、《灰色的国王》（1975年）和《银装树》（1977年）。该系列以优美的笔触和高超的技艺展现了一派别具特色的英伦风情，是所有以英国本土事物为主题的文学作品中的佼佼者，其深深植根于英国神话、民间传说和地理图景，更重要的是还将内容伸向了能够引起读者兴趣和情感共鸣的新领域——对光明与黑暗两种令人生畏的神秘力量之间永无休止的斗争进行了探索。它被许多读者视为最优秀的新生代奇幻小说之一，多年来一直受欢迎。在此之前，她曾写过一部类似约翰·温德姆风格的末日小说《曼德拉克》（1964年），讲述一种近乎神秘的力量将英国分割成小到不能再小的超级本地化部落。其他杰出的儿童奇幻作品包括"博格特"三部曲系列（1993—2018年）和《幽灵鹰》（2013年）。

罗纳德·安东尼·克罗索斯

美国小说家；出生时间：1937年；逝世时间：2006年

他的"永恒的守护者"系列——《第四守护者》（1994年），《失去的守护者》（1995年）和《白色守护者》（1998年）——是一套有趣的历史奇幻作品，当中一些对历史事件的观察描述明显以阴谋论的视角出发，这多少会让人联想到罗伯特·安东·威尔逊和罗伯特·谢伊风靡一时的"光明会"三部曲，当中的情节堪称"妄想症般的虚构事件"（《光明会》是一部讽刺小说，将诸如肯尼迪遇刺等一系列社会热点事件归咎于所谓的神秘组织"光明会"，是典型的社会阴谋论观点。——译者注）。

约翰·克劳利

美国小说家；出生时间：1942年

克劳利出版的最初几部小说都是科幻小说，但当中《深渊》（1976年）这部小说因其奇妙特别的背景设定最终被归类为奇幻小说。

他的《他方世界》（1981年）语句优美，堪称20世纪80年代最出色的单本奇幻小说。这个故事围绕好几代人的生活展开，故事开始时的时间设定是在离当时不远的未来，结尾的时间已是25年后，那时的纽约已经部分显露出腐朽之态。该小说的主角是史墨基·巴纳柏，他的妻子来自德林克沃特家族，这个家族居住在一栋名叫艾基伍德的气势非凡的乡间别墅中——该别墅融合了各类建筑风格，堪称一部建筑汇编。德林克沃特家族不仅知道一般人难以发现的、通往另一个世界（精灵世界）的道路，在这个世界中，你"走入得越深，就会发现它越大"；而且还知道他们生活在一个巨大的"故事"里，这个故事正在向其结局演进。克劳利在小说中融入了魔法元素，包括精灵世界、被仙女偷换后留下的孩童、变成鳟鱼的男人，还多次提到《爱丽丝漫游奇境记》的作者刘易斯·卡罗尔。小说中那个"故事"难以用三言两语来概述，其结局带来了变革、悲伤和成功。

克劳利还写过更具冲击力的作品，当中充满了嵌套在整体故事中的小故事，还有很多天使和恶魔，这些作品包括《埃及》（1987年）、《爱与睡眠》（1994年）、

《恶魔狂魔》（2001 年）和《无尽之事》（2007 年），它们都围绕着秘密的历史故事和架空的失落往事展开。16 世纪的异端哲学家佐丹奴·布鲁诺在这些故事中是一个关键人物。作者之后的小说《千年》（2017 年）也赢得了读者的赞誉。

艾伦·达特罗

美国编辑；出生时间：1949 年

1981—1998 年，达特罗在颇具影响力的美国老牌科幻杂志《欧姆尼》（包括后来的网络版）担任小说编辑，编纂过好几本年度最佳科幻和恐怖作品集，目前在美国最大的科幻出版社——托尔出版社任咨询编辑。她自己创作过许多幻想和恐怖作品，还编纂过不少科幻作品选集，都广受好评。她获得过无数的编辑大奖，包括 8 次雨果奖（正式名称为"科幻成就奖"，是为纪念"科幻杂志之父"雨果·根斯巴克由世界科幻协会所颁发的奖项。——译者注）、12 次轨迹奖〔由《轨迹》（Locus）杂志设立的年度读者投票奖，首度颁发 1971 年，奖项涵盖科幻长篇小说、奇幻长篇小说等。——译者注〕最佳编辑奖、10 个世界奇幻文学奖，还包括一个 2014 年的终身成就奖。

阿夫拉姆·戴维森

美国小说家；出生时间：1923 年；逝世时间：1993 年

戴维森是美国奇幻界的怪人之一，他是一位博学多才的作家，从晦涩的历史知识中获得写作的灵感。他最优秀的小说之一《凤凰与镜子》（1969 年）就是基于中世纪罗马诗人维吉尔的传说而写成。在这本书中，维吉尔违背自己的意愿，接受了美丽的女王科尼利亚的委托，为她建造一个"处女镜"，这是一面有魔法的铜镜，但它却从未照出过一个人的脸。他必须获得大量新开采的铜矿，所以他开始了一次向东的危险航行，去往被称为"铜岛"的塞浦路斯。这条路被野蛮的海盗挡住了，但维吉尔通过挑拨其中一位世袭国王对抗其他国王从而成功通行。维吉尔在塞浦路斯的冒险经历同样令人难忘；在他回到那不勒斯的时候，他对这个镜子制作过程的极其细致的描述堪称杰作。在小说结尾关于维吉尔前往非洲与传说中的火鸟凤凰决一死战的一系列情节显得有些仓促，但总的来说，这部小说是一部古怪的杰作。遗憾的是，夭折过几部小说的戴维森这次同样没能集中精力完成他计划中的"维吉尔的魔力"系列小说，在《凤凰与镜子》问世 18 年之后，他才又写出了一部小说：《维吉尔在阿维诺》（1987 年）。在他的其他奇幻作品中，同样引人注目并值得一读的还有《地下岛屿》（1969 年）、《游隼：普里默斯》（1971 年）、《游隼：塞古都斯》（1981 年）和故事集《埃斯特黑齐博士的询问》（1975 年；增订版 1991 年）。

K. T. 戴维斯

英国小说家；出生时间：不详

戴维斯是"布里德历险记"系列的作者，该系列小说以第一视角展开，讲述的是身为半人类的小偷兼刺客布里德的冒险故事。该系列的第一部《未知的危险》于 2014 年问世，随后是《牙与爪》（2018 年）和《邪恶的东西》（2018 年）。有趣的是，戴维斯避免提及布里德的性别，让读者能够有自己对角色的塑造空间。

帕梅拉·迪安

美国小说家；出生时间：1953 年

迪安的前三部小说主要面向年轻读者，并且构成一个三部曲的故事系列：《神秘国度》（1985 年）、《隐秘之地》（1986 年）和《龙的奇想》（1989 年）。之后，她又出版了以同名民谣为基础创作的现代奇幻小说《坦林》（1991 年），以及《半信半疑的山》（1994）和单本奇幻小说《刺柏、龙胆草和迷迭香》（1998 年）。

阿丽耶特·德·波达尔

法裔美国小说家；出生时间：1982 年

德·波达尔以短篇小说而闻名，包括获星云奖的《等待的星星》（2013 年）和星光公司的《三杯悲伤》（2014 年，英国科幻奖获奖作品）。她推出过两个小说系列，一个是关于阿兹特克奇幻故事的"黑曜石与血"系列（2010—2011 年）；另一个是"堕落的统治"系列，包括《碎翼之屋》（2015 年）、《荆棘之屋》（2017 年）和《火焰猎犬》（2019 年），故事发生的场景是架空的巴黎，那里已经被战争天使所踩躏。其作品《碎翼之屋》荣获英国科幻小说奖最佳小说，同年，她还斩获最佳短篇小说奖。

L. 斯普拉格·德·坎普

美国小说家奖；出生时间：1907 年；逝世时间：2000 年

可以说是斯普拉格确立了通俗杂志《未知》的个性品位，他的作品深受该杂志的青睐，这些小说常常将现代社会的理性产物与传统故事中的幻想设定相结合，从而碰撞出一种滑稽有趣的效果。例如在《只有路西法》(1939年，与贺拉斯·L.歌德合著)中，一位年轻的美国人运用现代营销理论来振兴撒旦诱惑和惩罚人类的营生。他与弗莱彻·普拉特的长期文学合作关系始于1940年，这一年他们合作推出了"哈罗德·谢伊"系列故事的第一部，故事中的主人公谢伊进入了各种文学作品和神话的世界。

该系列的头两部小说被收录进《不完整的魔法师》（1941年）一书，在这两部作品中，谢伊来到了挪威神话以及斯宾塞的著作《仙后》中所描述的世界；在《铁城堡》（1941年发表；1950年成书出版）中，谢伊从斯宾塞笔下的世界来到了阿里奥斯托笔下《疯狂的奥兰多》中的世界，他觉得这里的世界有些让人难以理解。《不完整的魔法师》和《铁城堡》两本书之后又合并为《完整的魔法师》（1975年），但那时，该系列的另两部小说已经收录在《蛇之墙》（1960年）中出版，因此后来不得不又推出一部内容更丰富的汇编集《无畏的魔法师》（1988年，又名《完全完整的魔法师》），并将它们放进去。不过该系列随后又继续扩充，相继出版了《魔法师重生》（1992年）和《异域魔法师》，这两部汇编集都由他与克里斯托弗·斯塔谢夫合作编辑而成（弗莱彻·普拉特此时已去世很久）；他在这当中的贡献是《哈罗德爵士和侏儒国王》（单独出版于1991年）和《佐丹加的哈罗德爵士》。

坎普和普拉特合著的作品还有：《非理性的土地》(1941年发表；1942年成书出版)，故事中喝醉酒的爱尔兰仙女误将一位美国游客认作被仙女调换的孩子；《玛瑙魔方》（1948年）故事发生在虚拟的架空世界；另外还有一些荒诞故事统一收录在了《加瓦冈酒吧故事集》（1979年）一书中。坎普以个人名义在《未知》杂志上发表的奇幻作品有《不受欢迎的公主》（1942年发表；1990年成书出版。书中还包含大卫·德雷克写的续集《施了魔法的兔子》），该故事的背景是一个童话世界，在那里淡色的色调都消失了，这反而突出了它们存在的意义；此外还有《所罗门的石头》（1942年发表；1957年成书出版），该故事发生在一个外太空星球，那上面存在的是普通人的梦的投射。

他随后又创作了一些幽默奇幻小说，包括收录在《不情不愿的萨满巫师》（1970年）和《紫色翼手龙》（1979年）中的故事以及他和妻子凯瑟琳·克鲁克·德·坎普合著的两本书——《整装骑士》（1987年）和《调皮的贵族夫人》（1991年）。在发展推广罗伯特·E.霍华德笔下柯南这个角色的过程中，坎普发挥了关键性作用，他进一步完善了《柯南故事》（1955年），修订了伯恩·尼伯格的《柯南归来》（1957年，又名《复仇者柯南》），并以精装书的形式将其再版，在20世纪60年代末又推出了许多本平装版柯南故事合集。

相比柯南系列，坎普自己创作出版的剑与魔法类奇幻故事则更加轻松愉快。他早期的剑与魔法故事系列收录在《鸢尾兰花环和布瑟德故事集》（1953年）中；之后又推出了内容更为丰富的"诺瓦利亚"系列，该系列包括《妖精塔》（1968年）、《伊拉兹的时钟》（1971年）、《无头国王》（1980年）和《可敬的野蛮人》（1989年）。与"诺瓦利亚"系列一样，他笔下的"易错的恶魔"系列同样以一个类似于古希腊的虚构世界为背景，是一部更为恢宏的喜剧。坎普还编辑了一部颇具影响力的剑与魔法系列选集，开篇选的就是《剑与魔法》（1963年）、《七咒》（1965年）和《神奇剑士》（1967年）这几部小说，可以说正是它们定义了剑与魔法奇幻这一英雄奇幻小说的亚流派，坎普还从《文学剑客与魔法师》（1976年）和《橡胶恐龙与木头大象》（1997年）中选了几篇关于它们的随笔作为评注补充进了选集。

杰米·德拉诺
英国漫画作家；出生时间：1954年

德拉诺是《地狱开拓者》漫画（1988—1991年）

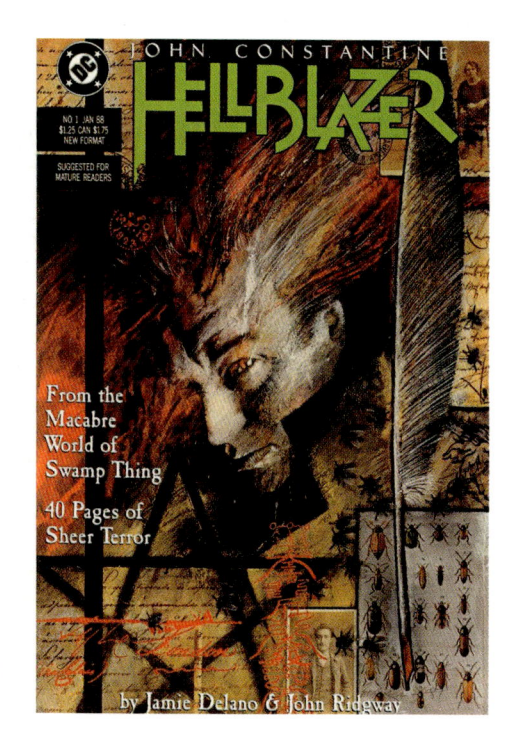

杰米·德拉诺作品《地狱开拓者》

查尔斯·德·林特小说《格林曼特尔》

的第一个作者，德拉诺从《沼泽怪物》中选取了嗜烟如命的巫师约翰·康斯坦丁这个角色，并以其为主角打造了这部神秘恐怖的系列漫画。他为美国漫画巨头 DC 漫画公司写了好几年的《动物侠》，以及其他许多恐怖漫画。他还出版了三部小说，包括以 A.W. 詹姆斯名义出版的单本小说《第十三本》（2012 年），以及两部超现实小说《眩晕》（2012 年）和《河》（2017 年）。

查尔斯·德·林特

加拿大小说家；出生时间：1951 年

林特于 1979 年开始通过自己的特里斯凯尔出版社出版奇幻文学小说，其中许多都属于"诗歌"系列，该系列反映出他对凯尔特音乐的强烈兴趣，不过他的第一部长篇小说还是《雷恩的谜》（1984 年），该小说具有明显的托尔金风格。以《月亮之心》（1984 年）为标志，林特开始创造一种与众不同的当代奇幻，也被称为"城市奇幻"。顾名思义，这类故事发生的背景通常在城市中，但这个城市已经和魔法王国重叠交织在了一起，当中的人物一般取材于传统民间故事，包括美洲原住民的神话。《螺旋路》（1992 年）的故事构想与《月亮之心》类似，并在其基础上做了进一步阐释；《亚罗》（1986 年）和《格林曼特尔》（1988 年）同样也很相似。林特最近的城市奇幻作品大多发生在虚构的城市纽福德；这些作品包括《梦想》（1993 年）一书中收录的故事，以及 2009 年的《缪斯》和之前的 22 部小说和故事集。这些作品经常以艺术家或音乐家为主角，而且它们逐渐形成一种近乎完美的独特抒情基调和灵动的情感律动。林特也写过一些更传统的奇幻作品——包括《杰克巨人杀手》（1987 年）及其续集《饮月》（1990 年），还有《小人物》（1991 年）、《野树林》（1994 年）、《树叶般的眼睛》（2009 年）、《我的肌肤之下》（2012 年）和《他心里的风》（2017 年），但他最为擅长和成功的还是城市奇幻小说。

戈登·R. 迪克森

美国小说家；出生时间：1923 年；逝世时间：2001 年

迪克森以写科幻小说为主，不过也曾模仿他的朋友普尔·安德森的奇幻作品，创作过一部幽默的奇幻小说《龙与乔治》（1976 年）。该书讲述了吉姆·埃克特的故事，他是一名大学排球运动员和中世纪历史专家，被卷入了一个带有骑士主义浪漫色彩的魔法世界。不过随后故事也出现了极具幽默性的转折：不像大多数剑与魔法类奇幻小说中的英雄，埃克特失去了人形，他发现自己被困在一条巨大的翼龙体内。这个关于埃克特及其朋友和敌人的故事又陆续推出了几部姗姗来迟的

奇幻盛宴：文学、影视、游戏中的幻想世界

续集：《龙骑士》（1990年）、《龙在边境》（1992年）、《战争之龙》（1993年）、《龙、伯爵与巨魔》（1994年）、《龙与魔灵》（1996年）、《龙与国王》（1997年）、《里昂斯的龙》（1998年）以及《肯特郡的龙与美人》（2000年）。

科利·多克托罗
英籍加拿大小说家和学者；出生时间：1971年

多克托罗的第一部小说《流浪魔法王国》（2003年）获得了劳茨最佳处女作奖。这是最早一批在知识共享机制下创作完成的小说之一；多克托罗一直以来都支持放宽知识产权法的限制，并且写了大量关于后短缺经济、在线监督、隐私条款以及各种黑客行为的文章。他的小说包括《小兄弟》（2008年）、《创造者》（2009年）、《国土安全》（2013年）和《离开》（2017年）。他的作品获奖无数。

斯蒂芬·R.唐纳森
美国小说家；出生时间：1947年

斯蒂芬·R.唐纳森曾花费了10年的努力推销他的《托马斯·卡瓦纳特历险记》，被47个出版商拒绝，但当它在1977年终于以著名的"残酷"三部曲（包括《犯规的贝恩》《学习战争》和《保护的力量》）的名义出版问世后，毫无疑问地成为了风靡一时的畅销书。故事的主人公卡瓦纳特是一个汉森氏病（麻风病）患者，他被送到了另一个世界，这里的历史、地理和玄学理论都反映出这个世界正在经历着与他相似的困境。因此他为了自己生存而进行的个人奋斗变成了关乎整个世界命运的使命责任，他需要借鉴自己抗争病魔的经验将这个世界从号称轻视者的弗尔大人的蹂躏中救出来，尽管此时他还对自己的经验没有十足的信心。《托马斯·卡瓦纳特历险记第二部》由《受伤的土地》（1980年）、《一棵树》（1982年）和《白金地下党》（1983年）组成，故事中，主人公虽然很不情愿但又被带回到这片土地，并发现它再次被破坏，这次他被送来执行一个令人困惑的、有些黑暗的任务。《托马斯·卡瓦纳特历险记最终章》包括《地球的符文》（2004年）、《致命亡魂》（2007年）、《反对末日》（2010年）和《最后的黑暗》（2013年）。《托马斯·卡瓦纳特历险记第二部》中出现了一位重要女性角色林登·艾弗里，唐纳森之后创作的大部分小说主人公都是女性，包括故事集《帝王的女儿》（1984年）中为全书冠名的故事《帝王的女儿》，以及两卷本幻想史诗《莫丹之所需》——包括《她的梦中之镜》（1986年）和《骑马经过的男人》（1987年），后者的女主角是陷入四面楚歌的特丽莎·摩根。

唐纳森的未来主义作品"鸿沟"系列也决定将一名女性推向舞台的中央，选取摩恩·海兰德作为主角。综合各个角度来看，该作品是一部外太空题材的奇幻小说，取材于曾孕育出瓦格纳的《尼贝龙根的指环》的日耳曼神话，该系列包括《进入冲突的鸿沟：真实的故事》（1991年）、《进入愿景的鸿沟：禁忌的知识》（1991年）、《进入权力的鸿沟：一个黑暗和饥饿的上帝出现》（1992年）、《进入疯狂的鸿沟：混乱与秩序》（1994年）和《进入毁灭的鸿沟：诸神皆死的这一天》（1996年）。唐纳森作品中主人公的英雄主义可能更明显地体现在他们面对重压时的优雅淡然上，而不是在骑士般的冒险精神上。他笔下主人公所具有的这种临危不惧的力量通常不是通过意识控制能够形成的，只能在直面巨大困难的时候被自然唤醒。

在看见无辜者受到残酷对待时，很少有其他作家能像唐纳森这般义愤填膺，也很少能有作家能够一直保持这么强烈的情绪。因此唐纳森的作品总是充满激情，这偶尔会给他带来一些麻烦，但同时也赋予了故事强大的能动性，有力推动情节发展。

大卫·A.德雷克
美国小说家；出生时间：1945年

有一段时间，德雷克主要以创作军事科幻小说（例如《锤的杀手》等）而闻名，但他一直对奇幻小说感兴趣［创作了《龙神》（1979年）和《海鬼》（1988年）等作品］。因此，当他开始创作一个取材于苏美尔神话的大型商业奇幻小说——《群岛之王》（1997年）的时候，也就没有什么好奇怪的了，随着最后一卷在2007年出版发行，这部九卷本的小说正式完结。

黛安·杜恩
美国小说家；出生时间：1952年

杜恩写了两个主要的奇幻系列，其一是"五个故事"系列——《进入星光的门》（1978年）、《进入烈火的门》（1979年）、《进入阴影的门》（1984年）和《通往日落的门》（1992年）（第五部尚未出版。——译者注）；其二是面向年轻读者的"年轻巫师"系列——《所以你想成为一个巫师吗？》（1983年）、《深深的魔法》（1985

年)、《高高的魔法》(1990年)、《宽宽的魔法》(1993年)、《巫师的两难》(2001年)、《巫师的孤独》(2002年)、《巫师的假日》(2003年)、《战争中的巫师》(2005年)、《火星上的巫师》(2010年)、《临时骑士精神》(2015年)和《巫师的游戏》(2016年)。《与月亮共度的夜晚》(1997)是关于猫的故事,接着她又创作了《女王》(1998年)和《大猫》(2011年)。她还将许多影视作品转化为小说,并且写了大量科幻小说及影视作品的衍生小说。

戴夫·邓肯

加拿大小说家;出生时间:1933年;逝世时间:2018年

戴夫·邓肯常以这个自己为人所熟悉的名字为自己的作品署名,从而与另两位作家区别开来(戴夫·邓肯 Dave Duncan 的全名是 David John Duncan,有一位美国作家叫大卫·邓肯 David Duncan,还有一位叫约翰·邓肯 John Duncan。——译者注)。他是一位多产的作家,以一部神话幻想《红玫瑰之城》(1987年)作为自己的代言首秀,随后又推出了他的三大动作冒险奇幻系列的第一大系列——"第七剑"三部曲,包括:《不情愿的剑客》(1988年)、《智慧的来临》(1988年)和《剑的命运》(1988年)。之后两大系列是以人口密集的潘德米亚大陆为背景的四卷本小说,前一个包括《魔窗》1990年)、《被遗弃的仙子之地》(1991年)、《危海》(1991年)和《皇帝与小丑》(1991年),后一个包括《前沿》(1992年)、《高地亡命之徒》(1993年)、《思特里克菲尔德》(1992年)和《活神》(1994年)。在写后一个四卷本系列的同时,邓肯也在创作失忆幻想《掠夺者之路》(1992年)和《猎人的梦魇》(1995年)。《过去时祈使句》(1996年),副标题为"大游戏的第一回合",又开启了另一个系列,该系列的后几部是《现在时态》(1996年)和《将来不定时态》(1997年)。"国王的刀片"系列包括《镀金链》(1998年)、《五片土地的主人》(1999年)、《天空之剑》(2000年)、《完美的丢失》(2002年)、《不可能的可能性》(2003年)、《美洲虎骑士》(2004年)、《一个天鹅绒手套》(2017年),该系列更具中世纪风情,同时还推出了该系列面向年轻人的版本——"国王的匕首"系列,其中包括《坚定爵士》(1999年)、《歪屋》(2000年)和《银斗篷》(2001年)。讲述政治阴谋的两卷本奇幻系列"十二面体"在2006年到2007年间出版,随后又相继推出了"诺查丹玛斯"三部曲(2007—2009年)、"马格努斯兄弟"系列(2010—2011年)、"格伦布洛克的伊沃"系列(2013—2014年)和"魔法师将军"三部曲(2017—2019年)。他还写了16本单本小说,当中大部分是奇幻小说。

洛德·邓萨尼

爱尔兰小说家;出生时间:1878年;逝世时间:1957年

他的全名是爱德华·约翰·莫尔顿·德拉克斯·普朗克特,其作品对后来奇幻文学的影响是显著的。在《裴伽纳的诸神》故事集(1905年)中,他通过大量引用《圣经》语句以及创造一种如诗歌般抑扬顿挫的节奏感塑造起一幅自己想象中的万神像,随后出版的《时间和众神》(1906年)讲述的就是这些神祇和凡人们的故事。《韦勒兰之剑》(1908年)中的故事既有高超的魔法,也有深刻的讽刺,它们常被后世所模仿。邓萨尼的小说也有重要的影响,《精灵王国的女儿》(1924年)绝对是一部堪称后世范本的经典之作,故事中,精灵王国或者叫仙境其实紧紧挨着"我们已知的大陆",只不过人们很难发现,在那里,人类与精灵通婚而产下的混血后代真实存在(参见托尔金的作品),用魔法改变整个世界也是可能的。《女佣的影子》(1926年)的影响力较《精灵王国的女儿》稍逊一筹,不过该小说以文字优美细腻见长,作者在故事中用影子来代表人的灵魂和本质。一个年迈的女佣的影子被一个坏魔术师抓住了,当英雄救回它时,她的青春和美丽又回来了。作者还出版过包括《约瑟夫·乔更斯的旅行故事》(1931年)及其续集在内的其他一些故事集。这些大多是些离奇的怪诞故事,由酒吧常客乔更斯在酒精的刺激下讲述而来,邓萨尼最好的喜剧奇幻作品也在其中。

尼古拉斯·埃姆斯

加拿大小说家;出生时间:不详

埃姆斯初次创作的《怀尔德之王》(2017年)将奇幻冒险之旅和摇滚乐队融合在一起,讲述了一个让乐队成员重归于好的故事。《怀尔德之王》获得格默尔奖最佳新人奖。续集《血玫瑰》(2018年)讲述的是同样一群乐队英雄在"心脏地带"探索的故事。该系列的第三部小说正在创作中。

大卫·艾丁斯和利·艾丁斯

美国小说家;大卫·艾丁斯,出生时间:1931年,

逝世时间：2009年；利·艾丁斯，出生时间：1937年，逝世时间：2007年

夫妻档作家大卫·艾丁斯和利·艾丁斯一直以大卫的名字发表一些小说作品，后来他们将注意力转向奇幻小说，但也正是他们的第一部奇幻系列——五卷本的"圣石传奇"，包括《预言傀儡》（1982年）、《魔法皇后》（1982年）、《孤注一掷》（1983年）、《巫术城堡》（1984年）和《预言终局》（1984年），带来了他们职业生涯的腾飞。该系列最初打算以三部曲的形式出版，但出版商认为六百页的书太长了因此改为五卷本。它讲述了拥有魔法天赋的农场男孩加里昂（"贝尔加拉斯"）的冒险故事，随着他皇室后裔身份一步步被证实，七千年错综复杂的历史也渐渐浮出水面。尽管加里昂冒险故事套路十分经典，故事中出现的幻想大陆也刻画精细，但该书的最大特色还是文字间透露出的轻快语调和轻松氛围，它们使得情节叙事能够以灵动舒适的节奏优雅地向前推进。人物角色之间那引人入胜、充满魅力的谈笑戏谑片段就是例证。

专业从事某一类型写作的作家通常都会在第一部作品成功后乘势推出第二部以保证热度，艾丁斯夫妇也选择了这条职业路径，在第一部"五部曲"成功后马上又推出了第二部五部曲"玛洛里亚人"，该系列包括《西方的守护者》（1987年）、《穆尔古斯之王》（1988年）、《迦兰陀的魔王》（1988年）、《达希瓦的女巫》（1989年）和《凯尔的先知》（1991年）。在这个系列中，上个系列的主人公加里昂已经成为了"西方君主"贝尔加拉斯，他将那群勇敢的同伴又重新召集在一起，在他们的帮助下，贝尔加拉斯得以获得更强大的力量去拯救被绑架的儿子。该系列延续了上个系列的优点，背景世界刻画细腻、整体风格轻松自在，使得情节叙事充满了吸引力。由于该系列继续沿用之前的人物，读者对各个角色以及他们之间的互动都已经很熟悉，对于该书越来越庞大的"死忠粉"群体来说，这种亲切感很讨他们的欢心。

此后，他们又推出了"艾伦尼安"系列小说，该系列包括《钻石王冠》（1989年）、《鲁比骑士》（1990年）和《蓝宝石玫瑰》（1991年），主人公是一位继承了"飞鹰"头衔的经验丰富的骑士，作者在描写其冒险故事时延续了之前几个系列中的严肃奇幻主题，同时借鉴了很多《唐·吉诃德》以及佩罗（佩罗·查尔斯 Perrault Charles，法国作家，1628—1703年，代表作为故事集《鹅妈妈的故事》，当中收录很多脍炙人口的童话故事，包括《睡美人》《小红帽》《灰姑娘》等。——译者注）所著作品中的元素。紧随其后又推出了续集"塔木里"系列，该系列包括《穹顶之火》（1992年）、《闪光之人》（1993年）和《隐藏之城》（1994年）。像之前的作品一样，该小说将人物角色塑造得活灵活现、极具魅力，虽然情节上缺乏惊喜稍有缺憾，但妙趣横生的背景世界足以弥补这一点。

完成这个上述两个系列后，艾丁斯回到了"圣石传奇"的世界，开始创作该系列的"前传"——《巫师贝尔加拉斯》（1995年）和《女法师波加拉》（1997年）。《阿尔塔勒斯的救赎》（2000年）是一部单独的作品，讲述的是一个道德败坏的小偷不甘不愿地变成一位英雄的故事《雷吉娜之歌》（2002年）也是一部单独的作品，归属城市奇幻类型，主角是开膛手杰克（Jack The Ripper）一位生活在西雅图的后代。"梦想者四部曲"系列，该系列包括《年老的神》（2003年）、《至宝》（2004年）、《水晶峡谷》（2005年）和《年轻的神》（2006年），讲述的是神祇们投胎成为一群古怪孩子的故事，该系列深受其早期作品的影响，小说风格与《阿尔塔勒斯的救赎》一样略显夸张。

E. R. 爱迪生

英国小说家；出生时间：1882年；逝世时间：1945年

爱迪生写了许多读者觉得难以理解的古怪的、老式的、隐晦的伊丽莎白时代的散文，却意料之外收获了不少反馈。他的主要作品《蚯蚓衔尾蛇》（1922年）是一部刻意用浮夸辞藻写成的史诗奇幻，记录了恶魔国和女

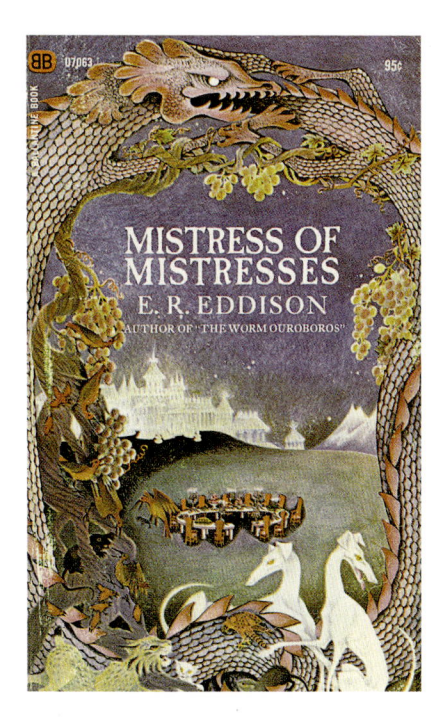

E. R. 爱迪生小说《情妇的情妇》

巫国之间的战争。尽管国名取得奇怪，但两国居民皆为身材高大的人类，全部都是强大的战士。他们走过了看似无法通过的旅途，赢得了巨大战役的胜利，爬过了难以征服的高山。英勇的恶魔国居民是故事中的好人，而女巫国居民则是追随邪恶巫师国王戈里斯的反派。爱迪生在书中明确表示，虽然双方像瓦尔哈拉殿堂中的英灵（瓦尔哈拉殿堂是北欧神话中死亡之神奥丁款待阵亡将士英灵的殿堂，这些英灵白天出去战斗，晚上又回到殿堂，如此循环往复。——译者注）一样处于无休止的战斗中，但冲突带来的纯粹乐趣驱动着双方这样继续下去。因此，当女巫国被打败时，获胜的恶魔国请求时光倒流，回到女巫国第一次向恶魔国蓄意挑衅的时候，这样故事就像咬住自己尾巴的衔尾蛇一样循环往复，不断进行战斗。这一设定在奇幻界堪称一绝。与之相关的作品是"齐米姆维亚"三部曲，背景设定在《蚯蚓衔尾蛇》中所描述的世界的来世，它们是《情妇的情妇》（1935年）、《米米森的鱼晚餐》（1941年）和未完成的《梅赞天之门》（1958年）。这些故事哲理性强，更加晦涩难懂，不如《蚯蚓衔尾蛇》广为流传。

菲利斯·艾森斯坦

美国小说家；出生时间：1946年

艾森斯坦最著名的奇幻小说《巫师的儿子》（1979年）讲述了一个独自住在斯宾韦伯城堡的女巫的故事。女巫拥有能够操纵所有编织品的魔力，从人造织物到蜘蛛网。在蜘蛛网的帮助下，她可以看到远处的场景；通过小蜘蛛"间谍"作为媒介，她甚至能够听到远处游吟诗人的歌声。一个同为巫师的恶魔召唤师因此感觉受到了威胁，便向女巫提出求婚，但遭到了拒绝。一怒之下，这位召唤师召唤了一个恶魔，令它化为极具魅力的人类，去引诱女巫。因为怀孕会暂时削弱她的魔力，让召唤师有时间做准备。就这样，一个身负重伤、年轻英俊的骑士来到了斯宾韦伯城堡，女巫欣然收留了他，照顾他的伤势，并允许他住上几个星期。结果，女巫顺理成章地爱上了他。当骑士离开时，她伤心欲绝。他们珠胎暗结，女巫腹中的婴儿（也是恶魔的种子）后来长成了一个大小伙子。小伙子最大的愿望是和他失散多年的父亲一样，成为一个四处冒险的骑士。他的母亲曾试图劝阻，但当他拥有足够能力后，还是离开了家，在母亲的蜘蛛的保护下，同时也在沿途巫师的邪恶阴谋的阻碍下，开启了寻找父亲的奇幻冒险。后来，他终于采取了母亲的建议，开始学习巫术，因为这是解开他身世之谜的唯一手段。他也学会了如何召唤恶魔，在它们的帮助下打败了巫师，并与他的恶魔"父亲"和解。这部作品风格清晰，故事简明易懂，续集是《水晶宫》（1988年）。艾森斯坦的另一个系列是关于一个名为"阿拉里克"的会瞬移的游吟诗人，该系列在很长时间内只有《生而流放》（1978年）和《红主之地》（1989年）两卷，最后一卷《失落的欲望之城》最终于2019年出版。

凯特·艾略特

美国小说家；出生时间：1958年

艾略特用真名"艾丽丝·A.拉斯穆森"写了许多小说，包括奇幻小说《迷宫门》（1988年）。后来她开始用"凯特·艾略特"的笔名进行写作，作品包括与梅兰妮·朗和詹妮弗·罗伯逊合作撰写大型小说《金钥匙》（1996年）及其前传《占卜师》（2011年）；"星之王"系列，其中第一部是《国王的龙》（1997年），总共是七卷；"十字路口"系列（2007—2009年）及其前传"黑狼"系列（2015年至今）；"灵行者"三部曲（2010—2013年）以及"五人法庭"系列（2015—2017年）。

米切尔·恩德

德国小说家；出生时间：1929年；逝世时间：1995年

恩德是一名重要的儿童奇幻作家，他最著名的作品是《毛毛》（1973年）和《永远讲不完的故事》（1979年）的英文译本。《毛毛》也被译作《灰先生》，主人公毛毛是一个流浪女孩，她发现世界被一群寄生于人类

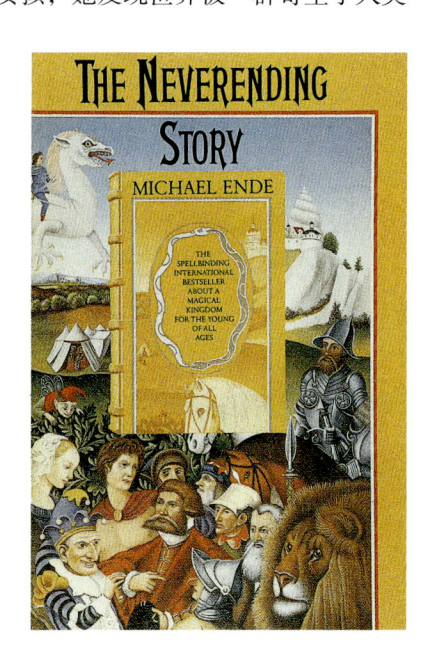

米切尔·恩德小说《永远讲不完的故事》

奇幻盛宴：文学、影视、游戏中的幻想世界

的"灰先生"污染了，而自己是最后一个幸存者。这些人帮助成年人"组织受害者的生活，有效地利用时间"，但其实在秘密地为自己窃取时间，只有毛毛的坚持才能治愈这个世界。《永远讲不完的故事》是一个关于幻想的著名奇幻作品。年轻的主人公巴斯蒂安在一本叫《永远讲不完的故事》（与作品同名）的书中读到，幻想王国正在消亡，它的创造之源正在枯竭，统治者"皇后"是一个孩子，但书中的主人公无力将皇后从日渐虚无中拯救出来，只有巴斯蒂安可以提供帮助——通过进入书中，用类似于创造的方式，为皇后取一个新名字，幻想王国便得以重生。然而，在幻想王国原本的森林和沙漠欣然重生之后，巴斯蒂安逐渐承认了自己在智慧和创造方面的缺乏。在幻想王国，他成为了一个不可战胜的战士，却不知为何并没有满足的感觉，他内心的创造之源濒临枯竭。最终，他意识到了自己的渺小，成长为一个成熟的大人。1984年据此改编的电影有些不尽如人意，省略了故事情节的这后半部分。

史蒂文·埃里克森
英裔加拿大小说家；出生时间：1959年

埃里克森出生在多伦多。他第一部出版物故事集《羽毛》（1991年）和《雷沃尔沃和加拿大的其他故事》（1998年）以真名"史蒂夫·鲁文·伦登"出版。埃里克森是一名专业的考古学家和人类学家，也是一名资深游戏玩家。他因创造了一个深度和想象力都十分炫目的魔法世界而闻名。受荷马的《伊利亚特》启发，他在作品中常常会用不同视角看待和描述宏大的事件，并且每个观点都很有价值。他最著名的作品是一部炫目的史诗奇幻作品"马拉赞帝国的故事"系列，共十卷，包括《月球花园》（1999年）、《死宅之门》（2000年）、《冰的记忆》（2001年）、《镣铐之屋》（2002年）、《午夜潮汐》（2004年）、《骨骼猎手》（2006年）、《收割者的疯狂》（2007年）、《致电猎犬》（2008年）、《前尘往事》（2009年）和《跛足的上帝》（2011年）。前传"哈尔卡纳斯"三部曲在2012年和2016年各出版了一卷。新的"见证"三部曲围绕着一个英勇无畏的名叫卡尔萨·奥朗的战士展开，故事背景设定时间是《跛足的上帝》的十年后，2021年发行第一卷《上帝不愿意》。

雷蒙德·E.费斯特
美国小说家；出生时间：1945年

费斯特的早期小说借鉴了其设计角色扮演类奇幻游戏的经验。《魔术师》（1982年初版；1992年修订）描绘了一个（或者说两个）可爱的现实世界，讲述了两个魔术师的成长之路。一个是普格，在接受魔术师训练时，他的天赋得以显现和提升。另一个是战士托马斯，在一个巫师的有意操纵下，他的野心开始"膨胀"。

随着故事的发展，作者详细阐述了他笔下人物面临的道德困境。这类话题是"裂隙之战"系列中《魔术师》的续集《银刺》（1985年）和《黑暗道德》（1986年）的重要关注点（这两本是同一个故事的上下册），也是《王子的血》（1989年）和《国王的海盗》（1992年）探讨的核心话题。它的情节常常结合了魔法和传奇冒险故事，使人想起经典的王子冒险故事。

费斯特在与简妮·伍尔兹合著的小说中保留了这种错综复杂的风格，包括《帝国的女儿》（1987年）、《帝国的仆人》（1990年）和《帝国的女主》（1992年）。与以男性为主角的作品强调勇气不同，使用女主人公的作品更加需要强调谋略与智慧。费斯特还尝试过黑暗奇幻，作品有《仙子故事》（1988年），讲述了一个当代美国家庭的遭遇，他们的新房面临被仙子王国侵略的威胁，八岁的男主人公不得不进入这个王国去营救他的双胞胎兄弟。

在这个小小的转型之后，费斯特继续创作"裂隙之战"系列，又出版了22本书，背景贯穿了米德克米亚几个世纪的动乱历史。这部传奇故事最终以第30部小说《魔术师的结局》（2013年）告终。以"裂隙之战"第一部为背景的"裂隙传奇"系列是一个独立出来的系列，是费斯特和其他作者合作完成的。2018年，费斯特开始创作以"纱线世界"为背景的三部曲"火人"，第一卷是《灰烬之王》。

艾伦·迪恩·福斯特
美国小说家；出生时间：1946年

福斯特在科幻小说和奇幻小说领域都非常多产和受欢迎，他的奇幻文学作品有："咒术歌手"系列——《咒术歌手在门口》（1983年）、《不和谐的一天》（1984年）、《魔术师的时刻》（1984年）、《路径》（1985年）、《转移的时间》（1986年）、《咒术歌手》（1993年）和《冰雪奇缘》（1994年）；一些电影的小说版本，如《诸神之战》（1981年）和《仙侣神兵》（1983年）；奇幻西方故事集《疯狂的阿莫司》（1996年），汇集了10个与边境有关的奇幻故事。

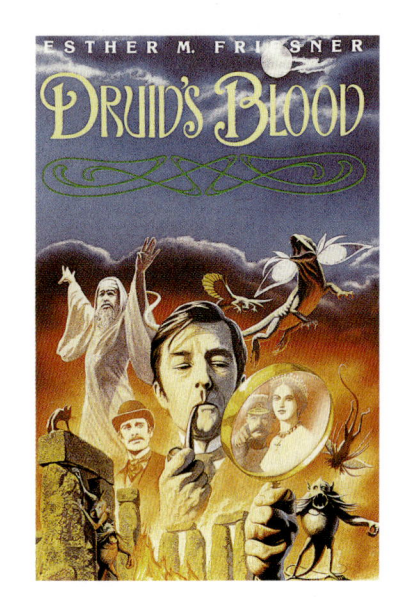

埃丝特·M. 菲涅耳小说《德鲁伊的血》

（1996年）是一部虚构历史奇幻作品，讲述了恺撒从暗杀中幸免于难的故事。

玛吉·富瑞

英国小说家；出生时间：1955年；逝世时间：2016年

《奥里安》（1994年）是玛吉·富瑞的"权力的神器"系列的第一卷，与书名同名的女主人公拥有各种魔力，她必须学会如何实现、扩展和控制它们。正如很多以女性为主角的严肃奇幻作品设定的那样，魔法和性之间存在利益冲突。尽管在发展魔力的过程中不必保持处女之身，但自制能为修行者带来强大的优势，只是让奥里安几近丧失了生育的能力。玛吉的作品还有其续集《风之竖琴》（1994年）、《火焰之剑》（1995年）和《迪玛拉》（1997年），以及"阴影联盟"系列——包括《米瑞尔德之心》（1999年）、《石之灵》（2001年）和《永恒之眼》（2002年）。《赞迪姆历险记》（2008—2013年）是《奥里安》的前传，共两卷。

尼尔·盖曼

英国漫画作家和小说家；出生时间：1960年

盖曼因编写《睡魔》（DC漫画公司，1989—1996年）迅速闻名于世。这是一部令人惊叹、细节丰富的神话奇幻系列作品，共出版了75期，最后按计划完美收官，展现了作者非凡的创作力。最初的DC睡魔是一个头戴面具的治安维持者，使用催眠瓦斯震慑街头恶棍。盖曼用这个形象隐射蜘蛛侠，但他自创的睡魔——一身黑袍，肤色死白，一头黑头——这些元素的组合显得更加宇宙化。睡魔的名字叫梦，或者叫摩耳甫斯，取"掌管所有的梦"之意，也因此掌管着所有的故事。在这部作品中，七位神分别代表着宇宙七个方面，睡魔就是其中之一，其余六位分别是死亡、命运、绝望、欲望、谵妄和毁灭。这部漫画曾以图画小说的形式重新发行，标题在下文有所提及。睡魔在《前奏与夜曲》（1991年）首次登场，他被黑魔法诱捕，并与地狱和DC老牌超级反派"命运博士"展开了斗争，这些都不太符合他成熟后冷酷、冷漠、有时有点奇怪的性格特质。故事继续发展，来到了《玩偶之家》（1990年），这部作品以带有G.K.切斯特顿（Gilbert Keith Chesterton，英国奇幻作家，其作品极具思想性，善于从寻常之事中发掘深意。——译者注）式的复杂动作为特色，故事的黑色喜剧效果在一个连环杀手

埃丝特·M. 菲涅耳

美国小说家；出生时间：1951年

菲涅耳的作家生涯始于一个探险奇幻系列，其背景设定源自《一千零一夜》，第一卷是《穆斯塔法和他聪明的狗》（1985年），后续还出版了三卷——《凡人编织》（1986年）、《巫师摇篮》（1987年）和《水王的笑声》（1989年）。随着菲涅耳开始向风格更为夸张的喜剧奇幻转型，这套系列就销声匿迹了。这种风格首次出现在她的都市奇幻系列《纽约，骑士》（1986年）、《精灵的防御》（1988年）和《斯芬克斯的野性》（1989年），然后是三部风格更为夸张的三部曲，第一部包括《这里是恶魔》（1988年）、《恶魔蓝调》（1989年）和《欢呼》（1999年）；第二部是《侏儒的土地》（1991年）、《哈比高地》（1991年）和《独角兽U》（1992年）；第三部是《偶然的马吉克》（1993年）、《不择手段的马吉克》（1994年）和《精心设计的马吉克》（1994年）。菲涅耳的"神话公主"系列丛书从2007年到2015年共出版了八卷，在这系列中，特洛伊的海伦、娜芙蒂蒂、卑弥呼和梅芙（特洛伊的海伦：斯巴达王墨涅拉俄斯之妻，引起特洛伊战争的绝世美女。娜芙蒂蒂：古埃及时期，最著名的女性之一。她约生于公元前14世纪，是法老王阿肯那顿的皇后，也是另一位著名法老。卑弥呼，日本弥生时代邪马台国的传奇女王。梅芙，古爱尔兰传说中的康诺特国女王。——译者注）进行了对话。不过，菲涅耳单独发行的作品好像更受欢迎。《德鲁伊的血》（1988年）是一部受蒸汽朋克风格影响的奇幻作品，主角是一个类似夏洛克·福尔摩斯的人物。《昨天我们看到美人鱼》（1991年）重新虚构了一个关于1492年登陆美国的故事。《鹰之子》

大会的桥段中达到了顶峰。在《迷雾季节》（1992年）中，地狱被扫荡一空，宇宙学的概念由此延伸，睡魔得到了钥匙，遭到各方疯狂的觊觎，包括来自北欧、埃及和日本的神，"秩序""混乱"和"精灵"，以及流亡的恶魔们。《一场游戏一场梦》（1993年）中女主人公的梦境里出现了会说话的巨型动物，这是向乔纳森·卡罗尔的《月亮的骨头》致敬。当睡魔受到一个古老契约蛊惑，把这片梦境永久关闭时，是在致敬C.S.刘易斯的《最后一战》。《短暂的生活》（1994年）讲述了睡魔如何帮助妹妹"谵妄"寻找他们失踪的兄弟的故事。《善良的人》（1996年）取名自复仇女神三姐妹，她们试图对睡魔赶尽杀绝，这也是他一直在计划的事情。当来到在该系列最后一册《唤醒》（1997年）的结尾处，众人都为睡魔的逝去而哀悼。在这套系列中穿插的故事，有些是独立的，有些是重要的背景信息，后收录在《梦的国度》（1991年）、《寓言和反思》（1993年）和《世界的终结》（1994年）中。其中第一本还收录了莎士比亚的《仲夏夜之梦》，是1991年世界奇幻文学奖得主。"死亡"是一个开心、乐观、关心他人的哥谭风格女性形象，其原型是设计师西纳蒙·哈德利，这个人物还出现在另外两部漫画中，分别是《生活的高昂代价》（1994年）和《你的一生》（1997年）。《魔法书》（1993年）中"死亡"和睡魔也均有出场，该书讲述了一个男孩开启魔术师之路的故事，引人共鸣。这一作品后来由他人接手继续进行创作。

盖曼也写了很多小说。与特里·普拉切特共同完成的《好兆头》（1990年）是对电影《凶兆》的调侃。此外还有《乌有乡》（1996年），改编自BBC电视连续剧，讲述了在伦敦地下另一个魔法世界的奇幻故事；《星尘》（1998年），刻画了仙女的迷人形象；《美国诸神》（2001年），是一部关于一群古老神灵的都市奇幻作品，它们被人遗忘，游荡在美国的土地上；《鬼妈妈》（2002年）是一个美丽但扭曲的爱丽丝式童话；《安纳西梵蛛男孩》（2003年），又是一部关于所谓的骗子——其实是神之子的都市奇幻故事作品；《墓地之书》（2008年）深受年轻读者的喜爱。《巷尾的海洋》（2013年）是一本关于自我认同和成人童年记忆的超现实主义书籍；《天使与造访》（1993年）和后来的很多其他卷集都是短篇散文性作品。尼尔·盖曼的优势在于，他能将各种来源的材料（而且经常是晦涩难懂的材料）编织成具有神话般新鲜感的故事。

克雷格·肖·加德纳

美国小说家；出生时间：1949年

在很长一段时间内，加德纳被誉为美国版的特里·普拉切特，因为他在《埃比尼赞姆》和《文特弗尔》及其他系列的奇幻作品中，使用了一些搞笑典故作为标题。然而好景不长，随着加德纳在喜剧领域的名气逐渐减弱，他开始专注于电影的小说版本作品，创作了一系列电影小说，包括《蝙蝠侠》（1989年）、《蝙蝠侠归来》（1992年）等。还有"龙圈"三部曲，分别是《沉睡的龙》（1994年）、《醒龙》（1995年）和《燃烧的龙》（1996年），以及以"彼得·加里森"为笔名创作的"换子之战"三部曲（1999—2000年）。

艾伦·加纳

英国小说家；出生时间：1934年

加纳是英国最著名的儿童文学作家之一。他最初发表了《布里辛阿门的怪石》（1960年）和《戈姆拉之月》（1963年），这两部作品都非常精彩，讲述了一对年轻的兄妹在传闻闹鬼的柴郡展开魔法冒险的故事。接下来的作品是《埃利多》（1965年），讲述了一个以曼彻斯特为背景的超自然故事。《猫头鹰服务》（1967年）的背景设定在威尔士，完美结合了神话幻想和当代现实主义。《红移》（1973年）是一个关于罗马士兵的虚构故事。此后，他几乎没有什么作品问世，大部分都是民间故事的重新叙述。《骨之地》（2012年）是《戈姆拉之月》的续集，讲述的是对于痛苦的探索和沉睡英雄的神话故事，该书的幻想元素少之又少，且背景设定大多在石器时代。

大卫·A.盖梅尔

英国小说家；出生时间：1948年；逝世时间：2006年

盖梅尔是最有成就的军事奇幻作家之一。他的大部

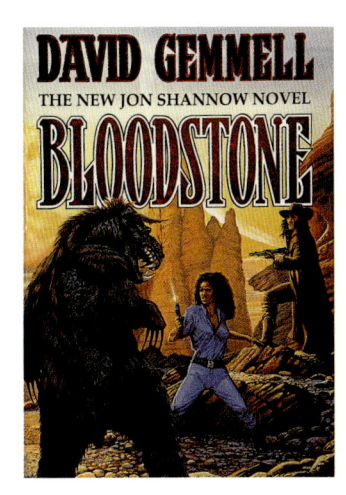

大卫·A.盖梅尔小说《血石》

分作品都属于虚构历史幻想。"德莱奈"系列包括《传奇》（1984年；又名《与人群抗争》）、《门外的国王》（1985年）、《韦兰》（1986年）、《寻找迷失的英雄》（1990年）、《韦兰2：狼的国度》（1992年）、《杜斯传奇第一历险记》（1993年）、《死亡行者传奇》（1996年）、《冬斗士》（1997年）、《暗影英雄》（2000年）、《白狼》（2003年）和《白剑》（2004年）。盖梅尔早期的作品收录进《德莱奈故事集》（1991年）。"西普斯特拉西"系列的组成作品比较零散，包括"大屠杀后的耶路撒冷人"系列——《阴影中的狼》（1987年；又名《耶路撒冷人》）、《最后的守护者》（1989年）和《血石》（1994年）；亚瑟王式的"权力之石"系列小说，包括《幽灵王》（1988年）和《最后的权力之剑》（1988年），这两部在《耶路撒冷人的完整历险记》（1996年）中重新出版；以及两部关联性不是很强的以古希腊为背景的小说《马其顿的狮子》（1990年）和《黑暗王子》（1991年）。《铁手之女》（1995年）和《永恒的鹰》（1995年）的主角是鹰女王苏加尼，选用女性主角并没有减少主人公刚毅的英雄气质。与盖梅尔刚毅的英雄风格相同的还有另一个不相关的系列"警戒"，包括《风暴中的剑》（1998年）、《午夜猎鹰》（1999年）、《乌鸦之心》（2001年）和《风暴骑士》（2002年）。盖梅尔的其他作品还有《黑暗骑士》（1989年）、《黑暗月亮》（1996年）和《伟大歌曲的回响》（1997年）。

玛丽·金特

英国小说家；出生时间：1956年

与她的姓氏不相符的是（金特Gentle，字面意思"温柔"），金特是一个极富想象力的作家，而且剑术精湛。虽然她的首作儿童奇幻小说《银鹰》（1977年）是一本常规的作品，但她后来的成年奇幻作品带有晦涩、冷酷而彻底的个人主义色彩，代表作有《老鼠和滴水嘴》（1990年）、《欲望的建筑》（1991年）、《自生自死》（1994年）和《咕噜！》（1992年）。《咕噜！》富含讽刺意味，是关于一群半兽人的作品。自此，金特开始尝试历史幻想风格。《伊拉里奥》（2006年）是一个关于雌雄同体的历史奇幻作品，和她的"灰烬"系列有些许关联，该系列讲述了15世纪一名女雇佣兵队长的故事，共四卷，包括《秘密历史》（1999年）、《迦太基崛起》（2000年）、《疯狂的机器》（2000年）和《迷失的勃艮第》（2000年）。

马克斯·戈拉斯通

美国小说家和游戏设计师；出生时间：1984年

戈拉斯通是"宇宙飞船"系列的作者，这是一套极富有想象力、扣人心弦的书，被称为"关于信念的法律惊悚小说"，故事设定在一个被神摧毁的幻想世界，可以想象成除中世纪以外的任何一个时代。该系列首先出版了《四分之三已死》（2012年），然后是《两条蛇上升》（2013年）、《五尺深》（2014年）、《最后的第一场雪》（2015年）和《四个十字路口》（2016年）。这些书名代表了它们在系列中的时间顺序，《最后的第一场雪》是第四本出版的作品，却是系列中最早的一本。《天使的毁灭》（2017年）原属于这个系列，但后来转由其他出版商负责。戈拉斯通还写了两款以宇宙飞船为背景的电脑游戏，这为他后来的两部都市奇幻系列小说《书商》（2015年）和《来自寒冷的女巫》（2017年），还有一部科幻小说《永远的皇后》（2019年）打下了基础。

帕克·戈德温

美国小说家；出生时间：1929年；逝世时间：2013年

戈德温是美国人，却喜欢写关于英国的故事。他创作的亚瑟王故事三部曲堪称最佳亚瑟王故事之一——《烈火王》（1980年）、《深爱的流亡》（1984年）和《最后的彩虹》（1985年），他还创作了两个罗宾汉式奇幻故事——《舍伍德》（1991年）和《罗宾与国王》（1993年），以及一部基于贝奥武夫史诗的奇幻小说《贝奥武夫塔》（1995年）。戈德温的鬼故事《火来了》（1981年）曾获得世界奇幻文学奖。在最后一部作品《无处的王子》（2011年）发行不久后，戈德温因阿尔茨海默病逝世。

丽莎·戈德茨坦

美国小说家；出生时间：1953年

戈德茨坦的儿童奇幻小说《红色魔术师》（1982年）获得了美国图书奖。她接下来的作品《梦幻年华》（1985年）风格大变，讲述了一段发生在20世纪20年代巴黎超现实主义运动成员身上不同寻常的时空浪漫故事。主人公罗伯特·圣·昂格是位超现实主义的年轻信徒，追随着安德烈·布雷顿和其他一些该流派的诗人和艺术家们，他们都放任自己的生命由无意识的行为所摆布。罗伯特遇到了一个年轻的女人，当他跟随她穿过巴黎的街道时，他来到了1968年，也就是四十年后的未来。云里雾里之间，他很快就回到了自己的时代。但在接下来的几天里，他着迷一样地跟踪那个女人，不停地前往她那可怕而令人兴奋的未来世界。《梦幻年华》幽默风趣，文笔引人入胜，是一部思想严肃的幽默作品。戈德茨坦后来的各种小说延续了这种特质，比如精彩的《太阳和月亮的奇妙装置》（1993年）、《地下黑暗城市》（1999年）、《炼金术士的门》（2002年），以及获奖作品《不确定的地方》（2011年）和《重影》（2015年）。

特里·古德金德
美国小说家；出生时间：1948年

特里·古德金德凭借一系列艾茵·兰德风格的探索奇幻小说一举成为畅销小说家，这些小说完全是以特里·布鲁克斯的后托尔金主义模式为背景设定。他的"真理之剑"系列始于《巫师的第一规则》（1994年），到目前为止已经出了20卷相关作品。古德金德有一个明确的惯用写作公式——富有潜力的年轻主角聚集了一群正义的盟友，来对抗黑魔王扩张的势力。遗憾的是，他书中有太多令人反胃的强奸和折磨的情节。随着系列的连载，这种现象越来越严重，即便在第一本书中都有大约80页的施虐受虐色情片段。但实际上，他作品的亮点，与其说在于这种恐怖的、仅符合青少年胃口的片段，倒不如说在于严厉的说教和奇怪的情节设置。随着时间的推移，这个系列变得越来越古怪，情节安排随意，缺乏真情实感，有些小说甚至是在基本重述《源泉》和《阿特拉斯耸耸肩》的情节。下面这些情节堪称古怪至极——邪恶（是的，就是它本身）的化身原来是一只农场里的鸡；主人公理查德第一次拿起凿子就雕刻了一座完美得令人难以置信的雕像，并用它打败了"共产主义"；理查德通过搬运了一些东西和修复了一扇轻微破损的门，就解决了一座大城市里的全部社会问题。"那只鸟发出一声缓慢的咯咯声……那不是鸡，是邪恶的化身。"好吧，真是够了。

狄奥多拉·戈斯
美国小说家和诗人；出生时间：1968年

戈斯的许多短篇小说和诗歌都获过奖，包括《阿博拉山之歌》（2008年，世界奇幻文学奖最佳短篇小说奖）和《玫瑰之子》（2017年，莱斯林奖最佳长篇诗歌奖）。她的首部作品《炼金术士之女奇遇记》（2017年）讲述了玛丽·杰基尔和雅典娜·柯拉博的冒险经历，获得了2018年星云奖的提名。同年，出版了续集《怪异淑女的欧洲旅行》。

肯尼斯·格雷厄姆
英国小说家；出生时间：1859年；逝世时间：1932年

格雷厄姆的英国田园牧歌《柳林风声》（1908年）是动物奇幻的杰作之一，深受成人和儿童的欣赏。他的幽默短篇小说《不情愿的龙》（最初发表于1898年的《梦之日》合集）同样为大众留下了深刻印象。

克劳迪娅·格雷
美国小说家；出生时间：1970年

"克劳迪娅·格雷"是作家兼记者艾米·文森特的笔名。格雷居住在新奥尔良，她的作品主要是受众为年轻人的超自然浪漫小说以及"星球大战"系列。2015—2019年，她写了四部相关的小说。其他著名的系列还包括"永夜"（2008—2012年）、"法术法师"（2013—2015年）、"火鸟"（2014—2016年）和"星座"三部曲（2017—2019年）。2011年9月，格雷单独出版了小说《命运》，故事情节是对泰坦尼克号最后一次航行的重新想象。"永夜"系列的第一本书《星际迷星》在2009年登上了纽约时报儿童图书畅销书排行榜。

西蒙·R.格林
英国小说家；出生时间：1955年

格林出生于威尔特郡，是一位非常多产的科幻作家和奇幻小说家。他最初因畅销小说《罗宾汉：盗贼王子》而闻名。他的奇幻作品有6卷本的警匪小说"鹰与渔夫"系列（1990—1992年）和姐妹篇"森林王国"五部曲（1991—2014年），12卷本的都市奇幻黑色小说"夜之侧"系列（2003—2021年），以及相同宇宙背景设定的"寻鬼者"系列（2010—2015年）和"秘密历史"系列（2007—2018年）。他的科幻小说"死亡猎手"系列（1995—2005年）及其周边的销售也收获了巨大成功。

格林兄弟
德国民俗学家；雅各布·格林，出生时间：1785年，逝世时间：1863年；威廉·格林，出生时间：1786年，

逝世时间：1859 年

雅各布·格林是通过使用科学方法来研究德语的先驱，也正是在对德语历史的研究中，他对民间传说产生了兴趣。托尔金发现英国的盎格鲁－撒克逊文化受到了因诺曼征服带来的高卢文化的严重冲击，由此产生了创造其笔下神话的灵感。与托尔金不同的是，雅各布发现的是一个几乎完好无损的传统文化，其广度和结构仍有被恢复和保护下来的可能性。在这个文化中，不同寻常古怪神秘的故事元素随处可见，并收录在他的《德国神话》（1835 年）中，但通俗一些的民间传说却面临灭绝的危险。雅各布在弟弟的帮助下收集了三卷本《献给孩子和家庭的童话》（1812—1813 年）。后来有学者批判格林兄弟的写作方法，尤其是杰克·齐普斯，针对《格林童话》（1987 年）找出了 241 个确切的原始作品（杰克·齐普斯认为，格林兄弟几乎完全是在为当时的中产阶级发声，弟弟威廉通过重写故事和删除具有"冒犯"意味的素材来达到说教的目的），但他们笔下的《汉赛尔与格莱特》《白雪公主》《侏儒怪》和《长发公主》等版本已经成为现代成千上万个修订和影视改编作品的基础。

亨利·赖德·哈格德

英国小说家；出生时间：1856 年；逝世时间：1925 年

亨利·赖德·哈格德匆匆写成的儿童书《所罗门国王的宝藏》（1885 年）为他带来了第一次商业上的成功，随后他迅速推出了文风更为夸张、影响更为深远的《她》（1886 年）。《她》为哈格德后来的许多奇幻作品建立了一种模式，引入了连续轮回的主题，成为了因果轮回浪漫类小说，主人公面临一个无法周全的选择：一个是令人兴奋但危险的女人，一个是乏味但有用的女人。这种模式同样出现于续集《阿伊莎》（1905 年）、《她和艾伦》（1921 年）、《智慧的女儿》（1923 年）还有另外几部同类型作品中，其中最有趣的是《世界的愿望》（1890 年，与安德鲁·朗合作完成），主人公是奥德修斯，以及模仿了冰岛传奇的作品《埃里克·布里格雷斯》（1891 年）和《流浪者的项链》（1914 年）。后期，哈格德逐渐开始对"深奥的智慧"感兴趣，而他信手拈来的因果轮回浪漫类小说，包括《永恒的爱》（1918 年）、《远古的艾伦》（1920 年）和《艾伦和冰神》（1927 年），已不如早期的同类型作品激动人心。哈格德对神秘事物的兴趣体现在他大多数小说中所包含的奇异元素——尤其是遗失种族奇幻作品，其中最突出的是《幽灵之王》（1908 年）。在他的其他作品中，幻想色彩最浓厚的是关于古埃及魔法故事的《晨星》（1910 年），以猎物反抗追捕为主题的寓言故事《圣雄与野兔》（1911 年）、《红夜》（1911 年），以及收录在《史密斯与诸位法老》（1920 年）的部分故事。1912 年，同名中篇小说《史密斯与诸位法老》首次出版。

芭芭拉·汉布莉

美国小说家；出生时间：1951 年

汉布莉通过处女作"达瓦特"三部曲迅速展现了自己的潜质。这部作品描绘了一个被洛夫克拉夫特式恐怖所笼罩的幻想世界，包括《黑暗时代》（1982 年）、《空气之墙》（1982 年）和《白天的军队》（1983 年），随后她又推出了《冬天的母亲》（1996 年）和《冰猎鹰的探索》（1998 年）。汉布莉的最佳作品之一是"肮脏的现实主义"系列，主角是强悍的雇佣兵太阳狼。在《曼德里金的女人们》（1984 年）中，他被胁迫去解救一个被邪恶巫师控制的国家，这个巫师让持不同政见者变成了失去双目和脑袋的食人恐怖分子，然而想要取得胜利，太阳狼需要付出惨痛的代价。《温沙女巫》（1987 年）是一部发生在魔法学校的谋杀悬案。《黑手魔法》（1990 年）全文笼罩着一股阴森的气息，太阳狼等雇佣兵们在日常围城工作中备受一种无处不在却又不知为何的诅咒

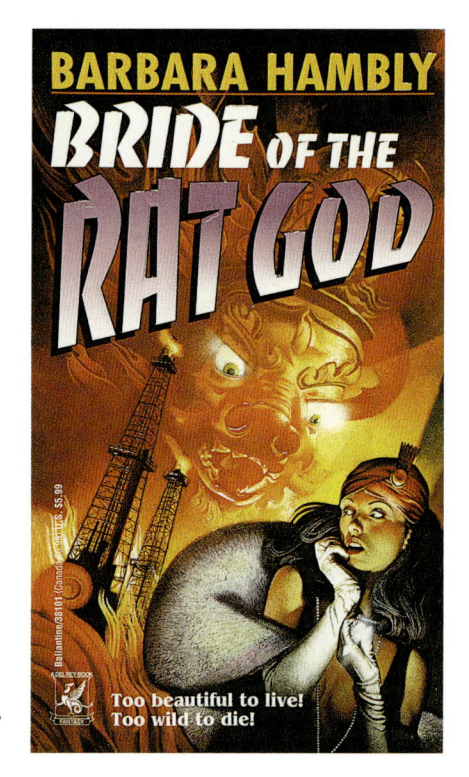

芭芭拉·汉布莉小说《鼠神新娘》

的折磨。她的其他作品《龙之祸》（1986年）、《龙影》（1999年）、《恶魔女王的骑士》（2000年）、《龙之星》（2001年）和《公主》（2010年）重新审视了龙和屠龙者的角色（只有通过作弊才能获胜）。《黑暗塔》（1986年）、《硅法师》（1988年）和《巫师犬》（1993年）的特色是将地球上的科学与另一个世界的魔法巧妙地结合在一起。"太阳十字"系列由《彩虹深渊》（1991年）和《夜的魔术师》（1992年）组成，大意是巫师们回应了一个援助请求，却惊恐地发现这个请求的呼叫者是第二次世界大战中的纳粹神秘主义者。《鼠神新娘》（1995年）是一部以20世纪20年代好莱坞为背景的关于中国"魔法"的娱乐奇幻小说。"吸血鬼詹姆斯·阿舍"系列是一部黑暗幻想与神秘小说，从1989年到2016年，共出版了七本。《乌鸦姐妹》（2002年）和《月亮之圆》（2005年）把严肃奇幻元素和对性别政治的尖锐看法融合在一起。还有其他一些小说，如《解放者的妻子》（2005年）和大受欢迎的16卷谋杀悬疑小说"本·简妮"系列，这些作品更趋向于历史奇幻小说题材。

尼克·哈卡威
英国小说家；出生时间：1972年

哈卡威是著名冷战惊悚小说作家约翰·勒·卡尔的儿子，专门创作现代奇幻历史作品，风格可爱、奇特、幽默，故事情节极富刺激性。《消失的世界》（2009年）讲述了一群雇佣卡车司机奋力拯救一个几乎要分崩离析的世界的故事。《天使制造者》（2013年）讲述了一个钟表匠阻止一个永生不死的恶魔利用蒸汽朋克蜜蜂给人类洗脑的故事，而这个钟表匠——正如很多漫画书设定的那样——恰好是伦敦黑社会犯罪团伙的继承人。《老虎人》（2014年）的背景设定在一个毒气蔓延、没有法纪并即将成为牺牲品的小型热带岛屿，讲述了一个不同寻常的超级英雄的起源。《日暮》（2017年），通过描写来自同一人的几种分裂人格所展现的幻境，带领读者开始探索一个受到神秘技术监视的国家。哈卡威是一位大师级的作家，他不像许多作家那样"技大于艺"——他没有让他的杰出文学才华盖过那些令人愉悦的故事本身。

黛博拉·特纳·哈里斯
美国小说家；出生时间：1951年

哈里斯的第一部奇幻作品是"加里隆的魔法师"系列，包括《燃烧的石头》（1986年）、《恶毒的挑战》（1987年）和《火的螺旋》（1989年）。此外还有美式苏格兰风格作品"卡尔登传奇"系列，描述了"杰米""邓肯"和"伊沃特"等角色在苏格兰高地的迷雾中进行低沉的对话。哈里斯与凯瑟琳·库尔茨合作的奇幻作品"独立"系列的背景更加贴合现代，但仍具一种带有美国特色的苏格兰风情。

M.约翰·哈里森
英国小说家；出生时间：1945年

不走寻常路的哈里森是一位杰出的设计师，他对奇幻小说的主要贡献是"虚拟小说"系列。该系列的前三分之二分别由马尔文·皮克、杰克·万斯完成，后三分之一则蕴含了作者独特的感性思维。《粉彩之城》（1971年）是一部关于剑与魔法的冒险动作作品。《翅膀的风暴》（1980年）是一部关于日渐衰败的未来的复杂奇幻作品。第三部《在虚拟小说里》（1982年），比前两本更薄，也更生硬，而且没有一丝未来主义的元素。尽管这本书的背景设定是一个在另一维度的城市，却如同当今的伦敦或曼彻斯特等城市一样坚固壮观。围绕着他笔下的滑稽人物和日渐衰败的世界，哈里森创作了一部令人惊叹的如诗歌般的作品。除了"虚拟小说"系列，哈里森还有作品《心的历程》（1992年）、《生命的痕迹》（1997年）、《旅行安排》（2000年）以及获得多个奖项的《光》（2002年）及其续集《摇摆的新星》（2006年）和《空

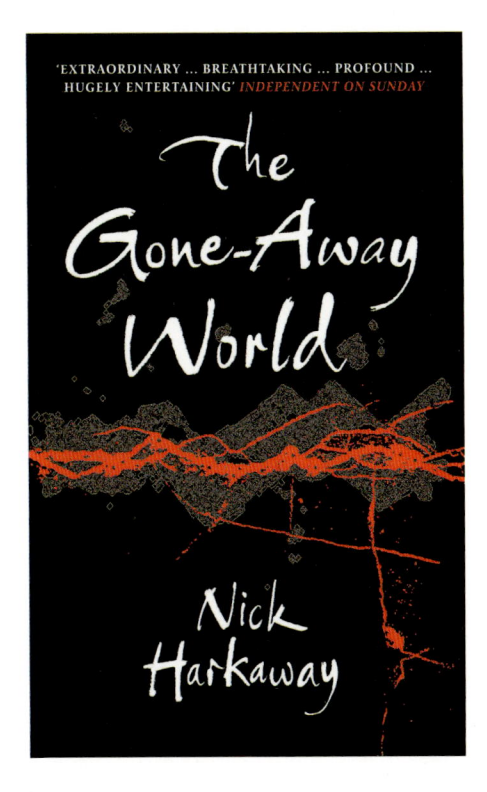

尼克·哈卡威小说《消失的世界》

白》（2012年），这些都同样精彩，但也更加晦涩难懂，因为它们都是达到了更高层次的奇幻文学作品。

斯考特·霍金斯
美国小说家；出生时间：1969年

霍金斯出生于爱达荷州，在南卡罗来纳州长大。他最著名的作品是黑暗都市奇幻小说《查尔山图书馆》（2015年）。他被《华尔街日报》誉为"幻想领域的新天才"。霍金斯还是一名计算机程序员，他出版了许多关于计算机程序的参考书。他自称是爱狗人士和电影爱好者，并邀请粉丝通过社交媒体来一起交流讨论书籍和电影。

凯文·赫恩
美国小说家；出生时间：1970年

赫恩出生在亚利桑那州，是一位都市奇幻作家，因刊登在《纽约时报》的畅销系列"铁德鲁伊历险记"（2011—2018年）而闻名。该系列围绕主人公阿提克斯·奥沙利文，也就是标题中的铁德鲁伊展开，该人物的设定是寿命很长。其中，系列的第七本书《破碎》登上了《今日美国》畅销书排行榜。2016年，赫恩开始创作其衍生系列"奥伯伦的肉之谜"（2016—2018年），主要讲述了阿提克斯的爱尔兰猎狼的故事。赫恩是一位多产的中短篇小说作家，与黛丽拉·S.道森合著了"佩尔的故事"系列（2018年至今），包括《羔羊的魔法》（2013年）、《麦街的恶魔巴克》（2013年）和《两只乌鸦和一只乌鸦》（2012年）。

罗宾·霍布
美国小说家；出生时间：1952年

"罗宾·霍布"是加利福尼亚作家玛格丽特·奥格登的其中一个笔名。他另一个笔名是"梅根·林德霍姆"，迷人的《鸽子巫师》（1986年）就是以这个名字出版的知名作品，讲述了魔法天才如何隐藏在现代西雅图的街头人群的故事。

"霍布"这个笔名首次出现于"预言者"三部曲，由此开启了涉及众多作品的"长者王国"系列。"法西尔"系列包括《刺客学徒》（1995年）、《皇家刺客》（1996年）和《刺客任务》（1997年）三部野蛮的异世界奇幻作品，该系列中，主人公菲茨有能力，却也有缺点。他不断地遭遇残酷的背叛，后来接受了外交和暗杀的双重训练，这在他的国家遭受掠夺折磨时派上了用场。这群掠夺者来自"红船"，他们使用了许多卑鄙的阴谋和背叛的手段，将受害者变成无灵魂的捕食者。最后，"红船"遭到了一种武器的攻击。这种武器毁灭性质极大，相比之下这些掠夺者的凶恶行径仿佛只是一种先发制人的报复行为。该系列的续集，一是"刺客后传"三部曲，背景设定为十年间，包括《弄臣任务》（2001年）、《黄金弄臣》（2002年）和《弄臣命运》（2003年）。另一部是"菲茨和弄臣"三部曲，创作于2014—2017年。还有一部前传是小说《疯狂的公主和皮博尔德王子》（2013年）。

"活船商人"三部曲包括《魔法之船》（1998年）、《疯狂之船》（1999年）和《命运之船》（2000年），该系列的背景设定与之前相同，但故事是完全独立的，围绕着一艘被魔法复活的木船展开。《雨野历险记》（2009—2013年）是关于龙和驯龙师的故事，共四卷。

此外还有"战士之子"系列——《萨满的十字》（2005年）、《森林法师》（2006年）和《变节的魔法》（2008年）。这些作品设定了一个全新的故事背景，讲述了瓦尼亚王国和它的田园式(但令人讨厌的)森林邻居的故事。

罗伯特·霍尔德斯托克
英国小说家；出生时间：1948年；逝世时间：2009年

霍尔德斯托克起初是科幻小说作家，凭借《神话森林》（1984年）和续集《拉旺迪斯》（1988年）在艺术和商业界获得巨大成功之前，他也涉足过恐怖小说领域。《神话森林》让他获得了第一个世界奇幻文学奖。《拉旺迪斯》讲述了莱霍普森林中隐藏的一个黑色稠密的时间深渊，其背后是仍然存活着的英国神话中的原型生物。亚瑟、罗宾汉等形象代表了一个低级层次，即土著人群的无意识；而绿人、狂猎等形象则代表了一个更深的层次，也就是关于人类思想的最早演变，这一点也体现在乌尔库斯穆的逃亡之中。尽管在《拉旺迪斯》中，故事情节已几近尾声，霍尔德斯托克还是继续创作了背景设定在莱霍普森林的作品《骨林》（1991年）和《空谷》（1993年），之后才转而开始一个新系列《梅林的森林》（1994年），这是位于布列塔尼的一个相似的森林。《象牙之门，号角之门》（1997年）是这个系列中一个新的故事集，里面的莱霍普森林有了全新面貌，变得更加生机勃勃，少了些不祥之感。在这里，名叫克里斯蒂安的主人公开始了令人敬畏的朝圣之旅。虽然《诡计》（1991年）和《远古回声》（1996年）不是这个系列的一部分，但其神话背景都与之相关，就像获奖的世界奇幻文学杰作"拉格恩"

系列（加里·基尔沃斯著，1991年），还有"梅林法典"系列，包括《凯尔特卡》（2001年）、《铁圣杯》（2002年）和《破王记》（2006年），这些也都是背景设定类似的神话，讲述了梅林在遇见亚瑟王之前漫游世界发生的故事。

维里蒂·霍洛韦

英国小说家、诗人和传记作家；出生时间：1986年

霍洛韦出生于直布罗陀的一个海军家庭，现居住在东安格利亚，成年之前一直在随家人四处奔波。为缓解身体疾病带来的痛苦，她投身于奇幻文学的世界。霍洛韦拥有剑桥安格利亚鲁斯金大学的文学和创意写作学士学位和文学硕士学位。2012年，她的小说《火葬伊梅尔达》获得了"推车奖"提名。2017年，又出版了小说《假牙》。霍洛韦还为她维多利亚时代的表亲写了传记《伟大的治疗师：托马斯·霍洛韦的专利药物帝国》（2016年）。

汤姆·霍尔特

英国小说家；出生时间：1961年

霍尔特是一位令人印象深刻的勤奋的作家，他以《希望他长高》（1987年）开始了幻想漫画创作之旅。这部作品的特色是以英格兰郊区为背景创作。主人公是一个讨人喜欢的胆小鬼，在继承了瓦格纳笔下的"魔戒"和"指环"后，很快受到了沃坦、女武神和性感莱茵女郎的追求。这本书获得了不错的反响，自此，霍尔特又写了33部类似的作品，对很多作家的作品进行了诙谐的改编，包括圣乔治，以及吉尔伯特和沙利文。关于K. J. 帕克，霍尔特也写了14部奇幻小说，背景设定是魔法世界，主题往往是悲剧的自我毁灭和技术带来的破坏。此外，霍尔特还写了5部历史短篇小说，尖刻讽刺了玛格丽特·撒切尔。

威廉·霍尔伍德

美国小说家；出生时间：1944年

霍尔伍德曾经做过记者，他成功借助理查德·亚当斯《沃特希普的堕落》掀起的动物奇幻热推出了许多同类作品，可以说是当时动物奇幻类作家中最为成功的一个。他最著名的动物奇幻作品的主角是鼹鼠，包括《邓克顿森林》（1980年）、《邓克顿探案》（1988年）、《邓克顿发现》（1989年）、《邓克顿故事集》（1991年）、《邓克顿崛起》（1992年）和《邓克顿石头》（1993年）。之后，根据肯尼斯·格雷厄姆的作品《柳林风声》，霍尔伍德陆续推出了几部续集，包括《冬天的柳林》（1994年）、《蟾蜍的胜利》（1995年）、《柳林与超越》（1996年）和《圣诞节的柳林》（1999年）。此外还有两部以野狼为主角的动物奇幻系列，第一部是《心脏地带之旅》（1995年）和《伍尔弗洛克的探索者》（1997年）。2010年，他带着四部曲"海登世界"重返奇幻小说领域，包括《春天》（2010年）、《觉醒》（2011年）、《收获》（2012

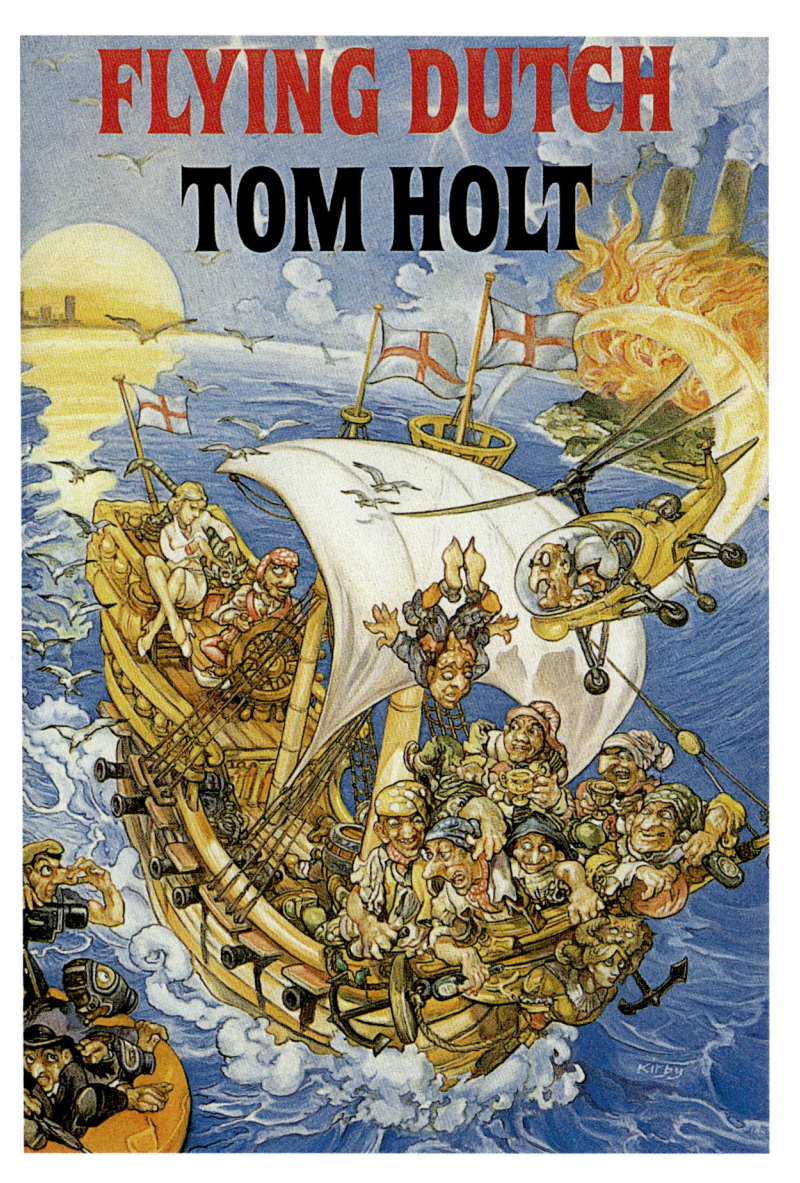

汤姆·霍尔特小说《荷兰飞人》

年）和《冬天》（2013 年），主要讲述了人类和仙子们一起组装四颗"力量之石"的故事。

乔纳森·L. 霍华德
英国小说家、游戏设计师、编剧和漫画作家；出生时间：不详

霍华德的奇幻小说职业生涯始于 20 世纪 90 年代，当时他在为流行电子游戏《断剑》写剧本。由于收获了积极的评论，他备受鼓舞，开始了全职写作。他最著名的作品是"约翰内斯的阴谋"系列（2009—2016 年），讲述了一个巫师的故事。霍华德的《鲁萨尔卡历险记》（2012—2013 年）是一部青少年小说，因其强大的成人角色阵容和浪漫的故事情节而备受好评。此外他还写了"卡特和洛夫克拉夫特"系列（2015—2017 年）和短篇小说集《接受者基思》（2017 年）。

罗伯特·E. 霍华德
美国小说家；出生时间：1906 年；逝世时间：1936 年

令人震惊的是，尽管霍华德和笔下的人物柯南为"剑与魔法"类奇幻文学产生了巨大的影响，但作者本人却在 30 岁时自杀了。霍华德短暂的作家生涯给我们留下了漫长的影响。

实际上，柯南这个冷酷的西梅利亚野蛮人形象仅存在于 20 篇左右的原创小说中，它们大多于 1932 年至霍华德去世期间发表在杂志《诡丽幻谭》上，凭借其鲜明的风格，融合了动作冒险和魔法的暴力元素迅速走红。第二次世界大战后，这些故事被重新出版，包括以单行本形式发行的《征服者柯南》（1950 年，又名《龙之时》），以及故事集《柯南之剑》（1952 年）、《柯南国王》（1953 年）、《柯南的到来》（1953 年）和《野蛮人柯南》（1954 年）。不仅如此，一些作家也对这些故事进行了修订和增补，《柯南故事集》（1955 年）的部分就是由斯普拉格·德·坎普完成的。这也预示了后来大量涌现的冠以"柯南"之名的作品，这些作品基于霍华德的原作，进行了大量修改（例如删除废弃草稿中的主要人物，把柯南这个角色安排进去），重新起个名字，然后开始模仿创作。德·坎普和林·卡特重新编辑了"海波里安时代"系列，并在故事情节中空缺的部分加上了全新的故事，完成了连霍华德本人都从未想到的完整故事线。一位评论家预测，"柯南"系列作品的大量涌现，几乎覆盖了柯南这个形象一生的经历，从蹒跚学步到耄耋之年。自 1982 年起，以《柯南辩护人》为首的"新柯南"系列的作品共有 30 多部，它们不再基于原著内容进行创作，而是作为衍生作品发行。有趣的是，前七部是罗伯特·乔丹纳写的。

霍华德笔下的其他或多或少有点像柯南的人物有——被逐出亚特兰蒂斯的库尔王，是一个思虑深重、性格暴烈的人物，他的故事收集于《库尔王》（1967 年）；凯尔特人布兰麦克蒙，在罗马入侵时与之进行了英勇战斗，他的功绩收集于《布兰马克摩恩》（1973 年）；另一位亡命之徒凯尔特人特洛·杜夫；爱尔兰的科马克·麦克雅特，他的四个故事构成了《海之虎》（1977 年）。

霍华德其他作品主人公的风格与柯南截然不同。1928 年，霍华德首次塑造了一个幻想角色——所罗门·凯恩。这位冷酷的 16 世纪清教徒是一艘私掠船上的成员，还是一名剑客，随着航海，在世界各地发生着各种魔法冒险故事。《红影》（1968 年）是"凯恩"系列的权威之作。《阿尔穆里奇》（1964 年出版）是唯一一部科幻小说，讲述了主人公埃素·凯恩通过一种技术手段被送往与标题同名那个遥远的星球，在那里他用拳头和剑展开了一系列斗争，并最终赢得了一个漂亮的外星女孩的欢心，这个情节让人不禁想起了埃德加·赖斯·巴勒斯的《巴索姆》。

霍华德还发明了一个重要的描述性短语"肌肉发达"，这是大多数"剑和魔法派"奇幻文学的本质所在。霍华德给后世留下了大量的文学财富。

L. 罗恩·哈伯德
美国小说家；出生时间：1911 年；逝世时间：1986 年

哈伯德是一个典型的"造纸者"——指那些 20 世纪 30 年代和 40 年代的美国作家，他们在低俗杂志上刊登各种类型的动作小说，包括犯罪、西部片、航空、虚张声势的历史片、科幻、恐怖和幻想。哈伯德最著名的作品是奇幻小说，主要刊登于杂志《未知》。他的小说作品中最出色的是《睡眠的奴隶》（1948 年）和《天空中的恐惧和打字机》（1951 年）。

巴里·休特
美国小说家；出生时间：1934 年；逝世时间：2019 年

休特是写中国故事的大师，他的小说充满了优美的

语言和动人的惊喜，文笔跳脱诙谐。他的"李师十牛志"系列原本计划出版七本，但令人遗憾的是，因为与出版商发生了糟糕的纠葛，计划落空，只出版了《鹊桥》（1984年）、《石头的故事》（1988年）和《八仙过海》（1990年）。

布莱恩·雅克

英国小说家；出生时间：1939年；逝世时间：2011年

雅克出生于利物浦，在美国可谓是家喻户晓。他的动物奇幻作品"红城"系列非常受欢迎。这个系列以老鼠为主人公，共有27本，从1986年的《红城》开始，一直写到了2011年。2001—2006年，他还写了一个以"飞翔的荷兰人"为主题的三部曲。

诺拉·K.杰米辛

非裔美国小说家；出生时间：1972年

杰米辛出生于爱荷华州，是一位居住在纽约布鲁克林的非裔美国科幻小说家。她获得过很多奖项和提名，作品《十万个王国》（2010年）获得了卢卡斯最佳首部小说奖，该书与《破碎王国》（2010年）和《诸神之国》（2011年）组成了"继承"三部曲。此外，她的"破碎的地球"系列前两部——《第五季》（2016年）、《方尖碑之门》（2017年）获得了雨果奖，最后一部《巨石苍穹》（2018年）获得了星云最佳小说奖。2012年出版了"梦血"两部曲，包括《月亮杀手》和《太阳阴影》。此外，杰米辛还为文学杂志撰写了大量短篇小说，并出版了短篇小说集《黑色的未来还有多远》（2018年）。杰米辛在非小说领域有作品《极客智慧：书虫文化的神圣教导》（2011年）。

戴安娜·韦恩·琼斯

英国小说家；出生时间：1934年；逝世时间：2011年

琼斯是一位广受欢迎的儿童幽默奇幻作家，同时也是一位受人尊敬的学者、评论家和诗人，她还出版过成人奇幻作品并收获了一批忠实的读者。

这位多才多艺、富有创造力的作家因她的魔法故事大放异彩，她的故事中常会出现这种情节——现实生活中一些不健全且看上去有些滑稽的家庭遭受魔法的折磨。《楼下的怪物》（1974年）讲述了一个孩子众多的重组家庭在魔法的催化下，变得异常困难重重的故事。在《卢克的八天》（1975年）中，年轻的主人公生活在一个憎恨孩子的家庭里，这为他与洛基之间说不清的复杂关联和日后追随北欧诸神做了铺垫。

"德马克"奇幻系列的第一部是《卡特与怀德》（1975年），还有非常出名的《魔法大衣》（1979年）把故事情节推向最激动人心的部分——孩子们变成了土地上众神的化身，他们的父亲变成了大河，等待着从束缚中解脱。

琼斯饱受欢迎的作品是轻松愉快的"魔法学"系列，这个系列的书名使用了故事里

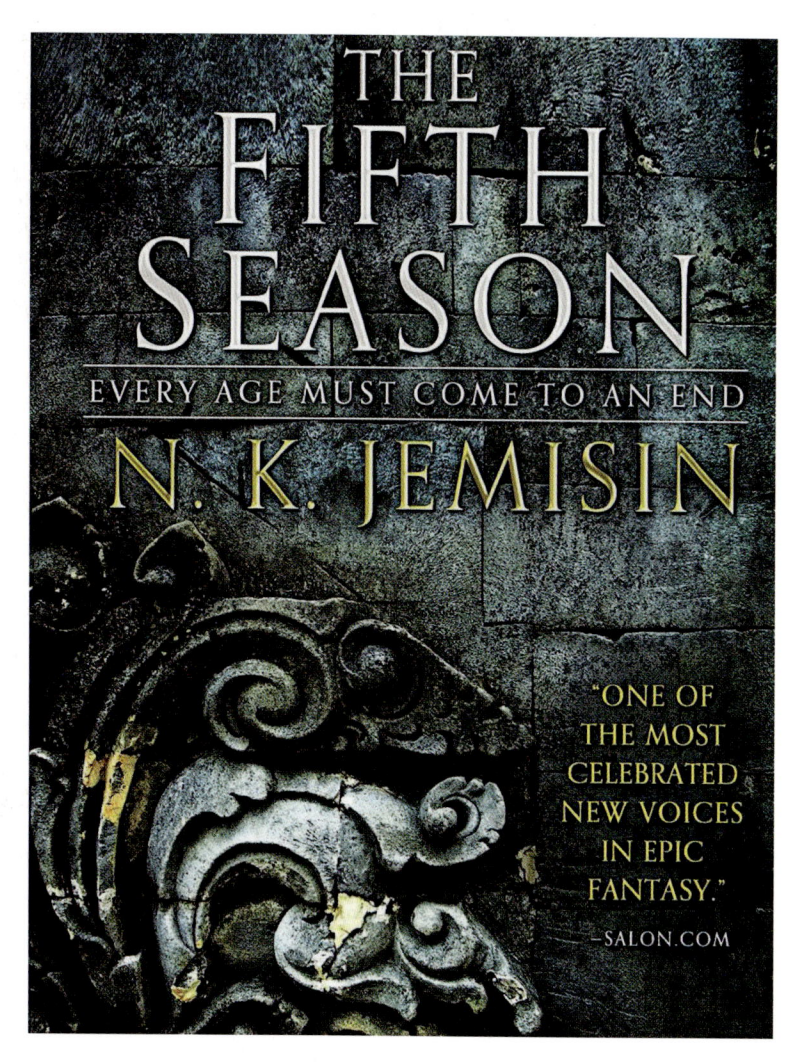

诺拉·K.杰米辛小说《第五季》

巫师和公务员的名字，他们在几个平行的地球上滥用魔法。《魔法生活》（1977年）和《克里斯托弗·钱特的一生》（1988年）是该系列的亮点。更让人惊叹的是奇幻作品"嚎叫"系列，包括《魔幻城堡》（1986年）和《空中城堡》（1990年），宫崎骏的电影《哈尔的移动城堡》就是根据这两部作品改编的，美到令人惊叹，成为有史以来最好的动画之一。《阿彻的愚人》（1984年）是一部科学奇幻作品，全书充满了一种难以形容的滑稽荒诞风格。

琼斯更为黑暗的小说还有：充满厄运笼罩之感的《鬼的时间》（1981年）；《粗鲁的归乡人》（1981年）把一种偏执的恐惧化为现实，即认为我们都只是一个巨大的游戏棋盘上的一部分，这部作品对传统故事《火与铁杉》（1984年）中"坦林"的故事进行了大幅改编；《海克斯伍德》（1993年）是一部类似亚瑟王传奇的作品，书中怪诞复杂的情节设置加重了喜剧的效果；《深度秘密》（1997年）是一本典型的成人科幻小说，讲述了不同魔法世界之间产生的矛盾与冲突；《奇幻世界的艰难指南》（1996年）是一部恶搞旅游指南，充斥着各种荒唐滑稽的看法和见解，随后琼斯又创作了主题类似的"德克霍姆"两部曲，包括《德克霍姆的黑魔王》（1998年）和《狮鹫之年》（2000年）。后来还有一些单独出版的作品《梅林阴谋》（2003年）、《游戏》（2007年）、《魔法玻璃》（2010年）和《蜈蚣与女巫》（2011年）。

朱莉·维多利亚·琼斯
英裔美国小说家；出生时间：1963年

琼斯出生于利物浦，现居加州。她凭借"文字之书"三部曲一举成名，包括《面包师的男孩》（1995年）、《被背叛的男人》（1996年）和《大师与傻瓜》（1996年）。琼斯创造了"轻量级"英雄主义奇幻作品风格。她的第一本书被称赞为"是混合了虐待狂和食物等元素的一种独特风格"。1997年，琼斯创作了单独发行的小说《倒钩的蛇圈》，后来又写了《黑冰洞穴》（1999年）、《灰冰要塞》（2002年）、《红冰之剑》（2007年）和《亡灵观察家》（2010年），这些作品构成了一个全新系列"阴影之剑"，风格比"文字之书"更为严峻一些。

罗伯特·乔丹纳
美国小说家；出生时间：1948年；逝世时间：2007年。

"罗伯特·乔丹纳"是吉姆·里格尼（全名为詹姆斯·奥利弗·里格尼二世）使用最多的一个笔名，他最初因撰写关于罗伯特·E.霍华德的"柯南"系列的畅销原创小说而为人熟知，作品有《无敌者柯南》（1982年）、《防护者柯南》（1982年）、《不屈者柯南》（1983年）、《凯旋者柯南》（1983年）、《毁灭者柯南》（1984年）、《华丽的柯南》（1984年）、《胜利者柯南》（1984年）。

乔丹纳凭借巨作"时光之轮"史诗奇幻系列而成为全球畅销作家。在因病逝世之前，他共完成了11本巨作——《世界之眼》（1990年）、《大猎杀》（1990年）、《龙的重生》（1991年）、《阴影升起》（1992年）、《天堂之火》（1993年）、《混沌之王》（1994年）、《剑冠》（1996年）、《匕首之路》（1998年）、《冬之心》（2000年）、《暮光十字路口》（2002年）和《梦之刀》（2005年）。

乔丹纳擅长运用叙事的力量，在他的作品中，首先会创造一个历史背景极其宏大的世界——"轮子的世界"，然后在与叙述主旨相对应的情况下一步一步揭开其中的细节。乔丹纳的作品背景并不一定是原创的（借鉴了许多作品包括《创造》《黄金时代》《秋天神话》，还有托尔金的《亚特兰蒂斯的沉没》和《亚瑟王的传说》中的内容），故事情节和很多探险奇幻作品的套路也很相似，但是他早期作品那种对叙事节奏以及紧张感的把握非常吸引读者。

为了让世界回到正轨，年轻的主人公兰德·托尔和同伴们踏上了一段漫长的征途，以阻止长期受到监禁的黑暗魔王在爪牙的帮助下出逃。这些爪牙叫作"被遗忘者"，力量强大，数量众多。娓娓道来的背景故事和"被遗忘者"一次次被打败的激动人心的片段让故事情节复杂重重，此外还有魔法、领地和世界之间错综复杂的纠葛。

爱厄斯·赛代是一个善于操纵别人的女魔法家，她一直反对男性使用魔法，认为男性魔法力的来源已经受到污染，还会引发精神失常。不过事实上，如何抵抗精神失常确实已经成为主人公兰德面临的问题之一。远征军组织光之子则认为，所有的魔法都是邪恶的。世界主要大陆上的各个国家间互相征伐不断，国内更是为了继承问题斗得不可开交。此时雪上加霜的是还出现了来自西部大陆的侵略者。即使没有巨魔（相当于托尔金的半兽人）和其他更可怕的黑暗势力的仆从，事情也会变得相当复杂。乔丹纳之所以如此受欢迎，是因为他具备合理安排上述复杂情节的超强叙事能力。他后来的许多书都写得平淡乏味，但至少早期的前三本写得很好。很难不引起怀疑的一点在于，这个令人期待已久的系列高潮篇因为商业上的考虑而被推迟了——很显然发行的第一本书就是三部曲中的第一部。

乔丹纳常年饱受疾病困扰，并最终离开人世。他在生病前就已经开始撰写三部曲中的最后一部。虽然没能把故事写完，但他很努力地详细描述了故事的情节。乔丹纳死后，他的工作还有各种笔记文稿交给了布兰登·桑德森，桑德森从15岁起就一直是"时光之轮"系列的粉丝。桑德森在玛丽亚·西蒙斯（乔丹纳的左膀右臂）和《坦克世界》大师艾伦·罗曼祖克的帮助下完成了三部曲——《风暴》（2009年）、《塔的午夜》（2010年）和《内生之光》（2013年）。尽管存在缺陷，但"时光之轮"的成功在很大程度上还是当之无愧的。它用众多美妙的元素织成了一幅辉煌的文学挂毯，熠熠生辉，让人惊艳。

盖伊·加夫里尔·凯
加拿大小说家；出生时间：1954年

凯曾协助克里斯托弗·托尔金完成了托尔金遗作《精灵宝钻》的出版。在创作史诗奇幻作品"费奥纳瓦织锦"三部曲——包括《夏日之树》（1984年）、《流浪的火》（1985年）和《暗淡之路》（1986年）之前，凯曾担任过电视编剧。尽管所谓"五个大学生掉进了一个平行世界"的故事情节会让人觉得这就是C.S.刘易斯的"纳尼亚传奇"的成人版本，但是它的结构布局十分独特和巧妙，有着精心构建的、类似柏拉图式的玄妙框架作为支撑。尽管选择了幻想这样一个很难产生或发掘创意的流派进行创作，凯仍然创作出了在思想和艺术上都与众不同的作品。他的后期作品《伊莎贝尔》（2007年）是一个以普罗旺斯为背景的都市奇幻故事，不过故事中的人物却来自远古时代，这本书和"费奥纳瓦织锦"稍稍有些关联。凯所著的绝大多数优秀作品都以架空历史为背景，即将虚构的背景与真实的历史时间和地点相结合，如意大利文艺复兴时期的《提嘉娜》（1990年），以及关于8世纪中国的《天下》（2010年）。"塞伦廷壁画"系列是凯最新的作品，包括《天

地之子》（2016年）和前传《很久以前的光明》（2019年）。尽管这些作品通常以历史幻想的类别发行，但凯更希望人们认为它们不属于某种特定的体裁。

盖伊·加夫里尔·凯小说《提嘉娜》

保罗·科尔尼
英国小说家；出生时间：1967年

科尔尼的前三部奇幻小说《巴比伦之路》（1992年）、《一个不同的王国》（1993年）和《骑独角兽》（1994年）都是独立发行的，这三部作品体现了一种大胆的现实主义风格，令人印象深刻。而他的史诗幻想"上帝的君主"系列，包括《霍克伍德的航行》（1995年）、《异教国王》（1996年）、《钢铁战争》（1999年）、《第二帝国》（2000年）和《来自西方的船》（2002年），显得更加大众化，因为是按出版商的要求来写的。《万人》（2008

第四章　奇幻文学巨匠

年）是另一部以古希腊军事史诗为基础的史诗幻想，后续相关的作品还有《乌鸦》（2010年）和《国王的早晨》（2012年）。此外还有独立发行的《阁楼里的狼》（2016年）和《事物的另一面》（2019年）。

帕特里夏·肯尼利-莫里森
美国小说家；出生时间：1946年

莫里森最初使用的笔名是"帕特里夏·肯尼利"（"莫里森"这个姓氏是在她承认自己与已故摇滚明星吉姆·莫里森的异教婚姻后才加入的），她创作了第一部也是最后一部凯尔特奇幻作品，其背景设定在另一个星球，包括《铜王冠》（1984年）、《斯康王座》（1986年）、《银枝》（1988年）、《鹰的灰羽》（1990年）、《国王之上的橡树》（1994年）、《雾篱》（1996年）、《黑斗篷》（1997年）和《鹿鸣》（1999年）。自此，她转而开始创作一系列谋杀悬疑作品。

凯瑟琳·克尔
美国小说家；出生时间：1944年

在托尔金之后，凯尔特人的神话传说很快成为最受美国奇幻作家喜爱的主题素材。当凯瑟琳·克尔（真名南希·布拉丁）开始在《匕首魔咒》（1986年初版；1993年修订）和《黑暗魔咒》（1987年初版；1994年修订）中构建她虚幻的凯尔特王国德弗里时，她肯定意识到了这是在紧随与她名字相仿的凯瑟琳·库尔茨的脚步。然而，德弗里这个世界无疑是经过精心设计的，与德尔尼那种类似中世纪的世界有着显著差异。它包含更多托尔金式的亚等物种，比如野人（地精）、精灵、矮人和龙。在《丛生的树林》（1989年；又名《黎明魔咒》）和《龙之猎人》（1990年；又名《龙咒》）中，克尔进一步扩展了"德弗里"系列中宏大的历史背景，加入了转世的元素，把生活在不同世纪的角色联系了起来，显得更加引人入胜。遵循由亨利·赖德·哈格德和埃德温·莱斯特·阿诺德发起的因果轮回浪漫类小说的传统，克尔笔下的男主角内文穷尽他的一生等待唯一的真爱。女主角吉尔性格温和，曾经是狂暴战士公主格温妮佛。在该系列接下来的四卷《流亡的时光》（1991年）、《预兆的时光》（1992年）、《战争时期》（1993年；又名《血与火之日》）和《正义的时刻》（1994年；又名《空气与黑暗的日子》）中，故事情节得到了充分的展开，给了克尔足够的机会去阐述她故事的关键主题：与生俱来的魔力和命运。这两者的交织让所谓的因果轮回变得更加复杂，因为牵连着故事中主要人物不同的转世类型。克尔对这一主题的强调使她的作品不仅在库尔茨和其他写凯尔特奇幻的作者中脱颖而出，而且在遵循托尔金式传统的作者中也大放异彩。"德弗里"系列之后她还出版了"龙法师"系列，包括《红色的双足飞龙》（1997年）、《黑乌鸦》（1998年）、《火龙》（2000年）。还有"第四幕：银龙"系列，包括《黄金猎鹰》（2006年）、《圣灵石》（2007年）、《阴影岛》（2008年）和《白银法师》（2009年）。在英国，该系列被并入了"龙法师"。

克尔也写过其他作品，比如四卷本的"诺拉·奥格雷迪"系列（2011—2012年）和《符咒大师》（2013—2014年），但不如"德弗里"系列受欢迎。

J.格雷戈里·凯斯
美国小说家；出生时间：1963年

凯斯凭借"换子之选"两部曲《水生》（1996年）和《黑神》（1997年）开始闻名。在"非理性时代"系列中，凯斯创造了一个耐人寻味的架空的18世纪，在那里，艾萨克·牛顿爵士和本杰明·富兰克林与炼金术有了联系。该系列包括《牛顿的高速粒子》（1998年）、《天使的微积分》（1999年）、《非理性帝国》（2000年）和《上帝的阴影》（2001年）。相比之下，"荆棘王国"系列的情节则更为传统，包括《荆棘王》（2002年）、《查内尔王子》（2004年）、《血骑士》（2006年）和《出生的王后》（2008年）。从那以后，凯斯主要是被委托为现有的授权作品写小说，其中包括非常成功的角色扮演类电脑游戏《遗忘》。

奥斯玛·泽哈纳特·汗
加拿大小说家；出生时间：不详

奥斯玛的奇幻作品包括《血痕》（2017年）和《黑色可汗》（2018年），它们因借鉴了伊斯兰传统和中东历史而闻名。奥斯玛拥有文学学士学位和国际人权法硕士学位，目前在多伦多从事移民法工作。

卡桑德拉·卡瓦
马来西亚小说家、游戏写手、撰稿人和诗人；出生时间：不详

卡瓦从2015年开始正式出版小说，一举成名。她是

卡桑德拉·卡瓦小说《神的食物》

一位多产的作家，作品大多耐人寻味、文笔优美、惊心动魄，无法简单归类于任何一种类型的小说。她的长篇作品中最著名的是吸人眼球、惊心动魄的"鲁珀特·王"系列。到目前为止，该系列包括《食人大厨》（2015年）、《王与地球尽头》（2017年）和《诸神黄昏前的最后晚餐》（2019年）。她还创作了新洛夫克拉夫特式的尖锐黑暗奇幻作品"不受欢迎的人"系列，目前已经写了《骨槌》（2016年）和《安静之歌》（2017年）。此外，《窈窕淑女贝尔莉》（2017年）也是她的作品。用她的话说，这是一部"浮夸的"都市幻想浪漫小说。在日常生活中，卡桑德拉除了写作和做饭，偶尔还会练习泰拳。

凯特琳·R. 基尔南

爱尔兰裔美国小说家、漫画作家和故事作家；出生时间：1964年

基尔南出生在都柏林，从小随家人移居美国。她的作品主要是以罗德岛为背景的科幻和黑暗奇幻小说，早期带有强烈的哥特和朋克摇滚元素，后期基本已经消失。她最著名的作品莫过于《丝绸》（1998年）、《红树》（2009年）和《溺水的女孩》（2012年）。基尔南与作家尼尔·盖曼有着长期的合作关系，二人在1996—2001年之间共同完成了漫画"做梦"系列，并在2007年将盖曼和艾弗里的剧本《贝奥武夫》写成了小说。基尔南一生获奖众多，于1984年成为伯明翰古生物学会的共同创始人之一。她的作品被收录在布朗大学的约翰海图书馆。

加里·基尔沃斯

英国小说家；出生时间：1941年

基尔沃斯曾在英国皇家空军服役过很长一段时间，后来参加了《星期日泰晤士报》的科幻小说比赛，并获得了冠军，由此开启了他的写作生涯。紧接着，他又写了几部科幻小说，然后开始向其他类型的小说转型。基尔沃斯是一位多产的作家，发表了130多篇短篇故事和70多部小说。起初，他写的是动物奇幻作品，主角都是老鼠，主要包括：《猎人的月亮》（1989年；又名《首夜之狐》）、《午夜的太阳：狼的故事》（1990年）、《冰雪舞者：野兔的故事》（1992年）和《部落之家》（1995年）。还有写给青少年的"天上的黄鼠狼"系列，包括《雷霆橡树》（1997年）、《城堡风暴》（1998年）、《帆船之行》（1999年）、《煤气灯怪杰》（2001年）、《吸血鬼田鼠》（2002年）和《向东方去呀！》（2003年）。除此以外的青少年奇幻作品通常包含了更多的黑暗元素，包括《森林巫师》（1987年）《雨鬼》（1989年）、故事集《暗山和空心时钟》（1990年）、主人公是小精灵的《比利·平克的私人侦探事务所》（1993年）以及讲述时空之恋的《幽灵笛手》（1994年）。《仲夏梦魇》（1996年）讲述了来自新时代的旅行者带着精灵奥伯龙和泰坦尼亚的宫殿，从舍伍德森林搬去了一个新森林的故事。自此，他又回归了现代与精灵的交叉领域，创作了"罗伊福文德骑士"系列，包括《斯皮格特的请求》（2002年）、《马尔默可的城堡》（2003年）和《博格特与芬》（2004年）。还有以波利尼西亚神话为基础的"航海家之王"系列，包括《航行的屋顶》（1996年）、《王子之花》（1997年）和《雾之国》（1998年）。2006年，他创作了《阿提卡》，背景设定是一个巨大的阁楼空间。他的短篇奇幻小说精雕细琢、包罗万象。

查尔斯·金斯利

英国小说家；出生时间：1819年；逝世时间：1875年

金斯利凭借儿童奇幻小说《水宝宝：陆地宝宝的童话故事》（1863年）奠定了他"19世纪最具影响力的奇幻作家"的地位。虽然金斯利为广大儿童创造了很多奇幻的时刻，但成年读者能从其作品的完整版中感受到一种尖锐的讽刺。

鲁德亚德·吉卜林

英国小说家；出生时间：1865年；逝世时间：1936年

和许多伟大的作家一样，吉卜林（1907年诺贝尔奖

鲁德亚德·吉卜林的作品跨越了不同的题材，但他的奇幻作品是最受读者欢迎的作品之一

得主）在其创作题材固化之前，偶尔也会写些奇幻作品，主要都是短篇小说，收录于约翰·布伦纳编辑的《吉卜林奇幻作品集》（1992 年）。

吉卜林最著名的奇幻作品是《丛林故事》（1894 年）和《第二部丛林故事》（1895 年），讲述了关于被狼养大的印度男孩毛克利的故事，具有新奇的神话色彩。主人公毛克利在成长过程中，陆续经过了老虎的认领、狼的保护、豹的救赎和熊的教育，最后他掌握了如何控制所有动物都害怕的"红花"的火焰，这也是他成年的标志。这部作品向大众展示了，所谓耳熟能详的"丛林法则"并不是什么杀人的许可证，而是一种严酷的必要的社会契约。

《就是这样的故事》（1902 年）让青少年读者对大象的鼻子、骆驼的驼峰和其他动物特征的"起源"有了一个全新的认识。《帕克的山》（1906 年）和《奖励与仙女》（1910 年）中的人物帕克，通过魔法向孩子们讲述过去的人们所发生的故事。这些故事朗朗上口——绝大多数都不是奇幻故事，成为英国历史上

一颗璀璨的明珠。吉卜林就是这样一颗明珠，总是一次次淹没于历史的尘埃，又一次次被重新挖掘出来。

玛丽·罗比内特·科瓦尔

美国小说家和故事作家；出生时间：1969 年

玛丽是科幻小说"火星宇航员女士"系列（2012—2018 年）的作者，该系列最初是一部有声小说。科瓦尔的作品借鉴了大量的历史元素，体现在她的"魅力旅游历史"系列（2010—2015 年）。

凯瑟琳·库尔茨

美国小说家；出生时间：1944 年

库尔茨是美国"幻想复兴"的领军人物之一，她的威尔士史诗奇幻巨作《德尼崛起》（1970 年）以及 21 部续集和衍生作品成就了《德尼国王》（2014 年）。这些故事的背景是一个精心描绘的虚拟世界，比起神话作品更像是历史巨著。她还与黛博拉·特纳·哈里斯共同创作了一系列奇幻悬疑作品，包括小说"独立骑士"系列和两部"圣殿武士"系列的小说。库尔茨长期居住在爱尔兰，与丈夫斯科特·麦克米伦等作家有着广泛合作，并一起参加了"共享粮食"等活动。

艾伦·库什纳

美国小说家；出生时间：1955 年

库什纳是一位才华横溢的作家，"礼仪幻想"这个短语就是为了形容她的一些小说专门创造的，包括作品《剑点》（1987 年）及其续集，与迪莉娅·谢尔曼合作完成的《国王的陨落》（2006 年），获得轨迹奖的《剑的特权》（2006 年）以及《拿刀的人》（2010 年）。她的作品《押韵的托马斯》（1990 年）改编自一首古老的民谣，获得了世界奇幻文学奖。20 世纪 80 年代，库什纳还创作了一些战斗奇幻小说。

亨利·库特纳

美国小说家；出生时间：1915 年；逝世时间：1958 年

像罗伯特·E. 霍华德和 L. 罗恩·哈伯德一样，库特纳是一位"造纸大师"，创作了广泛而大量的作品，可惜最后英年早逝。尽管库特纳在 20 世纪 30 年代创作了剑与魔法类奇幻作品《奇谈怪谈》，但他最经久不衰的奇幻作品还是与妻子 C. L. 摩尔在 20 世纪 40 年代合作的冒险小说，具有色彩浓郁的梅里特式风格（其中有些最初是以刘易斯·帕吉特的名义发表的，有些是以库特纳单独的名义再版的。由于确认起来比较困难，此处列出的是作品第一次出版的日期），包括《世界之井》（1953 年）、《地球之门之外》（1954 年）、《火焰之谷》（1964 年）、《黑暗世界》（1965 年）和《赛丝的面具》（1971 年）。

梅赛德斯·拉基

美国小说家；出生时间：1950 年

拉基是一位极其多产的作家，主要作品是以瓦尔德马尔世界为背景的长篇系列小说，迄今为止创作的各种三部曲和其他系列的作品就有 35 本。

拉基曾多次与其他作家合作写书，导致她的书目异常多样和复杂。1998 年出版的两本合并小说《疯人病》是与艾伦·冈共同创作的，并由此开启了一个共八卷的系列，全部是与他人合作完成的。"自由吟游诗人"系列中，《百灵鸟和鸫鹩》（1992 年）、《知更鸟和红隼》（1993 年）、《老鹰和夜莺》（1995 年）和《二十四只黑鸟》（1997 年）是拉基独立完成的，《一群乌鸦》是和约瑟芬·谢尔曼共同完成的，二位还共同编辑了文选集《八月一日的夜晚》。

尽管拉基无法避免有使用套路进行创作之嫌，但她确实写了一些特别有趣的书，包括《圣地》（1994 年），这是她神秘侦探小说中最好的一部。还有《火玫瑰》（1995 年），是一部类似于《美女与野兽》的哥特式浪漫小说，以 1905 年的旧金山为背景，由此拉开了一系列童话故事的序幕。以及《火鸟》（1996 年），改编自一个俄罗斯童话，这个童话还启发了斯特拉文斯在芭蕾舞作品上的创作。拉基最新的作品是三部曲"瓦尔德马尔：家庭间谍"系列（2018—2020 年）。

安德鲁·朗

英国小说家和编辑；出生时间：1844 年；逝世时间：1912 年

尽管朗也写过一些奇幻小说，包括《费尔尼利的金子》（1888 年）和《世界的欲望》（1890 年），其中后者是与赖德·哈格德的合著，但他在奇幻小说领域的重要意义在于编辑了一系列深受喜爱的童话选集，从《蓝仙女书》（1889 年）到《丁香童话书》（1910 年），这些都是在他的妻子利奥诺拉·朗的帮助下完成的。

史蒂芬·劳厄德

英裔美国小说家；出生时间：1950 年

劳厄德可能是目前最著名的信仰基督教的奇幻作家，现居英国牛津。他的主要作品有："龙王"三部曲——《龙王宫殿》（1982 年）、《万代军阀》（1983 年）和《剑与焰》（1984 年）；亚瑟王式的"彭德拉根周期"系列——《塔里艾森》（1987 年）、《梅林》（1988 年）、《亚瑟》（1989 年）、《彭德拉根》（1994 年）、《圣杯》（1997 年）和《阿瓦隆：亚瑟王的回归》（1998 年）；"阿尔比恩之歌"三部曲——《天堂战争》（1991 年）、《银手》（1992 年）和《无尽的结》（1993 年）；"凯尔特十字军"系列——《铁枪》（1998 年）、《黑路》（1999 年）和《神秘玫瑰》（2001 年）；"乌鸦王"系列——《胡德》（2006 年）、《斯嘉丽》（2007 年）和《塔克》（2009 年）；"光明帝国"系列——《皮肤地图》（2010 年）、《骨屋》（2011 年）、《精神井》（2012 年）、《影子灯》（2013 年）和《致命树》（2014 年）。此外还有《拜占庭》（1996 年），讲述了中世纪的一个僧侣旅行的故事，令人印象深刻。

马克·劳伦斯

英裔美国小说家和诗人；出生时间：1966 年

劳伦斯出生在美国，在很小的时候就移居英国，父母是英国人。他拥有数学博士学位，美英两国政府还授予其接触涉密信息的授权许可。劳伦斯创作了多个著名的三部曲，包括"破碎的帝国"（2011—2013 年）、"红皇后的战争"（2014—2016 年）、"先祖之书"（2017—2019 年）和"不可能的时代"（2019 年）。他曾几次入围"悦读推荐奖"的半决赛，并因《荆棘之王》（2014 年）和《说谎者的钥匙》（2016 年）两次获得大卫·盖梅尔传奇奖。自2015年以来，他蝉联了幻想题材独立作家中最重要的奖项——自费出版的幻想博客奖(SPFBO)，这是一个为自费出版的奇幻作家举办的年度文学比赛。

塔尼斯·李

英国小说家；出生时间：1947年；逝世时间：2015年

塔尼斯·李以儿童奇幻小说《龙的宝藏》（1971年）开始了她的职业生涯。随后她又创作了《路上的伙伴》（1975年）、《冬季玩家》（1976年）、《黑暗城堡》（1978年）及其续集《白马王子》（1982年），以及三部曲《黑独角兽》（1991年）、《金独角兽》（1994年）和《红独角兽》（1997年）。她的第一部成人奇幻小说是《出生的坟墓》（1975年），续集是《瓦兹科，瓦兹科之子》（1978年；又名《暗影之火》）和《白女巫之旅》（1978年）。与之类似的还有一套三部曲，包括《风暴魔王》（1976年）、《安纳基尔》（1983年）和《白蛇》（1988年）。相比而言，"扁平地球"系列设定的故事背景冒险性更强，角色阵容也更加多样化，包括《夜魔师》（1978年）、《死亡大师》（1979年）、《妄想大师》（1981年）、《谵妄的情妇》（1986年）和《夜魔师》（1987年）。除了这两个系列，她还写了《福克哈瓦尔》（1977年）和《夜以继日》（1980年），开始向科幻以及恐怖小说领域发展。她后来的作品大多在幻想和恐怖类之间，难以界定，经常涉及吸血鬼或狼人的元素，比如引人入胜的《狼人》（1981年）。受巴黎（Paris）启发取名的天堂之城（Paradys）为背景的系列作品，有《诅咒之书》（1988年）、《野兽之书》（1988年）、《死亡之书》（1991年）和《疯狂之书》（1993年）。其中，吸血鬼主题小说《玫瑰之血》（1990年）是她风格最为浮夸的颓废奇幻作品。李还对一些文学作品做了改编，创作了以莎士比亚为主题的奇幻作品《影子中的歌唱》（1983年）和《红如血，或格林姐妹故事集》（1983年）。还有以印度教神话为背景的《塔玛斯塔拉还是印度之夜》（1984年）和《大象》（1993年），以及一部以近东神话为背景的《薇薇娅》（1995年）。《猫和狗的统治》（1995年）是一部以类似狄更斯笔下蒸汽朋克风格的伦敦为背景的黑暗奇幻作品。"克莱迪日记"系列以狼为主题，包括《狼塔法则》（1998年）、《狼星升起》（1999年）、《狼女王》（2000年）和《狼之翼》（2002年）。接着李又写了"维纳斯的秘密岛"系列——包括《水下面孔》（1998年）、《圣火》（1999年）、《大地的床》（2002年）和《维纳斯的保护》（2003年），还有"狮子狼"系列——包括《投射光明的阴影》（2004年）、《寒冷地狱》（2005年）和《我的火焰》（2007年）。她最后一部作品"马切瓦尔"系列——包括《不同的城市》《偶像》《不停留在天堂》和《灰色肖像》，均于2015年出版。她的作品水平有高有低，但也有不少优秀的，她的一些短篇小说确实写得很好。

厄休拉·勒古恩

美国小说家；出生时间：1929年；逝世时间：2018年

勒古恩不仅在小说界受到高度重视，在大众眼中也非常出名。她的作品以优雅的风格和清晰的思想而闻名。早期科幻小说《罗卡农的世界》（1966年）通过具有悲剧色彩的开头部分再现了一个令人难忘的童话式主题——女主人公与妖精们一起旅行回来后发现，仙境的一瞬间人间已经过去了16年，这是传统的仙境之旅惯用的故事设定。《天钩》（1971年）也是一本科幻小说，讲述了个性温和的主人公实现了自己的梦想，在一个有抱负的精神病医生的带领下，不断改变世界的故事。这则具有警示性质的故事用精彩的文笔和噩梦般的情节，展示了获得梦寐以求之物所要付出的危险代价，即每次看似正确的修正都会让事情变得更糟。

勒古恩最受欢迎的奇幻作品是"地海"三部曲，包括《地海巫师》（1968年）、《地海古墓》（1971年）和《地海彼岸》（1972年）。该系列和其他优秀儿童奇幻作品一样，涉及了成人对光明、黑暗、生命、死亡、平衡和道德的关切。在这里，一个魔法体系通过掌握事物的真正名称控制着整个世界，具有极高的可信度。这些名字不是普通的语言，而是地海的原始语言。知道事物的真实名称就等于掌握了它们的内在本质，魔法师就能获得力量来控制它们。但由于名字太多，在一定程度上限制了这种力量。如果男主角格德想给地海群岛的整片海洋下一个咒语，他需要说出地海群岛的每一部分，包括每一片水域、每一个海湾和海峡的名字。而且，没有一个魔法师知道地海以外地区的名字。尽管"地海"这一背景的设定具有独创性，但勒古恩难免还是落入了童话奇幻故事某些心照不宣的窠臼中：只有男性可以成为魔法师，女性只能成为女巫。"弱得像女人的魔法"和"坏得像女人的魔法"是地海常见的谚语。魔法师能够拥有控制宇宙的终极力量，然而女巫只能让人长疣子。这种老

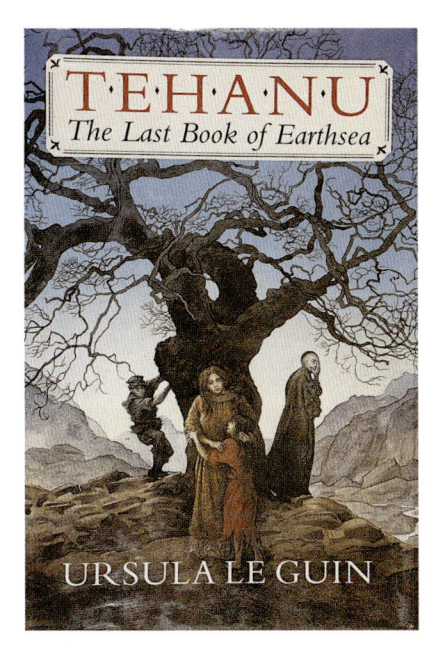

厄休拉·勒古恩小说《地海孤雏》

套的不平等设定在第四本书《地海孤雏》（1990年）中得到了纠正，故事将重点放在了魔法很弱的普通人物上，主要是在《地海彼岸》中牺牲自己的力量拯救世界的格德，以及《地海古墓》中的女主人公特纳尔，故事中的二人都老了20岁。本书明确阐明的一点在于，那些不是魔法师的人物，尤其是女性，在平静的生活被打乱的严峻时刻，同样具有非凡的力量。正因如此，结局中被证明与古语言和龙（古语言是龙的母语）有着特殊关系的是一个毁容的年轻女孩。《地海孤雏》后，勒古恩出版了短篇故事集《地海奇风》（2001年）和《另一阵风》（2001年），探索了地海的真实起源和地海的龙的真实性质。

勒古恩还创作了"西岸年鉴"系列，包括《礼物》（2004年）、《声音》（2006年）和《权力》（2007年）。作者在更广阔的范畴上探讨了权力这个话题，包括权力的使用和滥用，以及自由的意义。这是一部优秀的奇幻作品，富含哲理，发人深省，令人难忘。《拉维尼娅》（2008年）是勒古恩的最后一部小说，讲述了维吉尔的《埃涅阿斯纪》随笔中提到的同名人物的生活。

弗里兹·雷伯

美国小说家；出生时间：1910年；逝世时间：1992年

即使他不曾为科幻小说做出巨大贡献，也没有创作出那些出色的恐怖故事和现代巫术的优秀小说《变妻》（1943年），雷伯也会因为创造了费哈德和灰鼠这对英雄幻想二人组而闻名于世。费哈德是一个高大的北方野蛮人，让人想起了柯南，但更为内向一些。灰鼠个头小，狡猾，夸夸其谈，有点儿自负，而且做事总容易做过头。二者都是勇敢的战士，热爱生活，享受性爱，富有幽默感。他们之间发生的故事堪称天衣无缝，从机智、奇思妙想、戏谑到危险恐怖、扣人心弦，完全是无缝衔接。他们的冒险故事发生在一个叫"乃旺"的危险世界，1939年出版了第一部《两个人的探险》（后来改名为《森林里的珠宝》）。这本书探讨了一个令人困惑的谜题："如果一座巨型石屋里里外外都找不到任何危险，也许这本身就是一个巨大的危险。"此后，费哈德和灰鼠的传奇延续了近半个世纪。由此产生的"剑"系列（其中一些作品最初使用了其他标题）按故事发生的时间顺序列举如下：《对抗恶魔之剑》（1970年）、《死亡之剑》（1968年）、《迷雾中的剑》（1970年）、《剑对巫术》（1968年）、《兰诃玛之剑》（1968年）、《剑与冰魔法》（1977年）以及《剑与骑士》（1988年）。其中，《兰诃玛之剑》是唯一一部长篇小说，应该也是该系列的高潮篇，这是一个大胆的剑与魔法类冒险故事，充满了略微色情的荒诞喜剧色彩。两位主人公肩负拯救兰诃玛城的任务，却遭遇了形形色色的女性角色诱惑。她们分别是——一个看不见肉但看得见骨头的女食尸鬼，像一副行走的骨架；一个神秘的奴隶，看起来像是个飘浮在空中的幽灵；一个人与老鼠的可爱混血儿，难以置信的是她拥有无数的乳头；还有一个秃顶的女佣，她古怪的领主要求他的女性员工剃光头。面对这么多人物角色，真不知道两位主人公是如何挤出时间来拯救他们的城市的。《对抗恶魔之剑》讲述了费哈德和灰鼠年轻时候的故事，并且包含了悲喜剧故事《相遇兰诃玛》（1970年），介绍了他们第一次相遇的场面——当时他们都正在进行抢劫——及其后续的悲惨遭遇。这部单纯的奇幻作品罕见地并获得了雨果奖和星云奖。关于这对搭档如何"相爱相杀"、一起冒险的精彩故事还有很多，有些是关于他们神秘的巫师导师"七眼宁戈尔"和"无眼舍尔巴"的故事。雷伯本人最喜欢的故事是《光怪石的集市》（出自《死亡之剑》），它诙谐地改变了魔法商店这一古老的幻想主题。新读者也许应该避开最新出版的带有阴暗色彩的微小说《雾凇之岛》（《剑与冰魔法》）和有些令人厌倦的最后一卷。雷伯对语言的娴熟控制——时而轻描淡写，时而奋力讽刺，时而辞藻华丽——恰恰是"剑"系列永恒存在的乐趣。

C. S. 刘易斯

英国小说家；出生时间：1898 年；逝世时间：1963 年

作为一名信仰基督教的作家，刘易斯创作了几部非常受欢迎的独特的奇幻小说。"空间"三部曲（或称"兰塞姆"三部曲）是一套有趣的科幻小说，延续了 H. G. 威尔斯的风格，尽管刘易斯曾抨击过该作者。《来自沉寂的星球》（1938 年）讲述了主人公兰塞姆被邪恶的威尔斯科学家韦斯顿绑架并带入他的太阳能飞船，踏上了一场奇妙火星之旅的故事。火星上的种族是几乎隐形的"精灵"，在续集详细解释了它们的天使身份。在《皮尔兰德拉星》（1943 年；又名《维纳斯之旅》）中，主人公兰塞姆飞去了金星，这一次他不再是乘坐飞船，而是被一个天使带去的。金星上面有浮动的岛屿，在这里兰塞姆见证了伊甸园诱惑的重演，这里有绿皮肤的亚当和夏娃。亚当不知去向，被撒旦控制的旧敌韦斯顿试图诱惑夏娃打破神的诫命，兰塞姆目睹了一切却束手无策，因为（根据刘易斯的说法）一个女人单靠自身是无法抗拒诱惑的，所以兰塞姆只能给诱惑者的下巴来上一拳，与他拼个你死我活。《黑暗之劫》（1945 年）中兰塞姆回到了英国，展开最后一次的魔法较量，对抗一个打着科学研究旗号，实则与地球的黑暗力量结盟，控制了无辜大众的邪恶组织"NICE"。由于韦斯顿的太空飞行终于打破了地球和其他星球的隔离，来自其他星球的精灵同样能够参与其中。兰塞姆召唤了他们，给觉醒的沉睡者梅林以启示的力量。通过一步步的渗透和扰乱，梅林最终摧毁了这个组织。这是一部情节充满张力但评价褒贬不一的小说。

刘易斯还创作了两部说教性质浓厚的关于大众神学的奇幻作品。《地狱来鸿》（1942 年）讲述了老魔头斯克鲁特向侄子传授如何才能以最佳方式诱捕灵魂的故事，这里作者其实是通过反面描写来对读者进行道德警示。书中还对所谓恶魔世界的"下层社会"进行了生动刻画，形象地讽刺了官僚机制。《天渊之别》（1946 年）中，在"地狱"周边待厌烦了的游客被带去"天堂"一日游，参观那里耀眼的山麓。讽刺的是，大多数人都被获得永恒的幸福所需的条件吓坏了，宁愿与他们所熟识的地狱恶魔们在一起。

"纳尼亚传奇"系列一直以来都深受儿童欢迎，包括《狮子、女巫和魔衣橱》（1950 年）、《凯斯宾王子》（1951 年）、《黎明踏浪号》（1952 年）、《银椅》（1953 年）、《马和他的儿子》（1954 年）、《魔术师的侄子》（1955 年）和《最后一场战斗》（1956 年）。提示一下，最好按顺序阅读，因为早期书中一些写得含糊和前后矛盾的地方，在后期得到了补充和说明。例如，第六本书解释了为什么在第一本书中荒凉的中世纪森林里会有一个孤独的现代灯柱。第二本书前脚提到了酒神节，后脚又匆忙地把酒改写成了新鲜的葡萄汁（根据读者的回忆）。但是刘易斯在遣词造句、情节编排等方面的天赋掩盖了这些小瑕疵。

《直到我们有脸》（1956 年）是一部单独发行的小说，采用丘比特和普赛克的神话，审视了占有欲和令人窒息的嫉妒等道德主题，受到许多读者的高度评价，但全书缺乏刘易斯鼎盛时期那种富于创造性的活力。

对页图：C. S. 刘易斯是一位多产的寓言奇幻作家，尽管他最为人所知的是"纳尼亚"系列

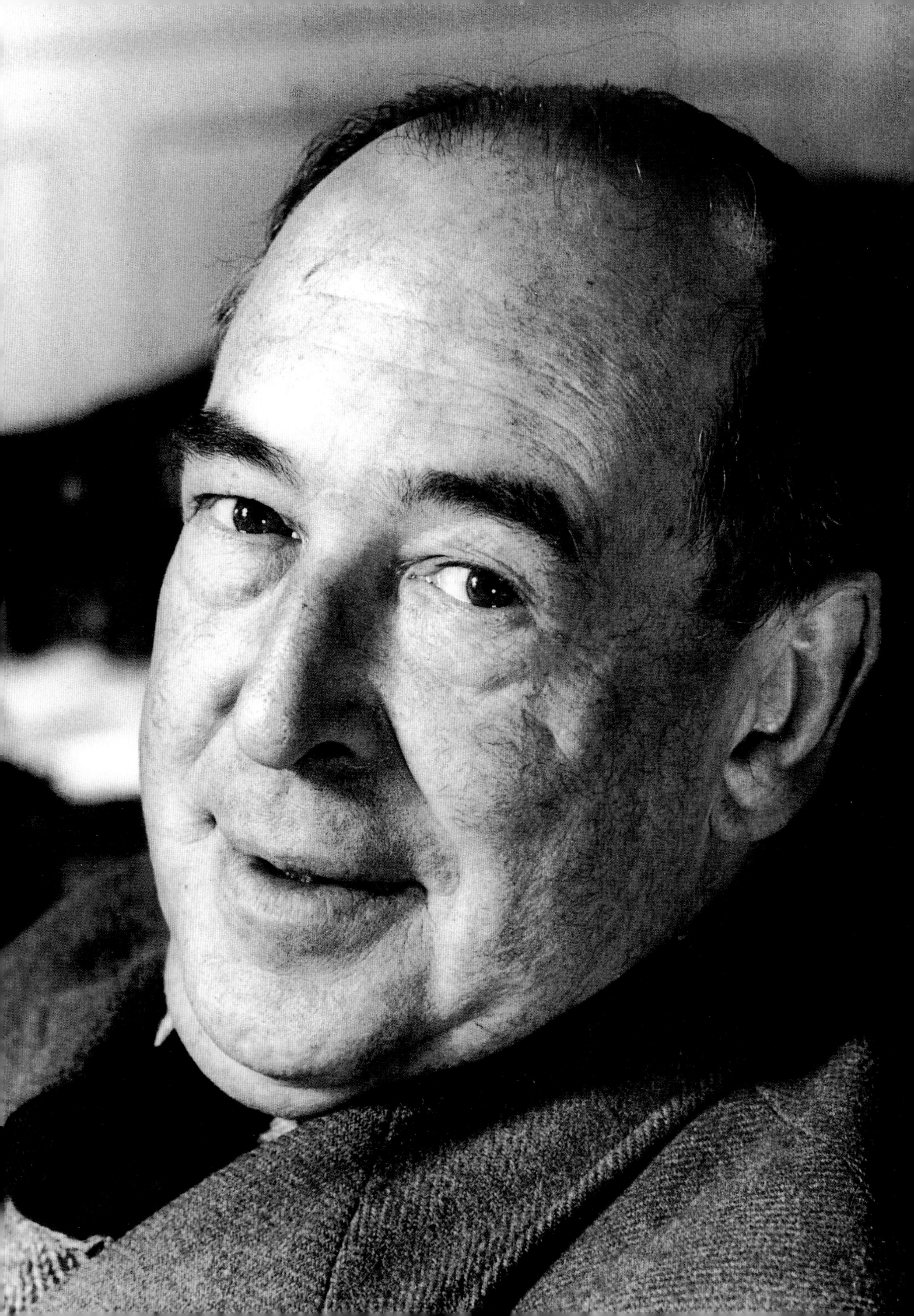

大卫·林赛

英国小说家；出生时间：1878年；逝世时间：1945年

大卫·林赛的第一部小说《大角星之旅》（1920年）是一部寓言式幻想杰作，创造并阐释了一种关于宇宙和造物神的独特理论，其影响力至今仍无与伦比，是该类型小说的里程碑之一。林赛其余的奇幻作品惯于在原本寻常无奇的故事情节中加入风格突出的幻想元素。《闹鬼的女人》（1922年）中的那个倾斜的时间楼梯为它的使用者提供了短暂的解放，使他们摆脱了几个世纪以来文明给人类意识带来的压抑和约束。《斯芬克斯》（1923年）也在原本平常的家庭故事情节中融入了类似的物品。《紫苹果》直到1975年才出版，讲述了伊甸园知识之树的果实如何毁掉了两段婚约的故事。《魔鬼的托尔》（1932年）构造了一个神秘的故事框架——为了阻碍最初的"地球之母"末日般的回归，主角们需要设法延迟一个具有强大力量的护身符的重组，因为这个护身符能加速她的回归。在这本书中，林赛留下了关于另一部寓言奇幻小说《女巫》的只言片语，其中描绘的世界观甚至比《大角星之旅》更丰富更奇幻。该作品刊登于1975年出版的《紫苹果》。

简·林德斯科尔德

美国小说家；出生时间：1962年

林德斯科尔德是罗杰·泽拉兹尼晚年的伴侣，她最著名的作品应该是协助罗杰·泽拉兹尼完成的最后一部小说《唐纳杰克》（1997年）。她的其他奇幻作品有《龙的兄弟，猫头鹰的伙伴》（1994年）、《当诸神沉默时》（1997年）、《改变者》（1998年）和《行走的传奇》（1999年）。《狼之眼》（2001年）是一个全新系列的首部作品，讲述了一个女孩在一个人类和狼并存的社会中的所见所闻，这个系列随后出版了《狼头，狼心》（2002年）、《绝望之龙》（2003年）、《狼被俘获》（2004年）、《猎狼》（2006年）和《狼之血》（2007年）。"烟与牺牲之地"三部曲，包括《十三个孤儿》（2008年）、《九扇门》（2009年）和《五项奇艺》（2010年）。此外还有两部曲"阿尔忒弥斯的觉醒"（2014—2015年）和《水仙》（2018年）。林德斯科尔德的小说节奏飞快，引人入胜，毫不费力就能展现出情节中的奇幻色彩。

霍莉·莱尔

美国小说家；出生时间：1960年

莱尔是一位颇受欢迎的"轻松奇幻"商业作家，经常与其他作家合作。作品包括"阿海尔"三部曲（1992—1995年）、"魔鬼之点"三部曲（1996—1997年）、"吟游诗人的故事"三部曲（1998年）、"秘密文本"四部曲（1998年）、"世界之门"三部曲（2002—2004年）、"科尔"系列（2005—2008年）和"月亮与太阳"系列（2008—2009年）。自此，她主要开始创作科幻小说。

艾伦·劳埃德

英国小说家；出生时间：1927年；逝世时间：2018年

艾伦·劳埃德是一位自然学家，因此动物奇幻作品"凯恩历险记"三部曲充分体现了他对野生动物的了解——包括《凯恩》（1982年；后来改名为《沼泽世界》）、《独木》（1989年）和《龙池》（1990年），这一系列的主人公是黄鼠狼。

休·洛夫廷

英裔美国小说家和艺术家；出生时间：1886年；逝世时间：1947年

洛夫廷创作了一个令人难忘的形象——能与动物交流的杜立德医生。从《杜立德医生的故事》（1920年）到《杜立德医生与绿金丝雀》（1950年），他写了一系列轻松愉快的儿童奇幻作品。虽然洛夫廷通常被认为是典型的英国人，但他移民到了美国，开始进行文学创作。因此，他的作品可以看作是美国亲英主义的一个例子。除了杜立德系列外，他的另一本类似E.内斯比特作家风格的《魔法的黄昏》（1930年）也非常有意思。

安妮·洛格斯通

美国小说家；出生时间：1962年

洛格斯通擅长写浪漫冒险奇幻作品。"影子"系列讲述了一个精灵小偷的故事，包括《影子》（1991年）、《影子之舞》（1992年）、《影子狩猎》（1992年）、《格林女儿》（1993年）、《匕首之刃》（1994年）、《匕首之尖》（1995年）和《狂野之血》（1996年）。其他作品还有《守护之钥》（1996年）及其续集《放逐》

（1999年）、《火步》（1997年）和《水舞》（1999年）。

斯科特·林奇
美国小说家；出生时间：1978年

斯科特·林奇现居美国威斯康辛州，因长篇奇幻小说"混账绅士"系列而闻名。第一卷《洛克·拉莫拉的谎言》（2006年）入围了2007年世界奇幻文学奖，后出版了第二卷《红色天空下的红海》（2007年）和第三卷《盗贼共和国》（2013年），第四卷仍待出版，书名为《恩伯伦的荆棘》。他的妻子是同为作家的伊丽莎白·贝尔。

伊丽莎白·A. 林恩
美国小说家；出生时间：1946年

在出版了一部科幻小说之后，林恩创作了著名的奇幻三部曲"托诺历险记"，包括获得了世界奇幻文学奖的《瞭望塔》（1979年）和开创了新局面的重要作品《阿伦舞者》（1979年）和《北方女孩》（1980年）。《瞭望塔》的特别之处在于，书中的主要人物都倾向于和平主义，即便知道当生存受到威胁时暴力是不可避免的，他们也不愿意放弃这一原则。长期以来，林恩都在尝试打破写作瓶颈，多年来她作品的产出节奏较为缓慢。

罗伯塔·麦卡沃伊
美国小说家；出生时间：1949年

1983年，麦卡沃伊发表首作《与黑龙一起喝茶》，故事大意如下：中年音乐家玛莎·麦克纳马拉夫人对禅宗佛教很感兴趣，她在旧金山旅行时遇到了一个极不寻常、引人注目的男人，他自称梅兰·朗先生，是一位学者，有着金色的眼睛和一些华人血统，看上去显然年龄不大。尽管身材瘦削，但强壮得像一头公牛。他讲起故事来绘声绘色，暗暗表明自己已经有几百岁了，还声称自己的真实身份是"黑龙"。"黑龙"是一种聪明的爬行动物，善于囤积财宝和艺术品，现在他为了追求真理而放弃了物质。后来，当玛莎寻找她失踪的女儿时，梅兰·朗主动提出要帮忙，随后发生了一系列事件，包括计算机诈骗、盗用银行资金、绑架，甚至还牵涉到了谋杀。这是一部引人入胜的小说，融合了奇幻、爱情和侦探三大元素。梅兰·朗和玛莎·麦克纳马拉是两个极具吸引力的新鲜角色，与大多数奇幻作品中的刻板男女主角形象相去甚远，而且文章的笔触十分轻松愉快。麦卡沃伊因此成为

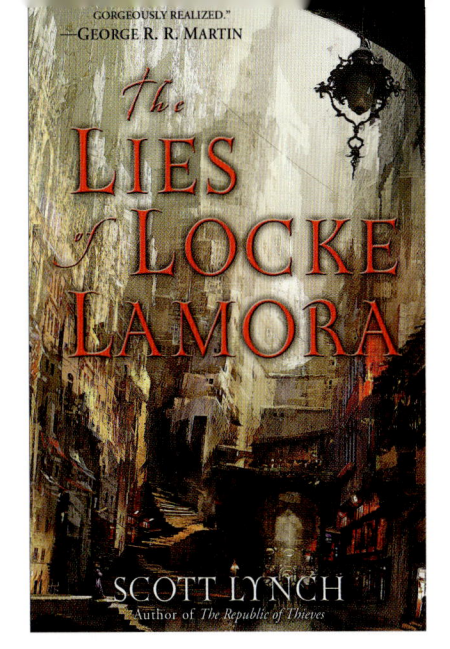

斯科特·林奇小说《洛克·拉莫拉的谎言》

奇幻故事作品的风向标，她的其他作品还有"达米亚诺"三部曲（1983—1984年），背景设定在意大利文艺复兴时期；《凯尔斯书》（1985年），背景设定在中世纪的爱尔兰；还有《扭转绳结》（1986年），这是《与黑龙一起喝茶》的续集，讲述了玛莎和朗先生卷入了另一场在加利福尼亚的闹剧。随后又出版了三部曲《世界的镜头》（1990年）、《死亡之王》（1991年）和《狼的冬天》（1993年；在美国以《狼的肚子》之名出版）。

安妮·麦卡弗里
美国小说家；出生时间：1926年；逝世时间：2011年

麦卡弗里长期居住在爱尔兰，主要创作科幻小说和奇幻小说。她的主要奇幻作品是长篇小说"蜂鹰"系列。蜂鹰星球是一个善良的封建农奴制王国，由土地领主、行会大师和总管星球上所有龙骑士的英勇领袖们统治。蜂鹰星球的龙被视作善良、高贵的化身，它们会心灵感应，可以从一个地方传送到另一个地方，还能在一种煤炭替代品的辅助下喷出火焰。自孵化后，这些龙的生命会与即将成为它们骑手的年轻人类终身绑定。龙骑士的主要工作是保护蜂鹰免受一种贪婪的真菌孢子的侵袭，这种孢子来自附近的一个星球，其运行轨道离蜂鹰非常近，显得十分吓人。孢子会吃掉任何有机物并迅速繁殖，所以龙的任务是在孢子登陆之前就将其烧毁在太空。因此，龙骑士的身份类似介于F-16飞行员、消防员和警察之间。麦卡弗里笔下的人物有个奇怪的特点，喜欢盯着镜子里的自己并开始描述自己的身体特征。这系列小说凭借温和的叙事风格和强烈的浪漫色彩，收获了一批忠实的读者。虽然后期加入了更多的科幻元素作为背景，但是该系列仍然属于奇幻类别，

虽然书中已经不再是魔法，而是一种精神层面的能量在发挥作用。随着年事已高，麦卡弗里无力继续写作。她的家人在她去世后接管了这个系列，继续着她的事业。

布莱恩·麦克莱伦
美国小说家和故事作家；出生时间：1986 年

麦克莱伦是一名史诗奇幻作家，他最为人所知的是两部获奖作品，"粉末法师"三部曲（2013—2015 年）和"血与粉之神"三部曲（2017—2019 年），其背景设定都是在同一个宇宙。

帕特里夏·麦奇利普
美国小说家；出生时间：1948 年

麦奇利普的早期作品有：青少年奇幻小说《羊皮纸街上的房子》（1973 年）和《谢里尔的王座》（1973 年初版；1984 年以《沙哑呼吸之龙的痛苦》为名再版发行）。《埃尔德，被遗忘的野兽》（1974 年）是一部大受欢迎的道德奇幻小说，讲述了一个女巫如何接受情感教育的故事。尽管这部小说标榜为青少年读物，却赢得了世界奇幻文学奖。三部曲《海德的谜题大师》（1976 年）、《海与火的继承人》（1977 年）和《风中竖琴手》（1979 年），是一系列十分传统却又精心编排的英雄奇幻作品，并且推出过很多精选版。在创作了一些其他类型的小说以及青少年奇幻小说《月亮与脸》（1985 年）和《换婴海》（1988 年）之后，麦奇利普开始转向成人奇幻，作品包括《女巫与小天鹅》（1991 年），以轻松的笔调比较和对比了几个不同角色的求知之旅，包括一个被污名化的男孩、一个勤奋但鲁莽的女学者和一个务实的女剑客。在该书描绘的世界中，星座代表着一系列守护神。《小天鹅与火鸟》（1993 年）是其续集。1994 年出版的《奇异而富有》是一部描写细腻的浪漫小说，它证明了麦奇利普"史上最有成就的散文作家之一"的地位。《阿特里克斯·沃尔夫之书》（1995 年）讲述了一个逃亡的法师躲在狼群中寻找森林女王失踪的女儿的故事。《冬天的玫瑰》（1996 年）的背景设定在维多利亚时代的英国，还有一个存在于平行世界的仙境，是一部"童话新郎"主题的优秀作品。麦奇利普近期作品有：《为蛇怪而作的歌》（1998 年），讲述了一位失忆的主人公的故事；《石林之塔》（2000 年），讲述了一位骑士在一片模糊了现实与幻想的土地上追求真理的故事；《阴影中的翁布里亚》（2002 年）的背景设定是一个分裂的王国；《希拉的森林》（2003 年）的背景则是一个奇妙的森林王国；《荆棘的字母》（2004 年）讲述了一个受折磨的孤儿的故事；《魔法神》（2005 年）的主角是受制于人的法师们；《夏至木》（2006 年）是一部绚丽的当代奇幻之作；《西利角的钟》（2008 年）的背景设定在一个闹鬼的小镇；《骨平原的游吟诗人》（2010 年）讲述了一个隐藏在平原上的久已消失的考古遗址；《翠鸟》（2016 年）讲述了古代魔法崛起造成的浩劫。

罗宾·麦金利
美国小说家；出生时间：1952 年

罗宾·麦金利的第一部作品《美女与野兽》（1978 年）是现今流传的众多版本中最有趣的一部。她对其他经典民间童话的改编和模仿，被收录在《篱中之门》（1981 年）一书中。《鹿皮》（1993 年）改编自夏尔·佩罗写过的一个故事，目标受众是成年人。这个原版当初不得不进行了删减以符合时代的要求。《玫瑰女儿》（1997 年）是为更年轻的读者创作的一版《美女与野兽》。《纺锤之末》（2000 年）的目标受众是年轻人。《龙港》（2007 年）讲述了山里一块关于龙的禁猎区的故事。《圣杯》（2008 年）是一个关于责任、爱和荣誉的寓言故事。《阴影》（2013 年）讲述了魔法与技术之间的碰撞。其余奇幻作品的背景设定大多是虚构的达玛王国。麦金利凭借《英雄与王冠》（1985 年）获得了纽伯瑞勋章，这是先前发行的《蓝剑》（1982 年）的前传。其他一些以达玛王国为背景但内容不同的故事收录在《谷中结和其他故事》（1994 年）中，与之相关的作品还有《帕伽索斯》（2010 年）。她的选集《幻想之地》（1985 年）获得了世界奇幻文学奖。1992 年，麦金利嫁给了同为奇幻作家的彼得·迪金森。

乔治·R.R.马丁
美国小说家；出生时间：1948 年

有一批老牌科幻小说作家开始关注奇幻小说写作，并从中发现了它的很多优点（至少能带来客观的收益），马丁算是他们中的一员。他凭借巨著《冰与火之歌第一卷：权力的游戏》（1996 年）开创了一个时代。这本书广受欢迎，在 2011 年改编成一部非常成功且上映很久的电视剧后，更是进一步加重了其分量使其成为了一部真正的巨著。在《权力的游戏》之后，马丁又推出了该系列的后几部：《列王的纷争》（1998 年）《冰雨的风暴》（2000 年）和延迟很久的《群鸦的盛宴》（2005 年）。《魔龙的狂舞》（2011年）的出版时间更晚并且有些不尽如人意，随着另外两卷《凛冬的寒风》和《春晓的梦想》的陆续推出，据说这个系列也将终结。与此同时，在马丁70岁生日后不久，讲述坦格利安家族历史的《火与血》（2018年）出版，但这依然无法缓解粉丝们日益焦虑的期待。

A. 梅里特
美国小说家；出生时间：1884年；逝世时间：1943年。

梅里特是一名记者，后来成为威廉·伦道夫·赫斯特（美国著名报纸发行人，继承父亲的产业，由于经营有方，发展成庞大的报业集团。——译者注）旗下《美国周刊》杂志的一名编辑。他在工作之余创作了非常多的奇幻小说，他的作品比埃德加·赖斯·巴勒斯的小说更具世外桃源般的异国情调，并且和巴勒斯的小说一样广受廉价幻想杂志读者的欢迎。《月池》（1919年）改编自1918年一部颇具影响力的中篇小说，讲述了一扇跨空间之门和进入其中的旅人的故事。《伊什塔尔之船》（1924年；1926年再版）是一部充满活力的英雄奇幻小说。《海市蜃楼中的居民》（1932年）讲述了一个关于失败的故事，情节极富戏剧性，但其悲观的结局在刊印时遭到删减，直到1941年廉价奇幻杂志《奇幻小说》重印时才替换上原版作品。

柴纳·米耶维
英国小说家；出生时间：1972年

柴纳是那个时代涌现出的最重要的原创奇幻作家，他非常聪明，其作品以思想黑暗而闻名。在恐怖小说《鼠王》（1998年）一炮打响后，他将注意力转向怪诞的反乌托邦类奇幻小说的创作。《帕迪多街车站》（2000年）的故事发生在新克洛布桑，这是一个庞大的、神奇的蒸汽朋克式地狱，在那里，奇怪的种族为暴虐的统治者和精神病罪犯们辛勤劳作。米耶维天马行空的想象力才是书中真正的主角——可以说书中每一页所包含的奇思妙想都比大多数现代奇幻三部曲整部作品所包含的要多，而且故事不失生动之趣，情节引人入胜。《伤痕》（2001年）中的故事也发生在巴斯-拉格城邦，但将焦点转移到一座迷人的漂浮城市。与前书一样，书中透露出的米耶维的政治信仰和道德现实主义有着强大的影响力，但这里没有说教，只有极具力量的奇异故事。《钢铁议会》（2004年）将西方严肃奇幻、革命赞歌、政治惊悚和爱情故事等元素（哦，还有傀儡元素）融合在一起，讲述了新克洛布桑的反叛者兼救星们开着一列火车穿越戈尔门加斯特荒野的故事。《城与城》（2009年）和《海怪》（2010年）都是美丽奇特的现代奇幻小说，《铁轨的海洋》（2012年）则是一部结合了末日未来主义和蒸汽朋克幻想元素的青少年怪诞小说。米耶维的作品风格常常是黯淡的，读者在这里不会得到慰藉，但不可否认的是，它们非常出色，希望以后他能创作出更多的好作品。

利兰·埃克斯顿·默德斯特
美国小说家；出生时间：1943年

默德斯特广受欢迎的奇幻系列小说"雷克罗斯"中隐含着一种科幻小说的写作逻辑，作者对待魔法的态度就像是对待逻辑严密的物理学守恒定律。秩序和混沌处于精确平衡的状态：当秩序魔法师增加他们的整体力量时，混沌的力量也会增加……反之亦然。

其最新的作品有：《雷克罗斯的魔法》（1991年）、《日落之塔》（1992年）、《神奇工程师》（1994年）、《秩序战争》（1994年）、《混沌之死》（1995年），科幻小说前传《天使陨落》（1996年）、《混沌的平衡》（1997年）、《白色秩序》（1998年）、《混沌的颜色》（1999年）、《东方三博士》（2000年）、《混沌的源泉》（2001年）、《混沌之源》（2004年）、《秩序大师》（2005年）、《自然秩序》（2007年）、《哈摩尔法师的守卫》（2008年）、《军官》（2010年）、《西多尔的继承人》（2014年）、《西多尔的遗产》（2014年）、《混血法师》（2017年）、《秩序放逐者》（2018年）以及《法师火之战》（2019年）。秩序魔法师的魔法、手工艺人精湛的工艺和工程师周密的工程设计之间和谐共存，并被生动地呈现在读者面前，书中还有像魔法驱动的激光武器这样的巧妙构想。

新推出的小说系列包括《女高音女巫》（1997年）和续集《符咒曲》（1998年）、《黑歌上升》（1999年），以及《影子女巫》（2001年）和《影子歌手》（2002年），讲述了一个歌手被传送到另一个世界，在那里她的歌唱能力等同于魔法力量。还有"科瑞恩编年史"系列，当中包括《遗产》（2002年）、《在黑暗中》（2003年）、《权杖》（2004年）、《阿列克特的选择》（2005年）、《卡德米安的选择》（2006年）、《索阿雷的选择》（2006年）、《护国公的女儿》（2008年）和《护国公夫人》（2011年）。他的"化影为真"系列（2009—2019年）共创作12卷，故事背景是一个人们可以凭空创造物品的世界。

伊丽莎白·蒙恩

美国小说家；出生时间：1945 年

蒙恩曾在美国海军陆战队服役，这样的经历为她创作史诗级奇幻系列小说"帕克塞纳里昂"打下了坚实的基础。该系列小说以一部三卷本小说"帕克塞纳里昂的事迹"为开端，讲述了托尔凯尼世界中的一名女战士的故事，包括《牧羊人的女儿》（1988 年）、《分裂的忠诚》（1988 年）、《黄金誓言》（1989 年）。随后是两部该系列的前传，即《永不投降》（1990 年）和《骗子的誓言》（1992 年）。奇幻系列小说"圣骑士的遗产"的故事背景发生在"帕克塞纳里昂"系列三部曲之后，包括《宣誓忠诚》（2010 年）、《北方王》（2011 年）、《背叛的回响》（2013 年）、《权力的界限》（2013 年）和《王冠的复兴》（2014 年）。可惜的是，蒙恩把大部分精力都花在科幻小说的创作上，奇幻小说作品并不是很多。

迈克尔·穆考克

英国小说家；出生时间：1939 年

与其他奇幻小说作家相比，穆考克风格多变，他的作品类型囊括奇幻小说、科学奇幻小说、传统主流小说和后设小说（也称"元小说"，传统小说往往围绕人物、事件展开，关注所述内容，而元小说围绕作者本人如何创作这本小说展开。——译者注）。穆考克特别喜欢修改自己的作品，在作品出版后仍然多次修订、重排或更换书名，因此他的作品庞多且复杂。他的小说中既有野心勃勃的经典之作，也有为利益而粗制滥造的蹩脚之作。穆考克奇幻小说中的关键人物是永恒斗士。永恒斗士生活在多位面的"多元宇宙"中，为了使多元宇宙保持平衡，永恒斗士不断转世轮回，化身在不同的世界里对抗混沌之力。在这些化身中，最著名的是艾尔瑞克王子，他与他的恶魔之剑"风暴使者"生活在不稳定的共生关系中。虽然这把剑带给他必要的力量和活力，但这把剑也往往背叛他并吞噬了他的好友和爱人的灵魂。艾尔瑞克这个形象最早出现于 1961 年，关于他的第一批故事略显粗糙，但丰富多彩令人难忘，被收录在《灵魂盗贼》（1963 年）中。《风暴使者》（1965 年）给艾尔瑞克的事业和世界画上了一个壮观的句号；《美尔尼博的艾尔瑞克》（1973 年）回顾了他早年的生活和最初经历的背叛。"艾尔瑞克"系列的故事还有很多，最新的是《白狼之子》（2005 年）。

奇幻系列小说"银手王子科伦"（科伦被敌人挖去了右眼，斩断了左手）同样讲述的是与混沌之王作战的故事，但主人公科伦与充满狂热的、自我毁灭的能量艾尔瑞克不同，他总是疲惫不堪、心事重重。科伦的故事最早出现在《宝剑骑士》（1971 年）、《宝剑女王》（1971 年）和《宝剑君王》（1971 年）中，这三部作品也精彩地展现了科伦的英雄事迹。这三部作品是穆考克为赚钱而作的，不过从其成书时间中也可以看出作者的写作速度之快。

艾尔瑞克和科伦的世界是纯魔法的。而在多里安·霍克蒙的世界中，魔法与怪诞的科技相融合，共铸了一幅恐怖的景象。格兰布雷坦帝国的技术官僚在霍克蒙的头颅里嵌进了一颗黑宝石，这颗黑宝石不仅会实时地传达霍克蒙的一言一行，甚至还会吞噬他的心智。多里安·霍克蒙这个角色出现在"鲁纳斯塔夫史"系列中——鲁纳斯塔夫是书中推动剧情发展的魔法麦加芬之一。该系列包括《头颅里的宝石》（1967 年）、《狂神的护身符》（1968 年）、《黎明之剑》（1968 年）和《卢恩斯塔夫》（1969 年）。

永恒斗士的其他化身还包括艾雷科索和冯·贝克。艾雷科索最早出现在《永恒斗士》（1970 年）中，他带着前世的记忆。冯·贝克是 17 世纪的一名士兵，《战争猎犬与世界之痛》（1981 年）讲述了他寻找圣杯的故事。其他或多或少模仿永恒斗士的人物有奇幻小说《最终的程序》（1968 年）中内心极度不满的杰瑞·科尼利厄斯，该书的续集后来被编入《科尼利厄斯传》（1977 年）一书中；以及奇幻系列小说"时间尽头的舞者"中无能的、极度颓废的杰里克·卡内利安，该系列采用了 19 世纪末颓废主义的风格，它的第一部作品是《异形热火》（1972 年）。

穆考克的单本奇幻小说中最出彩的是《格洛丽安娜》（或名《荣光女王》；1978 年），背景设定在一个以伊丽莎白女王统治下的英格兰为原型的架空时代，场景的细节描写极其丰富。故事中伟大的女王格洛丽安娜追求无节制却又不能带来欢乐的性爱，徒劳无功地寻求性高潮，以期能够治愈她的精神和她的王国。格洛丽安娜的宫殿是一个奇妙的宫殿，里面充斥着有如马尔文·皮克笔下《歌门鬼城》中的阴影和回声。最后，格洛丽安娜背弃了父亲出于现实政治考量而定下的遗嘱，选择了一个看似最不可接受却真心相恋的爱人，故事在这里达到了一个欢乐的高潮。

自 1992 年以来，穆考克的作品被编入许多大合集，如《永恒斗士全集》。这个名字极具欺骗性，合集内的作品其实既有"永恒斗士"类作品，也有"非永恒斗士"类作品。

凯瑟琳·露西尔·摩尔

美国小说家；出生时间：1911 年；逝世时间：1987 年

摩尔是亨利·库特纳的妻子，她与库特纳共同创作了很多作品。在 20 世纪 30 年代和 40 年代，摩尔凭借出色的奇幻故事赢得了赞誉，比如剑与魔法类外星冒险故事《宇宙魔女》（刊登于美国恐怖奇幻杂志《诡丽幻谭》）。她后来的许多奇幻作品都是以她丈夫的名字出版的。

约翰·莫里西

美国小说家；出生时间：1930 年；逝世时间：2006 年

莫里西的第一部奇幻系列作品是"铁天使"，该系列包括《铁剑》（1980 年）、《格雷曼特尔》（1981 年）、《弑君》（1982 年）和《湮灭者的时代》（1985 年），这些作品写作风格十分严肃。他的第二部奇幻系列作品是"凯德里根"，讲述的是一位不情愿做巫师的巫师的故事，相比前几部内容就轻松愉快得多；该系列包括《公主的声音》（1986 年）、《凯德里根的追寻》（1987 年）、《在奇境的凯德里根》（1988 年）、《凯德里根与迷人夫妇》（1989 年）、《纪念凯德里根》（1990 年）、《喜欢家庭生活的巫师》（2002 年）和《剑柄与龙》（2003 年）。

肯尼斯·莫里斯

英国小说家；出生时间：1879 年；逝世时间：1937 年

一些鉴赏家认为这位莫里斯（不要和同姓的威廉·莫里斯相混淆）是为数不多的天才型奇幻小说作家之一。莫里斯的一生名声不显，但逝世后，他的很多作品被重印，甚至还有一些是首次出版。莫里斯有两部代表作，《三龙之书》（1930 年）和《查尔基乌希特龙：托尔特克时代的传说》（1992 年），以及一部精美的合集《龙之路：肯尼斯·莫里斯故事集》（1995 年），该合集由道格拉斯·安德森编辑成书。

威廉·莫里斯

英国小说家；出生时间：1834 年；逝世时间：1896 年。

莫里斯多才多艺，我们了解得比较多的可能是他设

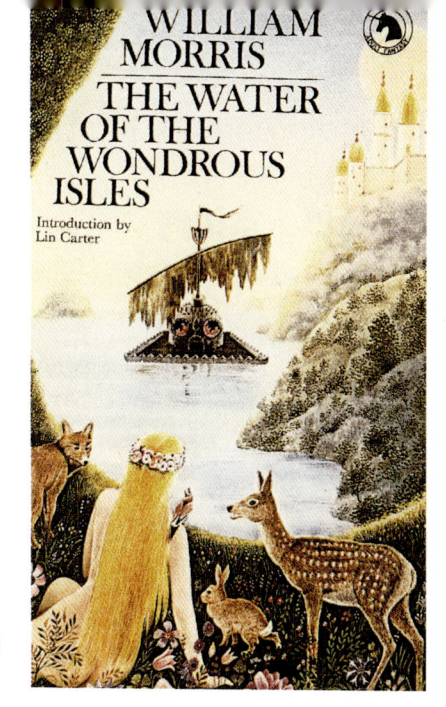

威廉·莫里斯小说《奇迹岛的水》

计的家具、纺织品和墙纸的花型图案，以及他创建的克姆斯各特出版社和他写作的一些诗歌，但同时他还写了一些具有开创性的奇幻小说，给托尔金完善"中土世界"提供了灵感。莫里斯的主要作品有《呼啸平原的故事》（1890 年）、《世界之外的树林》（1894 年）、《世界尽头的水井》（1896 年）、《奇迹岛的水》（1897 年）和《切断的洪流》（1897 年）。

其中最精彩的作品是《世界尽头的水井》，读者跟随主人公拉尔夫的步伐，穿过一片广袤的中世纪土地，寻找已知世界的尽头，山的那边除了死亡沙漠之外，还有海洋以及可以让人长寿的魔井。在旅途中，拉尔夫一直带着一条色彩显眼的新挂毯。广阔无垠的风景，历经风雨后的凯旋，这些简单的乐趣感人至深。

《奇迹岛的水》创造了一个与众不同的魔法世界，它向读者呈现的是一个神奇的魔幻大陆，而不是一些看似真实的简单地理画面。书中的女主角逃脱了女巫的奴役，去探索一些奇怪的岛屿。这些岛屿被湖水包围着，只有乘坐恶魔驱动的派遣船才可以到达，途中，她看到了许多奇景，随后还遇见了一些带有些许愚蠢的骑士精神的人和事。

詹姆斯·莫罗

美国小说家；出生时间：1947 年

莫罗是一位犀利的讽刺作家，他最初因科幻作品《这是世界终结之法》（1986 年）而成名。在这部小说中，未出生者的灵魂以种族灭绝罪审判核战争的幸存者。之后的作品还包括《独生女》（1990 年）、《牵引耶和华》（1994 年；获得世界奇幻文学奖），以及续集《无可指责的阿巴顿》（1996 年）和《永远的仆人》（1999 年），

这些小说中充斥着对宗教组织和人类愚蠢行为的批判。

彼得·莫伍德

英国小说家；出生时间：1956 年

莫伍德的妻子是奇幻小说作家黛安·杜安。婚后，莫伍德在爱尔兰生活了多年。他写过一系列中规中矩的冒险奇幻系列小说，比如：具有日本特色的"阿尔班传奇"系列，包括《马王》（1983 年）、《魔王》（1984 年）、《龙王》（1986 年）和《军阀的产业》（1989 年）；具有俄罗斯特色的"伊凡王子"三部曲，包括《伊凡王子》（1990 年）、《火鸟》（1992 年）和《金帐汗国》（1993 年）；以及"氏族战争"系列，包括《灰夫人》（1993 年）和《寡妇制造者》（1994 年）。最近，他一直在和妻子共同创作《星际迷航》的衍生系列。

哈罗德·华纳·穆恩

美国小说家；出生时间：1903 年；逝世时间：1981 年。

穆恩是一位产出颇丰的作家，他为 20 世纪 30 年代的《诡丽幻谭》杂志编写了大量黑暗奇幻故事。他最出名的作品是关于后亚瑟王时代的"瓦尔奇迈"系列英雄奇幻小说，该系列包括《世界边缘之王》（1966 年）、《亚特兰蒂斯来的船》（1967 年）和《梅林的戒指》（1974 年）。前两部合并在《梅林的教子》（1976 年）中。

约翰·迈尔斯

美国小说家；出生时间：1906 年；逝世时间：1988 年。

尽管迈尔斯写的是带有幻想色彩的历史小说，但他因作品《银锁》（1949 年）而成功打入奇幻界。在这本书中，主人公因为遭遇海难到达了一片神秘的土地，在那里，神话、传说以及有名的虚构人物都真实存在。在这片土地上，他遇到了一个美丽的女巫瑟茜，女巫把他变成了一头猪。他的一位新朋友将他从女巫的猪圈里救了出来，两人结伴行动并遇到了贝奥武夫、捣蛋鬼提尔、曼侬·雷斯戈、约翰修士、安娜·卡列尼娜、普罗米修斯、唐·吉诃德、罗宾汉、拉斯科尔尼科夫、高文爵士和许多其他人，还有食人族、维京人和红印第安人。故事在地下世界达到了高潮，在那里，主人公变成一个更聪明的人。飞马帕伽索斯将主人公带走，把他扔在冒险开始前的那片海洋。这是一本奇怪、异想天开、内容喧闹的书。该书第一次出版时，一位评论家恰当地形容该书"故事一个接着一个，就像嗡嗡作响的蜜蜂，似乎永远不知辛劳、不会停止"（首版时作为读者评语印在书中）。

伊迪丝·内斯比特

英国小说家；出生时间：1858 年；逝世时间：1924 年。

伊迪丝·内斯比特是一位具有里程碑意义的儿童奇幻小说家。她作品的特点是富于创造力和幽默感，没有维多利亚时代针对年轻读者的沉闷道德说教。出于生计，她不得不快速写作，尽管她的书中包含了一些套路化的写作，但她的作品往往隐含着颠覆性的思路。

继《寻宝者的故事》（1899 年）等非奇幻类小说获得成功后，内斯比特又在《五个孩子与它》（1902 年）中找到了属于她自己的古怪魔幻风格。书中的这些孩子指的是早期作品中的巴斯塔布尔；"它"就是赛米德，或称"沙仙"，是这些孩子在沙坑里发现的一种眼神呆滞、脾气暴躁的动物，它不情愿地答应了他们的愿望。这些愿望往往会导致灾难：渴望美丽，却使得没人能认出你；想要金子，然后就立马被怀疑成小偷。

在《凤凰与魔毯》（1904 年）中，一张魔毯和一只凤凰让巴斯塔布尔一家的生活变得复杂起来，魔毯带着他们飞往世界各地历险，而对凤凰许愿却带来稀奇古怪的结果，最后凤凰在熊熊烈火中离开。赛米德在《护身符的故事》（1906 年）中再次出现，它借助护身符的力量回到了遥远的过去——石器时代、巴比伦、亚特兰蒂斯和古埃及。C. S. 刘易斯以及一些其他作家都曾受到内斯比特作品的影响。刘易斯的《魔术师的外甥》中的一些情节显然是在向内斯比特笔下的巴比伦女王在伦敦引起骚动的场景致敬。

《魔法城堡》（1907 年）从多个孩子的视角切入。围绕着一枚不同寻常的魔法戒指展开故事。佩戴者想要这枚戒指有什么法力，它就真的拥有这样的法力。这让故事情节变得更加成人化。因为，内斯比特认为（就像后来的戴安娜·韦恩·琼斯所认为的那样）为儿童写作并不意味着情节就应该要简单。故事中的愿望有时间限制。愿望被实现之后的情节展开往往比滑稽的警世故事更加复杂而深刻。当年轻的凯瑟琳无意中想要成为一尊雕像时，她最初的恐惧让位于迷人且令人印象深刻的场景——一尊古典雕像在月光下复苏，继而欢闹起来。

内斯比特自己最喜欢的儿童读物是《亚顿城的魔法》（1908年）和《迪奇的时空旅行》（1909年），在这两本书中，孩子们通过另一种神奇的、有点儿像赛米德的生物——"摩迪曲"（Mouldiwarp）穿越到过去。"摩迪曲"是一个古老且充满乡村特色的词，意思是"鼹鼠"（mole）。之后，内斯比特创作了《水下魔法》（1913年），这是一部充满活力的奇幻小说。故事发生在游乐场的穿插表演中，从营救被囚禁的美人鱼升级为海底生物派系之间的战争，甚至一些书以外的角色也参与进来了。不幸的是，它的结局并不令人愉快，还是没有逃脱儿童奇幻故事的老旧套路。以"记忆擦除"结尾，剥夺了年轻的主人公们对他们冒险经历的所有回忆。

内斯比特开创性地将孩子塑造成外表虽小、但具有独立人格的人，而不是古板的"微缩版成人"或自命不凡的人。她为其他作者的创作提供了很好的基础和借鉴。

珍妮·尼莫

英国小说家；出生时间：1944年

威尔士作家尼莫为孩子们创作了广受好评的奇幻三部曲《冰蜘蛛》（1986年）、《埃姆林的月亮》（1987年）和《栗色战士》（1989年）。这三部小说均获得有关奖项，并被改编成三部英国电视剧（1988—1991年）。随后，她又推出了"赤王的子民"系列（2002—2009年）以及该系列的前传三部曲"赤王编年史"系列（2011—2013年）。"赤王的子民"系列共八卷，主人公是一位名叫查理·伯恩的学生，在书中伯恩和他的朋友们都是拥有魔法的超能力者。

安德烈·诺顿

美国小说家；出生时间：1912年；逝世时间：2005年。

20世纪30年代中期，还是一名图书管理员的爱丽丝·诺顿开始写作。但她当时创作的很多奇幻作品多年以来都没有出版，例如后来组成《永恒的加兰》（1972年）的两部中篇小说。在转写少年科幻小说之前，诺顿为年轻读者创作了《罗格·雷纳德》（1947年）和《休恩的号角》（1951年）这两部小说，这两部小说均改编自中世纪传奇故事。加入科幻小说的圈子后，她不时以"安德鲁·诺斯"的笔名写作。当她的作品赢得大众的认可后，她开始变得格外多产。随后推出的《女巫世界》（1963年）一书兼具奇幻小说与科幻小说的特点，此书

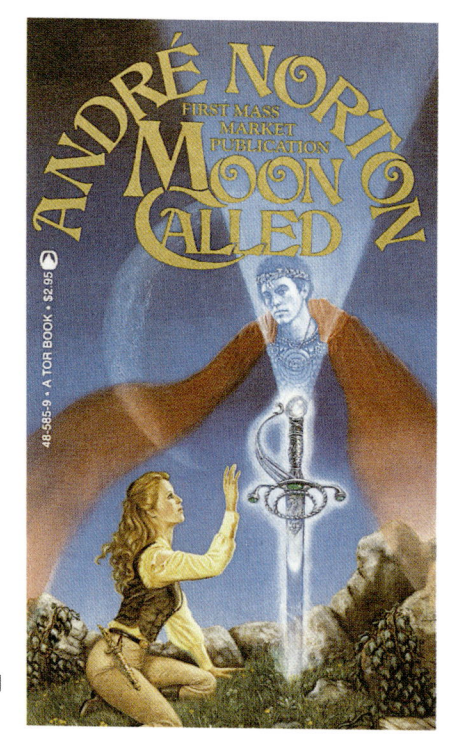

安德烈·诺顿小说《月之呼唤》

出版后，诺顿也逐渐将创作方向转回了奇幻小说。《女巫世界》的故事背景是一个平行世界，在那里，护身符版的"珠宝"能够增强居民的心灵魔力。这个世界设定逐渐变成一个为很多作家所共用的背景设定，该小说也逐渐衍生出一个包括故事选以及合作小说等作品的奇幻系列，当中包含不少作家的作品。诺顿的个人作品有《女巫世界之网》（1964年）、《独角兽之年》（1965年）、《三战女巫世界》（1965年）、《女巫世界之男巫》（1967年）、《女巫世界之女巫》（1968年）、《水晶鹰头狮》（1972年）、《女巫世界之咒语》（1972年）、《白锆石豹头》（1974年）、《剑之三》（1977年）、《扎斯托的克星》（1978年）、《女巫世界之传说》（1980年）、《荣耀中的鹰头狮》（1981年）、《号角之冠》（1981年）、《小心老鹰》（1983年）和《猫之门》（1987年）。"女巫世界的秘密"系列中的大部分作品是由他人撰写的，当然也包括诺顿的《守护女巫世界》（1996年）。诺顿的合作作品还包括与菲利斯·米勒和梅赛德斯·马基合作的小说。她与朱利安·梅和马里恩·齐默·布拉德利合作创作了《黑色延龄草》，之后，她自己独立创作了续集《金色延龄草》（1993年）。

诺顿的另一部具有代表性的系列小说是面向年轻读者的，该系列将孩子们置于各种历史和想象的背景中。它包括《钢铁魔法》（1965年；又名《灰色魔法》）、《八边形魔法》（1967年）、《毛皮魔法》（1968年）、《龙之魔法》（1972年）、《薰衣草绿色魔法》（1974年）和《红鹿魔法》（1976年）。同样的模式也出现在《这

里的怪物》（1973年）中。诺顿近期的奇幻作品耗费其颇多的心血，这些作品包括情节辛酸的探索类奇幻小说《席尔的手》（1994年）、《命运之镜》（1995年）和《怪物的遗产》（1996年）。在《命运之镜》中，主人公勉强平息了一场人类与仙境居民之间的战争。《怪物的遗产》讲述了一位刺绣学徒逃到了被拥有魔法的野兽守卫的山上的故事。诺顿喜爱猫，这种喜爱体现在她的许多作品之中，特别是《猫的记号》（1994年）和四部《奇幻猫》（1989—1996年）选集。这些选集由马丁·H. 格林伯格编辑。

玛丽·诺顿

英国小说家；出生时间：1905年；逝世时间：1992年

诺顿以创作"住在地板下面的小人"而闻名，广受几代读者的喜爱。有关该人物的作品有《借东西的小人》（1952年）以及其续集《借东西的小人在野外》（1955年）、《借东西的小人漂流记》（1959年）、《借东西的小人在高处》（1961年）和《借东西的小人复仇记》（1982年）。

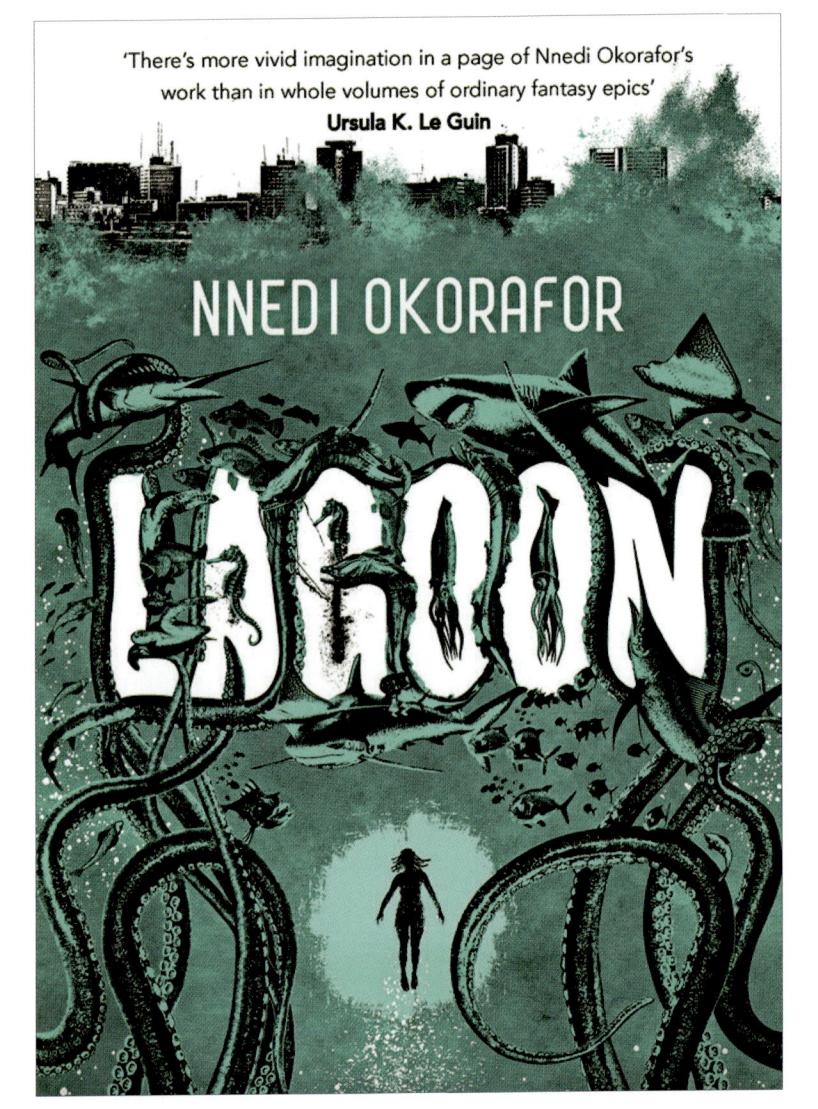

娜奥米·诺维克

美国小说家、游戏设计师和短篇小说作家；出生时间：1973年

诺维克曾在布朗大学学习英国文学，她既写长篇小说，也写短篇小说。2007年，她获得康普顿·库克奖，并凭借她的第一部小说《战龙无畏》（2006年）获得雨果奖提名。《战龙无畏》是九卷本"龙骑士"系列（2006—2016年）的开山之作。独立小说《无根之木》（2015年）以童话和神话为灵感设定故事背景，而《纺银》（2018年）则大致改编自童话《侏儒怪》。

奈蒂·奥克拉弗

尼日利亚裔美国小说家和故事作家；出生时间：1974年

奥克拉弗的父母来美国留学后，因尼日利亚发生内战而被迫留在美国。奥克拉弗出生在俄亥俄州，是伊博人的后裔。她曾是一名杰出的网球和田径运动员，后来在密歇根州立大学获得新闻学硕士学位，并在伊利诺伊大学获得英语博士学位。奥克拉弗在写作中，充分利用了其传承的尼日利亚文化基因，创作了《谁惧死亡》（2010年）、《潟湖》（2014年）和《宾娣》（2015年）等书。除了面向成年人的科幻小说和奇幻小说，奥克拉弗还为儿童和青年人创作了许多作品。这些作品包括荣获非洲麦克米伦作家奖的《拥有长护符的男人》（2009年）和荣获卡尔·布兰登协会有色人种作品奖[卡尔·布兰登协会（Carl Brandon Society）是一个促进文学界中种族和人种多样化的组织，有色人种作品奖（Parallax Award）是该组织设立的一个奖项，主要颁发给那些拥有自我种族认同意识的有色人种作家创作的优秀作品。——译者注]的《影子发言人》（2007年）。

奈蒂·奥克拉弗小说《潟湖》

埃里克·S.尼伦德

美国小说家；出生时间：1964年

这位新人作家以小说《走卒之梦》（1995年）进入了奇幻文学读者的视野。此后，尼伦德又创作了一批广受欢迎的作品，例如《宇宙的游戏》（1997年），这是一部科幻与奇幻相结合的小说，他笔下的主人公"在宇宙中搜寻传奇的圣杯"。尼伦德还创作了现代奇幻作品《干旱之水》（1997年）。

帕特里克·奥利里

美国小说家；出生时间：1952年

奥利里广受欢迎的首作《三号门》（1995年）是一部科幻小说，但他的第二部小说《礼物》（1997年）是一部非常精彩的奇幻小说。他的第三部小说《不可能的鸟》（2002年）则是科幻与奇幻的结合。

马尔文·皮克

英国小说家和艺术家；出生时间：1911年；逝世时间：1968年

皮克为自己的作品绘制了一些古怪而极具个性的插图（有些阴郁幽深，有些滑稽可笑），从这些插图中可以看出，他在处理形状和图案上颇有艺术眼光。在他的奇幻散文中，那些形容词和短语就好似力道浑厚、落笔清晰的线条，勾勒出充满视觉细节的场景，如同勃鲁盖尔和博施那布局拥挤的画作（这两位的画作均以布局繁杂、细节丰富为特色。——译者注）。

皮克的代表作是"歌门鬼城"三部曲，或者更确切地说，是它的前两卷，《泰忒斯诞生》（1946年）和《歌门鬼城》（1950年）。整个故事围绕如怪物般蔓延铺开的"歌门鬼城"古堡和古堡内人们怪异的生活展开。这是一个沉闷、压抑的世界，被困在令人窒息的日常仪式中。因此，我们对叛逆成性的厨房帮工斯蒂尔派克有着些许的同情，他像麦克白一样，通过谋杀爬上了人生的顶峰。

其中一些结局既滑稽又可怕，比如堡主格伦伯爵在他的图书馆被烧毁而陷入疯狂，他睁大眼睛蹲在壁炉台上，以为自己是一只猫头鹰；再比如斯蒂尔派克假装骷髅鬼，说着荒唐且夸张的威胁之辞，如果不是因为两个傻女人真的被吓住了，并且造成了毁灭性的影响，那这将是一幅非常滑稽的画面。除此之外，诙谐的旁白削弱了浮夸的哥特式恐怖。在《歌门鬼城》庄严阴郁的氛围中，皮克插入了一些打油诗，这些打油诗可以与刘易斯·卡罗尔的作品比肩。皮克堪称制造惊喜的大师。

在与众不同的《泰忒斯独行》（1959年）一书中，格伦伯爵的继承人泰忒斯虽然拯救了他的祖居——歌门鬼城，但最终还是放弃了古堡的继承权，并开始他的旅程，穿越那个以英格兰为原型构造的奇怪而又超现实的国度。在这本书中，皮克试图创造新鲜感，其中一些情节令人难忘，比如在一个引人入胜的审判场景中，泰忒斯诚实地告诉一个困惑的法官，他的父亲被猫头鹰吃掉了。但令人遗憾的是，这本书的情节支离破碎，与其说是作者有意为之，不如说是因为他已经病入膏肓。编辑兰登·琼斯在1970年的修订版中增加了一些情节以使之具有连贯性。

与泰忒斯相关的创作还有短篇小说《黑暗中的男孩》（1956年），其中一个明显是泰忒斯的男孩在逃离城堡仪式时，遇到了半人半羊和半人半狗的怪物，恐怖的羊怪还企图将男孩变成自己的样子。这可怕的怪物确实吓人。

《派先生》（1953年）是一部更为传统的奇幻小说，该小说以萨克岛为背景，充满着戏剧化的道德寓言故事。主人公惊愕地发现，当自己坚持做好事时，他开始长出天使的翅膀。这种优雅的标志使他感到难堪，他转而尝试做坏事来补救，结果他又长出了角。

《皮克的进步》（1978年）收录了大量皮克的艺术作品、诗歌——既有杰出的，也有荒谬的——和杂文，包括《黑暗中的男孩》以及来自《废话之书》（1972年）中的一些轻浮小诗。但不可否认的是，在英国文学中，皮克的代表作《泰忒斯诞生》和《歌门鬼城》所取得的成就无可比拟。

夏尔·佩罗

法国诗人和故事作家；出生时间：1628年；逝世时间：1703年

夏尔·佩罗是一位颇有影响力的官员，他满怀热情地投身于当代文学当中，但现在人们只记得他在1697年出版的一部改编自民间故事的说教故事集。这部故事集的书名版本众多，其中最著名的是翻译成《鹅妈妈的故事》的那一版。这部书是如此成功，以至于它掀起了一股与之类似的故事改编热潮，但佩罗版本的"睡美人""小红帽""蓝胡子""灰姑娘""穿靴子的猫"和"大拇指汤姆"已经成为了标准版本。佩罗认为，为了给儿童的"文明"教化提供一种教育工具，传统故事可以（也应该）被改写，这一观点已经成为塑造现代奇幻小说和儿童文化的主要力量之一。

塔莫拉·皮尔斯
美国小说家；出生时间：1954 年

皮尔斯写的是青少年奇幻小说，比如以神奇的中世纪国家"托尔托尔"为背景的系列小说（1983 年至今），该系列小说到目前为止已发表 28 卷；以及以神奇的土地埃梅兰为背景的系列小说"圆圈"（1997 年至今）。

瑞秋·波拉克
美国小说家；出生时间：1945 年

波拉克的《不灭之火》（1988 年）获得了亚瑟·C. 克拉克科幻小说奖，尽管它实际上是一部未来主义的魔幻小说。其续集是《临时机构》（1994 年）。她的其他作品虽然不多，但总是古怪且时尚，包括奇幻选集《塔罗全书》（1989 年；与凯特琳·马修斯合著）。波拉克还是世界上顶尖的塔罗牌大师之一。

蒂姆·帕沃斯
美国小说家；出生时间：1952 年

帕沃斯的大部分作品都可以看成是"密史"，他将极富想象力和幻想的事件放入真实的历史背景中，并且小心翼翼地回避有记录的事件。这样的写作方式使得阅读他的小说就像是透过面纱去窥探事物，有种目眩的感觉。他的第一部作品《黑暗降临》（1979 年）被誉为第一部真正意义上的奇幻小说。《阿努比斯之门》（1983 年）是一个拥有无尽的想象力的时间旅行故事，帕沃斯称自己为其倾注了大量心血，故事中，主人公回到了狄更斯笔下的伦敦，这里成了一个蒸汽朋克风格的世界，人们的都市生活中也都离不开魔法。帕沃斯的下一部作品是《惊涛怪浪》（1987 年），该作品在加勒比海盗故事中加入了巫毒传说与离奇的寻找不老泉的情节。《女妖的凝视》（1989 年）则将历史人物与民间传说等虚构情节相融合，讲述了英国三位浪漫主义诗人拜伦、雪莱和济慈游历欧洲大陆所发生的故事，他们遇上了可怕的拉弥亚女妖，双方展开了一场斗智斗勇的殊死激战。2012 年出版的《把我藏在坟墓里》含有该故事的续集。

帕沃斯后来的书大多以一个充满幻想、魔法肆虐的现代美国为背景。《最后的召唤》（1992 年）围绕一个以灵魂为赌注、充满陷阱的纸牌游戏展开，故事背景是毁灭后的拉斯维加斯的废墟，主人公开启了寻找渔夫之王神秘斗篷的冒险之旅。《保质期》（1995 年）的故事情节基于这样一个设定展开——人们可以通过吸食鬼魂来获得一种让人恢复活力的"快感"。《地震天气》（1997 年）是前两部小说的续集，将两部小说的故事融合在了一起，情节异乎寻常但反响不错。《宣言行动》（2000 年）是一部异世界奇幻小说，作者以精湛的写作技艺营造出了满满的氛围感，主要讲述了英国叛徒金·菲

蒂姆·帕沃斯小说《女妖的凝视》

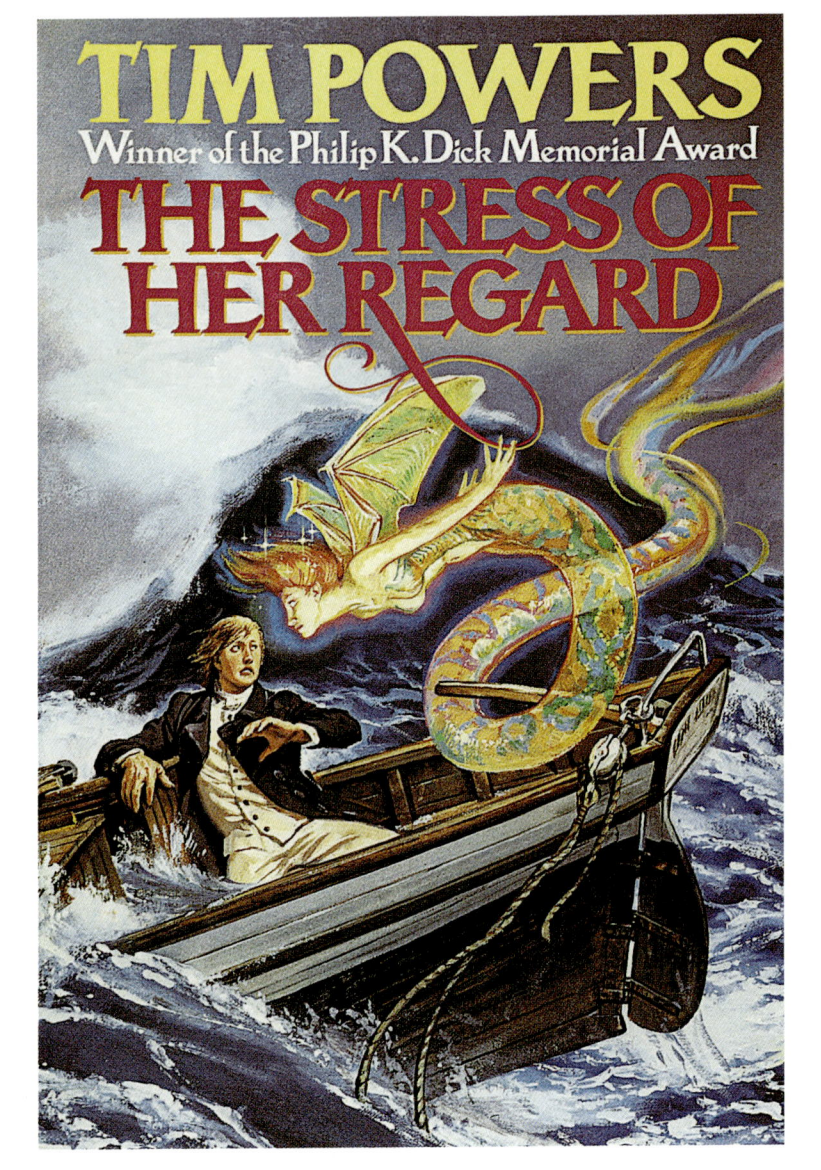

尔比卷入苏联特勤局背后洛夫克拉夫特式黑暗阴谋的故事。《三日而亡》（2006年）让一个普通的郊区家庭与敌对的神秘派系、超现实魔法，甚至是摩萨德展开较量。《美杜莎的网》（2012年）讲述了隐藏在好莱坞豪宅历史背后的秘密。《备选路线》（2018年）讲述了敌对团体之间的超自然战争，他们试图利用繁忙高速公路所产生的能量施展巫术。帕沃斯的自信、热情、智慧和渊博的学识使他的作品引人入胜。

特里·普拉切特

英国小说家；出生时间：1948年；逝世时间：2015年。

"碟形世界"系列小说的作者特里·普拉切特被一些评论家比作 P. G. 沃德豪斯，而普拉切特似乎总是不理解为什么自己的作品能大获成功。除了该系列的41部小说外，"碟形世界"的衍生产品之丰堪比托尔金的"中土世界"，相比巅峰时期的《小熊维尼》也毫不逊色。

"碟形世界"系列开始于《魔法光芒》（1983年）和《异光》（1986年），这两部滑稽剧弄了无数老旧的奇幻小说套路。书中的灵思风是一位无能、懦弱的巫师（他甚至不会拼写"巫师"这个词），他护送着碟形世界的第一位游客双花，与一个长着几百条短腿的行李箱一起进行了一场混乱的冒险。

在第三部中，其他主角也相继出场，但主线仍回到灵思风和他的"实用懦弱主义"，该主义现在已经得到高度发展。《大法》（1988年）中的灵思风被卷入了一场全面的魔法战争。《艾瑞克》（1990年）带领读者们游历了碟形世界中的种种场景——特洛伊的陷落、阿兹特克帝国和地狱。《不平之时》（1994年）一书中灵思风进入了四分五裂的阿加泰帝国，此时阿加泰帝国正遭受银帐部落的入侵，银帐部落是由传奇人物科恩领导的七个年迈的野蛮人。《最后的大陆》（1998年）中灵思风的经历则几乎囊括了所有能够想到的关于新旧澳大利亚的笑话。

从该系列的第三部《平等权利》（1987年）开始，又开启了一个子系列，这个子系列中的主角是格兰尼·维瑟瓦克斯，她有着固执的美德，她清楚地了解除自己以外所有人都必须严密遵守规则。在《平等权利》中，她突袭了只对男性开放的、堪称男性堡垒的无形巫师大学。在《巫婆怪女》（1988年）中，她与巫师同伴南妮·奥格（年迈的堕落者）和玛格拉特（温和的新时代人）组成了女巫三人团，并解决了他们故乡兰开的王位继承问题——这和《麦克白》中的情节倒是很相似。《教母魔棒》（1991年）将三人女巫团的故事场景搬到了国外。《领主和夫人》（1992年）中，兰开遭到了邪恶精灵的入侵。《剧院幽魂》（1995年）中，格兰尼和南妮来到了大城市安科–莫波克，那里的歌剧院被幽灵所困扰。《扼住咽喉》（1998年）中，一个吸血鬼家族来到兰开，开始了一场"魅力攻势"。

《死神学徒》（1987年）开启了"死神"子系列，围绕死神带学徒的故事展开，死神本身是一个深受喜爱的角色。《收割者》（1991年）中，死神以坚定的态度解决了非自愿退休问题。在《灵魂音乐》（1994年）中，人们跟随摇滚音乐而狂热。《圣猪老爹》（1996年）让他真正摆脱了死神角色，替代了已经失踪的"碟形世界"版圣诞老人的位置。

"莫伊斯特·冯·利普维格"系列小说以技术的发展与应用为主题展开，包括《邮局奇遇记》（2004年）、《赚钱》（2007年）和《蒸汽升腾》（2013年）。

最后一个子系列的主角成了塞缪尔·维姆斯和他形形色色的同事们。作为安科–莫波克的守夜人，他们将对敌人的愤怒化为对家园的热爱，保卫着他们的城市。《卫兵！卫兵！》（1989年）中，他们携手对抗能够召唤无敌龙的狂热教徒；《重骑兵》（1993年）中，他们遏止了一场用碟形世界里的首支步枪为武器进行的连环杀人事件；《泥土叛变》（1996年）中，他们挫败了一场因牵扯进狂暴泥人而变得异常复杂的毒杀阴谋；《攻占消失岛》（1997年）中，他们参与了与沙漠帝国克拉奇的全面战争；《第五头大象》（1999年）中，他们对抗了一场全球性灾难；《最后的英雄》（2001年）中，他们直面世界末日；《巡夜人》（2002年）中，他们抓捕一个穿越时空的连环杀手；《和平条约》（2006年）中，他们参加了矮人与巨魔的全面战争；最后，《鼻烟》（2011年）中，他们勇敢地反抗奴隶制度。

除了成人读物，普拉切特还为年轻读者写了一些小说。第一本是《猫和少年魔笛手》（2001年），但剩下作品都集中在年轻的女巫蒂芙尼·阿奇的故事上，比如《实习女巫和小小自由人》（2003年）、《实习女巫和空帽子》（2004年）、《实习女巫和冬神》（2006年）、《实习女巫和午夜之袍》（2010年），以及《实习女巫和王冠》（2015年）。尽管它们的受众是年轻读者，但这些作品并不逊色于其他作品。

他创作的小说还有《金字塔》（1989年），故事发生在碟形世界版的古埃及，当中有邪恶的狂欢、超大的坟墓以及行走的木乃伊；《会动的图片》（1990年）

写的是"好莱坞热"大范围涌入碟形世界的故事；还有非常出色的《无名小神》（1992 年），这是一个黑色幽默故事，书中奥姆尼奉行残酷的原教旨主义宗教，这种宗教信仰可能要演变成世界范围内的血腥圣战；《真相》（2000 年）是关于安科－莫波克的第一份报纸的故事；《时光大盗》（2001 年）的故事是关于一座隐藏的寺庙，里面的僧侣虽然处境极其危险，但精神上却很平静；《怪物兵团》（2003 年）是一部关于女性士兵的杰作。普拉切特的第一部小说《地毯一族》（1971 年）也值得一提，这是一部关于生活在编织地毯中的小生物的儿童奇幻小说。"预兆"系列作品《好兆头》（1990 年）是普拉切特与尼尔·盖曼共同合作而成的。

普拉切特在小说中遵循健全理性的判断以及心理现实主义的写作风格，这为他最优秀的作品即"碟形世界"系列增添了一丝坚硬、锐利的锋芒。普拉切特是 20 世纪末英国最重要的奇幻作家之一，然而他因早发性阿尔茨海默病而英年早逝，这真是一个重大损失。

弗莱彻·普拉特

美国小说家；出生时间：1897 年；逝世时间：1956 年

普拉特因与斯普拉格·德·坎普的合作而闻名，其实他自己也写了一些奇幻小说。其中最具有代表性的是《独角兽之井》（1948 年）和《蓝星》（1953 年）。

克里斯托弗·普里斯特

英国小说家；出生时间：1943 年

普里斯特是一位推理小说作家。他擅长制造惊喜。他后来的一些小说可以归入幻想类，其中《致命魔术》（1995 年）一书就获得了世界奇幻文学奖。普里斯特的早期作品《幻行者》（1984 年）是史上最离奇的三角恋故事之一。在一次恐怖袭击中，一位电视新闻摄影师受伤，当他恢复健康后，他迷恋上了一位曾去医院探望过他的年轻女子（虽然一开始他对她没有任何记忆）。后来，这位摄影师回忆起女孩的前男友是如何纠缠他们的，从而影响了他们的爱情。这个前男友是一个阴险的、看不见的存在，他逐渐把自己夹在了摄影师和女孩两人之间。女孩的前男友虽然自始至终都是隐形的，但他也许可以说是小说的主角。这个前男友是一位"幻行者"，他们拥有迷人的魔力，能够蒙蔽普通人的心智从而使自己隐形。书的后半部分有一些离奇的场景。总的来说，这是一个引人入胜的故事，情节构思巧妙，充满了奇怪的转折。

菲利普·普尔曼

英国小说家；出生时间：1946 年

普尔曼最初是一名儿童文学作家，但凭借《北极光》（1995 年）一书吸引了众多奇幻文学读者。虽然书中的主角还是一名孩子（女性），但此书的许多主题其实来自于弥尔顿的史诗《失乐园》，并将其与冰冷的意象相融合。在英国，这本书被放置在儿童区，它获得了卡内基奖和卫报儿童小说奖；而在美国，它被视为面向成人的小说，在市场上获得成功。《北极光》的续集《魔法神刀》（1997 年）和《琥珀望远镜》（2000 年）备受期待。普尔曼开始创作"尘埃之书"三部曲，他表示这既不是前传也不是后传，而是和《北极光》《魔法神刀》和《琥珀望远镜》平等的一个新三部曲，目前出版的有《洪水中的精灵》（2017 年）和《秘密联邦》（2019 年）。

罗伯特·兰金

英国小说家；出生时间：1949 年

兰金是一位风格幽默的作家，他善于将幻想元素融入日常场景，创造出离奇的情景和艳丽的词句。三部曲《伪教宗》（1981 年）、《布伦特福德三角》（1982 年）和《伊林以东》（1984 年）奠定了兰金的写作风格，但在该三部曲的续集《愤怒之芽》（1988 年）中，兰金的写作内容变得更加夸张。《诺斯特拉达穆斯吃了我的仓鼠》（1996 年）、《布伦特福德连锁商店的大屠杀》（1997 年）和《豆芽面具仿制品》（1997 年）的故事背景相同。《世界末日：音乐剧》（1990 年）、《他们来了，吃了我们》（1991 年）和《亡灵的郊区之书》（1992 年）讲述了埃尔维斯·普雷斯利穿越时空的故事。三部曲《终极真理之书》（1993 年）、《迷失停车场的袭击者》（1994 年）和《地球外最伟大的演出》（1994 年），以及《有史以来最了不起的人》（1995 年）都从《奇异时代》和《世界新闻周刊》中获得了更多的灵感。此后，兰金通过融合各种背景设定，又推出了 26 部作品，它们在剧情上或多或少有所联系，不过都显得浮夸而怪诞。

梅兰妮·罗恩

美国小说家；出生时间：1954 年

一些作家试图效仿安妮·麦卡弗里（奇幻小说家，

曾写过星际浪漫作品《龙骑士历代记》。——译者注），将严肃奇幻作品中惯常出现的龙引入其他的背景世界中（理论上，龙更适合出现在严肃奇幻作品中而不是星际浪漫作品中），而梅兰妮·罗恩则是其中最成功的一位。尽管在罗恩虚构的世界中，龙最初被视为有害动物，且骑士凶残地捕杀龙是合理且合法的。在她的第一系列三部曲《龙王子》（1988年）、《星卷轴》（1989年）和《逐日之火》（1990年）中，人类和龙类达成和解，原因是主人公发现龙蛋可以通过炼金术变成金子。罗翰王子掌握了这一新的财富来源，使他能够追求个人理想和政治目标，追求个人理想的故事有着近乎肥皂剧般的情节紧张感，而追求政治目标的故事则产生了一种类似于拜占庭风格的复杂感。

罗恩也遵循了大多数奇幻作家都会选择的职业道路，在第一系列三部曲基础上又创作一个后传三部曲，也就是后面的"龙星"系列。这个系列包括《要塞》（1990年）、《龙币》（1991年）和《天碗》（1993年）。尽管还有一些政治上的问题没有解决，但罗翰已经成为君王，此时他的王国面临着野蛮人的入侵，这些野蛮人以铁为基础的技术摧毁了他的王国赖以防御的魔法。在这个必要的续写之后，罗恩转向了"流亡者"系列的写作，该系列包括《安布雷遗址》（1994年）、《麦博恩的叛徒》（1997年）和仍在创作中的《卡普塔尔之塔》。这个系列的背景设置在一个性别角色颠倒的世界，不过它依然遵循许多传统的幻想设定。其中有魔法天赋的人被人们所恐惧和憎恨，因此受到女巫猎人持续的骚扰，这些女巫猎人的行为大多数时候都无理且不义。"玻璃荆棘"系列（2012—2017年）的主人公是一个叛逆的混血精灵，他不喜欢像其他精灵那样参与贵族政治，而更喜欢表演。《金钥匙》（1996年）是罗恩、詹妮弗·罗伯森和凯特·艾略特三人合作的作品，每位作者都贡献了相当于一部长篇小说的篇幅，且风格迥异。该书背景设定在一个虚构的时代，以中世纪晚期的西班牙蒂拉维特城为原型。在那里，所有的文件都由艺术家负责管理，这些艺术家中的一个核心家族有神奇的天赋。之后又推出了其前传《预言家》（2011年）。

米奇·扎克·赖希特
美国小说家；出生时间：1962年

赖希特的商业奇幻作品包括"彩虹桥"系列，即《弑神者》（1987年）、《影子登山者》（1988年）、《驭龙大师》（1989年）、《影子王国》（1990年）、《被诅咒的混乱》（1991年），以及同样具有挪威特色的"混蛋"系列，即《最后的混蛋》（1992年）、《西方的男巫》（1992年）和《雷之子》（1993年）。在《夜幕传奇》（1993年）之后又推出了《夜幕回归》（2004年）、《诸神之灭》（1995年）、《恶魔王子》（1996年）、《愤怒之子》（1998年）、《混蛋的飞行》（2009年）、《愤怒的田野》（2015年）和《不朽的混蛋》（2018年），独立小说《不能飞的鹰隼》（2000年），还有关于变形人的"巴拉克海之书"系列，包括《巴拉克海之兽》（2001年）和《巴拉克海之龙》（2002年）。

詹妮弗·罗伯森
美国小说家；出生时间：1953年

罗伯森的作品被编为长篇系列小说"澈苏里历险记"。其中有《变形者》（1984年）、《荷马那之歌》（1985年）、《遗产之剑》（1986年）、《追踪白狼》（1987年）、《王子的骄傲》（1988年）、《狮子的女儿》（1989年）、《乌鸦的飞行》（1990年）和《狮子的挂毯》（1992年）。她还写过另一个系列，包括《剑舞者》（1987年）、《剑咏者》（1988年）、《铸剑士》（1989年）、《破剑士》（1991年）、《因剑而生》（1998年）、《对剑而誓》（2002年）和《剑之边界》（2013年）。她与梅兰妮·罗恩和凯特·艾略特合著写成了大型史诗《金钥匙》（1996年），罗伯森承担其中大约三分之一的工作。这部书的故事在一个神奇的绘画世界展开，艺术家们在寻找他们技艺的"金钥匙"。《金钥匙》之后，罗伯森他们又创作了前传《预言家》（2011年）。新系列"卡拉万"讲述了一条通往魔法森林小道的故事，该系列于2006年出版了同名小说《卡拉万》，之后又出版了《深木》（2007年）和《荒野之路》（2012年）。

马克·E.罗杰斯
美国小说家和插画家；出生时间：1952年；逝世时间：2014年

在奇幻小说界，罗杰斯因其图文并茂的幽默奇幻小说而闻名，这些小说的主人公是一只进行时空旅行的猫。它们包括《武士猫历险记》（1984年），还有《武士猫再次历险记》（1986年）、《现实世界中的武士猫》（1989年）、《武士猫的刀》（1991年）、《武士猫看电影》

（1994年）和《武士猫下地狱》（1998年）。

迈克尔·斯科特·罗翰

英国小说家；出生时间：1951年；逝世时间：2018年

"世界的凛冬"三部曲是罗翰的奇幻代表作，包括《冰砧》（1986年）、《森林里的铁匠铺》（1987年）和《太阳之锤》（1988年）。在此之后，罗翰创作了前传三部曲，包括《风的城堡》（1998年）、《歌手与海》（1999年）和《预言家的阴影》（2001年）。它的背景取材于历史上真正的冰河世纪和芬兰卡勒瓦拉传说。女巫王后路易希控制严寒，埃洛夫是韦兰·史密斯和卡勒瓦拉的铁匠之神伊尔马里宁的化身，他将和罗翰一起与路易希和其他控制冰雪的力量展开对抗。埃洛夫制造了许多神奇的装置，从魔法剑、头盔到功能机翼，再到一种相当于战术核弹的武器。

帕特里克·罗斯福斯小说《风之名》

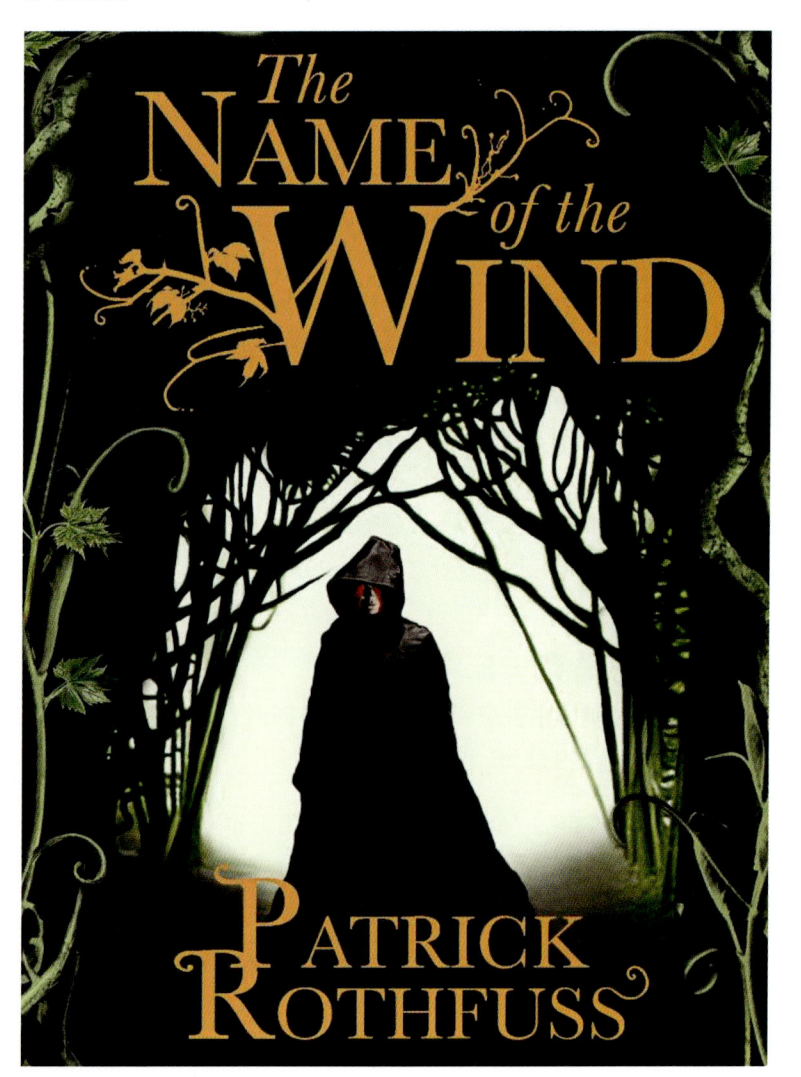

在"螺旋"系列丛书中，地球与一个神奇的永恒世界相邻，可以乘船进入这个世界。该系列以《追逐晨光》（1990年）、《正午之门》（1992年）和《云堡》（1993年）为开篇，讲述了一位现代企业家在螺旋世界的冒险故事，其中魔法与科技巧妙融合，并终将现代企业家与圣杯骑士联系在一起。《马克西的恶魔》（1997年）是一部单独的喜剧历险故事，背景设置与"螺旋"系列相同。

罗翰的苏格兰血统在《空中之王》（1994年）一书中得到充分体现，罗翰参考了自己一位祖先的传说——相传生活在13世纪的学者迈克尔·斯考特拥有魔法力量。故事中，神秘魔法干预着可怕的边境战争，主人公踏上前往仙境的漫长道路。不幸的是，罗翰在2000年病倒了，并停止了小说创作。

帕特里克·罗斯福斯

美国小说家、游戏设计师；出生时间：1973年

帕特里克·罗斯福斯的第一部小说《风之名》（2007年）获得了鹅毛笔奖和亚历克斯奖，该书后来被《出版周刊》评为年度最佳图书。"弑君者传奇"系列的第二部《智者之惧》（2011年）荣登《纽约时报》畅销书榜榜首。与此相关的中篇小说《寂静微升》于2014年出版，主角是"弑君者传奇"系列中的一个配角。在此之后，罗斯福斯很少写作。罗斯福斯是非营利组织"世界建筑商"的创始人，该组织的口号是"极客行善"，旨在联合游戏玩家、作家和创意人士为国际发展事业筹集资金。

J. K. 罗琳

英国小说家；出生时间：1965年

乔安妮·罗琳之所以在名字中间加上"K"是为了取悦她的出版商，同时这个"K"也是向她的祖母凯瑟琳致敬。年轻巫师"哈利·波特"系列儿童小说的大获成功（这个成功实至名归），使得罗琳一跃成为世界上最著名的作家之一。在她撰写第一本书《哈利·波特与魔法石》（1997年）的时候，单身母亲

罗琳住在爱丁堡，大部分时间只能靠救济金过活。罗琳说她经常去咖啡馆和餐馆里写作，这样她和她的女儿才不至于受冻。这本书最终在苏格兰艺术委员会拨款的帮助下完成。被拒绝出版几次后，布卢姆斯伯里出版社以大约2500英镑的价格买下了这本书的版权。

罗琳获得了第97届"英国图书奖年度儿童读物奖"和她梦寐以求的"英国聪明豆图书奖"。直到这些荣誉纷至沓来并在美国卖出版权后，罗琳才真正收到了足够的钱，得以开始全职写作，这被她描述为一生中最快乐的时刻。哈利·波特的续集很快陆续问世，并且被证明和前作一样优秀。《哈利·波特与密室》（1998年）、《哈利·波特与阿兹卡班的囚徒》（1999年）、《哈利·波特与火焰杯》（2000年）延续了该系列的巨大成功。第五本书《哈利·波特与凤凰社》由于罗琳太过劳累而从2001年推迟到2003年出版，其预售数量超过了迄今为止的任何一本书。《哈利·波特与混血王子》（2005年）再次打破了所有纪录。最后一部《哈利·波特与死亡圣器》（2007年）无疑超过了所有前作的销量，并保持着24小时内销量最多的世界纪录。这些书都获得了许多奖项，在全球售出超过5亿本，被翻译成35种语言。《哈利·波特与阿兹卡班的囚徒》出版的时候罗琳发现自己一个人的作品占据了《纽约时报》畅销书排行榜上的前三名，这一壮举促使该报创建了一个专门针对儿童读物的畅销书排行榜，世界各地的儿童读物作家都为此感到高兴。

这系列书讲述了一个孤儿和他可怕的（凡人）阿姨和叔叔住在一起的故事，他在他11岁生日时发现他的父母是巫师。他被邀请进入霍格沃茨巫术和魔法学校学习，这是一所为有魔法能力的儿童开设的寄宿学校。他一进入魔法世界，就发现自己是一个大名人。他的父母并没有像他所相信的那样死于车祸，而是被一个非常强大的邪恶巫师伏地魔谋杀了。伏地魔在试图杀死哈利之前一直在恐吓整个巫师群体，但适得其反。小说聚焦于哈利的学校生活，记录了他在霍格沃茨的成长进步。每本书都将时间设置在一个学年里，在这期间他学习魔法，面临着危险的情节、挑战和谜团。与此同时，伏地魔正在慢慢地恢复他的力量，并开始重建他的恐怖统治。

这些书不仅受孩子们喜欢，在成年人中也广受欢迎。罗琳无疑极具天赋，与大多数现代儿童作家不同，她没有那种高高在上的大人做派，也不会故意用童稚的笔触，写出来的却像是给大人们的故事。这与约恩·柯尔弗的《阿特米斯奇幻历险记》形成了鲜明对比，非常好地凸显出罗琳的可贵。罗琳的世界充满想象力和超凡的现实感，但仍设法让读者感到舒适和熟悉，同时也令人振奋。她的笔下世界拥有大多数孩子都喜欢的奇幻元素。与此同时，书中的情节和人物刻画也足以引起成年人的兴趣。一些愤世嫉俗的批评者指责罗琳的成功是基于炒作，显然这些评头论足的人实际上并没有读过这些书。虽然一本书现在可能很难只靠作品本身获得成功，但"哈利·波特"系列绝对是以质取胜，这部作品的成功只能说是实至名归。

克里斯汀·凯瑟琳·鲁西
美国小说家和编辑；出生时间：1960年

鲁西于1991—1997年担任老牌刊物《幻想与科幻》的编辑并曾因此获奖。她写过许多科幻小说，其中多部是与丈夫迪恩·韦斯利·史密斯合作完成。她也用不同笔名写其他题材的作品。截至目前，她的主要奇幻作品包括史诗系列：《怪诞的牺牲》（1995年）、《换灵》（1996年）、《竞争对手》（1997年）、《抵抗》（1998年）和《胜利》（1998年），以及"黑王座"系列《黑皇后》（1999年）和《黑国王》（2000年）。

安东尼·瑞恩
苏格兰小说家；出生时间：1970年

苏格兰作家安东尼·瑞恩目前住在伦敦。他的作家之路始于自行出版的小说《血之歌》，该作当时引起了企鹅出版社的注意，并于2013年由其再版，成为"渡鸦之影"三部曲（2013—2015年）的首部。他的其他著名作品包括"龙的记忆"三部曲（2016—2018年）和《石板城市蓝调》，后者最初是2015年出版的五篇短篇小说集。

杰夫·莱曼
加拿大、英国双国籍小说家，生于加拿大；出生时间：1951年

虽然莱曼的奇幻小说《承载生命的勇士》（1985年）最先成书，但让他真正成名的是世界奇幻文学奖获奖中篇小说《未被征服的国家》（1986年）。这部作品通过奇幻小说的形式和感人的笔触叙述了20世纪70年代柬埔寨的悲剧——透过想象的薄纱，真实事件的痛苦和悲怆虽然不曾减少，但似乎变得更能被忍受。莱曼之后又创作了多种小说，其中以《曾经》（1992年）最为瑰丽

奇幻。该书对多萝西——弗兰克·鲍姆《绿野仙踪》里的小女孩——在堪萨斯的真实生活进行了全新的构思和描绘。

弗雷德·萨伯哈根

美国小说家；出生时间：1930年；逝世时间：2007年

萨伯哈根是科幻小说领域的不屈之士，在整个职业生涯中他创作了相当优秀且丰富多彩的冒险奇幻作品，包括"东方的化身"三部曲——《破裂的土地》（1968年）、《黑山》（1971年）和《改变地球》（1973年），还有鸿篇"剑"系列——《剑的第一本书》（1983年）、《剑的第二本书》（1983年）和《剑的第三本书》（1984年）等，终篇为《最后的书：破盾者的故事》（1994年）。他的新系列"众神之书"讲述了希腊众神回到现代世界，重拾未竟之事而引来无数麻烦的故事。该系列作品包括：《阿波罗的脸》（1999年）、《阿里阿德涅的网》（2000年）、《赫拉克勒斯之臂》（2000年）、《金羊毛之神》（2001年）和《火雷之神》（2002年）。

R. A. 萨尔瓦多

美国小说家；出生时间：1959年

萨尔瓦多极受欢迎，他的写作之路始于将TSR有限公司的游戏改编为奇幻小说，他目前已经写了40多部以游戏"被遗忘的国度"为背景的小说。其中黑暗精灵崔斯特·杜垩登是该系列最知名的角色，他为战胜自己的邪恶血统和周遭偏见而不懈斗争。萨尔瓦多还有一个系列正在创作当中尚未完结，其中的作品彼此相关，并且都以他创造的奇幻世界"科罗娜"为背景，其中13部从1997年开始创作，灵感来自加拿大东部的地理风俗。他的其他系列包括"持矛者的故事"三部曲（1993—1995年）、"伊尼斯·艾勒传奇"系列（1990—2000年）和"深红阴影"系列（1995—1996年）。

费伊·桑普森

英国小说家；出生时间：1935年

桑普森写了多本儿童读物，因"廷塔杰尔的女儿"系列作品被熟知。这些作品是以亚瑟王为背景的奇幻小说，包括《智慧女人的诉说》（1989年）、《白修女的诉说》（1989年）、《布莱克·史密斯的诉说》（1990年）、《塔里耶森的诉说》（1991年）和《自己》（1992年）。目前，她最长的小说是历史奇幻作品《星际舞者》（1993年），以古代苏美尔神话为基础改编而来。

布兰登·桑德森

美国小说家和游戏设计师；出生时间：1975年

布兰登·桑德森是位多产的史诗科幻和奇幻小说作家，他最知名的成就是创造"三界宙"世界。他写了很多以此为背景的完整系列作品，包括"伊岚翠"系列（2005—2012年）、"迷雾之子"系列（2006—2020年）、"破战者"系列（2009年至今）、"飓光志"系列（2010年至今）和漫画小说"白沙"系列（2016年至今）。2007年，"时光之轮"系列作者罗伯特·乔丹纳去世后，桑德森同意接手并写完本书。目前，他每年在杨百翰大学教授一门创意写作课程，并与人合作主持播客节目《写作的借口》。

迈克尔·谢伊

美国小说家；出生时间：1946年；逝世时间：2014年

谢伊模仿杰克·万斯的风格创作奇幻小说——他的首部小说《寻辛》（1974年）是万斯《灵界之眼》的续集。然而，谢伊凭借获得世界奇幻文学奖的杰作《尼夫特》（1982年）超越了这位老作家的影响力，这部作品的风格更接近耶罗尼米斯·博斯描述人类罪恶和道德沉沦的末日派画作。《尼夫特》设定在不确定的未来，背景为"垂死的地球"，主角是与书名同名的骗子和小偷尼夫特。书中最震撼和怪诞的场景是，尼夫特被迫拜访各种容纳死后之人的阴间世界。本书续集包括《巨井》（1997年）和《阿拉克》（1998年）。谢伊写于1985年的奇幻小说《永生之触》风格怪诞、有些迷幻且无比黑暗，描写了一座可能藏有永生奥秘的失落之城。2017年，他逝世后出版的洛夫克拉夫特式的短篇小说集署名为笔名"德米厄奇"。

卢修斯·谢帕德

美国小说家；出生时间：1947年；逝世时间：2014年

谢帕德的作品多种多样，几乎包含了虚构文学的所有类型，但绝大多数还是科幻小说和恐怖小说。他对奇幻小说的主要贡献是中篇小说三部曲，包括《给巨龙格里奥涂彩的男人》（1984年）、《鳞甲猎人的美丽女儿》（1988年）和《石头之父》（1988年）。在三部曲中，一条6000英尺（约1.83千米）长的龙一动不动，它的人类邻居仔细探索了巨龙的体表和体内空间。谢帕德的其他相关作品大多涉及远离世界中心的偏远地区，与这些地方的奇幻邂逅总能激发出灵魂中微妙的魔力。这些作品包括世界奇幻文学奖获奖文集《美洲虎猎人》（1987年初版；1988年修订版）、《地球的尽头》（1989年）和中篇小说《加里曼丹》（1990年）。他还著有《风如何疯狂》（1985年）和《人类历史》（1996年首版；1997年在作品《太空人巴纳克尔·比尔和其他故事》中再版），这些作品设定的地理距离相对不再遥远，但仍讲述着发生在边缘文明中的故事。吸血鬼小说《金色》（1993年）的背景设定在巴纳特城堡，这是一座标志性建筑，比马尔文·皮克笔下的歌门鬼城还要大几个数量级。

莎朗·希恩
美国小说家；出生时间：1957年

希恩的首部奇幻小说是《变形者的妻子》（1995年）。她因浪漫小说"撒玛利亚"系列（1997—2004年）受到欢迎，作品描绘了外星上天使们的生活和爱情。她的其他作品包括"安全守护者"系列（2004—2006年）、"十二屋"系列（2005—2008年）、"元素的祝福"系列（2010—2016年）和"转移圆圈"三部曲（2012—2014年）。她的作品通俗易懂，融合了奇幻、浪漫和科幻元素。她是圣路易斯市大多数体育运动项目职业队的忠实粉丝。

苏珊·施瓦茨
美国小说家；出生时间：1949年

施瓦茨博士在历史奇幻小说"拜占庭继承人"三部曲——《拜占庭的王冠》（1987年）、《花之女人》（1987年）和《皇后之刃》（1988年）中充分发挥了她的古典历史文化知识。从那时起，她开始涉猎中国风作品——《丝绸之路与阴影》（1988年）和《皇女：对中国汉代的幻想》（与安德烈·诺顿合著；1989年）。她还写了奇幻小说系列"天方夜谭"，当中包含两本阿拉伯风格的故事选集——《更多天方夜谭的故事》（1988年）和《阿拉伯风情Ⅱ》（1989年）。之后，她回归到更经典的历史奇幻小说的创作中，写了《心之圣杯》（1992年）、《鹰之帝国》（1993年）、《帝国碎片》（1996年）

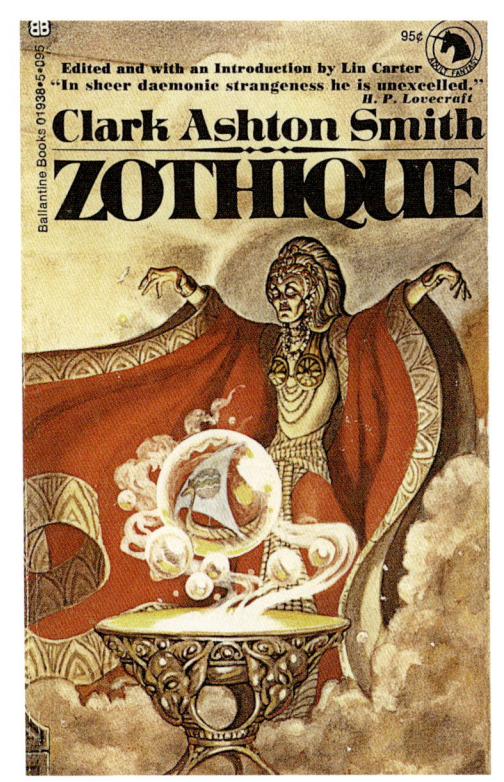

克拉克·阿什顿·史密斯小说《佐希克》

及其续篇《十字与新月》（1999年）。她也写科幻小说，并在华尔街从事金融交易。

克拉克·阿什顿·史密斯
美国诗人和故事作家；出生时间：1893年；逝世时间：1961年

克拉克·阿什顿·史密斯的诗歌有意识地延续了法国传统，安布罗斯·比尔斯和乔治·斯特林把这种传统带入美国西海岸。20世纪30年代，他开始爆发式地创作短篇小说。创作期间，他受到了H. P. 洛夫克拉夫特的大力鼓舞，将颓废和感性的风格发挥到了极致。史密斯的词汇量相当丰富，他的故事通过精心设计，在背景、运作和态度上都尽量脱离世俗世界。他的想象力在佐希克大陆"垂死的地球"中无限驰骋。他的创作就设定在那里，依旧在诠释颓废的终极黑暗幻想。史密斯的创作最初在阿卡姆之屋出版社的通俗杂志文集中连载，作品包括：《超越时空》（1942年）、《失落的世界》（1944年）、《天才轨迹》（1948年）、《雍度的魔怪》（1960年）、《科学与魔法的故事》（1964年）和《其他维度》（1970年）。他的各种系列作品被分成四卷在巴兰坦成人奇幻系列中发行，包括《佐希克》（1970年）、《终北大陆》（1971年）、《行星锡卡弗》（1972年）和《波塞冬尼斯》（1973年）。1995年，《死灵之书》的出版社将1970年的《佐希克》结集出版为《佐希克的故事》；1996年，将1971

年的《终北大陆》出版为《终北大陆之书》，尽可能地使用了未删节的文本。

索恩·史密斯

美国小说家；出生时间：1893 年；逝世时间：1934 年

他是一名写作风格幽默的小说家，其惯用的写作套路是用某种怪力乱神的痛苦经历来改变人物的生活，迫使人物摆脱他眼中那令人窒息的美国式生活的体面传统。在《托伯》（1924 年；又名《快活的幽灵》）和《托伯的旅行》（1932 年）中，主人公起初性格古板，不负责任的幽灵让他备受困扰，其中还有个挑逗又时隐时现的女鬼和他纠缠。小说《迷途的羔羊》（1929 年）中，主角发生了不可思议的转变。《逆转》（1931 年）是安斯蒂的《反之亦然》的修订篇，讲的是夫妻互换身份。《神的夜生活》（1931 年）的故事发生在纽约，作者设定了一个万神殿，其中的古典雕塑全部活了过来。《门口的雨》（1933 年）幻想元素不多，将美国大萧条与平行世界的一家百货商店的经营放在一起对比，这家商店是根据喜剧演员马克思兄弟的原则来运营的。《骨瘦如柴》（1933 年）讲的是每隔一阵，主人公就会被不定时地变成活骷髅。《极乐之池》（1934 年）中，年老的夫妻和情妇重返青春，这让他们的三角关系变得愈发复杂。《逆转》和《神的夜生活》都被拍成了电影。在史密斯的故事里，赢得自由和幸福的秘诀包含了一些如今看来已经过时的要素，比如大量的酒精、无拘无束的性感女郎和容易受惊的邻居。不过他那夸张的笑话却没有过时，至今依然很有趣。

大卫·索斯韦尔

英国作家、诗人、非小说类作家和故事类作家；出生时间：1971 年

索斯韦尔写了一些揭露有组织犯罪和讲述阴谋论的非虚构文学作品，并因此成名。之后他转而创作推理小说，决心重焕推理小说的魅力——他试图给世界注入一点儿自 20 世纪 70 年代就消失的魔幻色彩和奇思妙想。2014 年以来，索斯韦尔凭借作品《凤凰城奇异英格兰指南：胡克兰》在社交媒体上收获了许多狂热粉丝。这个博尔赫斯式的奇幻作品以一个虚构的郡为背景展开。这个郡坐落于英格兰西南部，在这里，奇幻、科幻、恐怖、民间传说和发人深省的英国神话相互碰撞，呈现了典型的英国式的高深怪异，让人想起作家奈杰尔·尼尔和约翰·温德姆。这部作品既奇特无比又异常精密，同时创作过程本身也为如何利用社交媒体来创作非叙事性小说提供了一个相当优秀的范例。

安娜·史密斯·斯帕克

英国小说家；出生时间：不详

斯帕克是位专门研究格里姆黑暗奇幻小说的作家，拥有英国文学博士学位。她的首部三部曲"尘埃帝国"第一部是广受好评的《断刀法庭》（2017 年），接着是《生死塔》（2018 年），最后一部是《牺牲之家》（2019 年）。

艾莉森·司佩丁

英国小说家；出生时间：1962 年

司佩丁研究过人类学，自 1989 年起一直住在玻利维亚，著有震撼的奇幻三部曲"走在黑暗中"，作品的创作基于亚历山大大帝及其继任者的执政生涯，包括《路与山》（1986 年）、《水上的云》（1988 年）、《城市的街道》（1988 年）。

南希·施普林格

美国小说家；出生时间：1948 年

施普林格既写儿童读物，也为成年人写了许多赏心

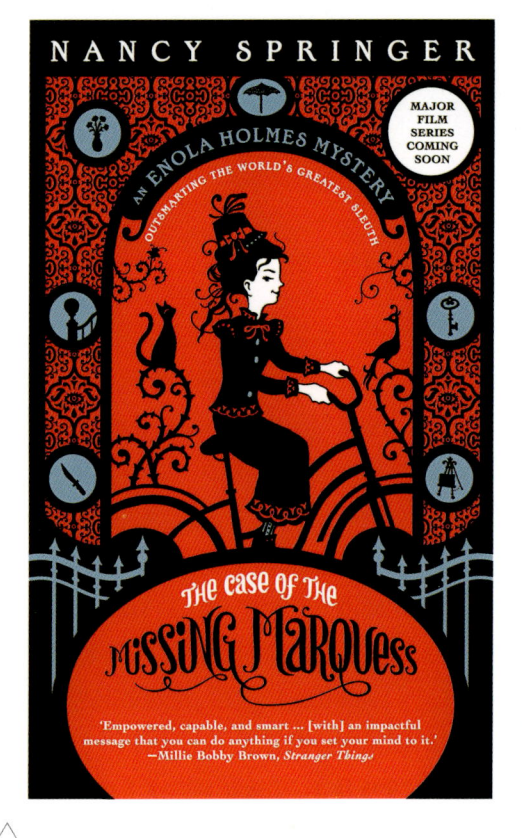

南希·施普林格小说《侯爵失踪案》

悦目的奇幻小说。她喜欢用幻想来"阐释当代现实",基于这一创作方式的佳作有:《难得的妖术女巫》(1988年)、《翼上的落叶松》(1994年)、《公平的危险》(1996年)和《灵魂》(2007年)。

克里斯托弗·斯塔希夫

美国小说家;出生时间:1944年;逝世时间:2018年

斯塔希夫凭借《不由自主的沃洛金》(1969年)名声大噪,这是一部幽默的"星际浪漫故事"。作者以同一个宇宙为背景,共创作了29部小说,包括"魔法术士"系列(1969—2004年)、"流氓巫师"系列(1979—2001年)、"术士继承人"三部曲(1994—2001年)和"星船演员"三部曲(1991—1994年)等。在"韵文巫师"系列(1986—2000年)中,他引入了皮尔斯·安东尼和艾伦·迪恩·福斯特作品中的世界,讲述了一个地球人被传送到了一个幻想世界,在那个世界,施法者要施展魔法必须懂得诗韵。他还写了几部独立作品,有小说也有故事集。

肖恩·斯图尔特

美国、加拿大双国籍小说家;出生时间:1965年

斯图尔特出生在美国,曾在加拿大居住了多年,凭借小说《复活的人》(1995年)首次引起关注。这部作品设定在一个可以使用魔法的异世界,续集是《守夜人》(1997年)。此后,他创作了一系列作品,大多互相独立,之间没有什么联系。《无名之子》(1998年)讲述了王子公主"从此过上幸福生活"以后的故事;《云的尽头》(1996年)讲述了发生在现实世界边缘土地上的故事;《加尔维斯顿》(2000年)描写的是一个魔幻现实版的海滨小镇;《完美的圆圈》(2004年)和《爆竹》(2005年),讲的是有个得州人看见了鬼魂的故事;此外的创作还有《知更鸟》(1998年)。

格雷格·斯托尔兹

美国作家和游戏设计师;出生时间:1970年

斯托尔兹把工作时间分成两份,一份用来写小说,另一份写角色扮演游戏的剧本,这些小说和游戏的背景设定通常是相同的。他通过撰写《位面行者指南》(1996年)开始成为一名角色扮演游戏的职业作家。之后,他写了其他的游戏和科幻小说,包括《未知军队》《越过边缘》《绿色三角洲》等很多作品。斯托尔兹除了写《神行者》(2005年)、《切换》(2011年)、《其他的面具》(2011年)、《被遗忘的和尚》(2015年)和《你》(2017年)等奇幻小说,还写过一系列短篇小说,既有恐怖题材也有科幻题材,其中很多都是通过读者众筹"赎金"的方式发表的,只有集资目标达成,故事才会公之于众。

迈克尔·J.沙利文

美国小说家;出生时间:1961年

沙利文最初尝试写奇幻小说,作品却遭到出版社拒绝,于是他暂停了创作,几年后又重新开始,为女儿写了一本奇幻小说。这本小说是《皇冠阴谋》(2008年),由此拉开了"雷亚启示录"系列(2008—2012年)的序幕。之后他又写了"雷亚历险记"系列,首部作品是2013年的《皇冠塔》,这个系列一直写到2019年。雷亚系列的最新作品"第一个帝国"探索了世界古代史,包括《神话时代》(2016年)、《剑的时代》(2017年)、《战争时代》(2018年)和《传说时代》(2019年)。沙利文还尝试了科幻小说的创作,在2013年完成了作品《空心世界》。沙利文是为数不多的为传统出版社和小型出版社都供过稿,还以自助出版模式出版过作品的作家,并且都取得了成功。

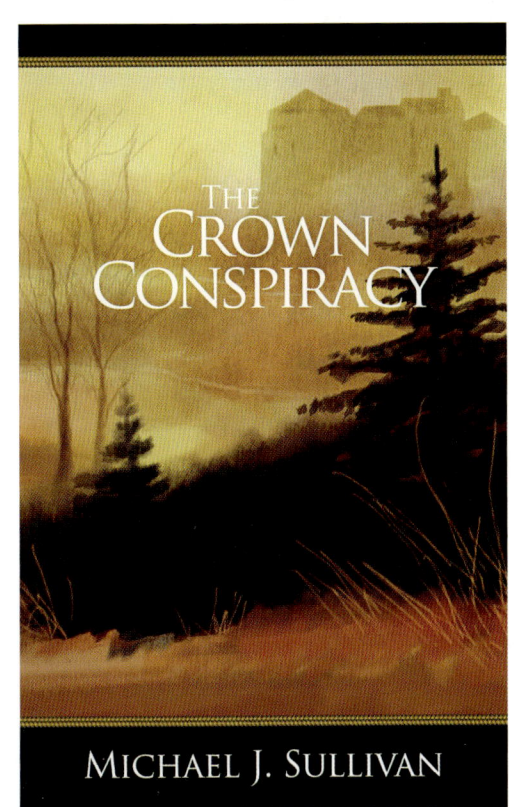

迈克尔·J.沙利文小说《皇冠阴谋》

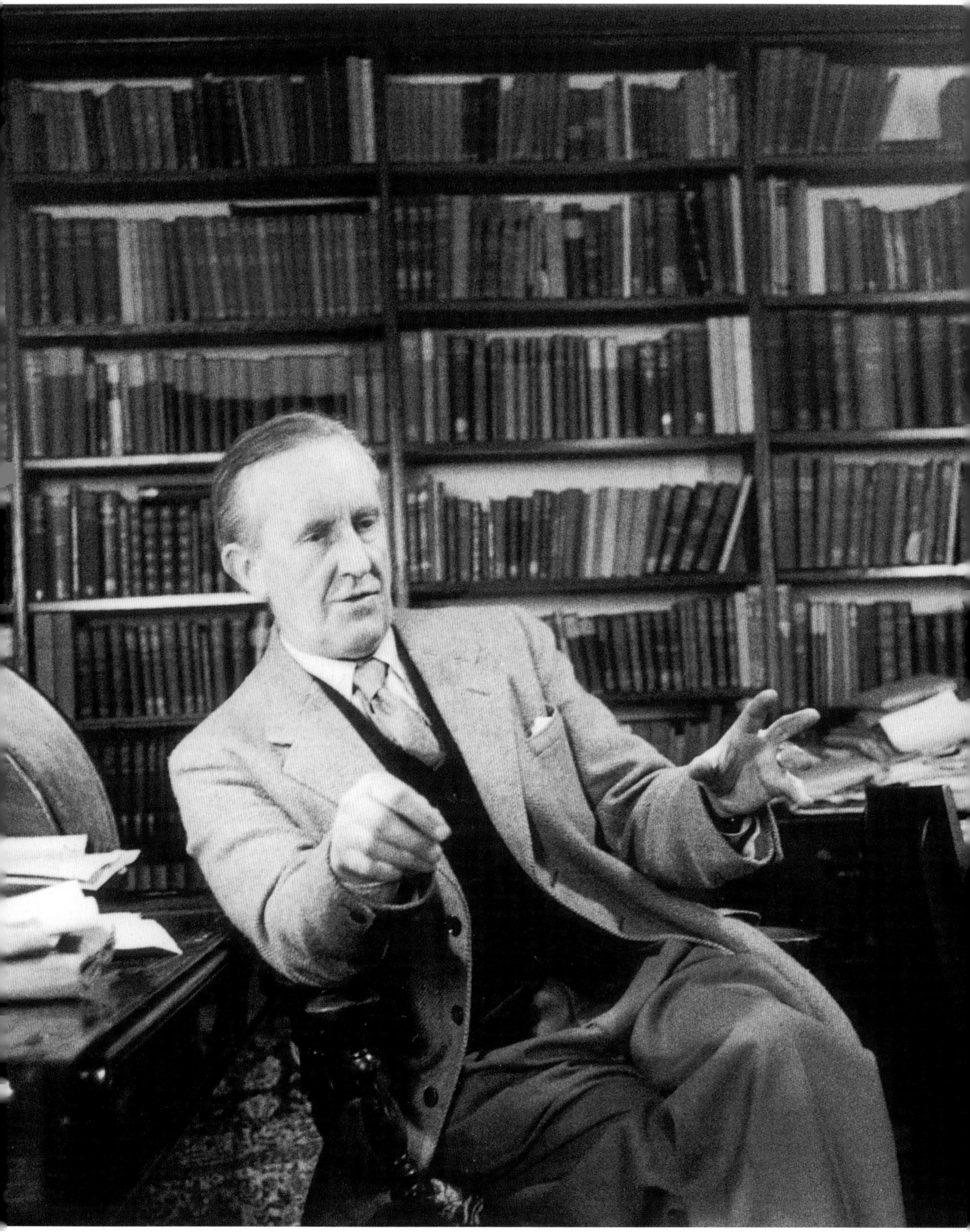

J. R. R. 托尔金

英国小说家；出生时间：1892 年；逝世时间：1973 年

1997 年，全英国的书店票选本世纪最受欢迎的小说，最终《指环王》当选，广大读者对此毫不惊讶。尽管托尔金借鉴了已有的神话元素，但他几乎一手创造了一种现代商业史诗奇幻流派：在他的深远影响之下，其他作家的最大难题是如何同化或避开《指环王》的影响。

托尔金的儿童奇幻作品《霍比特人》又名《去而复返》（1937 年），是其丰富神话体系的冰山一角，故事用充满童趣的视角描绘了中土世界。故事的开场叫人有些忍俊不禁，霍比特人（一个类似于人的种族，以矮小、坚强、有毛的脚而著称）比尔博被说服去扮演窃贼，陪同巫师甘道夫和一群形形色色的矮人去遥远的地方，偷取巨龙史矛革的宝藏。这趟危险的旅程中有巨魔、妖精、巨大的蜘蛛和他们不信任的精灵，随着五军之战结束，他们终于靠近了黑暗的北方绝境。同时，《霍比特人》也暗含了一个宏大的背景故事，这是托尔金在第一次世界大战结束不久就开始构建的神话历史体系："这里有比你想象的更高、更深、更黑暗的一切：都灵、莫瑞亚、甘道夫、死灵法师和魔戒。"

于是，这就播下了《指环王》（1954—1955 年）的创作种子。故事的主线是，比尔博在《霍比特人》的猜谜游戏中赢得的隐形魔法戒指可不只是一件小饰品，而是遗失已久的至尊魔戒，蕴藏着黑暗领主索伦（别名"死灵法师"）的巨大力量。对于甘道夫和他的盟友来说，这个武器太过可怕。因此在埃尔隆德会议上，他们做出了一个痛苦的决定：必须到暗无天日的魔多，在索伦锻造这枚戒指的火山熔炉里摧毁它。比尔博年轻的侄子弗罗多接受了这个任务。

现在呈现在我们面前的这个宏大故事由几个讽刺的情节构成。即使没有魔戒，邪恶的索伦也准备用武力征服中土世界，他相信有人能掌控魔戒，却无法想象有人能摧毁魔戒：善能理解恶，恶却不能理解善。随着战争越发激烈，弗罗多的同伴在各个战场分开作战，此时，宏大的场景和英雄主义构成强烈碰撞（这种冲突甚至更加明显，因为托尔金有着对大场面的描写天赋，并且能够把古老措辞和史诗结合）。冲突还体现在弗罗多的小分队成员——忠诚的仆人山姆怀斯和敌人咕噜之间，他们悄悄潜入魔多的腹地，去执行一个比那些伟大的战斗更重要的任务。最后，故事一开始时显得滑稽可笑的小"半身人"霍比特人和托尔金笔下那些高贵如神话般的国王、骑士和巫师之间也构成了一种强烈冲突：我们如何与有缺陷的、充满人性的霍比特人达成认同。

当魔戒被毁，索伦及其堡垒最终因此灰飞烟灭时，人们本该愉悦，但挥之不去的悲伤气氛却笼罩着庆典。尤其是弗罗多，他承受了太多痛苦，再也无法享受中土世界的欢乐。是啊，要成英雄之举，必然付出代价。

从托尔金所创造的神话中能窥探到作者拥有一颗宝石般的内心，在他的《精灵宝钻》（1977 年）和死后出版的许多手稿中都能读到。《精灵宝钻》有如诗般的信念，但缺乏《指环王》那种让故事经久不衰的强大驱动力。

左图：
书房中的托尔金，这位传奇作家理所当然地被公认为现代奇幻小说之父

塔莎·苏瑞

英国小说家；出生时间：不详

塔莎·苏瑞白天在伦敦当图书管理员，晚上写奇幻小说。她的首作《沙之帝国》（2018年）的主角是血液里流淌着魔力的梦神，书中描写了一个受印度莫卧儿王朝启发的幻想王国。苏瑞称宝莱坞电影是她的灵感之一，她向读者保证，她创造的角色一跳起舞来，魔法就会涌现。

迈克尔·斯万维克

美国小说家；出生时间：1950年

斯万维克被誉为科幻小说家。1994年，他创作了一篇自称为"硬幻想"的文章，后来这篇文章再版在《后现代群岛》（1997年）一书中。这篇文章象征性地概述了精彩的奇幻任务冒险小说《铁龙神女》（1993年）及其续集《巴别塔的龙》（2008年）的情节发展，女主角体验了一系列奇幻的场景，这些场景描绘了科学奇幻和城市奇幻中的常规设定。斯万维克的现代版《杰克·浮士德》（1997年）毫不逊于原版《浮士德》，主人公的魔鬼特质让他在一代人的时间里见证了工业革命从开始到悄然结束的过程。斯万维克极富创造力的虚构历史奇幻两部曲《达格尔》和《过剩》是短篇小说，后被收录在两卷文集中，分别是《与熊共舞》（2011年）和《追寻凤凰》（2015年）。斯万维克的短篇小说集有很多卷，如《无名之地》（1997年），其中收录了包括荣获世界奇幻文学奖的《无线电波》、荣获西奥多·斯特金纪念奖的《世界边缘》和《换子的故事》；《猫曰：非也》（2016年）以及《迈克尔·斯万维克的中生代巨型动物野外指南》（2004年）。传统上流行奇幻小说被赋予抚慰人心的作用，但斯万维克对此深表怀疑并尝试改变，加之他具有敏锐的批判性思维，这让他的作品在各个方面都很出色。

安东尼·斯威森

英国、加拿大双国籍小说家；出生时间：1935年；逝世时间：2002年

斯威森是萨斯喀彻温大学的地质学教授。他是"莱恩内斯的危险探索"中"失地幻想"系列的作者，作品包括《暗绿玛瑙公主》（1990年）、《石山之王》（1991年）、《荒原之风》（1992年），以及《萨法德涅的九神》（1993年）。

朱迪斯·塔尔

美国小说家；出生时间：1955年

塔尔和苏珊·施瓦茨一样，也拥有中世纪研究的博士学位，她的相关知识在历史奇幻小说中发挥了很大作用。这些小说包括："猎犬与猎鹰"三部曲（1985—1986年）、"阿瓦里安传奇"系列（1986—2003年），还有20多部独立作品，其中既包括历史奇幻也有更贴近史实的历史戏剧。她还以凯特琳·布伦南的笔名写浪漫奇幻小说，也以凯瑟琳·布莱恩的笔名写法国中世纪风格的奇幻小说。

雪莉·S.泰珀

美国小说家；出生时间：1929年；逝世时间：2016年

泰珀既聪明又多产。她当了十年单身母亲，一个人勤恳工作，人到中年才开始出版作品。她在计划生育协会工作了近25年，最终成为执行董事，女性的自主权和女性的力量是她作品的重要主题。她在科幻小说、恐怖小说、犯罪小说以及奇幻小说领域都有重要成就。她的作品余韵无穷，让人叹为观止，最终大获成功。作品包括"真正的游戏"三部曲：《国王的血四》（1983年）、《死灵法师九》（1983年）和《巫师的十一》（1984年）；"百变马文"系列的《马文之歌》（1985年）、《百变马文的飞行》（1985年）和《寻找百变马文》（1985年）；"吉年"系列三部曲《忙乱》（1985年）、《苦行僧的女儿》（1986年）和《吉年星眼》（1986年），本系列各部作品的篇幅略有差异。与此同时，她还创作了有趣、精致又富有想象力的"玛丽安"系列——《玛丽安、魔法师和狮身怪兽》（1985年）、《玛丽安、夫人和瞬间神》（1988年）和《玛丽安、火盒和孔雀石老鼠》（1989年），这些作品享誉当今世界，充满了作者天马行空般的创造力，但同时其故事情节相当合理，让读者十分信服。如此高难度的创作，对于泰珀却轻而易举。值得注意的是，主角玛丽安与传统小说中的女主角不同，她足智多谋，基本不需要风度翩翩又迷人的王子一直协助在旁。泰珀随后逐渐向较为严肃的重量级作品迈进，著有富有想象力但严肃的"觉醒"两部曲（1987年）和"阿拜"三部曲（1989—1992年）。她还写有一些独立作品，诸如《美丽：一部小说》（1991年），在2010年和2014年分别出版续作的《天使之疫》（1993年）、《吉本家族的衰落》（1996年）和《族谱》（1997年）。她还以"B.J.奥列

芬特""A.J.奥德"为笔名撰写了悬疑作品，也以"E.E.霍拉克"为笔名撰写了恐怖小说《静物》（1987年）。

凯瑟琳·M.瓦伦特
美国诗人、作家和文学评论家；出生时间：1979年

瓦伦特自她的第一部作品《迷宫》（2004年）出版以来，已经写了数十篇诗歌、长篇小说和短篇小说。2011年，她推出了全新的"仙境"系列，第一本是《仙境：自己造船幻游的女孩》。该系列还包括另外五本小说，完结篇是2016年的《仙境：奔跑回家的女孩》。她的最新小说是《太空歌剧》（2018年），小说背景设定的宇宙中所有智慧物种间的分歧都可由一场精心设计的音乐竞赛来消除。她曾多次被提名雨果奖、星云奖和世界奇幻文学奖，并获得其中一些奖项，其作品被翻译成多种语言。瓦伦特在美国各地都生活过，在澳大利亚也住过一个月，目前居住在缅因州海岸的一座小岛上。

杰克·万斯
美国小说家；出生时间：1916年；逝世时间：2013年

万斯起初只是个写短篇科幻小说的小作家，后来成为了一名重要的科幻小说家。他在出版的首部著作《濒死的地球》（1950年）中展现出了他的幻想天赋。该作品由互相关联的一系列故事组成，描绘了地球的遥远未来。那时，太阳濒临熄灭，照耀地球的光芒已经式微，人类文明逐渐走向尽头，但神话与魔法却开始蓬勃发展。他那充满讽刺和智慧的语调以及对外来词汇的频繁使用尤其令人印象深刻。

后来，他诙谐的续作采用了同样的背景和情节，不过稍微增加了一些喜剧元素。《灵界之眼》（1966年）的主角是聪明者库葛，一位流浪汉式的非英雄人物。他努力智胜巫师和怪物，结果往往不自量力，聪明反被聪明误。书中有这么一个故事能充分说明这部作品的构思有多么奇妙怪诞：一个魔法师试图通过把整个宇宙变成一团水母一样的肉球来控制宇宙；库葛看到这团宇宙水母时饿得不行，居然就把它给吃了。

命运的巧合让《灵界之眼》拥有两个迥异的续集。《寻辛》（1974年）是在万斯的许可下由迈克尔·谢伊写成的，他模仿了万斯的风格。后来，万斯又创作了自己的作品《库葛传奇》（1983年），该书更加匠心独具，讲述了库葛这个无赖最出色的一些事迹。

《了不起的莱尔托》（1984年）的时间设定比《濒死的地球》稍早一些，主角是个不道德的巫师，作品讲述了令人难忘的"毛里安"的故事。巫师搭乘着太空宫殿开始了一段美好的旅行，到达了宇宙边缘。在那里，有个巫师被困在一颗已死的恒星上。

万斯的大部分科幻小说也蕴含着幻想色彩，故事中常常会有充满异域风情、对某类物品极度痴迷的异世界文化，以及各种奇怪的宗教，但这些宗教实际上不过是一些充满愤世嫉俗之感的神秘鬼把戏。除了"死忠粉"以外，这些作品也值得推荐给其他所有读者。"里昂尼斯"三部曲是万斯的一次大胆尝试，包括《萨德伦的花园》（1983年）、《绿珍珠》（1985年）和《马杜克》（1989年）。

"里昂尼斯"三部曲以过去的寓言时代为背景，它重新定义了传统奇幻小说。"里昂尼斯"三部曲发生在亚瑟王的故事开始之前的老群岛（位于法国西部和英吉利海峡，像亚特兰蒂斯岛一样，现已沉入海中）上，当中一些内容预示了亚瑟王将创下的伟业。岛上的十个王国尔虞我诈，纷战不休。很多魔法师想要干预，但理论上他们不能这么做，再加上喜怒无常且恶毒的仙女、邪恶的预言诅咒和魔法装置以及被锁在海底等待复苏的可怕沉睡者，这些都使得故事的走向更加复杂。这种叙事方式让人读起来相当上头。虽然情节也有不那么合理的地方，但总体上相当不错。万斯永远都把对白打磨得太过，因此遭到批评。他写的对白就像欧内斯特·布拉玛的中国风奇幻小说那样，国王就算发火的时候，说话也是客客气气而不失优雅；又像艾薇·康普顿－伯内特写的小说那样，小孩子讲话都跟大人似的，语言表达能力不输长辈。和刚才提到的两位作者一样，万斯刻意养成了这种故作严肃式的对白风格，实则是要达成一种自然、流畅的诙谐感。他是推理小说界极具影响力的人物，是无可争议的大师，与摩尔科克、海因莱因和托尔金齐名。

杰夫·范德米尔
美国作家、编辑和文学评论家；出生时间：1968年

范德米尔最著名的作品应该是怪诞小说"遗落的南境"三部曲，包括《湮灭》《当权者》《接纳》（均出版于2014年），这些作品广受好评。在此之前，他的大部分奇幻小说都以荒诞的龙涎香王国为背景，满是奇怪的博尔赫斯式的魔幻现实元素。作者描绘了一个尚未走向工业化的近代社会，那里充斥着腐朽气息，且常常发生荒诞离奇之事。他的代表作是两部小说《尖叫：工作之后》（2006年）和《芬奇》（2009年），以及早期的文集《圣徒与疯子之城：龙涎香之书》（2001年初版；2004年扩写再版）。范德米尔的作品让人回味无穷，浮想联翩。除了写作和教学，他还担任写作夏令营"共享世界"的联合创始人一职。"共享世界"让青少年作家和职业科幻和奇幻作家聚集在一起，共同创造自己的世界，创作自己的故事。

罗伯特·E. 瓦德曼
美国小说家；出生时间：1947年

瓦德曼十分多产，写了许多动作奇幻冒险作品，包括"纪念碑路"系列六部曲：《纪念碑路》（1983年）、《巫师的头骨》（1983年）、《迷宫世界》（1983年）、《铁舌》（1984年）、《火与雾》（1984年）和《夜柱》（1984年）；"玉魔"系列四部曲：《震颤之地》（1985年）、《冰封波浪》（1985年）、《水晶云》（1985年）和《白火》（1986年）；"天堂之钥"三部曲：《火焰之钥》（1987年）、《骷髅领主之钥》（1987年）和《冰与钢之钥》（1988年）；"恶魔王冠"三部曲：《玻璃勇士》（1989年）、《风的幽灵》（1989年）和《风暴交响曲》（1990年）。他还与维克多·米兰共同创作了许多奇幻小说，其中以六卷本"权力的战争"（1980—1982年）最为著名。他还创作了《星际迷航》、许多与游戏相关的小说、科幻小说、悬案小说、冒险小说以及西部小说。

宝拉·沃尔斯基
美国小说家；出生时间：不详

沃尔斯基是位非常有趣的作家，硕士学位是莎士比亚研究。她的奇幻小说背景设定都相同，并且背景中的一些故事由真实历史事件改编而来。《女巫的诅咒——女王》（1982年）是她发表的第一部作品。她的奇幻作品包括三部曲《魔法师的女士》（1986年）、《魔法师的继承人》（1988年）和《魔法师的诅咒》（1989年）以及其他多部作品。《瑞安·克鲁的好运》（1987年）在"魔法师"三部曲创作期间出版。《幻境》（1991年）讲述了奇幻版的法国大革命，而《冬狼》（1993年）则是一部关于善良魔法与邪恶魔法之争的奇幻小说，品质超凡，文风精美而又带着一股暗黑的基调。她最新的作品是《暮光之门》（1996年）、《白色法庭》（1997年）和《大椭圆》（2000年），以及以"宝拉·布兰登"为笔名创作的"面纱群岛"三部曲，包括《叛徒的女儿》（2011年）、《废墟之城》（2012年）和《流浪者》（2012年）。

卡尔·爱德华·瓦格纳
美国小说家和编辑；出生时间：1945年；逝世时间：1994年

虽然瓦格纳晚年主要创作恐怖小说，但在20世纪70年代，他的作品主要是剑与魔法类奇幻小说。他的"忧郁英雄凯恩"系列六部曲包括《黑暗织成的诸影》（1970年首版；1978年修订版改名为《黑暗交织》）、《死亡天使的阴影》（1973年）、《血石》（1975年）、《黑暗十字军》（1976年）、《晚风》（1978年）以及《凯恩之书》（1985年）。他还写了《柯南：列王之路》（1979年），这是在众多野蛮人柯南的同人作品中质量较为上乘的一部。他还编辑了一些实用的大众奇幻杂志选集，比如《英勇的回响》1—3卷（1987—1991年）。瓦格纳积极推动奇幻小说和恐怖小说发展，却在48岁时不幸离世，令人十分惋惜。

伊万杰琳·沃尔顿
美国小说家；出生时间：1907年；逝世时间：1996年

沃尔顿在20世纪30年代创作了她的第一部奇幻小说，但这部作品在几十年内都没有出版，随着文学潮流的逐渐发展，她的这部作品才被挖掘出来。她最著名的作品是根据中世纪威尔士神话传说《马比诺翁》改编的优秀小说系列《圣母与猪》（1936年首版；1970年以《巨人之岛》为名再版）、《莱尔的孩子们》（1971年）、《里安农之歌》（1972年）和《安汶王子》（1974年）。

弗雷达·沃灵顿
英国小说家；出生时间：1956年

20世纪80年代，沃灵顿写了一些传统奇幻小说——《银色黑鸟》（1986年）、《黑暗中的黑鸟》（1986年）、《琥珀中的黑鸟》（1987年）、《暮光中的黑鸟》（1988年）和《彩虹之门》（1989年）。20世纪90年代，她转而创作吸血鬼主题恐怖作品，如《血酒的味道》（1992年）。她还写了以魔幻版的莱斯特郡为背景的"珠宝之火"三部曲（1999—2001年）和"空灵故事"系列（2009—2013年），这些都是她回归奇幻领域后的作品。她在奇幻和恐怖领域都驾轻就熟。

玛格丽特·魏丝和崔西·西克曼

美国小说家；出生时间：1948年（魏丝）；1955年（西克曼）

魏丝和西克曼称，他们的成功归因于天时地利。当角色扮演游戏《龙与地下城》的制作方决定进军出版业，发售《龙与地下城》相关小说时，游戏设计师西克曼与魏丝展开了合作。小说发表时，正值《龙与地下城》游戏人气的巅峰，因此获得了游戏用户的鼎力支持，发售不久就成为了畅销书。"龙枪编年史"最初包括《秋暮之巨龙》（1984年）、《冬夜之巨龙》（1985年）和《春晓之巨龙》（1985年）。这个三部曲随后又衍生出更多三部曲、独立作品和续集，数量太多，不胜枚举，有超过200本和龙枪系列有关的书籍，可见魏丝和西克曼的作品数量多么惊人。

除了龙枪系列，魏丝和西克曼也开始创作风格类似的独立作品，包括两个三部曲——其中一个三部曲讲了一个有趣的关于低等魔法的故事，有《黑暗之剑：锻造》《黑暗之剑：毁灭》《黑暗之剑：胜利》（均出版于1988年）。此后，他们又写了《黑暗之剑的遗产》（1997年），以及受《一千零一夜》影响而创作的《流浪者的意志》《夜圣骑士》《阿克兰的先知》（均于1989年出版）。之后他们写了篇幅更长的"死亡之门"系列七部曲，包括《龙之翼》（1990年）、《精灵之星》（1990年）、《火海》（1991年）、《蛇法师》（1992年）、《混沌之手》（1993年）、《进入迷宫》（1994年）和《第七扇门》（1994年）。他们写的另一个情节独立的系列作品是"权力之石"三部曲，包括《黑暗之池》（2000年）、《失落的守护者》（2001年）和《空之旅》（2003年），也由此衍生了桌面角色扮演游戏。之后他们写了"文德拉的龙船"四部曲（2009—2016年），讲的是奇幻版的奥德赛。

魏丝和西克曼也曾分开工作。"青铜颂"三部曲（2004—2006年）、"德拉克斯传奇"三部曲（2010—2012年）和"龙吟诗人"三部曲（2010—2013年）由西克曼独立完成；"龙"三部曲（2003—2005年）由魏丝独立完成；"天使"三部曲（2007—2008年）由魏丝和女儿利兹·魏丝共同完成；"龙之旅"三部曲（2011—2014年）和"龙之海盗"系列（2017—2018年），由魏丝和罗伯特·克拉姆斯合力完成。

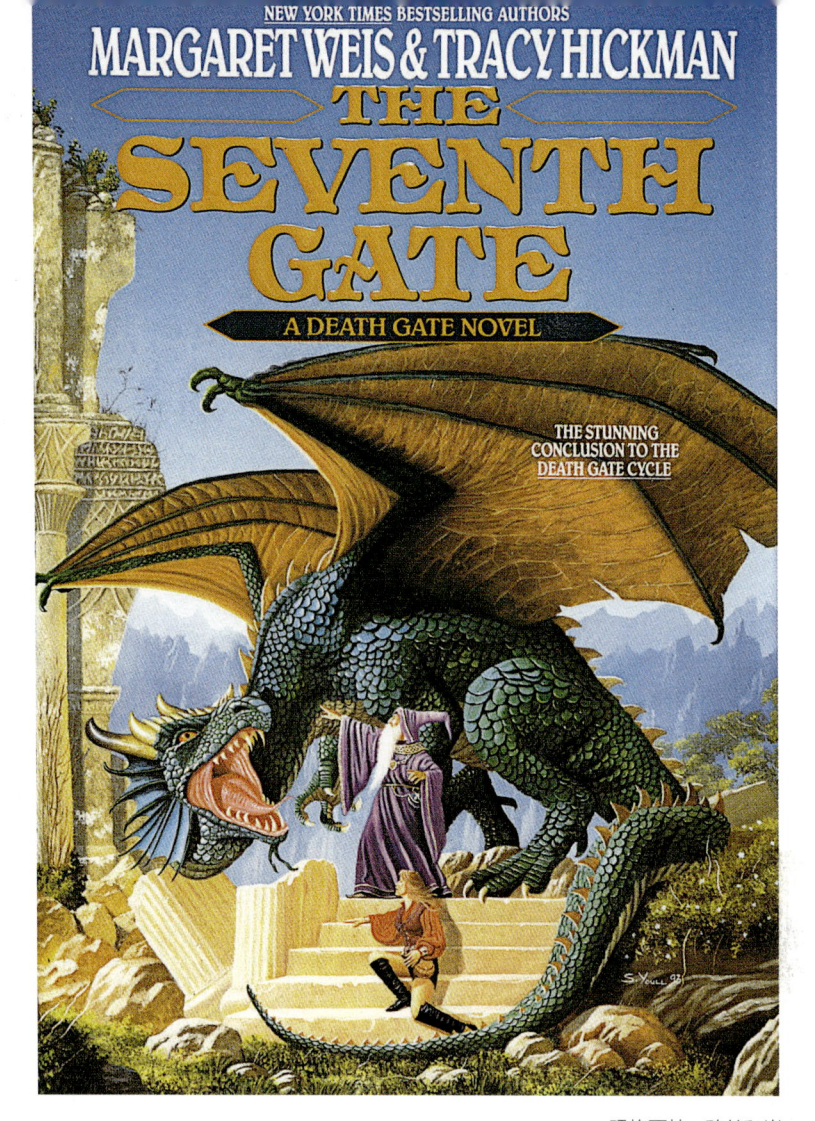

玛格丽特·魏丝和崔西·西克曼小说《第七扇门》

简·韦尔奇

英国小说家；出生时间：1964年

韦尔奇通过"魔法符文"三部曲展现了她惊人的创作潜力。该三部曲包括：《战争符文》（1996年）、《失落符文》（1996年）和《魔法符文》（1997年）。紧接着她写了"魔法符文：翁德之书"三部曲，故事发生在"魔法符文"三部曲之后不久，主角也基本相同，这个三部曲包括《阿巴隆德的悲叹》（1998年）、《卡斯特加德吟游诗人》（1999年）和《死灵之王》（2000年）。截至目前，她的最后一部作品是"魔法符文：人之书"三部曲：《黑暗时代的黎明》（2001年）、《破碎的圣杯》（2002年）和《忠诚》（2003年），故事设定在"魔法符文：翁德之书"剧情的15年后，主要角色是前作人物的后代。

查克·温迪格

美国小说家、喜剧作家和网络博主；出生时间：1976年

温迪格的职业写作生涯始于为桌面角色扮演游戏创作小说。他最著名的都市奇幻系列是"米里亚姆·布莱克"六部曲（2012—2019年），第一部是《黑鸟》（2012年），主角是个年轻女子，凡是她触碰到的人都会死。随后温迪格又写了五本书，终篇是《秃鹫》（2019年）。他还写了广受好评的"星球大战"三部曲——《余波》（2015年）、《余波：生命之债》（2016年）和《余波：帝国的终结》（2017年），它们是连接原作和最新电影三部曲的纽带。温迪格最近在给漫画写剧本，为《海伯利安》《恐龙猎人》和阿奇漫画《盾牌》的修订版创作漫画故事。

H. G. 威尔斯

英国小说家；出生时间：1866年；逝世时间：1946年

这位科幻冒险故事大师也写过几本奇幻小说，其中包括《奇妙之旅》（1895年），讲的是来自另一个维度的天使，以及《海之女：月光如纱》（1902年），呈现了一条美人鱼的故事。他的许多短篇小说也可归为奇幻小说。

约翰·惠特本

英国小说家；出生时间：1958年

虽然惠特本早前也发表过一些小作坊作品，但他的职业写作生涯其实始于1992年，当时他创作了一部有趣的平行世界奇幻小说《危险的能量》，并由此获得英国广播公司和格兰兹出版社的第一届奇幻小说奖。接着他写了《教宗与幽灵》（1993年）和《建造耶路撒冷》（1994年）。惠特本在1998年出版了一本新小说《调包王子》。随后他写了"唐氏贵族"三部曲：《唐氏贵族的黎明》（1999年）、《唐氏贵族的一天》（2000年）和《唐氏贵族的末日》（2002年）。

T. H. 怀特

英国小说家；出生时间：1906年；逝世时间：1964年

他的书中不乏喜剧元素，广受欢迎的作品选集《永恒之王》（1958年）重释了亚瑟王的传奇，是整个20世纪亚瑟王小说里最有影响力的一本。

T. H. 怀特小说《永恒之王》

为了编成合集出版，怀特的原著被大量修改，下面提到的这些都是怀特的原著：《石中剑》（1938年）中选取的就是亚瑟王那段最为世人所熟知的故事——年轻的瓦特生活在英格兰的一个繁盛时代，他成为梅林的学生，梅林教他变身术来变成动物，后来瓦特从石头中拔出亚瑟王之剑，夺得了英格兰王位；《森林中的女巫》（1939年）（后更名《天空与黑暗的女王》）延续了《石中剑》的主线，主角是可怕的女巫莫高斯女士；《糟糕的骑士》（1940年）讲述了兰斯洛特与格韦纳维亚的通奸，这最终让他致命。《永恒之王》的终篇为《风中烛》，讲述了亚瑟王的王国陷入黑暗，但尚有一线希望存于未来。

《梅林之书》（1977年）是这部精选集的终篇，但似乎并不为人所接受，因为作品不但传递了保守的和平主义思想，而且还欠缺艺术性：书中最精彩的片段——关于瓦特变成蚂蚁和鹅的经历，竟然被移接到了《石中剑》中。怀特知名度稍低一些的作品是《玛莎小姐》（1946年），主人公是个小女孩，她在英国发现了一群格列佛笔下的利立浦特国小矮人，还虐待了他们一小会儿。

阿利亚·怀特利

英国作家；出生时间：1974年

怀特利写短篇小说、长篇小说和非小说类作品。她的作品混合了恐怖、奇幻和科幻元素，为观众带来了一种独特怪诞的阅读体验，让人记忆深刻。她最受欢迎的短篇小说《美女》（2014年）描绘了一个不再有女人的世界，探讨了女人的消失对男人来说意味着什么。她的最新小说《松弛的皮肤》（2018年）探讨的主题是身份、爱和外表。

奇幻盛宴：文学、影视、游戏中的幻想世界

奥斯卡·王尔德

爱尔兰剧作家和小说家；出生时间：1854年；逝世时间：1900年

这位智慧风趣的传奇作家写了一些至美的英文短篇奇幻小说，主要收录在《快乐王子及其他故事》（1888年）和《亚瑟·萨维尔勋爵的罪行和其他故事》（1891年）中。他的长篇恐怖小说《道林·格雷的画像》（1891年）讲的是一个年轻男人有一幅自己的肖像画，画中人物的容貌却不断衰老，该作也闻名于世。

查尔斯·威廉姆斯

英国小说家；出生时间：1886年；逝世时间：1945年

托尔金和C.S.刘易斯领衔创办了"迹象文学社"，他们和威廉姆斯是社团的三剑客。威廉姆斯的作品包括：《天堂之战》（1930年），主要描写了现代英格兰的圣杯狩猎以及无比污秽的黑魔法；《狮子之地》（1931年），柏拉图式的原型现形，变成标题中所提到的狮子，有的还变成蛇和蝴蝶，扰乱了这个世界；《多维度》（1931年），故事围绕着所罗门圣石的神奇力量及因滥用神力而亵渎神明的后果所展开；《伟大的王牌》（1932年），它认为"原始的"塔罗牌具有灾难，很快就会招致灾祸；《狂喜的阴影》（1933年），虽不是最早出版，但撰写时间却早于其他作品；《堕入地狱》（1937年）介绍了奇妙元素之间复杂的相互作用，是威廉姆斯最具影响力的小说。

珍·威廉姆斯

英国小说家；出生时间：不详

珍·威廉姆斯住在伦敦，著有"铜猫"三部曲，包括《铜的承诺》（2014年）、《铁鬼》（2015年）和《银潮》（2016年）。她的最新系列作品是"扬焰"三部曲，第一部是《第九雨》（2017年），接着是《苦命双胞胎》（2018年），最后一部是《毒歌》（2019年）。她闲时就做做编辑，帮别人写写副本。

迈克尔·威廉姆斯

美国小说家和诗人；出生时间：1952年

和玛格丽特·魏丝和崔西·西克曼以及许多人一样，威廉姆斯的写手之路始于将TSR公司的《龙枪》游戏改编成小说。他的独立系列作品"从小偷到国王"五部曲包括《巫师的学徒》（1990年）、《森林领主》（1991年）、《权力的平衡》（1992年）、《图拉真拱门》（2010年）和《多米尼克的幽灵》（2018年），讲的是一个英雄如何学习魔法的故事。他为小说《阿卡迪》（1996年）及其续作《阿拉阿曼达》（1997年）倾注了最多心血。其中，《阿卡迪》以诗人威廉·布莱克的神话为基础创作。

泰德·威廉姆斯

美国小说家；出生时间：1957年

泰德·威廉姆斯的首部作品是异想天开的动物奇幻小说《裁缝师的歌曲》（1985年），主角是猫。随后，他雄心勃勃地写了"回忆、悲伤和荆棘"三部曲，包括《龙骨椅子》（1988年）、《告别之石》（1990年）和《绿色天使塔》（1993年），在这些作品中，他开始认真批评和纠正受托尔金影响的奇幻小说，他认为这些小说存在以下方面的问题：对"准人类"物种的惯常特征描写带有种族主义色彩；对善恶描写过于表面，甚至带有道德绝对主义，将善恶完全分开来看。这些作品的故事情节包括寻找一系列魔法制品，它们表面看来相当寻常，细细读来却会引起读者强烈的共鸣。他的其他相关小说包括《失去的心》（2017年）、《伍德王冠》（2017年）和《草之帝国》（2019年）。"影子游行"四部曲（2004—2010年）最初在线连载，每两周更新一个章节，改写自科幻电视佳剧《巴比伦5号》。然而，这个尝试失败了，

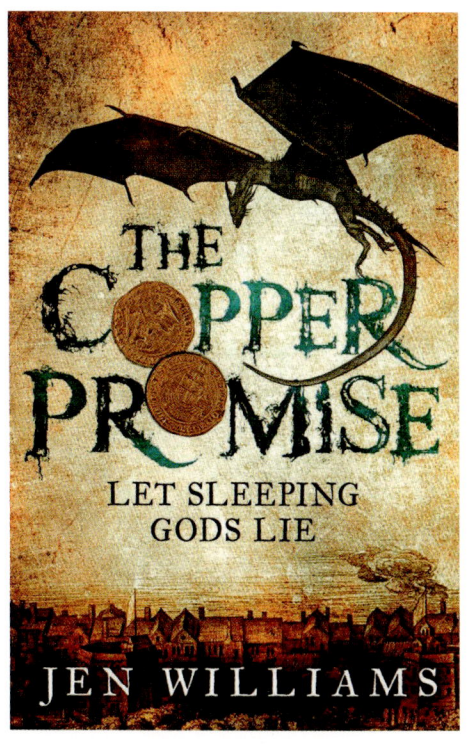

珍·威廉姆斯小说《铜的承诺》

于是这些作品转向了更传统的发行平台。"鲍比·多拉尔"系列（2012—2014年）是黑色幻想惊悚小说。

威廉姆斯的其他奇幻作品在规模上比他的史诗作品要小得多，但风格却很相似。作品包括：《古城之子》（1992年），该作与妮娜·基利基·霍夫曼合著，讲了《一千零一夜》中一位吸血鬼的故事；《卡利班的时刻》（1994年）的讲述视角和莎士比亚的作品《暴风雨》相反，描述了卡利班制造"暴风雨"的过程和酿成的后果；《花之战争》（2003年）讲述了仙子与加州乡村的冲突，行文风格可以窥见蒂姆·鲍尔斯的影子。他的"他地"系列四部曲包括《金影之城》（1996年）、《火之河》（1998年）、《黑玻璃之山》（1999年）和《银光之海》（2001年）。虽然这些都是科幻小说，但作品主要设定在幻想的虚拟现实网络空间，这个空间由贪婪邪恶的"圣杯兄弟会"控制。

泰瑞·温德林

美国编辑和小说家；出生时间：1958年

温德林编辑了很多文集，这让她成为了文学领域最有名的人物之一，她编纂的《年度最佳奇幻与恐怖小说》（与艾伦·达特洛合作编著，艾伦负责恐怖小说的部分）常年畅销，尤为知名。她的第一部作品《木妻》（1996年）引人入胜，主要以亚利桑那州的沙漠为背景。之后，她写了几本儿童读物，续作仍在筹备中，暂名《月妻》。

吉恩·沃尔夫

美国小说家；出生时间：1931年；逝世时间：2019年

沃尔夫毋庸置疑的杰作"新太阳之书"系列最初被誉为奇异遥远的未来幻想之作，但仔细观察就会发现，科幻风格是全书的基础并贯穿始终："魔法剑"只是锻造工艺比较巧妙，会飞的大教堂实际是一个热气球，巨人住在水里只是因为物种的强制演进……然而，严谨的神学理论又反而是科幻理论的基础。

该系列小说十分精彩，语言丰富且令人印象深刻，有时甚至清晰得让人困惑。作品描述了"痛苦者"塞维安的旅程，他踏上了对新太阳的追求探索之旅，这趟旅程最初看起来毫无计划，它既会带来治愈，也会带来毁灭。这个系列包括《折磨者的阴影》（1980年）、《调解者的利爪》（1981年）、《君主之剑》（1982年）和《君主之城》（1983年），以及后来的《新太阳之城》（1987年）。接下来他写了另外两个四部曲："长日之书"（1993—1996年）和"短日之书"（1999—2001年）。沃尔夫优秀的古希腊系列作品"拉特罗"早在盖伊·里奇的《记忆》之前就已完成。不像是塞维安有过目不忘的本事，本书主人公在数小时内就会忘记一切，必须不停做笔记。沃尔夫以"拉特罗"系列为基础创作了《迷雾的士兵》（1986年）、《阿雷特的士兵》（1989年）和《西顿的士兵》（2006年）。令人动容的是，作者补偿了拉特罗的健忘缺陷。拉特罗可以看到并触碰神灵，还能和他们交谈，这些神灵是令人耳熟能详的经典神话角色。

沃尔夫的独立奇幻作品同样有趣。《自由生活，自由》（1984年）写了一群奇奇怪怪的人争抢免费租房的机会；《这儿有门》（1988年）讲述了一个关于平行世界的古怪故事；《巫师骑士》（2004年）是一个刻意乱序描写的挪威风格奇幻故事，讲的是一个美国男孩变成了骑士和巫师；《魔法师的房子》（2010年）是一本超自然的现代奇幻小说。《广袤的土地》（2013年）是一个卡夫卡式的故事，讲述的是一个旅行作家试图找到一个不可能存在的国度。

简妮·伍尔兹

美国小说家；出生时间：1953年

伍尔兹是位艺术家、作家，嫁给了艺术家唐·梅兹。她在奇幻小说中对视觉意象的高度重视反映了她对艺术的追求。《魔法师的遗产》（1982年）之后，她写了《风暴守卫者》（1984年）、《钥匙的守护者》（1988年）和《暗影女巫》（1988年）。她与雷蒙德·E.费斯特合著了《帝国的女儿》（1987年），它后来被扩写成三部曲，另外两部是《帝国的仆人》（1990年）和《帝国的女主》（1992年）。作品《白风暴的女主》（1992年）讲述了一个传奇的堡垒建造者的故事，紧随其后她写了《米斯特幽灵的诅咒》（1993年），作品风格轻松。之后，"光与影之战"系列成了她的写作重心。它讲

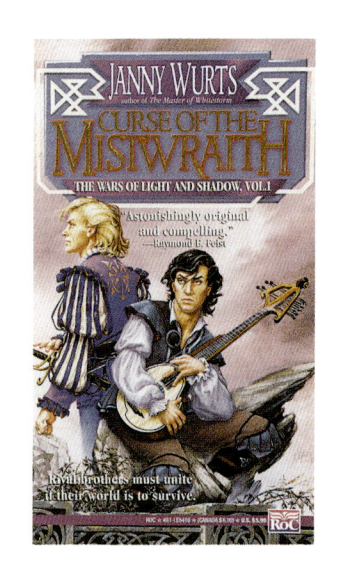

简妮·伍尔兹小说《米斯特幽灵的诅咒》

述了同父异母的两兄弟被赋予魔力，诅咒让他们盲目地互相敌视。如果将整个"光与影之战"系列比作一个圆圈，那《米斯特幽灵的诅咒》就是这个圈上的"第一段弧"。"第二段弧"（1994—1995年）分为两卷，"第三段弧"（1997—2007年）分为五卷，"第四段弧"（2011—2017年）分为两卷，"第五段弧"将从一部暂名为《神秘之歌》的小说开始。

劳伦斯·耶普

美国小说家；出生时间：1948年

耶普出生在旧金山，以描写中国人在美国的经历的小说而闻名，这些小说主要是青少年读物。他的"闪烁与荆棘"系列四部曲——《失落的海之龙》（1982年）、《龙钢》（1985年）、《龙釜》（1991年）和《龙战》（1992年）中一条名叫"闪烁"的龙可以变换身形，这条龙和男孩索恩一起冒险。"老虎的学徒"三部曲（2003—2006年）将中国神话融入了现代旧金山。

简·尤伦

美国小说家；出生时间：1939年

自1963年开始写作以来，尤伦就是一名非常多产的作家，为各年龄段的读者创作奇幻小说。她特别擅长创作和改编面向幼儿的作品，但也为青少年和成人写作精彩的小说。1990年，哈考特·布雷斯出版社推出了一个名为"简·尤伦图书"的年轻人图书品牌，由尤伦为其提供指导。她的大部分作品都是短篇小说，许多较长的作品都是分期发布。她最重要的作品有：警示奇幻小说《魔法三镖师》（1974年）；讲述沟通困难症的心酸故事《美人鱼的三种智慧》（1978年）；星际奇幻小说《悲伤卡片》（1984年）。她最出色的作品是著名的弥赛亚奇幻小说《光明姐妹》（1988年）及续作《白色简娜》（1989年）；以《睡美人》为背景创作的最长篇《蔷薇》（1992年）以及传奇奇幻小说《野外狩猎》（1995年）。在她的众多短篇小说集中，《奇迹的故事》（1983年）、《龙的田野与其他故事》（1985年）和《早餐前十二个不可能的事情》（1997年）最为出色。尤伦对亚瑟王的强烈兴趣体现在了《梅林之书》（1986年）中，"年轻的梅林"三部曲——《路人》《爱好》《梅林》（均于1997年出版）在小说《龙的男孩》（1990年）和选集《卡米洛特》（1995年）的基础上进一步扩展。这些故事的受众年龄是7到10岁。故事中，一个驯鹰人发现并驯服了一个神奇的男孩梅林，但梅林最后还是回归了林中野人的部落，并在之后遇到了未来要成为亚瑟王的那个孩子。"西利战争"三部曲（2013—2016年）是关于精灵世界的战争。尤伦也编辑了三卷"仙都"系列（1995—1997年）的选集。

罗杰·泽拉兹尼

美国小说家；出生时间：1937年；逝世时间：1995年

泽拉兹尼喜欢写科幻。他在作品创作中将各类小说巧妙地融合在一起。《光明王》（1967年）用华丽、描述性的散文语言描写了一个由人类信仰的众神统治的世界。然而这个世界的转世轮回机制却是科技的产物，众神的神力也是由外星武器来控制和增强的。《光与暗的生灵》（1969年）与其风格类似，但没怎么涉及古埃及神话。《死亡之岛》（1969年）涉及外星科技。

"安珀志"系列是泽拉兹尼最著名的奇幻作品，以原始世界"安珀"为中心，那时的地球和其他星球恐怕还只是宇宙中的一抹阴影。五部曲以《安珀九王子》（1970年）为开篇，该书的情节让人想起詹姆斯一世时代戏剧中曲折的背叛，因为作品中，叙述者考文和与他敌对的王子、公主们为了寻找安珀王冠，无所不用其极，相互背叛，相互欺骗。五部曲的续作《厄运主牌》（1985年）以考文的儿子梅林为主角。

泽拉兹尼其他值得关注的作品包括《影子杰克》（1971年）；"巫师世界"系列的《掉包婴儿》（1980年）、《疯魔杖》（1981年）；风格更传统的"迪沃尔什"系列奇幻小说《变化的土地》（1981年）和《被诅咒的迪沃尔什》（1982年）；以及优秀的洛夫克拉夫特式的模仿作品《孤独的十月之夜》（1993年），本书讲的是维多利亚时代小说的人物因讨论是否要毁灭世界而互相恶斗，"开膛手"杰克的狗见证了事件始末。泽拉兹尼极具想象力，论才华，至今几乎无人能与他一较高下。

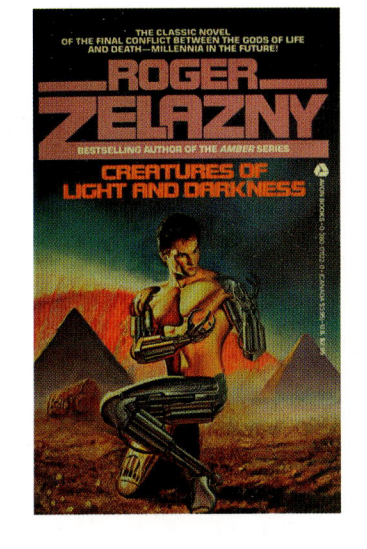

罗杰·泽拉兹尼小说《光与暗的生灵》

DUNGEONS & DRAGONS

Introductory Module

THE ORIGINAL ADULT FANTASY ROLE-PLAYING GAME FOR 3 OR MORE PLAYERS

TSR GAMES

第五章
奇幻游戏

棋盘游戏、纸牌游戏和战争模拟游戏已经风行了数千年。现代桌游从这些游戏源起，并保留了许多传统结构。规模化生产使得游戏的各个元素更加精巧生动，游戏规则也更加复杂，不过仍大量借鉴了传统游戏的经验。但现在的情况完全不同，新技术已经不可逆转地改变了游戏，并取代了许多传统游戏。电脑游戏产业比电影产业更加庞大，其中奇幻游戏举足轻重。

现代奇幻游戏产业诞生于1973年，当时威斯康辛州的企业家加里·吉盖克斯发布了一款他与同事戴夫·阿纳森共同创作的小游戏。阿纳森喜欢战争游戏，在这些游戏中，历史上的战争通过微型雕像忠实地再现桌端。当时正值《指环王》大热，受托尔金的启发，他希望能在游戏中扮演巫师和强大的斗士，这些都是战争游戏中所没有的。他的游戏已经完全摆脱了物理条件的限制，玩家可以凭借想象重新创作游戏内容，并扮演根据自己喜好设计的奇幻英雄角色。

当然，规则还是存在的。需要有人做游戏仲裁、设置场景、扮演反派等。为了让英雄们发展自身技能，获得战利品、特殊能力以及强大武器，他通过专用表格来记录和保存所有细节。最重要的是，阿纳森和吉盖克斯都认为风险应与机遇并存，所以决定用掷骰子的方式来解决战斗和其他重大挑战。最后的结果非常好，远超所有人的预期。游戏中的规则包含各种奖励与进阶，因此，玩家会认为，英雄的收获与进步是靠自己赢得的。富有创造力的游戏裁判向玩家详细描述了整个幻想背景世界，包括政治与宗教体系，栩栩如生的个体，面对危险、背叛以及获得进阶的机会等。

由于游戏由一个优秀的裁定者来主持，整个游戏刺激有趣、扣人心弦，具有社交性，而且还很滑稽。比起象棋、扑克或其他传统游戏形式，它倒是更多显露出一种吟游诗人的风格。玩这款游戏有点像演出自由广播剧，又像参与了一场警察与盗贼间的猫鼠游戏，还有点像写小说。游戏裁定者负责设置游戏的情节、场景、反派和辅助角色，而玩家为游戏提供行动、叙事和对话。游戏一次通常发生在一个宏大的"故事"背景中，有一个或多个回合。相互关联的故事连接在一起甚至可能会让游戏变为一部长篇史诗传奇。因为一切发生在想象之中，任何事情都有可能发生——尽管优秀的游戏裁定者会确保每一个游戏场景保持前后一致、玩家的行为连贯持久。因为玩家要扮演自己的英雄角色，所以它又被称之为一款角色扮演游戏。它就是《龙与地下城》。

对页图：
《龙与地下城》初版平装封面，出版于1977年

奇幻游戏术语

动作游戏——主要依靠打斗和良好反应力取胜的电子游戏。《真人快打》便是一个著名的例子。

冒险游戏——详见"交互式小说"。

交替现实游戏——试图与玩家的真实日常世界进行互动,以创造更具沉浸感和现实体验的游戏。交替现实游戏通常大量使用网站和增强现实技术,但同时也使用电话、电子邮件和信件,或在媒体上投放特制广告和预告片,甚至在特殊地点放置真实物体。大多数此类游戏都具有强大的神秘或谜题元素,来自世界各地的玩家通常会通力合作,尝试共同解开谜题。为宣传斯皮尔伯格的电影《人工智能》而设计的游戏《野兽》,可能是此类游戏中最知名的。

增强现实游戏——利用电子设备将计算机生成的图像和声音覆盖在真实世界上。其理念是,游戏内容将增强玩家对现实的认识。《宝可梦》就是该类游戏风靡世界的第一个案例。

棋盘游戏——一种传统风格的游戏,有实体棋盘、计数器和棋子。这显然不属于奇幻游戏,《大富翁》是其代表作之一。

纸牌游戏——用纸牌玩的游戏。绝大多数奇幻类纸牌游戏并非基于传统纸牌,它们可能包含极其复杂的规则。《顶级王牌》便是一个非常著名的例子。

收集式卡牌游戏(亦有集换式卡牌游戏)——这是一种复杂的卡牌游戏。卡牌数量很大,玩家不能成套购买,卡牌通过随机组合进行打包出售。卡牌的稀缺性各有不同,最有用的通常也是最稀缺的。集齐整套卡牌既费力又昂贵。最典型的例子就是《万智牌:旅法师对决》。

电脑角色扮演游戏——利用计算机进行角色扮演的电子游戏。与传统角色扮演游戏相比,该类游戏不可避免地失去了一定多样性和自由度,但玩家可以得到更大便利和美感,准备过程也更轻松。游戏《天际》便是一个非常成功的例子。

战斗幻想——详见《单人游戏:书》。

第一视角射击游戏——一种电脑或主机游戏。屏幕上会显示以第一视角能看到的画面,仿佛你有一只虚拟的眼睛,玩家可透过这只"眼睛"瞄准敌人开火。《毁灭战士》是定义这一类型游戏的经典之作。

交互式小说——基于电脑的文本类游戏。玩家在游戏世界中漫游。游戏世界被划分为不同的"地点",每个地点都有自己的文字描述。最初,玩家会根据预先设定的游戏词汇发出简单的动名词句式的命令,引导他们的英雄破解一系列烧脑的思维谜题。交互式小说变得越来越图像化。从带有图像的文本游戏,到带有文本的图像游戏,再到完全图像化和沉浸式的谜题世界。随着计算机图形技术的普及,互动电影游戏和视觉小说变得越来越流行。尽管尚有缺陷,但《狩魔猎人》是一个非常成功的例子。

大型多人在线游戏——海量计算机通过互联网连接到一个独立、巨大且细节丰富的幻想世界。世界各地的玩家因此成为彼此游戏体验的一部分。这使得所有玩家都可以参与到同一款游戏中(有时一次有上千人参与)进行聊天、交易、决斗和组队接受大项挑战。大型多人在线角色扮演类游戏是该类型游戏早期成功的典范,《魔兽世界》就是著名的例子——但现在,大型多人在线游戏的应用还包括第一视角射击游戏、即时战略游戏、动作类游戏和动作类即时战略游戏。

角色扮演游戏——玩家在游戏世界中拥有一个虚拟的自我,他们可以与其他角色展开对话、探索世界、积累战利品并提高技能。在游戏的每一阶段,玩家都可以不断获得进阶和战利品。《侠盗勇士》是早期的电子游戏之一,这款游戏催生出了地下城探索系列游戏。

即时战略游戏——相当于将传统战争游戏和资源分配游戏搬到了电脑或游戏主机上。《文明》仍然是最受欢迎的即时战略游戏系列之一。

模拟游戏——游戏能够为玩家提供近乎现实的特别体验,例如成为一名卡车司机,或是统治一个幻想王国。另一种子类型游戏,即"行走模拟器",无需借助任何传统游戏玩法就能够呈现给玩家一种全新的现实体验,如战斗、破解谜题或平台跳跃。《模拟城市2000》便是早期一个非常受欢迎的例子。

单人游戏:书——提供对当前行动的文字描述,以及一系列你可以选择的回应选项。这是一种早期尝试,试图在没有仲裁的情况下开展角色扮演的玩法。每个选项都用条目的编号进行编码,告诉玩家接下来会发生什么。第一个大受欢迎的此类游戏是《火顶山的术士》。

源书——见"角色扮演游戏"。

战略游戏——包括桌面游戏和电子游戏,模拟大规模、不断变化的战略情境。战术游戏、时间管理游戏和帝国建设游戏都属于这一类别。《银河霸主》是早期的电子战略游戏范例。

桌上角色扮演游戏——通常用笔、纸和骰子玩。它包含一个或多个用来明确规则的重要"核心书",以及一系列可选择的"扩展内容"和"源书"。这些内容为设置规则、游戏资源、英雄选项和背景幻想世界增添细节。"游戏场景"让游戏仲裁能够在最简单的准备后即可运行游戏,即为玩家提供详细的情节线、角色描述、地图,以及其他围绕中心故事展开的事件中所需的本地设置信息。如前文所述，《龙与地下城》是第一款角色扮演类游戏，也是至今最受欢迎的一款。

战争游戏——战略游戏的一个分支。战争游戏在严格的现实规则下模拟各场战斗，成百上千的微型士兵在地形图（或重建的实体地形图）上激烈交战。《战锤》便是最著名的例子。

1973 年

《龙与地下城》

国家：美国；创作者：戴夫·阿纳森、E.加里·吉盖克斯；发行商：TSR

本章引言部分详细介绍了这款游戏的起源。《龙与地下城》通常被称为D&D（Dungeons & Dragons）。该游戏通过对角色类型、怪兽、咒语以及魔法道具进行细致刻画，试图让战争游戏更有创意。值得注意的是，由于没有现成的游戏世界，玩家需要自己想出个性化的游戏背景世界。为确保各方势力均衡，游戏引入了一系列设定，它们现在已经成为游戏行业的标准设定，包括赚取"经验点"以及将玩家分类的概念，在该游戏中，玩家大致可划分为鬼、神、魔、军四种类型。

《猎杀旺普》

国家：美国；创作者：格里高里·尤布；独立发布

作为第一款奇幻主题的电脑游戏，《猎杀旺普》是一款纯文本游戏，玩家在一个由多个房间组成的网络中移动。旺普在其中房间里，其他房间里面有蝙蝠或是无底洞。所有相邻的房间都有提示。玩家要设法找到旺普，从外面向屋子里射一箭。这款游戏最初运行在大学主机上，也是第一款将软件代码纸质打印并进行发行的游戏。

1975 年

《地下城》

国家：美国；创作者：丹·戴格劳；独立发布

这个最早的电脑角色扮演游戏是一次大胆的尝试，在没有图像帮助的情况下重现了独闯地下城的场景。《地下城》不像交互式小说那样采用描述性文本，而是突出展示了地下城的俯视图，并随着玩家的探索过程的推进，逐步展现隧道和洞穴。这款游戏基于《龙与地下城》，玩家控制一个由六个角色组成的庞大团队。

《隧道与巨魔》

国家：美国；创作者：肯·圣·安德烈；发行商：飞翔的水牛（Flying Buffalo）

作为第一款受《龙与地下城》启发而创作的游戏，《隧道与巨魔》较为混乱，与前者的托尔金风格截然不同，它以一种明显的精神错乱风格写成。与《龙与地下城》严肃的术语相比，它的用语显得讽刺和滑稽，尤其是它的咒语列表，包括"可怜的孩子！"和"拿着吧，你这个恶魔！"等。游戏的英雄选项还包括一场双足鸭赛跑，这显然是在向《乐一通》中的达菲鸭致敬。

1976 年

《巨洞冒险》

国家：美国；创作者：威尔·克劳瑟、唐·伍兹；独立发布

1972年，程序员、洞穴探险者威尔·克劳瑟与他的妻子绘制出了位于肯塔基州的一个洞穴。1976年，他用其工作的大型计算机将这个洞穴转化为可在电脑上显示的一系列点位，玩家可在这些位置中移动，当时这主要还是一种尝试性的概念。他的同事唐·伍兹非常喜欢这一想法，并为其添加了除移动外的其他动作、更多的想象空间、各种威胁和金银宝藏，并将其转变成一款纯文本类奇幻游戏，玩家的主要任务是破解谜题。几个月后，吉姆·吉罗格利将其转换为便携式计算机语言，《巨洞冒险》随后传遍了世界各地的计算机实验室，并催生出交互式小说这类文字冒险游戏。

1978 年

MUD（《多用户虚拟空间游戏》）

国家：英国；创作者：理查德·巴特尔、罗伊·特鲁布肖；独立发布

巴特尔和特鲁布肖在英国埃塞克斯大学学习时，基于《巨洞冒险》游戏一起创作了一个新的版本，它支持多用户同时在线，并以交互式小说的形式呈现。该游戏能够记录不同玩家的行为，让他们进行互动、聊天甚至打斗。在现代版MUD类游戏和以《魔兽世界》为代表的大型多人在线角色扮演类游戏中，该游戏都属于非常流行的一款。

《符文寻宝》

国家：美国；创作者：史提夫·培林、格雷格·斯坦福、雷·特尼；发行商：混沌元素

《龙与地下城》第一个真正的竞争对手是《符文寻宝》。这款创新游戏迈出了至关重要的一步，它创造了一个属于自己的刻画细致的幻想背景世界——这是当时

的《龙与地下城》所没有的。斯坦福的作品《格罗安萨》极富创造性，并为角色扮演游戏的发展作出了重要贡献。这款游戏开发的规则系统非常新颖，所有英雄的英雄技能、攻击位置和魔法能力都会用百分比的形式表现出来。

1979 年

《高级版龙与地下城》

国家： 美国；**创作者：** E. 加里·吉加克斯；**发行商：** TSR

这款游戏是对原版《龙与地下城》的一次重大修订、升级和扩展。TSR 公司认为，新的《高级版龙与地下城》能够吸引原版游戏玩家，将他们的大部分精力转向新版本。尽管二者基本规则相同，但与原版相比，高级版更有深度，并且会为各种角色的玩家提供进阶到更高级别所需的信息。它还为英雄增添了许多新选项，增加了咒语的数量和各种魔法物品，并为几乎所有可能情况制定了规则。目前其第五版已经将"高级版"三字从游戏名中删除，它为你带来在任何幻想世界中畅玩游戏所需的一切。还有一系列原始资料向玩家详细介绍游戏初始阶段几个颇受欢迎的世界设定。长久以来，《高级版龙与地下城》各个版本的人气，比其他所有桌上角色扮演游戏加在一起都要高，现在仍是如此。

1980 年

《战斗幻想》

国家： 英国；**创作者：** 史蒂夫·杰克逊、伊恩·利文斯通；**发行商：** 海鹦公司（Puffin）

这是一款非常成功的单人游戏书系列游戏，始于《火焰山术士》。这本书大致基于《龙与地下城》的风格，每本书有 400 个带有编号的文字段落来描述具体的事件、威胁和谜题，并让读者（玩家）选择下一步要做什么（读哪一段）。战斗由掷骰子决定。虽然《战斗幻想》通常被认为创造了单人游戏书系列游戏，但事实上，第一个此类游戏是水牛城堡公司于 1976 年发行的《隧道和巨魔》单人探险游戏。

《中土世界角色扮演》

国家： 美国；**创作者：** 科尔曼·查尔顿；**发行商：** 铁冠公司

《中土世界角色扮演》是第一款得到托尔金《中土世界》授权、并以之为特色卖点的角色扮演游戏。它迅速成为当时第二成功的桌上角色扮演游戏。尽管这款游戏的机制与托尔金的作品并不完全吻合，游戏规则也很古怪，但它还是吸引了大量粉丝。不过最终这款游戏还是由于授权问题被扼杀了。

《吃豆人》

国家： 日本；**创作者：** 岩谷彻；**发行商：** 南梦宫

《吃豆人》给街机游戏带来了全新内容，成功吸引了男女玩家，撼动了整个游戏行业。20 世纪 70 年代末的美国街机游戏主要集中在太空和体育领域，但这一次，这个新的舶来品游戏席卷了街头。它开拓了游戏设计师的视野，引领了一轮街机游戏的创新浪潮。这四个幽灵最初被称为 Oikake（"追逐者"，红色）、Machibuse（"伏击者"，粉色）、Kimagure（"变化无常者"，蓝绿色）和 Otoboke（"笨蛋"，橙色）。

《侠盗》

国家： 美国；**创作者：** 迈克尔·托伊、肯·阿诺德、格伦·威奇曼；**发行商：** AI Design

这是一款经典的独闯地下城类游戏，它借鉴了《龙与地下城》的灵感，创作出了一款没有花哨图像的战略探索类游戏。所有内容都通过文本字母呈现：玩家的英雄是一个"@"符号，而不同类型的怪兽都用它们的首字母表示，例如龙是"D"，吸血鬼是"V"等。其他符号代表武器、盔甲、魔法道具、墙壁和门等。它衍生出一个基于文本的地下城游戏的子类型，即"侠盗风"游戏；在这一子类型下，又衍生出一个基于各种惩罚措施和战略展开，但在其他方面和《龙与地下城》并不相关的次级子类型，即"轻侠盗风"游戏。

《魔域帝国》

国家： 美国；**创作者：** 马克·布兰克、戴夫·莱布林、蒂姆·安德森、布鲁斯·丹尼尔斯；**发行商：** Infocom

《魔域帝国》是《巨洞冒险》衍生的第一款商业游戏，并从中汲取了许多灵感。这款游戏的背景是一个有趣的地下幻想王国，即"伟大的地下帝国"，游戏主要涉及各种形式的探索和解谜。《魔域帝国》及其续作获得了巨大成功，并使交互式小说作为一种游戏风格广受认可。

1981 年

《克苏鲁的呼唤》

国家： 美国；**创作者：** 桑迪·彼得森；**发行商：** 混沌元素

尽管《克苏鲁的呼唤》多次被玩家票选为最佳角色扮演类游戏，但其销量却从未达到《高级版龙与地下城》的水平，甚至连《中土世界角色扮演》也赶不上。这款游戏之所以能在排行榜上名列前茅，部分原因在于洛夫克拉夫特的著作《克苏鲁神话》的强大力量，而游戏的创作正是基于这部神话。这款游戏20世纪20年代的背景设定以及游戏规则很好地重现了洛夫克拉夫特的风格。更重要的是，尽管《克苏鲁的呼唤》很难玩好——在真正的游戏中，想要成功重现规则手册中洛夫克拉夫特式的威胁是很难的——但当游戏进行时，玩家的体验是难忘且无与伦比的。

《冒险游戏》

国家：美国；创作者：维克·托勒密；发行商：依科思迪公司（Exidy）

依科思迪公司是美国早期街机游戏的主要生产商，这是它发行的第一款图像化独闯地下城类游戏。游戏中，玩家控制寻宝射手角色"闪闪（Winky）"在地下城穿行，避开通道中的怪物。不同的房间里还有更多怪物，射手对它们进行射击，并收集宝物。游戏很简单，但富有挑战性，很受欢迎。

《霍比特人》

国家：澳大利亚；创作者：菲尔·米切尔、维罗尼卡·梅格勒；发行商：墨尔本之家

《霍比特人》是早期交互式小说游戏中最优秀的代表之一。游戏与托尔金的原著非常接近，而且是实时进行的——这对交互式小说来说很少见到。这款游戏使用插图来生动呈现不同地点，并有一个非常高级的解析器，允许玩家输入复杂指令。游戏中的非玩家角色具有不同的行为和性格，这让他们变得不可预测，也让游戏变得更有深度。

1983 年

《龙穴历险记》

国家：美国；创作者：里克·戴耶尔；发行商：高级微机系统公司

作为有史以来最为成功的街机游戏之一，《龙穴历险记》与当时市面上的其他游戏完全不同。游戏中卡通图像的画质达到了电影的水平，由迪士尼公司动画师唐·布鲁斯操刀制作。游戏还提供了全新玩法。玩家并不需要操控主角勇敢者德克的动作，它们已经被做成加长版剪辑动画灌制在了游戏光盘上，

会被自动读取和展现，玩家们要做到的是在电光火石般的危急关头瞬间作出抉择和反应。反应太慢或作出错误抉择通常会让玩家角色以一种搞笑的方式死去。

《巫术！》

国家：英国；创作者：史蒂夫·杰克逊；发行商：海鹦公司

作为迄今为止最具野心的早期单人游戏，史蒂夫·杰克逊的《巫术！》比最初的《战斗幻想》系列游戏更长、更复杂。它采用了创新的魔法使用体系，即使不在屏幕上显示某个魔法菜单选项，玩家依然能够施放咒语，从而避免这个选项菜单过于明显（从而干扰玩家视线）。

《圣符国度》

国家：英国；创作者：罗伯特·哈里斯；发行商：游戏工坊

《圣符国度》是对独闯地下城类游戏的另一个尝试，把它变成了一个可玩性更高、可自由设置的游戏。《圣符国度》属于棋盘游戏，棋盘由方块组成。玩家每勇敢地走出一步，棋盘都会发生细微变化，以保持新鲜感。玩家需要让他所控制的游戏主角、追随者和道具一起不断变强，他们会在此过程中不断升级，直到准备好迎接棋盘中心的挑战——使用那里的圣符来消灭对手玩家。之后出现的《英雄任务》是该游戏的模仿者。

《战锤奇幻战争》

国家：英国；创作者：布莱恩·安塞尔、理查德·哈利韦尔；发行商：游戏工坊

死人的军队攻击活人——这是战锤世界一个典型的下午

该游戏发端于游戏工坊为其推出的大型奇幻战斗游戏所制定的一系列规则，随后成功发展成为一整套空前成功的特许经营产业，包括小雕像、游戏和商店。这些规则之后又多次重新发布，现在的版本是《战锤：西格玛时代》。自首版发布以来，游戏的核心用户确实变得更加年轻，但游戏的基本规则并没有多大改变：聚集大量小雕像组成的军队，让他们互相残杀。《战锤奇幻战争》广受欢迎，它演化出了《战锤40K》，这是一款以外太空为背景的暗黑哥特风科幻游戏。《战锤奇幻战争》也是《战锤奇幻角色扮演》游戏之父。

1985 年

《圣铠传说》

国家：美国；创作者：托尼·波特；发行商：雅达利

这是一款上帝视角的奇幻街机游戏，它将《龙与地下城》这一类型游戏的理念发展到了极致，并剥离了其中角色扮演的元素，将主要内容聚焦到了疯狂的打斗中。这款游戏的著名之处在于，它拥有无穷无尽的怪物群，它们会从特殊的生成器中冲出来，当你耗尽能量时，它会发出类似"勇士即将死去"这样阴森低沉的警告，并允许多个玩家同时进行游戏。该游戏演化出了一系列后续版本，其中许多都充斥着暴力的打斗元素，让人看着就疼。

《迷宫骇客》

国家：美国；创作者：杰伊·费纳尔森、安德里斯·布劳维尔、迈克·斯蒂芬森等；独立发布

《迷宫骇客》是一款高级且复杂的"侠盗风"游戏，它是《骇客游戏》的扩展和充实，而《骇客游戏》又是《侠盗》游戏的扩展和充实。与大多数同类型游戏一样，《迷宫骇客》也是许多人共同努力创作的成果，并且是免费发行的。这款游戏被广泛认为是最困难的侠盗风格游戏之一，同时也是最具创新性和深度的游戏之一。它非常复杂又引人入胜，玩家通过各种微妙的方式与环境进行互动。《迷宫骇客》最近一次更新是在2018年4月，直到今天仍然很受欢迎。它衍生出许多扩展和替代版本，包括《迷宫骇客：下一代》等。不过，不要因为它的"图像"基于文本生成就错误地认为它低级粗糙——这实际上是一款非常细致、能提供沉浸式体验又睿智非凡的游戏。

《未知故事第一辑：新冰城传奇》

国家：美国；创作者：迈克尔·克兰福德；发行商：美国艺电公司

《新冰城传奇》充分利用了模拟3D视角，是一款第一视角冒险游戏。游戏中的故事发生在斯卡拉布雷市，现实中它是苏格兰海岸一座古老村庄的沉没废墟。游戏中，这座城市被一个名叫曼加的邪恶巫师占领，并变成了怪物在冬季的避难所。玩家控制六个英雄组成的团队，想方设法打败曼加和他的部落。这款游戏采用相当夸张的随机方式来组合文本输出，因此产生了一系列令人毛骨悚然的旁白，例如"你将以小丑怪的样子直面死亡本身"。虽然游戏的地图比较复杂，但它还是取得了巨大成功，并在之后的数年里不断推出续作。

《入迷》

国家：英国；创作者：大卫·琼斯、理查德·达林；发行商：大师电子

《入迷》是一个创新的奇幻冒险游戏。玩家的英雄叫魔术骑士，与八个来自神话和幻想世界的英豪一起被锁在一个巨大的城堡里。玩家需要告诉同伴们下一步该做什么，甚至要经常提醒他们吃饱喝足，防止被死神带走。玩家需要利用同伴的帮助来解开一系列谜题，并拯救魔法导师金宝，是他错误使用咒语才导致了这一切的麻烦。《入迷》是第一款使用窗口、菜单和图标作为控制系统的游戏，传奇游戏作曲家罗伯·哈伯德还为这款游戏提供了超赞的配乐。

《战锤奇幻角色扮演》

国家：英国；创作者：格雷姆·戴维斯、理查德·哈利韦尔；发行商：游戏工坊

《战锤奇幻角色扮演》是一款全新的奇幻角色扮演类游戏，背景设置与游戏工坊的奇幻战争游戏相同。《战锤》的世界以神话般的中世纪欧洲为基础，黑暗而粗犷。游戏主要的权力斗争发生在"文明"与"混沌"之间。"混沌"的力量显然是邪恶和扭曲的，但"文明"的统治者也很难被称为"好人"，游戏带有一些隐晦的道德寓意。游戏还完全废除了关卡和《龙与地下城》时代的英雄类型，代之以职业体系和职业道路系统，涵盖了从杂技演员到巫师的所有职业。游戏第四版由"小屋7"公司发行。早期游戏线中有一条可供选择的附加支线，如今它已发展成为其中一个具有传奇色彩的重要系列场景，名为"内部的敌人"。游戏第二部作品中的"勃艮哈芬之影"被认为是最优秀的角色扮演类商业桌游场景之一。

《塞尔达传说》

国家：日本；创作者：手家隆、宫本茂；发行商：任天堂

《塞尔达传说》是一款上帝视角的动作冒险游戏，

以当时的标准，其画质非常出色。早在 1986 年，它就已经相当先进，人们至今仍记忆犹新。这款游戏还推出了一系列日式角色扮演游戏风格的续作，并凭借 20 多款续作和衍生作品成为任天堂最宝贵的知识产权之一。该系列的许多游戏都被认为是角色扮演类电子游戏中最优秀的作品之一，特别是 1998 年的《塞尔达传说：时之笛》。顺便说一句，游戏主人公是男精灵林克的不同化身。林克需要帮助公主塞尔达，保卫海拉尔的土地免受恶魔战神加农的攻击。

1987 年

《魔镇惊魂》

国家：美国；创作者：理查德·劳尼尼斯；发行商：混沌元素

这是一款与众不同的桌面游戏，背景设定是在洛夫克拉夫特笔下虚构的马萨诸塞州阿卡姆镇。玩家之间并不存在竞争，他们需要对抗的是游戏本身以及游戏中的倒计时，如果不能按时通关，灾难就会毁灭一切。游戏最后，要么所有玩家都赢了，要么都输了——通常他们都输了。这需要真正的团队合作和计划。这是一款巧妙的游戏，很好地重现了《克苏鲁的呼唤》中的许多游戏设计，包括一些类似角色扮演游戏的元素，并红极一时。奇幻飞翔游戏公司于 2005 年更新了这款游戏，一经发行便立即售罄。

《旧约：女神转生》

国家：日本；导演：冈田浩二；开发商：女神社；发行商：南梦宫

《旧约：女神转生》是日本版的独闯地下城类角色扮演游戏。游戏中，玩家需要杀死由神伊邪那岐释放到世界上的恶魔。伊邪那岐转世为天真无邪的计算机天才赤岛。他需要和校友——女神伊邪那美转世而来的学生由美子一道，去修复玩家把恶魔送回地狱所造成的破坏。这款游戏改编自西谷绫的科幻恐怖小说，并衍生出了一系列大热的续作和衍生作品，包括《真·女神转生》系列以及日益复杂的《女神异闻录》系列游戏。

《最终幻想》

国家：日本；创作者：坂口博信；开发商：史克威尔公司；发行商：史克威尔公司、任天堂

在《最终幻想》中，世界正在衰落，一切都笼罩在黑暗和衰败之下。据说有四个勇士会来，他们是能扭转乾坤的英雄。这就是玩家的切入点。这款游戏是上帝视角的回合制游戏，就像《侠盗》游戏一样，但更漂亮，

有更多的背景故事和角色互动。这款命名不太成功的游戏获得了巨大的成功，并催生出日本有史以来最大的游戏系列之一——已经有超过 100 款游戏，并且还衍生出各种其他类型的作品，例如电影、广播剧、动漫系列、小说、漫画、配乐专辑等。目前该系列包含 15 个主要的子游戏，它们运用的是不同的制作技术，并且游戏的背景设定也不同，其中的一些还衍生出了续集。

《潜伏惊骇》

国家：美国；创作者：戴夫·莱布林；发行商：Infocom

这是一款很棒的洛夫克拉夫特式冒险游戏，你将扮演美国一所大学的计算机科学专业的学生。当你正努力完成作业时，一场暴风雪把你和一些奇怪的人困在了一起。而校园里确实正发生着一些非常奇怪的事情。这是一款真正令人毛骨悚然的游戏，氛围感极佳且风格独特，并注入了一些非常有趣的元素。

1989 年

《野兽之影》

国家：英国；设计者：保罗·霍沃斯；开发商：思考互动；发行商：赛格尼斯公司

《野兽之影》游戏在当时画面漂亮、氛围感强，拥有 12 个视差滚动关卡（视差滚动 Parallax Scrolling，是指让多层背景以不同的速度移动，形成立体的运动效果，带来非常出色的视觉体验。作为网页游戏设计的热点趋势，越来越多的网站应用了这项技术。——译者注），大卫·惠特克（David Whittaker，英国著名电脑游戏作曲家，以其在 20 世纪八九十年代早期创作的许多不同格式的电脑游戏曲调而闻名。——译者注）对其评价极高。它在 Amiga 操作系统（Amiga 计算机的特点为高分辨率、快速图形响应和能够执行多媒体任务，特别是在游戏方面做了专门设计。——译者注）上大受欢迎，并迅速应用于其他操作系统。玩家控制着一个被诅咒的野兽战士，他需要在游戏中击打怪物、躲避导弹和适应复杂的多平台，并在这过程中恢复人性。目前，该游戏已有数部续作和一部重制作品。

《剑世界》

国家：日本；创作者：水野良、清松美幸；发行商：富士见书房

《剑世界》是日本最著名的桌面角色扮演游戏之一，游戏设置与《龙与地下城》相似。这款游戏开创了"回放"的概念，即向玩家展示商业制作、编辑真实游戏过

上图、右上图：
在《毁灭战士》中，幻想、科幻、恐怖和大型枪支等元素融合在一起

程所产生的文本。这也被称为"真实回放"。该游戏催生了一系列节目、视频和文本系列电子游戏，以及一种尝试将大型多人网游体验改编成小说的新兴游戏类型。《剑世界2.0》发布于2008年4月，带有全新的设置和令人耳目一新的电子竞技体验，以及更多的英雄角色选择。

1990年

《安格班德》

国家：美国；**创作者**：亚历克斯·卡特勒、安迪·阿斯特兰德；独立发布

这是一款比较优秀的"侠盗风"游戏，在早期游戏《摩瑞亚》的基础上进行了实质性修改和扩展。就像许多"侠盗风"游戏一样，《安格班德》仍在不断进行扩展、更新和完善。虽然《摩瑞亚》的名字取自托尔金笔下中土世界的巨型矿，但它实际上与中土世界没什么关系，不过《安格班德》试图通过大幅强化托尔金风格来找回游戏和中土世界之间的平衡关系。它增加了许多令人印象深刻的玩法改进，这些改进也广泛应用于其他"侠盗风"游戏。《安格班德》很快超越了《摩瑞亚》，并随之推出了一系列其他版本。

1991年

《部落传奇》

国家：英国；**创作者**：菲尔、苏·巴克、理查德·斯科特；**发行商**：战争游戏研究组

《部落传奇》可能拥有奇幻战争游戏中最受尊敬的一套游戏规则，它源自卓越的历史战争游戏的规则系统——首领警报核心（DBM）。一组组小雕像被排列在大桌子上，每一组被称为一个元素，每个玩家轮流移动和部署他们的元素，并与敌军交战。这款游戏非常灵活。与其他游戏不同的是，它没有指定的军队类型，玩家可以随心所欲创建自己的军队。

《无冬之夜》

国家：美国；**创作者**：唐·达格洛；**开发商**：风暴前线工作室；**发行商**：SSI

《无冬之夜》以《龙与地下城》的封禁之地为背景，是第一款图像化大型多人网络游戏。它是对老式多用户网络游戏的一次重大革命，吸引了美国在线公司（AOL）的用户蜂拥而至。虽然它在1997年因配股问题而被迫关闭，但却为《网络创世纪》的成功打下了基础。

1992年

《眺望边缘》

国家：美国；**创作者**：罗宾·劳斯、乔纳森·推特；**发行商**：阿特拉斯游戏公司

《眺望边缘》是一款超现实的魔幻现实主义游戏，带有强烈的幽默感和贯穿始终的无政府主义思想。游戏中，阿玛贾岛可以说是外来势力入侵和统治世界的滩头堡——它所面对的入侵威胁不止一个，而是有好几个，而且这些威胁之间也彼此敌对。此外，游戏中还有很多本土派系——无政府主义者、巫师、巫毒教牧师和其他恶人组成的阴谋集团

以及一些强大但奇怪的个体。英雄们在毫不知情的情况下被扔进了混乱之中，然后事情变得疯狂起来。该游戏还催生了一款以相同环境为背景的热门交易卡牌类游戏《疯狂边缘》。

《创世纪地下世界：冥河深渊》

国家：英国；**创作者**：保罗·尼拉斯、道格·丘奇；**导演**：理查德·加里奥特；**开发商**：蓝天产品公司；**发行商**：起源系统

当起源系统游戏公司发行《创世纪地下世界》时，《创世纪》系列游戏已经作为一部类似于《冰城传奇》的地下城冒险类游戏运行了数年之久。和前作一样，《创世纪地下世界》将游戏背景设定在奇幻王国不列颠尼亚，即奇幻的中世纪英国。这款游戏与前作大体内容差不多，但其独特之处在于，它是首款完全在电脑上运行的三维角色扮演类游戏，并且迅速成为了一款经典之作。

1993年

《毁灭战士》

国家：美国；**创作者**：约翰·卡马克、约翰·罗梅罗；**导演**：汤姆·霍尔；**开发商和发行商**：ID软件

美国游戏公司"ID软件"以一款以第二次世界大战为背景的游戏《德军总部3D》彻底改变了计算机游戏行业，游戏的主要内容是围绕一座城堡向里面的纳粹敌人射击。该游戏以第一视角展现，并且周围环境随着主角位置的移动连贯流畅地进行改变，这是玩家第一次在游戏中获得如此逼真的视觉体验，玩家不需要再从一个位置突然切换到另一个位置，而是可以一步一步地前进、探索，环顾事物的周围与背后，并与环境互动。玩家在游戏中进行移动的感觉与现实世界中的真人较为接近。这款游戏技惊四座，并为电脑游戏的后续发展奠定了基础。《毁灭战士》是《德军总部3D》的续作，将现有技术推向了极致。它是一部洛夫克拉夫特式的未来主义奇幻恐怖片，画面比《德军总部3D》更加精细。玩家在令人毛骨悚然的外太空科学实验室周围，击退恶魔、僵尸和其他怪物。ID软件公司灵光一闪，找到了《克苏鲁的呼唤》的设计师桑迪·彼得森来帮助他们设计游戏的外观和风格。这款游戏本来可能只是一款热门游戏，然而彼得森天才的设计使它成为了传奇。它定义了全新的第一视角射击类游戏流派——尽管该类游戏已远远落后于现在的科技和图像技术，游戏产业也取得了很大进步，但第一视角射击类游戏仍然颇受欢迎，它的理念已被应用到几乎所有需要处理器的科技产品中，包括示波

器、汽车、老式自动提款机，甚至是烤面包机。

《万智牌》

国家：美国；**创作者**：理查德·加菲尔德、彼得·阿德基森；**发行商**：威世智（又名海岸巫师）

这是一款极具创意的卡片收集游戏，玩家扮演参与决斗的巫师，召唤怪物互相攻击，并施放强大的咒语。玩家在决斗时持有的纸牌就代表此刻能够施放的咒语，所以在游戏开始前必须准备好一副60张左右的游戏纸牌。效仿足球贴纸公司，该游戏共推出了近300张卡牌，以随机的60张卡牌整包出售，同时发售15张随机卡牌组成的增强卡包。其中一些卡牌很常见，但其他的则较少见甚至非常罕见；想要集齐一整套卡牌，你需要大量购买，或者在朋友间进行非常精明的交易。但这样就带来一个好处，你永远不知道对手有什么牌，这会让玩家始终保持兴奋。一个精密、复杂且均衡的游戏体系有助于维持玩家的兴趣。最初6个月印制的纸牌在短短几周内就宣告售罄，而目前这款游戏依然畅销。原版卡牌已经加入了限时出售的拓展卡集，而基础的"核心系列"游戏也经过了多次修改。该公司现在是游戏巨头孩之宝公司的一部分。《万智牌》依然是一款优秀的游戏，它赢得了梦寐以求的门萨俱乐部"年度最佳益智游戏"奖。这款游戏现在拥有超过200余套、共计2万多张不同的卡牌，其中最古老、最稀有、最强大的卡牌可以卖到数千美元。

《神秘岛》

国家：美国；**创作者**：罗宾·兰德·米勒；**开发商**：青蓝世界；**发行商**：布约德邦软件公司（Brøderbund）

这是一款极具开创性的视觉冒险游戏，玩家需要在一个美丽的现实世界探索和解开谜题。游戏的图像是静态的，而不是动态的——就像以前的文本位置一样，只不过用图片替代了文字——但这意味着它们可能是真正的计算机艺术作品。这款游戏吸引了大量粉丝，但因为它并不是很成熟，冒险类游戏粉丝对它的感觉两极分化，这有点像人们对马麦酱的态度。

1994年

《龙骰子》

国家：美国；**创作者**：莱斯特·史密斯；**制作商**：TSR

其他公司对《万智牌》的成功毫无预判，在这种游戏中，玩家不得不多次购买卡牌，因此带来了巨大的盈利能力。于是他们争相进入这一新游戏体裁获利。TSR

《神秘岛》凭借出色的渲染图像和吸引人的奇幻世界设置获得了巨大的成功

尝试推出了一款小型动漫游戏《魔焰》，但制作得很糟糕，因此市场表现不佳，之后他们就在《龙骰子》中投入更多精力。这是一款基于骰子的奇幻战斗游戏，骰子以随机包的形式出售，其中包含各种稀有的骰子。虽然它受到好评，但从未达到《万智牌》那种受欢迎程度。

《异教徒》

国家：美国；导演：布莱恩·拉菲尔；开发商：乌鸦工作室；发行商：ID 软件

这款中世纪奇幻游戏改编自《毁灭战士》，玩家是一名异教巫师，他将与邪恶的恶魔德斯帕里尔对抗。它运用了与《毁灭战士》相同的游戏模板，但增添了许多有趣功能，例如能够进行库存管理和上下查看。这款游戏获得了成功，但缺少了让《毁灭战士》能够与众不同的那种氛围感。推出该游戏后，乌鸦工作室又继续与 ID 软件公司合作了很长一段时间——它们的办公地址一度位于同一条街上，直到动视公司收购了它们，并让它们联合制作游戏《使命召唤》。

《魔兽争霸：兽人与人类》

国家：美国；制作人：比尔·罗珀、帕特里克·怀亚特；开发商和发行商：暴雪娱乐

虽然不是第一款战争类电脑游戏，但《魔兽争霸》确实是最为畅销的一款，这是其他同类型游戏所没有做到的。很明显，被搬到计算机上的战争游戏能够省去很多繁琐过程，但计算机游戏的竞争对手们却不高兴了。《魔兽争霸》为网络游戏树立了新标准，它允许两名玩家在不同的电脑上对抗。这款游戏细节丰富、描绘全面、制作精良。魔兽争霸系列游戏发展势头良好，其大型多人在线游戏《魔兽世界》依旧世界闻名。

1995 年

《卡坦岛拓荒者》

国家：德国；创作者：克劳斯·特伯；发行商：科斯莫斯（Kosmos）

《卡坦岛拓荒者》是一款开创性的策略桌游。它的传奇之处在于它对几乎所有玩家都具有吸引力，无论是游戏新手还是老玩家，因为它实在太出色了。玩家通过收集和交易原材料、建造定居点和道路来轮流控制卡坦岛，并应对随机灾害和其他事件。这款游戏包含大量扩展包、各种场景、改编和衍生产品，拥有无数狂热追捧者。最新的游戏版本

在 2015 年推出，被简称为《卡坦岛》。

《暗影格斗》

国家：美国；创作者：罗宾·劳斯、何塞·加西亚；发行商：代德鲁斯游戏公司

作为最具创新性的交易卡牌游戏之一，《暗影格斗》有意弥补了《万智牌》的一些缺点，特别是超过两名玩家一起进行游戏时体验不佳这一短板。《暗影格斗》所展示的是中国香港武侠片中充满活力的武侠风格，背景设定在一个滑稽的时空穿越世界中，在那里古代僧侣、拟人化的动物精灵、未来科技怪物和恶魔王子相互争斗。玩家的目标是控制足够多的能量点，并以神秘的方式把对手炸入地狱。游戏有大量扩展包和修订，目前由维图什塔（Vetusta）游戏公司以固定卡包的形式发行。

1996 年

《暗黑破坏神》

国家：美国；制作人：比尔·罗珀；开发商：暴雪北方工作室；发行商：暴雪娱乐

随着暴雪公司的独闯地下城类游戏成为经典，"侠盗风"游戏终于走向成熟。《暗黑破坏神》是一款采用等轴视角（等轴视图即斜 45°视图，是一种在 2D 游戏中制造 3D 效果的显示方法，有时我们也称它为伪 3D 或 2.5D。——译者注）呈现的地下城冒险游戏。地下城分为不断蔓延的 16 层，各种怪物不断出没，迷宫和洞穴遍布其中。位于顶部城镇的玩家有机会购买和出售物资、进行聊天甚至获得任务。玩家越往下走，游戏就越困难，但英雄也会变得更强，级别也会提高，能够拾取或购买更加强大的装备。这是一款很棒的游戏，获得了巨大成功，随之也推出了类型丰富的特许经营业务。

《宝可梦红蓝》

国家：日本；创作者：田尻智；开发商：游戏怪物；发行商：任天堂

《宝可梦红绿》是这款久负盛名的游戏的雏形，世界各地的孩子们都在这款游戏中寻找、捕捉、不断补充自己收集的小怪物，并互相战斗。这款可爱游戏背后的理念是，人类与许多不同种类的宝可梦精灵（"口袋妖怪"）共享这个地球。宝可梦精灵们被捕获后，可放入特殊的球中，经过训练提高等级和能量，并在非致命决斗中作为战士使用。不同的精灵拥有截然不同的力量和能力，可以在不同的地点被找到。但它们的稀有度不同，有的只能靠交易才能得到。在这款游戏的不同版本中（包括稍晚推出的蓝黄特别版），宝可梦精灵的种类也稍有不同。收集齐一整套小精灵——正如"抓住所有！"这游戏口号所说——是一项艰巨的任务。目前为止，基于这款游戏的特许经营权是全世界收益最高的，其周边和衍生作品种类涵盖了能够想象到的几乎所有表现形式。

1997 年

《地下城守护者》

国家：英国；导演：彼得·莫利纽克斯；开发商：牛蛙公司；发行商：艺电公司

这是一款有趣的小游戏，它的出色之处在于，让玩家负责维护一个遍布怪物的地下城，同时阻止英勇的冒险家以善良之名进行大规模杀戮和掠夺。玩家能够对游戏环境进行强有力的控制，很多地方的控制手感出色。该游戏获得了众多好评和大量关注，之后数年间催生了许多跟风效仿者。

《最终幻想 7》

国家：日本；导演：北濑佳范；开发商和发行商：史克威尔公司

《最终幻想 7》是一款充满暗黑想象力的角色扮演类电脑游戏，玩家通过战斗拯救世界，使其免于被科技造成的灾难所毁灭的命运。它是最成功的《最终幻想》系列知识产权作品之一，已经衍生出众多续作、改编、漫画书，甚至还有一部令人印象深刻（甚至有点儿疯狂）的全时长动画电影。它被公认是有史以来最好的电子游戏之一。

《网络创世纪》

国家：美国；导演：斯塔尔·隆；开发商：起源系统；发行商：艺电公司

作为第一款成功的大型多人在线角色扮演类游戏，《网络创世纪》的背景设定在地下城冒险系列游戏长久以来建立的故事背景之中。玩家拥有多种多样的玩法选项，从组建庞大军队突袭邻近领土，到组团去遍布怪兽的地下城完成任务，或只是互相攻击、大声谩骂——这已成为该游戏体裁的标准设置。这款游戏建立了自己忠实的粉丝基础，现在仍在运行，并且完全免费。

1998 年

《冥界狂想曲》

国家：美国；导演：蒂姆·谢弗；开发商和发行商：卢卡斯艺术

这是一款富有想象力的游戏，深深根植于墨西哥神

话，通过一种艺术装饰风格来展现死亡之地的腐败和阴谋。游戏主角曼尼·卡拉贝拉被卷入一个超级神秘事件，他发现黑帮甚至在死后还能继续作案。这是一款经典的冒险游戏，在应用到一些现代游戏平台后，依然表现良好。

《神偷：暗黑计划》

国家：美国；导演：格雷格·洛皮科洛；开发商：镜子工作室；发行商：艾多斯游戏公司

《神偷：暗黑计划》游戏的第一个幻想主题被称为"偷袭他们！"。游戏中，玩家在一个名为"守护者"的神秘组织的命令下，秘密潜入一系列任务。尽管游戏名字如此，但玩家的目标是拯救世界，而非中饱私囊。这款游戏绝对适合那些有耐心、擅长探索复杂环境、同时有精准控制力的玩家。作为一款经常出现在最佳游戏榜单上的游戏，它衍生出多部续作，并对整个游戏产业产生了巨大影响。

《未知军团》

国家：美国；创作者：格雷格·斯托尔兹、约翰·泰恩斯；发行商：阿特拉斯游戏公司

作为独立创作的最佳角色扮演桌面游戏之一，《未知军团》讲述的故事关乎沉迷、权力以及现实背后隐藏的力量。游戏背景混合了历史更替、阴谋论、象征主义、黑暗奇幻和城市恐怖等元素，利用它们创造出一个全新的、充满神秘感的神话世界。这里没有《X档案》中的圈套。奇怪的超自然阴谋潜伏在最意想不到的地方——快餐店、农场、董事会议室和一场网络测验中。对于那些为了满足自己的扭曲欲望而决意破坏现实的可怜傻瓜们，他们可以运用魔法，并准备好付出足够多可怕的神秘牺牲，来获取权力。而另一群人则选择服从现实，一心想要从比他们更优秀的人那里攫取不可思议的利益——甚至取代他们。《未知军团》有大量热情的追随者，包括蒂姆·鲍尔斯和大卫·林奇、詹姆斯·埃尔罗伊和罗伯特·安东·威尔逊，目前已发行了第三版。

1999 年

《无尽的任务》

国家：美国；制作人：布拉德·麦奎德；开发商：维兰特（Verant）互动公司；发行商：索尼在线娱乐

《无尽的任务》是一款真正获得巨大成功的大型多人网络角色扮演游戏，粉丝评价其"令人无法自拔"。该游戏创建了一个巨大的三维帝国——诺拉斯世界，它有自己的政治体系、经济和行业结构以及社会元素。关于这个世界甚至还出现了一个小丑闻：有报纸发现，游戏中一种虚拟形式的性交易已经变得普遍。英雄在战斗中发挥着核心作用，为了应对挑战，进行团队协作、明确自身职责非常重要。然而，老玩家的垄断可能会让新手难以进入，这也是大型多人网游的一个普遍问题。即便如此，《无尽的任务》也向其他游戏公司展示了，100多万用户每月支付的授权费可以带来多大收益。这款游戏目前的发展势头依旧强劲。

《诺布利斯》

国家：美国；创作者：詹·K.莫兰；发行商：灯塔出版社

《诺布利斯》是一部想象力丰富、文字优美的角色扮演类桌游，讲述了原本互相敌对的天使派系共同战斗和抵御来自另一个维度的黑暗入侵者军队的故事。玩这款游戏，玩家需要有想象力、敏锐性和天生的审美能力，游戏规则也有点儿苛刻，所以尽管它很有影响力并受到好评，但经济收益不佳。这款适合在咖啡桌上进行的华丽风格游戏的第二版由詹姆斯·沃利斯的传奇英国角色扮演游戏公司制作，粉丝称其为《大白书》。

《异域镇魂曲》

国家：美国；设计者：克里斯·阿瓦隆；开发商：黑岛工作室；发行商：互动娱乐

尽管发行过程并不顺利，但《异域镇魂曲》已经成为了真正具有传奇意义的电脑游戏之一，它经常与《网络奇兵》《吸血鬼：避世之血族》《寂静岭2》《杀出重围》被相提并论。从奇怪的多平面中心城市西吉尔到不同寻常的主角，再到栩栩如生的游戏画质和阿瓦隆出色的剧本，该游戏有很多让玩家津津乐道的地方。游戏背景采用了现成设计，也就是《龙与地下城》中的战场。游戏规则也是基于《高级版龙与地下城》的规则。与大多数角色扮演游戏不同的是，这款游戏更加强调对话而非战斗。毫无疑问，这款游戏在推动角色扮演类电脑游戏产业的发展方面进行了长足的探索。2017年，在设计者克里斯·阿瓦隆的指导下，该游戏发布了增强版，以适应现代游戏主机的功能，并恢复了部分丢失的原始内容。

2000 年

《爱丽丝梦游魔境》

国家：美国；导演：亚美利加·麦基；开发商：罗格娱乐；发行商：艺电公司

游戏《爱丽丝梦游魔境》是对原著《爱丽丝梦游仙

境》一次精彩但又具有颠覆性的重新演绎，充满黑暗风格。游戏中，紧张性精神病患者爱丽丝陷入了自身的疯狂与罪恶之中，这些疯狂与罪恶化身为一片邪恶的魔境。为了逃出自己思想的禁锢，爱丽丝必须杀出一条血路，除掉让自己痛苦的根源——那个生病的红桃皇后。游戏出色的配音吸引了众多玩家，特别是"爱丽丝和柴郡猫"这段戏码。游戏的导演亚美利加·麦基曾是《毁灭战士》制作团队的一员，这表明这款游戏可能并不适合儿童。受哥特亚文化的强烈影响，这款游戏充满了血腥暴力和冷酷滑稽的风格，在很多方面也让人感到不适——但它真的是一款非常优秀的游戏。

《博德之门2：安姆的阴影》

国家：美国；导演：詹姆斯·欧伦；开发商：拜奥软件；发行商：黑岛工作室

《博德之门2：安姆的阴影》是一款开创性的电脑角色扮演游戏，背景设定与《被遗忘的国度》相同，游戏规则基于《高级版龙与地下城》。玩家控制着六个英雄组成的团队，游戏背景是一系列可爱的静态图像，比屏幕大许多倍，与活动的人物形成反差。从游戏可玩性、情节复杂度、游戏现实感、任务设计和游戏引擎的精细程度来看，这款游戏取得了重大突破。在玩家的控制下，英雄们可以互相聊天，建立关系，甚至一怒之下离开团队。玩家可以是善良的，也可以走邪恶路线；可以取悦一部分英雄，也可以让另外几个感到厌恶。这款游戏变得越来越庞大，并发展出了自己的衍生游戏（续作）《博德之门2：巴尔的王座》。

《暗黑破坏神2》

国家：美国；导演：埃里希·谢弗、马克斯·谢弗、大卫·布雷维克；开发商：暴雪北方工作室；发行商：暴雪娱乐

这款游戏在原作《暗黑破坏神》的基础上取得了重大进展，增加了城镇、荒野、丛林、坟墓、地下城、地下墓穴和失落之城等场景，甚至还包括频繁出现的地狱。相比原作，游戏的方方面面都得到了极大的改进与扩展，例如你可以与世界上的其他玩家进行互动，也可以获得令人眼花缭乱的魔法宝藏。作为一款基础的大型多人在线游戏，它还为玩家提供了进行线上游戏的选择。扩展包《毁灭之王》增加了一个全新的内容层级。《暗黑破坏神2》被广泛认为是迄今为止最为优秀的骇客砍杀类（《骇客砍杀》是一款动作解谜游戏，最大的特点是，只要玩家懂得编程就可以修改游戏里几乎所有的东西。——译者注）角色扮演电脑游戏。至今，它依然深受玩家喜爱，并且始终位列最受欢迎游戏榜单的前十位。令人惊讶的是，在游戏获得巨大成功后，暴雪公司对整个制作团队的态度非常糟糕，以至于他们集体离职，另立门户。

《龙与地下城第三版》

国家：美国；创作者：蒙特·库克、斯基普·威廉姆斯、乔纳森·推特；发行商：威世智

《龙与地下城》在2000年进行了最为彻底的重新制作。删除了上一版令人生厌的"高级"二字，削减了大量设置和元素，整体进行精简并改进了规则，整个游戏得到了大刀阔斧的改造。然而，真正的革命是"开放游戏许可"——这套规则系统有自己的名字"D20"，它是以《龙与地下城》解决战斗所用的二十面骰子命名的。其他公司获得了基于"D20"系统制作游戏和扩展包的免费许可——当然，它们不能重印发行这套规则系统；玩家还是得从发行商威世智那里购买。2003年，威世智发布了这款游戏的修订版——《龙与地下城3.5》，它对第三版做了很多调整和微小的改进。

2001年

《自深深处》

国家：波兰；创作者：迈克尔·欧拉克斯；发行商：波塔尔公司

《自深深处》是一款暗黑风格、令人非常不安的心理剧游戏。它鼓励玩家通过信件交流的形式来进行集体创作，实现游戏中的在线互动，同时也引导玩家以一种"偏执精神分裂症"般的视角看待世界，由此来创造一种洛夫克拉夫特式的恐怖感。在街上，有位西装革履的人看着你从他面前走过，而他可能是位狂热的信徒。你以前见过他吗？他以前见过你吗？你最好回到家，把这段遭遇写在纸上，寄给你的神秘知己。这种玩法的游戏很有趣，但对缺乏强烈自我意识和现实感的人来说可能有些危险，会让他们分不清自我与游戏角色、虚拟与现实。

《鬼泣》

国家：日本；导演：神谷英树；开发商和发行商：卡普空株式会社

《鬼泣》的主角但丁是该系列的标志性角色，他是一位具有超自然能力的私人侦探，为了保护地球与黑暗势力作斗争。半人半魔的他，还具有不可思议的运动能力。他时不时地施放法术，以恶魔的形象示人。这款游戏比较困难，过程紧凑激烈，极具个性风格。它吸引了大量的忠实粉丝，并衍生出各种续作、小说和漫画等。

《古堡迷踪》

国家：日本；导演：上田文人；开发商：SCE 日本工作室和 ICO 团队；发行商：索尼电脑娱乐公司

《古堡迷踪》是一款令人惊叹的图像冒险游戏，讲述了一个长着犄角、被遗弃在废弃城堡里的小男孩的故事。游戏的目标是将他带到安全的地方。玩家还需要护卫小男孩的神秘狱友约达公主，她是唯一能够打开城堡周围魔法之门的人。《古堡迷踪》设计巧妙、图像精美、氛围迷人，是一部游戏杰作，提高了图像冒险类游戏的水准。

《指环王》

国家：德国；创作者：赖纳·尼齐尔；发行商：科斯莫斯

这是一款由传奇的德国设计师赖纳·尼齐尔设计的托尔金风格的桌面游戏，玩家将与索伦的力量展开对抗，以摧毁魔戒。由于广泛的合作，该游戏业绩可观。这既因为它自身有众多优点，也得益于人们对彼得·杰克逊拍摄的《指环王》电影的浓厚兴趣。

《江湖》（简称《RS》）

国家：英国；创作者：安德鲁、保罗·高尔；开发商和发行商：杰格克斯有限公司

《江湖》目前已发布第三版。2019 年，这款早期最为成功的免费大型多人在线角色扮演游戏仍拥有超过 100 万的玩家。游戏的背景是中世纪的幻想世界"杰林诺"，这个世界被划分成许多区域，它们风格各异，特点不同。以现代图像技术标准来看，游戏的画面相对简单，但这却使游戏可兼容网页浏览器和手机，这有助于维持人气。

《濒死的地球》

国家：英国；创作者：罗宾·劳斯；发行商：佩尔格莱恩出版社（Pelgrane Press）

佩尔格莱恩出版社邀请数位最优秀的桌上角色扮演游戏设计师制作了这款游戏，不仅玩起来非常有趣，还完美重现了杰克·万斯的小说《濒死的地球》的特有风格。事实上，万斯本人也热心参与了游戏制作。就像万斯自己的作品一样，《濒死的地球》这款角色扮演游戏现在已经难觅踪迹，但却非常值得一试。

《热血传奇》

国家：韩国；开发商：娱美德娱乐有限公司；发行商：数码兄弟公司（Digital Bros）

作为亚洲最受欢迎和最成功的"族群奇幻"类大型多人在线游戏之一，《热血传奇》虽然规则简单，但它的游戏世界充满趣味。值得一提的是，它曾经主宰了中国市场，一度宣称拥有 1.2 亿玩家。2004 年，游戏的补充版——《热血传奇 3》发布，它与前作相似但制作更加精美，也取得了不错的成绩。

诺基亚手机游戏《调音》

国家：荷兰；创作者：朱斯特·范·莱姆特、西西科·贝尔达；开发商：Human-i 工作室；发行商：诺基亚

1999—2003 年，诺基亚一年一度推出了一系列促销性质的在线互动游戏，最后一次是在 2005 年。其中，2001 年发布的《调音》是最成功的。这款游戏通过电话、短信、电视、广播、报纸广告和互联网网站与玩家进行交流。故事讲述的是一位名叫阿尔法的滑板健将试图帮助她的朋友们从一家神秘公司逃脱的故事，因此游戏弥漫着一种神秘的基调。这款游戏令人身临其境、印象深刻，故事脚本制作精良，是诺基亚最为优秀的游戏作品。

2002 年

《地牢围攻》

国家：美国；创作者：克里斯·泰勒；开发商：GPG 工作室；发行商：微软

作为微软对《暗黑破坏神 2》的回应，《地牢围攻》这款游戏似乎有点儿没找到重点。虽然它的图像出色、容易上手，但却过于平铺直叙。该类游戏的重点应该是战斗，相比《暗黑破坏神 2》只提供给玩家一个英雄去控制和养成，玩家在《地牢围攻》中却拥有一支完整的军队，这让它更像是一种策略游戏而非打怪游戏。虽然这款游戏的角色扮演元素能够吸引众多玩家，但却缺乏真正的深度。它在角色扮演和骇客砍杀这两种类型之间定位模糊，不过却成功推出了几部续作和数部衍生电影。当然，它们的导演都是乌维·鲍尔（第三章《地海传说》曾提到过，以翻拍游戏而闻名，不过作品都很糟糕。——译者注）。

《永恒的黑暗：理智的安魂曲》

国家：加拿大；导演：丹尼斯·迪雅克；开发商：硅骑士；发行商：任天堂

这是一部带有强烈洛夫克拉夫特风格的时空穿越惊悚游戏，玩家将穿越到不同时代，去解开一个古老谜题。值得一提的是，它以自己的理智系统而闻名——当玩家的英雄暴露在各种各样震撼人心的恐怖之中，他的理智值就会下降。当英雄的理智值较低，游戏就开始真正令人不安起来——会出现各种奇怪噪声、视觉干扰、设备

假故障和其他怪事儿，例如流血的墙壁等。虽然它广受好评，但销量却不尽如人意。

《无冬之夜》
国家：加拿大；导演：特伦特·奥斯特；开发商：拜奥软件；发行商：英宝格

这是一款令人印象深刻的电脑角色扮演游戏，虽然它的背景与《龙与地下城：被遗忘的国度》相同，但却成功超越了该题材许多的旧限制。首先，玩家可以直接控制一个英雄，这帮助很大。此外，这款游戏的故事线很有趣，包含多玩家游戏功能，还有一个关卡设计系统可以让粉丝创作自己的个性内容。这就产生了海量的玩家自创场景，其中的一些非常出色，有的甚至比原作还要好。"地下城之主"这一游戏插件甚至以图像的形式取代了传统的纸笔游戏。还有一些基于《无冬之夜》游戏引擎的业余大型多人网络角色扮演游戏，如《阿弗里斯》，任何购买了原版游戏的玩家都可以玩这款游戏。2006年，另一家公司推出了该游戏的续作，但却丢失了原作的大部分亮点。

《上古卷轴3：晨风》
国家：美国；导演：托德·霍华德；开发商：贝塞斯达游戏工作室；发行商：贝塞斯达软件公司

《上古卷轴3：晨风》是首款对真实桌面角色扮演游戏风格进行重塑的电脑游戏。这款游戏的故事发生在一个巨大、几乎完全开放的幻想国度中，它让《上古卷轴》系列游戏获得了真正的成功。这在很大程度上归功于这款游戏千奇百怪却引人入胜的背景和情节。虽然游戏有一个必须要完成的主线任务，但你完全可以忽略它去继续探索，发现其他任务线，加入（并掌管）一个或多个组织，寻找传奇宝藏，进行朝圣或做善事，甚至随心所欲地四处闲逛。游戏内容异常丰富，优质的图像也为其添彩。这款游戏很快赢得了大量粉丝。目前，它仍持续保持图像更新，并将其加载到新的游戏引擎中，为游戏模块增添新内容，使游戏永葆活力。

2003 年

《恶魔城：无罪的叹息》
国家：日本；制作人：五十岚孝司；开发商和发行商：科乐美

《恶魔城：无罪的叹息》集探索、解谜、策略和骇客砍杀类型于一体，是一款引人入胜的游戏。游戏时间设定在公元1094年，情节按照时间顺序展开。它是首款保持长期运营的中世纪奇幻恐怖游戏，讲述了贝尔蒙特家族与强大邪恶的德古拉伯爵之间的持续争斗。在这一版游戏中，德古拉绑架了利昂·贝尔蒙的爱人，玩家的任务是引导贝尔蒙把爱人找回来。当然，营救可怜的萨拉需要进行大量艰苦的调查和激烈的战斗。

《龙与地下城》迷你游戏
国家：美国；创作者：罗伯·海因索、斯卡夫·艾利阿斯；制作商：威世智

自起源于战争游戏的《龙与地下城》问世以来，角色扮演游戏玩家就开始使用微型雕像作为游戏的视觉辅助工具。然而，制造铅制雕像需要花很长时间，所以威世智官方推出了《龙与地下城》的塑料雕像，它们被预先涂绘好颜色，并像《万智牌》一样，常见、不常见甚至罕见的小雕像被随机装进盒子里进行出售。需要的时候，你可以用它们来开始一场最基础的战争游戏。塑料雕像的队伍很快壮大起来——截至2011年该系列停售时，已经有超过1200种不同的小雕像，其中大约三分之一非常罕见。

《波斯王子：时之砂》
国家：加拿大；导演：帕特里斯·迪西莱茨；开发商：育碧蒙特利尔工作室；发行商：育碧娱乐软件公司

这是创始人乔丹·麦其纳第一次以完全三维的形式呈现该系列游戏。游戏中，倒霉的王子意外地将自己的父亲和他们的军队变成了魔法僵尸。当然，邪恶的首相大臣才是幕后黑手。这款游戏非常漂亮，包含许多令人眼花缭乱的蹦跳、跃起和筋斗翻跃动画动作，还有屠杀僵尸和巧解谜题环节。此外，它还衍生出了无数续作以及一部电影。

《灵魂能力2》
国家：日本；导演：大久保金、手冢吉孝；开发商：灵魂项目；发行商：南梦宫

《灵魂能力2》是《灵魂能力》系列的第三部作品，这是一款基于奇幻剑术的格斗游戏。游戏中，玩家需要掌握一系列令人眼花缭乱的手动按键以及它们之间的不同组合，这样才能操纵角色在漂亮的竞技场中砍杀一系列制作精良的动画敌人，主持公道正义。就像所有格斗游戏一样，你最好与朋友一起玩，而不是打单机。目前，该系列已扩展至12款游戏，广泛应用在各种游戏平台。

在《灵魂能力 2》的竞技场战斗中，骑士、恶魔和他们手里的宝剑非常突出

2004 年

《艾伯伦》

国家：美国；创作者：基斯·贝克；发行商：威世智

当年，威世智发布征集公告，邀请玩家提交一页纸的设计方案，创建一个新的《龙与地下城》战役场景。前三名将获得进一步资金支持，而最终胜出者将得到一整套 D20 系统游戏工具来完成设计。很多人都认为威世智这么做真的是疯了。在收到 11000 多个作品之后，他们最终选出了满意的方案。《艾伯伦》是其中的佼佼者。它融合了《夺宝奇兵》《断头谷》《童梦失魂夜》的游戏感觉，创造出一种在黑暗的、略带蒸汽朋克风格的奇幻背景中进行高难度武打动作的游戏体验。自那以后，《艾伯伦》一直是《龙与地下城》系列游戏的一部分，并于 2018 年发布了第五版。

《塞尔达传说：四之剑+》

国家：日本；导演：铃木利明；开发者：任天堂情报开发本部；发行商：任天堂

《塞尔达传说：四之剑+》是一款非同寻常的计算机角色扮演游戏，其中，塞尔达系列中的英雄林克有四个分身，他们必须齐心协力拯救世界。根据所需装备和人员的可用性，林克的四个分身可由任意一到四名玩家控制。该游戏非常成功，广受好评。

《魔兽世界》

国家：美国；设计师：罗伯·帕尔多、杰夫·卡普兰、汤姆·奇尔顿；开发商和发行商：暴雪娱乐公司

在吸取《暗黑破坏神》及其在线版的一系列成功经验之后，暴雪开始将注意力转向其热门战争游戏《魔兽争霸》系列和游戏中的艾泽拉斯世界，着力打造一款大型多人在线游戏。从一开始，他们就设法吸取和解决游戏《无尽的任务》面临的一些巨大问题。因此，在这款游戏中，英雄变得更加独立，拥有更强的生存能力。资源不会被用来压制低等级英雄——资源收集会与英雄等级保持协调一致，以减少被滥用。游戏包装的封面图像很吸引人，世界上不同地区的人们对它的感觉也不一样。结果该游戏大获成功。尽管还有一些缺陷，但它比竞争对手要好很多。因此，随着口碑不断传播，玩家数量稳步攀升，在本世纪头十年末期达到了一千万的峰值。大多数玩家认为，是它定义了大型多人网上角色扮演游戏。就像《龙与地下城》一样，它已经成为奇幻游戏的文化标杆。到目前为止，《魔兽世界》已发布了 7 个主要扩展包。2019 年它的势头依然强劲，过去几年的营收近 100 亿美元。

2005 年

《动物之森：野生世界》

国家：日本；导演：野上弘；开发者：任天堂情报开发本部；发行商：任天堂

《动物之森：野生世界》是超现实小游戏《动物之森》的第二版。游戏中，可爱的拟人化动物们共同生活在一个小村庄。玩家可以在村庄里四处游荡，为人们做家务、收割庄稼、捕鱼或者挖地，装饰风格各异的房屋，寻找、购买或交易令人眼花缭乱的各种好物——从叫作"陀螺"的木制音乐精灵，到老式的任天堂游戏的仿作。每个人使用怪异的动物语言说话。玩家可以通过无线网络或互联网相互访问。最精妙的设计是，游戏和现实保持同步。如果你在晚上玩，村庄的天就黑了；如果你在圣诞节玩，游戏就会被装饰成圣诞节的样子，你还会从其他动物那里得到礼物。尽管游戏很简单，游戏性不强，但它却非常有深度，并且还有有趣的递归类关卡，因此风靡世界。当时它只出现在任天堂掌上游戏机上，因此帮助任天堂 DS（第三代掌机）占据了巨大的市场主导地位。2020 年，该系列发布了第五部作品——任天堂 Switch 版《集合啦！动物森友会》。

《战神》

国家：美国；创作者：大卫·贾菲；开发商：索尼圣莫尼卡工作室；发行商：索尼互动娱乐公司

《战神》是一款基于希腊神话的 PlayStation 2（索尼互动娱乐推出的一款 128 位家庭用电视游戏主机。——译者注）动作游戏。游戏画面出色，骇客砍杀型的玩法也很有趣，过场动画非常流畅。强大、逼真且恰到好处的史诗情节使整个游戏异常优秀，该系列现已扩展至十多个版本。

《激战》

国家：美国；创作者：詹姆斯·芬尼；开发商：阿瑞娜奈特（ArenaNet）；发行商：恩希软件（NCsoft）

这是一款有趣且成功的奇幻大型多人在线角色扮演游戏，它取消了每月的订阅费，仅从盒装游戏的原始销售中获取收益。有玩家在相对较早的时候就闯到了最高关卡，因此，许多游戏玩法都是针对最高级别的玩家设定的。在"玩家对战"模式下，游戏角色从一开始就是最高级别，这是一个让人高兴的变化。因此，这款游戏备受好评。2012 年，优秀的续作《激战 2》问世。

《旺达与巨像》

国家：日本；创作者：上田文人；开发商：索尼电脑娱乐日本工作室、ICO 小组；发行商：索尼电脑娱乐公司

《古堡迷踪》的续作《旺达与巨像》其实并不算是续作，但它确实体现了许多与《古堡迷踪》相同的设计美学和游戏玩法。这款游戏的理念是找到并摧毁一系列巨像，从而让死去的爱人起死回生。与《古堡迷踪》一样，这款游戏也拥有美妙逼真的图像和令人难忘的氛围，以及出色的游戏玩法和音频效果。它被认为是电子游戏创作中最重要的艺术杰作之一。自发布以来，它一直具有强大的影响力。2018 年，索尼公司发布了这款游戏适配 PlayStation4（索尼出的一款游戏机。——译者注）的高清版本。

2006 年

《龙与地下城在线版》

国家：美国；导演：肯·特鲁普；开发商：涡轮公司；发行商：美国雅达利

《龙与地下城在线版》基于原系列中"埃伯伦"和"被遗忘的王国"两款游戏的场景设定，游戏规则改编自桌面角色扮演游戏。它一定程度复现了《龙与地下城》的风格，游戏情节主要围绕保护风暴之城免受各种威胁展开。大多数游戏环节都发生在任务区域、地下城副本和有地下城主讲话的场景中。这款游戏已经发行了好几次，虽在 2009 年转向了微交易（微交易专指非常小额的交易。——译者注）模式，但仍保持良好发展势头。

《阿莫克之奴：鲜血之神第二章矮人要塞》

国家：美国；创作者：塔恩·亚当斯、扎克·亚当斯；开发者：塔恩·亚当斯；发行商：贝 12（Bay 12）游戏公司

《矮人要塞》是一款内容丰富、情节古怪且具有广泛影响力的游戏，可以看作是"原生艺术"（指未经系统训练的艺术家所创造的"被原始神经触动的最纯粹的艺术形式"。——译者注）理念在电脑游戏领域的体现。它所追求的是当游戏最终完成时，能够用微观细节模拟出整个幻想世界。游戏基于文本的图像让人很难理解，学习起来异常困难，又没有明确的目标。所以，这并不是一款容易的游戏，但绝对值得尝试。自最初发布以来，它一直具有巨大的影响力，更新几乎从未中断。最终版本 1.0 预计在 2030 年左右发布。游戏共有三种模式，它们运用编程对游戏世界进行详细描述，只为让玩家获得游戏的独特乐趣。在要塞模式中，你负责监督七个矮人，你需要带领他们建立堡垒以抵御不断入侵的威

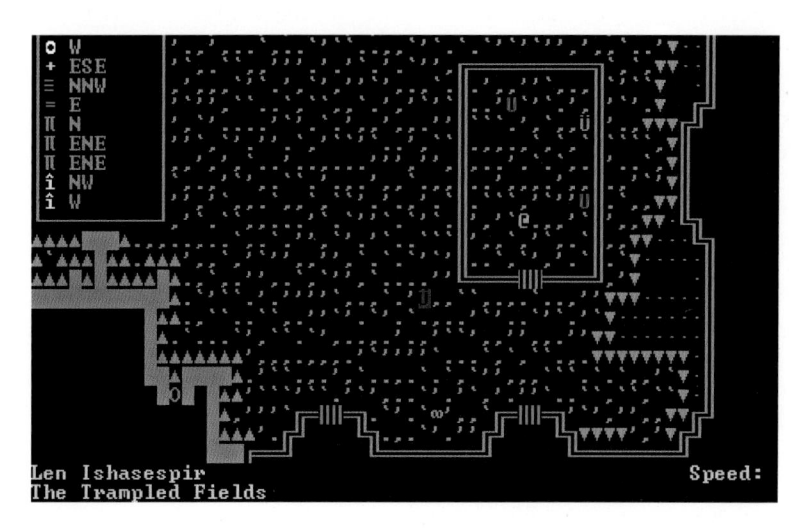

《矮人要塞》是一款非常独特的游戏

胁。你不能直接控制他们，只能发号施令，希望他们能及时遵行命令。这款游戏的图像建模非常细致，达到了令人难以置信的程度——从人物情绪的波动，受伤的脚趾关节，再到飘动的落叶，都栩栩如生。整个游戏过程中，不可思议的复杂细节都一一得到呈现。引发灾难最终降临的，可能是一些不可思议的事，例如沮丧的弓箭手从错误的石罐中吃了不该吃的罐装鹰肠。游戏存档网站"一起玩游戏网（Let's Play Archives）"上有关于该游戏的故事脚本《杀舟堡传奇》，但并不靠谱。其他两种游戏模式是：冒险模式——一个更加传统（但描绘仍细致入微）的"侠盗风"单人冒险游戏模式；传奇模式——一场对神话传说和世界历史进行细致探索的游戏模式。

《魔法门之英雄无敌5》

国家： 法国；**设计师：** 亚历山大·密苏林；**开发者：** 冰雪互动（Nival Interactive）；**发行商：** 育碧娱乐软件公司

这是一款保持长期运营的电脑战争游戏系列的第五部，也是该系列第一部完全采用3D图像的游戏。游戏中，恶魔势力试图夺取幻想王国的控制权，因此引发了战斗。这是育碧首次拥有该系列游戏的版权，游戏的背景和情节与前几部截然不同。自那以后，该系列又推出了八部衍生游戏和续集。

《上古卷轴4：湮没》

国家： 美国；**制作人：** 加文·卡特、克雷格·拉弗蒂；**开发商：** 贝塞斯达游戏工作室；**发行商：** 贝塞斯达软件公司

《上古卷轴4：湮没》在前作《上古卷轴3：晨风》成功的基础上，将当时的游戏制作技术发挥到极致，重新创造出了一个覆盖16平方英里（约41.44平方千米）领土的游戏世界，其中的细节刻画令人叹为观止。游戏发生在西罗迪尔省，那里有大约两千位居民，你可以与他们进行完整对话，其中许多人会告诉你有用的信息，向你出售商品，或帮助你训练技能和咒语。除了他们之外，还有很多敌人、怪物和强盗需要对付。游戏的故事情节相当吸引人，虽然到结尾时你可能会觉得有点儿厌倦，但你没必要从头到尾追随这些情节。这片土地遍布古老的地下墓穴、荒废的堡垒、山洞、要塞、神殿、住宅和隐匿之处等，还有城市与城镇、通往地狱空间的入口等各种各样的地貌。四个公会将为你提供独立的任务线，你可以扮演战士、巫师、小偷或者刺客，其中《刺客公会》的故事情节尤其受到好评。这款游戏最大的衍生版游戏是2007年的《战栗孤岛》，玩家需要对付邪恶的疯狂之神——谢尔格拉。《战栗孤岛》确实很棒，被认为是《上古卷轴4：湮没》最好的衍生版游戏。

2007年

《刺客信条》

国家： 加拿大；**导演：** 帕特里斯·德西来兹；**开发商：** 育碧蒙特利尔工作室；**发行商：** 育碧娱乐软件公司

《刺客信条》最初是作为《波斯王子》系列的下一款游戏进行设计的，它的灵感来自弗拉基米尔·巴托克的小说《阿拉穆特》，定位为一款开放的第三视角的秘密任务类游戏。游戏背景是12世纪，玩家控制着的刺客与圣殿骑士团的阴谋作斗争，同时也控制着刺客的现代后裔，他必须使用一台名为阿尼姆斯的机器来体验刺客的真实生活。时间分割的故事情节和使用阿尼姆斯"基因记忆"功能进行超时空体验的设定让传统电脑游戏中可能出现的一些问题（例如闯关失败和主角死亡）能够被定义为"时空不同步"，从而允许玩家重新来过。该游戏的规则十分鼓励玩家隐秘地行动，例如在屋顶上跑酷，或混入人群避免被发现。这款游戏非常成功，之后又推出了11部同一背景的续集（和前传）。

《生化奇兵》

国家：美国；导演：肯·莱文；开发商：2K 波士顿工作室；发行商：2K 游戏公司

《生化奇兵》是一款有趣的第一视角射击游戏，它以一座名为"极乐城"的水下城市为故事背景，城市的设计灵感来自纽约洛克菲勒中心的装饰艺术风格和奥尔德斯·赫胥黎与艾恩·兰德共同刻画的反乌托邦式未来图景。开发者肯·莱文和他的团队创造了一个人类基因被修改、难以生存、令人不安又身临其境的神秘世界。为了找出导致"极乐城"崩溃的原因，玩家需要聆听录音资料，并接受一位名叫阿特拉斯的抵抗领袖的引导，后者通过无线电与人交流。游戏中最大的反派"大老爹"看起来就像一个身着潜水服、手持电钻的巨大怪物，不过他的形象从艺术设计和市场营销来看倒是很有辨识度。作为《网络奇兵》系列游戏伟大精神的继承者——该系列游戏还包括出色的《杀出重围》——《生化奇兵》也开发了自己的特许经营授权。

《指环王》在线版

国家：美国；制作人：布伦特·施密特；开发商和发行商：涡轮游戏公司

作为一款大型多人在线角色扮演游戏，《指环王》获得原版电影的完全授权是众望所归。涡轮游戏公司通过努力，成功实现了中土世界的三维视角呈现，玩家可以尽情探索。不过不管怎样，游戏还是必须从伊利雅德地区开始。该款游戏的玩法和同类型游戏差不多，但配乐倒是出类拔萃，为其赢得了许多奖项。目前，这款游戏仍通过微交易的模式维持运行，不过还未获得巨大成功。

《宝可梦第三部：钻石与珍珠》

国家：日本；导演：增田顺一；开发商：游戏富利克股份有限公司；发行商：任天堂

2007 年，世界著名的可爱怪物决斗游戏《宝可梦》发布了它的第三部作品：《钻石与珍珠》。得益于任天堂 DS 掌机的强大性能，新版本比前作精美得多。值得注意的新功能包括：可连接至本地和全球无线网络；一套可在玩家"宝可梦科技"设备上运行的游戏内部小应用程序；以及 107 个全新的宝可梦精灵，这使当时的宝可梦精灵总数达到 493 个——其中 150 个是为新游戏预设的。《钻石与珍珠》总销量达 1800 万套，是迄今为止

《生化奇兵》中的"大老爹"和小妹妹很快成为了经典

《猎魔人》发行后获得了一定的成功，为接下来两个大获成功的系列奠定了基础

宝可梦系列中第二成功的游戏，仅次于1999年创下2300万套销量的《金与银》。

《猎魔人》

国家：波兰；导演：杰克·布热津斯基；开发商：CD计划股份公司（CD Projekt）；发行商：CD计划股份公司和美国雅达利

《猎魔人》是一款计算机角色扮演游戏，根据波兰小说家安杰伊·萨普科夫斯基大获成功的故事改编。游戏的主角是一位猎魔人——利维亚的杰洛特，同时也是拥有超自然能力的怪物猎人。游戏一开始，杰洛特就要为了一段失去的记忆去寻找答案，随后，玩家需要与许多角色组成联盟，做出影响深远的道德抉择。阴谋、谋杀与战争是游戏的背景色。游戏玩法的特点是通过使用炼金术，不断解锁杰洛特的能量。这款游戏因其暗黑奇幻风格的视觉效果、配乐和故事情节而广受好评，目前已推出两部续作。

2008年

《圣域》

国家：美国；创作者：唐纳德·瓦卡里诺；发行商：RGG

《圣域》是第一款所谓的"卡牌构筑游戏"，玩家的目标是从（自己的）基础纸牌池中构筑价值最高的一手牌。不过因为游戏也会使用咒语卡牌，所以玩家也需要随机应变，它经常被拿来与《万智牌》相比，但二者的核心玩法截然不同。其他发行商随后也推出了一系列卡牌构筑游戏，但《圣域》仍在不断发展，且势头强劲。

《龙与地下城第四版》

国家：美国；创作者：罗伯·海因索、安迪·柯林斯、詹姆斯·怀亚特；发行商：威世智

《龙与地下城第四版》在设计风格上迅速向电脑游戏靠拢，为玩家提供了战斗桌垫和微缩模型（现在实际上是强制购买的），同时对角色能力进行了调整，使其更加均衡和标准化。它将很多核心内容从游戏主要部分中减除

了，并将其留在随后推出的配套部分。同时减少的还有很多第三方授权产品，因为该款游戏附带的系统许可比上一版 D20 的许可更加严格和繁琐。尽管它也有自己的支持者，但许多老玩家还是转向了像《探险者游戏》这样新的角色扮演游戏，或者选择玩回上一个版本。

《薄暮传说》

国家：日本；导演：樋口义人；开发商：南梦宫传说工作室；发行商：万代南梦宫游戏公司

《薄暮传说》是大受欢迎的日本角色扮演系列游戏《传说》（导演：五反田义治）的第十版，创新的战斗系统和强大的角色阵容，加上相比前作重大的技术升级，使它成为了系列游戏中最为成功的作品之一。许多角色之间的互动都是以完整配音对话的形式出现，这在该系列中还是首次。游戏的故事情节十分夸张，这也符合玩家们对日本角色扮演游戏的期待，不过当中也包含丰富的感情，这赋予该游戏一种独特的魅力。

2009 年

《龙腾世纪：起源》

国家：加拿大；导演：丹·塔吉；开发商：拜奥软件工作室；发行商：艺电公司

拜奥软件工作室在本世纪初凭借电子游戏《博德之门》获得了成功，之后的十年间，它试图打造自己的知识产权并推出了一些不同的内容。虽然在幻想世界中，骑士、龙、恶魔和女巫等元素司空见惯，但《龙腾世纪》暗黑奇幻的浪漫风格还是别具吸引力，因此游戏迅速走红。玩家角色加入了一个悲剧性的骑士群体——灰色守卫，他们的存在仅仅是为了击退来自深渊的怪物入侵。政治争斗与战争冲突让玩家在游戏中举步维艰，但这一过程也伴随着浪漫、财富与刺激。这款游戏也存在一定问题：例如，你不能经常偏离游戏希望你走的路线。然而，对拜奥软件来说，不依靠授权而创造拥有自身知识产权的游戏为其带来了丰厚回报，该系列已经推出了众多续集、衍生作品、小说、动画电影和桌游等。

《英雄联盟》

国家：美国；导演：汤姆·卡德韦尔；开发商和发行商：拳头游戏

在日益重要的电子竞技领域，《英雄联盟》是最受玩家欢迎的游戏之一。它是一款多人在线竞技游戏（MOBA）。玩家以组队形式进入游戏，从 100 多个预设"英雄"中选定角色，然后合力去击败另一支队伍。英雄们的设计灵感来自于各种奇幻、宇宙恐怖和蒸汽朋克元素的组合，尽管已经有了关于游戏背景设定的成熟传说——符文之地，但实际上游戏玩法是没有预设情节的。据说，这款游戏 2016 年的月活跃用户超过了 1 亿，这意味着其"免费+增值"的微交易模式具有非常可观的盈利能力。

《探险者游戏》

国家：美国；设计师：杰森·布尔曼；发行商：派佐出版社

作为《龙与地下城第三版》中冒险模块的发行商，派佐出版社曾大获成功，但由于第四版的授权许可易手，他们不得不另做打算。结果是，他们对《龙与地下城第三版》冒险模块中的核心规则进行了清理、修改和重新打包，并辅以详细说明，在其基础上推出了新的游戏。这款核心游戏获得了巨大成功，伴随着粉丝数量不断增长，以及开发商采取的开放游戏许可并不断免费提供扩展规则的策略，《探险者游戏》的销量在多年内甚至一度超过了《龙与地下城》。在获得成功的同时，它也没能避免前身存在的问题——一段时间后，随着源书、扩展包和附加内容不断增多，海量规则终于让玩家不堪重负。不过，2018 年发布的《开拓者：拥王者》得到了更好的市场反馈。2019 年，续作《开拓者：正义之怒》发布。据称，这款游戏追随了 2013 年《冒险之路》的设计，玩家的团队被迫卷入一场人类与恶魔之间的战斗。

《女神异闻录 4》

国家：日本；导演：桥野桂；开发商和发行商：阿特拉斯游戏公司

《女神异闻录 4》根据《女神转生》的背景设定衍生而来，是《女神异闻录》系列的第五部正作。《女神异闻录》系列角色扮演游戏融合了杀戮恶魔和召唤英雄等元素，并将核心游戏与深度故事模式（一种游戏模式，通常在玩家达到一定条件后才能开启。——译者注）、时间管理以及社交玩法相结合。《女神异闻录 4》讲述了一桩离奇的谋杀案。游戏中，玩家控制的主角是一名高中生，他被送到日本中部一个不知名的地方，和他的舅舅住在一起。一桩桩离奇的谋杀案接踵而至，主角带领一群底层社会的乌合之众潜入奇怪又神秘的空间，阻止谋杀案继续发生。游戏的玩法多样，引人入胜；剧本出色，风格迷人。2012 年，增加了额外故事和内容的强化版——《女神异闻录 4：黄金版》发行。这款游戏共衍生出三部续作、一部动漫和一部小说，甚至还有一部舞台剧。目前，它仍在许多游戏排行榜上占据一席之地。

诡谲的角色和暗黑的风格使《女神异闻录4》大受欢迎

2010年

《恶魔城：暗影之王2》

国家：西班牙；导演：恩里克·阿尔瓦雷斯；开发商：水银蒸汽（Mercury Steam）和小岛制作（Kojima Productions）；发行商：科乐美

这款游戏是科乐美对早期发行的《恶魔城》系列游戏的一次重新制作。《恶魔城》是一款典型的横版卷轴类（游戏人物和场景一般只能左右移动，像画轴一样展开收起。——译者注）游戏，而《暗影之王2》则在当中引入了三维元素。游戏的主角加布里埃尔·贝尔蒙特一心想为死去的妻子复仇。他跳过峡谷、翻越高墙，找到隐藏的宝石，挥舞着恶魔血鞭挫败邪恶的暗影之王。早期系列游戏的忠实玩家们可能觉得该系列缺少了一些传说元素，因此对更新内容感到犹豫。但事实上它却非常受欢迎，直接衍生出了多部续作以及可供下载的拓展包。

《德累斯顿档案》角色扮演游戏

国家：美国；设计师：莱昂纳德·巴尔塞拉；发行商：邪恶帽子出品

"德累斯顿档案"系列小说是都市奇幻领域的畅销作品之一，而这款同名游戏则被认为是德累斯顿游戏系列中的经典之作。小说作者吉姆·布舍尔与邪恶帽子出品公司的共同所有者罗伯·多诺霍和弗雷德·希克斯是多年好友，他本人也是一位资深玩家。可以说，他们之间的合作天衣无缝。虽然本打算制作一本全彩色的规则手册，但在开发过程中，内容变得越来越丰富，所以他们决定将其分为两本。几年后，作为对前两本书内容的扩展，第三本规则手册出版。游戏依托"命运系统"（Fate System，由Fudge System发展而来，一种角色扮演游戏的运行引擎，能够提供一系列游戏机制，通过运用这些机制就能创造出各类角色扮演游戏。——译者注）运行，通过应用该系统，确保游戏玩法能以各种故事元素和布舍尔小说中所有角色的个性特征为中心。强调谈判和即兴发挥的"命运系统"已成为过去十年间最受欢迎的角色扮演游戏系统之一。

2011年

《黑暗之魂》

国家：日本；导演：宫崎英高；开发商和发行商：来自软件（From Software）游戏公司

《黑暗之魂》是"来自软件"游戏公司2009年发行的热门游戏《恶魔之魂》的续作，但《恶魔之魂》仅能在索尼PlayStation平台上运行。《黑暗之魂》依然沿用了前作的许多

奇幻盛宴：文学、影视、游戏中的幻想世界

意象——中世纪黑暗世界中的野蛮人、法师、恶龙与恶魔，但换了新名字并采用了新制作人的设计。这款游戏围绕一系列布景华丽且设计巧妙的打怪关卡展开，敌人角色风格怪诞，故事背景令人身临其境。你需要控制游戏角色完成任务，最终逆转或终结一场被诅咒的瘟疫，它让人们成为不死的怪物。因为战斗异常残酷，熟知每个敌人的模式和技能就显得至关重要。玩家在游戏过程中会得到各类道具以及关于它们的介绍、不断升到更高层级并了解不同层级的设计、遇到随机出现的各个非玩家角色并了解关于他们的典故，整个游戏世界也就以这种被动的方式徐徐呈现在玩家眼前，不过这也增加了该世界的神秘感。得益于其惊人的视觉效果和血腥的动作，《黑暗之魂》及其续作成为一款大受欢迎的跨平台电子游戏。

《上古卷轴 5：天际》

国家：美国；导演：托德·霍华德；开发商：贝塞斯达游戏工作室；发行商：贝塞斯达软件公司

在《上古卷轴》的土地上——塔米尔的最北部地区，一场发生在斯堪的纳维亚半岛上的诺德人之间的内战正威胁着帝国的和平与稳定。除此之外，一条名为"世界吞噬者奥杜因"的古老巨龙唤醒了其他恶龙，预告当地的末日即将来临，而你控制的角色是唯一能够阻止这一切发生的英雄。

《上古卷轴 5：天际》中角色的任务设定比《上古卷轴 4：湮没》更加简单聚焦，而《湮没》则比前作《晨风》更加简单，但游戏中大量魔法、怪兽和乱哄哄的场景还是会吸引玩家忽略主要任务而去做其他事情。与《上古卷轴》的其他版本相比，《天际》的情节主线较短，也没那么有趣，但其中雪域、山脉和河流等场景的视觉效果令人惊叹。当然，它的销量非常可观。那么这个游戏最有趣的是哪一点呢？你可以试试对敌人大吼大叫，他们会被你吹下悬崖。

《我的世界》

国家：瑞典；创作者：马库斯·佩尔森；开发商和发行商：麻将工作室（Mojang）

从社会和文化的角度看，你认为过去二十年哪一款游戏最为重要？《我的世界》一开始的设计理念十分简单，就是想要打造一款基于模块构建（游戏中的所有物体都是由一个一个立方体构成的，下文有所提及。——译者注）的三维版《矮人要塞》。在核心引擎的设计上，

尽管与前几款游戏相比，《上古卷轴 5：天际》的角色扮演游戏元素较少，但事实证明它非常受欢迎

单纯从文化上看，近年来没有其他游戏能匹敌《我的世界》带来的影响

华丽，动人，内容极具革命性表面却又波澜不惊，《风之旅人》是一颗真正的宝石

该游戏受到一款简单的资源收集类游戏——《无尽矿工》的启发。在这里，整个世界的所有物体都是由一米见方的立方体组成的，你需要四处挖掘它们，并使用它们去构建不同的物体。《我的世界》采用了这种图形风格和游戏理念，并将其扩展为一款无明确目标任务的沙盒游戏，供玩家自行探索和创造。人们很快发现，拥有近乎无限种可能的程式化游戏结构具有独特美感。得益于它的方形美学，这款游戏获得了成功。这称得上是一套令人难以置信的玩具，就像无限量的乐高积木，因此通常被学校用来培养学生的创造力和合作精神。目前新版的《我的世界》虽然整体上看和前作差不多，但拥有更加丰富和深刻的背景环境，它所能够生成的世界也更加复杂。这里有怪物、魔法、建筑和村庄，还有各种各样的环境生物群落。粉丝们为游戏添加了令人难以置信的复杂插件，能够实现更加深奥的魔法和复杂的技术。2014年，微软收购了《我的世界》，使马库斯·佩尔森成为亿万富翁。2019年初，该游戏月活用户接近1亿。

2012年

《耻辱》

国家：美国；导演：拉斐尔·科兰托尼奥、哈维·史密斯；开发商：阿肯游戏工作室（Arkane）；发行商：贝塞斯达软件公司

游戏《耻辱》为我们呈现了一个以鲸油为动力能源、愉快却有些怪诞的蒸汽朋克世界。玩家的角色是一位被流放的帝国保镖，他在复杂多变的环境中漫游，通过潜伏、实战、探险、使用有趣的神秘能力来接近暗杀目标。与《神偷》《杀手》《杀出重围》这几款游戏一样，玩家可通过多种方法完成每个任务，其中有些方法的设计非常巧妙。虽然游戏的故事情节有点儿老套，但玩家体验确实不错。闪烁瞬移和召唤鼠群吞噬不幸的守卫是最受玩家欢迎的魔法。这款游戏更具启发性的部分是，玩家可以用尽量少的杀戮来获取成功，这是你在《刺客信条》等同类游戏中很难做到的。这款游戏表现出色，随后又推出了一个扩展包和几部续作。

《风之旅人》

国家：美国；导演：陈星汉；开发商：那家游戏公司（Thatgamecompany）；发行商：索尼电脑娱乐公司

这款游戏讲述了一个美丽而又神秘的故事，故事中的人物一语不发，一位身着长袍的旅行者穿越沙漠，只为到达远方的山。关于游戏的魔法设定和这位身手敏捷的主角，并没有什么明确的信息，但这却成为了游戏的一个优点。游戏环境华丽绚美，还有寺庙、地窖和众多奇特生物。游戏音乐可爱而空灵，并会根据玩家的动作做出回应。有时你也会在路上遇到另一位玩家，但只会出现一段音乐合奏作为你们之间的交流。这款游戏是一场大胆的艺术冒险，它仍然经常出现在"史上最佳"游戏的榜单上。

2013年

《十三世纪》

国家：美国；设计师：罗伯·海因索、乔纳森·推特；发行商：佩尔格莱恩出版社（Pelgrane Press）

这是一款基于《龙与地下城》第三版和第四版的奇幻角色扮演游戏，游戏名称《十三世纪》指的是游戏的背景设定，即目前正经历着帝国崛起的第十三个时代。这款游戏为桌上角色扮演类游戏引入了许多原创理念，例如玩家可以为自己的角色创造"独一无二的元素"，这使得游戏场景更多体现不同玩家角色的独特属性，而不是游戏本身的设计。《十三世纪》从未像《龙与地下城》那样大获成功，但它也催生出多部源书和游戏插件，甚至还有以格雷格·斯塔福德的格洛丽塔王国为背景设定的游戏版本。

《DOTA2》

国家：美国；设计师：冰蛙；开发商和发行商：维尔福集团

《古迹守卫》（DOTA）是一个由粉丝制作的《魔兽争霸3》游戏模组，它将多人在线竞技游戏升级为大型游戏联盟。维尔福集团邀请原版游戏的创作者冰蛙设计了这一款完全专业的独立游戏，并支持微交易。《古迹守卫2》于2013年发行。游戏包括两支各由5名玩家组成的队伍，目标是保卫自己的基地并摧毁敌人的"古迹"。玩家从超过100个拥有不同能力的预定义英雄列表中选择自己的角色。它已成为电竞界皇冠上的明珠，比赛的奖金总额经常达到数百万美元，并吸引了数百万观众。

《最终幻想14：重生之境》

国家：日本；导演：吉田直树；开发商：史克威尔·艾尼克斯公司第5开发事业部；发行商：史克威尔·艾尼克斯公司

《最终幻想14》开局不佳。当这款大型多人在线角色扮演游戏于2010年首次发布时，它的游戏界面和玩法都很糟糕，内容也尚未完成，最终遭遇了失败。几年后它就停止运营，但在2013年迎来了重生。吉田的团队为了打造新版本作出了惊人的努力。他们对背景内容、游

戏玩法和故事情节进行了润色完善，修复了游戏界面和服务器存在的问题，最终成功逆转了局面。游戏大受欢迎，为第一版挽回了颜面，并扭转了史克威尔·艾尼克斯萎靡不振的财务状况。游戏中，玩家帮助保卫一个名为艾欧泽亚的混乱地区，该地区覆盖了大量城邦，每个城邦都有许多吸引人的、外形独特的生物群落。总的来说，这仍然是一款大型多人在线角色扮演游戏，游戏玩法也体现了这一点，但它确实非常出色。

2014年

《龙与地下城第五版》

国家：美国；设计师：迈克·梅尔斯、杰里米·克劳福德；发行商：威世智

根据"下一部《龙与地下城》叫什么名字"的全球调查结果，"《龙与地下城第五版》"这个名称诞生了，这可能是迄今为止最为稳定的版本。它将第四版的创新与早期版本的设计相结合，取得了良好成效。威世智一年只发行几部源书，因此大大减轻了财务负担。

这款游戏的开放许可是有限的，但游戏公会的在线门户会发布第三方作品。《龙与地下城》的视频直播节目《关键角色》是桌上角色扮演游戏视频节目的典范，加上预先录制的众多游戏视频，都让《龙与地下城第五版》拥有了比老版本更多的玩家。然而，并不是所有游戏内容都能按照粉丝们的意愿设计，许多老版本的游戏设置也并没有更新，但它确实比第四版要好很多。

《炉石传说》

国家：美国；导演：本·布罗德；开发商和发行商：暴雪娱乐

暴雪公司注定还是进入了巨大的收集式卡牌游戏市场，当然是通过电子游戏的形式。《炉石传说》基于《魔兽争霸》系列，表面上免费，玩家也很容易上手。它与《万智牌》有类似之处，但又有很大不同，避开了后者存在的一些问题。玩家可以进行广泛的微交易，因此能够省去收集一套强大实体纸牌的麻烦。《炉石传说》拥有超过1亿玩家，2017年的月均收入超

《DOTA2》起源于游戏模组社区，现已发展成为一种电子竞技现象

过4000万美元，已成为电竞领域的一大亮点。

2015 年

《血源诅咒》

国家：日本；导演：宫崎英高；开发商：来自软件游戏公司；发行商：索尼电脑娱乐公司

《血源诅咒》与宫崎英高和"来自软件"合作的另一款系列游戏《黑暗之魂》有明显的相似之处。玩家角色要在游戏中穿越黑暗的哥特式城市，游戏中充斥着发自本能的战斗与暴力。但同时，它也有许多谜题有待解开，答案有待获取，整个游戏的故事感很强。宫崎英高的灵感来自洛夫克拉夫特的《克苏鲁神话》和布拉姆·斯托克的《德古拉》，故事发生地亚楠市是一座以东欧为背景的城市。与《黑暗之魂》一样，《血源诅咒》的恐怖元素也是其重要特征之一。这是一款成熟的游戏，因为其在某些场景让玩家勇敢地直面不安而广受好评。

《猎魔人 3：狂猎》

国家：波兰；导演：康拉德·托马斯凯维茨等；开发商：CD 计划·红色（CD Projekt Red）；发行商：CD 计划

《猎魔人 3：狂猎》是 CD Projekt Red 基于《利维亚的杰洛特》发布的最后一部授权作品，这一次杰洛特是为了寻找他的养女希里。游戏拥有规模宏大但细节精致的开放环境、直观流畅的打斗和魔法场景，并且角色刻画丰富细腻、对话配音完整，还有多重分支结局，这些都是伟大的成就。它甚至还带来了一款内置的支线游戏——卡牌游戏《昆特牌》，这款游戏后来发展成为一款收集类卡牌电子游戏。游戏情节的故事性和代入感都很强，并且有意涉及一些道德上的模糊地带，让玩家自行做判断。游戏的图像、设计和音频都非常出色。游戏发行时曾出现了一些技术上的小问题，但很快进行了修复。目前，这款游戏在许多游戏排行榜上仍然占有一席之地。

2016 年

《黑暗地牢》

国家：美国；导演：克里斯·布拉沙；开发商：红钩游戏工作室；发行商：摩奇游戏公司（Merge Games）

这是一款令人惊艳的回合制暗黑奇幻游戏，环境设计上充满了洛夫克拉夫特风格的元素，是迄今为止气氛最为怪异的独闯地下城类游戏。玩家是一位被诅咒家族的年轻后

From Software 出品的高超动作游戏《血源诅咒》中的宇宙恐怖风格和哥特式幻想情景

裔，带领英雄团队穿越地狱般的地下城，去消弭他的放荡前辈们所造成的伤害。在游戏过程中，玩家角色保持精神上的理智与保证身体上的健康同样重要。游戏中怪诞的剪纸风图像非常惊艳，但真正厉害的还是韦恩·琼阴森的旁白配音。

《宝可梦GO》

国家：日本；导演：野村田夫；开发商和发行商：奈安蒂克实验室（Niantic Labs）

这款游戏仿佛将愚人节恶作剧变成了现实。玩家在现实世界中行走时，在装有GPS的智能手机上使用该游戏程序，就能看到叠加在现实景物上的增强现实图层。宝可梦可在现实世界中的不同地点被找到，这些地点被标记为"宝可梦站点"，玩家通过在设备屏幕上轻弹宝可梦球来捕捉它们。捕获的宝可梦可用来与其他玩家在其他地点进行团队比赛。这款游戏在推出后迅速走红，吸引了数百万玩家。那么游戏会带来什么好处吗？通过四处走动，玩家可以锻炼身体。那又有什么缺点呢？有时为了追逐那些难以捉摸的宝可梦，玩家会误闯别人家的后院。

《塞尔达传说：旷野之息》

国家：日本；设计师：藤林秀麿；开发商和发行商：任天堂

《塞尔达传说：旷野之息》让玩家能够在任天堂Switch游戏机上体验到一个真正的开放幻想世界，这让备受喜爱的《塞尔达传说》系列游戏重获新生。游戏中几乎没有游戏指引和固定的情节主线，玩家可以按照自己喜好的任何顺序来探索和解开谜题、解锁宝藏，游戏的故事情节也就在这个过程中徐徐展开。这一版游戏延续了前几部的辉煌，保住了该游戏系列作为有史以来最伟大电子游戏之一的地位，但更重要的是，它成功抓住了1986年第一版游戏中鼓励探索的核心本质。

2018年

《符咒探险：格洛兰塔角色扮演》

国家：美国；设计师：格雷格·斯塔福德、杰夫·理查德、杰森·杜拉尔；发行商：混沌元素

在格雷格·斯塔福德去世前不久，他又回到了他在20世纪70年代帮助创建的混沌元素公司，并与设计团队一起发布了一款以他所创建的神话世界格洛兰塔为背景的新版游戏。这款游戏是全彩色的，当中还包含了来自斯塔福德设计的其他游戏的一些元素，如"潘德拉贡"这个角色。游戏情节围绕关于符文的神话传说展开，而符文又与游戏中的人物角色息息相关，是角色身份背景的组成部分。玩家在龙族宝藏的土地上创造代表他们部落的英雄，这些英雄需要抵御土匪和邪教分子的进攻，同时学习掌握关于他们的符文知识。游戏的核心规则手册出版之后，格洛兰塔怪物源书以及针对玩家推出的游戏指南等资料也随之发行。

《怪物猎人：世界》

国家：日本；导演：德田优也；开发商和发行商：卡普空株式会社

藤冈要的《怪物猎人》系列游戏在2004年推出，依托PS2平台运行。该游戏是一款动作类多玩家角色扮演游戏，玩家们需要合作狩猎怪物，并为各种非玩家角色捕获或杀死它们。2018年发行的是该系列的第五款游戏，也是卡普空株式会社首次努力让游戏真正走向国际化。他们成功了吗？《怪物猎人：世界》迅速成为卡普空有史以来最为畅销的游戏，这要归功于优秀的游戏图像和游戏环境、出色的游戏玩法以及精心设计的游戏难度。游戏设置了情节主线，但主要是让玩家进入游戏世界、猎杀怪物、升级装备。2019年，推出了游戏的扩展包《冰原》，同样收获好评。

在《塞尔达传说：旷野之息》中，海鲁尔广阔的开放世界等待着玩家

《奥伯拉丁的回归》

国家：美国；创作者：卢卡斯·波普；发行商：3909

乍一看，《奥伯拉丁的回归》似乎不太可能成为 2018 年最受欢迎的游戏之一。这是一款单色的益智游戏，看起来就像老式的苹果系统产品，背景设置是在一艘船上，可这艘船曾在海上失踪。游戏的丰富内容并不体现在它的图像风格上，尽管它在这一点上做得也确实非常巧妙。

卢卡斯·波普的上一部作品是 2013 年的《请出示证件》，这款游戏看似简单，却隐藏着深层次的复杂性，游戏氛围也令人不可思议。在《奥伯拉丁的回归》中，玩家的任务是通过一块名为"死亡纪念"的魔法秒表（一个显示死亡时刻的秒表），找出这艘废弃幽灵船上所有 60 名乘客和船员的遭遇。游戏充满了洛夫克拉夫特风格和神话元素，故事情节设计巧妙、引人入胜。所有的一切都充满了神秘感，游戏过程中也会给玩家一些小小的提示帮助其愉快地渡过难关。这真是一款不可错过的游戏。

2019 年

《宝可梦：剑与盾》

国家：日本；导演：大森滋；开发商：游戏怪咖（Game Freak）；发行商：宝可梦公司/任天堂

《宝可梦：剑与盾》是宝可梦系列游戏的第八代作品，它是第一部为家庭游戏机任天堂 Switch 设计的原生产品。这一代游戏的背景是伽勒尔地区，以英伦为创作原型。游戏一共新引入了 81 个新的宝可梦精灵（该游戏是《宝可梦：剑》与《宝可梦：盾》两个子游戏的打包版。——译者注），同时又在之前宝可梦精灵原型的基础上推出了 13 个地区形态的宝可梦精灵（为了适应不同地区独特的自然环境，一部分宝可梦的样子变得与其他地区迥然不同，生态也与已知的同种宝可梦大相径庭，属性也发生变化，此形态称为地区形态。——译者注）。有些粉丝很是愤怒，因为这款游戏并没有包含前几代所有的宝可梦精灵，但游戏确实因此变得更好了。故事没有太大的改变，游戏的设计重点在于加强可玩性，而非让它变得更复杂，因为这一直是该系列游戏的优势所在。很快，《宝可梦：剑与盾》创造了 Switch 游戏最快销售纪录，自发行日至当年年底的 6 周内共卖出了 1600 万套。

2020 年

《集合啦！动物森友会》

国家：日本；导演：京极彩；开发商：任天堂企划开发本部；发行商：任天堂

任天堂依托 Switch 游戏机开启的复兴之路因为这款游戏而变得更加坚实。这是该系列的第五部游戏，发布时间比原计划的 2019 年略有延迟，发布时正值新冠肺炎疫情大流行，许多人不得不在家中隔离，这款游戏令人舒适的乡村避世风格正好与之契合，因而大受欢迎。该游戏和前作一样，需要玩家们模拟出现实中平静、迷人的生活，但它拥有 Switch 游戏机更为强大的图像处理能力作为驱动，同时解决了之前版本中出现的一些问题。所以我们还有什么理由不喜欢它呢？

很少有游戏能够捕捉到《黑暗地牢》所特有的恐惧感和绝望感

The Lost Realm of ARNOR
the Witch-realm of Angmar
EMYN UIAL
Hills
Nenuial (Lake Evendim)
North Downs
Fornost
Weather Hills
Ettenmoors
Langwell
Greylin
(Grey Mountains)
Wood Elves
Forest River
Mithlond (Grey Havens)
Lhûn (Lune)
Tower Hills
White Downs
Far Downs
ARTHEDAIN
THE SHIRE
Hobbiton
Brandywine Bridge
Chetwood
Midgewater
Weathertop (Amon Sûl)
(Hoarwell)
RHUDAUR
Trollshaws
High Pass
Carrock
Old Ford
Old Forest Road
Rivendell
Ford
Last Bridge
East-West Road
Bree
Old Forest
South Downs
CARDOLAN
Mitheithel
Bruinen (Loudwater)
MISTY
Str Ninglor
Gladden River
Loeg Ninglor (Gladden Fields)
(Blue Mountains)
Sarn Ford
Baranduin (Brandywine)
MINHIRIATH
Nîn-in-Eilph (Swanfleet)
Tharbad
Eregion (Hollin)
Moria Gate
Dimrill Dale
Anduin (The Great River)
East Bight
DOL GULDUR
Glanduin
Nimrodel
LÓRIEN
Eryn Vorn
Gwathló (Greyflood)
ENEDWAITH
Dunland
North-South Road
Field of Celebrant
Limlight
NORTH UNDEEP
SOUTH UNDEEP
The BROWN LANDS
The Wold
Lond Daer
Isengard
FANGORN
ROHAN
East Emnet
West Emnet
EMYN MUIL
Falls of Rauros
Dead Marshes
Fords of Isen
WESTFOLD
Helm's Deep
Onodló (Entwash)
Sarn Gebir
Angren (Isen)
Adorn
Snowbourn
Edoras
EASTFOLD
Nindalf (Wetwang)
CAIR ANDROS
EARTH
EREDNIMRAIS
Erech
Mering Stream
Anórien
Minas Tirith
Druwaith Iaur
GONDOR
Morthond
Lamedon
Ciril
Ringló
Pinnath Gelin
50 200
Lefnui
Anfalas (Langstrand)
Edhellond
Calos
Gilrain
Lossarnach
Emyn Arnen
Andrast (Ras Morthil)
Dol Amroth
Dor-en-Ernil
Lebennin
Serni
Belfalas
Sirith
Tolfalas
Ethir Anduin
Poros
South

第六章

幻想中的世界

史诗奇幻文学在托尔金的推动下流行开来,当中描述了宏大而多彩的幻想世界风景,并成为其特色之一,深受读者们喜爱。本章就让我们来看看其中一些杰出典型。

左图: 中土世界的地形地貌就像现实中的世界地图一样为人熟知

中土世界

再没有比 J. R. R. 托尔金笔下中土世界更著名、更逼真的幻想世界了，它所展现的地理风貌在现代小说中最具辨识度。对《魔戒》粉来说，这片世界有一种神奇的魔力让它比真实世界还真实。

借用住在圣盔谷的矮人吉姆利的话："这儿都是上好的岩石，这个国家可有副硬骨头。"精通语言学和神话学的托尔金也用语言和神话的"硬骨头"构筑起中土世界的框架。

与众不同的是，在托尔金构筑中土世界的过程中，语言而非其他因素起到了首要作用。托尔金特别喜欢创造语言，出于兴趣，他创造了好几种精灵语方言，它们是带有古希腊语和古拉丁语庄重感的"高级"正式用语。相比而言，住在洛汗的朴实骑马民族使用的语言就更显粗犷，主要来源于古英语。其他种族——矮人族、树精族，甚至是半兽人战士都有他们自己的语言，而且皆出自作者的苦心创造。托尔金精心架构了中土世界的语言体系，它让这个世界显得更加真实。

构筑一个世界光有如花岗岩般坚硬的骨架还远远不够，为充实中土世界，托尔金以高超的文笔和一丝不苟的态度重现了一派未被荼毒的乡间图景，那里充满了层层叠叠、深浅不一的绿意，而后他又细致描述了这派景致被黑暗魔王及其羽翼无情践踏后的荒芜模样。

无论是《霍比特人》中比尔博伟大的寻戒之旅还是后来弗罗多的远征都开始于夏尔。——一个古怪但很有趣的地方，有点儿像漫画版的近代英格兰乡村。随着弗罗多和魔戒向东行去，诗歌般的田园景色渐渐消失，周围的景色开始变得阴暗，但仍然能见到几缕阳光，伴随着日益浓重的危机感，甚至还出现了一些搞笑元素。

例如，他们一路来到老林子，那是一个有着变幻莫测的小径、能将毫无防备的旅人诱入深渊的地方，虽然这里的环境给人一种身处幽闭之所的恐惧感，但搞笑的汤姆·庞巴迪和他那些喋喋不休的蠢话让这种感觉得以缓解。随着旅途向前继续，阴森可怕的古墓岗中那些昏暗光线、雾气和灵异陷阱逐渐被布雷镇跃马酒馆中的灯光、啤酒和歌声所取代。布雷镇位于人类世界与霍比特人世界的交界处，那里潜藏着更多近在咫尺的危险。他们一路被黑骑士追捕，在瑞文戴尔境内、半精灵人爱隆居住的大房子附近，他们几乎就要被追上，但也正是在此处，弗罗多和他的伙伴得到了药品、火种和有益的指导，并且能够短暂休整以便好好谋划更加凶险的前路。

虽然中土世界还有很多地方有待发掘，但是《魔戒》第一部中的旅程停止在了去往迷雾山脉的路途上。那是一座绵延无际且高耸入云的屏障，《霍比特人》中，比尔博冒险穿过这个山脉并一路东行进入了阴森的黑暗森林，林子里到处是巨大的蜘蛛结成的网。《魔戒》中主人公一行人为了毁灭那枚命运之戒踏上了一段绝望的旅程，他们潜入地下，穿过漆黑可怕的摩瑞亚矿坑——很久以前矮人族在这里采矿，现在早已废弃成为邪恶生灵的栖息地。

矮人族是中土世界最为隐秘的种族，它们有的是不知疲倦的矿工，有的是手艺人，有的是战士，对他们居住的地方人们知道得很少，但是对生活在中土世界西部的另三个最重要的种族，托尔金则给出了更多细节。

首先是历史最为悠久、会使用魔法的精灵族。这个世界的远古时代生活着一个近似神灵的种族，精灵族是他们血缘最为亲近的后裔。精灵族所代表的是过去的旧世界，这一族正慢慢从中土世界消失。

他们现存最主要的根据地建在罗斯洛立安，即黄金森林当中。那是一个充满魔法、让常人畏惧的地方。护送魔戒的一行人在摩瑞亚遭受惨重损失后曾在这里短暂避难并接受补给。

再往南是刚铎（意为"岩石之地"），安都因河、寥无人烟的伊西利安荒原和阴影山脉将其和东边的魔多（黑暗之地）分隔开。刚铎人可能是人族中最高贵的一支，是曾经生活在沉没大陆努曼诺尔——中土世界版亚特兰蒂斯上古老贵族的后裔，并且或多或少带有一些精灵血统。但他们的人数也在慢慢减少。在刚铎的伟大要塞米那斯提力斯中充满了雕刻精美的石头，但却缺少护卫城墙的士兵，城中的婴儿也很少。

中土世界中最年轻、最具活力的居民是住在洛汗国、热爱骑马的洛汗人。洛汗国王希优顿的王庭设在一个盎格鲁-萨克逊民族风格的大殿里，大殿中的柱子上有着明快的装饰，墙上还挂着壁毯，与之形成强烈对比的是殿内冰冷漆黑的大理石以及寒气逼人的雕塑，神情忧郁的米那斯提力斯摄政王端坐在他冷冰冰的石座上。洛汗人精力充沛、脾气暴躁、喧闹、喜好争吵，实际上就是开化不久的野蛮人。但他们是代表未来的种族，他们最终将成为中土世界第四纪元的继承者。

中土西部最有意思的少数族裔是矮人族和长得像树一般的树精，虽然他们也正在渐渐消亡，但得益于其超长的寿命，这一过程并不明显。矮人族的生育率很低，而树精一族中的所有女性在远古神话时代就已全部神秘消失，因此他们也不再哺育后代。沃斯人，或叫林间野人是另一个踪迹难寻的种族，他们也几近消亡，而只存在于传说当中。

半兽人，或叫地精，是魔多主要的族群，他们是人造的低等种族，由黑魔王索伦按照精灵的模样造出，但却是变了形的次品。随着魔戒最终销毁于魔多欧洛都因火山炽热的"末日缝隙"中，魔戒之战也宣告结束，等待这些半兽人的最终命运就是被围猎屠杀。魔戒的销毁导致黑暗之塔的坍塌，同时也结束了索伦的统治。这要归功于霍比特人弗罗多与山姆，以及曾为霍比特人、后受魔戒腐蚀而不成人形的咕噜。毁灭魔戒的情节堪称整部小说的终极讽刺之笔，咕噜在故事中凶残可恶，每个人都巴不得他早点死，但正是这样一个角色无心完成了其他人都无法完成的任务——销毁魔戒、拯救中土。

西伯莱时代

这是一个很久很久以前、难以确定具体年份的时代，大致处于传说中的亚特兰蒂斯沉没以后到现代人类历史的曙光到来之前这段时间。此时的大地上流传着有史以来剑与魔法类故事中最为著名的英雄——西米利亚人柯南的铁血事迹，他诞生于1932年，由罗伯特·E.霍华德创造。剑与魔法类故事本质上其实就是具有开放式结尾的英雄冒险传奇。它如同一部长篇电视连续剧，在下一个篇章、下一个地区或是下一片大陆总有另一个需要被教训的傲慢领主、另一个需要被挫败的狡诈巫师、另一个在庙宇中堆满珠宝并藏有超自然恐怖之物的高级神职人员、另一个需要被孔武有力的柯南拯救又遗忘的美丽姑娘。作为出生在冰封北极的铁匠之子，柯南是一个典型的野蛮冒险家。我们希望他的冒险之旅能永远继续、他游历的世界没有尽头。虽然他逐渐赢得了地处西伯莱中心的阿奎伦拉（当时文明程度最高的国家）的王位，但他一再表露出对这里柔弱文明的蔑视，这也显然暗示了他将再次踏上冒险征途。

霍华德抱着一种坚信其存在的信念来描述西伯莱，但笔触还不够精细缜密，所以读起来使人感觉像是生动梦境中的一个个碎片。为了让这个已逝世界看上去更加真实，霍华德采取的策略之一就是在地名上下功夫，故事中柯南时代那宛如各种语言大杂烩的地名，在后代的人类历史或神话中都能找到影子。例如小说中出现的阿尔戈斯、俄斐、科林西亚这样的地名在历史上都真实存在过。在西伯莱时代的世界，斯泰吉亚（Stygia）是一个很像埃及的巫师国度，紧邻斯提克斯河（River Styx），也称冥河。它的旁边是朋特（Punt），这个名字实际是历史上古埃及人对非洲大陆现津巴布韦以北部分地区的称呼。

冥河的北边是闪米国，这个名字来源于诺亚的儿子闪米，并且与"闪米特"这个词有关。再往北是华纳海姆和阿斯加德，这两个名字显然借鉴的是北欧领地的名称。在它们的东边是希柏里尔，那是神话中"北风以北"之地，古代作家品达和希罗多德都曾在作品中被提到过。西伯莱时代还有个国家叫布莱都尼亚，这个名字会让人自然想到历史上以威尔士语和康沃尔语为代表的布里索尼（前凯尔特）语，爱尔兰人和苏格兰人一般称使用这些语言的地方为"皮克特荒野"。

奥古斯特·德雷斯在介绍霍华德的故事集《骷髅脸及其他故事》时曾说，柯南故事的骇人程度只有通过一个办法才能表现出来，那就是把它印在血红色的纸上，并且还要配上雷鸣声的背景乐才行。我们的英雄柯南一路闯过重重险阻，包括供奉恶魔和古代神祇的传奇寺庙、盗贼的厨房、惊险的海盗船甲板以及刀光剑影的中世纪战争等。尽管西伯莱时代的世界从地图上看起来似乎是真实存在的（有一个版本的西伯莱地图还在上面覆盖了一张现代欧洲地图，以便向人们展示如今海岸线的形状相比那个时代发生了何种变化），但在其中设计这么多各式各样的国家和地区，主要目的还是在于能够源源不断地为柯南残酷的冒险活动提供有意思的故事场景。

柯南的世界与霍华德笔下另两个故事中的好战主人公所处的世界也有着遥远的联系。其中一个是库尔国王，他是来自亚特兰蒂斯的流亡者，之后在更古老的大陆萨瑞拉扎根繁衍开来。由于亚特兰蒂斯和利莫利亚沉入海底后地壳整体隆起，萨瑞拉的形状也发生了很大变化，并逐渐演变为后来的西伯莱。之后大陆又进一步改变，形成了现代世界早期的样子，霍华德又以此时的世界为背景撰写了凯尔特蛮人康马克·麦·亚特的冒险故事，他是皮克特人与柯南一族的辛梅里安人的后代，而这两个民族又来源于库尔国王所在的亚特兰蒂斯族。

以库尔、柯南、康马克以及其他一些在这条西伯莱血缘纽带以外的同类型英雄人物为基础，罗伯特·E.霍华德创造出了残忍但充满激情活力的现代剑与魔法类奇幻小说的范本。他的小说被后人不断模仿借鉴。

歌门鬼城

庞大无比的歌门鬼城才是马尔文·皮克那诡异且充满幻想和黑色幽默元素的哥特式系列小说之《泰式斯诞

生》和《歌门鬼城》中的真正主角。(该三部曲系列中的第三部《泰忒斯独行》的故事场景已经远离了这座城堡本身,而将探索的焦点转向了一个超越现实存在的英格兰。)

又或者说歌门鬼城才是小说中的真正大反派呢?

小说中的角色有着奇怪的名字,对他们中的一些人来说,这个没有尽头的石头迷宫代表了一种,并且也是唯一一种生存方式。索尔达斯特是歌门鬼城的礼仪官,他只关心城堡中复杂且荒谬的日常仪式。第76任格伦伯爵——忧郁的赛卜垂夫大人每天都带着满脸愁容遵守着这些仪式,他的妻子伯爵夫人和他那形容枯槁但忠心耿耿的男仆弗雷更是坚定无比地捍卫着它们。

其他人对这些老规矩就没那么上心了。妃莎是伯爵和伯爵夫人的女儿,她正处于青春期,总觉得歌门鬼城的生活很压抑,却也不明白为什么。聪明但疯癫古怪的普鲁司考勒医生抱着娱乐的态度对这儿发生的所有事情都斜眼看待。残忍的大厨斯维尔特只对实施他的厨房暴政以及与弗雷进行艰苦的斗争感兴趣。小伙夫斯提尔派克从斯维尔特的掌控中逃离出来,并且凭借敢于杀人放火的野心一路攀升,他的目的就是为自己攫取权力。

作为故事背景的歌门鬼城外形巨大且内部复杂。这里有像丑陋的燧石塔这样野蛮的遗迹,当中栖息着吞食人肉的猫头鹰。这里有像石头巷这样阴冷的内部迷宫,弗雷常常潜伏其中。这里有一些看起来荒谬透顶的地方,例如在城中有一处立满柱子的空间,人们只能侧身通过。这里还有伯爵精美的书房,但它的命运是成为斯提尔派克阴谋的一部分并被他烧毁。妃莎还有一个秘密阁楼,里面堆满了旧玩具、家具以及从狒狒皮到完全填充而成的长颈鹿之类的一切东西,这是所有孩子梦中完美的藏身洞穴。这里还有挂满蜘蛛网的蜘蛛大厅,某天夜里,骨瘦如柴的弗雷和臃肿不堪的斯维尔特终于在这里以死亡结束了他们之间的斗争。

穿越高高的屋顶,眼前展现出的是越来越多的尖塔、一片只有从空中才能看见的巨大四方石板院落、一棵笔直地从墙中冒出的长大成形但已经枯死的大树(格伦家族的两位姨妈常在这棵大树高出地面的枝干上喝下午茶)、两匹在积满雨水的塔顶游泳的马和小马驹。

歌门鬼城有数不清的隐蔽角落和缝隙。为了教育城堡中的孩子,这里甚至还有一所比那些小说中常出现的古怪英国公立学校还要好的完全学校。为给城堡主人的家庭和员工供应饮食还需要一个厨房,这个厨房十分巨大以至于需要18名员工负责每日清洗,他们被称为"灰色洗涤器",并且职位是世袭的。

在故事第一部的末尾,新的爵位继承人泰忒斯才两岁,但已经成为引发变革的种子。歌门鬼城以一种矛盾的情感见证他的成长。他讨厌斯提尔派克,这人是歌门鬼城的秘密敌人并且其地位已经根深蒂固。但他也具有反叛精神,他反对城堡中毫无意义的仪式礼节,拒绝让繁复冗长的《礼仪之书》来主宰自己的日常生活。

终于,一场洪水让这座城堡变成了参差不齐的石头群岛,冒出水面的塔尖暂时成了一个个岛屿,此时,连环杀手身份已经暴露的斯提尔派克也终于在这些"群岛"间被抓获。泰忒斯杀了斯提尔派克,完成了他作为歌门鬼城这个庞然大物继承者所背负的责任,随后他离开家园去探索更广阔的天地,去完成作为一个拥有自由意志的人所背负的责任。

《歌门鬼城》的整体气氛十分忧郁、压抑、令人难忘,皮克用了与之相符的语言风格去叙述发生在它里面的故事,但其中也夹杂着些许机智与讽刺,这也让故事中很多邪恶阴险的行为和悲剧性的死亡情节增添了些黑色喜剧的味道。

纳尼亚

C. S. 刘易斯笔下的纳尼亚问世已近半个世纪,其间一直受到孩子们的喜爱。在所有幻想世界中,只有少数几个我们能见证其从诞生到毁灭——从创世之初到审判之日的完整过程,纳尼亚就是其中之一。

当我们随着《狮子、女巫和魔衣橱》这本书第一次走进纳尼亚时,会觉得这是一个奇幻元素的快乐大杂烩。这儿有源自希腊神话的人首羊身怪、人马怪和独角兽。

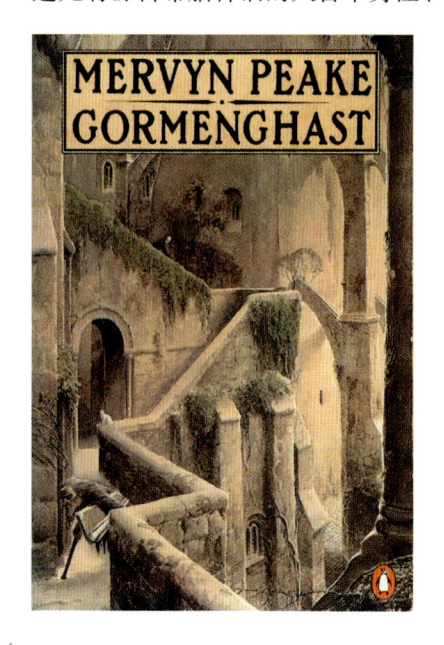

企鹅出版公司平装版的《歌门鬼城》小说封面绘制的是歌门鬼城

这儿还有北欧风情的巨人、矮人和童话中的邪恶女巫。甚至连圣诞老人都露了一回脸。最后不得不提的是这片大陆上还住着许多会说话的迷人动物，从鼹鼠到老鼠，从马到狮子等，他们是这里最著名的角色，堪称纳尼亚的标志。

其中一头会说话的狮子非常特别，他叫阿斯兰（在土耳其语中即为狮子），是纳尼亚的救世主和守护神，在该系列小说的第一部中，他牺牲了自己而后又被复活。越往后读几部你就越清楚，阿斯兰其实就是另一个版本的耶稣。

该系列每新出一部，展现的纳尼亚版图和人物角色都会比前一部有所拓展。《黎明踏浪号》将读者带到了东方海域的神奇岛屿，包括可怕的梦想成真岛——在这里即便噩梦也能成真。《银椅》则来到了巨人出没的北方，并向读者展示了炽热的地下国度比斯姆以及居住其中的丑陋地精；在这部小说中，主人公的表现并不是最出彩的，整部故事的焦点被悲伤的沼泽怪帕德格拉姆这个角色偷走了，它是一个像人但又有点像青蛙的生物。

纳尼亚的时间和地球上的不一样。《狮子、女巫和魔衣橱》中，来到这里的孩子们当了好长一段时间的国王和女王，当他们回到原来的世界时发现自己还是孩子，并且时间只过去了几分钟而已。

由于两个世界的时间维度不同，虽然纳尼亚的创世之日发生在很久以前，但在地球，"那还是福尔摩斯先生住在贝克街的日子"。所以在《魔法师的外甥》一书中，来自维多利亚时代伦敦城的到访者才会目睹阿斯兰用歌声创造纳尼亚的过程，他让动物从地上长出来，那地上的泥土是如此肥沃以至于树上都长出了金币和银币，他还赋予了被选中的动物说话的能力。

按照地球时间来算，纳尼亚的毁灭距离《狮子、女巫和魔衣橱》的故事发生并没有多久。这个世界当时已经崩坏，那里再也见不到阿斯兰，一个伪阿斯兰却出现了，那是一只披着狮皮的蠢驴——它是纳尼亚世界的敌基督。实际上，纳尼亚世界的毁灭是一个极具基督教色彩的结尾，那时黑夜永远笼罩了这片被挚爱着的土地，所有人都已死去并接受阿斯兰的审判，在距离死亡遥远的地方有一个更好的纳尼亚，那里其实就是天堂。

尽管刘易斯的创作有时候还是有些草率马虎，但纳尼亚确实拥有很多很美好的东西。这个世界诞生与灭亡过程中所蕴含的深刻含义使这部系列小说成为一部让人难以忘怀的经典作品。

兰诃玛

为了能有一个地方让他的剑与魔法类奇幻小说主人公费哈德与灰鼠进行他们的冒险之旅，弗里兹·雷伯创造了一个完整的世界——乃旺。乃旺（Nehwon）反过来拼写意思是查无此时（no-when），这就像塞缪尔·巴特勒笔下的艾尔旺（Erehwon）一样，反过来拼写是查无此处（no-where）。乃旺可以说是一个融合了各种奇幻元素的有趣大杂烩，其中大部来自罗伯特·E.霍华德创造的西伯莱世界，只有黑托加袍之城兰诃玛才是雷伯永恒的原创。

无序扩张、肮脏堕落和极具异域风情的兰诃玛城是高大魁梧的北方蛮人费哈德（曾经作为歌手和故事讲述者受过相关训练）和敏捷机智的灰鼠（曾经作为低等野巫师的学徒接受训练，但不太成功）第一次相遇的地方。在这里，他们都收获了人生中第一次年轻又愚蠢的爱情，经历了从相遇到分手再到报复的恋爱全过程。这是一个充满太多回忆的城市，他们一次又一次决心"永远"离开这里，发誓再也不回来，但就像巫师希尔巴在他们第一次离开时嘲讽的那样，"你们可做不到永远，你俩肯定会一次又一次地回到这里"，结果证明的确是这样。

费哈德与灰鼠的许多英勇壮举都是在城中的银鳗客栈中谋划的，这是他们最喜欢的一家客栈，位于昏暗路与骨头巷子之间。从城中街道的名字你就能看出这是一个注重实际功能的城市，商业高度繁荣，犯罪活动猖獗：这儿不仅有钱街、银街、金街、手工街、丝绸商铺街和墙街（顾名思义，这是绕城墙而设的一条街），还有皮条客街和妓女街。

如果你还想找点有异域情调的乐子或者找外国人私会，可以去黑暗乐趣广场。在杀手巷、死亡巷和瘟疫巷之间坐落着贼厅，它是盗贼工会的古老总部。长长的神灵街上汇聚了一百家色调明亮的庙宇，里面供奉着兰诃玛城中许多互相不对付的神灵，那里还有一座阴沉、方正、黯淡无光的教堂，里面供奉的是兰诃玛城之神，不过没有一位头脑清醒的市民会靠近这座教堂。

在城市的北边，内海岸边坐落着彩虹宫殿，里面住着被兰诃玛城淘汰的过剩人口。这些人要么已经没有什么利用价值，要么就是脑子不太正常：例如《兰诃玛之剑》中提到过的格力浦凯瑞欧·西斯托梅塞思，他是个疯疯癫癫的人，并且有一个恶毒的嗜好，就是喜欢看年轻性感的女仆定期被鞭笞，而且每次都要把她们抽到血淋淋的才罢休。

《兰河玛之剑》中还提到了这座城市有史以来遇到的最大危机，那并不是野蛮民族（人们害怕地将其称为民古族）的入侵威胁，虽然他们扬言要率部涉过沉没之地（一块定期露出海面的潮汐低地）攻占兰河玛，而是来自于下兰河玛城的威胁，那才是真正的危机。下兰河玛城是一座由隧道连通的地下城池，就像是兰河玛城在地下的镜像倒影，居民是聪明的老鼠和人鼠混种。费哈德与灰鼠克服了各种困难和强烈的诱惑（主要是美色的诱惑）挽救了这座城市，不过倒也没收获到什么感激的回报。

　　费哈德这个人物设定多少借鉴了一点柯南的形象，但也有高大的雷伯自己的影子，而且费哈德具有幽默感，这点与柯南不同。小巧狡猾的灰鼠也一样，他机智的个性很大程度上来源于雷伯的朋友哈里·费舍尔，而关于塑造灰鼠这个角色的提议最早也来自于这位朋友。

　　这些年来，费哈德与灰鼠这对好伙伴经历的有趣且具有戏剧性的冒险旅程几乎已经遍布乃旺全境（其中一次还来到了地球，他们通过巫师的大门到达了正处于全盛时期的西顿城和提尔城），包括干涸的荒凉海岸、被淹没的大陆西摩儿亚、地下巫师王国夸尔迈勒、高耸入云的星坞山和死亡之地，他们成功地从冒险中活了下来，晚年时选择安顿在极北之地的霜岛，过上归隐家园的生活。回想那时的他们，两人曾在兰河玛城中富裕繁盛又充满死亡气息的街道上饮酒作乐或是战斗拼杀，城中火炬的光芒映射在费哈德的宝剑"灰杖"以及灰鼠的"手术刀"和"猫爪"匕首上，那时的他们其实也并未离开家园，兰河玛就是他们永远的家园。

碟形世界

　　"在那遥远的多次元空间，在那不会飞升的星际平面上……"在《魔法的颜色》一书开头，特里·普拉切特描绘了一番碟形世界的样子。为了致敬不同国家的传说，特别是印度传说，作者将碟形世界设计成几乎平面的形状，由四头巨象（拜瑞利亚、图布尔、大图峰和杰拉全）用宽阔的肩部支撑起来，而巨象则站在巨龟阿图因的龟壳上，这巨龟有一整个世界那么大，在宇宙的虚空中缓慢地游着，不过碟形世界中的星际动物学家至今还未能判定阿图因的性别。出于某种原因，碟形世界像留声机碟片一样在大象的肩头做着自转运动，不过还无法彻底弄清其运行机理，同时，一个小太阳和小月亮沿着椭圆形的轨道围绕阿图因公转，在这两种运动的共同作用下，碟形世界中复杂又愚蠢的历法诞生了。在碟形世界中，一年有800天，被分为2个夏季和2个冬季（一年共13个月，其中有7个月的名字和地球相同，其余5个月的叫法则不同）。碟形世界中罗盘指示的方向主要有世界中心方向、世界边缘方向、世界转动方向（自转方向）和逆向太阳的方向。巫师和占星家可能会觉得以上这些事情很有趣，但普通人只会觉得单调乏味。

　　普拉切特创造碟形世界的初衷只不过是想有一个平台，可以用来嘲讽奇幻小说中时常出现的那些陈词滥调和老旧套路，但后来普拉切特以其为基础写出了一整套奇幻系列小说，使它拥有了属于自己的独特生命。实际上，在基本完成（但未完全敲定）碟形世界地理样貌的构思之前，也就是说在还无法用地图将碟形世界的样子展现出来的时候，小说就已经成形了。

　　在碟形世界的中心耸立着天堂峡谷山脉宏伟的尖峰，上面坐落着邓曼尼法斯汀，那是神明们的古老家园，他们在那里和人类玩掷骰子（或其他能够使诈的）游戏。

　　这个世界中的海水都流向了世界边缘的瀑布，而位于世界边缘地带的克鲁尔帝国则利用有利地势，沿着一段巨大的弧形边界打捞被海水带到这里的有用物件。不必细究这些流走的海水如何获得补充，只能说"一切自有安排"。

　　在世界中心与边缘之间是巨大的陆地，它们中的大多数都属于一整块中央大陆的一部分。碟形世界"既是一个独立的世界，也是我们世界的镜像"，当中存在着许多我们熟悉国家的翻版。古希腊在那里叫埃弗比，他们的科学家通过向乌龟射箭的方式来验证公理。那里的古埃及也遍布着金字塔和木乃伊，他们的母亲河是贾尔河，因此这个国家也叫"贾尔之子"或"贾利贝比"（除了"贾利贝比"这里还有另一个国家的名字也能叫人联想到糖果，那就是贾利贝比附近的"好时巴"）〔英文中 jelly（果冻）的发音为"贾利"，baby（孩子）的发音为"贝比"，连在一起就是"贾利的孩子"；Hershey（好时）是一个著名的糖果品牌。——译者注〕。那里还有一个国家叫特鲁曼帝国，就相当于我们世界中的阿兹特克，而拉梅多（Llamedos）估计就是我们世界中的威尔士，这个名字和狄兰·托马斯笔下的拉来加布（Llareggub）有着异曲同工之妙，即把原有的单词倒过来拼写（sod all 和 bugger all 的意思都是"什么也没有"。——译者注）。

　　碟形世界中的赫努阿是一座童话般的城市，这里有美食和强大的伏都教派，看起来很像我们世界中的新奥尔良。这个世界里还有一个遥远的巨大岛屿××××（也可称为未知的恐惧之岛），岛上的特产包括罐装拉格啤酒、变装皇后、考拉、挂在帽檐边的软木以及传说中的黄金时代（黄金时代在澳大利亚的土著神话中是他们的始祖诞生的时代。——译者注）。

在碟形世界中不仅能看到真实世界的影子，也能看到我们想象中的世界。在高耸且具有魔法的拉姆托普山上住着一位勇敢坚定的女巫格兰尼·维瑟瓦克斯，她所在的小小王国叫作兰开（取这个名字是为了致敬著名的兰开夏郡的女巫）。碟形世界承载真实性的能力单薄且脆弱，在碟形世界中发生的故事情节不能和原先真实的故事一样，但这里又常常会出现某种力量和势头推动故事向过于真实的方向发展，格兰尼和她的女巫三人团就负责与这种力量抗衡。当发现有故事开始以一种滑稽搞笑但难以察觉的方式掉入原来的情节范式时，无论是《麦克白》《仲夏夜之梦》、简单的童话或是以《歌剧魅影》为代表的现代神话，格兰尼和女巫三人团就会出手，努力将故事拉回正轨，并赋予其一个合理的结尾。例如，虽然灰姑娘冷酷无情的教母使用阴谋诡计想方设法让灰姑娘像原故事中那样嫁给王子（她向命运之神开出了一个令人无法拒绝的条件），但碟形世界中的灰姑娘还是成功避免了这一结局。幸好没嫁，因为那个王子其实是只青蛙。

碟形世界中最伟大也是最小型的城市安科·莫波克是一座镜像之城，这个设计显然是借鉴了弗里兹·雷伯笔下的兰诃玛城，不仅如此，《魔法的颜色》一书中也出现了费哈德与灰鼠的翻版。安科·莫波克城中红水蛭酒馆、小神明街和破月亮广场分别可以对应兰诃玛城中的银鳗酒馆、神明街和黑暗乐趣广场。兰诃玛城中的盗贼公会在这里成了由300多个职业公会组成的庞大混合体，包括炼金师、杀手、面包师、乞丐、屠夫、魔术师、殓尸官、傻子、水管工和清下水道工等（这些公会看起来似乎在现实世界中也会真实存在）。甚至还有死人权利公会，他们将卡片放置在棺材盖里面并解释说"这样死者躺着的时候就不用拿着它们了"。

这儿没有巫师公会，但我们能找到一所占地巨大的无形巫师大学，为大学取这个名字应该是借鉴了"无形学院"这个称呼和概念（"无形学院"这个词由英国著名科学家罗伯特·波义耳约在1646年提出，指的是英国皇家学会的前身——由十几名杰出的科学家组成的非正式小群体，现在泛指科学界非正式的交流群体。——译者注），该大学就像是一所传播交流超自然知识的无形学院。在这里，一个个膘肥体重、老学究式的巫师每晚都要吃掉大量食物，学徒们则在高能魔法楼中进行着令人担忧的危险实验。

安科·莫波克城中的街道被十分细致地描绘出来，当中还蕴含了很多笑话和典故。几乎被垃圾堵塞的安科河从城中心的神明岛旁蜿蜒流过，河上横架着尺寸桥、伤感桥与合同桥（还有其他桥）。城中有一条街的名字最为夸张，叫作克劳诺霍顿索洛戈斯街，该名其实是亨利·凯里1734年写成的一部夸张讽刺剧的剧名。这座城市的地下城部分更为庞大。

确保安科·莫波克的正常运转是这座城市的统治者——贵族威迪纳里大人的职责使命。他是一个马基雅维利式的人物，虽然大伙儿并不爱戴他，但都接受他的领导，因为他有能力维持这座城市合理的秩序，他敢把街头捣乱的小丑扔进蝎子坑。尽管他十分努力地管理着这座城市，但还是挡不住奇怪陌生的外来思想渗透进来并在这里传播兴盛。

在《魔法的颜色》一书开头几章提到，地下城的人们第一次从外乡人那里了解到失火保险这个神奇的概念，于是他们就开心地点燃了自己的房子，导致整座城市都陷入火海。而在《会动的图片》一书中提到，受外来思想影响，碟形世界也出现了电影，不过这些电影由魔法驱动，每次放映时都靠小恶魔们在银幕后飞快地画出底片，电影工业在"好利坞"附近迅速兴盛起来，并在城中引发了一阵电影热。在《灵魂音乐》一书中，热辣新潮的摇滚乐开始在这里流行，并席卷了整个安科·莫波克，连最受人尊敬的巫师们也开始穿起了皮长袍，并用铆钉在袍子上钉出"活得夬乐、死得年经"的有错字的标语……看来无形大学的校长钉铆钉的功夫还是不到家啊。

此时，安科·莫波克的守夜人首领。——阴郁的瓦因斯队长正走在悬疑破案类奇幻小说中经常出现的那种

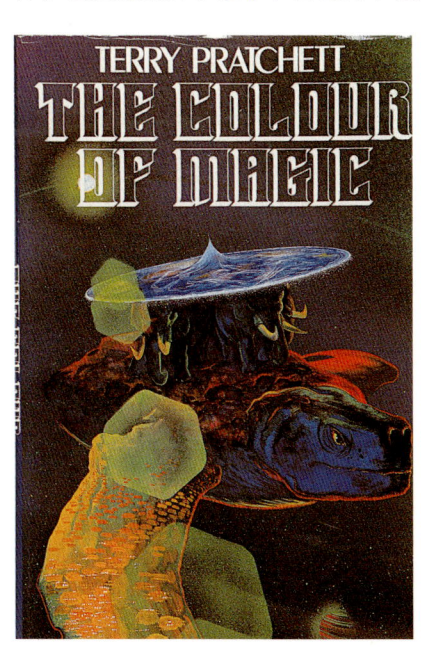

这是特里·普拉切特创作的"碟形世界"系列第一部作品的第一版

肮脏破旧的街道上，他是一个典型的侦探，沉着老练又有点愤世嫉俗，他总是在做一些充满危险的工作，包括给龙戴上镣铐。瓦因斯队长多次挫败政变阴谋，那些阴谋家痴迷于推翻贵族统治，复辟很久以前的君主制度，他们显然被保皇主义闪光的表象迷了心窍，忘了君主制度肮脏危险的一面。借用《1066和一切》一书中的说法，这种复辟帝制的执着信念可被称为"错误的浪漫"，而威迪纳里这号人物的言行则可以用"正确得令人讨厌"来形容。

碟形世界里充满了怪诞有趣的创意和荒腔走板的奇异设定，在这个世界中上演的不仅是胆小巫师灵思风的一段奇幻冒险故事，同时也是一部具有一定深度和严肃性的喜剧，这种深度和严肃性通常体现在威迪纳里大人的冷酷言行或是维瑟瓦克斯女巫的坦诚睿智之举上。实际上，碟形世界中最受欢迎的人物应该是死神，一个永生不灭、外形如同骨架的配角。小说中，但凡是他说的话，都会用沉闷空洞、充满死亡气息的大写字母来展示，每次只要他出现，就意味着要带走一个人的生命，这真是一件让人伤心的差事。其实碟形世界中的死神是一位富有同情心和喜剧感的人物，虽然有点生硬呆板（这是因为他虽同情凡人，但却无法真正领会凡人的感情），并且遇到事情时他总会义无反顾地站在凡人一边，也就只有普拉切特才能塑造出这样的死神形象。

新兴王国的地图中包含了梅尔尼伯内岛，那是艾尔瑞克的故乡

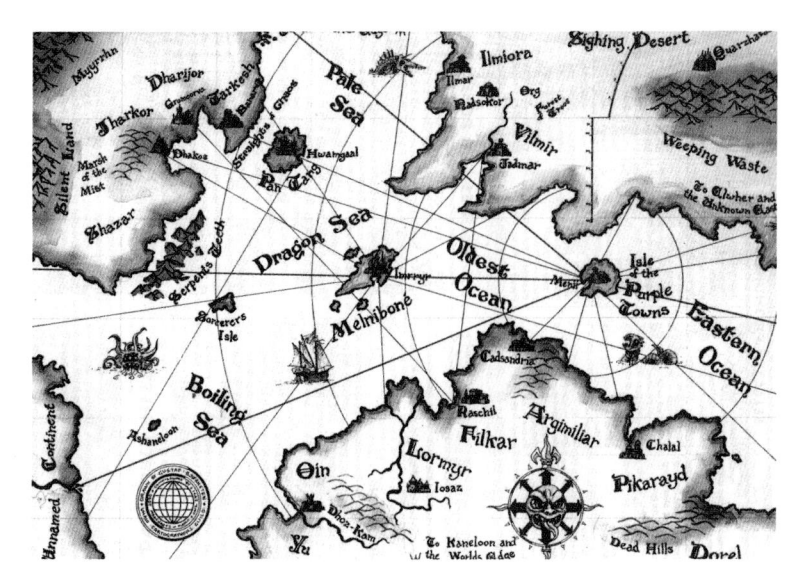

新兴王国

新兴王国及其所处的世界由迈克尔·穆考克所创造，主要目的是为其笔下艾尔瑞克王子的命运悲剧提供一个华丽的故事背景。艾尔瑞克是一个忧郁的拜伦式人物，他身体虚弱且患有白化病，身为一名魔法师却和魔鬼做交易。他命中注定要用暴力结束他所存在的旧世界并带来一个新世界。

艾尔瑞克是家中独子，也是唯一的王储，诞生于一个高贵但业已式微的古老种族，他们的血统与精灵较为亲近，世代居住于梅尔尼伯内岛上，并总是愚蠢地嘲笑那些新兴王国中粗俗的人类。艾尔瑞克注定要成为一名永远的背叛者，他对篡位者伊尔孔的复仇导致了他的家乡——伊姆瑞尔城即梦之城的毁灭，同时也让他的人民最终失去了所有的力量。此后，他只得在新兴王国间过着流浪的生活，陪着他的是他那恶魔般的佩剑"风暴召唤者"，这把剑能够吞噬其所斩杀之人的灵魂，并将此人的一部分罪恶能量传导给主人，从而支撑艾尔瑞克虚弱的身体。不幸的是，这把剑的显著特点之一就是喜好斩杀主人的朋友及所爱之人。

在新兴王国地图上，你能看到很多略显夸张却十分形象的地名：叹息沙漠、泣泪荒原、夜之堡垒、沸腾之海、龙海、混沌海峡、迷雾沼泽、尖叫石像之城和天涯海角。作者在给人物起名时也别具特色，除了正常的英文名外，特别喜欢用听起来像外国人的叠字名：伊尔孔孔、坎鲁鲁、阿沙勒鲁鲁、格鲁穆穆赫瓦、耶史普图图-卡莱、卡拉拉克、瓦姆戈戈赫尔、巴克善善，最夸张的是蜥蜴神的名字——哈哈哈沙沙斯塔塔克。艾尔瑞克在属于新兴王国的岛屿上游荡，用"风暴召唤者"对抗邪恶的坏人，他的经历足够编纂出一部有趣而刺激的见闻录。

王国中所有的绚烂奇景注定要消失在最后的终极之战中，这一战对垒的双方分别是混乱之神和秩序之神，虽然艾尔瑞克长久以来一直效忠于混乱之神，但这次他却帮助了秩序之神。在经历了这场末日之争后，宇宙

日本电影《地海传说》中的地海王国

间秩序与混乱的平衡终于被修正，整个世界在一抹而净后被重新塑造，变成了今天空白素净的样子，不复绚烂之姿。

但到这里我们还远未看清这个世界的全貌，穆考克特别喜欢在他的小说中使用一个别出心裁的小设计，那就是当他在为所有小说创造背景世界时，都会在里面安置各种传送门、传输点或者连通地，通过它们将该世界与包罗万象的多元宇宙连接在一起。当艾尔瑞克在新兴王国世界中与混沌之神打斗时，另一个世界中他的翻版——只有一只银手的科伦王子（他们十分相似，甚至同样都有身体残疾，只不过情况稍有不同）正在与那个世界中的混乱之神斗争。此外，在未来世界中，多利安·霍克姆与受混乱之神支配的大不列坦人（影射大不列颠人）也发生了一场混战，不仅如此，在一颗处于另一维度空间的星球上，英雄埃尔克斯也同样在进行着激烈的战斗，虽然埃尔克斯与艾尔瑞克、科伦、霍克姆、布拉斯伯爵等人物互为不同时空的翻版，但与前几位人物不同的是，埃尔克斯拥有其他所有人的记忆，能看到他们所经历的最终之战，这种能力或许是一种恩赐，但也可视为一种诅咒。

由于多元宇宙中的数百万个平行世界间存在时间延迟，艾尔瑞克得以与其中一些世界中他的翻版们相遇，在消失塔（能在不同世界间跳跃）和塔伦城堡（能够让时间在此处静止）里，他们一起并肩作战。在《时间尽头的艾尔瑞克》一书中，艾尔瑞克发现自己成了一个玩具，供那些毫无存在意义的旧时代贵族（穆考克在《时间尽头的舞者》这部喜剧小说中提及的那些贵族）玩乐，在所有关于忧郁自怜的艾尔瑞克的故事中，这可能是唯一一个能让我们能放松心情会心一笑的了。大多数作家不过是在他们的小说中创造了一方小小的世界，而穆考克则献给了我们一整个耀眼的宇宙。

地海

地海是厄休拉·勒古恩知名奇幻小说中的一个架空世界。有别于传统的奇幻大陆，它已知的部分是由独立岛屿组成的群岛，有自己的历史和传统，周围则是无尽的海洋。因此，不同于经典奇幻探险中依靠步行或骑

第六章　幻想中的世界

乘的方式，在这个世界中进行长途或短途旅行都离不开航海和导航的能力——作为可以影响风和天气的巫师，风钥匙是不可或缺的。

在《地海巫师》中，冈特岛以山羊和巫师闻名，居民性情温和，主人公格德在此开启了他漫长的人生旅程。他天赋异禀，很快就能在内海中心、风云变幻的柔克岛学习魔法，师从传奇魔法学校的九位大师。不出所料，学习"真名魔法"的过程是漫长而艰辛的，其中令人期待的并不是地海巫术中的道教元素，而是它的终极智慧——世界的均势是脆弱而珍贵的，伟大的巫师只有在不得已的情况下才会使用魔法。但格德骄傲自负，施用禁忌秘术召唤出了亡灵用以炫耀，为世界带来恐怖的东西，他也被迫逃亡荒地。

他飞到西部岛屿潘多岛，与恶龙搏斗；又飞往北部阴森的瓯司可岛，世界的旧力量太古力被封锁在那里，正苦苦渴求他的灵魂回归；接着，他化身为鹰，经历了一场绝望逃亡，在弓忒岛找到了他的启蒙老师；最终他来到东陲海域的尽头，与邪恶力量搏斗，但他最终只能选择接受它而无法战胜它，因为所谓的邪恶力量正是他自己的阴暗面。

另一项特殊任务是要寻找一个能够促进和平与和谐的失落符咒，所以为了战胜神权，格德来到了《地海古墓》中的加德地区（阿图安岛及其姐妹岛屿阿特尼、卡雷戈阿特和赫尔阿特胡尔的居民肤色白皙，而不是地海常见的棕黑肤色）。九座立碑式的"坟茔"和一个地下迷宫是某个邪教的核心地区，该教崇拜憎恨生命的大地和黑暗的太古力。据说特纳尔是这里的统治者，但实际上她是一位深受该邪教奴役的女祭司，在本书中比格德发挥了更大的作用。由于她的同情和帮助，盖德才得以运用自身的力量阻止嫉妒力量滋长导致的破坏性地震，最终得以逃脱。

《地海彼岸》中的冒险揭示了为什么巫师教义会强调均势平衡的重要性。格德长大了，成为了柔克岛的大法师，他知道地海的魔法、工艺和音乐的源泉正在枯竭。在邪恶星空下，他经历了一场漫长的航行，发现了"世界之洞"，而光和运气正是通过这个洞流逝的，在洞中，聪明的巨龙也会变成愚蠢的野兽。有人愚蠢地在干旱之地钻了个洞，还有死尸在那里徘徊。格德必须跨越地理限制，进入干旱之地，燃烧自身的一切力量封住这个缺口。他在任务中的伙伴阿伦，其实是地海五百多年来第一个大一统王国的君主勒巴伦。

第四本书《地海孤雏》是以特纳尔的视角展开的，她收养了一个饱受虐待的孩子（最终成为了真正的特哈努），并与现在丧失神力的格德结为夫妻。这部小说相当激进，但有助于纠正前三部作品中一些陈旧的性别偏见。第五部《地海故事集》是一本短篇小说集，有助于重塑设定，从而勾画出一个更为平衡的地域。

在"地海"系列第六部小说《地海奇风》中，它的奇幻设定大受好评。相比《地海彼岸》，这部小说更加详细地描述了干旱之地及其影响。地海世界中的巨龙是神秘传说的终极守护者，强盛之时能够带来极大威胁。巨龙已经对人类感到厌倦，想要收回人类过去从它们手中夺走的土地。在特哈努的帮助以及特纳尔和格德的建议下，勒巴伦国王必须解决这个问题。事实证明，建立干旱之地就是为了给地海建造一个如天堂般的异世界，但在过程中出现了可怕的错误。所有的美好和生灵都从西域消失，那里曾经属于巨龙，如今只留下可怕的灰色荒漠。亡灵被囚禁在那里，甚至无法在精神上相互交流。最终，咒语被打破，亡灵得以解放，进入生命的轮回之中；巨龙也夺回了领土，平衡得以重塑。

"地海"系列的哲学是：人生无常，但这就是我们要获得的一切，而死亡是为生命加冕的必要条件。正如格德本人所说的："没有绝对的安稳，也没有绝对的终点。在寂静中才有真正的聆听，在黑暗中才能看到星星……"

西境

罗伯特·乔丹纳在其巨著"时光之轮"系列中设定了一个类似于中土世界的幻想世界，那里拥有漫长而复杂的历史，可追溯至古老的黄金时代以及它的衰败年代。

在书中传奇故事发生的时代，战争尚未爆发，凭借先进的技术和神奇的"至上力"，生活变得很简单。只有很少一部分的男性和女性能够引导这种力量，并利用自身男性或女性特质使用它，他们被称为"艾塞达依"，即两仪师。通过"种子歌唱"的方法，他们无需化肥或杀虫剂就能激发作物生长；无需挖掘就能从地下提取金矿；无需药物就能治愈几乎所有伤病。但是后来出现了一个天大的错误。

魔法研究员在已知世界之外的某个地方又发现了新的力量源，就像亚当和夏娃吃下禁忌的苹果或潘多拉打开了魔盒一样，他们在自己的世界钻了一个洞，以便利用这股新的力量源，也为始终被隔绝在世界之外的暗帝（也被称为"撒旦"、谎言之父等）打开了大门，从而带来了灾难性的后果。

在接下来的一个世纪中，黄金时代逐渐衰落，包括强大的两仪师在内的很多人，听信了暗帝将为他们带来力量和永生的逸言，堕入暗黑的一面。随后爆发了暗影战争，战争中至上力不得善用，成为杀戮武器，成群的兽魔人被释放出来。

由两仪师的首领和被称为"龙"的法师所代表的光明力量成功发动政变，才算是为这场战争画上了句号。他们用七个封印封住了通往暗帝监牢的孔洞，封印上印刻着他们的阴阳符号。同时，他们还圈禁了被黑暗所腐蚀的人类中令人胆寒的领袖，他们被唤作暗黑魔使或弃光魔使。

不过，暗帝进行了毁灭性反击，使所有男性力量之源，也就是一半的力量之源遭到毒害。所有的男性两仪师都堕落了，或迟或早，他们的身体和心灵就会悉数腐烂。他们毫无节制地疯狂使用力量，加速了世界的毁灭。魔法引发了洪水、风暴、火山喷发、地震，甚至山脉也因此提升或被夷平，大陆横加分裂，土地被重构，人口大幅减少。

在下一个千年，发生了几次为恢复文明而开展的重组和斗争，爆发了兽魔人战争、百年战争等许多小规模的冲突，并出现了不止一个对外宣称自己为龙的转世、是为兑现某个预言而存在的潜在征服者。早在公元98年（毁灭发生之后），只剩女性的两仪师们建立了她们的训练据点，它坐落于塔瓦隆城的白塔中，在接下来的几个世纪内，在边界不断推移变化的情况下，这个据点难得地固守不动。传说中的远古纪元所留下的各种有效设备被保存在据点和其他旧日的仓库中，秘密地藏身于这片土地的各个地方。其中大部分是辅助引导至上力的工具，被称为法器，法力更强的被称为超法器，这个名字让人联想到圣杯。

新的、真正的"转生真龙"的故事发生在"现代"世界中，开始于公元998年。与中部地区北靠杜姆山脉，该处十分险峻，山外因遭暗黑势力的破坏而兽魔人横行，被称为妖境；东边接着另一个直线山脉，人称世界之脊；西临死海和艾瑞斯大洋；南部紧邻

西境是罗伯特·乔丹纳"时光之轮"系列中的场景设定，可见于该系列第三部《转生真龙》的封面

风暴洋。

暗影战争带来了长久的影响，在北部的妖境边界尤为突出，妖魔异兽经常从妖境潜入这片领域。其中有巨大残暴的兽人，叫作"兽魔人"，指挥它们的异兽更有智慧，包括外形像人类但没有眼睛的隐妖或半兽人，它们散发出令人胆寒的冰冷气息，让人联想到托尔金小说中的黑骑士；还有长着翅膀、像吸血鬼一样的人蝠，它们用海妖歌声来引诱受害者，再用致命之吻夺走灵魂。还有其他暗黑物种，比如大小可比小马驹的暗影猎犬，它们长满獠牙、凶残无比。

曾经身为人类却堕入黑暗的弃光魔使以邪念驱使智慧，这让所有的恐怖势力愈发猖獗。妖境中部是邪恶之地，随着那里的封印之力愈发削弱，妖怪一个接一个从监牢中逃脱出来。那里有一座叫作煞妖谷的火山，其中有一个厄运之坑（再一次向托尔金致敬），其中有密封的孔洞，穿过它就可以通往囚禁暗帝的地方，而弃光魔使不断为救出暗帝而为祸人间。

很少有非人类站在光明的一边，只有温和的巨森灵支持光明，它们孕育于自然且具有灵智，身材高大，行动迟缓，寿命很长，长有绒毛，与植物和大自然有着深厚的渊源和默契。它们既是历史记录的守卫者，也是远近闻名的石匠，可以说这个设定把托尔金的精灵、矮人和树人融为一体。巨森灵建造了道路，那曾经是正常世界中的一条秘密捷径，后来被暗黑力量污染，发挥着与科幻小说中虫洞一样的作用。另一个热爱植物的种族叫作尼姆，即绿人族，守卫着世界之眼——一个未被暗黑力量污染的珍贵的男性魔法池，保存在一个施过魔法的树林里，深藏在妖境的不祥之气下。

时光之轮的世界中还包含很多重要国家，它们坐落于山海之外。在中土东部的世界之脊之外是艾伊尔荒漠，其中居住着能征善战的游牧战士艾伊尔民族。继续向西，是神秘的沙拉沙地，那里居住着一群蒙着面纱的神秘民族，极其擅长欺诈，但因为出口丝绸和象牙而受到重视。在艾瑞斯大洋的彼岸是宵宸大陆的西部领土，被来自中土的入侵者长期侵占，从世界各地进口了各种稀奇古怪的外来生物，以此对抗暗黑势力。身上刻有文身的海民漂泊于世界各地，但他们以艾瑞斯大洋的岛屿为基地，在此与世界各地进行贸易。

再回到世界中心，最伟大的故土是安多，它的首都凯姆琳十分强盛。这片国土上最偏僻的村庄是坐落于西部边境的伊蒙村，位于迷雾山脉附近。年轻的伊蒙村少年兰德·亚瑟（他与双亲完全不同，身上带有苍鹭胎记，生来拥有苍鹭形状的剑，像是预言中的人物）第一次感受到身为重生真龙所担负的危险未来，他背负着与弃光魔使战斗的使命。

所有的一切都和预言所示一致。根据预言，他既是时光之轮世界的毁灭者，也是与暗黑势力一决胜负的拯救者——正如艾伊尔人所说，拯救的不过是仅剩的残余。尽管困难重重，但必须有人担负起责任。

霍格沃茨魔法学校

霍格沃茨魔法学校藏身于英国北部，是哈利·波特各种冒险故事发生的地方。一千多年前，这所学院由当时四个最伟大的巫师创办，他们分别是戈德里克·格兰芬多、赫尔加·赫奇帕奇、罗伊纳·拉文克劳和萨拉查·斯莱特林。创始人考虑到当时的人民正在反对巫术，于是就使用特殊的魔法将学校隐身，让一般人无法察觉。它不会出现在任何地图上，只有巫师才能看到它；对普通人来说，它看起来就像一片荒地上的废墟。不过，事实可完全不同。

实际上，这所学校是一座巨大的哥特式城堡，坐落在岩石峭壁之上。它的前面是一个神秘的巨大湖泊，后面是一片黑暗的危险树林。校园里充满了各种神奇和神秘的元素——不知道通向哪里、台阶随时可能消失的楼梯，可以改变目的地的走廊，众多的秘密隧道，隐藏的豪华浴室，阴暗的地牢，由学校精灵提供服务的巨大厨房，一顶可以用精神力量为入学新生占卜最适合他们的学院的古老分院帽，以及各种形状和大小的奇景。在校园里，几乎看不到现代科技的踪迹。

学校的核心部分是座大礼堂，在穿过令人印象深刻的巨大的楼梯后就能进入。它既是一个巨大的餐厅，也是用于集会的大堂，天花板被施了魔法，呈现出城堡上方天空的样子，从而让城堡看起来是露天的。四个学院的学生宿舍有各自的塔楼，里面有宿舍、中央休息室、受到口信密码保护的入口，每所学院还有自己的守护神。除了体格魁梧的守门人海格之外，其他人不允许进入森林。这也是出于好意，因为森林里全是狼人、食人蜘蛛、半人马和其他各种生物。

不过，学生们并不会受到太多限制，课程不仅可以在教室进行，也可以在学校的其他地方开展。只有在与辛尼斯塔教授一起研究星星时，学生们才能进入学校的最高点——天文学塔顶。斯普劳特教授在温室里教授草药课。魔药学教授斯内普则在地牢里讲授他的课程——

他肯定是为了迎合自己那令人生厌的个性才选择了这个授课地点。保护神奇动物课是在院子里进行的。校长邓布利多教授在一座神秘的塔顶上生活和工作，几乎没有人能够进入。不过，飞行课是在学校的魁地奇体育场内教授的。魁地奇堪比巫师界的足球运动，也是每个名副其实的巫师唯一关心的运动。根据比赛规则，从事该项运动的比赛双方各需配备七名球员，比赛中共会用到四个球和六个球门，它还有两种以上的不同得分方式。

霍格沃茨看起来并不令人陌生，它的周围充满各种神奇的元素，每个角落似乎都隐藏着一些迷人的新鲜秘密或新魔法。它的外观和带给人们的感受不禁让人们产生了对传统英式私立教育的怀旧之感和理想化的想象。霍格沃茨融合了牛津和剑桥的校园风情、伊顿的庄园气质、圣安德鲁斯的美丽环境和无数其他院校的特征，满足了人们对完美寄宿学校的所有奇妙想象，古怪而无序，告别了一成不变的无趣，充满了各种神秘、危险和刺激的事物，但也在某种程度上保持了安全和舒适。那里有取之不尽的大盘美食、柔软而温暖的四柱床，这一切都令人心生愉悦。

在任何一所像这样的私立学校中，可能都会暗藏着财富和特权所带来的各种令人不悦的事情，但在霍格沃茨却被处理得很好。罗恩虽然家境并不富裕，但他仍然充满骄傲，不接受（富有的）最好伙伴哈利对他的馈赠，让哈利帮助自己摆脱困境，只有霸凌者才会偶尔对他的家境出身冷嘲热讽。霍格沃茨对私立教育怀有温和的敬意，而不是尖锐地讽刺，正是如此，它才能够如此成功地营造这样一个充满奇思妙想、令人心生向往的环境。

霍格沃茨让我们知道这个世界应该是什么样子的……这才是最好的奇幻文学应当达到的目的。

霍格沃茨魔法学校曾因不同的电影版本而经历多次重制。图为日本大阪环球影城中的哈利·波特魔法世界

词汇表

阿喀琉斯之踵：指的是主角不可能坚不可摧，总是会有弱点。阿喀琉斯的脚踝是其弱点，而超人的能力也会受氪石制约。

成人奇幻：并非色情片，而是出版商用来指代"严肃"奇幻作品的专有名词，有别于儿童奇幻。

炼金术：介乎魔法与科学之间，依托古老化学设备及晦涩深奥理论的一门学科。

另类世界：历史发生转变的虚幻世界，在这个世界里，科学家研究的不是科学，而是魔术。

灵符：具有抵御邪物入侵的魔法的珠宝饰物。

敌基督：指世界末日即将来临时出现的基督大敌魔鬼。

末世：指《圣经》中提及的世界末日。

世界末日：在奇幻文学中，指正义与邪恶的最后一战。

亚瑟王式的：与亚瑟王有关的，现代与古代奇幻文学中经常提及亚瑟王。

阿斯加德：斯堪的纳维亚诸神地界，斯堪的纳维亚诸神都住在这里。

星光界：所有梦想家、魔法师、逝者亡灵游荡的灵界。

亚特兰蒂斯：传说中高度繁华发达却已经沉入大海的古老岛屿文明，此外还有利莫里亚、穆大陆、托尔金的努门诺尔和特里·普拉切特的莱士普等古老文明。

宇宙平衡：世上有无数的矛盾斗争关系，正义与邪恶、光明与黑暗、秩序与混乱等，穆考克的名言"宇宙平衡"正是阐释这一状态。

动物寓言故事：指的是《伊索寓言》等通过动物角色进行演绎的道德寓言故事。

胎记：形状特别的胎记，如皇冠状等，预示着此人注定成为英雄或其人生轨迹注定独特。

扫帚柄：巫师的标志或飞行工具。

卡美洛宫：传说中亚瑟王的宫殿。

咒符：一种口头或书面咒语。

坩埚：巫师使用的煮锅，在威尔士神话和劳埃德·亚历山大的"布莱德恩"系列故事中，巫师利用黑坩埚将死者变成了无意识的战士。

魔法故事大杂烩：托尔金所说的魔幻故事集锦，许多故事糅在一起，如亚瑟王的故事中融合了许多古老传说。

调包儿：故事中被仙女偷换后留下的孩童，常为低能者。

混沌：万物之前的混乱状态，与秩序作对的力量（并不一定是邪恶力量）。

通天眼：可以看到肉眼无法识别事物的魔力。

奇幻同伴：奇幻世界探险的重要伙伴，命中注定，不由人挑选。

水晶球：可镶嵌于手机、监视摄像头或网络接口。

克苏鲁神话：作家霍华德·菲利普·洛夫克拉夫特创作的怪力乱神、古老种族等超自然文学作品故事背景，也有其他作家将其演绎阐释。

黑魔王：许多奇幻文学里掌控超自然力量的魔王，企图控制或毁灭世界，托尔金笔下的魔王索伦即是典型代表。

黑暗塔：黑魔王或无名邪魔居住的地方。

冥府：地狱的中心。

梦境：上帝与魔法师常用的信息传输通道。

濒死地球：杰克·万斯笔下的故事背景，未来地球即将死去，科学与魔法界限模糊，克拉克·阿什顿·史密斯与吉恩·沃尔夫的作品中也有类似故事背景。

元素精灵：炼金术士所说的土、水、气、火等元素幻化而成的精灵，通常十分凶险。

圣剑：亚瑟王的宝剑，奇幻文学中经常出现的器物。

欢喜灾难：是一种"好的灾难"，托尔金自造词语，用来形容神话般突然且美好的结局。

仙境：神仙居住的地方。

梦幻世界：通常指有龙、精灵、英雄的幻想世界，很多作者模仿过托尔金的这一概念，详见黛安娜·温恩·琼斯的《梦幻世界硬核指南》。

"命运三女神"：克洛托，纺织生命之线；拉克西斯，决定生命之线的长短；阿特洛波斯，切断生命之线。

芬布尔之冬：北欧神话的重要事件，是漫长寒冷的严冬，会终结世上许多生命。这个冬季代表了诸神的黄昏末日前兆。

燃力：能够点燃事物的奇特能力。

渔王：守护圣杯的负伤卫士。

不老泉：可以返老还童的魔法泉水，但寻找不老泉的路途充满危险，过量饮用将退回婴儿时期。

天启四骑士：战争、征服、饥饿、死亡，他们御马而来，象征着世界末日。

誓约与禁制：一种古老咒语，中咒者会被迫做或者不做某些事情。

幻形术：可以变换外形的魔术，使人变得漂亮、难以辨认，甚至隐身。

《金枝》：弗雷泽爵士所著《金枝》，讲述了许多魔术规则，虽然颇具争议，却被很多奇幻文学作家借鉴。

魔像（戈仑）：源起于犹太教，是用巫术灌注黏土而产生自由行动的人偶。而在《旧约全书》中它所代表的是未成形或是没有灵魂的躯体，可视为早期"机器人"。

圣杯：盛放基督圣血的容器，亚瑟故事等文学作品的"麦高芬"。

妖法、魔术：魔法的古称，对魔术、巫术或玄术的学习。

魔导书：魔咒宝典，主要涉及黑魔法。

英雄奇幻文学：与"剑与魔法"奇幻文学类似。

主流奇幻文学：较注重文学性的奇幻文学类型，如詹姆斯·布朗奇·卡贝尔所说："应创作出完美的叙事内容。"

换身：两人灵魂换位，如F.安斯提的《小爸爸大儿子》有关剧情。

长生不老：永生，需要从神仙手中付出高昂代价换取的稀有魔法，但很可能在某个尴尬时刻突然消失，如亨利·赖德·哈格德的《她》部分情节。

迹象文学社：20世纪30至40年代，刘易斯和趣味相投的同事组建了一个名为"Inklings"的团体，成员包括托尔金等几位朋友，他们定期到"鹰和小孩"酒吧喝酒、交谈、思考，朗读自己正在创作的作品，灵感的火花就在这样的交流和碰撞中产生了。刘易斯和托尔金约定各写一部魔幻作品，从此，便有了两部伟大的魔幻著作"纳尼亚传奇"系列和《魔戒》的诞生。

卡勒瓦拉：一般指芬兰民族史诗卡勒瓦拉，主要讲述一些奇幻故事、英雄赞歌。

遗忘河：地狱里的一条河，饮用河水后会遗忘前世今生。

飞升：神仙等通过魔力飞升离开地面的现象。

地狱边境：介乎天堂与地狱之间的境界，在奇幻文学中相当于天堂候车室，或天堂服务社。

变狼术：在民间传说里，变狼术是一种能将人类变成狼的妖术。

魔法师：巫师的尊称。

魔语：简短的咒语，如"达拉蹦吧"或"芝麻开门"等。

马比诺吉昂：威尔士传奇故事集，许多作家的奇幻文学创作灵感均源于此书，如艾伦·加纳的《猫头鹰恩仇录》。

玛纳：超自然力，拉瑞·尼雯奇幻文学魔力的源泉。

魔法地图：所有奇幻文学首页均附有幻想地图，部分精彩魔幻地图被J.B.珀斯特汇编在了《奇幻地图册》里。

麦高芬：阿尔弗雷德·希区柯克创造的词，指任何能够触发剧情，吸引读者继续观看的事物或角色，如魔戒、圣杯、马耳他之鹰等。

心灵感应：可以将个人意志联通到其他人脑中的魔力。

摩尔费克（Mooreeffoc）：Coffee-room的镜中成像，G. K. 柴斯特通用来形容寻常事物中出现奇迹的故事。

神话奖：奇幻作品年度奖项，主题是奇幻和神话文学，以及迹象文学社传统的作品。

死灵法术：通过召唤死灵进行算命的法术，也包含其他险恶法术，死灵法师通常是邪恶的巫师。

《死灵之书》：克苏鲁神话中出现的一本虚构魔典，书中记载了世界上最疯狂最邪恶的事物，许多奇幻作品中出现该词。

诺恩斯：北欧神话中的命运三女神。

奥林巴斯：居住在奥林巴斯山上的希腊诸神。

奥兹国：指L. 弗兰克·鲍姆所著《绿野仙踪》及其续集中的奥兹国。

魔法契约：具有魔法效力的契约，比商业契约更难解除，特别是与魔鬼缔结的契约。

五芒星：圆圈里的五角星，通常画在地上用来辟邪。

点金石：炼金术士所寻找的宝物，可以将金属转化为金子。

情节王牌：批评家所用术语，指作者安排主角胜出，但不是靠努力和勇气，而是通过收集系列魔法王牌，最后不费吹灰之力就胜出。

魔力王牌：奇幻作品中主角在紧急时刻使出的招数，如"立刻逃离监狱"，巫师说："拿着它，等到关键时刻，你自然知道怎么用。"

促狭鬼：吵闹鬼，制造噪声和乱扔东西的鬼怪。

通道：各式各样的魔法通道，可将主人公从地球送往充满幻想的异世界。

附身：人的身体被怪力乱神或妖鬼邪魔占据的状态。

预言：在奇幻作品中，预言都会成真，但总会以意想不到的方式实现。

奇幻旅程：任何目的明确的奇幻之旅，如主人公没有按惯例去新闻社，反而意外开启了一场追日之旅。

世界毁灭：北欧神话里的世界毁灭，类似Armageddon（哈米吉多顿）。

溯源奇幻：奇幻文学界的重要术语，指许多作家借用其他作家创作的背景、角色进行再创作的过程。如著名奇幻角色夏洛克、德古拉等。

转世化身：灵魂转世，依附新的躯体。

指环：在阿拉丁系列奇幻故事及尼伯龙根传奇中，指环通常拥有魔力。

尼文：尼文是原本用于刻画或刮擦在木头、石头或金属上的古老文字，细长且棱角分明，后指用这种字体书写的咒语。

沙罗曼蛇：代表火元素的元素精灵。

第二世界：托尔金创造的虚拟世界，这个想象中的世界不存在于某个遥远的岛屿上，也不存在于中世纪寓言故事里，而是有别于我们生活的世界，独立存在于另一个天地里。

变形：在人形与其他形态间随意变换，如狼人变成狼，吸血鬼变成蝙蝠，巫师可变成任意形态。

咒语：巫师做法时使用的语言或动作。

魔杖：巫师经常使用的法器，如同巫婆使用的扫帚，虽然不能飞行，但可以存放咒语、释放火球等。

创造次世界：托尔金所说的创造次世界指的是创造出一个幻想世界。

宝剑：在奇幻作品中，宝剑通常拥有魔力，或带有诅咒，有的甚至有名字，如迈克尔·穆考克笔下的兴风者宝剑，使用该宝剑时，力量会变成其原来的三倍。

剑与魔法奇幻文学：奇幻小说的次文类，以柯南·道尔系列奇幻文学为代表，弗里兹·雷伯通过其著名小说《兰克马尔》向世人展示了剑与魔法奇幻文学也可以呈现风格与品质。

感应巫术：根据弗雷泽爵士所著《金枝》，结果可以印证原因，如在人的蜡像上扎针可以使其感到疼痛。

护身符：任何具有魔力的便携物件都可成为护身符。

会说话的动物：C.S.路易斯的"纳尼亚传奇"系列等儿童奇幻作品中经常出现会说话的动物。

形变术：奇幻作品术语，部分知名批评家喜欢用形变术代指变形术。

三个愿望：著名童话故事剧情，头两个愿望通常大错特错，但可以许下第三个愿望抵消。

时间错乱：奇幻故事中经常出现时间流逝飞快、时间错乱的情节，如进入仙境的人发现虽然只在那里待了一夜，人间却已过百年。

蜕变术：将无生命事物变成其他事物的魔力（如点金石）。

真名魔力：魔法师一旦知道了怪力乱神的真名，便获得了法力，意味着知晓了其本质的秘密。

活死人：通常指半死不活的物质，如吸血鬼、丧尸等。

未晓系奇幻：指通过《未晓》杂志声名大噪的奇幻作品，相关作品加入了科学原理和逻辑分析。

瓦尔哈拉殿堂：维京人的天堂，有着无尽的酒会、狩猎、竞技。

流浪的犹太人：亚哈随鲁，因为冒犯了基督，被诅咒永生不死，直到基督再临。像"飞翔的荷兰人"（传说中一艘永远无法返乡的幽灵船，注定在海上漂泊航行。——译者注），经常出现在历史和当代奇幻作品中。

魔障：具有魔力的屏障，像一层无形的通电护栏。

荒原：在许多奇幻作品中，一个国度如果没有真命天子统治，其活力就会衰亡，最终沦为荒原。

白衣女神：罗伯特·格雷夫斯所著《白衣女神》，是对众多神话的诗意阐释，许多奇幻作家受其影响。

狂猎：欧洲民间神话，关于一群幽灵般或超自然的猎人在野外追逐猎物。狂猎可能是精灵、仙女或死者，也有人说是奥丁。狂猎之王通常是与奥丁有关的一个名字（或者同一个神的其他版本）；但也可能是一类历史或传奇人物，比如狄奥多里克大帝；或《圣经》中的人物，如希律王、该隐、加布里埃尔或魔鬼；或不知名的灵魂或精神。通常狂猎的出现预示着天灾，比如战争或瘟疫，或者说是目击者的死亡。

女巫：传统上是邪恶的角色，长着瘊子、戴着尖帽、骑着扫帚。由于受女性主义的影响，当代奇幻作品里的女巫也有善良和美丽的，甚至有男性。

梦幻仙境：《爱丽丝梦游仙境》的作者刘易斯·卡罗尔指遵守某些荒诞法则的幻想世界。

世界奇幻奖：是奇幻文学界最重要的奖项。它创立于1975年，该奖由世界奇幻小说协会提名，由在奇幻文学和艺术方面有很高成就的专家组成评审团进行评选，每年举行一次，以奖励在奇幻领域做出突出贡献的人士。

年王：一年中所要遵守的规则，最后要祭出，祈祷国泰民安，并非某种高贵的职务。

阴阳：古代中国完美平衡关系的象征，如光明与黑暗、男性与女性之间的平衡关系。